U0492941

共和国法治从这里启程

华北人民政府法令研究

孙琬钟 · 主编

图书在版编目（CIP）数据

共和国法治从这里启程：华北人民政府法令研究／孙琬钟主编． —北京：知识产权出版社，2015.6
ISBN 978-7-5130-3570-5

Ⅰ.①共… Ⅱ.①孙… Ⅲ.①法令—研究—中国—现代 Ⅳ.①D929.6

中国版本图书馆CIP数据核字（2015）第132820号

责任编辑：齐梓伊	责任校对：韩秀天
封面设计：SUN工作室 韩建文	责任出版：卢运霞

共和国法治从这里启程
——华北人民政府法令研究

孙琬钟　主编

出版发行：知识产权出版社 有限责任公司	网　　址：http://www.ipph.cn
社　　址：北京市海淀区马甸南村1号	邮　　编：100088
责编电话：010-82000860 转8176	责编邮箱：qiziyi2004@qq.com
发行电话：010-82000860 转8101/8102	发行传真：010-82000893/82005070/82000270
印　　刷：北京嘉恒彩色印刷有限责任公司	经　　销：各大网上书店、新华书店及相关专业书店
开　　本：787mm×1092mm　1/16	印　　张：37.5
版　　次：2015年6月第1版	印　　次：2015年6月第1次印刷
字　　数：550千字	定　　价：96.00元

ISBN 978-7-5130-3570-5

出版权专有　侵权必究
如有印装质量问题，本社负责调换。

编者的话

1948年8月7日,华北临时人民代表大会在石家庄电影院正式开幕。大会一致通过了华北人民政府组织大纲,选出了华北人民政府委员会,1948年9月26日,华北人民政府正式成立。

董必武对这次大会的现实意义和深远的历史意义做了高度的概括,他指出:"这次大会将成为全国人民代表大会的雏形。""华北临时人民代表大会选举产生的华北人民政府是全国性联合政府——中央人民政府的前身。"也就是说,华北人民政府是即将成立的共和国的雏形。华北人民政府的成立,标志着中国共产党领导的解放战争即将取得全国胜利,一个在中国共产党领导下的全新的人民共和国即将诞生在世界的东方。

董必武当选华北人民政府主席,他在开宗明义的讲话中就庄严地指出:华北人民政府"是由游击队式政府过渡到正规式政府。正规的政府首先要建立一套正规的制度和办法",他在《论新民主主义政权问题》的演说中进一步强调:"建立新的政权,自然要创建法律、法令、规章、制度。我们把旧的打碎了,一定要建立新的。否则就是无政府主义","因此新的建立后,就要求按照新的法律规章制度办事"。正是在这一依法行政的基本思想的指导下,华北人民政府建立起一系列规章制度,发布了一系列法令、法规,使华北人民政府能够迅速进入有序施政的轨道。

在华北人民政府存续的十三个月中,先后发布了二百多项法令、法规,涵盖了政权建设、行政制度、公安司法、民政抚恤、生产支前、农田水利、交通运输、文卫科教,形成了一套适应当时需要又适度超前的,初具格局的法律制度,使各级政府及其工作人员,办事有章可依、行政有法可循,构建了一个有序施政的良性政府。为新中国中央政府的建立,从法律、制度建设,到组织机构的组建,都打下了良好的基础。

1949年10月27日,在毛泽东以中央人民政府主席身份发布的《撤销华北人民政府令》的文告中明令:"中央人民政府的许多机关,应以华北人民政府所属有关机构为基础迅速建立起来。"就这样,中央人民政府,在华北人民政府的基础上迅速建立起来。华北人民政府,作为新中国人民政府的雏形的作用发挥得淋漓尽致。

我们应该讴歌党中央建立华北人民政府的这一英明决策;讴歌华北人民政府依法执政的辉煌创举,可以毫不夸张地说:中国特色的政治制度从这里启程;共和国法治从这里启程。

我们研究华北人民政府正是因为共和国法治从这里启程。华北人民政府在那样艰苦的条件下,以无与伦比的胆识、卓越的政治智慧、科学的法治思维,建起了一个崭新的法治政府;在那么短暂的时间里颁行了那么多的法令法规;在毫无先例的情况下构建了初具规模的法治格局。我们研究历史,是为了铭记历史的光辉,弘扬历史的大无畏的精神;我们研究历史更是为了汲取历史的宝贵经验,吸收历史给我们留下的营养与精髓。华北人民政府的创举,无疑为我们今天,在改革开放进入深水区,中共中央四中全会明确全面推进依法治国的宏伟目标的新局面下,提供了丰富的经验与启迪。

为此,我们组织了部分专家学者,对华北人民政府的法令法规进行分析研究,继承传统、总结经验、提炼精华,为落实中共中央四中全会明确的全面推进依法治国、建设一个崭新的社会主义法治国家,做些力所能及的努力。

本书主要收集了专家学者的研究成果,同时也将2008年中国法学会董必武法学思想研究会联合兄弟单位组织召开的"纪念华北人民政府成了60周年座谈会"上部分领导同志的讲话和曾经在华北人民政府工作的老同志的回忆发言收集在一起,或许这些会给读者带来一些启迪。

编　者
2015年4月

总 目

上 编

一、汲取华北人民政府积累的宝贵经验，
　　推进中国特色的社会主义法律制度建设 …………………（1）

二、在难忘的战斗岁月中，迎接新中国的诞生 ………………（21）

三、民主建政与依法行政方面的法令、政策研究 ……………（31）

四、公安、司法政策方面的法令研究 …………………………（195）

下 编

五、金融财税、农业环保、交通运输方面的政策、
　　法令研究 ……………………………………………………（393）

六、民政、文教、卫生等方面的政策、法令研究 ……………（485）

目　录

上　编

一、汲取华北人民政府积累的宝贵经验，推进中国特色的社会主义法律制度建设
　　——部分领导同志在"纪念华北人民政府成立60周年座谈会"上的讲话

3　共和国法治建设从这里启程
　　——纪念华北人民政府成立60周年
　　任建新

6　汲取华北人民政府宝贵经验　推进中国特色的社会主义建设事业的深入发展
　　——纪念华北人民政府成立60周年
　　李贵鲜

9　学习华北人民政府行政管理经验　推进服务型政府建设
　　——在纪念华北人民政府成立60周年座谈会上的讲话
　　郭　济

14　继承光荣传统、汲取宝贵经验，为建设具有中国特色的社会主义法治国家贡献我们的力量
　　——在纪念华北人民政府成立60周年座谈会上的开幕词
　　孙琬钟

17　回顾历史为解决现实的问题服务
　　——在纪念华北人民政府成立60周年座谈会上的闭幕词
　　石亚军

▶ 二、在难忘的战斗岁月中，迎接新中国的诞生
　　——经历过华北人民政府的老同志的发言

23　我在华北人民政府的日子
　　　马永顺

27　怀念新中国法学教育的第一人——董必武
　　　——在纪念华北人民政府成立60周年座谈会上的发言
　　　庚以泰　巫昌珍

▶ 三、民主建政与依法行政方面的法令、政策研究

33　华北人民政府是中央人民政府的雏形
　　　张希坡

50　我国行政组织立法的楷模
　　　朱维究

54　华北人民政府的立法体制及对当代立法的影响
　　　侯淑雯　巩书辉

71　华北人民政府宪政制度考察
　　　赵晓耕　王　杨

90　华北人民代表会议选举制度研究
　　　——兼与人大代表选举制度比较
　　　曲　甜

102　华北人民政府基层政权建设探析
　　　李玉生

113　华北人民政府村人民代表会议制度述评
　　　沈成宝

134　政府依法行政的三维透视
　　　——历史经验与现实考验
　　　于　江

143	常规化：革命政权的转型
	——一种支配社会学的视角
	赵 真
156	行政组织法视野下的华北人民政府
	卞修全
165	华北人民政府时期的依法行政思想及借鉴意义
	王松锋
179	论董必武的社会主义民主思想
	陈 鲲

四、公安、司法政策方面的法令研究

197	华北人民政府司法制度之研究
	周道鸾
212	华北人民政府时期司法制度的文本研究
	王 娜
224	华北人民政府司法制度研究
	胡丽燕
233	从"人民司法"到"司法为民"
	——董必武人民司法思想的继承与发扬
	姜登峰
246	以往之可"鉴" 来者犹可追
	——从历史实证维度剖析华北人民政府的公安、司法制度
	于耀辉
265	华北人民政府公安司法制度回顾
	王丽瑛
276	浅论华北人民政府在刑事司法领域内的法制建设
	孔令滔

292 刍议华北人民政府关于被追诉人人权保障的确立
　　　刘　蜜

302 华北人民政府死刑程序法令述评
　　　王平原

316 华北人民政府依法治监刍议
　　　薛梅卿　赵　晶

332 论华北人民政府时期的调解制度
　　　李嘉娜

342 新中国调解制度的奠基
　　　——读华北人民政府《关于民间调解纠纷的决定》
　　　张　传

354 论华北人民政府民间纠纷调解机制
　　　闫　晶

368 论物权法的实施与公安执法
　　　王应富

379 通过法律的治理
　　　——人民司法的功能与目标
　　　危文高

下　编

▶ **五、金融财税、农业环保、交通运输方面的政策、法令研究**

395 董必武与华北人民政府契税制度的建立
　　　张　璐　赵晓耕

404 董必武财税法制思想初探
　　　甘功仁　何恒攀

419 华北人民政府的金融法令
——新中国金融立法的萌芽
刘隆亨　吴　军

426 论我国大运输体制的构建
——以华北人民政府交通部的模式为要
谭　波

438 华北人民政府铁路占地问题立法述评
赵晓耕　时　晨

460 探析华北人民政府农业立法对我国农业发展的借鉴意义
王　丽

475 华北人民政府环境立法及其特点
王　立

▶ 六、民政、文教、卫生等方面的政策、法令研究

487 华北人民政府社会保障法制研究
姜登峰

498 华北人民政府关于救济救灾思想的研究
孙晓飞

509 论华北人民政府时期婚姻法的价值取向
蒋燕玲

521 华北人民政府未成年人保护制度探析
吕厥中　袁　方

541 华北人民政府中小学、师范学校教育法令研究
邱远猷　王超群

557 华北人民政府高等教育制度考
——兼对新中国高等教育的影响和启示
谭　波

565 论华北人民政府法律教育改革理念的正确性
——从《华北人民政府法令选编》院系调整决定说起
黄 璐

581 华北人民政府保护文物古迹立法研究初探
王胜国

上 编

一、汲取华北人民政府积累的宝贵经验，推进中国特色的社会主义法律制度建设

——部分领导同志在"纪念华北人民政府成立60周年座谈会"上的讲话

共和国法治建设从这里启程

——纪念华北人民政府成立 60 周年

全国政协原副主席、中国法学会原会长、
董必武法学思想研究会会长　任建新

(2008 年 10 月 11 日)

今年是华北人民政府成立 60 周年。我谨代表董必武法学思想研究会并以我个人的名义向纪念华北人民政府成立 60 周年座谈会的召开表示祝贺!

60 年前,为了适应整个解放战争形势的需要,中共中央决定,统一华北的晋察冀和晋冀鲁豫两大解放区,成立华北解放区,召开华北临时人民代表大会,成立华北人民政府。1948 年 9 月 20~24 日,华北人民政府第一次委员会会议选举董必武为华北人民政府主席,这标志着华北人民政府正式成立。随着三大战役全面胜利、北平和平解放,建立全国性政权成为现实。新中国诞生后,根据中央人民政府毛泽东主席的命令,华北人民政府于 1949 年 10 月 31 日正式撤销,华北人民政府履行其使命历时一年零一个月。华北临时人民代表大会的召开和华北人民政府的成立,在中国新民主主义革命史上具有划时代的意义,正式揭开了新中国政权建设的序幕。正如董必武同志所指出的,华北临时人民代表大会"将成为全国人民代表大会的前奏和雏形","是中国民主革命历史中划时代的一次大会,在民主革命历史上将占有光荣的篇章"。

华北临时人民代表大会开创了人民代表大会制度,初步确立了新中国由各级人民代表大会选举各级人民政府的基本政治体制,初步形成了多党派合作的政治协商制度,为新中国的民主政治制度作了积极尝试,为新中国政权建设作了组织上的准备,为新中国法制建设奠定了基础。新中国诞生前夜成立的华北人民政府,是我党为新中国政权建设进行的一次成功实践,是新中国中央人民政府建立的直接基础,是我党由局部执政走向全国范围执政的一次成功预演。

华北人民政府虽然仅仅存在了一年多的时间,但是在中共政权建设史上具有特殊的历史地位。它兼具中央政府的某些职能,为新中国各级政权机构确立了基本的组织模式,统一和规范了局部根据地政权的法规、制度,探索出了一条实现政府工作正规化的有效途径,确立了合理的党政关系,为实现向全国性政权的顺利过渡做好了充分的政治上与制度上的准备。华北人民政府成立后,在政权建设、经济建设等各个方面制定并实施了一系列纲领性文件,为新中国统一法律制度、行政管理、财政管理、恢复发展经济积累了宝贵经验。这些经验主要是:在中国共产党领导下的人民政府以及党和政府的每一位工作人员,都应该坚持正确的政治方向,时刻把党的事业、人民的利益放在至高无上的地位;党和国家的一切工作都要纳入法律的范畴,依法建政、依法执政;建立人民司法,用法律保证党的事业有序发展、国家和人民的利益的最大化、党的中心任务的顺利完成。可以说,没有华北人民政府时期在各个方面的探索和经验积累,就没有新中国人民代表大会制度的确立和发展,也就没有全国政权的迅速建立以及中央人民政府民主、高效、科学的管理和运作。

我在这里特别要提到的是,在华北人民政府存在的13个月里,董必武同志领导委员会及相关部门,先后制定、颁行了200多项"法令""法规",涵盖了建政、支援前线、经济建设、民政、公安司法、金融、财政税务、工商贸易、交通、农业水利、教育科技文化卫生等诸多方面,既为各级行政机关及工作人员能够依法行政作了准备,也为后来成立的中央人民政府在法制上作了可贵的准备。这些法令、法规不仅具有历史价值,在今天看来,对于我们的立法、司法及行政工作仍然具有重要的现实价值和借鉴作用。

新中国法治建设，从华北人民政府启程。

我们今天纪念华北人民政府成立60周年，就是要继承革命先辈的光荣传统，深入学习和研究华北人民政府积累的宝贵经验，尤其是要学习和研究法制建设方面的经验，坚持中国特色的社会主义政治方向，建设具有中国特色的社会主义法律制度和司法体系，维护社会的公平和正义，保证社会的和谐与稳定，维护广大人民群众的合法权益，为实现全面建设小康社会的宏伟目标、推进中国特色社会主义事业的顺利发展而努力奋斗！

汲取华北人民政府宝贵经验
推进中国特色的社会主义建设事业的深入发展

——纪念华北人民政府成立60周年

全国政协原副主席、行政管理学会名誉会长　李贵鲜

（2008年10月11日）

同志们：

　　今年是华北人民政府成立60周年，我们在这里举行纪念座谈会，是为了更好地汲取当年华北人民政府的宝贵经验，为推进我国具有中国特色的社会主义建设事业更深入地发展。

　　60年前，1947年11月石家庄解放后，晋察冀和晋冀鲁豫两大解放区连成一片。中共中央决定将这两个解放区合并。1948年5月，中共中央迁到河北平山县西柏坡村。5月20日，晋察冀和晋冀鲁豫两个解放区正式合并成立华北解放区。中央晋察冀中央局与晋冀鲁豫中央局合并成立中共中央华北局，两区部队合并为华北军区，两区政府合并为华北联合行政委员会。为了适应整个解放战争形势的需要，中共中央决定召开华北临时人民代表大会，成立华北人民政府。7月，经过酝酿选举，各解放区选出代表500余人。8月7日，华北临时人民代表大会在石家庄召开，大会选举董必武、聂荣臻、薄一波等27人组成华北人民政府政治委员会。1948年9月20~24日，华北人民政府第一次委员会在平山县王子村召开。会议选举董必武为华北人民政府主席，推举薄一波、蓝公武、杨秀峰为副主席。华北人民政府开始工作。董必武同志在华北临时人民代表大会开幕式上指出："这次代表大会是临时性的，

也是华北一个地区的，但是，它将成为全国人民代表大会的前奏和雏形。因此，它是中国民主革命历史中划时代的一次大会，在中国民主革命历史上将占有光荣的篇章"。他同时指出："我们这次代表大会，体现了我们解放区的政权是革命的政权，是人民的政权，是新民主主义的政权。"

三大战役全面胜利、北平和平解放使得建立全国性政权很快成为现实，华北人民政府失去了存在的必要。1949年10月27日，毛主席在撤销华北人民政府的命令中指出："中央人民政府的许多机构，应以华北人民政府所属有关机构为基础迅速建立起来。"1949年10月28日，董必武同志签署《华北人民政府结束工作的公告》，1949年10月31日，华北人民政府正式撤销，历时一年零一个月。新中国诞生前夜成立的华北人民政府，是中国共产党为即将诞生的新中国的政权建设直接进行的一次成功尝试，是新中国中央人民政府建立的直接基础，也是中共由局部执政走向全国范围执政的一次成功预演。它虽然只存在了一年多的时间，但在中共政权建设史上却具有特殊的历史地位。它兼具中央政府的某些职能，统一和规范了局部根据地政权的法规、制度，确立了合理的党政关系，初步形成了多党派合作的政治协商制度，为实现向全国性政权的顺利过渡做好了充分的政治上与制度上的准备。董必武同志在当选为华北人民政府主席之后的就职典礼上，郑重宣布："这个政府是由游击式过渡到正规式的政府。正规的政府，首先要建立一套正规的制度和办法。""正规的政府办事就要讲一定的形式，不讲形式，光讲良心和记忆，会把事情办坏的。"他解释说："我们是人民选举出来的，我们要向人民负责，人民要求我们办事要有制度、有纪律，无制度无纪律一定办不好事情。政府规定的制度一定要遵守，不遵守就违反纪律。"

华北人民政府的建立，是中国人民武装革命斗争即将成功的前夕，毛泽东同志和党中央的伟大战略部署。华北人民政府成立后，在政权建设、发展经济等各个方面制定并实施了一系列纲领性文件。一方面，它承担着华北、华东等战场的支前任务，先后支援了淮海、平津等著名战役；另一方面，它为新中国统一法律制度、行政管理、财政管理、恢复发展经济积累了经验。

华北临时人民代表大会，为新中国的民主制度作了积极尝试，并为政权建设作了组织上的准备，为新中国法制建设奠定了基础、积累了宝贵经验。

纵观华北人民政府短短十一个月的艰苦卓绝的建设与工作不难看出，华北人民政府的宝贵经验主要在于，在中国共产党的领导下的人民政府以及党和政府的每一位工作人员都应该坚持正确的政治方向，时刻把党的事业、人民的利益放在至高无上的地位；党和国家的一切工作都要纳入法律的范畴，依法建政、依法执政；建立人民司法，用法律保证党的事业有序发展、国家和人民的利益的最大化、党的中心任务的顺利完成。

当前，全党、全国人民在以胡锦涛同志为总书记的党中央领导下，努力建设中国特色的社会主义。胡锦涛同志在十七大报告中指出："全面建设小康社会是党和国家到二〇二〇年的奋斗目标，是全国各族人民的根本利益所在。""全党必须坚定不移地高举中国特色社会主义伟大旗帜，带领人民从新的历史起点出发，抓住和用好重要战略机遇期，求真务实，锐意进取，继续全面建设小康社会，加快推进社会主义现代化，完成时代赋予的崇高使命。"我们今天纪念华北人民政府成立60周年，就是要继承革命先辈的光荣传统，汲取华北人民政府的宝贵经验，把握好党中央提出"全面建设小康社会、加快推进社会主义现代化，完成时代赋予的崇高使命"这一中心任务，坚持中国特色的社会主义的政治方向，建设具有中国特色的、更加完善的社会主义司法体系，以保证社会主义现代化事业的顺利发展、保证社会的公平与正义、保证社会的和谐与稳定，维护人民的权益，保证人民享有更真实、更充分、更广泛的人权。

同志们：让我们更加深入地学习和研究华北人民政府的宝贵历史经验，更好地推进中国特色的社会主义建设事业的深入发展，为党的事业、人民的福祉尽我们的最大努力。

学习华北人民政府行政管理经验
推进服务型政府建设

——在纪念华北人民政府成立 60 周年座谈会上的讲话

中国行政管理学会会长 郭 济

(2008 年 10 月 11 日)

同志们，朋友们：

今天，中国法学会董必武法学思想研究会、中国行政管理学会、中国老教授协会、中国政法大学、中国法制日报社共同举办"纪念华北人民政府成立 60 周年座谈会"。在此，我谨代表中国行政管理学会，向出席会议的各位领导、各位同志、各位朋友，表示热烈的欢迎，向给予这次会议大力支持的各位领导和付出辛勤劳动的同志们，表示衷心的感谢！

下面我就学习华北人民政府行政管理经验，推进服务型政府建设，讲几点意见与大家共同研究。

一、充分认识华北人民政府行政管理经验，进一步增强建设服务型政府的自觉性和紧迫性

1948 年 9 月 26 日，以董必武同志为主席的华北人民政府宣告成立，是在我们党领导的人民解放战争进行到第三个年头，晋察冀边区与晋冀鲁豫边区连成一片的时刻成立的。它的辖区，随着人民解放战争的迅速发展，最后包括河北、山西、平原、绥远、察哈尔五省以及北平、天津两市。在短短的一年多时间里，华北人民政府在建立政权、支援前线、公安司法、财政金融、工商交通、农业水利、教育科技、文化卫生等各个方面，开展了大量卓有成效的行政管理工作，积累了丰富的行政管理经验，建立了相当完备的行政体系、经济体系和法律体系，堪称新中国政府建设、经济建设和法治建设的重要基石，被誉为中华人民共和国之雏形。

华北人民政府行政管理经验归结起来，主要体现在三个方面：

第一，始终坚持人民政府为人民的根本宗旨。这是华北人民政府行政管理经验的核心所在。华北人民政府的一个重要使命是支援解放战争、夺取华北全境解放。此后，华北人民政府的工作中心，从支援战争转移到经济建设上来。董必武同志认为，无论是支援战争还是领导经济建设，政府工作的最终目的只有一个，就是全心全意为人民服务（《董必武选集》，人民出版社1985年版，第304～305页）。从而揭示了人民政府的根本使命。在董必武同志领导下，华北人民政府从发展生产入手来逐步解决人民群众的生活问题，其目的是使不能生活的人活下去和已经生活的人生活得更好，并一再指明人民代表和政府机关工作人员都是人民的仆人，扎扎实实地践行着人民政府为人民的根本宗旨。华北人民政府中的各级工作人员，继承了我们党延安时期陕甘宁边区政府"只见公仆不见官"的优良作风，始终坚持勤政廉政，自觉地同贪污腐化行为进行不懈的斗争，努力做好人民的勤务员。

第二，强调民主建设。这是华北人民政府行政管理经验的精髓所在。民主建设对于政府的意义在于，使政府真正成为人民群众的政府。所谓民主政府，有两个突出的表现：一是在政府决策的形成、制定过程中，始终坚持走群众路线，具有民主作风；二是在政策执行过程中，善于听取人民群众的意见，接受人民群众的监督，特别是人民群众能够批评政府乃至建议撤换他们所不满意的政府工作人员。董必武同志还提出党领导国家政权，但党不能包揽行政事务，党政职能必须分开（《董必武法学文集》，法律出版社2001年版，第109～110页）。这一思想，对我们今天进一步加强党的领导，改善党的领导方式和执政方式，提高党的执政能力和水平有着现实意义。

第三，注重法制建设。这是华北人民政府行政管理经验的突出特征。政府作为国家机器的一部分，更要奉行法治。早在华北人民政府成立之初，就明确形成了这样一种施政理念：建立新政权，必须要创立法律、法令和规章制度；新政权的工作人员必须按照新的法律、法令和规章制度办事，否则就是无政府主义。这就是主张依法行政、走法治型政府道路。新中国成立后，基于对国情和群众政治运动利弊得失的分析，在总结华北人民政府行政管理经验的基础上，1953年董必武同志向党中央建议：在大规模群众革命运动结束后，人民民主专政的工作必须用正规的革命法制来实施，用以保护人民利益和国家建设事业的顺利进行（转引自何兰阶、鲁明健主编：《当代中国的审判工作》（上册），当代中国出版社1993年版，第42页）。1954年，他在政务院全体会议上再次建议，国家进入大规模经济建设后，与搞运动不同，必须"按法律办事"（《董必武法学文集》，法律出版社2001年版，第166页）。1956年，董必武同志更加全面深刻地向全党提出，"有法可依、有法必依，依法办事"（《董必武法学文集》，法律出版社2001年版，第352页）是加强法制建设的中心环节等正确主张。这些思想和主张是华北人民政府行政管理经验在新时期的再反映、再凝练和再升华。依法办事思想的基本精神也被载入党的八大决议，成为我们党法制建设理论的重要奠基石，是我们党提出"依法治国""依法行政"等重要主张的一大思想来源。

在华北人民政府行政管理经验的形成过程中，以董必武同志为首的华北人民政府领导人作出了重要贡献。他们长期从事革命斗争，具有丰富的实践经验；对人民群众饱含深情，具有坚强的党性；他们的理论既牢牢建立在马克思主义群众观、国家观、政治观的基础上，又深深扎根于中国历史和现实国情的土壤中；他们主张一切从中国的实际出发，在借鉴外国的经验和做法的基础上形成自己的经验，反对照抄照搬；他们从来不讲空话、套话、大话，始终着眼于研究和解决实际问题，有着鲜明的针对性。华北人民政府领导人这种民主的领导作风和法治的工作作风，这种实事求是的态度和对人民群众的深厚感情，凝结在华北人民政府的行政管理经验中，值得我们永远学习、继承和发扬。

当代中国正在发生广泛而深刻的变革。我们面临的机遇前所未有,面临的挑战也前所未有。党的十七大报告中明确提出,要加快我国行政管理体制改革,建设服务型政府。2008年2月23日,胡锦涛总书记在中共中央政治局第四次集体学习时强调指出,要扎实推进服务型政府建设,全面提高为人民服务能力和水平(两会系列策划之二:"政府权力越来越窄 服务范围越来越广" http://theory.people.com.cn/GB/40555/6964374.html)。推进服务型政府建设的实质,就是要在经济发展的基础上,不断扩大公共服务,逐步形成惠及全民、公平公正、水平适度、可持续发展的公共服务体系,切实提高政府为经济社会发展服务、为人民服务的能力和水平,推动科学发展、促进社会和谐,更好地实现发展为了人民、发展依靠人民、发展成果由人民共享。这为我们提出了新的更高要求。面对新形势、新任务,我们一定要认清肩负的崇高使命和历史责任,提高对服务型政府建设的认识水平,进一步增强建设服务型政府的自觉性和紧迫性。

二、借鉴华北人民政府行政管理经验,扎扎实实推进服务型政府建设

华北人民政府虽已逾半个多世纪,但其行政管理经验随着岁月推移越来越显示出它的强大生命力。在全国认真学习贯彻党的十七大精神,万众一心,开拓奋进,在夺取全面建设小康社会新胜利之际,我们深入学习和研究华北人民政府行政管理经验,就是要围绕中心,服务大局,从坚持中国特色社会主义理论体系和中国特色社会主义道路的高度,着重研究它在建设服务型政府中的传承和发展,扎实推进服务型政府的建设。

一是把学习和研究华北人民政府行政管理经验,同政府坚持以人为本,重在改善民生结合起来。华北人民政府始终坚持政府的核心任务是改善人民生活。这启示我们,建设服务型政府,就在于为人民群众提供公平、方便、优质、高效的公共服务。这要求我们应当站在实现最广大人民群众根本利益的立场上,不论阶层、地位、身份、贫富的差别,为人民群众提供一视同仁的公共服务,通过建立和健全社会保障制度体系,来关怀弱势群体和困难群众，促进社会公平和社会正义的实现，推动科学发展、和谐发展、和平发展。

二是把学习和研究华北人民政府行政管理经验，同政府坚持民主行政、依法行政结合起来。华北人民政府始终坚持，政府行政与民主、法制相统一。这启示我们，建设服务型政府，要推行政务公开，让政府权力在阳光下运行，接受群众监督、舆论监督和社会监督，提高民主行政的能力。要坚持各级政府及其工作人员自觉在宪法和法律范围内活动，带头维护宪法和法律的权威，坚持依法办事。要加快行政管理体制改革，建立健全以公共服务为主的政府绩效评估和行政问责制度，依法规范政府职能和行政行为，为建设服务型政府提供强有力的法制保障。

三是把学习和研究华北人民政府行政管理经验，同加强政府自身建设、改进工作人员作风结合起来。华北人民政府始终坚持，政府工作人员的作风是政府的生命线。这启示我们，建设服务型政府，要全面加强公务员队伍的思想建设、制度建设、作风建设、能力建设，不断增强公务员为人民服务的本领和能力。各级政府工作人员尤其是领导干部，要始终牢记全心全意为人民服务的根本宗旨，大力增强公仆意识、宗旨意识和忧患意识，坚持勤政廉政，切实转变工作作风，真正做到为民、务实、清廉。

当前，我们正处于新的历史起点，面临新的阶段性特征。在建设服务型政府过程中，华北人民政府行政管理经验进一步为我们打开了思路、开阔了视野、增强了动力。我们要以纪念华北人民政府成立60周年为契机，认真学习和贯彻党的十七大精神，密切联系建设服务型政府的实际需要，继续发掘华北人民政府行政管理经验的丰富内涵，为科学发展服务，为公务员全面成长服务，为推进服务型政府建设发挥我们应有的作用。

谢谢大家！

继承光荣传统、汲取宝贵经验，为建设具有中国特色的社会主义法治国家贡献我们的力量

——在纪念华北人民政府成立60周年座谈会上的开幕词

中国法学会原常务副会长、董必武法学思想研究会会长　孙琬钟

（2008年10月11日）

尊敬的李贵鲜副主席、同志们：

今天，我们在这里隆重集会，纪念华北人民政府成立60周年。

这个纪念座谈会是由中国法学会董必武法学思想研究会、中国行政管理学会、中国政法大学、法制日报社、中国老教授协会政法专业委员会共同主办的。

全国政协原副主席、行政管理学会名誉会长李贵鲜同志亲自莅临今天的会议，我们表示热烈的欢迎。

出席今天会议的还有：

中国行政管理学会会长郭济同志，中国政法大学党委书记、行政管理学会副会长石亚军教授，法制日报社总编、社长贾京平同志，中国老教授协会政法专业委员会主任、国务院参事室参事、中国政法大学朱维究教授，中国行政管理学会副会长兼秘书长高小平同志，中国法学会董必武法学思想研究会副会长兼秘书长、中共党史研究室杨瑞广研究员，中国法学会董必武法学思想研究会副会长、中国社会科学院人权研究中心主任刘海年教授。

今天，我们还特别请到了当年在华北人民政府工作过的赵秀山同志、马永顺同志，对他们的到会表示热烈的欢迎。

今天到会的还有部分在京高等院校的专家教授和同学。让我们对他们的到来表示热烈的欢迎。

60年前，即1948年9月，在中国人民解放战争取得重大胜利，即将夺取全国政权的重要时刻，根据中共中央的指示，召开了华北人民临时代表大会，选举成立了以董必武为主席，薄一波、蓝公武、杨秀峰为副主席的华北人民政府，从而揭开了中国人民民主革命的新的光辉篇章。华北人民政府虽然仅仅存在了13个月，但为支援全国的解放战争，夺取全国胜利，作出了巨大贡献，为新中国的诞生进行了历史性的试验，为新中国的政权建设与行政管理、经济建设、法制建设打下了良好的基础、积累了丰富经验。华北人民政府是新中国政权建设史上的一个重要里程碑。华北人民政府施行的人民代表大会制度；施政中体现的人民当家作主，人民政府由人民产生，向人民负责，为人民服务的思想；体现的以人文关怀，以人为本的思想；政府必须依法行政，政府行为必须受到规范和监督，重视法治建设的思想，至今仍然闪烁着时代的光芒。华北人民政府时期的法制建设成就非凡，是当代中国法制史上的一个光辉典范。华北人民政府在短短的13个月里，就颁布实施了二百多项法律、法令、法规，涉及了政治、经济、文化教育等社会生活的各个方面，既为华北人民政府完成历史赋予的任务建立了可靠的法律保障，也为新中国中央政府的成立做了法律上的准备。

华北人民政府的立法，表现了十分鲜明的科学性与创造性，也表现了充分的现实性与针对性，同时又具有严肃的规范性与灵活性，是留给我们的宝贵遗产。

董必武法学思想研究会为了纪念华北人民政府成立60周年，编辑整理了《华北人民政府法令选编》，并于2007年年底邀请了部分专家学者，对华北人民政府的法律、法规进行研究，取得了丰硕的成果，今天座谈会上一些同志的发言将是这些研究成果的体现。

我们纪念华北人民政府成立60周年,是为了缅怀革命先辈们的丰功伟绩,发扬他们的革命精神,继承他们的光荣传统,学习他们勤政爱民、高效廉洁的作风,更好地汲取他们留下的宝贵经验,为落实中共十七大提出的建设具有中国特色的社会主义法治国家的目标贡献我们的力量。

回顾历史为解决现实的问题服务

——在纪念华北人民政府成立 60 周年座谈会上的闭幕词

中国政法大学党委书记、行政管理学会副会长　石亚军

（2008 年 10 月 11 日）

今天的这个会议名称叫作座谈会，但实际上整整开了四个小时，我觉得它产生的意义已经扩展了，扩展成了不同年代有过不同经历但又有共同的研究兴趣的不同学者在一起沟通感情的一次会议，刚才孙国华教授讲的一点非常重要，这当中最根本的是需要我们在感情上的认同，如果学术研究没有感情做基础，我们就谈不上对过去曾经发生过的事情的感悟，你现在的研究就很难深入下去，甚至很难达到真理的地步，我觉得今天很重要的是感情的沟通。第二，对于我们后来的这些晚辈，这无疑是一次传统的教育，刚才虽然谈的都是一种经历、一种观点、一种结论，但这个里面我觉得我们受到了很多传统的教育，我们党的正确的思想路线的教育，不管讲的是董必武的法律思想还是行政管理思想，首先有一点，思想路线是正确的，否则的话他的各种具体的正确思想是不可能产生的。第三，是一次有深刻内涵的研讨会。刚才各位教授围绕着从不同角度确定的专题进行了发言，相互之间受了很大启发，所以我们今天本来大家坐在一起是为了共同追忆董必武同志作为中华人民共和国缔造者之一、中国法学教育的缔造者之一，在中国行政管理体制雏形的创建上，在中国法治建设和法学教育上的贡献和事迹，但实际上我的收获更多。

我非常赞同一些老师的看法，开这次座谈会的目的是回顾历史为解决现

实的问题服务。我从自己专业的角度提点想法。大家知道十七大对中国行政管理体制改革作出了重大的战略部署，十七届二中全会又通过了《中共中央关于深化行政管理体制改革的意见》，这个意见在改革开放前五次国务院机构改革方案的基础上第一次提出来要构建到2020年中国行政管理体制改革的总体方案。因为过去从来没有过总体方案，都是每五年做一次方案，而这次提出来的是总体方案，会议以后，国务院的大部制方案已经出来，除了27个组成部门宣布并陆续挂牌以外，其他事业单位、议事协调机构在国务院层面上的方案也出来了。最近，省一级机构改革方案的工作部署也推行了，大概到2008年年底省、市、自治区的机构改革方案也出来，逐步向市县乡推进。但是有一个问题，我觉得中国的行政管理体制改革往下再走，有四个大的问题是需要解决的。我认为权利的配置是根本，治理结构是核心，财政体制是关键，法治建设是保障。而这四个问题恰恰是我们在华北人民政府成立时期都涉及了，人民政府的职能配置、财政体制和机制的建构问题都涉及了，更重要的是运行机制的问题也涉及了，或者说行政管理体制不顺畅的瓶颈问题、各级政府之间的关系，在财权、事权、人权上的配置关系问题或者同级政府部门间的关系也涉及了。因为过去我对华北人民政府的研究还不是很多，通过翻阅这次会议的大量背景资料，我感觉华北人民政府实际上为解决我们现在存在的很多问题有过很多经验，而这恰恰给我们提出一个什么问题呢？就是整个行政管理学界研究忽视实证性调查，中国的五级行政管理体制究竟是什么情况，很少全面去了解它。不在这个基础上提出问题，而在与这个基础不一样的另外一个角度提出解决问题的方案，我们可以想象，那个方案究竟能够在多大程度上解决中国现实的问题，这是一个误区。还有一个误区，当我们要借鉴现成经验的时候，老是眼睛往外看，言必称美国的模式、英国的模式、韩国日本的模式，我很少看到在借鉴行政管理体制改革和政府治理模式方面有自己的一些经验，很少有文章提及曾经存在华北人民政府。我们要实现十七大提出来的总体目标的很多理念、很多措施和思路，那个时候已经给我们留下了很多宝贵的经验和精神遗产，而这一块恰恰是研究者所遗忘的角落。所以我今天的感受很深，我的课题组要定点去调查，我想华北人民政府应该进入我们课题的视野，而且有中国特色的服务型政府的行政管理体制是一个很重要的研究对象。我今天的收获很大。

我还要强调一点，有时我们搞研究，注意的是静态的问题，忽视的是动态的东西，注意的是硬的东西，忽视的是软的东西，包括政府改革也是这样，我们可能过多地注意机构、职能、编制、权力，但恰恰忽视了有了这些东西以后它们是怎么运行的，尤其是运行机制，实际上很多问题恰恰出现在运行机制上。大家现在批评比较多的是政府间的转移支付，专项性这一块没有体现更大的公平性。制度是存在的、是好的，但是运行当中是什么样的关系、什么样的效应，很少有人去研究。所以我今天听完之后，还有一个新的感受就是解剖华北人民政府，不应当仅仅是看华北人民政府设了哪些机构、每个机构确定了什么职能、做了哪些事情，而可能要更加注重这些机构设置以后，去履行特定职能的时候是用什么样的机制推动的。这是一个至关重要的问题。

总之，这个会议给了我很多启发，感谢董必武法学思想研究会给了我这么好的创意，感谢作为主要的主办单位的中国行政管理学会。中国政法大学作为一所从事教育和科研的机构，我们的职责之一是为社会服务。大学不能关起门来开，而是要积极参与社会上各种主体所需要的建设。中国政法大学今后还要积极地配合两个学会的各项工作。

谢谢大家！

上 编

二、在难忘的战斗岁月中，迎接新中国的诞生

——经历过华北人民政府的老同志的发言

我在华北人民政府的日子

政协全国委员会办公厅原副主任、秘书局局长　马永顺[*]

1948年5月9日,在中共中央正式作出晋察冀和晋冀鲁豫两个解放区合并的决定后,我们晋察冀边区行政委员会5月16日离开阜平县广安村,18日到达平山县王子村。随后,晋冀鲁豫边区政府的同志也陆续到达。

在王子村住下后,6月12日,领导宣布,两个边区政府合署办公,统称"华北联合行政委员会",主席董必武,副主席黄敬、杨秀峰,开始筹备召开华北人民临时代表大会并成立华北人民政府。对外行文仍分别以两个边区政府的名义,各自处理本地区的事务。这时,我们两个政府的秘书部门已完全合为一体,成立了秘书处及文书科。筹备召开华北人民临时代表大会及有关华北人民政府的文件印发工作也逐渐多起来了。

历史时刻

亲历华北人民政府成立

经过两个多月的筹备,1948年8月7~19日,华北人民临时代表大会在石家庄召开。我和文书科部分同志参加了大会的服务工作。会议选出了华北人民政府委员27人,组成华北人民政府委员会。

9月20~24日,华北人民政府委员会在王子村举行第一次会议,选举董

---

[*] 马永顺,灵寿人,1927年生,1942年参加革命工作,毕业于华北联大。新中国成立后,长期在政务院、国务院工作。历任科长、处长,政协全国委员会办公厅副主任、秘书局局长等职。著有《人民公仆周恩来》《周恩来组建政府实录》。

必武为华北人民政府主席,薄一波、蓝公武、杨秀峰为副主席。

9月26日,华北人民政府在王子村举行全体工作人员大会,宣布华北人民政府成立和庆祝济南解放。董必武主席和各位副主席在大会上就职视事。董主席在就职讲话中在讲了华北人民政府今后的任务后说:现在政府各部门都成立起来了,这个政府是由游击式过渡到正规式的政府。正规的政府,首先要建立一套正规制度和办法。过去好多事情不讲手续,正规化起来,手续很要紧,办事情就要讲一定的形式。当然,我们不要像过去反动政府那样搞形式主义,搞繁琐的公文手续。

会后,董主席和各位副主席签署了华北人民政府第一号令,告知各级政府和部门,自即日起,启用华北人民政府印信,撤销原晋冀鲁豫边区政府及晋察冀边区行政委员会。27日又发出《华北人民政府布告》,向社会宣告华北人民政府成立。

华北人民政府各部门的组织机构早在筹备期间已大体确定。但随着政府的正式成立及正规化的要求、支援全国解放战争任务的增大,各部门的组织机构和人员编制也就相应地有了扩充。仅就秘书厅来说,陆续增加了不少新人。我所在的文书科,除了两边区政府来的同志外,又增加了好几位新同志,从石家庄找了打字员,增设了打字工作,还准备从人民日报调来一部铅印机和几名有关工作人员,增设了铅印工作。那时,除秘书厅外,还有法院、司法部、华北财办处、民政、财政等部门同住在王子村。各单位都增加了人,在王子村已容纳不下那么多的部门。所以,大约在1948年10月中旬,华北人民政府的核心部分,包括主席、副主席、秘书长及秘书厅的秘书、机要、总务等单位从王子村迁到了东冶村。

迁驻东冶村

一系列法律法规随之出笼

我们刚到东冶村不几天,由于傅作义企图偷袭石家庄和我中央机关,我们把尚未安装好的印刷机等物品藏在文书科对面的一家院子里(埋在地下)。

在一天晚上，出发到微水车站，乘火车转移到山西省平定县城。大约过了十来天，傅作义未敢来犯，我们就又回来了。回来后，经过几天重新安顿，恢复了正常工作。

回到东冶村后，处理了积压下来的文件，重新装配了印刷机。经过向有关单位调人，找零件，终于在文书科除油印外又有了铅印。不过那时的铅印也只能印简单文件。

华北人民政府在东冶村这个时期，按照正规化的要求，建立了机关的各种工作制度，规范了办公秩序，如制定了《华北人民政府办事通则》，对于哪些性质的公文以华北人民政府名义行文，哪些性质的公文以各主管部门名义行文；对于公文的拟稿、审稿、签发，公文的种类、收发处理；对于会议制度；对于办公时间、值班制度以及对于工作人员的要求等方面都作出了明确规定。据我所知，这个办事通则的主要内容，也成了中央人民政府政务院制定办事细则和公文处理的基础。

与此同时，华北人民政府还制定并发布了大量的关于统一华北地区的各种法律、法规以及方针政策。例如：《华北人民政府关于统一规定各行署市府名称、组织机构并任命正副主任及市长的通令》《华北区村县人民政权组织条例》《华北人民政府关于成立中国人民银行发行统一货币的命令》《华北人民政府关于农业税土地亩数及常年应产量标准的规定》《华北人民政府关于颁发普通中学师范学校暂行实施办法令》。

进入北平

华北人民政府完成历史使命

正是1949年春节期间，2月1日特大的喜讯终于传来——3月31日北平和平解放了！大家欢呼，放声歌唱，兴奋地加快了准备进城的步伐，凡是能够印发出去的文件，连夜突击，眼前不需要的东西，即刻装箱、打包。但是，几天过去了，就是听不到哪天动身的消息，许多同志急不可待，奔走打听进城的消息。

2月6日上午，杨秀峰副主席在东冶村华北人民政府会议室召开会议，传达华北局会议精神。

当时我想，报告中一定会讲到何时进城的问题，可是会议只讲了进城的思想准备，仍未讲进城的具体时间。根据我的记录，这次传达了三个问题：一是目前战争形势，二是华北解放区1949年的任务，三是入城的几个思想问题。

杨主席在报告中未讲进城的具体问题，但仅过了几天，上级正式通知了进城的具体时间。我记得，大约从2月中旬开始，我们分批离开东冶村到石家庄转乘汽车进北平。我们文书科当时也分了两批，我是第二批（具体时间可能是正月十三）。我们在石家庄乘汽车途经保定时，在一个面粉厂住了一宿，第二天进入北平，经过广安门、菜市口、前门大街，到达西交民巷银行公会。我们文书科被安排在公会大楼三层。大约四五月间，华北人民政府机关搬到了东城外交部街北洋军阀政府时期外交部旧址，直到中央人民政府成立，华北人民政府宣布结束。

怀念新中国法学教育的第一人——董必武

——在纪念华北人民政府成立60周年座谈会上的发言

中央民族大学法学院教授　庚以泰
中国政法大学教授　　　巫昌祯

　　董老是我们心中崇敬和爱戴的老一辈无产阶级革命家，他是我们党的创始人之一，也是共和国的缔造者之一和新中国法学教育的奠基人。

　　法学学科有它的特殊性，不同于理工等自然学科，也和其他人文社会学科不一样。1949年2月，中共中央发布《关于废除国民党六法全书和确立解放区司法原则的指示》以后，六法全书不学了，教六法全书的老教授们也不教了。废旧立新，今后建立什么样的法科大学，教什么，怎么教，就成为摆在当时国家面前的大课题。董老就是主持策划解决这个难题的领导人。这个我有切身的感受。因为我们的母校就是在董老的领导下建立起来的。我们的母校就是新中国成立前的中国政法大学和新中国成立初的中国人民大学。

　　1948年，我和巫昌祯同时考入了朝阳大学，9月开学，到12月就停课了。1949年1月底，北平和平解放。学校地下党以学生联合会的名义，号召同学们返校组建学习队。我和巫昌祯先后返校参加了学习队。学习队主要是把志愿参加的同学组织起来，学习革命理论，同时配合革命形势发展参加多项社会活动。当时，孙国华同志是我们学生联合会的领导成员之一。他带领我们上街宣传，庆祝各地解放，革命激情非常高。到4月中旬，以董老为政府主席的华北人民政府责成司法部委派陈传纲为首的工作组进驻朝阳大学接管。当时，我被指定为学员代表，跟着工作组一起参加了清点校产等接管工作。工作组进校以后就直接领导了朝阳学习队。工作组组长陈传纲在全体学员大会上正式宣布，参加学习队就是参加革命工作，要树立革命人生观，改造世界观，学习队随后就进行了查思想、查个人历史、查社会家庭社会关系的思想改造。同时，我们听取了中央各部门领导人的报告，以及郭沫若、茅盾、艾思奇等专家教授的讲座。特别难忘的是谢觉哉同志，在7月1日那天，亲自给我们讲授了毛主席当天在人民日报发表的新作《论人民民主专政》。谢老深入浅出的讲解给我们留下了深刻的印象。学习队到8月份进行思想总结后就结业了。这期间新的法科大学也筹备成功，准备开学了。在这期间，董老为新中国的第一所新法科大学的筹建费尽了心血。首先，从6月7号就以华北人民政府主席董必武、副主席薄一波、蓝公武、杨秀峰的名义发布筹建新校的命令，委派华北人民政府司法部的谢觉哉部长兼任筹委会主任。由沈钧儒、张志让等19位法学前辈担任筹委会委员，同时指定谢老和左宗伦、关世雄、陈传纲、陈守一、余烈辰为常委，积极筹建。董老当时是华北人民政府主席，他日理万机，但仍然关心新的学校的筹建。他亲自参加、研究核定学校的名称，先是考虑叫法政学院，后来接受华北人民法院审判长贾潜同志的建议，改法政为政法，8月初上报中央，定名为中国政法大学，并请毛主席亲笔题写了校牌。8月5日，任命谢觉哉为校长，李达和左宗纶为副校长，这样政法大学就成立了。

这个政法大学和现在的中国政法大学同名，但不是一回事。现在的政法大学是在1952年调整的基础上建立的北京政法学院，这个院系调整是北大、清华的政治系和法律系、燕京大学的政治系和辅仁大学的社会系抽出来，合并成为北京政法学院。北京政法学院"文革"后复办，到1983年扩大，改名叫中国政法大学。现在中国政法大学的校牌基本上是沿用了原来政法大学的校牌。为什么是基本上呢？这个和我还有一点关联。1983年，时任司法部部长、教育司司长的余叔通调到北京政法学院担任副院长,在决定改北京政法学院为北京政法大学时,他找我,问我是否保留原来政法大学的校徽。他就是拿了我的校徽去复制了政法大学的校牌子。但是他在复制过程中,认为笔画较细,就描粗了一点,所以说是基本上沿用。

新中国成立前的中国政法大学设校部和三个学员部,当时一部是轮训现职司法干部的,二部是专修科,三部是本科。我和巫昌祯在三部学习。1949年8月15日,一部开学,二部、三部学员在"十一"前后陆续到学校。当时因为中心任务是迎接开国大典,所以把开学典礼推迟了。"十一"的时候,我们列队到天安门广场接受检阅,当我们过检阅台高呼"毛主席万岁"时,毛主席亲口回应"中国政法大学同志们万岁!"我参加了历次的"五一"、"十一"的游行检阅,毛主席亲口喊单位万岁的这是唯一的一次。到1949年11月6日,举行了正式的开学典礼。当时出席会议的有朱德同志,还有董老、沈钧儒、吴玉章、史良等同志。在会上首先是朱德同志讲话,然后是最高院院长沈钧儒讲话,接着是司法部部长史良、教育部部长马叙伦讲话。在这次会上董老没讲话,但我们知道,真正为筹建这所大学呕心沥血的领导人正是我们敬爱的董老。

这个政法大学存在的时间不长,到1950年2月根据中央的决定,同华北大学合并,成立了中国人民大学。原来政法大学一部的学员已经毕业,这一部以后几经演变就成了中央政法干校,二部转为人民大学的专修科,三部转为人民大学的法律系,现在改为法学院。我们就是转到人民大学法律系后,成了第一届毕业生。毕业后,我和巫昌祯一起到北京政法学院任教。"文革"期间,北京政法学院被迫停办。我是从安徽公安厅调回到中央民族大学任教的。十一届三中全会后,国家民委支持我的建议,在中央民族大学开创了法律系,我担任第一任系主任。现在法律系已改成法学院。巫昌祯在北京政法学院复办后,一直在政法大学任教。

这就是从我们个人的亲身经历,体验和感受董老在新中国成立时期如何为新中国法学教育奠定基石和开辟道路的。我们的国家经过60年的发展变化，特别是近30年来提出依法治国，法学教育确实像雨后春笋般地蓬勃发展。据统计，现在全国的政法院系已经超过了1000家，无论是本科、大专，还是研究生院，追根溯源，它们和董老在新中国成立前建立的第一所法科大学总会有这样、那样的历史联系。总之，董老就是我们新中国法学教育的重要奠基人，这一点我们永远不应该忘记。

上 编

三、民主建政与依法行政方面的法令、政策研究

华北人民政府是中央人民政府的雏形

张希坡[*]

1947年3月，为了粉碎国民党军队对陕甘宁边区的进攻，人民解放军主动撤离延安。3月26日，党中央决定将中共中央机构分为前委、后委和工委三部分，分别负责指挥全国解放战争和领导解放区的各项建设工作。任命刘少奇为中共中央工作委员会（简称"工委"）书记，朱德、董必武为工委常委，前往华北的晋察冀解放区建屏县，进行党中央委托的工作。以后随着解放战争的胜利发展，解放区不断扩大。1947年11月12日，人民解放军解放了华北重要战略基地石家庄，从此晋察冀和晋冀鲁豫两大解放区连成一片。到1948年4月解放军收复延安后，中共中央领导同志离开陕甘宁边区，到达河北阜平城南庄。5月，党中央宣布中共中央已与中央工委会合，中央工委即行撤销。

1948年5月9日，中共中央决定将晋察冀中央局和晋察冀鲁豫中央局合并，建立统一领导华北地区的华北局，刘少奇为第一书记，薄一波、聂荣臻为第二、第三书记，董必武为常委。同时，还决定将晋察冀和晋冀鲁豫两边区政府合并，在华北人民代表会议未召开之前，暂时成立华北联合行政委员会，以董必武为主席，黄敬、杨秀峰为副主席，宋劭文为秘书长，负责处理两边区的行政工作，并担负起华北人民政府的具体筹建工作。党中央交给董必武和华北人民政府的基本任务是：把华北解放区建设好，使之成为巩固的革命根据地，从人力、物力上大力支援全国解放战争；探索积累政权建设和

---

[*] 中国人民大学法学院教授。

经济建设的经验,为全国解放后中华人民共和国中央人民政府的建立做好必要的准备工作。以董必武为首的华北人民政府积极地完成了这一光荣任务,在政权建设和经济建设方面创造了许多可贵的经验。

一、董必武受命主持华北财经工作,为华北人民政府和中央人民政府统一财经工作奠定了基础

为了统一领导各解放区的政权工作,首先要从统一财政经济工作开始,以便发展工农业生产,集中人力、物力支援解放战争。1947年4月,党中央决定由董必武担任华北财经办事处主任。董必武先后主持召开了华北的财经会议、军工生产会议和交通会议。现在收入《董必武选集》的《我们的财经任务与群众路线》和《适应形势发展,统一交通工作》,就是董必武在上述会议上的讲话。通过这些会议的讨论研究,确定以"发展生产,保证供给"作为财经工作的总方针,审查各解放区的生产、贸易、金融工作计划,并及时作了必要的调剂与管理措施,撤销各区间的关税壁垒,促进各区间的贸易往来,正确掌握各解放区的对敌经济斗争。所有这些措施,都为后来华北人民政府制定正确的财经管理法规,提供了实践的经验。

由于华北解放区地处其他几个解放区的中心地带,因而这些方针政策的贯彻实施,迅速实现了华北、西北和华东各解放区公路、铁路、河运、邮电工作的统一,保证了解放战争迅速发展的需要。特别是为了积极筹建中央财政体制及统一银行工作,规定了各解放区的货币兑换办法,这便为1948年12月华北人民政府成立中国人民银行,发行统一的"人民币",创造了有利条件。与此同时,董必武还协助刘少奇在1947年7月于西柏坡召开了全国土地工作会议。董必武除了《在全国土地会议开幕式上的讲话》外,还作了《土地改革后农村生产与负担问题》的报告。依据这次会议通过的《中国土地法大纲》,在各解放区深入开展了土地改革运动。上述各项工作,直接地为创建华北人民政府以及中华人民共和国的成立奠定了基础。

1948年3月,华北财经办事处在董必武的领导下,在石家庄召开了华北金融贸易会议。明确提出各解放区乃至新中国成立后发展新民主主义经济的

指导方针:"发展生产,繁荣经济,公私兼顾,劳资两利"。同年8月,中共中央批准了《华北金融贸易会议的综合报告》的上述方针,要求各解放区的党组织及一切财经机关,立即实施该报告所提出的方针政策。后来在1949年制定的《中国人民政治协商会议共同纲领》第26条,将经济建设的根本方针,发展成为"以公私兼顾、劳资两利、城乡互助、内外交流的政策,达到发展生产、繁荣经济的目的"。此即所谓"四面八方"的政策。

1948年6月,中共中央决定成立中央财政经济部,任命董必武为部长。遵照中央指示,为统一华北、西北和华东三区的货币,进行了一系列准备工作。为了统一领导以上三区的财政经济工作,中央又决定于1948年10月成立华北财政经济委员会,由董必武为主任,各地区派员参加,华北财政经济委员会决定以晋冀鲁豫边区之冀南银行与晋察冀边区银行为基础,成立华北银行;接着将华北与华东两区所发行之货币固定比价,互相通用;以后又将华北与陕甘宁边区及晋绥两区所发行之货币固定比价,互相通用。到1948年11月,统一三区货币的时机已经成熟,中共中央便委托华北人民政府筹划建立统一的中国人民银行和统一发行人民币。同年11月22日,华北人民政府发布《为成立中国人民银行发行统一货币的训令》,宣布华北银行、北海银行、西北农民银行,合并为"中国人民银行",自12月1日起发行中国人民银行钞票。第一套人民币的版面,由董必武亲笔题写"中国人民银行"六个字。这便为中华人民共和国的成立,解决了十分复杂的币制统一问题。

二、董必武关于新民主主义政权的论述为华北人民政府的政权建设提供了理论根据

(一) 对马克思主义国家学说的概述

董必武于1948年10月在人民政权研究会上的讲话《论新民主主义政权问题》中,首先阐述了马克思主义国家学说的基本理论。其要点是:(1) 什么是国家?董必武在批驳了资产阶级所谓"国家神授说"和"有人类以来就有国家"的说法之后,指出:"我们知道在社会发展史中,有一个时期是没有国家的。只是生产发展到一定阶段,有了人剥削人的阶级压迫才产生出国家来的。国家的历史形态,最初是奴隶社会的国家,后来又有了封建社会的国家、资本主义社会的国家,现在又有了无产阶级专政的社会主义的国家。"(2)国家的实质是什么?"依照马克思列宁主义的定义,国家是一个阶级统治另一个阶级的工具。""最具体的表现,一是军队,二是法庭、监狱、警察"。"人类从产生阶级,有了军队、法庭、监狱这些组织以后,才形成国家"。(3)什么是政权呢?"政权是一部分人代表着特定的阶级,运用国家的权力,发号施令,叫人民做什么事情,或禁止人民不得做什么事情。这样的东西,就叫政权"。(4)什么叫革命呢?"就是把妨碍经济、政治发展的旧的制度推翻,建立新的、人不压迫人、人不剥削人的政治经济制度。我们要达到这个目的,自然也是非夺取政权不可。这是革命历史所证实了的"。"因此,我们共产党人和革命人民在没有得到政权以前,是要夺取政权,在得到了政权以后是如何巩固政权,运用政权逐渐达到我们所想要达到的目的。"也就是说,中国共产党是代表着广大人民的利益和要求的,革命的目的是解放和发展社会生产力,将半殖民地半封建社会改变成为新民主主义社会,为过渡到社会主义创造条件。(5)政权的性质是由什么决定的?"什么人掌握政权,执行什么样的政策,这是决定政权性质的基本因素。""所以我们不仅看人的因素,还要看政策的因素(政权包括两种因素——人与事)。(6)"建立新的政权,自然要创建法律、法令、规章制度。我们把旧的打碎了,一定要建立新的,否则就是无政府主义。如果没有法律、法令、规章制度,那新的秩序怎么维持呢?因此,新的建立后,就要求按照新的法律规章制度办事。这样,新的法令、规章、制度就要大家根据无产阶级和广大劳动人民的意志和利益来拟定。"

(二)新民主主义的政权性质——人民民主专政

董必武明确指出以下要点:(1)"新民主主义的政权,是以无产阶级领导的、工农联盟为基础的人民民主专政。""对什么人专政?对反动阶级专政,对反人民的反动派专政。对什么人民主?对工人阶级、农民阶级、民主爱国人士实行民主。"（2）新民主主义政权与旧民主主义政权的分界线是："新民主主义政权是无产阶级领导的，实行人民民主专政的政权，而旧民主主义政权是资产阶级的政权，是资产阶级专政。它有没有联盟呢？有，和地主阶级的联盟。"1949年6月，毛泽东在《论人民民主专政》中对人民民主专政的思想，进行了全面而深刻的论述，后来便明确规定在《中国人民政治协商会议共同纲领》中，即"中华人民共和国为新民主主义即人民民主主义的国家，实行工人阶级领导的、以工农联盟为基础的、团结各民主阶级和国内各民族的人民民主专政"。

（三）我国政权的组织形式是人民代表大会制度

董必武在《论新民主主义政权问题》中，关于人民代表大会问题，提出以下要点：（1）政权的组织形式就是人民代表大会，全国的政权机关是全国人民代表大会。这个代表大会，就是一切权力都要归它。由人民代表大会选举政府，政府的权力是由人民代表大会给的，它的工作要受人民代表大会限制，规定了才能做，没有规定就不能做。如果有紧急措施，做了要向人民代表大会作报告，错了要受到批评，一直受到罢免的处分。只有这种人民代表大会的形式，才能符合新民主主义的要求。（2）关于人民代表的选举方法，根据当时的实际情况，提出代表的产生，在乡一级，由人民直接选举直接撤换为最好。因为乡与乡离三到五里，顶多十里八里，人们也都较熟识，是完全可以做到的。但县的、省的，全国代表大会的代表怎样产生就比较复杂，大家可以议论，留待以后解决。又说：我们的选举法，就是要把不利于人民行使自己的权利的那些东西统统废掉（即指废除旧中国选举中受文化程度、性别和财产的种种限制）。同时，还要注意，选举法一定要简单明了，使人民易懂易行。如果我们的选举办法，老百姓还不懂得，那就不能够通用。"只有这样的适合广大群众的选举法，人民才能选举出他们的代表来，行使他们的民主权利。"（3）怎样开好人民代表大会，使之成为我国政权的基本制度呢？关键是怎样充分发扬民主，真正体现广大人民群众的意志。同时，还要认真贯彻民主集中制，"既有民主又有集中，使人民真正感觉到自己就是国家的主人,调动其更大的积极性"。

为了具体领导华北解放区的政权建设工作,华北人民政府成立后立即制定了政权组织与选举法规。1949年2月21日,董必武在华北人民政府第二次委员会上所作的《关于本府成立以来的工作概况报告》中说:去年十月根据华北临时人民代表大会及本府上次委员会的决议,我们组织了两个专门会议,对于村县人民政权组织条例和村县人民代表选举条例作了详细的研究,草拟了该两条例的施行细则及选举手册,并决定结合结束土改工作先行初步试行。至于普遍的选举与建立村县人民代表会议,则计划在今年秋冬举行。

(四) 人民代表会议和各界人民代表会是实施人民代表大会制度的过渡形式

第三次国内革命战争的后期,人民政权的组织形式,正处在由抗战时期的参议会向人民代表大会制度的过渡阶段。其过渡形式有两种,在农村是建立区乡(村)两级人民代表会议,在城市是召开各界人民代表会,代行人民代表大会的职权,待条件成熟时,再正式召开普选的人民代表大会。这些都是党中央总结了当时各解放区政权建设经验的基础上形成的,其中主要是华北解放区的经验。

在农村土地改革运动中建立的贫农团和农民协会,既是农民的群众组织,又是当时的临时基层政权。1947年冬,山西的崞县和河北的平山县,在贫农团和农会的基础上,首创了由农民群众选举代表,组成区村人民代表会议,由它选出政府委员会,并在代表会上讨论决定了许多为群众所关心的一切重要问题。1948年4月,毛泽东《在晋绥干部会议上的讲话》中,肯定了上述经验,并为当时的政权建设指明了方向。他说:(1)"在反对封建制度的斗争中,在贫农团和农会的基础上建立起来的区村(乡)两级人民代表会议,是一项极可宝贵的经验。只有基于真正广大群众的意志建立起来的人民代表会议,才是真正的人民代表会议。"(2)"这样的人民代表会议一经建立,就应当成为当地的人民的权力机关,一切应有的权力必须归于代表会议及其选出的政府委员会。到了那时,贫农团和农会就成为它们的助手。"(3)在区村两级人民代表会议普遍地建立起来的时候,就可以建立县一级的人民代表会议。有了县和县以下的各级人民代表会议，县以上的各级人民代表会议就容易建立起来了。"此后，党中央又陆续发布了以下指示，如1948年12月20日《中共中央关于县村人民代表会议的指示》，1949年8月26日《中共中央关于三万以上人口的城市及各县一律召开各界人民代表会议的指示》，1949年9月23日《中共中央关于人民代表大会同各界人民代表会议的区别给东北局的指示》等。

根据上述指示，中共中央华北局于1949年10月发布《建立村、区、县三级人民代表大会或各界人民代表会议的决定》，主要规定：（1）凡土地改革已经彻底完成，各界人民亦已有了充分组织的老解放区，均应召开普选的村、区、县三级人民代表大会，选举村、区、县三级人民政府，但须呈报上级人民政府加委。新解放区或条件尚不成熟的老解放区，则应召开各界人民代表会议，以为过渡，逐步代行人民代表大会的职权，并为普选的人民代表大会准备条件。预计在1950年召开各省人民代表大会，选举各省人民政府。（2）村、区、县各级人民政府，必须执行各该级人民代表大会或各界人民代表会议的决议，并定期负责向它作工作报告，请求审查和批评。各级人民代表大会或各界人民代表会议及其选举的各级人民政府，均须服从上级人民政府，对上级人民政府的一切政策法令和决定，必须遵守。上级人民政府对下级人民代表大会或各界人民代表会议的决议，有废除、修改或令其停止执行之权。（3）各级人民代表大会的代表之选举，一般以住居之街道或自然村为单位，按人口比例进行选举。区、县代表，以行政村人民代表大会为单位进行选举。县级各人民团体、机关、工厂、学校等单位，可单独进行选举。选举方式可采取群众所习惯易行的办法（如举手、投豆或其他办法）。各界人民代表会议的代表，则由各界人民群众团体及党政军选举产生，并可由各级人民政府聘请一部分有代表性的人物参加。凡有少数民族杂居的地方，应有相当名额的代表参加。（4）开会方式，要反对老一套和形式主义，时间不要太长，内容不要太多，只要能够解决当地当前广大群众最迫切要求解决的一两个问题即可，会前要做好思想上、组织上的准备工作，使会议开得生动活泼而有内容。(5) 在会上，人民代表对各种问题均有自由发表意见的权利，赞成、怀疑、反对和保留意见的权利，也有反映人民真实意见和向人民群众忠实传达、解释和贯彻决议的义务。各级人民代表大会或各界人民代表会议，对各该级人民政府的不称职或失职人员，有撤换或提出处罚之权。华北局的上述决定，既是对华北解放区政权建设的经验总结，也是当时走在最前列、最切实可行的建政实施方案。

三、华北人民政府为中央人民政府的成立做好组织上的准备

（一）华北临时人民代表大会的召开与华北人民政府的成立

1948年6月26日，晋冀鲁豫边区政府和晋察冀边区行政委员会及参议会驻会参议员在石家庄举行联席会议。会议一致通过关于召开华北临时人民代表大会产生统一的华北人民政府的决议，并组成筹备委员会。7月11日，由两边区政府联合作出《关于召开华北临时人民代表大会及代表选举办法的决定》，由各地区推选出参加华北临时人民代表大会的代表。依照这一决定，在北自察哈尔山地，南至冀鲁豫平原广大地区，共选出代表500余人。其中，区域代表298人、社会贤达代表93人、职工代表35人、商会代表30人、妇女代表50人、解放军代表35人、文化界代表15人、回民代表7人，另有聘请代表若干人。1948年8月5～6日，在预备会上推举33人为主席团，董必武为主席团常务主席，杨秀峰等组成代表资格审查委员会。8月7日，华北临时人民代表大会在石家庄开幕，董必武在开幕词《人民的世纪，人民的会议》中，指出了华北临时人民代表大会的伟大历史意义。他说："它是一个临时性的，也是华北一个地区的，但是，它将成为全国人民代表大会的前奏和雏形。因此，它是中国民主革命历史中划时代的一次大会，在中国民主革命历史上将占有光荣的篇章"，又说"崭新的人民政权的建立，是二十世纪政治上的特色"。

华北临时人民代表大会，自8月9日起，先后听取杨秀峰、宋劭文代表晋冀鲁豫边区政府和晋察冀边区行政委员会所作政府工作报告，聂荣臻关于

华北军区的军事报告，薄一波代表中共中央华北局关于华北解放区施政方针的建议报告。12日，大会听取了杨秀峰关于《华北人民政府组织大纲草案》、谢觉哉关于《村县市人民代表选举条例草案》《村县市人民政权组织条例草案》、戎伍胜关于《华北解放区农业税暂行税则草案》等法案的起草经过及其基本精神的说明。与会代表向大会提出提案1180件。自13日起，大会转入对各种报告和重要法案及提案的审查及讨论，选出六个审查委员会，提案审查委员会分为军事政治、农业、工商、民政、财政、文教、交通、黄河水利等八个组，各代表均分头参加各会或组，展开详细审查与讨论。16日，大会听取和讨论了各审查会、组的审查报告，并对各项法案及提案进行表决。最后一致通过《华北人民政府施政方针》。该施政方针分为"军事方面""经济方面""政治方面""文化教育方面"和"关于新解放区与新解放城市的政策"五个方面，明确规定了华北人民政府的施政纲领和立法原则。大会原则通过《村县市人民政权组织大纲》和《村县市人民代表选举条例》，交华北人民政府研究修改后试行。还通过农业税法案，交政府斟酌颁布实施。大会提案经过综合整理为163件，决定交各主管部门根据大会精神，分为"执行""斟酌办理""参考"三类分别研究后，呈经主席核准办理。

1948年8月18日，大会选举华北人民政府委员27人（规定政府委员39人，保留12名空额由即将解放的地区人民推举）。在9月20～24日召开的华北人民政府委员会第一次会议上，一致选举董必武为华北人民政府主席，薄一波、蓝公武、杨秀峰为副主席。委员会审议通过《华北人民政府各部门组织规程》，以及各部、会、院主管人名单，即民政部部长蓝公武（兼）、财政部部长戎子和、教育部部长晁哲甫、工商部部长姚依林、农业部部长宋劭文、公营企业部部长黄敬、交通部部长武竞天、卫生部部长殷希彭、公安部部长徐建国、司法部部长谢觉哉、华北财政经济委员会主任董必武（兼）、华北水利委员会主任邢肇棠、华北人民法院院长陈瑾昆、华北人民监察院院长杨秀峰（兼）、华北银行总经理南汉宸等。9月26日，华北人民政府正式宣告成立，董必武率各部、会、院长就职视事。

华北临时人民代表大会的召开和华北人民政府的成立，为我国的政权建设提供了重要经验，即在召开普选的人民代表大会条件尚不具备时，应当召开临时的人民代表大会，代行人民代表大会的职权，选举产生同级人民政府委员会，制定政府的施政方针，通过重要的法律条令，待条件成熟后再正式召开普选的人民代表大会（这次华北临时人民代表大会，原决定两年后召开正式的华北人民代表大会，后因筹建中华人民共和国中央人民政府而改变这一计划）。

依照华北人民政府的这一经验，在中原解放区，于1949年3月召开中原临时人民代表大会，选举产生中原人民政府委员会；在东北解放区，于1949年8月召开东北人民代表会议，选举产生东北人民政府委员会。这种临时的过渡性的民主形式，是从当时的历史条件出发，是迈向人民代表大会制度的必经途径，因而是完全正确的。后来在筹建中华人民共和国时，也参照这一经验，在召开全国人民代表大会的条件尚不成熟时，以全国人民政治协商会议的形式，代行全国人民代表大会的职权，选举产生中央人民政府委员会，并以《共同纲领》作为临时的人民大宪章。到1954年条件具备时，才召开第一届全国人民代表大会，制定《中华人民共和国宪法》，在全国范围内正式确立以各级人民代表大会作为我国的根本政治制度。

（二）《华北人民政府组织大纲》及政府组织机构

华北临时人民代表大会于1948年8月16日通过《华北人民政府组织大纲》15条，明确规定了政府的组织机构及其主要职权。

1. 华北人民政府委员会

华北人民政府设华北人民政府委员会，由委员25~39人组成，由华北临时人民代表大会选举产生。设主席一人，副主席三人，由政府委员互选之。华北人民政府行使下列事项之职权，须由华北人民政府委员会决议行之：（1）华北人民政府综理全华北政务，并根据华北临时人民代表大会所通过之施政方针及决议案，制定实施条例及规程；（2）执行华北临时人民代表大会决议之事项；（3）组织人力、物力、财力为支援前线事项；（4）华北人民代表大会及其他各级人民代表大会之选举事项；（5）行政区域及各级人民政府组织设施事项；（6）任免华北人民政府各部、院、厅长、各会主任、华北银行总经理及行署主任级以上人员；（7）全区预算决算事项；（8）关于全区生产建设、财经设施、土地、户籍、文化教育、公安、司法之方针、计划等事项；（9）关于全区人民武装之组织事项；（10）其他重大事项。

2. 华北人民政府主席、副主席

《华北人民政府组织大纲》规定华北人民政府主席之职权如下：（1）召集华北人民政府委员会，并为主席；（2）领导、督促并检查各级人民政府执行华北临时人民代表大会之决议及华北人民政府委员会之决议；（3）处理华北人民政府日常政务及紧急事项，但属于须经华北人民政府委员会决议之事项者，须提请其追认；（4）对外代表华北人民政府。

华北人民政府副主席协助主席执行上述职务，主席因故不能执行职务时，由副主席代行其职务。华北人民政府对外发布文告及有关政策、方针、重要计划等之命令指示，以主席、副主席名义行之。

3. 华北人民政府政务会议

《华北人民政府组织大纲》规定：为执行华北人民政府委员会之决议，解决各部门有关问题，华北人民政府设政务会议。政务会议由主席、副主席、各部院长、各会主任、银行总经理及秘书长组织之，但主席有最后决定权。

《华北人民政府办事通则》规定：有关政府委员会重要决议之执行，政府委员会闭会期间发生的紧要事项，及与各部门有关的重大事项，得提交政务会议讨论之。政务会议每半月举行一次，由主席或主席指定之副主席召集，各部门负责人、副职及各部门处长、副处长或相当于处长、副处长之干部，与讨论有关问题时，得指定列席。会议决议之执行由主席核定。

4. 各部、会、院、行、厅、局、处

《华北人民政府组织大纲》规定：华北人民政府设下列各部、会、院、行、厅，在主席领导下，分掌各该主管事项：民政部、教育部、财政部、工商部、农业部、公营企业部、交通部、卫生部、公安部、司法部、华北财政经济委员会、华北水利委员会、华北人民法院、华北人民监察院、华北银行、秘书厅。以后又增设劳动局、外事处、法制委员会、专门教育委员会、文化艺术工作委员会，共21个部门。上述各部门，分别设置部长、院长、主任、总经理或秘书长。视工作需要，得设副职，由主席提交华北人民政府委员会通过任命。

从上述行政机构的设置看，标志着我国的政府机构，正在由战时体制向经济文化建设体制转化阶段。其主要特点是，在强化政法机构（公安、司法、法制委员会、人民监察、人民法院）的同时，最突出的变化是将过去的建设部分设为工商部、农业部、公营企业部、交通部、华北财政经济委员会、华北水利委员会、华北银行，以及与此相关联的劳动局。文教机构也分设为教育部、卫生部、专门教育委员会、文化艺术委员会。这便为新中国成立后的中央人民政府的建立，提供了重要经验，并打下了组织基础。

（三）华北解放区行政区划的演变

随着解放区的不断扩大，华北人民政府对全区行政区划做过两次调整。第一次是1948年10月华北人民政府成立后，在原来两个边区的基础上，划分为7个行政公署（简称"行署"），即北岳行署、冀中行署、冀南行署、冀鲁豫行署、太行行署、太岳行署和晋中行署。另有石家庄市和阳泉市两个直辖市。

1949年1月31日，北平宣告和平解放，华北人民政府于2月20日迁入北平。同年4月16日召开华北人民政府委员会临时会议，为了迎接中央人民政府的成立，原则确定要重新调整华北地区的行政区划，并选定杨秀峰等5人具体核议有关变更现行区划的方案。

1949年8月1日，华北人民政府正式发布《为重新调整行政区划通令》，指出：查华北区已全部解放，为适应大规模生产建设的需要，经本府第三次委员会扩大会议决定，将现行区划调整如下：（1）商得陕甘宁边区政府与苏北行署同意，划入晋西北、晋南两区50个县，并将现属冀鲁豫原属江苏省的4县划归苏北行署领导。（2）宣布撤销冀东、冀中、冀南、冀鲁豫、太行、太岳、太原等7个行政区，以旧省界为基础，并照顾到经济条件、群众历史关系及自然条件等，划分为河北省、山西省、察哈尔省、绥远省，并于鲁西南、豫北、冀南衔接地区，成立平原省。北平、天津两市，为华北直辖市。（3）市的建制改为华北直辖市及省辖市两种。其余各市一律取消，改称镇或城关区，归专署或县领导。当时河北省辖市为保定市、石家庄市、唐山市、秦皇岛市；山西省辖市为太原市；平原省辖市有新乡市、安阳市；察哈尔省辖市有张家口市、大同市；绥远无省辖市（省政府暂驻丰镇）。

从上述行政区划的演变中，可以体现出中国革命的发展规律，即革命根据地由小到大，由分散到连成一片，由农村包围城市到进入城市，并以城市领导乡村，使工农业互相促进；而行政区划则由边区行署制，逐步过渡到省市建制；这便为中华人民共和国成立后建立全国统一的行政区划，提供了切实可行的实施方案。

从上可见，华北人民政府的政权建设，直接为中央人民政府的建立做了组织上的准备。中央人民政府的许多机构，就是在华北人民政府所属各机关的基础上建立起来的。因此，在中华人民共和国成立后，政务院于1949年10月25日呈请中央人民政府委员会宣布，由政务院接管华北人民政府，其所辖五省（河北、山西、察哈尔、绥远、平原）、二市（北京、天津）划归中央直辖。根据这一决定，董必武于10月28日以华北人民政府主席名义通知华北人民政府所属各机构，自10月31日起停止活动，向中央人民政府政务院正式办理移交手续，从而宣告华北人民政府因胜利完成了历史赋予的光荣使命而终结。

四、中共中央根据华北人民政府和华北人民法院的组建经验正式为全国政权机关统一冠名为"人民政府""人民法院"

革命根据地的政权机关，发展到解放战争时期，还没有统一的名称。有的称"边区政府"（如陕甘宁边区政府），有的称"行政委员会"（如东北行政委员会），有的称"省政府"（如山东省政府）或行政公署（如晋绥行政公署)。审判机关的名称也不统一，有的称"边区高等法院"和"地方法院"或"县司法处"，有的称"省法院"和"县司法科"。自1948年8月华北人民政府成立后，中共中央根据人民民主专政的性质和华北人民政府创建的新经验，决定统一冠名为"人民政府"和"人民法院"。

根据《毛泽东文集》第五卷第135页的记载，1948年9月8日，毛泽东在中共中央政治局的报告中提出："我们是人民民主专政，各级政府都要加上'人民'二字，各种政权机关都要加上'人民'二字，如法院叫人民法院，军队叫人民解放军，以示和蒋介石政权不同。我们有广大的统一战线，我们政权的任务是打倒帝国主义、封建主义和官僚资本主义，要打倒它们，就要打倒它们的国家，建立人民民主专政的国家。"

依照上述决定，董必武以华北人民政府主席名义，于1948年10月23日发布《统一各行署司法机关名称，恢复各县原有司法组织及审级的规定的通令》，指出：本府于本月19日第一次政务会议决定，各行署原有司法机关，一律改为"某某（地区名）人民法院，如冀中人民法院、冀南人民法院等。本府直辖市司法机关即为'某某市人民法院'，如石家庄市人民法院。其他解放区的司法机关也相继改称省（或行署）、市、县人民法院"。

依照上述决定，中央军委于1948年11月1日发布《关于统一全军组织及部队番号的规定》，指出：根据中央政治局九月会议关于战略任务更进一步地由游击战争过渡到正规战争的要求，中央军委关于全军组织和番号，特作下列各项统一规定（摘要）：（1）我军目前分为三类，即野战部队、地方部队和游击部队。（2）野战军分为四个，以地名区分，即中国人民解放军西北野战军、中原野战军、华东野战军、东北野战军。（3）地方部队属于军区系统，与中央局同级并受其领导者为第一级军区（即大军区），现有五个，以地名区分，即中国人民解放军西北军区、中原军区、华东军区、东北军区、华北军区。

依照上述决定，以后各解放区建立的各级政权机关，一律称作"人民政府"，如中原人民政府、东北人民政府。在地方相继建立了省（行署）、市、县、乡各级人民政府。在此基础上，于1949年10月建立中华人民共和国时组成了中央人民政府。

五、华北人民政府代行国家最高政权机关的职权以政府"训令"的形式宣布彻底废除国民党的一切反动法律

1949年2月22日发布的《中共中央关于废除国民党的〈六法全书〉和确定解放区司法原则的指示》（以下简称"中央二·二二指示"），是当时党中央向国民党当局提出的敦促其彻底投降的和平谈判八项条件"的重要组织部分。这一指示是中共中央正式发布的政治性的文献，也是党中央的既定方针和一贯主张。请看（1）：早在这一指示发布之前，1949年1月21日发布的《中共中央书记处关于接管平津国民党司法机关的建议》中，就已明确宣布："国民党政府一切法律无效，禁止在任何刑事民事案件中，援引任何国民党法律。法院一切审判，均依据军管会公布之法令及人民政府之政策处理"。请看（2）：在"中央二·二二指示"发布以后，又以华北人民政府的名义，于1949年4月1日发布"法行字第八号训令"《为废除国民党六法全书及一切反动法律由》。请看（3）：1949年9月29日，全国人民政治协商会议通过的《共同纲领》第17条，以全国人民大宪章的形式，将上述原则加以确认，即"废除国民党反动政府一切压迫人民的法律、法令和司法制度，制定保护人民的法律、法令，建立人民的司法制度。"以上几个文件，前后呼应，观点坚定而明确。

为什么在"中央二·二二指示"发布之后，又以华北人民政府的名义发布"法行字第八号训令"呢？大家知道，当时中华人民共和国尚未诞生，在全国还没有建立中央一级的人民政府。对于废除国民党的一切反动法律这一重大命题，既需要以中共中央名义发布"中央二·二二指示"，从政治上予以彻底否定，即郑重宣布绝不承认"伪宪法"及一切反动法律的合法性；同时还需要以国家最高政权机关的名义，用政府"训令"的形式，宣布一切反动法律的彻底失效（绝对终止其法律效力）。因此，笔者认为华北人民政府发布这一训令，并不是华北人民政府负责人的独出心裁，而是在党中央的授意和审批下发布的。既代表着当时各大解放区人民政府的共同意愿,又是代行了中央人民政府的最高职权,以国家法律的形式,宣布废除国民党的六法全书及一切反动法律。事实上也是如此。笔者当年在东北解放区,是某基层法院的一名新兵,到省人民法院学习"中央二·二二指示"时,是将华北人民政府的这一训令和新华社答读者问《关于废除伪法统》一起,作为中央文件的重要补充材料,这便使全国政法干部受到一次比较深刻的马克思主义国家观、法律观的启蒙教育。

华北人民政府1949年4月1日"法行字第八号训令"的基本内容主要是遵照"中央二·二二指示"的精神,阐明以下观点:(1)首先指出新旧法律的本质区别:"国民党的法律,是为了保护封建地主、买办、官僚资产阶级的统治与镇压广大人民的反抗;人民要的法律,则是为了保护人民大众的统治与镇压封建地主、买办、官僚资产阶级的反抗。阶级利益既相反,因而在法律的本质上就不会相同。"(2)针对当时有人对"中央二·二二指示"的某些疑虑和误解,作了以下补充解说:第一,"不要以为国民党法律,也有些似乎是保护人民的条文,因而也就值得留恋,要知道国民党统治阶级和世界各国资产阶级一样,为着缓和劳动人民的反抗,不能不假装'公正',掩蔽其阶级专政的实质,这是老虎的笑脸,其笑脸是为着吃人。"第二,"不要以为新法律尚不完全,旧法律不妨暂时应用。要知道这是阶级革命,国民党反动阶级的法律是广大劳动人民的枷锁,现在我们已经把这枷锁打碎了,枷锁的持有者——国民党的反动政权也即将完全打垮了,难道我们又要从地上拾起已毁的枷锁,来套在自己的颈上吗?"第三,"反动的法律和人民的法律,没有什么'蝉联交代'可言,而是要彻底地全部废除国民党反动法律。"因此,"训令"的标题明确规定:"废除国民党的六法全书及一切反动法律"。在这一"训令"中特别增加了以下三个词汇:"彻底""全部"和"一切"。就是要"彻底地""全部"废除国民党的《六法全书》及"一切"反动法律。这里既包括收入《六法全书》的法律、法规,也包括《六法全书》以外的一切反动法律,如"剿匪手册""处置异党办法"以及一切反共的"手

三、民主建政与依法行政方面的法令、政策研究 上编 49

谕""密令"等。第四,"旧的必须彻底粉碎,新的才能顺利成长。各级人民政府,特别是司法工作者,要和对国民党阶级统治的痛恨一样,而以蔑视与批判态度对待国民党六法全书及欧美、日本等资本主义国家一切反人民的法律"。(3)确定各级司法机关的办案原则是:"有纲领、条例、命令、决议等规定的,从规定;没有规定的,照新民主主义的政策办理。"同时,肯定了解放区法制建设的成就,指出:"人民的法律已有了解放区人民相当长期的统治经验,有的已经研究好,写在人民政府、人民解放军发布的各种纲领、法律、条例、命令、决议等规定里,有的正在创造。""应该肯定,人民法律的内容,比任何旧时代统治者的法律,要文明与丰富,只需加以整理,即可臻于完备。"最后要求各级司法干部要"用革命精神来学习马列主义、毛泽东思想的国家观、法律观,学习新民主主义的政策、纲领、法律、命令、条例、决议,来搜集与研究人民自己的统治经验,制定出新的较完备的法律来。"关于搜集与研究革命根据地法律建设的历史经验,这是以董必武为代表的老一辈无产阶级革命家、法学家交给我们的一项光荣任务,我们应该为完成这一任务而继续努力。

我国行政组织立法的楷模

朱维究[*]

新中国成立前夕,华北临时人民代表大会选举产生的华北人民政府,不仅是1949年后中央人民政府设置的雏形,而且为新中国政权建设奠定了重要基础。尤其令人钦佩和惊讶的是,时任主席的董必武先生,当时就坚持"国家没有法制就不能成为国家"[①]的理念,为实现"社会主义国家要依法办事,必须有法可依,必须有法必依,要制定完备的法制"[②],在战争尚未结束的短短13个月时间里,行政组织立法竟做到如此完备、如此规范,不仅为新中国成立后中央政府组织法构建框架基础,至今也是我国行政组织立法应继承和学习的楷模。

一、华北人民政府组织法的建构及主要内容

在一年零一个月里,华北人民政府组织立法经不完全统计有26项条例、规划、训令与指示等规范性文件,从华北人民政府产生的法律依据、程序、由来到华北人民政府撤销的政令;从华北人民政府各项各类组织规范到华北区村县人民政权组织条例,不仅形式规范而且内容齐全。

初步查找涉及华北人民政府的组织规范有14件之多。首先是华北临时人

---

[*] 中国政法大学教授、博导;国务院参事;中国法学会行政法学研究会副会长;中国老教授协会政法专委会主任。
① 见《董必武法学文集》,法律出版社2001年版。
② 同上。

民代表大会的《华北人民政府委员会委员选举办法》[1]，该规定于 1948 年 8 月 15 日由第四次主席会议通过。它是华北人民政府合法产生的法律依据和程序性规范。第二天又制定出台了《华北人民政府组织大纲》[2]，并依据中共中央华北局对施政方针的建议，经华北临时人民代表大会讨论通过后公布了《华北人民政府施政方针》[3]。选举产生的华北人民政府于 1948 年 9 月 26 日发布的《华北人民政府关于启用印信、撤销晋冀鲁豫边区政府和晋察冀边区行政委员会令》[4]，在启用华北人民政府印信的同时，宣令两个边区政府、行政委员会被撤销，依法完成了行政区管辖权的转移。

其次，一个布告和两个通令宣告华北人民政府的正式启动。9 月 27 日，秘总字第一号布告[5]宣示：华北临时人民代表大会合并晋冀鲁豫和晋察冀两边区，选举了 27 人为华北人民政府委员，组成华北人民政府，并举行第一次政府委员会议，依法选举董必武为华北人民政府主席。薄一波、蓝公武、杨秀峰为副主席，并通过任命各部长、各会主任、各院长，华北银行总经理及秘书长、劳动局长等。9 月 26 日秘总字第二号通令[6]通告华北人民政府任命各部会院性厅局负责人名单并附华北人民政府处级以上负责人名录。鉴于华北人民政府成立以后，所辖各行署、直辖市政府之名称、组织机构亟待统一，各该行署主任、副主任、直辖市政府市长、副市长，亦应重新任命，一个月以后，发布了《华北人民政府民政字第三号通令（1948 年 10 月 24 日）》，统一规定各行署市府名称、组织机构并任命正副主任及市长。

再次，规范政府内部组织与办事行为是组织法的重要内容。1948 年 10 月公布实施的《华北人民政府各部门组织规程》和 1948 年 11 月公布的《华北人民政府办事通则》，是最重要的内部规范。应对战争的特别需要，战时

---

[1] 见《华北人民政府法令选编》，第 15 页。
[2] 同上书，第 17 页。
[3] 同上书，第 3 页。
[4] 同上书，第 21 页。
[5] 同上书，第 31 页。
[6] 同上书，第 22 页。

政府有不断调整合并的必要。1948年11月17日作出的《关于全区统一建立后勤组织的决定》和11月23日作出的《为统一边境对敌斗争力量决定成立对敌斗争委员会的联合训令》是最突出的组织法典型。

最后，华北人民政府在新中国成立前依法存在了一年多一点的时间，然而它于1949年10月27日的终结，也是依法撤销的，即依《中央人民政府主席毛泽东关于撤销华北人民政府令》和《华北人民政府结束工作的公告》。次日，董必武主席《关于华北人民政府工作的报告》，为华北人民政府画上一个圆满的法制的句号。

二、地方各级组织法的构建与尝试

华北人民政府不仅重视权力来源、法律依据的规范化，也重视依法行政、内部组织规范的制定。在地方组织法的构建中也是如此。

首先，1948年12月制定了《华北区村县人民代表会议代表选举条例》和《华北区村县人民政权组织条例（草案）》。此外，还有1949年2月发布的《华北人民政府关于建立县村人民代表大会的指示》和1949年5月发布的《华北区县区编制暂行办法（草案）》，为村县政权和政府行使职权提供合法性依据。

其次，在战争尚未结束、内政事务繁多的1948年12月23日，华北人民政府发出《为迅速健全各级民政部门组织机构的训令》。各级政权中注重民政机构的建立和工作是新政权建设的特色和优点，也是我国政权构成的优良传统。

最后，除规定《华北区各级政府机关印信刊发使用暂行办法》和《为坚持工作报告制度及规定月终报告办法训令》外，还制定了《华北人民政府工作人员请假规则》《华北人民政府秘书厅各处、室工作守则》以及《华北人民政府新闻发布办法》，使华北人民政府和华北区村县各级组织运行和主要政务活动都有法可依。在新政权初建和战争仍继续的艰苦环境下，法制建设和依法行政有如此建树和成就，让后人感慨、惊叹、望尘莫及。

三、经验和启示

人民政权在人民战争中诞生！华北人民政府的行政组织法建设留给后人深刻的印象。

第一，人民推举代表，选举人民政府委员，组成各级人民政府，体现权力来自于人民、服务于人民；而所有规定和程序都有组织法为依据。

第二，政权建设既保障、服务于未结束的人民战争，又为生产、生活经济社会做尽可能完善的安排，因此无论是机构设置还是强化某些机构功能处处事事务实、求实，从无因人设事。

第三，行政组织运行的主要环节和主要内容都必须制度化、规范化，有些制度规范，至今也是我们重视不足的，如新闻发布办法。

第四，政权合并、管辖权转移有法律依据；政权终结也有法可依，有始有终，严格守法。这是一切合法组织合法成立、依法终结的法定要件。

总而言之，至今我国行政组织规范大量是"三定方案"，其规范化、法律化的程度和等级，均未达到当年的水平，值得反思，也令人汗颜！仅借纪念华北人民政府成立60周年之机，殷切期望我国法律界同仁更加重视行政组织立法，切实推动中国法治政府的进程。

华北人民政府的立法体制及对当代立法的影响

侯淑雯[*] 巩书辉[**]

引　言

经过两年激烈的国内战争,到了1947年年底,纵横千里的华北平原已经基本连成一片,成为中国共产党领导的革命根据地。当时,中原根据地已经完全建立,西北野战军不但收复了延安和陕甘宁边区的绝大部分,而且解放了黄龙山区。华东解放军已经控制了山东、江苏、东北、华北等绝大部分地区,中共政权取得全国胜利已经指日可待。时任中央工委书记的刘少奇,考虑到未来解放全国的战略需要,提议合并此前建立的晋察冀和晋冀鲁豫两解放区,使之成为西北、中原和华东战场的巩固后方,继而完成支援全国解放的任务。党中央、毛泽东接受了这个提议,并经过研究和讨论,于1948年5月9日给各解放区发电,作出决定:将晋察冀阳区合并为华北解放区,将晋冀鲁豫及晋察冀两中央局合并为华北局,晋冀鲁豫及晋察冀两边区政府暂成立华北联合行政委员会。于是,晋冀鲁豫及晋察冀两个解放区于1948年5月20日宣告合并,并着手准备在华北4500万人口的区域,建立起共产党和党外民主人士合作统一的人民民主政府——华北人民政府。

---

[*] 中国政法大学教授,主要研究方向:立法学、法理学、法史学。
[**] 中国政法大学研究生,主要研究方向:法理学。

一、华北人民政府的性质、任务和组建原则

华北人民政府是在全国尚未完全解放,中共尚未完全取得全国政权的情况下建立起来的局部革命政权。从基本形式看,尚属地区性的政府,其任务是要在党中央、毛泽东主席及华北局的领导下,调动一切人力、物力和财力,完成华北区的统一和支援全国解放战争。但从性质上看,它是未来中央政府的雏形,是按照建立未来统一政府的要求、原则和程序组织起来的,它要为未来新中国的政权建设和经济建设摸索、积累经验,为中央人民政府的成立做组织上的准备。因此,在建立的过程中,中共政权的基本原则得到了相当的重视。

(一) 实行人民主权原则

早在1945年4月,针对国民党一党专政的状况,毛泽东在中共七大上所作的《论联合政府》的报告中就指出:"新民主主义的政权组织,应该采取民主集中制,由各级人民代表大会决定大政方针,选举政府。……只有这个制度,才既能表现广泛的民主,使各级人民代表大会有高度的权力;又能集中处理国事,使各级政府能集中地处理被各级人民代表大会所委托的一切事务,并保障人民的一切必要的民主活动。"[①] 这是在抗日战争即将胜利之际,面对国民党掀起的第三次反共高潮,中共作出的重大抉择,即绝不能回到国民党一党专政老路上去,我们要建立一个新的民主联合政府。1947年12月,中共中央在陕北米脂县杨家岭召开政治局会议,毛泽东在会上又作了结论性报告,指出:"人民民主专政的国家,是以人民代表会议产生的政府来代表它的。"[②] 因此,人民主权是华北人民政府的政权本质,人民代表大会是政权组织的基本形式,政府要由人民代表大会选举产生,这个政府是国家的代表和象征。正是在这样的原则指导下,华北临时人民代表大会原则通过、制定

---

① 《毛泽东选集》(第3卷),人民出版社1991年版,第1057页。
② 毛泽东:"在中共中央政治局会议上的报告和结论",见《毛泽东文集》(第5卷),人民出版社2004年版,第131~150页。

了《华北区村、县（市）人民政权组织条例》《华北区村、县（市）人民代表会议代表选举条例》。各解放区在土改运动中，将整党、区村政权建设相结合，开始了区村人民代表大会的探索，建立起了遍布华北地区的基层民主政权。

（二）政府作为政权机关执掌国家事务

早在抗日战争时期，国民政府曾经实行过"议会制"。它是由国民政府设立的地方性代议机构，名曰"临时参议会"，议员也是临时的。但议员不是民选的，而是有条件的遴选审定。处于国共两党合作时期的陕甘宁边区政权则是"遴选+选举"。华北革命政权建立后，为了实现民主主权原则，毛泽东提出将原来的"议会制"改为"人民代表会议制"："我们的政权制度采取民主集中制，不搞资产阶级的议会制和三权鼎立。对人民代表会议的叫法，过去叫'苏维埃代表大会制度'，这是死搬外国名词，现在用'人民代表会议'这一名词。"① 代表由人民直接选举或者由下级人民代表大会间接选举。② 这个代表会议是权力的源头："人民代表会议一经建立，就应当成为当地人民的权力机关。"③ 要"由各级人民代表大会决定大政方针，选举政府"。④ 但这个权力主体与政府关系划分得却不是太清楚。

作为初创时期的革命政权，对于人民代表大会无论是从思想认识上、组织结构上还是从政权运作程序上都还不太成熟。毛泽东主席虽然指出：要"由各级人民代表大会决定大政方针，选举政府"，⑤ 肯定地提出："人民代表会议一经建立，就应当成为当地人民的权力机关"。但同时又指出："一切应有的权力必须归于代表会议及其选出的政府委员会。"⑥ 这和毛泽东主席当时所持的"议行合一"思想相一致。毛泽东在1947年12月杨家岭会议上曾明

---

① 《毛泽东文集》（第5卷），人民出版社1996年版，第136页。
② 《中共中央文件选集》（第18卷），中共中央党校出版社1991年版，第458页。
③ 《毛泽东选集》（第4卷），人民出版社1991年版，第1308页。
④ 毛泽东：《论联合政府》，人民出版社1975年版，第38页。
⑤ 同上。
⑥ 《毛泽东选集》（第4卷），人民出版社1991年版，第1308页。

三、民主建政与依法行政方面的法令、政策研究 上编

确指出:"我们的政权制度采取民主集中制,不搞资产阶级的议会制和三权鼎立。"① 虽然董必武同志意识到权力机关和执行机关工作上的差别,故而在1948年10月召开的"人民政权研究会"上试图作出区分的努力,指出:"我们的政权机关应该是什么性质的呢?是新民主主义的。政权的组织形式就是人民代表大会,全国的政权机关是全国人民代表大会。这个代表大会,就是一切权力都要归它。我们由人民代表大会选举政府,政府的权力是由人民代表大会给的,它的工作要受人民代表大会限制,规定了才能做,没有规定就不能做。……人民代表大会,是能包括广大的各民主阶级的政权形式。"② 但由于在组织构成、运作方式没做更多的规范,加之政治权威的影响以及当时的认识局限,董必武的提法并没有得到重视。"在实践中,由于村政府委员是村人大代表选举的,代表兼任委员,议长副议长兼任主席副主席现象十分普遍。如安国县寺下村、伍仁村人民政府委员会正副主席即是正副议长,民政、财政、教育、生产、调解、卫生、治安等委员都是代表。"③ 这在当时主要是从执行效率的角度考虑的,因为这样做"易于推动工作,方式简便,使代表都成为实际工作者,更能发挥大家的力量"。④ 然而,在制度上,却极易出现权力包揽、政府代行代表大会权力的情况,甚至出现无视民众、唯上唯权威是听的状况。这个弊端即便在当时也已经被发现:"代表也易形成执行工作多,对群众意见反映少的现象;或误认为自己单纯是主席的下级,忘记了代表的职责而影响代表和群众的联系,使群众看不到人民代表大会的权力与威信。"⑤ 及至后来,人民代表大会的诸多事务基本由政府办理,政府不仅是执行机关,更是决策机关,在观念上直接成为政权

---

① 《毛泽东文集》(第5卷),人民出版社1996年版,第136页。
② 董必武:"论新民主主义政权问题",见《董必武政治法律文集》,法律出版社1986年版,第41~42页。
③ 窦竹君、赵晓华:"华北人民政府时期村人民代表大会的实践",见孙琬钟、杨瑞广主编:《董必武法学思想研究文集》(第十一辑,上册),人民法院出版社2012年版,第741~748页。
④ 华北人民政府民政部:《各级人民代表大会各界人民代表会议经验汇集》,河北省国家档案馆馆藏档案586-1-167-4。
⑤ 同上。

机关。

（三）保证党对重大问题的绝对领导权

1945年8月，日本投降后，蒋介石领导的国民党试图独占胜利果实，计划以"和平谈判"或"放手作战"的方式消灭共产党，①实行一党专政。为了挫败国民党的专制计划，实现人民民主政治，中共中央要求加强党的集中统一领导，统一党的意志和纪律，活跃党内民主生活，保证党的路线、方针、政策的贯彻进行，为夺取和掌握全国政权做重要的政治、思想和组织准备。在党政关系上，初步确立了新型的党政体制，即重大决策由党中央决定，执行处理由政府负责。其基本方式是："使党的领导深入体现在政府的各项工作中，既保证党对重大问题的绝对领导，又保持政府工作的自主性。一方面，华北人民政府的各项重要决定都须经华北局审查批准，例如，政府各部门的规章、条例，都要经华北局研究、修改并送中央审查后方能公布。另一方面，华北局非常重视保持政府工作的自主性。"② 1948年10月，华北局指出："应归政府处理者，不要一律拿到党委来，建立政府工作与党委工作明确分开而又联系的制度（重大政策性问题，必须经由党组请示中央局；日常工作，已经解决了的问题，应由政府自己负责处理）。肃清党政不分，党委包办代替政府工作的错误。要求有一个党委的正确领导，并要求有一个强有力的华北人民政府。"③

（四）实行多党派合作的政治协商制度

实行民主统一战线和民主建设方针是中国共产党多年来的一贯政策，在新形势下建立起来的华北人民政府更是坚持这个原则。1948年6月，中共中央华北局就成立华北政府召开临时人民代表大会事宜向各区党委发出的通知

---

① 蒋介石：《苏俄在中国》，台湾"中央"文物供应社1981年，第156页。
② 西柏坡纪念馆："华北人民政府的历史贡献"，载中国新闻网河北新闻，发布时间：2010年01月10日16:52。
③ 阎书钦、张卫波："华北建政：为中央人民政府肇基"，载《北京日报》（理论周刊·特刊）2014年9月29日，第29版。

中指出："华北人民政府委员会、临时人民代表大会，党外人士均应至少占三分之一。"① 中共中央华北局代表薄一波在华北临时人民代表大会上也指出："在各级人民代表大会和各级人民政府中，特别是县以上的这些机构中，必须使各民主阶层……尽可能地都有他们的代表参加进去，并使他们有职有权。"② 所以，在华北临时人民代表大会中，实到代表542人，其中民主人士有166人。一些民主人士还担任了华北人民政府的领导工作。在27名政府委员中，民主人士有8名，并担任了副主席及各部、院、会首长等重要职务；在各种政策的制定方面，许多民主人士也积极提出合理化建议。华北临时人民代表大会通过了何思敬、刘奠基等民主人士提出的致电中共中央建议召开新的政治协商会议，建立全国性联合政府的提案。华北人民政府成立过程中形成的民主党派和民主人士参政制度，初步形成了新中国多党派合作的政治协商制度。③

二、华北人民政府的工作机制及立法状况

在上述基本任务和组建原则下，华北人民政府的基本工作机制是：在中共中央的指示下，依靠由民主党派和民主人士广泛参加的政权机构进行立法工作。但这个政权机构究竟是人民代表会议还是人民政府，在认识上并不是完全一致和十分清晰的。

1940年，董必武在谈到政府的性质问题时曾经说过："政府是政权机关，是一副繁重的机器……他们有了这副机器就有了一切。民众没有这副机器就没有一切。"④ 也即在早期的政权意识中，权力机关与政府机关并无十分清晰的界限。1948年4月，毛泽东在晋绥干部会议上，充分肯定了在土地改革斗

---

① "中共中央华北局关于成立华北政府召开临时人民代表大会向各区党委的通知"，见中央档案馆1998：《晋察冀解放区历史文献选编（1945～1949）》。
② 西柏坡纪念馆："华北人民政府的历史贡献"，载中国新闻网河北新闻，发布时间：2010年1月10日16:52。
③ 北京日报："华北建政：为中央人民政府肇基"，载网易新闻，2014-09-29 03:10:41。
④ 《董必武选集》，人民出版社1985年版，第53～54页。

争中建立区村人民代表会议及其选出的政府委员会的做法。在关于代表会议和政府委员会的关系上也没有作明确的区分。毛泽东讲道："在贫农团和农会的基础上建立起来的区村（乡）两级人民代表会议，是一项极可宝贵的经验。只有基于真正广大群众的意志建立起来的人民代表会议，才是真正的人民代表会议。……这样的人民代表会议一经建立，就应当成为当地的人民的权力机关，一切应有的权力必须归于代表会议及其选出的政府委员会。"① 但董必武在此之后的第二年的讲话中，即开始注意到它们的区别，对权力机关和政府机关的性质、功能就作出了明确的划分。

1948年9月26日，华北人民政府在平山县王子村正式成立，董必武任政府主席，各部门负责人正式就职。10月16日召开人民政权研究会，董必武在《论新民主主义政权问题》的讲话中指出："我们的政权机关应该是什么性质的呢？是新民主主义的。政权的组织形式就是人民代表大会，全国的政权机关是全国人民代表大会。这个代表大会，就是一切权力都要归它。我们由人民代表大会选举政府，政府的权力是由人民代表大会给的，它的工作要受人民代表大会限制，规定了才能做，没有规定就不能做。……人民代表大会，是能包括广大的各民主阶级的政权形式。"② 这清楚表明，在董必武的法律思想中，人民代表大会和人民政府的功能划分是有明确界限的，人民代表大会是权力机关，人民政府是执行机关，"它的工作要受人民代表大会限制，规定了才能做，没有规定就不能做。""人民代表大会，是……政权形式。"不过，由于时代局限等诸多方面的原因，董必武同志的这个思想在当时没有得到充分的重视，在立法权的行使上，不是人民代表大会而是华北人民政府充任了主要角色。

纵观华北人民政府时期的立法，绝大部分都是由政府主持制定的。具体立法主体及内容如表1所示。

---

① 《毛泽东选集》（第4卷），人民出版社1991年版，第1308页。
② 《董必武政治法律文集》，法律出版社1986年版，第41~42页。

表1　华北人民政府时期立法的主体和内容

类别	数量	发布主体和数量	
总则　建政	25	中央人民政府：1 华北临时人民代表大会：3 华北人民政府和中国人民解放军军区华北解放区：3 华北人民政府：19	法令名称：方针；办法；大纲；令；通令；名录；布告；规程；决定；通则；训令；规则（草案）；条例（草案）；指示；守则；暂行办法；公告；报告；规则；暂行规则；通知；规定；解答指令；通报；函；施行细则；（暂行）条例（草案）；税则（施行细则）
民政	26	华北人民政府和中国人民解放军华北军区（军区政治部）：4 华北人民政府：22	
公安、司法	36	华北人民政府：36	
金融	14	华北人民政府：14	
财政、税务	44	华北临时人民代表大会（通过）：1 华北人民政府和中国人民解放军华北军区（司令部）：2 华北人民政府：41	
工商贸易	15	华北人民政府：14 太行行政公署：1	
交通	18	华北人民政府和中国人民解放军军区华北解放区：1 华北人民政府：17	
农业水利	13	中共中央华北局和华北人民政府：1 华北人民政府：12	
教科文卫	38	华北人民政府：38	
职工	6	华北人民政府：6	
外事	2	华北人民政府：2	
共计　11	237	7	28

＊此表根据《华北人民政府法令选编》统计。

三、华北人民政府具体立法内容

华北人民政府的法令均旨在建立一个新政权的稳定秩序，其内容涵盖各个领域的整个框架层面，而内容大多属于建纲立制。由于时间的原因，其法令在内容上，对细节的处理略显粗糙。具体包括以下几个方面：

（一）总则、建政

华北临时人民代表大会通过并公布的《华北人民政府委员会选举办法》《华北人民政府组织大纲》《华北人民政府施政方针》，以及由华北人民政府自行发布的《华北人民政府通令》《华北人民政府布告》等，统一规划华北区中央级以及地方级的公共部门名称与领导体制，建立起华北人民政府的统一行政秩序，并在建政一则中规定了村县级政权组织与人民代表大会的选举条例等基层民主政治相关规定。

（二）民政

华北人民政府关于民政方面的法令主要在于规范军属、荣退荣誉军人抚恤，以及军人、民兵、革命工作人员伤亡优待抚恤的相关规定，此外还涉及行政区划的统一与变更等方面。华北人民政府民政方面的规定主旨在于对战争所产生的各种社会问题的善后处理。

（三）公安、司法

通过发布一系列的《华北人民政府指令》《华北人民政府通令》来规范华北地区公安、司法部门的完善和统一，并对公安司法工作人员进行教育培训，增加其专业知识与技能，还包括一般的关于杜绝封建迷信组织、禁止赌博与烟毒的规定，其中也涉及对华北地区发生的具体危害社会治安与安全的事件的通令和公报。

（四）财政、税务

在财政税务方面，华北人民政府公布的法令主要涉及建立布局完善合理的税务机关，就农业、进出口货物、酒类专卖、货物税、交易税、屠宰税、娱乐税等予以统一规定，并就某些领域之减税、免税进行规定和说明。同时，在财务方面，还就粮食的相关问题进行组织和标准的确定和说明。可以看出，在财政税务方面，华北人民政府主要是对华北解放区战后的社会经济秩序进行统一规制，农业税以及粮食等农业问题占据了政府相当的笔墨。对于承担着援助军队作战任务的华北人民政府而言，这也是应有之意。

（五）教育、科技、文化、卫生

在教育方面，华北人民政府高度重视中学与示范学校的管理，对其经费、公费以及教职人员的待遇等做了细致的说明。此外，对小学教育的重要问题、教师服务等和高等教育之教育委员会和几大院校之院系调整都作出了相应的规定和指示。与此同时，华北人民政府奖励科技发明和技术改进，注重文物、名胜古迹、古物图书之保护，医疗用品、成药、医事人员、细菌学免疫学制品等管理规则一一出台。华北人民政府对教科文卫领域的规范建立起稳定的秩序，这段时期内的管理重点在于教育，加强区域内的基础教育和高等教育，做好教育的物质保障，可以说是华北人民政府科教文卫工作的重要内容。

华北人民政府就上述五个领域之外的工商贸易、交通、农业水利、职工外事等方面也都发布了相关的法令，其主要内容也都旨在就该领域的各个方面进行全面细致地规划，建立起该领域的基本秩序。

通过对华北人民政府所颁布法令大致内容的基本解读，我们可以得出以下结论：华北人民政府通过创制颁布法令，建构起一系列的法令体系，使得各种社会活动都有章可循。华北人民政府在短暂的13个月时间内建立起的组织法律体系，为后来中央政府法律制定建构起框架基础。

四、华北人民政府立法体制的特点

（一）新民主主义民主立法实践——人民代表大会制度

华北人民政府旨在充分践行新民主主义的人民民主专政，人民民主专政的制度体现就是人民代表大会制度。《华北人民政府施政方针》的政治部分规定，"华北解放区的政治制度，从来就是民主的，人民从来就有很大的民主，但由于长期的抗日游击战争，形成起来的人民民主制度的形式还不够完备。……因而应当尽可能地，建立人民的、经常的民主制度，建立各级人民代表大会，并由它选择各级人民政府。在各级人民代表大会及人民政府中，特别是县以上的这些机构中，必须使各民主阶层，包括工人、农民、独立劳动者、自由资产阶级和开明绅士，尽可能地都有他们的代表参加进去，并使他们有职有权。共产党员有责任在各级人民政府中，在共同的纲领下，和他们民主合作"[①]。抗战结束，国内战争的胜利指日可待，华北解放区内相对稳定，故而可以开展全面、稳定的人民代表大会制度建设。解放战争的后期，解放区内局势稳定，可以充分实践中国共产党的人民民主专政。

"人民要的法律，则是为了保护人民大众的统治……人民的法律已有了解放区人民相当长期的统治经验……人民法律的内容，比任何旧时代统治者的法律，要文明与丰富，只需加以整理，即可臻于完善。"[②] 这段载于废除国民党六法全书的《华北人民政府训令》中的宣言，明确指出其所旨在建立的新政权法统的人民性的立场，华北解放区通过建立人民代表大会制度来实现立法的人民性。

人民代表大会是无产阶级领导下的人民民主的最高表现形式，而华北临时人民代表大会的任务即是"选举华北政府，通过施政方针"[③]，华北临时人民代表大会选举就是这种最高民主形式的体现。而且，华北临时人民代表大会实质上为新中国成立后的政治协商会议创建了一个模型，经由其产生的华北人民政府是全国性联合政府——中央人民政府——的前身。在本质上，中国共产党与其领导的政权坚持人民的国家主体地位，这是其人民的立场的最终极体现。

《华北人民政府施政方针》指出："应当尽可能地建立人民的、经常的民

[①] 中国法学会董必武法学思想研究会编：《华北人民政府法令选编》，第11页。
[②] 同上书，第197页。
[③] "董必武任华北人民政府主席期间依法行政大事记"，见《华北人民政府法令选编》，第624页。

主制度，建立各级人民代表大会，并由它选举各级人民政府。"①《华北人民政府组织大纲》第 2 条规定："华北人民政府委员会委员，由本届华北临时人民代表大会及其后举行之华北人民代表大会选举之"②。

（二）全能型政府主导的立法体制

《华北人民政府组织大纲》第 3 条规定："华北人民政府综理全华北区政务，并根据华北临时人民代表会及华北人民代表大会所通过之施政方针及决议制定实施条例及规程。"③ 从华北人民政府发布的法令看，其内容涵盖几乎所有的立法事务，建立的是一个堪称全能型的以政府为主导的立法体制。

从上面列出的华北人民政府法令统计表可知，涉及华北人民政府的法令，4 部是由华北临时人民代表大会表决同意后通过，除此之外 11 部是由华北人民政府单独或者通过与其他主体联合的名义予以发布，其中包括人民解放军华北军区以及中共中央华北局，而剩余的 200 多项法令均系华北人民政府以其名义独立颁布，因此，华北人民政府是最主要的立法主体，在当时的立法体制中占据主导地位。

"在民主基础上所建立的华北人民政府，是华北解放区行政上的统一领导机构"④，华北人民政府基于这一全局性地位就华北人民政府辖区内社会各项事务予以总览，全面开展建立新制度的管理实践。在此过程中，华北人民政府充分发挥了立法主体的作用，广泛制定法律，创制出华北人民政府的法制体系。

华北人民政府没有统一的宪法性文件以说明其权力的分配，因此，也未直接说明华北人民政府的最高权力机关是华北临时人民代表大会，抑或是华北人民代表大会。

---

① 中国法学会董必武法学思想研究会编：《华北人民政府法令选编》，第 11 页。
② 同上书，第 15 页。
③ "华北人民政府组织大纲"，见中国法学会董必武法学思想研究会编：《华北人民政府法令选编》，2007 年 8 月，第 17 页。
④ 同上书，第 11 页。

五、华北人民政府立法体制对当代立法的影响

作为共和国的雏形,华北人民政府在立法创制、机构创设、政治制度创新、干部人才储备等[①]方面发挥了基础性铺垫和准备作用,而华北人民政府的立法体制同样发挥了不容忽视的历史作用,主要体现在以下两个方面:

(1)集中高效有序地建立起华北解放区法令体系。华北人民政府集中各个部门的力量,在短暂的时间内制定大量的法律规则,有效确立了华北解放区的社会管理秩序。其立法的数量和广度是我国当代立法史中最为突出的。当然,由于时代的原因,华北人民政府的法制体系中还存在着与现代民主立法相比不尽完善的地方,其科学性和民主性还存在一些缺陷。但在法制和规范的意义上来说,还是具有重要的法治价值,为新中国的制度建立发挥了重要作用。

(2)临时人民代表大会践行人民民主专政,开始构建民主立法体制。华北临时人民代表大会的召开,为新中国成立后政治协商会议的召开积累了丰富的政治组织经验,更重要的是,人民代表大会成为新中国的根本政治制度,人民代表大会成为国家权力机关,也成为法律上确认的最重要的立法主体。

华北人民政府立法体制对当今中国立法仍然具有深刻影响,主要表现在以下四个方面:

(1)党在国家立法决策中具有决定性作用。党是中国人民的领导核心,在华北人民政府时期强调党的绝对领导,立法须经华北局审查批准,政府各部门的规章、条例,都要经华北局研究、修改并送中央审查后,才能公布。这是由当时的局势决定的。当今党对立法的领导已经不再在程序中直接参与。

---

① 俞荣根、段晓彦:"'共和国之雏形'的法律使命——董必武和华北人民政府对新中国法制的贡献",见《董必武法学思想研究文集(第十一辑·上册)》,人民法院出版社2012年版,第537~550页。

但作为国家重要活动的立法，必须要在党的领导下进行。党不但与其他社会团体一样有立法建议权、监督权，更拥有立法决策权。立法主体制定的一切法律法规都要有利于加强和改善党的领导，有利于巩固和完善党的执政地位，有利于保证党领导人民有效治理国家，从法律制度上保证党的基本路线、基本纲领、基本经验的长期稳定和贯彻实施，保证党始终发挥总揽全局、协调各方的领导核心作用。党领导人民制定宪法和法律，也领导人民遵守、执行宪法和法律。

（2）人民代表大会制度是我国的根本制度。我国《宪法》总纲第2条规定："中华人民共和国的一切权力属于人民。人民行使国家权力的机关是全国人民代表大会和地方各级人民代表大会。人民依照法律规定，通过各种途径和形式，管理国家事务，管理经济和文化事业，管理社会事务"，因而以国家根本法的形式规定了人民的国家权力主体的至高法律地位。我国《立法法》在第2章法律第1节的"立法权限"中规定"全国人民代表大会和全国人民代表大会常务委员会行使国家立法权"。《宪法》以国家根本法的形式固定了人民群众在国家各项活动中的主体地位，并通过《立法法》和相关法律的规定建立起相配套的人民代表大会制度来保障人民权力的行使。这一理念与制度的历史延续，成为中国的民主政治制度的重要渊源。

（3）行政立法权在国家立法体系中居于相当高的位置。华北人民政府时期，政府居于极高的地位，在观念上被视为政权主体，在立法上也起着主导地位，绝大部分立法是由政府制定的。无论是在制度规定上，还是在立法活动中，都极少受到限制。在当今的立法体系中，我国行政机关的立法仍然具有举足轻重的地位，无论是在立法权的取得方式上，还是在程序上，都具有特殊地位而少有制约。我国的政府立法权直接源自宪法规定，我国《宪法》第89条规定："国务院行使下列职权：（一）根据宪法和法律，规定行政措施，制定行政法规，发布决定和命令……"行政立法权是政府的重要工作任务。

（4）军事立法在立法体系中占有一席之地。在西方一些国家，军队是隶属于政府的，军事规范是行政法律的一个组成部分，没有独立的军事立法。但由于华北人民政府的特殊性质，当时的军队在政权取得、政府建设方面有着非同一般的作用，因此在华北人民政府时期的立法中，军事立法也是其中的一个部分。这个传统也保留到我们现行的立法体制中。

六、新发展时期的理论评价与思考

钱穆先生在其所著《中国历代政治得失》一书中谈到制度问题时认为，对一个制度进行评价，有必要知道该制度在其实施时期的相关意见，因为当时之关于此的意见，是评价其得失的真意见，此种意见即"历史意见"[1]，与此相对的是"时代意见"[2]，即后人在其所处的时代对历史存在的制度的一种时代性评价。换言之，制度的产生有其特定的历史背景，对制度的评价有两个方向——对当时社会的影响，以及以历史发展的眼光在当下的历史背景下作出评价。我们认为，对华北人民政府的认识，也应同时秉持上述两种意见方能对一种制度作出全面的观察和评价。

中国社会自奴隶制至封建制度，经历了漫长的过程。20世纪初，先进人士使中国社会极速进入现代民主制度，这是一种巨大的时代进步，同时也是对民智民情的巨大考验。

华北人民政府的立法制度是作为中国的进步人士在中国国情下结合外国西方的较先进的民主制度思想而创新的结果，其在当时的中国社会以及后来新中国的法制建设和发展中都起到非常重要的基础性作用。不过，社会在发展，政治法律制度也要适应当代社会的新变化作出一定的调整才能起到推动社会发展的新作用。在立法制度上，实现民主与科学立法仍是我国制度创新的重要课题。观察华北人民政府时期的立法制度在当今社会条件下的发展，至少在以下几个方面应作出改革调整。

---

[1] 钱穆：《中国历代政治得失》，九州出版社2012年版，第3页。
[2] 同上。

(一) 强化人民代表大会制度，提高权力机关的作用，保证民主立法真正实现

华北人民政府初步建立了人民民主的政治制度——人民代表大会制度，但由于在初创时期，代表还很难在立法活动中发挥实在的、强有力的作用。大量的、亟须的立法还需要依靠政府内的社会政治精英来尽快完成，因此政府作用较为突出。行政立法数量庞大，远远超过立法机关。行政机关拥有独立而几乎不受立法机关制约的立法权。但在制度理论上，政府毕竟不是民意机关，其立法活动的程序性约束也较弱，因此，政府作为立法的主力主体只能作为当时的权宜之计。在当今的形势下不仅需要将人民代表大会作为立法的强有力的主体，而且在程序上也需要强化其职能，让政府立法处于人民代表大会的实质监督之下，使立法的民主性进一步加强。令人欣喜的是，十八大四中全会已经关注到了这个问题，强化立法机关权力，并借由强化人民代表大会的立法权限制行政权和行政立法权的议题已经提到了议事日程，相信新修改的《中华人民共和国立法法》将会更大程度地发展和实现立法民主。

(二) 强化程序立法，保证实现立法的科学性

华北人民政府是一个新型的人民民主政权，它力图摒弃旧政府独裁专制政治，实现人民当家作主的民主政治。因此，在法律制度上不仅注重实体法中体现民主权利的保障，在程序上也作出了相当努力，以规范政府行为，保障人民权益。如在人民代表的选举中规定了选举程序，虽然还很粗略，但对选举还是做了大致的规范。对于死刑案件也规定了侦查、审判、复核、执行等基本程序，体现出华北人民政府所崇尚和秉持的法治精神与慎杀思想。但应该承认，从总体上来说，程序内容还很不完善，程序精神还没有得到真正的体现，特别是对于立法程序尚未作出具体规范。这对后来的立法有着很大的影响，特别是行政立法，至今关键程序仍不健全。这不但使立法的科学性难以得到保证，人民主权原则的实现也会打折扣，有必要调整行政立法程序，完善其民主性和科学性的内容。

(三) 完善立法形式，明确法律界限

在华北人民政府的法律文件中，法律名称十分多样，有方针、办法、大纲、令、通令、规程、决定、通则、规则、训令、条例、守则、公告、报告等，不下 20 种。这些不同形式的规范都具有法律效力。因此，使政府成为当然的最主要的立法主体，冲击了人民代表大会的权力主体身份。这对新中国成立以后的立法也产生了很大影响，在一个相当长的时间里，行政法规、规章名称繁多，没有规范。虽然 2002 年国务院通过《行政法规制定程序条例》和《规章制定程序条例》对行政法规和部门规章的名称做了具体规定，但规章和一般行政性文件的界限并不十分清晰，法律性文件和非法律性文件没有明确的区别标准，使规章数量庞杂的局面仍没有得到根本的改善。

华北人民政府成立之后制定了数量可观的法令，其立法体制呈现出全能型政府主导的立法模式，体现出人民民主立法初期实践的特点。华北人民政府的立法体制在当时对华北解放区秩序的确立和稳固起到了重要的作用，也对中国后来人民代表大会制度的演变和发展奠定了历史基础。当然，其制度上的不完善也是毋庸讳言的。客观审视华北人民政府的立法体制，承继其合乎时代发展的内容，改革不合时宜的方式，是我们在当代民主政治的时代背景下应有的态度。

华北人民政府宪政制度考察

赵晓耕[*] 王 杨[**]

由中国共产党人创立的第一个具有中央政权性质的宪政体制——华北人民政府，距今已经过去了60年，今天回视这一历史有许多可资借鉴的内容。

1948年9月27日，在原晋察冀解放区和晋冀鲁豫解放区合并的基础上，具有新民主主义政权性质的华北人民政府正式成立，作为新中国中央政府的草创和雏形，在政治、经济、文化、教育、外事等各领域进行了开拓和奠基性的工作。在其存续的一年多时间里，制定和颁布了一百多部法律、规章、命令、决议，内容涉及宪政、民事、经济、刑事、行政等各方面，体系完备、结构严整，表明其法治建设已初具规模，尤其是颁布实施的在宪政制度方面的一系列法律法令，成为之后新中国开国建设直接借鉴和参照的蓝本，其中具有典型意义的某些制度如"人民代表大会制度"已成为我国人民民主专政的政权组织形式，在我国宪政发展和法治建设中的地位和影响不容低估。

一、华北人民政府宪政制度主要内容

现代宪法学领域虽然对"宪政"一词的认识和定义有所区别，如认为"宪政是依据宪法而进行政治的原理。"[①] "宪政是依据保障人权，确立权力分立的宪法而进行统治的政治原理。"[②] 但其基本内涵是一致的，即"依照宪法

---

[*] 中国人民大学法学院教授。
[**] 中国人民大学法学院法律史专业硕士研究生。
[①] [日] 阿部照哉：《宪法》，有斐阁1985年版。
[②] [韩] 权宁星：《宪法学概论》，法文社1989年版。

规定所产生的政治制度,是宪法规范与实施宪法的政治实践相结合的产物。"①

在当时的历史条件下,华北人民政府从制度建设、政权性质等各个角度来看已不仅仅是一级地方政府,它更多地承担了一种具有国家雏形性质的历史角色,之后的历史发展也证明:中央人民政府基本是在原华北人民政府的基础上组建而成。同时,从宪政制度包含的三个基本要素(民主、法治、人权)等宪政基本理念的层面上来考量,华北人民政府制定颁布的一系列具有根本法意义及与之紧密相关的法律法规已完全具备了现代宪政制度的基本特征,从这些意义上讲,华北人民政府的宪政建设已初具规模。

(一) 基本宪法性文件

1948年8月7日,华北临时人民代表大会在石家庄正式召开。8月11日,薄一波代表中共中央华北局做关于华北人民政府施政方针建议的报告。这份建议从军事、经济、政治、文化教育、新解放区与新解放城市等各方面总结了当前的基本任务和现实目标,为即将成立的华北人民政府作出了总体规划与部署。这份建议经过全体代表审议通过,并予以公布,成为正式的《华北人民政府施政方针》。这部具有宪法性质的根本法规主要内容包括如下方面。

(1) 分析了华北人民政府成立的现实可行性及历史必然性:认为"华北解放区的基本地区,是经过八年抗战和两年人民解放战争的老根据地,人民大众具有相当高度的政治觉悟,由于它具备着有利的内部条件和外部条件,遂造成了华北解放区相对的和平安定而又能够比较有计划地进行各种政治建设工作的环境"②,即政府的成立,具有政治基础和稳定条件,同时提出应当成立华北人民政府,"号召全华北的人民为解放全华北、全中国而奋斗,另一方面我们已经可以而且必须开始比较有计划、有步骤地进行各项建设工作,

---

① 《现代宪法学词典》编委会:《现代宪法学词典》,法律出版社2003年版。
② 华北人民政府秘书厅:《华北人民政府法令汇编》(第1集)1949年版。

以奠定新民主主义新中国的基础。"①

（2）提出华北人民政府成立的目标及今后工作的重点：即"继续进攻敌人，为解放全华北而奋斗，继续以人力、物力、财力支援前线，以争取人民革命在全国的胜利，同时有计划、有步骤地进行各种建设工作，恢复和发展生产，继续培养干部，吸收有用人才，参加建设工作。"②

（3）在军事方面：提出彻底消灭国民党反动派残留在华北的军事力量，继续建设和健全人民武装组织；继续动员华北各方面力量，有计划、有效率地支援前线；同时要爱惜民力、节约开支、反对浪费。

（4）在经济方面：提出努力恢复和发展农业生产，继续推进土地改革的全面完成；在发展生产，繁荣经济，公私兼顾，劳资两利的总方针下，努力发展工商业；同时，改革税制，整顿税收，尽量减轻人民负担。

（5）在政治方面：要求整顿区村级组织，并建立各级人民代表会议，把建立县村人民代表会议提上日程；要求提高政府行政效率，加强行政能力，执行行政纪律，厉行政简便民政策；保障人民合法的民主自由权利，贯彻男女平等、民族平等的原则。

（6）在文化教育方面：整顿各级学校教育，建立各种正规教育，加强社会教育，提高群众文化水平；推广卫生行政，提高医疗水平；团结和教育一切知识分子，落实统一战线政策。

（7）在新解放区与新解放城市适用政策方面：要求部队、政府及军管会区别对待原敌方人员，妥善安排；没收官僚资本，保护人民生命及财产安全，恢复经济，发展生产，抑制通货膨胀。

（二）主要选举法规

选举制度作为宪政核心内容，其完善程度直接关系到国家政权的合法性、稳定性与权威性，它的合理运作成为民主政治建立与发展的基础和出发点。

---

① 华北人民政府秘书厅：《华北人民政府法令汇编》（第1集）1949年版。
② 同上。

华北人民政府在建立程序上完全符合宪政制度并始终将发展和完善选举制度作为其施政重点。体现其选举规则的法案主要有三部：1948年6月30日制定的《中共中央华北局关于召开华北临时人民代表大会的决定》；1948年8月15日通过的《华北人民政府委员会委员选举办法》；1948年12月制定的《华北区村县人民代表会议代表选举条例》。这些选举法规的主要内容包括如下方面。

（1）确定华北临时人民代表大会代表的具体选举办法，产生方式及名额分配，按照"区域代表，职业或团体代表，聘请代表"[1] 三大类进行民主选举，同时，在选举中坚决贯彻男女平等、民族平等的基本原则，为妇女、回民分配相应的代表名额。选举办法具有革命战争时期的特色，"指定冀南选出杨秀峰，太行选出戎伍胜，北岳选出宋劭文三同志为代表"[2]。

（2）确定政府部门组成人员的选举办法，明确发票、写票、投票、开票、检票、唱票、计票、监票等一系列严格程序及具体实施方式，按照无记名、秘密投票的原则，要求相关机构及人员认真履行选举职责，做好选举辅助工作。

（3）重视村县人民代表会议代表的选举工作，将其纳入基层政权组织建设的核心环节。进一步明确选举资格、选举区域、选举名额、选举机关、候选人的当选、补选、改选以及选举经费保障，贯彻"普遍、平等、直接、无记名秘密投票"的基本选举原则，在选举方案上更为具体、更加细化，操作性和实践性增强，如：按照各县人口的多少依相应比例选举代表，"一县居民不满十万人者选八十名，十万人以上不满十五万人者选八十一名至一百二十名，十五万人以上不满二十万人者选一百二十名至一百五十名"[3] 等规定。

（三）政权机构主要组织法规

由于华北人民政府组建的初衷与目的就是推动解放战争的全面胜利和为

---

[1] 西南政法学院：《中国新民主主义革命时期法制建设资料选编》1982年版。
[2] 中央档案馆：《共和国雏型——华北人民政府》，西苑出版社2000年版。
[3] 同上。

新中国政权组织与社会建设探索经验,因而政权建设工作必然成为其重要任务和贯彻始终的基本方针。在这方面,华北人民政府制定和颁布了数量众多、内容丰富、范围广泛的政权机构组织法,包括:1948年8月16日通过的《华北人民政府组织大纲》;1948年8月通过的《华北临时人民代表大会议事规程》;1948年10月通过的《华北人民政府各部门组织规程》;1948年11月18日通过的《华北人民政府办事通则》;1948年12月通过的《华北区村县人民政权组织条例》;1948年10月24日通过的《华北人民政府关于统一规定各行署市府名称,组织机构并任命正副主任及市长的通令》;1949年2月通过的《华北人民政府关于建立县村人民代表会议的指示》;1949年1月19日通过的《华北人民政府关于成立察哈尔省政府并任命省府主席的通知》;1949年5月通过的《华北区县区政府编制暂行办法》;1949年8月9日通过的《华北人民政府关于重新调整行政区划的决定》。①

这些法律、规章、命令、条例、决议在内容上涉及权力机关的办事规则,行政机关的组织办法,基层政权的建设方案以及统一行政区划的划分方式甚至政府部门称谓等各个方面,其中尤以《华北人民政府组织大纲》及《华北人民政府各部门组织规程》最具代表意义,其中许多规定成为之后新中国中央人民组织规程中直接沿用的范本,其主要内容包括如下方面:

(1) 规定华北人民政府由华北临时人民代表大会决议产生,华北临时人民代表大会时期权力机关。

(2) 规定华北人民政府委员会是华北人民政府的领导和执行机关,行使各项行政职权。

(3) 规定华北人民政府主席、副主席职责,民政部、教育部、财政部、人民法院、人民监察院、华北银行等各部门与华北人民政府的隶属关系和各自分工。

(4) 设立政务会议综合解决各部门有关问题。

---

① 华北人民政府秘书厅:《华北人民政府法令汇编》,1949年版。

二、华北人民政府宪政制度主要特征

华北人民政府的宪政法令在继承原革命根据地时期和抗日战争边区以及解放区的一系列基本立法原则和根本性法律法规的基础上，在解放战争即将取得全面胜利的新的时代背景下，结合自身所处的环境和巩固建设的需要，体现出对宪政制度的发展和较为鲜明的特征。

（一）建立新型政权组织形式，完善人民民主专政理论

中国共产党所创建的革命根据地在不同的历史时期具有不同的政权组织形式。第一次国内革命战争时期，中国共产党在一些地区所领导的各级农会在一定程度上扮演了相应等级政权的角色，是中国共产党组建政治体制的初步尝试。第二次国内革命战争时期，农村革命根据地内的苏维埃代表大会或工农兵代表大会是主要政体。抗日战争时期，由于民族矛盾上升为国内主要矛盾以及战争形势的严峻，各边区成立参议会作为一级政权的参政议政机关，是抗日民族统一战线的典型代表，其中尤以"三三制"原则成为政权组织形式的基本原则和扩大民主的突出表现。

到解放战争时期，以毛泽东同志为代表的中共中央领导集体在新中国政权组织形式的问题上认真思考，统筹安排，不断探索。1948年，毛泽东针对当时农村基层在贫农团和农会基础上所建立的区、村两级人民代表会议的事实，指出："这样的人民代表会议现在已有可能在一切解放区出现。这样的人民代表会议一经建立，就应当成为当地人民的权力机关，一切应有的权力必须归于代表会议及其选出的代表委员会。"[1] 同年（1948年）1月，在其为中共中央起草的决定草案《关于目前党的政策中的几个重要问题》中明确指出："中华人民共和国的权力机关就是各级人民代表会议及其选出的各级人

---

[1] 毛泽东："在晋绥干部会议上的讲话"，见《毛泽东选集》（第四卷），人民出版社1992年版。

民政府。"①

而在当时作为为新中国政权建设探索和积累经验的华北人民政府,在创建之前就将建立各级人民代表大会作为中心任务和政府由此产生的必备合法程序。在《中共中央华北局关于召开华北临时人民代表大会的决定》中指出:"为使华北政府成立具备完备的民主手续,决定分三个步骤成立华北政府。第一步:南北两边区政府实行联合办公。第二步:召开两区参议会驻委会联席会议,此会已于巳宥召开并通过决议……第三步:召开临时华北人民代表大会,产生正式政府。"② 可见,人民代表大会作为华北政权组织形式,也是华北人民政府的最高权力机关。

同时,华北人民政府也非常注重基层人民代表大会的创建和工作的开展。在其《华北解放区施政方针》中表明:"整顿区、村级组织,并建立各级人民代表会议,首先是县、村人民代表会议。整顿区、村组织,是民主建政的基础。应当尽可能地建立人民的、经常的民主制度,建立各级人民代表大会,并由它选举各级人民政府,在明年上半年完成村、县人民代表大会及同级人民政府的选举。"③ 在《村、县人民政权组织条例》中指出:"村、县全体选民选举之村、县人民代表会议,为国家政权之村县机关。"④

华北人民代表大会尽管在名称前冠以"临时"二字,但从其制定的一系列法律法令来看,无论形式还是内容,结构还是功能,都已经比较成熟和完善,尤其是将大会的性质、职权、任务、作用清楚阐述,而且将代表选举方式,名额分配,村县代表会议产生程序进一步细化和列明,使其操作性与应用性增强,丰富和完善了以民主集中制为核心的人民民主专政理论,实现了真正代表民意,提高政府行政效能,发挥政权组织形式作用的根本目标。

---

① 毛泽东:"关于目前党的政策中的几个重要问题",见《毛泽东选集》(第四卷),人民出版社1992年版。
② 韩延龙,常兆儒:《中国新民主主义革命时期根据地法制文献选编》,中国社会科学出版社1981年版。
③ 西南政法学院:《中国新民主主义革命时期法制建设资料选编》,1982年版。
④ 同上。

实践也充分证明：人民代表大会制度是一种既符合国情而又行之有效的政权组织形式，以当时河北安国各村在代表领导下防汛救灾为例。"寺下村在代表大会的领导组织下，修筑了二里长堤，往年一区常被水淹，而今年免除了水灾。发现黏虫就竭力领导群众捕打。去年编大队，群众说：'吃不光，也得打坏，'情绪低落，结果大部分庄稼被虫吃光。根据群众意见，接受去年教训，今年采取以自打为主，结合小型互助的方法，群众喜欢。代表则经常亲自检查，带头捕打，发现谁没来即刻去动员，代表们每晚汇报并商量办法，组织互助，在普遍动员，紧张捕打下，不几日打过三次至五次，致未成灾。这说明，代表大会确乎起了应有的作用，及时完成了中心工作，群众看见了它的力量。"① 由此可见，人民代表大会制度在群众中的作用和社会上的影响。因而，董必武同志在华北临时人民代表大会上致开幕词时指出："这将成为全国人民代表大会的前奏和雏形，因此，它是中国民主革命历史中划时代的一次大会，在中国民主革命历史上将占有光荣的篇章。"②

（二）创建中国共产党领导下的多党合作政权，为政治协商制度奠定基础

华北人民政府在创建的设想和实践中，始终坚持和贯彻新民主主义政权的政权性质，始终坚持多党合作，民主协商的基本方针。

首先，中国共产党的领导是新民主主义政权的根本保障，在这点上，华北人民政府同之前的各革命政权是相通的。其次，在华北人民政府成立的规划中，中央始终强调："党外人士均应至少占三分之一。"③ 在人民代表大会代表名额的分配上，也认真贯彻此原则："妇女代表五十，其中非党员二十；职工代表三十五，其中非党员十五；回民代表七，其中非党员三；文化界（包括文化团体、报馆、中等以上学校）代表十五，其中非党员五；社会贤达（包括工商业资本家、开明绅士、新式富农、自由职业者、中农等）代表九十，均系非党员；工商业代表三十，均系非党员；聘请代表三十一，均系

---

① 中央档案馆：《共和国雏型——华北人民政府》，西苑出版社2000年版。
② 《董必武政治法律文集》编辑组：《董必武政治法律文集》，法律出版社1985年版。
③ 华北人民政府秘书厅：《华北人民政府法令汇编》，1949年版。

非党员。"① 在大会实际召开之时,全体实到代表共五百四十二人,由于存在诸如区域代表、军队代表名额增加以及在老解放区文化界等领域寻找真正在人民中有威信,为人民所拥护的非党员代表确实不易等困难,大会实际出席的非党员代表共一百六十六人,占实到代表总数的三分之一弱,虽略低于中共中央所定的一百九十四名的标准,但总体上基本达到目标,同时也可看出在此项工作的具体落实中对其的高度重视和认真执行。

党领导的多党合作不仅在形式上予以贯彻,而且在内容上确实履行,如:"在大会讨论中,党外人士充分发表意见,最活跃的党外人士,如蓝公武、陈瑾昆、于力、李何林、丁易、徐维廉等都先后发言,有的并发言到三次以上,而党员代表则发言很少。"② 对党外人士所提起的议案、发表的意见、确实合理可行的,一般都予以采纳,因而无论是在注重民主形式,履行民主手续,还是在加强民主生活,贯彻民主精神方面都完全反映出新民主主义政权的性质,符合我党一以贯之的统一战线政策,为新中国成立时的政治协商会议作了制度上的准备,奠定了初步基础。

(三) 确立合理的政党与政府关系,保持政府的工作自主

华北人民政府自建立之时起,就注重理清党政关系,把党政不分或分立不明的问题作为主要问题来解决,在《中共中央华北局关于政权、财经、教育等方针政策的报告》中明确指出:"许多问题应由政府解决,但我们却是习惯地完全拿到党内来解决,如公安、干部、财经、教育等,党委实际是在代替政府,政府只解决一些技术问题,以致政府形同虚设。这一个问题必须从思想上搞通(必须建设名副其实的有职有权的政府,只有这样的政府才能更有力地支援前线,更好地进行建设),政治上解决(无产阶级领导的以工农联盟为基础的人民民主专政),制度上规定(哪些事应由政府单独解决,哪些事必须经过政府去解决,哪些事应经由党组在政府中起领导作用去解

---

① 华北人民政府秘书厅:《华北人民政府法令汇编》,1949年版。
② 中央档案馆:《共和国雏型——华北人民政府》,西苑出版社2000年版。

决)。"① 1948年10月，中共中央华北局进一步指出："应归政府处理者，不要一律拿到党委来，建立政府工作与党委工作明确分开而又联系的制度（重大政策性问题，必须经由党组请示中央局；日常工作，已经解决了的问题，应由政府自己负责处理）。肃清党政不分，党委包办代替政府工作的错误，要求有一个党委的正确领导，并要求有一个强有力的华北人民政府。"②

由此可见，这种较为合理的党政关系包含两方面核心内容：其一，基本原则和重大政策必须坚持党对政府的绝对领导；其二，充分发挥政府的自主性，对于不应由党委管理和管理不好的事务以及大量具体事务应由政府独立完成，坚决杜绝党委包办一切。

这种新型的党政关系，既有利于无产阶级专政政权的巩固，又便于政府的正常运作和工作效能的提高，对于今天某些地方仍然存在的党政不分现象都有极大的借鉴意义。

（四）健全政府制度，规范政府活动

华北人民政府成立之时，解放战争已进行到后期，人民革命战争已发展到即将夺取全国政权的阶段。建立正规政府，改变长期游击战争环境所造成的无序状况，客观地成为新形势下宪政建设面临的重要任务。针对这一任务的实现，董必武在华北人民政府成立大会上发表就职演说时明确指出："现在政府各部门都成立起来了，这个政府是由游击式过渡到正规式的政府，正规的政府，首先要建立一套正规的制度和办法。"③围绕这一目标，华北人民政府着力改变以往存在的游击作风，认真解决作为其成立基础的晋察冀和晋冀鲁豫两边区政府之间存在的不一致，不协调问题，并且颁布了《华北人民政府办事通则》，用以健全各项制度，完善政府规程，规范政府活动。主要包括如下方面。

---

① 陈玉衡：《中国新民主主义革命》，北京大学出版社2003年版。
② 同上。
③ 《董必武选集》编辑组："建设华北，支援解放战争"，见《董必武选集》，人民出版社1985年版。

（1）设立政府委员会领导下的主席负责制，各部、会、院、行、厅在主席领导下分掌各该主管事项，同时设政务会议负责执行华北人民政府委员会决议，解决各部门相关问题。

（2）健全办公制度，加强行政纪律。高效运转的政府必须有完善可靠的行政制度，只有严格明确的行政纪律才能保障政府机关的秩序井然。在制度与纪律的重要性上，董必武曾有论述："我们是人民选举出来的，我们要向人民负责。人民要求我们办事要有制度、有纪律。无制度，无纪律，一定办不好事情。政府规定的制度一定要遵守，不遵守就是违反纪律。"① 为此，华北人民政府规定："本府各部门办公时间每日八小时，星期日休息。各部门得适当组织集体办公，并与秘书厅取得密切联系，在办公时间内，不得擅离职守，假日采取值班制，特定工作单位应采轮班制，各部门工作人员，在规定办公时间以外，如遇有紧要公务，或遇有群众来府接洽事宜，均应随时处理。"② 同时对于细微之处，也规定十分详尽，例如，所有工作人员请假，均须经主管上级批准，"各部门正副职负责人请假，由主席批准，处长级干部请假，或科长级干部请假超过三天以上，由主管部门负责人批准，一般干部请假三天以内由主管科长批准，三天以上由主管处长批准，病假要有医生证明，事假全年总计不得超过全部工作时间的10%。"③ 政府对行政纪律的重视由此可见一斑。

（3）建立健全请示报告制度。早在1948年，薄一波在《关于华北人民政府施政方针的建议》中就指出："这种无政府，无纪律，事前不请示，事后不报告的状态不仅带来了极恶劣的影响，也反映了一定的没落阶级思想，必须加以肃清。"④ 鉴于此，华北人民政府规定："凡属有关方针政策，重要

---

① 《董必武选集》编辑组："建设华北，支援解放战争"，见《董必武选集》，人民出版社1985年版。
② 华北人民政府秘书厅："华北人民政府办事通则"，见《华北人民政府法令汇编》，1949年版。
③ 华北人民政府秘书厅："工作人员请假规则"，见《华北人民政府法令汇编》，1949年版。
④ 中央文献研究室：《薄一波文选》，人民出版社2004年版。

计划及各项法令规章之决定和颁订,及有关本府既定方针政策,重要计划及各项法令规章之变更事项,各部门均应签呈主席先行请示,并事后报告备案。"① 另外,"各部门可建立工作日记制度,以便检查督促,工作汇报每日一次,限于下月初十日前送达主席核阅。"② 这一逐步固定的制度对于杜绝政府内的随意涣散状态起到了积极的作用。

(4) 统一公文程式,制定公文处理规程。华北人民政府根据性质以及签署主体的不同将公文分为函、令、状、训令、指示、决定、批复、通知、通报、布告、签呈等12种,每种都有严格的程式并须登记编号封发,由秘书厅统一制订。在处理程序上,遵循:"由秘书部门登记拆阅;由各该主管部门会商;由秘书部门拟办"③ 等不同原则。公文是政府传达与贯彻党和国家方针政策,发布法规,指导工作,反映情况,交流经验的一种重要方法。实现公文程式及其处理规程的科学规范化,有助于防止出现混乱现象,保证行政管理有秩序、有效率地进行。

华北人民政府所建立的一系列行之有效的政府制度,不仅加强了自身建设,在广大人民群众中树立起了崭新的政权形象,而且极大地丰富了新民主主义宪政的内容,为之后新中国政府机关依法施政奠定了基础。

(五) 设立专职监察机关,加强自身监督

1948年8月,华北人民监察院的建立,使新民主主义宪政建设中的检察监督制度步入新的阶段。依照《华北人民政府组织大纲》和《华北人民政府各部门组织规程》的相关规定,华北人民监察院设院长一人,由华北人民政府副主席兼任,在院长领导下,设人民检察委员会,以院长和华北人民政府委员会任命的人民监察委员五人至九人组成,其基本任务包括:

(1) 检查、检举并拟议处分各级行政人员、司法人员、公营企业人员的

---

① 华北人民政府秘书厅:"华北人民政府办事通则",见《华北人民政府法令汇编》,1949年版。

② 同上。

③ 同上。

违法失职、贪污浪费、违反政策、侵犯群众利益等行为。

（2）接受人民和公务人员对各级行政人员、司法人员以及公营企业人员的控诉与举发，并拟处理办法。

（3）负责其他有关整肃政风的事项。

由此可见，人民监察院不仅行使纪律监察职能，而且也承担了部分司法职能，成为新中国成立之后人民检察院和纪检监察机关的重要基石。

为了保证监察机关坚持原则，严格依照法定权限和程序进行工作，从而充分发挥其固有的检查监督职能，华北人民政府"一方面开展整饬政风的思想检查，一方面颁发办事通则，并责成各部门依据通则规定其办事细则。监察院亦派出几个监察小组，先后在阳泉及邯郸、长治等地巡视，对违法失职的案件进行检查"。[①] 同时，也为督促各机关各部门真正接受其检查并与之密切合作，华北人民政府专门发布训令，指示各级行政机关、司法机关、公营企业、工商、贸易、交通、财经、税收等各部门，"遇有人民监察院人员持有加盖监察院印信证件到任何机关、部门检查工作时，该机关人员应妥为帮助检查，并需提供相当材料，不得借词拒绝。"[②]

华北人民监察院的设立，对于检查揭发公务人员的违法渎职行为，打击腐化堕落起到了重要的作用。同时使某些地方、某些部门少数干部长期存在的组织纪律松弛，缺乏整体观念，片面强调本位工作的不良局面有了较明显改观，这一在某种程度上具有创新意义的人民监察制度有力地推动了华北地区整肃政风工作的开展，为新中国成立后检察监督机关的建设提供了可资借鉴的经验。

三、华北人民政府宪政制度较为成熟的原因

从上述华北人民政府宪政制度若干特点来看，相比较前两次国内革命战

[①] 华北人民政府秘书厅："关于本府成立以来的工作概况报告"，见《华北人民政府法令汇编》，1949年版。

[②] 华北人民政府秘书厅："华北人民政府关于加强监察工作的训令"，见《华北人民政府法令汇编》，1949年版。

争和抗日战争时期中国共产党所领导的各类民主政权而言，华北人民政府的宪政制度在当时是比较先进和趋于成熟的，造成这种现象并非偶然，而是有其内在的深层次原因。

（一）深厚扎实的经济基础

华北地区地域广大，东临渤海，西接黄河。以《华北人民政府国民经济建设计划》统计数据为例："华北地区耕地面积15699万亩，每人平均3.14亩，播种总面积11812万亩，超过耕地总面积75.7%。"① 人口众多，"现有人口5600万，其中农村人口以3937万计，市镇工商业者，独立劳动者及一切不依靠农业生产的人口以437万计，军政及地方工作人员以100万计，平、津、保、张、唐山、太原等城市人口以500万计，整个华北地区国民经济以4994万人口估计。"② 物产丰富，华北地区资源众多，尤以煤、铁闻名全国，硫黄、硝、云母、石棉等矿产以及盐、碱等都十分丰富，同时盛产粮、棉、麻、烟、花生、水果、药材。以《华北局关于晋察冀与晋冀鲁豫两区合并问题的报告》中所列："农作物以麦产量为最大，两区合并五亿七千一百五十万斤，除自给外尚有余，棉花产量三亿零二百零四万斤，可大量出口，花椒、核桃仁等亦可出口；工矿方面，井陉、阳泉、峰峰、六河沟均为著名产煤区，可大量增产，灰生铁每日可出四十七吨，超过目前需要量，石门煤焦油厂已开工，长治煤焦油厂正在建设中。"③ 另有火柴厂、纺纱厂、工商业资产等亦十分丰富。

只有深厚的经济基础才能孕育出高度发达的政治文明。华北地区得天独厚的经济条件为政权建设尤其是宪政发展提供了最基本而又不可或缺的源泉。

（二）稳定巩固的社会环境

1948年，在晋察冀解放区，除保定、太原等孤城外，内部敌人已基本肃

---

① 刘建成：《中国革命根据地经济史》，经济出版社2002年版。
② 同上。
③ 同上。

清,战争已完全取得主动权;在晋冀鲁豫解放区,除新乡、安阳等地敌对势力较强,其余大部地区已完全解放,社会环境总体上趋于稳定。同时,土地改革运动不断深入,坚持"耕者有其田"的原则,人民群众生产建设的积极性空前高涨,自觉、自愿巩固和平环境,保障政权建设,而抗日战争时期与日寇的艰苦卓绝斗争,既提高了群众的政治觉悟,又奠定了扎实的群众基础,在和平环境中很容易将其转化为发展生产和巩固政权的热情。

较为安定团结的社会环境,平和井然的社会秩序能够使人们开始认真思考宪政制度的完善并努力将其付诸实践,正如中共中央华北局书记薄一波在1948年干部会议上所总结的那样:"我们目前的政策是安定团结发展生产,工作要由唱《白毛女》改为唱《小放牛》《兄妹开荒》,政治上要由紧张不断的群众运动转为民主政权的建设。"①

(三) 革命形势的发展要求

华北人民政府建立之时,正是解放战争形势发生重大转折,中国政治与社会格局即将全面改写之际,正如毛泽东所说:"目前各方面情况显示,中国时局将要发展到一个新的阶段,这个新的阶段,即是全国范围的反帝反封建斗争发展到新的人民大革命的阶段,现在是它的前夜,我党的任务是为争取这一高潮的到来及其胜利而斗争。"②

在这个革命新高潮的前夜,中国共产党的领导集体也在认真思索新中国民主宪政建设的问题,而作为"发展最大最巩固的华北解放区"自然担当起为新中国探索适合本国实际的民主宪政之路的历史重任。对此,董必武曾指出:"华北人民政府的功能,具有中央与地方双重性质,尤其在人民代表大会等政权建设的问题上,更要为以后建立的中央人民政府打好基,铺好路。"③ 而在新中国成立后,党中央充分肯定了华北人民政府在宪政道路探索上所进行的努力并按照其模式组建了新的中央政府。1949年10月27日,毛

---

① 华北人民政府秘书厅:《华北人民政府法令汇编》,1949年版。
② 毛泽东:《迎接中国革命的新高潮》《毛泽东选集》(第四卷),人民出版社1992年版。
③ 《董必武政治法律文集》编辑组:《董必武政治法律文集》,法律出版社1985年版。

泽东主席颁布命令:"中央人民政府业已成立,华北人民政府工作着即结束,中央人民政府的许多机构,应以华北人民政府所属有关各机构为基础迅速建立起来。"[1]

可以看出,革命形势的迅速发展,新中国政权建设的迫切需求,既为华北人民政府的宪政建设提供了动力,又使其宪政制度的发展进程明确了方向。

(四) 领导集体较高的法律素养和宪政意识

早在1948年2月,刘少奇同志就向党中央提出晋察冀与晋冀鲁豫两区合并的建议并获得同意。从提出倡议到最终建立,刘少奇同志都是整个过程的实际领导者,早年的留学经历和长期在白区复杂环境中的工作经历使其具备了深厚的法律素养和民主意识,在创建过程中,他始终坚持华北人民政府的民主政权性质与合法程序,提出:"两个边区暂不宣布合并,但可合并办公,待召集两区统一的人民代表大会时再宣布合并。"[2] 在当时的战争环境和民主法制意识普遍淡漠的氛围内,提出这样的观点的确难能可贵。

同时,在华北人民政府领导集体的组成人员中,作为主席的董必武同志是我党的创始人之一,是公认的无产阶级法学家,通晓古今中外法学,尤对马克思主义法学研究精湛,造诣很深,长期担负政法领导工作。早年东渡日本学习法律,曾做过执业律师并作为中共代表,代表国民政府参加1945年联合国创立大会。渊博的知识,深厚的法律素养,对人民民主专政的政权建设和法制建设所作出的卓越贡献使其享有崇高的威望,因而在其领导华北人民政府的工作中,能够始终遵循民主法治的要求,注重民主宪政的建设。

而作为副主席之一的杨秀峰和司法部部长的谢觉哉,都是著名的学者型、理论型政治家,都曾有过在著名大学学习法律或执教法律的经历,并且作为中央五老之一的谢觉哉还是《陕甘宁边区宪法原则》的主要执笔人。另外,领导集体内的薄一波、成仿吾和社会影响较大的民主人士蓝公武、陈瑾昆、

---

[1] 中央档案馆:《共和国雏型——华北人民政府》,西苑出版社2000年版。
[2] 同上。

钱端升等人或对宪政建设有较高的认同和深刻的理解，或本身就是学贯中西的法律专家。

可以说，在当时的华北人民政府，如此众多的法学专家、宪政倡导者济济一堂，既为其时各种政府所罕见，也为社会各界广泛称道。而这种"法律共同体"的凝聚有效推动了华北人民政府的宪政建设不断完善和趋于成熟。

四、华北人民政府宪政制度存在的不足

任何法律制度在其草创之时，都不可能完美无缺，华北人民政府的宪政制度也存在着某些需要进一步改进之处。

（一）司法尚未独立

华北临时人民代表大会是法定最高权力机关，行使立法权。华北人民政府由它产生，对它负责并向其报告工作，是实际上的行政机关。而人民法院、人民监察院等行使司法职能的专职机关却并没有独立，在组织机构上隶属于政府，受政府领导和监督，在《华北人民政府组织大纲》中明确规定："华北人民政府设下列各部，会，院，行，厅，在主席领导下分掌各该主管事项：……十三、华北人民法院；十四、华北人民监察院……前项各部门工作，得应工作之需要，增减或合并之。"① 另有"华北人民法院之重大案件判决，得经司法部复核；死刑之执行，并须经主席核准以命令行之"② 等规定。

由此可见，当时的华北人民法院、华北人民监察院等司法机关是作为政府组成部门，行使政府工作机关职能的，这种体制划分，不符合现代民主宪政"权力制约与均衡"的基本原则，也容易导致行政干预司法，从而产生司法不公等不良现象。

---

① 韩延龙、常兆儒：《中国新民主主义革命时期根据地法制文献选编》，中国社会科学出版社1981年版。

② 同上。

（二）法定民主手续运用不够娴熟

对于当时大多数革命干部和大量具体工作人员来说，华北人民政府的组建，不仅是一项政治任务，也是一次对民主宪政体制的认知和学习过程，因而就会不可避免地出现一些不熟悉民主形式，不会运用民主手续的缺陷，如："在人民代表大会的选举过程中，对于候选人事前没有布置，致有些不准备当选的我党负责同志及高级干部如刘少奇，徐向前，吴玉章，范文澜等同志都被提出，而大会秘书处在最后整理时又未交审查，除刘少奇同志外竟都列入候选名单，结果这些同志都未当选，有损威信。"[1] 又如："在代表资格审查过程中，表现出代表产生不够郑重，太行聘请了三位代表（依照规定行署、县、市无权聘请代表），冀中饶阳多选了一个代表，北岳社会贤达代表多选一人，致正式当选的马致远因报道迟而失掉了代表资格。"[2]

这些都在一定程度上表明，当时在依法履行民主程序，保障民主措施方面存在的一些混乱和欠缺，从背后也折射出在广大人民群众尤其是政府工作人员和领导干部中提高民主意识，加强法制教育的重要性和迫切性。

五、结语

华北人民政府自成立到结束工作，存续时间虽然不长，但其作用重大、影响深远，尤其是在民主宪政道路上所作出的艰苦努力和有益探索，不仅奠定了新中国的政权建设基础，而且直到今天依然是我们坚持的基本政治制度。

尽管用今时今日的观点，它还存在一些问题，但这些都与当时特殊的社会历史背景密不可分，用今人的价值判断去脱离实际的一味苛求当时的社会制度，既不科学，也不足取。我们应该认识到，华北人民政府的宪政制度在其合理内核的支撑下，一定会为当代中国提供更为广泛的借鉴意义。

---

[1] 中央档案馆："华北人民代表大会总结报告"，见《共和国雏型——华北人民政府》，西苑出版社2000年版。

[2] 同上。

参考文献

[1]《毛泽东选集》，人民出版社1992年版。

[2]《薄一波文选》，人民出版社2004年版。

[3]《董必武选集》，人民出版社1985年版。

[4]《董必武政治法律文集》，法律出版社1985年版。

[5]《华北人民政府法令汇编》，1949年版。

[6]《中国新民主主义革命时期法制建设资料选编》，1982年版。

[7]《中国新民主主义革命时期根据地法制文献选编》，中国社会科学出版社1981年版。

[8]《共和国雏型——华北人民政府》，西苑出版社2000年版。

[9]《中国新民主主义革命》，北京大学出版社2003年版。

[10]《中国革命根据地经济史》，经济出版社2002年版。

[11]《中国革命史》，中央党校出版社1996年版。

华北人民代表会议选举制度研究

——兼与人大代表选举制度比较

曲 甜[*]

引 言

新民主主义革命时期，中国人民在中国共产党的领导下于各解放区开始尝试建立各种新型代议民主制，积累了丰富的制度建设经验。新中国人民代表大会制度正是在这些探索和实践的基础上确立和发展起来的。其中，华北人民政府时期的人民代表会议直接影响了1954年人民代表大会制度。代议制的基础是选举制度，选举制度是民主政治的重要内容之一，为推进我国社会主义民主政治的进程，完善我国的选举制度是必不可少的。因此，追溯这一制度的历史脉络对完善当前人大代表选举制度是很有帮助的。下面，笔者将借助历史制度主义的分析方法，考察华北人民代表会议选举制度，以期得出有价值的结论。

一、华北人民代表会议的召开背景

1945年抗战结束后，国共两党统一战线破裂，这意味着抗日民主政权形式参议会制度[①]的结束。共产党决定以人民代表会议取代参议会。1945年10

---

[*] 中国政法大学2007级硕士研究生。

[①] 参议会制度是抗日战争时期，共产党在陕甘宁边区建立的与国民党地方政权名称、形式相同的政权机构，实行"三三制"。

月 14 日,陕甘宁边区参议会常驻会和边区政府联合发出通知,要求把乡级参议会改为乡人民代表大会。随后,在晋察冀边区的一些省很快也召开了人民代表会议,选举省政府委员会。1947 年后,各解放区相继召开各级人民代表会议,产生了各级人民政府。① 1948 年 5 月 9 日,中共中央正式决定:晋冀鲁豫、晋察冀两解放区合并为华北解放区;两中央局合并为华北中央局,由刘少奇任第一书记;两军区合并为华北军区,由聂荣臻任司令员;两边区政府暂成立华北联合行政委员会,由董必武任主席,② 并委派董必武负责筹备召开华北临时人民代表大会,组建华北人民政府。当时中央交给董必武的任务是:"把华北地区建设好,使之成为巩固的根据地,从人力、物力上大力支援全国解放战争;摸索、积累政权建设和经济建设的经验,为全国解放后人民共和国的建立作准备。"③ 1948 年 8 月 7 日,华北临时人民代表大会在石家庄召开,会议宣布成立华北人民政府,负责管理并领导河北、山西、平原、察哈尔、绥远五省及北平、天津两市,选举董必武等 27 人为华北人民政府委员,并通过了《华北解放区施政方针》《华北人民政府组织大纲》等重要文件。9 月 20~24 日,华北人民政府第一次委员会议召开,选举董必武为政府主席,薄一波、蓝公武、杨秀峰为副主席,并任命了各部部长、各委员会主任、人民法院院长及秘书长等。9 月 26 日,华北人民政府在石家庄正式成立。董必武在人民代表大会上指出:"我们华北临时人民代表大会宣布开幕了。它是临时性的,也是华北一个地区的,但是,它将成为全国人民代表大会的前奏和雏形。因此,它是中国民主革命历史中划时代的一次大会,在中国民主革命的历史上将占有光辉的篇章。"④

---

① 蔡定剑:《中国人民代表大会制度》,法律出版社 2003 年版,第 57~58 页。
② 闫书钦:"华北人民政府成立始末",载《党史博采》1999 年第 8 期。
③ 胡传章、哈经雄:《董必武传记》,湖北人民出版社 1985 年版,第 243 页。
④ 董必武:"人民的世纪,人民的会议",见《董必武政治法律文集》,法律出版社 1986 年版,第 22 页。

二、华北人民代表会议选举制度的长处

新制度经济学中有一个概念叫做"路径依赖",在此基础上,现代政治学借用这个概念形成了历史制度主义学派。广义上的路径依赖就是指,前一阶段的事件可能会对后一阶段的事件产生某种影响和制约作用;狭义上的路径依赖则主要通过"报酬递增"一词来表现自己的意义,即一旦进入某种制度模式之后,沿着同一条路深入下去的可能性会增大,其原因在于,这一制度模式提供了相对于其他制度之下更大的收益。而一旦这种制度固定下来之后,学习效应、协同效应、适应性预期和退出成本的增大将使得制度的改变变得越来越困难。[1] 历史制度主义者相信,由于制度"惰性"的存在,先前的制度会对以后的制度产生影响,通常情况下,新制度的产生总是要吸纳旧制度中的某些成分。因此,我们有理由相信,华北人民代表会议作为人民代表大会制度的雏形,其中一些长处与不足都会在后来的制度中有所体现。

构成人民代表会议的基础是代表的选举制度,其体现了以下几个特点,并为后来人民代表大会选举制度和多党派合作的政治协商制度所借鉴。

(一)选举资格

《华北区村县人民代表会议代表选举条例(草案)》明确规定"村、县人民代表会议代表,由选民用普遍、平等、直接、无记名秘密投票选举之。"我们知道,普遍、平等、秘密都是现代选举制度的基本原则,我国的选举制度在建立伊始就奉行了这些原则,体现了当时选举制度的先进性。特别是选举权的普遍性这一点尤为突出。该条例规定,"凡在本村、县居住中华民国人民,年满十八岁者,不分性别、民族阶级、职业、宗教信仰、财产及教育程度的差别,均有同样之选举权与被选举权"。在西方国家,选举权的普遍

---

[1] Pierson Paul, Increasing Returns, Path Dependence, and the Study of Politics, American Political Science Review, vol. 94, No. 2, June 2000, pp. 257~266. 转引自何俊志:"结构、历史与行为——历史制度主义的分析范式",载《国外社会科学》2002年第5期。

化经历了漫长的过程,以英国为例,它进行了百余年的改革与实践,才逐步完善了不合理的选举制度。英国历史上有三次有关选举制度的重要改革:第一次是 1832 年,降低了选民的财产资格,扩大选民范围,但未能实现"有房屋住的人都有选举权"的要求;第二次是 1867 年,实现了"凡有住宅的并居住一年的居民均有选举权";第三次是 1872~1885 年,其间通过了《秘密投票法》《取缔选举舞弊法》《议席重新分配法》等,使英国的选举制度有了很大的发展。而直到 1928 年才通过了《男女平等选举法》,实现了妇女的选举权。1969 年将成人年龄从 21 岁下降到 18 岁,最终在英国确立了普选制。[1] 董必武也在人民代表大会开幕式上直接批评资本主义国家的选举制度:"美国经常自称为世界上'最民主'的国家,但实际上美国就有很多地方不民主、不平等。……黑人中只有极少数人有选举权。再如英国选举法规定候选人要有一定数量的现金做保证,如得票未达到法定数目,这笔现金就没收了;竞选人如果不能提供法定的现金,也就不能成为候选人。资本主义国家就是用这许许多多方法,限制和剥夺了人民的民主权利。我们这个代表会虽然是临时的,一个地区的,但是没有种族、信仰性别的歧视。"[2] 通过对比不难看出,在选举资格的问题上,当时华北人民代表会议的选举制度无疑是很先进的,这一点为后来的人民代表大会制度所继承。我国的选举制度是以马列理论为基础的,马克思曾经对资产阶级选举制度的虚伪性进行过严厉的批判,其虚伪性主要体现在选举权和被选举权要受到财产资格的限制、把劳动人民排斥在外、议员要靠贿选产生等等。而这些问题,在华北人民代表会议之时已经全部解决了,广大的群众无须再顾虑财产、教育程度、阶级等敏感性因素而享受到了参政议政的权利。

(二)代表的广泛性

华北人民代表会议的代表产生充分考虑到当时的情况,吸纳了社会各界

---

[1] 曹沛霖等主编:《比较政治制度》,高等教育出版社 2005 年版,第 141~142 页。
[2] 董必武:《董必武政治法律文集》,法律出版社 1986 年版,第 23 页。

人士。在筹备华北临时人民代表大会时，刘少奇专门指示"会期可延长十天以上，以便党外人士讲话。"① 1948年6月，华北局即表示："华北人民政府委员会临时人民代表大会，党外人士均应至少占1/3。"② 薄一波在华北临时人民代表大会上的讲话中指出："在各级人民代表大会及人民政府中，特别是县以上的这些机构中，必须使各民主阶层……尽可能地都有他们的代表参加进去，并使他们有职有权。"③

首先，在党派上，华北临时人民代表大会出席代表共542人，非党员的比例占1/3。其中商会代表31人，文化界代表14人，社会贤达代表53人，开明绅士代表5人，自由职业者代表21人，工商业资本家代表9人，新式富农代表3人，民主同盟代表2人，民主人士代表1人。各类合计达139人，占出席代表总名额的25.6%。

其次，在界别上，542人中军队代表35人，占代表总数的6.46%；妇女界代表48人，占代表总数的8.86%；职工代表35人，占代表总数的6.46%；国统区工人代表1人，占代表总数的0.18%；商会代表31人，占代表总数的5.42%；回民代表7人，占代表总数的1.29%；文化界代表14人，占代表总数的2.58%；国统区学生代表7人，占代表总数的1.29%；社会贤达代表53人，占代表总数的9.78%；开明绅士代表5人，占代表总数的0.92%；自由职业者代表21人，占代表总数的3.88%；工商业资本家代表9人，占代表总数的1.66%；新式富农3人，占代表总数的0.55%；高级革命职员代表12人，占代表总数的2.22%；翻身农民代表1人，占代表总数的0.18%；民主同盟代表2人，占代表总数的0.37%；民主人士代表1人，占代表总数的0.18%。④

其实，这种的代表广泛性体现了类似今天政协制度的因素。542名代表

---

① 中央档案馆：《共和国雏形——华北人民政府》，西苑出版社2000年版，第11页。
② 同上书，第78页。
③ 中央档案馆编：《晋察冀解放区历史文献选编（1945～1949）》，中国档案出版社1998年版，第499页。
④ 中央档案馆：《共和国雏形——华北人民政府》，法律出版社1986年版，第129页。

并非全部选举产生，而是或由各地人民代表选举，或由联席会议选举，或由边区政府批准，或由边区政府聘请。1949年的战争进程发展很快，国民党政权的败亡和中国共产党全国范围的胜利前景已日渐清晰，中国共产党角色即将由革命党转变为执政党，政党思维即将由暴力斗争转变为和平建设。为此，中国共产党必须联合工农兵学商，结成包括工人阶级、农民阶级、民族资产阶级与小资产阶级的人民民主统一战线。在半殖民地、半封建社会和社会主义社会之间，新民主主义政权将是不二法门。①

与此相联系，华北区人民代表会议的制度取向日益转向新政协模式。正如周恩来指出的："现在各地召开的各界代表会议，实际上就是地方的政治协商会议，也可以说就是中国人民政治协商会议的地方委员会。……在全国各地方未能实行普选之前，中国人民政治协商会议和它的地方委员会分别执行全国和地方的人民代表大会的职权。"② 在由华北人民代表会议选举产生的华北人民政府中，一些民主人士也担任了华北人民政府的领导工作，如著名教授、民主人士蓝公武当选为华北人民政府副主席。华北人民政府成立过程中形成的民主党派和民主人士参政制度，初步形成了新中国多党派合作的政治协商制度。

（三）其他相关制度

①召开预备会和选举主席团制度。②代表资格审查制度。大会预备会选举产生代表资格审查委员会，对代表的资格进行审查。③政府、军事工作报告和各项法律、条例草案的说明制度。④代表提案制度。人民代表共提交提案1180余件。⑤各报告、建议和草案的审查委员会和提案审查委员会制度。大会选出施政方针、人民政府组织大纲、政府工作报告、村县（市）人民代表会议选举法及政权组织法、军事报告、农业税6个审查委员会。另选出提案审查委员会。各委员会分别向大会提出审查报告，提交大会讨论，由大会

---

① 杨建党："华北区人民代表会议制度探析"，载《云南行政学院学报》2007年第1期。
② 《中共中央文件选集》，中央党校出版社1992年版，第198页。

对各项报告、建议和草案进行表决，作出决议通过。华北局指出："这种办法，一方面便利于集中代表间对各专门问题的意见，一方面节省了大会讨论的时间。"⑥政府委员选举制。1948年8月18日，用无记名连记投票法选举出由27人组成的华北人民政府委员会。这些新型体制，奠定了新中国人民代表大会各项具体制度的基础。①

三、华北人民代表会议选举制度的不足

坦率地讲，华北人民代表会议的选举制度并不十分完善，无论是法律文本的规定还是在实践中的应用，都存在疏忽与纰漏。在此，我们无意一一挑出当时选举制度中的问题，只是选取其中对后来的选举制度有影响的进行分析。这里，笔者集中分析候选人的确定方式。

华北人民代表会议的选举办法基本是根据代表所属类别的不同并依据具体的情况制定的。例如，在代表的选举上，县市的区域代表，在有人民代表会的县市由人民代表会选举，各人民团体各派代表召开联席会议推选；分配各区、各市的妇女、职工会、回民、文化界等职业代表，均由各区团体、部队分别召开适当的会议推选；社会贤达代表及指定选出的代表，均由区党委分配到人口较多的县推举。②如中共华北局就"指定冀南选出杨秀峰、太行选出戎伍胜、北岳选出宋邵文。"③ 对于这个问题，董必武在《目前民主建设的主要形式》一文中有过阐述，他说："就目前的情况来说，各界人民代表会议的形式倒能更照顾到各阶层的意见（包括少数的意见在内）。因之比召开普选的人民代表大会是更为民主些。各界人民代表会议中一部分代表，自然也可由选举产生，如工、青、妇等有组织的群众团体，就可这样办。此外最好是用推举、聘请或协商的方式产生……各界人民代表会议应当是我国现

---

① 阎书钦："论华北人民政府的成立、特点及其对新中国政权体制的探索"，载《当代中国史研究》1999年第5~6期。

② 刘建民："论华北人民政府对筹建中央人民政府的贡献"，载《河北师范大学学报》2007年第7期。

③ 中央档案馆：《共和国雏形——华北人民政府》，法律出版社1986年版，第79页。

时实现人民民主专政的主要的形式,不要急于召开人民代表大会。但条件成熟,就应代行人民代表大会的职权。各界人民代表大会开好了,也就走上开好代表大会的路。操之过急反而不好。"[1] 实际上,华北临时人民代表大会将力争正规化,但由于当时条件所限,还是不能充分展开选举,而带有一定的政治协商会议的色彩。

应该说,当时采取推举、协商的办法主要是考虑到会议代表的广泛性,以听取多方意见,保证民主的广泛性。但是,这种候选人的提名方式在日后的选举制度中逐渐暴露出其弊端。新中国成立后的历次《选举法》均未能很好地解决这个问题。比较典型的例子是,现在有些地方的人大代表选举,为强调某种"代表性""戴帽"下达部分代表名额。戴帽选举的代表与其他当地代表候选人一起差额选举,但如果落选,该名额由上级人大收回。这实际上意味着上级派选的代表是不能差额的。"戴帽选举"的范围包括,党政机关和人大常委会需要安排作为代表的人、群团组织负责人、华侨、知识分子等方面需要安排的人。[2] 华北人民代表会议时期,在候选人确定方式上采取协商的办法是有其历史原因的,虽然《选举法》已经历经了半个多世纪的变革,但是这种协商的方式却一直被延续下来。正如历史制度主义所言,制度一旦进入某种轨道,就会产生"惰性",要想改变代价是很大的。

然而,我们必须深究,为什么"协商"的方式有着如此持久的生命力。笔者认为,这里蕴含着一种理念的选择——协商民主还是竞争民主?在人大代表产生方式上,围绕着是否应该采取预选的方式确定正式候选人,我国选举法经过了几次修改,2004年的《选举法》规定在协商、酝酿的基础上,根据较多选民的意见确定正式候选人,当正式候选人不能形成较为一致意见的,进行预选。其实,在协商与预选的背后蕴含着两种理论基础,即协商民主与

---

[1] 董必武:"目前民主建设的主要形式",见《董必武政治法律文集》,法律出版社1986年版,第110页。

[2] 蔡定剑:《中国选举状况的报告》,法律出版社2002年版,第56页。

竞争民主。应该说，协商民主存在于我国整个政治体制的框架下，尤其以中国共产党领导的多党合作和政治协商制度为典型，同时也与我国传统政治文化相适应，但是，协商民主是否适用于选举制度值得我们考虑。

协商民主是在批判竞争性民主的基础上发展起来的，竞争性民主一般是指在一定的政治系统中特定的主体以少数服从多数为基本原则，通过选举、竞选、投票、公决等竞争性的方式及机制参与政治的一种民主类型。然而，随着世界各地竞选实践的深入发展，诸如贿选、人身攻击、微弱多数获胜等弊端逐渐显现出来，单纯强调竞争性选举的民主价值取向逐渐为人怀疑，在这种情况下，一些学者将研究的焦点转向"协商性民主"。关于什么是协商性民主，不同学者的理解有所不同，有的将其理解为一种决策模式，有的认为其是一种民主治理形式，也有的认为是团体组织或政府形式。综合各家观点，我们可以这样理解协商民主：作为一种政治模式，它是指平等、自由的公民在公共协商过程中，以追求公共利益为前提，通过对话、讨论等公开过程，使各方充分了解彼此的立场和观点，进而赋予立法和决策以政治合法性的民主治理形式。

从中我们可以看出，协商民主有如下几个要素：（1）以追求公共利益最大化为目标，力求最大限度地满足所有公民的愿望。这一目标也要求协商中宽容和妥协精神的存在。（2）协商民主强调理性，其合法性不仅出于多数的意愿，而且还基于集体的理性以及它形成的程序，即协商本身。换言之，协商民主要求集体理性的协商。（3）协商过程的公开，要求各协商主体之间在掌握充分信息的情况下对特定问题进行公开的讨论和协商。（4）协商主体间的平等，这不仅仅是法权意义上的平等，更应是实质上的平等。

今天的协商民主理论与华北人民代表会议时的"协商"是不同的。我们不能只保留协商的外壳而忽视其内涵。对照我国的人大代表选举制度不难发现，现今我们还不具备进行现代意义上协商选举的条件：（1）协商主体实质上的不平等。在确定正式候选人的过程中，协商主体往往是普通选民和相关领导，这要求领导干部尊重选民的意见、倾听选民的心声，并将大多数选民的意见作为最终决策的根本标准，显然，在中国大多数的领导干部还不具备这样的素质。更有甚者，协商仅是领导间的协商；（2）协商程序缺乏硬性规定的保障。选举法仅规定要在预选前进行协商，但具体到协商人员的选定、协商时间、协商方式等都没有作出具体规定，因而随意性很大，究竟是否进行了协商都值得怀疑；（3）在选举这一特殊的政治决策中，公共利益的妥协一致往往很难达成，究竟哪位候选人胜出可以代表公共利益实难界定；（4）目前我国公民社会和公民精神的发展都处在起步阶段，诸如理性、宽容、妥协等公民精神尚未发育健全，选民能否在协商中做到以理性为基础、以公共利益为目标值得商榷；（5）目前普遍存在的"厌选"心理使得选民很难积极参与到协商中来。

因此，协商政治在我国的政党制度、基层自治中可能有比较大的可作为空间，但在选举这一特殊的政治过程中并不合适。且我国现阶段完善选举制度的首要目标是实现选举的民主化，剔除选举中人为因素，过多的协商环节终将成为选举民主的障碍，因此竞争性的选举仍是我国目前选举制度的最佳方案。以竞争选举的方式选拔人才、实现民主、激发公民参选热情应成为我国选举制度未来发展的方向。

再回过头来看华北人民代表的选举制度中明确规定"各候选人在不妨碍选举秩序下，均得提出竞选纲领及主张。"这是对一些学者反对竞选的有力回击。关于我国是否可以实行竞选，理论界主要有三种观点：（1）一部分学者认为竞选是资本主义的选举制度，是资产阶级以"主权在民""政治竞争"的虚假形式欺骗人民群众的工具，社会主义国家对此应坚决抵制之。（2）竞选并非资产阶级的专利，作为一种选举形式，它是中性的，既可以为资产阶级所用也可以为无产阶级所用；作为一种管理国家事务的科学方式，它有值得借鉴的价值，是选拔社会精英的有效途径，所以社会主义条件下的竞选不仅可以，而且必要。（3）在差额选举的条件下，候选人可能当选也可能落选，这必然会引入竞争机制，但在社会主义国家不能搞成西方资本主义式的竞选。

其实，在实践层面上，我国一些地方已经有了初步的竞选试验。回顾2004年《选举法》的修改，让我们联想起2003年地方人大换届选举中出现的"深圳现象"和"北京现象"。2004年的《选举法》修改了直接选举中确定代表候选人程序上存在的模糊之处，重新恢复了预选程序，并增加了"选举委员会可以组织代表候选人与选民见面、回答选民的问题"的规定。这虽然只是具体条款做了局部修改，仅仅属于"微调"，但是在2003年"竞选"现象出现不久就修改选举法，却无疑有着独特的政治意义。2004年《选举法》重申选民提名推荐权利，并强调"对正式代表候选人不能形成较为一致意见的，进行预选，根据预选时得票多少的顺序，确定正式代表候选人名单。"这实际上反映了我国执政党欲通过适当放宽对选举提名和预选的限制，为候选人与选民之间的沟通提供制度安排，从而将民众的参政诉求和民主冲动纳入现行体制内来有序释放，以提高党构建社会主义和谐社会的能力。①

允许人大主席团或推荐者介绍候选人的情况可以说是我国选举制度的一大进步，但很显然，这样的方式还不能满足人民日益增长的民主诉求。既然60年前的选举都能允许竞选的存在，今天的人大代表选举制度也不妨借鉴当初的做法。

结　　语

在建设社会主义民主政治的过程中，坚持并完善我国的人民代表大会制度有着非同寻常的意义。人大制度由很多部分组成，其中人大代表选举制度是该制度运行的起点。因此，改革人大代表选举制度成为官方和学界的共同心声。在这种情况下，回顾人大代表选举制度的起源，探究其雏形，对我们深刻理解并进一步完善此制度很有帮助。华北人民代表会议为我们提供了机会，前文的研究发现，当时的一些制度囿于环境，虽不完善，但给我们提供

---

① 黄卫平、陈文："公民参政需求增长与制度回应的博弈"，载《深圳大学学报》2005年第3期。

了很大的启发和灵感，希望在今后改革人大代表选举制度的过程中，能够借鉴并应用华北人民代表会议时期的制度优势。

参考文献

［1］董必武：《董必武政治法律文集》，法律出版社1986年版。

［2］胡传章、哈经雄：《董必武传记》，湖北人民出版社1985年版。

［3］中央档案馆：《共和国雏形——华北人民政府》，西苑出版社2000年版。

［4］中央档案馆编：《晋察冀解放区历史文献选编（1945～1949）》，中国档案出版社1998年版。

［5］《中共中央文件选集》，中央党校出版社1992年版。

［6］蔡定剑：《中国人民代表大会制度》，法律出版社2003年版。

［7］蔡定剑：《中国选举状况的报告》，法律出版社2002年版。

［8］曹沛霖等主编：《比较政治制度》，高等教育出版社2005年版。

［9］阎书钦："华北人民政府成立始末"，载《党史博采》1999年第8期。

［10］阎书钦："论华北人民政府的成立、特点及其对新中国政权体制的探索"，载《当代中国史研究》1999年第5～6期。

［11］杨建党："华北区人民代表会议制度探析"，载《云南行政学院学报》2007年第1期。

［12］何俊志："结构、历史与行为——历史制度主义的分析范式"，载《国外社会科学》2002年第5期。

［13］刘建民："论华北人民政府对筹建中央人民政府的贡献"，载《河北师范大学学报》2007年第7期。

［14］黄卫平、陈文："公民参政需求增长与制度回应的博弈"，载《深圳大学学报》2005年第3期。

华北人民政府基层政权建设探析

李玉生*

基层政权作为最贴近普通民众的一级政府，是国家政权的基石。民众对基层政权的认同感和支持度是一个政权合法性的重要组成部分，而对我国这样一个农民占大多数的国家来说，基层政权的稳固更为重要。唐代名士柳宗元说过："天下之治始于里胥。"而里胥正是当时的基层政权，顾炎武也认为："唯于一乡之中官之备而法之详，然后天下之治，若鱼之在网，有条而不紊。"基层政权与百姓的日常生活相联系，同时也是国家税赋、兵员的主要征收机构，既影响地方政权也关系到国家兴衰。中国共产党"农村包围城市"的道路之所以能够取得最终胜利，离不开农民的认同和支持。

从土地革命时期开始，中国共产党在与敌斗争和自身政权建设过程中积累了很多基层政权建设的经验和方法，经过快二十年的发展和战争岁月的实践考验，到了华北人民政府时期，各种建政思想和理念已经日臻成熟，基层政权建设的实践也已经发展到相当成熟的阶段，华北人民政府的基层政权建设成就有目共睹，是对传统中国社会基层政权的一次彻底改革，影响至今。它作为中央人民政府的雏形，为新中国政权建设奠定了重要的基础。

一、华北人民政府基层政权建设的历史梳理

华北人民政府是在中国共产党领导的人民解放战争进行到第三个年头，晋察冀边区和晋冀鲁豫边区已经连成一片时成立的，包括河北、山西、平原、

---

* 中国政法大学2007级行政管理硕士生。

绥远、察哈尔五省以及北平、天津两市，时间从1948年9月到1949年10月。华北人民政府有别于土地革命时期的苏区、抗日战争时期的根据地、解放战争时期的边区政权，它是一个正规式的政府，[①] 华北人民政府所制定的种种规章制度、法律法规日后成为新中国建政的重要基础。

华北人民政府的基层政权建设，早在政府成立以前就给予了足够的重视。1948年6月5日，《人民日报》社论指出支援战争，恢复与建设各项工作，都要以"发展农业和工业为中心"，这就是华北解放区的基本任务与工作方针。在华北人民政府成立前后，围绕基层政权建设政府采取了几项重要措施。

（一）土地改革的实行

随着战争形势的变化，中共根据解放区具体情况的不同，把老区（抗日战争胜利以前中共控制的区域）、半老区（抗日战争胜利后到中共战略反攻时控制的区域）归为一类，把新区（中共战略反攻后控制的区域）归为一类，以此为标准来制定不同的土改政策，并且通过各种形式的制度和方式保证了土改的顺利推进。

经过这一时期的土改运动，乡村中旧有的精英力量、乡绅阶层已经大大削弱，农村的社会结构发生了巨大的变化，为建立新的权力格局和基层政权建立了基础。

（二）建立基层权力机关

建立各级权力机关的各级人民代表会议是一项重要的工作，遵循的步骤就是先召开"县、区、村（乡）人民代表会议"，进而由其选举各级政府委员会，以逐步建立起基层政权来。[②] 薄一波代表华北局在华北临时人民代表大会上所作的《关于华北人民政府施政方针的建议》中阐明，华北人民政府在政治方面首要的就是要"整顿区、村级组织，并建立各级人民代表

[①] 董必武先生在华北人民政府成立大会上说："现在政府各部门都成立起来了，这个政府是由游击式过渡到正规式的政府。正规的政府，首要先建立一套正规的制度和方法。"

[②] 《华北解放区当前的任务》，人民日报，1948-06-15。

会议"。①

整顿区村级组织，并建立各级人民代表会议，整顿区村级组织，是民主建政的基础。由于各地基层政权发展程度不同，有的相对完备，而有的已经遭遇很大破坏，亟待重建。基于华北的现状，华北人民政府认为基层政权的建设应该从实际出发分步走，有计划地逐步实施。通过思想动员、代表选举等手段逐步建立起基层政权，保证了基层政权体系的正常运行。

(三) 培养基层干部

对于华北人民政府来说，基层政权的建设还面临着一个关键的现实问题，即干部的缺乏。因随着新解放区的逐渐扩大，尤其是解放军快速地向南方挺进，急需干部去展开各项工作。这就使较早处于准和平环境的华北人民政府成为了供应干部的重点地区之一。

为了保证基层政权工作的顺利进行，华北人民政府在基层通过党组织的领导开展了干部培训活动，对符合条件的学员进行了集中的文化、政策等的教育培训，从而使得基层政权能够迅速开展工作。

各级基层政权的建设稳固了后方，华北人民政府在解放战争的最后时间里发挥了巨大的作用，有力地支援了前线，稳固的基层政权保障了政府各项工作的开展，改变了长期以来我国基层政权的很多弊病，不少方针策略是清末以来基层政权建设的创举。

二、华北人民政府基层政权建设的制度变革

黄仁宇先生曾经用"潜水艇夹面包"来形容明代的社会结构，而这其实也一直是我国社会结构的缩影。庞大的乡村社会在一套村规民俗和传统长老统治之下处于半自主的状态，乡村社会村民中默许的自然法则比国家的法律更为有效，官僚集团只能通过乡村中的精英阶层来实施名义上的统治。所谓"皇权不下县"即说明了这样一种状态。出于稳定的考虑，历代的新掌权者

---

① 《薄一波文选》(1937~1992)，人民出版社1992年版。

一般不破坏原有的基层政权结构，而是尽量利用这种乡村权力网络；为了维护中央集权的统治，朱元璋更是把这种基层乡村结构的简单化推向了极致。而事实证明，仅仅是维持或者简单化这样一种基层结构并不能达到长治久安的效果。随着近代民族国家的建立，国家迫切需要提高整合各种社会资源的能力，而把政府的触角深入到基层，使基层政权变为正式的一级政府便成为必须，从清末一直到民国时期统治者们想做却没有做好，基层官僚的肆意剥削与掠夺却使得民众对基层政权愈加不满。中国共产党历来重视基层政权的建设，但采取的方式却是彻底打破乡村原有权力网络，在党的领导下建立起新的基层政权体系，拉近了上级政府和农民之间的距离，也把整个基层社会纳入到国家的统治之下，国家和社会高度统一，虽然在今天看来它也弊端明显，但当时无疑是具有历史进步性的。

中国共产党对基层政治制度的变革集中体现在把民主、平等等人类价值引入到基层的政权建设中。华北人民政府治下的基层乡村普遍实行选举制，由农民公开、公平地选择自己认为合适的基层组织人员，这种民主制度在当时不管是在国内还是国外都受到了普遍的赞誉，中国共产党统治下的地区被许多外国记者称作"最民主的地方"。

(一) 国家和社会的整合程度的提高

我国两千多年的封建历史一直都是自给自足的小农经济，乡村社会自成一体，具有很大的独立性和封闭性。传统中国的治理结构有两个不同的部分，它的上层是中央政府，并设置一个自上而下的官制系统；它的底层是地方性的管制单位，由族长、乡绅或地方名流掌握。[1] 这种治理结构是两种情况的结合：文化、意识形态的统一，管辖区域实际治理权的分离。在基层社会，地方权威控制地方区域的内部事务，他们并不经由官方授权，也不具有官方身份，而且很少和中央权威发生关系，这事实上限制了中央权威进入基层[2]。"官不下县"和乡绅自治的历史传统、庞大的农民群体的分散性、宗族主义

---

[1] 王先明：《近代绅士》，天津人民出版社1997年版，第21页。
[2] 张静：《基层政权：乡村制度诸问题》，上海人民出版社2006年版。

的坚韧性、地方市场体系的封闭等,都构成了国家向乡村社会渗透的障碍。近代以来民族国家的建立要求国家具备强大的权威性资源的调度能力,国家机器和官僚系统逐渐向基层渗透。① 在县以下设立正规化的政府机构是清末以后,尤其是1927年国民革命以后的事。在急剧的社会转型的过程中,国民政府试图通过对乡村社会的强力渗透来控制基层,树立起政府在乡村的权威。但是实际效果却并不明显,国家对基层社会的控制能力仍然很弱,抗战时期国民政府并不能有效地组织基层的抗战力量和社会资源即是明证。

华北人民政府时期的基层政权作为共产党领导下的人民政权,改变了以往基层政权孱弱的弊端。首先,阶级斗争和土地革命改变了农村的社会结构,大批的乡绅和宗族势力被打倒,农村旧有的外在体系被打破,使得国家政权的触角能够到达村一级。其次,基层党组织的领导和组织保障了各项工作的开展,共产党政权与旧政权所形成的鲜明对比增加了群众对新的基层政权的好感,改变了过去的衙门官老爷作风,拉近了社会公众和国家政权的距离。再次,通过土地改革和民主选举,提高了农民的经济和政治地位,增加了他们的参与热情。因而大大提升了国家和社会的整合程度。最后,中央政府对基层社会的管理和动员能力得到明显改善,这种全能政府控制社会的模式虽然在当代受到很大的批判,但是在当时,却极大地提高了国家的资源能力,对解放战争,包括新中国成立后的经济建设都起到了极大的促进作用,也是对我国政权建设的一次明显的推进。

(二) 民主、平等、普遍原则的推行

华北人民政府在基层政权过程中出台了一系列的法令和制度,这些法令和制度保证了基层政权建设的顺利展开,体现了普遍、平等、民主的原则,是在中国基层社会的一次前所未有的创举。

1. 普遍性

凡在本村、县居住中华民国人民,年满18岁者,不分性别、民族、阶

---

① 这一现象始于18时期的欧洲,查尔斯·蒂里等学者称之为"国家政权建设"。

级、职业、宗教信仰、财产及教育程度差别,均有同样之选举权与被选举权。①

通过该选举条例扩大了选举的范围,普通老百姓也有了自己的投票权,不再受身份、财产、性别等的限制,享受到了参政议政的权利,改变了过去由上级任命的制度,同时提高了妇女的社会地位,基层政权真正成为基层群众自己的政权。

2. 民主性

村、县人民代表会议代表,由选民用普遍、平等、直接、无记名秘密投票选举之。②

从以上的规定中不难看出:选举由普选产生体现了民主程序,直接和无记名的投票法保证了选举的公平性,一人一票的民主原则第一次被运用到基层政权的选举过程中,同时这也是古老的村中议事方式的回归,有事多商量,事实上是一种基于古老民俗传统的好风尚,当然,在具体实践中,发言的声音从来都是有的大有的小,道理有强有弱,该按谁的道理办还是不按谁的办,这种议事的形式让大多数人感到有面子,心里舒坦。③ 因此,民主选举的推行调动了农民的积极性,至少让他们觉得这对自己没坏处。

3. 平等性

这一点也不同于苏维埃时期。苏维埃政权在选举中规定,不同阶级的选民所享有的选举权利也不一样。无论何阶级、阶层、党派或团体的选民,享有的选举权利是完全没有任何差别的。每个符合条件的公民都有同样的选举权和被选举权,投票时的匿名、一人一票制都体现了选举时人人平等的原则,竞选人要通过自己的施政方针和纲领打动群众,选民可按自己赞成之候选名单投票,亦可不按候选名单而选举自己愿选的其他任何人。平等性的原则使

---

① 《华北区村县人民代表会议代表选举条例》第2章第3条。
② 《华北区村县人民代表会议代表选举条例》第1章第2条。
③ 张鸣:"中共抗日根据地基层政权的选举与文化的复归",载《浙江社会科学》2001年第4期。

得民众之间不再有阶级、财产性别等的区别,妇女的地位也得到了极大的提高。

4. 真实性

"村人民代表会议代表,由村选举委员会按居民区域划分若干选区选举之。"

划分选区,对选区的大小进行限制,保证了直接选举的有效性和真实性,使得每一个选民真正拥有自己的选举权,让村民切实感受到由自己所选出来的人民代表。这种真实的政治权利通过各种法令、制度的保障来实现。

胡适先生面对国民党借口民智不开,不肯推行民主的说法,曾经提出过"幼稚园民主"论,但只有共产党人将这套民主选举推广开来。华北地区的基层民主获得了民众的广泛支持和拥护,摧毁了国民党原有的基层政权,建立了在当时条件下最反映农民意愿的基层机构,扩大了共产党的社会基础。对于农民来说,更重要的是,通过这种"幼稚园式"的选举法选举出的新政权,的确给农民带来了许多看得见摸得着的好处。这样选出来的政权,就是不通过民意机构,农民也可以表达自己的意见,左右政权的运作,因为它没有衙门气,与农民的生活贴得最近。[①] 虽然农民并不明白民主、平等、自由思想究竟是什么,但是通过选举程序和制度,基层政权获得了社会和民众的支持,改变了旧政权时期上级派来的官员鱼肉乡里,违法腐败等百姓深恶痛绝的现象。

三、华北人民政府基层政权建设的制度缺陷

华北人民政府基层政权建设取得了巨大成就,但是同时也存在很多的缺陷,它没有改变国家和社会内在分离的趋势,而是简单地将社会置于国家覆盖之下,以致今日我们仍然无法摆脱它们之间内在的分离以及表面上高度一

[①] 张鸣:"中共抗日根据地基层政权的选举与文化的复归",载《浙江社会科学》2001年第4期。

三、民主建政与依法行政方面的法令、政策研究

致的弊端。因此,对这些缺陷进行剖析是十分必要的,既是对当时基层建设的经验总结也是对今天基层政权改革的指导。

土地改革和农民运动的冲击使得旧时中国乡村的权力体系和社会秩序发生了根本性的转变。乡绅阶层的消失和基层政权的建立使得中央政府的触角得以延伸到社会的最底层。中央政府自上而下的政令覆盖到了基层,基层权威"公共身份"的授权来源由乡村社会转移到政府系统。意识形态以及政治热情的冲动使得国家的方针政策能够迅速在基层社会得到贯彻,而基层干部的荣誉感和服务性也掩盖了其本身的自利性,虽然有少部分的腐败分子,但是多数基层干部在新中国成立初期还是保持了一贯的良好作风和为人民服务的精神。正因为基层政权的连接作用,国家和社会在形式上保持了高度的一致。国家调度资源以及发动基层的能力得到大大提高,使得国家能够在新中国成立初期的几年时间里就完成了令人瞩目的经济建设成就,并取得了抗美援朝战争的胜利,基层政权在此过程中起到了基石的作用。

虽然基层政权通过形式上的连接使得中央政府和基层社会在外壳上实现了一致,但是实质上它们之间的分离趋势并没有改变,相反愈加严重。这种分离的趋势是自然经济解体的必然结果,经济制度的变革带来政治制度的重构,基层政权的官僚化进程打破了原有的乡村社会架构。封建社会的中央政府和基层社会的联系虽然很脆弱,但是乡绅阶层、宗族组织的存在保持了基层权威合法性和基层社会利益的一致性,社会民众对基层政权的合法性承认度很高。基层社会的各种服务和秩序由乡绅阶层为代表的基层政权来完成。但是基层政权被纳入国家层面后,在中央政令容易下达的同时,却堵住了自下而上的利益传递轨道,形成了基层"单轨政治"的局面。[1]法令制定中模糊的原则规定也使得基层民众享有的各项权利只是文本形式,缺乏实质内容。

---

[1] 费孝通:《乡土中国》,天津人民出版社1994年版。

基层社会的各种服务由政府直接提供，而这只能交由基层政权，中央政府对基层政权依赖性则越来越高。官方的身份使得基层政权的地位随之提高，权力扩大，可利用的资源增多，但是由于它的对上负责使得它在基层的认可度降低。基层人员的行为和目的随着利益关系的变化出现了变化，这也是目前我国很多干部违法犯罪的制度根源。华北人民政府时期以及新中国成立初期，这样的问题由于其他原因被掩盖，但是制度的缺陷仍然存在，而且在现在仍然是我国社会所关注的焦点。国家和社会的分离，社会利益的组织化程度低，基层政权自利化的倾向使得普通百姓的利益不能得到充分的表达，而这显然与政府所承担的角色不符。

改革开放后随着我国经济体制改革的进行，市场经济体制逐步取代了计划经济，而市场经济必然要求改革全能型的国家模式。于是，以往国家和社会高度一体化的体制被打碎，国家和社会分离的趋势更加明显。"随着国家对乡村经济依赖性的减弱和乡村市场经济的发展，以及传统的权力文化向现代权利文化的转变，国家的行政权力将逐渐退出乡村的政治领域"。[①] 国家权力对基层的控制大大减弱，计划经济时代被掩盖的国家与社会分离弊端再次显现，而且随着城乡差距的不断拉大而渐行渐远。国家权力的回缩并没有带来乡村自治的局面，反而出现了宗族势力回归、恶霸势力把持村委会、村长村支书贿选等新的问题。虽然有法律所规定的知情权和监督权，但是村民对于基层政权的监督缺乏实质性的保障，甚至在自己的基本权利遭到破坏时也只能通过不断的上访来解决问题。国家和社会整合困难，一方面基层公职人员素质的底下使得基层政权的公信力大大减弱，政策执行也经常扭曲；另一方面基层民众的声音很难得到表达，单轨政治的局面没有任何改观。因此，要改变这样一种局面，需要国家力量的正确引导和干预。社会的成长需要国家提供权威的制度保障，也需要国家权力纠正各种越轨行为，使得社会在成熟的过程中逐渐弥合和国家的分离。

---

① 于建嵘：《岳村政治——转型期中国乡村社会政治结构的变迁》，商务印书馆2001年版。

四、结语

华北人民政府在董必武老先生的领导下，短短 13 个月的时间里取得了巨大成就，有力地支援了前线的解放战争，同时为新中国的政权建设也提供了一个好的参照以及坚实的基础，很多基层政权建设的经验即使在今天依然值得我们去继承，走出当时的局限而以今日的眼光来看，我们应该看到其中的不当之处，但是囿于时代的限制，制度设计者们不可能预想到几十年后制度所带来的弊端。基层政权建设在今后很长一段时间仍将是我国政府的重要工作，很多问题需要我们去思考研究，汲取华北人民政府时期的建政经验与教训意义深远。

参考文献

（一）著作类

[1]《华北人民政府法令选编》，中国法学会董必武法学思想研究会编，内部资料。

[2] 张静：《基层政权：乡村制度诸问题》，上海人民出版社 2006 年版。

[3] 王先明：《近代绅士》，天津人民出版社 1997 年版。

[4] 费孝通：《乡土中国》，天津人民出版社 1994 年版。

[5] 朱宇：《中国乡域治理结构：回顾与前瞻》，黑龙江人民出版社 2005 年版。

[6] 于建嵘：《岳村政治——转型期中国乡村社会政治结构的变迁》，商务印书馆 2001 年版。

（二）论文类

[1] 杨建党："华北人民政府时期的人民代表会议制度之考察"，载《人大制度研究》2007 年第 1 期。

[2] 刘建民："转折年代的中共基层政权建设——以华北人民政府为例"，载《山西师范大学学报》2007 年第 7 期。

[3] 吕传振："国家政权建设与农村基层政权组织变迁"，载《重庆社会科学》2007 年第 6 期。

［4］田利军："华北抗日根据地基层政权建设中的民主制度"，载《西南民族学院学报》1998年第10期。

［5］王建国："近代华北农村基层政权的变迁"，载《山西大学学报》1996年第4期。

［6］刘建民："华北人民政府研究"，首都师范大学2007年博士学位论文。

（三）文集类

［1］董必武："建设华北，支援解放战争"，见中国法学会董必武法学思想研究会编：《董必武法学文集》，法律出版社2001年版。

华北人民政府村人民代表会议制度述评

沈成宝[*]

华北人民政府作为新中国全国政权建立前夕的过渡政府在中国历史上存在的时间并不长，但它却对许多制度进行有益探索尝试，建立规范的组织制度，展开有效的工作，开创了依法行政的先河。它创立的许多制度被新中国政权或直接或改造吸收，为新中国的组织制度的建设立下了不可磨灭的功勋。规范性的村县人民代表会议制度便是其中一项重要的制度贡献。

一、学术史回顾

就学界研究而言，虽然21世纪以来对革命根据地法制史研究有所进展，但比之其他时期的法制史研究仍然相对薄弱。薄弱的研究中，大多目光又被陕甘宁边区政权建设吸引，对其他边区政权，尤其是对解放前夕作为新中国成立前的过渡性临时政府——华北人民政府的研究不够深入，[①]而对华北人民政府的法令研究分量更是少之又少。这一方面与华北人民政府是一种过渡式临时政府，存在的时间较短有关；[②]另一方面也与近些年学术研究倾向扭转过去革命史观的导向有关，忽视了带"革命"二字的边区革命政权的法律研究。有关华北人民政府的法令研究，经笔者梳理，主要的一些学术代表人物及其著作如下：2007年8月中国法学会董必武法学思想研究会编的《华北

---

[*] 中国政法大学2013级法律史专业博士研究生。
[①] 研究华北人民政府的文章数量不多，较全面研究的文章更少，目前所见只有2007年首都师范大学刘建民的博士学位论文《华北人民政府研究》一篇。
[②] 华北人民政府从1948年9月26日成立到1949年10月31日解散仅有13个月的施政时间。

人民政府法令选编》作为内部资料付印，集中收集了华北人民政府重要的法律法令及相关重要文件，为深入研究华北人民政府法制提供了目前最为全面的资料基础。在对革命根据地法制史的研究中，张希坡的研究殊值瞩目，他的关于中国革命法制史一系列的研究著作①，涉及中国革命根据地法制的各个方面，对各种制度做了基本的介绍，展开了源流的探析，并对部分制度进行了评价，奠定了坚实的学术基础。2008年，中国法学会董必武法学思想研究会发起举办了"纪念华北人民政府成立六十周年座谈会"，并在其后结集出版了《依法行政的先河——华北人民政府法令研究》（中国社会科学出版社2011年版）。该书对华北人民政府发布的关于政权组织、政府工作、生产、金融、司法、交通、农林水利、教科文卫进行了广泛的研究，将华北人民政府的法制研究引向深化。至于华北人民政府人民代表会议制度的研究除了前面所举的张希坡的研究外，一般仅作为人民代表大会制度的溯源予以零星介绍②，专题研究只有杨建党、窦竹君等几人的少量研究③。细分到对村人民代表会议制度的探讨只有窦竹君、赵晓华的《华北人民政府时期村人民代表大会的实践》④、曲甜的《华北人民代表会议选举制度研究——兼与人大代表选举制度比较》以及李玉生的《华北人民政府基层政权建设探析》三文。⑤窦文运用河北省档案馆馆藏档案对华北人民政府的村人民代表会议制度得以建立的客观基础以及建立之后的实践进行了探讨。本文最大的贡献在于找到基

---

① 包括纳入张晋藩主编的《中国法制通史》第十卷的新民主主义政权分册（法律出版社1991年版），他和韩延龙主编的《中国革命法制史》（中国社会科学出版社2007年版），独著《革命根据地法制史研究与"史源学"举隅》（中国人民大学出版社2011年版）等著作。

② 如刘政：《人民代表大会制度的历史足迹》，中国民主法制出版社2008年版。

③ 如杨建党："华北人民政府时期的人民代表会议制度之考察"，载《人大制度研究》2007年第1期。杨建党："华北区人民代表会议制度探析"，载《云南行政学院学报》2007年第1期。窦竹君、赵晓华："华北人民政府时期村人民代表大会的实践"，见祝铭山、孙琬钟主编：《董必武法学思想研究文集》（第十一辑）（上册），人民法院出版社2011年版等。

④ 本文载于祝铭山、孙琬钟主编：《董必武法学思想研究文集》（第十一辑）（上册），人民法院出版社2011年版。窦竹君另有一篇《华北人民政府时期的村人民代表大会》一文（载《党的文献》2012年第4期）与本文主要学术观点相近，鉴于系同一作者所作，笔者视为同一主张，不再予以列举。

⑤ 二文均载于中国法学会董必武法学思想研究会编：《依法行政的先河——华北人民政府法令研究》，中国社会科学出版社2011年版。

层资料,在实践层面对村人民代表会议制度进行研究,弥补了限于文本研究、从制度规定到制度规定的单一视角研究的不足。曲文用一种比较的视角,用今天的人民代表大会代表选举制度作为参照系,对华北人民代表会议选举制度进行评述。它指出了华北人民代表会议的召开背景、长处、不足。但该文将村县人民代表的选举作为一个完整对象加以考察,并未对村人民代表做单独考察,对村、县人民代表的人员成分构成、选举方式、实践操作等方面的异同、二者衔接关系未做考察。李文将华北人民政府基层政权放置在历史的长流中予以对比考察,先对华北人民政府基层政权建设做了历史的清理,然后比对传统中国的基层政权建设,考察了华北人民政府基层政权的特点、变革和制度缺陷。李文的宏阔视野值得借鉴,将华北人民政府基层政权放置在中国传统基层政权建设的历史经验谱系中做历史的考察,这种"大历史"的视角对一种制度的功过考察较为适宜。但宏阔在有限的篇幅内难以得到充分的展示,选择材料、参照坐标谱系便显得尤为重要,李文在这一方面有一定的局限性。他选择的传统中国基层政权形态是明代的"潜水艇夹面包"社会结构,[①] 作为比较华北人民政府基层政权的参照坐标系,李玉生认为,"为了维护中央集权的统治,朱元璋更是把这种基层乡村结构的简单化推向了极致",[②] 而近代民族国家需要"将政府的触角深入到基层","从清末一直到民国时期统治者想做却没有做好"。[③] 没有做好并不代表没有任何变化和效果,清代作为少数民族入主中原,很多统治模式均继承自明代,达到了有效的统治效果。但民国肇造以后,尤其是经过抗日战争,为了实现国家对役兵、粮捐等资源的动员,国民党对基层社会的渗透仍有不少进步,如保甲制度、参议会的设置的努力,虽然没有根本改变传统中国基层社会结构,但绝不是毫无成绩可言,因此选择明代社会结构作为参照系,一方面有些粗糙处理,

---

[①] 此语是黄仁宇先生对明代社会结构的基本判断,其名作《万历十五年》《中国大历史》等都有述及。有兴趣的读者可找来参看。

[②] 李玉生:《华北人民政府基层政权建设探析》,见中国法学会董必武法学思想研究会编:《依法行政的先河——华北人民政府法令研究》,中国社会科学出版社2011年版,第63页。

[③] 同上。

另一方面不够符合历史求真的精神。另外，李文仅限于从制度的文本规定层面探讨华北人民政府基层政权的得失，没有深入到实效的层面考察，这是李文的另一个遗憾。本文的思路比较接近李玉生，在某种程度上有一定的契合，也会在某些方面构成学术对话，因此对李文做了更多关注。本文仍是在这些前辈的学术积累、材料贡献的基础上做的进一步思考，在努力避免上述三文遗憾外，力求发挥学科优势，做些些微的学术推动贡献，就教于大方之家。

二、村人民代表会议制度概述

（一）华北人民政府

随着解放战争中国共产党一方的不断胜利，尤其是石家庄市被中国人民解放军解放以后，晋察冀解放区与晋冀鲁豫解放区连接起来，解放区在华北占据了大片的领地。原来分散的晋察冀解放区与晋冀鲁豫解放区中央局需要进行整合，中国共产党中央及时决定合并晋察冀中央局与晋冀鲁豫中央局，成立华北局，并筹建华北人民政府。具体工作由董必武负责。董必武先召开华北临时人民代表大会，审议通过一系列大纲、条例，为未来人民代表会议、人民政府及各部委开展工作提供必要规范。仅仅一个半月时间就制定通过了《华北人民政府施政方针》《华北人民政府组织大纲》《村县市人民代表选举条例》《农业税法案》等几部重要纲领式法令法规。因为党中央计划华北人民政府成立承担的任务就是：把华北解放区建设好，使之成为巩固的根据地，从人力、物力上大力支援全国解放战争；摸索积累政权建设和经济建设的经验，为全国解放后人民共和国的建立做好准备工作。[①]

（二）村人民代表会议制度简介

1. 文本规定中的村人民代表会议制度

华北临时人民代表大会先是听取由谢觉哉宣读的《村县市人民代表选

---

① 张希坡：《革命根据地法制史研究与"史源学"举隅》，中国人民大学出版社2011年版，第60页。从《华北人民政府施政方针》的内容也可以看出这些迫切的任务。

举条例草案》《村县市人民政府组织条例草案》，之后经大会表决，原则上通过《村县市人民代表选举条例》《村县市人民政府组织大纲》，交华北人民政府研究修改后试行。最后在当年（1948年）12月正式通过施行《华北区村县人民代表会议代表选举条例（草案）》《村县人民政权组织条例（草案）》。在法律文件中，村和县作为基层政权级别被合到一起予以规定，将市一级政权剔出另行规定，认可了传统基层社会划分的界域。在条例内部采取这样的立法技术处理：第一，题目使用村、县，针对的主要是广大农村为主体的行政区域，市镇作为城市的行政区域尚未全部掌握在中国共产党的控制之下，可待全部控制后再通过立法解决。施行文本剔除市应该也是出于这种考虑。毕竟城市和农村的情况差别较大，合并立法不易处理。题目虽然用的是村、县，但现实中还有乡一级政权，所以在条文之初就用括号说明的方式注明，"村（或乡，下同）县人民政权组织原则"等等。用村、县，而不是用市、镇也表明了中国共产党是以农村为基础发展起来的。第二，在《华北区村县人民政权组织条例（草案）》中，因为县、村属于上下级的关系，所以在总则规定了共同的原则之后，采用分章规定的技术处理。第二章规定村一级人民代表会议、政府委员会等职权、组织、活动原则。第三章规定县级。县一级的职能更复杂，所管辖区域更广阔，同时县一级还辖有乡镇一级政权。村级用了六条规定，县级有十一条规定。第三，《华北区村县人民代表会议代表选举条例（草案）》则采用合编的立法技术，按照现代选举的要求，从代表资格到选举流程、救济，再到选举机关组织活动及其费用，按照这样的逻辑安排法律文本结构。这样就大大减省了法条数目。

2. 实践运行中的村人民代表会议制度

"实践出真知"。在没有可借鉴的情况下，人们往往会选择尝试创新，然后试验较成功再通过文本法律予以确定，提升总结其中道理，形成一套理论。说没有借鉴当然并不是说毫无任何痕迹的突发奇想，如果都能那样的话，历史也就没有什么可学的必要了。对于社会这样庞大的机器来讲，变化不是一件容易的事。一个制度或政策要有效适用，一定要考虑社会基础。华北人民政府的村人民代表会议制度，便是先在人们的实践中产生，然后用文本总结、固定、规范的。

华北人民政府的村人民代表会议制度直接来源是贫农团和农会，远一点源流可以溯及国民党的参政会制度。但国民党的参政制度只能算是一个发轫，因为比之国民党参政会，村人民代表会议制度有许多方面的发展，二者的性质和作用差别在下文予以评述。我们现在要强调的是制度的演变渊源。中国共产党最初建立的是工农兵代表会议制度，之后在抗战时期在此基础上，参照国民党地方参政会形式建立中国共产党参议会。工农兵代表会议制度限于中国共产党当时控制的地域有限，主要是在党的内部发挥作用，或者也可以说，那时党的有效管理领域尚不固定，行政管辖所及也即党部活动可控范围。随着根据地的扩大，治理的需求日益凸显，中国共产党需要考虑党与政权的关系，与民的接触，要求党需要作为"国家"的管理者的思维思考，建立相关制度。参政会也是国民党根据治理国家的需要，突破一党专制一国政府、吸收国家各种力量参政议政，共同建设国家的需要设计发展起来的。① 中国共产党最早实行参议会制度的是陕甘宁边区，它在1937年年底建立议会，在次年改为参议会，其后又制定了《陕甘宁边区参议会组织条例》和《陕甘宁边区参议会选举条例》予以法律保障。在此之后，在解放区和半老区的农村开展反对封建土地制度的斗争中，又在党的领导下成立了农民协会和贫农团作为临时的基层政权。随着解放区的扩大，土地制度的固定，1947年冬，晋绥边区的崞县、华北解放区的平山县等地区，在贫农团和农会的基础上建立了区、村两级人民代表会议，并选出了政府委员会。毛泽东评价道："在反对封建制度的斗争中，在贫民团和农会的基础上建立起来的区村（乡）两级人民代表会议是一项极可宝贵的经验。""这样的人民代表会议一经建立，就应当成为当地的人民的权

---

① 不管国民党的诚意有多少，或者实际操作如何，是否真正有民主存在，但事实是社会的发展需要它建立一个这样的组织安置这些力量，需要有效控制和动员。

力机关，一切应有的权力必须归于代表会议及其选出的政府委员会。到了那时，贫民团和农会就成为它们的助手。"① 毛泽东对村和县级及其以上的人民代表会议的建立过程也有认识，他认为等村人民代表会议比较成熟、普遍建立之后，就可以发展县人民代表会议。县和县以下的各级人民代表会议建立了，县以上的就容易建立了。② 从文本规定上看，县人民代表会议比村级的复杂、重要，但在实践发展中，村人民代表会议却比县级及县级以上人民代表会议先出现，也更重要。因为只有村人民代表会议普遍了才能组织县级人民代表会议，村级是基础，而且村人民代表会议组织好了，县级也好组织，县以上就水到渠成了。

三、村人民代表会议制度评析

华北人民政府建立仅一年就迎来了新中国的成立，村人民代表会议在解放战争全面胜利、中国大陆地区被共产党有效控制、重新对行政区划进行调整之后被取消，基层人民代表大会最低设置在乡镇一级。村一级不再是国家政权，而是采用村民自治系统，用村民大会、村民委员会进行治理。村人民代表会议制度因此也是新中国成立过程中的过渡性制度存在，但它的功绩却不可忽视。对村人民代表会议功绩的考察，可以从它与改造社会的外部关系和建立、巩固基层民主的实质特效两方面来分别考察。

（一）村人民代表会议制度与基层社会

中国传统社会③对于许多学者来讲，简直是个谜，有着极其不可思议的魅力。因为从表面看，从汉武帝"罢黜百家、独尊儒术"后一直至清代西学随鸦片战争涌入中国两千余年的时间，中国的社会尤其是基层社会一直是一

---

① 毛泽东："在晋绥干部会议上的讲话"，见《毛泽东选集》，人民出版社1991年版，第1308页。
② 同上书，第1308~1309页。
③ 这里所说的传统社会与瞿同祖先生的《中国法律与中国社会》中主张的到清代灭亡甚至民国的前几年一致。只是瞿老的书更重视"重大的变化"，不考虑"烦琐的差异"，可谓宏之又宏，而本文却注意民国以来尤其是抗日战争以降中国基层社会的变化。

个"超稳定结构"。① 这个判断直到今天仍有不少学者认同。瞿同祖、费孝通、滋贺秀三等大家,还有张仲礼、王先明等学者也都持这样的观点。笔者也非常认同这种判断。但我们要看到这种判断适用的时间段,无论是瞿同祖还是滋贺秀三,他们所认同适用的阶段都是从汉代开始,尤其是自汉文帝、武帝以后逐渐以儒家思想取代法家思想来树立治理国家核心理念的完成,一直到清末法制改革的上层社会、民国北伐战争完成之前的基层社会,用更准确的学术用语,滋贺秀三称之为"帝制时代"。有些现代学者在此基础上又延续研究了民国时期,或区域性的,或全国范围的基层社会,认为仍然没有多少变化。② 李玉生较认同这种观点,因此在此基础上选择了自明代建立起来的基层社会结构作为参照指标判断华北人民政府的人民代表会议的成就。笔者以为,王建国选择现代政权基本构成组织要素③和效能④来衡量中国基层社会的变迁,首先要考虑一个适用的环境,那就是在和平条件下才行。显然若在战争条件下予以评论,则未免过于苛求。而王文已经看到了战争的要素。另外,若选择现代国家地方政权的组织要素和效能的视角来考察,首先应该明确共有多少组织要素,有几种职能,每种职能完成的程度,都应该有明确的可考量的标准。只要符合就需要承认达到政权设立的预期目标,而不应再用形式的还是实质的,更不能用人民的反映、制度的缺陷、官僚的素质来否定政权建制。李玉生认为近代民族国家需要提高整合各种社会资源的能

---

① 此论断为金观涛的学术代表标志。在20世纪80年代初传入中国大陆以后引起了强烈的反响,至今仍余波未平。具体可参见他的一系列论"中国社会超稳定结构"的书,如《兴盛与危机》《开放中的变迁》等。

② 如王建国在《近代华北农村基层政权的变迁》(载《山西大学学报》1996年第4期)中从基层组织和效能考察基层政权的变化。他认为民国虽然完成了近代西方意义的县政整改,也向下设立了区一级政权,但由于战争等原因停留在表面,出现和旧政权一样的种种弊端,过度搜索,人们很厌恶区政权,所以认为基本没什么变迁。

③ 即使从形式上看,民国建立区级政权也已符合质变的标准。只是王文又会根据基层官僚的贪渎、人民的反感等实际效果来否定"形式上"的成就。可以说这是两个层面的问题。

④ 王文分析了传统的基层政权(限于县级)的六大职能,然后说民国进行了现代国家政权体制、结构的调整,只是"表面上""形式的"工作,接着便用官僚的贪墨、百姓不堪重负予以否定,并未陈列现代国家基层政权在职能上有哪些方面与传统功能不同,民国基层政权在哪些方面有所完成、哪些方面未曾完成。

力,需要"把政府的触角深入到基层,使基层政权变为正式的一级政府便成为必须"。这种认识值得商榷,首先提高整合社会资源与把基层政权变成一级政府是否是必须、绝对必要的关联。动员、整合社会资源有多种途径,建立基层政权只是其中一种,并不是必然的唯一的途径。其次,近代民族国家绝大多数都将基层政权建为一级国家政权,但中国具有数千年的历史、广阔的领域、最多的人口、较多的民族和地域习惯差别,国家有对外和对内两种职能,对外有疆土、国民、有效的政权即符合民族国家的标准,对内的统治模式,如是帝制还是邦联、联邦,是分散的领主制还是郡县制,是一国一制还是一国两制、多制,这与是不是民族国家没有关系。按照李文的逻辑,在基层社会建立国家政权也是成为近代民族国家后为提高整合社会资源能力的需要而发出的职能要求。再次,一种制度、统治模式的选择需要考虑社会发展基础和诸多条件,如经济供给、人们接受能力,不顾客观条件地强行推行一种制度不难,但绝不会行之久远。民国区级政权建立效果除了官僚的贪腐造成人民的反感之外,我们还应该从更深的制度的、社会的层面探寻原因。从晋绥根据地到华北人民政府的村人民代表会议及村人民政府在新中国成立以后不久都予以取消,将国家最低一级政权设置在乡镇一级,仍在农村实行村民委员会自治的模式,也同样有中国历史国情、人民的主观感情、社会条件的成熟度考虑,并不能认为是政权发展的体现。最后,王建国、李玉生都偏于理论的推测,都忽视了对民国村级基层社会统治模式的实际考察。笔者在此使用的是李景汉先生的《定县社会概况调查》[①],该书较集中的数据在民国元年至民国21年(1912~1932年)。这一时段定县的基层社会组织(包括国家政权和自治组织)情况,大致可以总结为:正式国家政权只是县政府,其时县政府已经完成近代政权组织和职能的转变,包括县长和各科室职员,其他尚有县党部领导的民众组织——农民协会、商民协会、工会、学生会、妇女会等,还有旧有各种地方团体,如农会、商会、息讼会、

---

① 李景汉编著:《定县社会概况调查》,上海世纪出版集团、上海人民出版社2005年版。

天足会等。以上是县一级组织。而在县以下东亭乡村社区下的62村、翟城模范村有更多的自治组织，如光绪时设置的公差局、学校董事会，民国初期设置的义仓、卫生会、禁烟会。这些自治组织均属于辅助地方政治组织完成其他各项专属功能的，最重要的是村政会议、村自治公所、区自治公所等组织和村长、村佐、区长、股书记等职员。以民国18年翟村村政组织系统为例：

表1 翟城村村政暂行组织系统

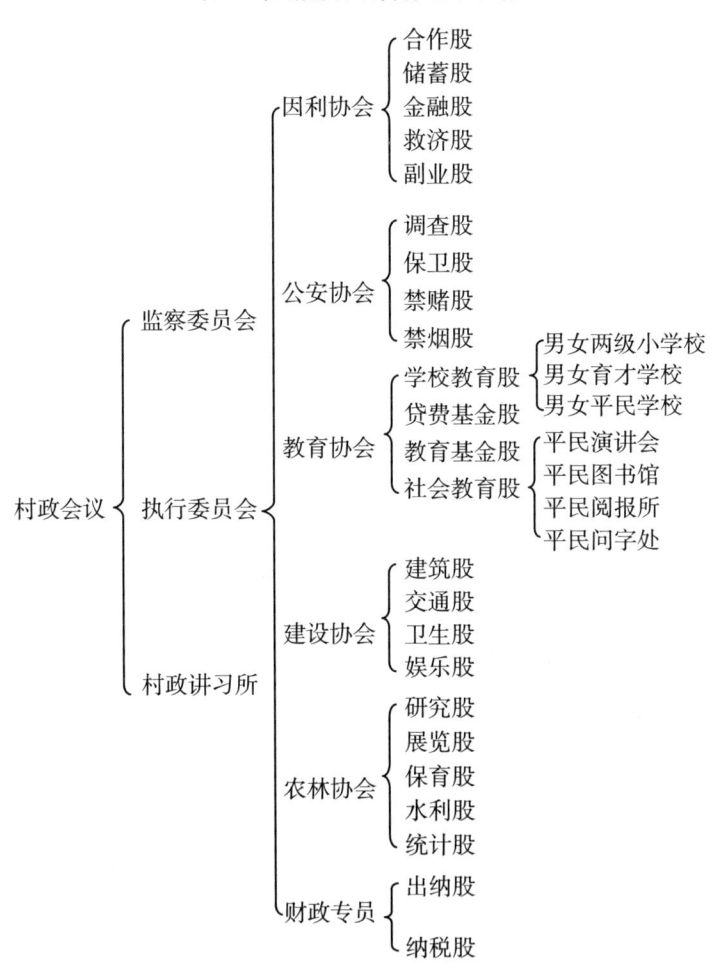

村政会议
├─ 监察委员会
├─ 执行委员会
│   ├─ 因利协会
│   │   ├─ 合作股
│   │   ├─ 储蓄股
│   │   ├─ 金融股
│   │   ├─ 救济股
│   │   └─ 副业股
│   ├─ 公安协会
│   │   ├─ 调查股
│   │   ├─ 保卫股
│   │   ├─ 禁赌股
│   │   └─ 禁烟股
│   ├─ 教育协会
│   │   ├─ 学校教育股 ─ 男女两级小学校／男女育才学校／男女平民学校
│   │   ├─ 贷费基金股
│   │   ├─ 教育基金股
│   │   └─ 社会教育股 ─ 平民演讲会／平民图书馆／平民阅报所／平民问字处
│   ├─ 建设协会
│   │   ├─ 建筑股
│   │   ├─ 交通股
│   │   ├─ 卫生股
│   │   └─ 娱乐股
│   ├─ 农林协会
│   │   ├─ 研究股
│   │   ├─ 展览股
│   │   ├─ 保育股
│   │   ├─ 水利股
│   │   └─ 统计股
│   └─ 财政专员
│   ├─ 出纳股
│   └─ 纳税股
└─ 村政讲习所

我们从表1中可以看到这个村政组织系统非常完备，完全不亚于现代国家基层政权的组织构成，甚至有过之之处。① 因此笔者以为，国家政权也好，自治组织也好，都是名称差别而已，性质并无绝对的根本的差异。从职能上看，都属于国家治理地方的有效组织。从内部说，这是一种自治模式，但村政会议同样要与上一级国家政权沟通联络，上一级国家政权能直接有效指挥村一级社会，这与传统社会绅士代言、家法族规治理完全不同，我们有何理由反对说这不算变化，中国的基层社会仍是一样的？

总之，王建国、李玉生对传统社会结构、清末、民国的努力、共产党村人民代表会议的判断所发生的种种误解均在于过于重视国家是否在村一级社会建立近代式的国家政权。② 笔者考察华北人民政府时期的村人民代表会议的历史地位与王建国、李玉生略有不同。笔者更重视国家对基层社会的实际有效控制，更重视考虑战争环境下的国家对基层的渗透和控制，表现出来便是在战争中国家对基层社会资源的有效动员程度，是衡量国家改造基层社会的成果检验。当然作者讨论的前提是动员通过组织实现，而不是靠个人实现。在地方，以组织而不是靠个人权威、家族力量进行治理本身已是一种变化。从职能上看，完成的程度正是考量其组织的有效性的最好标准，而不论"国家施舍"还是"自治"名目。还要说明的是，在和平环境下，基层组织要承担的功能很多，王建国总结传统就有六项，清以前基本是钱粮和理讼，即征税和审案，到民国行政司法分途之后，司法功能分离出去，行政机关的主要职能便集中在纳税和维持社会秩序。在战争环境则主要是征兵、纳粮和维持地方稳定。民国建立以后，战争没有断过，军阀之战、抗日战争、解放战争，华北一直都是直接受害的区域，而且战争对于政治家的意义与我们平民、军

---

① 照表1所列，某些层面在今天都不易做到，笔者将在下文中对此进行评断。
② 政权形式其实也应该是多样的，如果从功能的角度讲，国家对基层社会的要求、基层社会自身发展的条件，无论国家政权也好，自治也好都需要满足。差别只是形式、名称的不同。李文的不足在于过于强调基层政权的"正名"，而王文对民国政府没有建立村级政权是用近代国家地方政权的形式要求衡量，对区级政权符合形式要件又用实际效果（甚至只能算部分国民的反感感受，尚不是真正的职能效果）予以含糊否定。

人完全不同。① 因此笔者更重视在什么环境下能做什么，做得怎样，用以检验成效。其实二文也都对此条件考虑到了，王文的"二三十年代特殊的历史背景下，为了争夺地盘、打内战，各路军阀即后来的国民政府根本无力再进行基层政权的现代化改革"，李文的"随着近代民族国家的建立，国家迫切需要提高整合各种社会资源的能力"，都有对这些因素的认识，只是因为理论或资料的限制，轻轻放过而已。

基于对王文、李文的反思，笔者拟对国民政府抗日动员、中国共产党解放战争华北人民政府的动员进行比较，从有效度上观察、评价华北人民政府村人民代表会议对基层社会的控制和改造。

首先需要说明的是，华北人民政府的建立一个最主要的目的就是建设华北，支援解放战争。② 支持前线的人力、物力动员都靠政府实现。③ 我们需要认识到，在战争的特殊年代，几乎生产建设、支援前线和政权建设是同步的、互相促进的。其次，虽然动员应是党部的工作，地方也有民兵组织，但是在基层结构简单，人数有限，村干部往往身兼数职，普通百姓对纷繁的党、政、军各种名目差异并不了解，他们一般仅认定村政府、村人民代表会议，因此可以说，国家的动员均是通过村人民代表会议、村人民政府实现的。国家动员的有效程度与对基层社会控制程度有直接关联，二者呈正比关系。华北人民政府控制基层社会的机构设置正是村人民代表会议（村最高权力机构，村人民政府是执行机构）。因此，华北人民政府的动员资源实效与村人民代表会议制度建制成效具有同质性。考察华北人民政府的战争动员资源实效，就可以看出村人民代表会议制度对华北农村基层社会的控制和改造程度。

接下来看华北人民政府动员的效果。

华北人民政府支援的战争包括平津战役、晋中战役、太原战役、张家口

---

① 蒋介石调刘湘出川、杀韩复榘等，并不简单如常人所看是个人恩怨，而是出于抗战的全盘考虑，对西南军阀势力的剿灭，将国家控制力深入到四川、广西等地方，巩固后方，持久抗战。

② 董必武："建设华北，支援解放战争"，见《董必武政治法律文集》，法律出版社1986年版，第27页。

③ 具体执行靠后勤司令部执行。这是在特殊战争时代，行政、财政与军队职能均统一于政府之下。

三、民主建政与依法行政方面的法令、政策研究

战役等，对全国的解放也贡献颇多，如为大军南下抢修平汉公路等。

对于人力的动员以太原战役民工为例，具体见表 2。

表 2 太原战役民工统计

民工类别	事前计划 民工人数	事前计划 百分比（%）	使用结果 民工人数	使用结果 百分比（%）
担架民工	19250	37.7	21130	39.8
战场运输 弹药民工 器材民工 装卸民工（火车站用）	10250 12380 2000	48.3	21200	39.7
学生（招呼伤员） 技工（木、铁匠）	1390	2.7	1150	2.1
民兵连	2640	5.3	3480	6.6
拆工事及运粮运煤民工			6000	11.8
机动数	3000	6		
合计	50910		52960	

资料来源：中央档案馆等编：《中国共产党中央在西柏坡》，海天出版社 1998 年版，第 752 页。

再看平津战役的动员统计：各地民工 154 万人，担架 2 万副，小车 2 万辆，大车 38 万辆，牲畜 100 万头，粮食 31000 万斤。① 而冀中区的支援民工 120 万人，大车 223177 辆，粮食 4864 万斤，还有其他物资甚多，数字就不一一列举了。除了后勤保障，在扩军的时候，"到一九四八年底，即出现了数万翻身农民和城镇市民踊跃报名参加后备兵团的热烈场面。"② 从这些冰山一角的列举中可以看出，平津战役物资、人力供给中冀中区所占比例非常大。对华北人民来说都是极大的承担，然而他们与对待国民党统治时期抗兵抗捐不同，人们积极参与，乐于输出，经常超额完成动员任务。比如到 1949 年 1

---

① 彭明主编：《中国现代史资料选辑》（第 6 册）中国人民大学出版社 1989 年版，第 215 页。另外华北解放区财政经济史资料选编编辑组：《华北解放区财政经济史资料选编》（第 2 辑），（中国财政经济出版社 1996 年版），对平津战役的经费开支有详细的统计，有兴趣的读者可参看。

② 本书编写组：《董必武传（1886～1975）》，中央文献出版社 2006 年版，第 616 页。

月 6 日，冀中区"完成碾米四千七百六十三万斤，磨面五百七十四万三千余斤，磨面超过任务百分之卅"。① 除了对上述战役的支援以外，华北人民政府还对中原支援物资 192670850 斤，② 支援西北区 85670450 斤，③ 支援华东也不少。"在短短的几个月里，华北人民政府总共动员了人力四千八百余万个工、畜力一千七百余万个工支援前线，转运物资八亿七千多万斤"，④ 保证了全国解放战争的胜利。具体数字不必再多举，从这些数字我们已经能看出华北人民政府可谓"举全区之力"支援前线，动员的有效度可以想见。

再看国民党在抗日时期的动员效果，征兵人数如表 3 所示。

表 3　战时国民政府正规军征兵数　　　　　单位：千人

省＼年份	1937	1938	1939	1940	1941	1942	1943	1944	1945	总计
四川	104	174	296	266	345	367	353	391	283	2578
西康	31		5	5	5	3	4	5	2	31
云南		96	26	0.9	35	59	58	63	36	375
贵州	47	35	65	79	72	70	84	64	56	580
……	……	……	……	……	……	……	……	……	……	……
总计	938	1649	1976	1901	1667	1711	1667	1611	939	14051

资料来源：何应钦：《日本侵华八年抗战史》，黎明文化事业公司 1982 年版，表 10。

注：贵州以下尚有广西等 17 省数据，限于所选数据已能说明问题，为节省篇幅，本文予以省略，若需详细数据，读者可参看何应钦《日本侵华八年抗战史》一书附录。

从表 3 中可以看出，国民政府在抗日战争八年中动员的正规军兵数是

---

① 《人民日报》1949 年 1 月 19 日，第 2 版，转引自刘建民：《华北人民政府研究》，首都师范大学 2007 年博士学位论文。
② "华北区关于华北支援中原、西北野战军经费物资给中央军委的报告"，见华北解放区财政经济史资料选编编辑组：《华北解放区财政经济史资料选编》（第 2 辑），中国财政经济出版社 1996 年版，第 1445 页。
③ "华北区关于华北支援中原、西北野战军经费物资给中央军委的报告"，载华北解放区财政经济史资料选编编辑组：《华北解放区财政经济史资料选编》（第 2 辑），中国财政经济出版社 1996 年版，第 1447 页。
④ 本书编写组：《董必武传（1886~1975）》，中央文献出版社 2006 年版，第 616 页。

1400多万，占全国人口的比例非常少。同比苏联卫国战争时最大动员量是2200万，占人口的11.4%；最大兵力1136万，占总人口的5.8%。第二次世界大战时是2700万，占总人口14.1%。同比德国在第二次世界大战的总兵力是1700万，占总人口的21%，国民党的动员人数都是很少的，更不能和中国共产党解放战争时的动员数量相比。在物资动员上，当时国民党的动员首先面临着与日本、共产党、地方军阀的竞争，就是国民党的内部的动员力量也是分梳极大的。仅以四川为例，四川是抗战的大后方，所以抗战的物资供给除了就地取材外，四川等后方供给所占比例最大。在国家动员的过程中，不断发生中都、中江等事变予以抗捐抗丁，且在国家动员之后表现出来的资源枯竭的状况下，冯玉祥发起节约献金运动，以会长身份又到四川去"化缘"，从1943年11月到1945年初，在重庆、江津、内江、成都等二十几个县市，仅仅巡走几次，即化有亿元折合谷子近五万石。[①] 当时还有郭沫若等动员爱国献金运动等数个分队，国家动员尚不及个人推动的运动有效，可见国民党对基层社会的控制之弱。

从以上的材料可以看出，国民党政府对华北基层农村曾建立起自治组织村政会议等形式，但从战争实际动员效果看，并没达到广泛控制和改造农村基层社会的效果，但也做了现代化模式的有益摸索，为中国共产党华北人民政府设计村人民代表会议制度提供了借鉴和启发。

以上从战时国家动员有效度的角度检验国共两党对基层社会进行改造和控制的制度设计的成效。以下再比较考察两党的基层制度设计对基层民主的建立和拓展，进而审视华北人民政府村人民代表会议制度在民主促进上的成就。

（二）村人民代表会议制度与基层民主

基层民主主要体现在两个方面：组织成员是如何产生的？成员的权利

[①] 具体数字可参见：冯玉祥：《冯玉祥自传》（第3卷）"爱国献金"部分，世界知识出版社2006年版。当时也有相关文章如高诗白：《冯玉祥推动爱国献金的川南之行》等。

如何？

国民党政府的成就以翟城模范村的组织为例。翟城村的最高决议机构是村政会议，村自治公所是最高执行机构，村长总理村公所一切事务，村长、村佐、各区区长均是"议举"产生，各股股长商承村长分任各股事务。① 就是说，村政会议的代表是村民"商议推举"出来的。

与之不同，华北人民政府村人民代表会议代表是"选举"产生。华北人民政府专门制定有《华北区村县人民代表会议代表选举条例（草案）》。条例规定："村、县人民代表会议代表，由选民用普遍、平等、直接、无记名秘密投票选举之。"② "选举"较"议举"在民主程度上显然更进一步，而且对于选举的形式具有"普遍""平等""直接""无记名秘密投票"等几个特征描述，则完全符合现代民主投票的特点。选民的普遍性体现在，除了"有经政府缉办的反革命行为""剥夺公权"和"有精神病者"③ 以外，"凡在本村、县居住中华民国人民，年满十八岁者，不分性别、民族、阶级、职业、宗教信仰、财产及教育程度的差别，均有同样之选举权与被选举权。"④ 在英、美等国，完全普遍的选举权实现都经过了上百年的历程。而华北人民政府的规定直到今天看来都是一步到位，很先进的规定。这种规定并不只是停留在文件上，实实在在地被执行了。在1948年8月7日召开的临时人民代表会议上，董必武就曾自豪地以《人民的世纪，人民的会议》为题发表演说。他在演说中批评了美国选举的不平等，自豪地列举人民选举的优越性："我们这个代表会虽然是临时的，一个地区的，但是没有种族、信仰、性别的歧视……人民的选举权利受到充分的尊重。"⑤ 此次人民代表会议代表"百分之

---

① 李景汉编著：《定县社会概况调查》，上海世纪出版集团、上海人民出版社2005年版，第117~118页。
② 《华北区村县人民代表会议代表选举条例（草案）》第2条。
③ 《华北区村县人民代表会议代表选举条例（草案）》第4条。
④ 《华北区村县人民代表会议代表选举条例（草案）》第3条。
⑤ 董必武："人民的世纪，人民的会议"，见董必武：《董必武政治法律文集》，法律出版社1986年版，第23页。

八十以上是农民代表",①"有回民代表参加""妇女代表很多",主席团中也有少数民族、妇女、工人、农民、工商业者、学生、军队、党派、无党派社会贤达、开明绅士等代表。其中妇女代表有 48 人,占了 8.86%。在法律文本上直接规定"村代表会议代表妇女不得少于十分之三"。② 这是人民代表会议的民主优越性的最突出表现之一。董必武在华北人民代表会议召开到新中国成立前夕对人民做主的欣喜通过诗句传达出来:"民国今朝庆诞辰,国家真主属人民。"③"黩武之徒吞恶果,拥民为主是嘉猷。"④"欣逢地转与天回,真个人民站起来。"⑤ 毛泽东也欣喜地指出:"在反对封建制度的斗争中,在贫民团和农会的基础上建立起来的区村(乡)两级人民代表会议,是一项极宝贵的经验。只有基于真正广大群众的意志建立起来的人民代表会议,才是真正的人民代表会议。"⑥

村人民代表会议是村民管理村事的组织,它是村中最高权力机构。按照华北人民政府的设计,它是国家政权之村机关,对上级政府和村人民负责,受其监督。由它选出来的村政府委员会是执行机构,执行村人民代表会议的决定。村人民代表会议又是县人民代表会议、县政府的基础,它是联结的枢纽,它联系着执行机关村政府,联系着上级县人民代表会议、县政府,联系着选民,它是真正人民声音直接表达的组织。它充分体现了中国共产党一贯的"民主集中制",而且将这种原则上下贯通,直接通过政权组织形式予以统一,造成互相支持、互相制约的局势。这与以往清政府的"经纪管理"和国民政府的"议举自治"不同:对下,后两者的声音要么是绅士的声音,是

---

① 董必武:"建设华北,支援解放战争",见董必武:《董必武政治法律文集》,法律出版社 1986 年版,第 28 页。
② 《华北区村县人民政权组织条例(草案)》第 6 条第 2 款。
③ 董必武:"双十节枕上口占因寄钱老",见中国法学会董必武法学思想研究会编:《董必武诗选》(新编本),中央文献出版社 2011 年版,第 209 页。
④ 同上书,第 221 页。
⑤ 同上书,第 226 页。
⑥ 毛泽东:"在晋绥干部会议上的讲话",见《毛泽东选集》,人民出版社 1991 年版,第 1308 页。

他对农民声音的理解和转化，要么是部分农民的声音，不是全部；对上，代理或自治与县级政权的国家治理结构总有龃龉，代理人或议举人与上一级政府的权力没有任何关系，他们最多拥有的就是"上书建言"或"参政建议"，对于他们的身份是指定的、有选择的，对他们的建言建议只是当做参考，这与村人民代表会议的职权无法相比。这也正是村人民代表会议制度的优越性所在。

四、结论

晚清以降，中华国土狼烟不断，数易政府。对于农村基层社会的控制有的因循旧制，有的无暇关顾，有的有心无力，有的条件不足。晚清政府、北洋政府可勿论，国民政府和中国共产党建立的政权，尤其是华北人民政府对基层社会的改造和控制殊可比较回味。

国民政府仍然沿袭晚清以来的乡村自治模式，与保甲制度并存，在组织上借鉴日本基层的结构，设置村政会议及其附属机构。但这种制度设计的实现是需要和平安定的建设环境，组织庞大，需要时间积累方可有效果。但国民政府从北洋政府接手政权以后，与地方新军阀的北伐战争，与日本侵略者的八年抗战，与共产党的解放战争，战争从未间断过。在战争中建设，上层政治建筑已是难以措手，基层社会的改造难免会被滞后，顾此失彼。在战争条件下进行对基层社会的控制和改造，那么战争动员也就是检验建设成果的最好标准。从国家动员资源的有效度来看，国民政府对基层社会的控制和改造成绩一般，远远比不上中国共产党国家政权的前身——华北人民政府的基层社会改造和控制的成绩。国民政府的自治、议举，以及与保甲制度并存的模式，虽然改变了清朝以前中国基层社会的"经纪管理"模式，探索了一点改造旧有基层社会结构、建立现代管理模式、控制基层社会的经验，但却没有广泛建立起来全面的、有效的民主基层社会，更没处理好权力机构与行政机构的关系与衔接。这一点华北人民政府村县人民代表会议制度，尤其是村人民代表会议制度取代村政会议、保甲制采取"直接全面选举制"的设计独占优势，其通过战争动员的检验，证明了对中国基层社会结构的改变和控制的有效度，实现了最广泛的、最全面的基层民主。

国民党的基层自治组织的设计过于繁复细密，很像一个小社会，面面俱全。这种组织的经营是需要庞大的经济基础和一定文化程度的支撑的。虽国民政府有"民事调查习惯"的行动，有借鉴日本制度的虚心，但却没有耐心真正了解农村，中国农村的经济基础、人民文化程度均不适合这样面面俱到的制度设计。从事实看，只有像翟城村这样少数几个模范村花二十几年才能建立起来，更多的农村是不能建立的。理想多于现实，不易实现。这样民主就不会广泛，改造基层社会结构、实现对基层社会的国家控制的效果自然不会理想。农村的治理要简单，要把握住农民关心的大问题，且要深刻理解农村的熟人社会特点，才能因地制宜地制定出合适的制度，保障农民的表达，华北人民政府对此有深刻了解。如安国县用编号盖章、无记名投票的方法代替过去举手、投豆的方法，克服了熟人社会碍于情面的不真实表达。中国共产党组织细密，是其一贯长处，且从农村生长、扎根农村，对农村有真正的了解，因此才能建立起最广泛、覆盖全部农村地域的民主基层组织——村人民代表会议，实现对中国基层社会结构的改造和重建。

参考文献

（一）资料汇编、文集类

[1] 中国法学会董必武法学思想研究会编：《华北人民政府法令选编》，内部资料，2007年8月。

[2] 彭明主编：《中国现代史资料选辑》（第6册），中国人民大学出版社1989年版。

[3] 中央档案馆等编：《中国共产党中央在西柏坡》，海天出版社1998年版。

[4] 华北解放区财政经济史资料选编编辑组：《华北解放区财政经济史资料选编》（第2辑），中国财政经济出版社1996年版。

[5] 董必武：《董必武法学文集》，法律出版社2001年版。

[6]《董必武文集》编写组编:《董必武政治法律文集》,法律出版社 1986 年版。

[7] 董必武:《董必武选集》,人民出版社 1985 年版。

[8] 中国法学会董必武法学思想研究会编:《董必武诗选》(新编本),中央文献出版社 2011 年版。

[9] 毛泽东:《毛泽东选集》(第 4 卷),人民出版社 1991 年版。

[10] 李景汉:《定县社会概况调查》,上海世纪出版集团、上海人民出版社 2005 年版。

(二) 传记类

[1] 本书编纂组编:《董必武年谱》,中央文献出版社 2007 年版。

[2] 本书编写组编:《董必武传(1886~1975)》(下册),中央文献出版社 2006 年版。

[3] 胡传章、哈经雄:《董必武传记》,湖北长江出版集团、湖北人民出版社 2006 年版。

(三) 研究著作

[1] 张希坡、韩延龙主编:《中国革命法制史》,中国社会科学出版社 2007 年版。

[2] 张晋藩总主编、本卷主编张希坡:《中国法制通史》(第十卷)"新民主主义政权",法制出版社 1991 年版。

[3] 张希坡:《革命根据地法制史研究与"史源学"举隅》,中国人民大学出版社 2011 年版。

[4] 张炜达:《历史与现实的选择——陕甘宁边区法制创新研究》,中国民主法制出版社 2011 年版。

[5] 费孝通:《乡土中国》,人民出版社 2012 年版。

[6] 黄仁宇:《中国大历史》,生活·读书·新知三联书店 2007 年版。

[7] 金观涛、刘青峰:《兴盛与危机——论中国社会超稳定结构》,法律出版社 2011 年版。

[8] 张仲礼:《中国绅士研究》,上海人民出版社 2008 年版。

[9] 王先明:《近代绅士》,天津人民出版社 1997 年版。

[10] 瞿同祖:"中国法律与中国社会",见《瞿同祖法学论著集》,中国政法大学出版社 2004 年版。

三、民主建政与依法行政方面的法令、政策研究

[11] 滋贺秀三：《中国家族法原理》，商务印书馆2013年版。

[12] 何应钦：《日本侵华八年抗战史》，黎明文化事业公司1982年版。

[13] 杜赞奇：《文化、权力与国家——1900~1949年的华北》，王福明译，江苏人民出版社2010年版。

[14] 黄宗智：《华北的小农经济与社会变迁》，中华书局2009年版。

（四）论文集类

[1] 中国法学会董必武法学思想研究会编：《依法行政的先河——华北人民政府法令研究》，中国社会科学出版社2011年版。

[2] 祝铭山、孙琬钟主编：《董必武法律思想研究文集》（第十一辑），人民法院出版社2011年版。

（五）论文类

[1] 刘建民：《华北人民政府研究》，首都师范大学2007年博士学位论文。

[2] 李精华：《抗战时期国共两党农村基层政权建设比较研究》，东北师范大学2012年博士学位论文。

[3] 刘文瑞：《建国初期中国共产党农村基层政权建设的理论与实践（1949~1958）》，中国社会科学院2013年博士学位论文。

[4] 杨建党："华北人民政府时期的人民代表会议制度之考察"，载《人大制度研究》2007年第1期。

[5] 杨建党："华北区人民代表会议制度探析"，载《云南行政学院学报》2007年第1期。

[6] 阎书钦："论华北人民政府的成立、特点及其对新中国政权体制的探索"，载《当代中国史研究》1999年第5、6期。

[7] 王建国："近代华北农村基层政权的变迁"，载《山西大学学报》1996年第4期。

政府依法行政的三维透视

——历史经验与现实考验

于 江[*]

法治与人治是我国现代法治进程中一直存在的一对紧张关系。进入21世纪，人治传统的惯性仍在政府公共行政过程中或隐或明地显现，依法行政的法治理念远远未能真正内化至行政主体的行政行为之中和政府公职人员的内心之中。

将历史的视角拉回到1948年9月至1949年10月之间的华北人民政府[①]，这是中国历史上一笔难以抹掉的重要财富：不仅实现了支援解放战争的任务，而且其政权建设成果成为中央人民政府的雏形——中央人民政府政务院及其所属各委、部、会、院、署、行以华北人民政府其所属部门为基础建立工作机构[②]，更重要的是其为新中国的政权建设和制度建设提供了宝贵的法制思想和法制经验：一个由"游击式"向"正规式"过渡的政府都能意识到依法办事的必要性和重要性，并在实践中予以内化，这种精神本身就值得我们认真学习。

现在政府各部门都成立起来了，这个政府是由游击式过渡到正规式的政

---

[*] 中国政法大学政治与公共管理学院2009级博士研究生。
[①] 华北人民政府是在中国共产党领导的人民解放战争进行到第三个年头，晋冀鲁豫边区与晋察冀边区已经连成一片的时候成立的。董必武在1948年3月3日的中共中央工委会发言中提出：晋冀鲁豫与晋察冀两中央局合并，应成为统一全国的开始。
[②] 参见中国法学会董必武法学思想研究会编：《董必武任华北人民政府主席期间依法行政大事记：1948年3月~1949年10月》，见《华北人民政府法令选编》，2007年8月编，第715页。

府。正规的政府，首先要建立一套正规的制度和办法……我们是人民选举出来的，我们要向人民负责，人民要求我们办事要有制度、有纪律，无制度、无纪律一定办不好事情。政府规定的制度一定要遵守，不遵守就是违反纪律（1948年9月26日，董必武同志当选为华北人民政府主席的就职讲话《建设华北，支援解放战争》）。

正值华北人民政府成立60周年之际，回到历史的坐标系中，总结其依"法"行政的法制经验，是一件极富意义的事情。本文将立足于华北人民政府时期的主要法律思想和法治理念，对其法制实践予以三维透视：法律体系之维、法律效力之维、法律责任之维，并结合当今我国政府所面临的现实考验，探讨我国在迈向法治政府过程中在各个维度上所需要的提升。

一、依法行政的法治理念的萌芽

从秦到清的两千年间，中国政体的主要形态是以人治传统为主的中央集权的皇朝专制。将时间拉回至60年前，1948年9月26日成立的华北人民政府关于"法制"和"依法办事"的理念就显得难能可贵，其不仅指导了当时的法令制定和执行，也孕育出我国现代依法行政的法治理念的萌芽。概括起来，主要包括以下几个重要方面的认识值得我们借鉴和学习。[1]

（1）对法制的重要性及其与民主关系的认识：提出"法制是文明社会的主要标志和主要内容""国家没有法制就不能成为国家"；"社会主义法制对于巩固人民民主专政，保护人民民主权利和合法权益，保障国家经济建设顺利进行，具有决定意义"；[2]"民主和法制，是不可分离的。没有法制，就谈不上什么民主。因此，对于破坏法制的现象，必须严肃对待。这对于一个新生的国家来说，尤其重要"；"民主和法制，对于一个国家的兴旺发达，或是衰败灭亡，往往是紧密地联系在一起的，是起决定性因素的"[3]等重要论述。

---

[1] 《董必武法学文集》出版说明，法律出版社2001年版。
[2] 同上。
[3] 全国政协《谢觉哉文集》编辑办公室：《谢觉哉文集》，人民出版社1989年版。

（2）对依法行政的认识：提出"建立新的政权，自然要创建法律、法令、规章、制度。我们把旧的打碎了，一定要建立新的。否则就是无政府主义。如果没有法律法令、规章、制度，那新的秩序怎样维持呢？因此，新的政权建立后，就要求按照新的法律规章制度办事"①；"社会主义国家要依法办事，必须有法可依，必须有法必依，要制定完备的法制，健全法律秩序，实质是建立法治国家"② 等精辟论述。

（3）对"有法总比无法好"的认识：提出"华北大部分地区已没有敌人，可以着手建立正规法治……刑法和民法先就旧的改一下施行，边做边改，有总比无好。现急需稳定秩序，财产有保障，使人民乐于建设"③ 等论述。董必武同志经常谈到的一句话是"恶法胜于无法"，意思是我们的法一时不能尽善尽美，但总比无法要好。说"恶法"，是指法律初创，还不完备。正因为尚不完备，所以必须要制定法律。④

（4）对党领导政府工作的认识：提出"党包办政府工作是极端不利的。政府有名无实，法令就不会有效。政府一定要真正有权。过去有些同志以为党领导政府就是党在形式上直接指挥政府，这观点是完全错误的"；"党对政府的领导，在形式上不是直接的管辖。党和政府是两种不同的组织系统，党不能对政府下命令。党的构成分子——党员，在政府机关中工作，同时就是政府工作人员中的一员。党和政府这样就发生了有机的联系。党在政府中来实现它的政府，是经过和依靠着在政府内工作的党员和党团"等论述。⑤

（5）对"群众的政府"的认识：提出"政府的权威，不是建筑在群众的畏惧上，而是建筑在群众的信任上。群众一经信任政府是他们自己政府的时

---

① 1948年10月16日，董必武同志在人民政权研究会上的演说《论新民主主义政权问题》，参见《董必武政治法律文集》，法律出版社1986年版。

② 《董必武法学文集》出版说明，法律出版社2001年版。

③ 中国法学会董必武思想研究会编：《华北人民政府法令选编》，附录二《董必武任华北人民政府主席期间依法行政大事记》，2007年8月编。

④ 刘忠权："华北人民政府法治取向探析"，载《湛江师范学院学报》2006年第4期。

⑤ 1940年8月20日，董必武在陕甘宁边区中共县委书记联席会议上的讲话"更好地领导政府工作"，见《董必武政治法律文集》，法律出版社1986年版。

候,政府在当地就有无上的权威"① 等关于"要使政府真正成为群众的政府"的精辟论述。

尽管华北人民政府时期已经孕育出我国现代依法行政的法治理念的萌芽,但是,我们还必须看到这一时期的法治理念和法治实践的努力并没有在新中国成立之后得以延续下来,直至1978年十一届三中全会确定"发展社会主义民主,健全社会主义法制"之时,依法行政的理念和实践才再次萌发。法治理念深入人心并非一蹴而就,法治理念取代人治传统也并非一朝一夕之事,唯有全方位推进才能立法治废人治。

二、法律体系之维:有法可依

有法可依是政府依法行政的基本前提。法律体系之维首先要解决的就是依法行政的根据。华北人民政府"彻底地全部废除国民党反动的法律",在其成立的短短13个月内,制定法律之多、涵盖面之宽前所未有:先后制定和颁布了200多项法令,涵盖了建政、民政、公安、司法、金融、财政、税务、工商、贸易、交通、农业、水利、教育、科技、文化、卫生、职工、外事等各个方面,使得政府及其工作人员在行政过程中有"法"可依,充分体现出"社会主义国家要依法办事,必须有法可依"的法制理念。②

以今日的眼光来看,那一时期的"法"无论是在形式上还是内容上都还显得较为稚嫩和粗糙,且大多数法令是行政机关(华北人民政府及各部门)颁布的命令、决定等,其形式包括了"通令""训令""条例""决定""规定""办法""规则""通则""细则"等。即便从今天最宽泛意义上的法律概念来看,这一时期的很多法令也很难称得上是"法"。对此,我们应以历史的眼光来评判,同时又以传承与发展的态度来超越历史的局限性。

在现代法治社会,依法行政中的"法"是指法律法规,而不包括行政规

---

① 选自董必武1940年8月20日在陕甘宁边区中共县委书记联席会议上的讲话《更好地领导政府工作》。
② 中国法学会董必武思想研究会编:《华北人民政府法令选编》序言,2007年8月编。

章，更不包括规章以下的规范性文件。本质上来说，行政规章和规章以下的规范性文件的制定亦属于政府的行政行为，而且是对不特定的对象产生范围较广的影响，因此更应该受到法律法规的制约，其本身就属于依法行政的规范对象。而且我国还存在"部门利益法律化"的现象，在中央层级立法缺失的空白领域中，部门规章大行其道。受部门利益驱动而制定的部门规章一定程度上是对法治的阻碍。因此，超越部门规章提升依法行政之法的立法层级乃是破除部门利益法律化的利剑。

华北人民政府在依法行政的法律体系之维的精彩之笔是行政组织法的立法。其中，华北临时人民代表大会1948年8月通过的《华北人民政府组织大纲》、华北人民政府1948年10月制定的《华北人民政府各部门组织规程》和1948年12月制定的《华北区村县人民政权组织条例（草案）》、1949年5月拟定的《华北区县区政府编制暂行办法（草案）》等堪称行政组织法立法的楷模。事实上，新中国成立后的《中国人民政治协商会议共同纲领》中的政权机关部分和《中华人民共和国中央人民政府组织法》，基本上都是沿用了《华北人民政府组织大纲》《华北人民政府各部门组织规程》和《华北区村县人民政权组织条例》。

关于各领域的政府机关也分别制定了相应的组织规程立法，如《华北区各级荣军管理组织办法》《华北区各级税务机关组织规程（草案）》《华北区各级粮食机构组织规程》《华北区各级税务机关组织规程》《华北文化艺术工作委员会组织规程》《专科以上学校校务委员会组织规程》《华北高等教育委员会组织规程》。这对我国改革开放以来以机构改革为重点内容的行政体制改革具有重要的启发意义。实现政府组织机构和人员编制由"三定"方案向科学化、规范化、法制化的根本转变是深化行政管理体制改革的总体目标的重要内容之一。如何以行政组织法为牵引来规范化地引导机构改革是行政法学者和行政学者必须努力攻关的重大时代课题。

总之，中国特色社会主义法律体系的建立乃依法行政的当务之急。法律体系的完备与否、立法技术水平的成熟与否直接决定了政府能否依法行政、是否有法可依、所依之法是善法还是恶法、执法时是否具有可操作性。对于当前依法行政之法的法律体系仍不完善,尤其是在行政组织法、行政强制法等层面的缺失,我们还应学习董老建立在尊重历史和现实的基础上的务实的立法态度,"我们的人民民主法制,不能过早过死地主观地规定一套,而是必须从实际出发,根据政治经济发展的客观要求,逐步地由简而繁地发展和完备起来。"① 这是我们今天建立和完善中国特色社会主义法律体系时应该学习和所必须具备的态度。

法律体系的建立和完善不可能一蹴而就,也不可能一劳永逸,那无法可依时我们又应该如何保证公共行政不偏离法治的轨道?对此,董老提出了在法律缺位的情况下,发挥政策的引导作用和时机成熟时及时将政策定型化为法律条文,"我们党和国家过去提出的许多代表最大数人民利益和要求的政策、纲领,有些虽然因客观情况还不能立即定型化为具体的完备的法律条文,但是,实质上都起了法律的作用"②,这一思想有助于我们正确认识和处理政策与法律的关系。

公共政策是政府履行管理职能实现公共行政目标的重要手段。对于一个逐步走向法治化的国家来说,应该摒弃"政策完全是政府的自由裁量"的观念,树立依法行政的理念,在法治原则下制定政策,既要在内容上做到政策不与宪法、法律、法规相抵触,又要在程序上融入现代法治的民主、参与、科学的精神,从而使得政策的制定和执行具有正当性和合法性。应该说,在实现法治政府的过渡时期,兼采政策的灵活性和法律的规范性,通过政策法律化的途径逐渐实现依法行政,是一种务实的路径选择。当然,我们必须承认,政策法律化本质上还是政策性调整,只不过是借助法律的工具规范政策制定的过程,使政策在过渡时期披上一件合法性的外衣。依法治国和建立社会主义法治国家的目标决定了我们最终要实现法治性构修,即运用法律思维

---

① 选自董必武 1956 年 9 月 19 日在中国共产党第八次全国代表大会上的发言《进一步加强人民民主法制保障社会主义建设事业》。

② 同上。

和理性知识，修构出一套系统的有内在逻辑链条的法治框架。①

三、法律效力之维和法律责任之维：有法必依、违法必究

1956年9月19日，董必武在中国共产党第八次全国代表大会上的发言《进一步加强人民民主法制　保障社会主义建设事业》中强调："依法办事有两方面的意义：其一，必须有法可依。……其二，有法必依。……"有法必依体现出法律在运行中的效力，也是法律真正具有生命力的体现。

应该说，我国目前一方面很多领域尚无法可依，亟待立法；另一方面，在已经制定法律的领域中，相当数量的法律法规得不到有效的执行，从而使得法律成为一纸空文。法律的执行力缺乏强有力的保障。法律效力之维与法律责任之维密切相关，正是因为法律责任体系的不到位，才导致政府在公共行政过程中有法不依，甚至违法而为。因此，如果允许"不依法不究责"的存在，法律则只会是好看的装饰品，起不到任何实质性作用。构建完善的监督体系和责任体系，对于保障法律的执行效力具有重要的意义。

健全我国行政管理体制的权责体系，整体上提升监督体系和责任体系的能力，必须遵循三条基本定律：第一，监督权必须相对独立；第二，监督权大于被监督权；第三，坚持人民监督理论——防止人民的公仆变成骑在人民头上的主人。解决人民监督要建立两类主要制度，即人民有权挑选自己信任的公仆的选举制度与人民随时更换自己认为不称职、不满意公仆的罢免制度。

政府的行政权，已深入到社会的基层。政府要倾听群众的呼声，采纳群众的意见，了解群众的生活，保护群众的利益，但这还不够，还要使群众敢于批评政府，敢于监督政府，一直到敢于撤换他们不满意的政府工作人员。这样，群众才感觉到政权是他们自己手中的工具，政府才真正是他们自己的政府（董必武1940年8月20日在陕甘宁边区中共县委书记联席会议上的讲

---

① 参见于江："中央与地方关系修构的工具性选择"，见石亚军主编：《政府改革多视点探微》，中国政法大学出版社2008年版。

话《更好地领导政府工作》)。

党员应当自觉地遵守党所领导的政府的法令。如果违犯了这样的法令，除受到党纪制裁外，应比群众犯法加等治罪。为什么呢？因为群众犯法有可能是出于无知，而我们党员是群众中的觉悟分子，觉悟分子犯罪是决不能宽恕的，是应当加重处罚的。不然的话，就不能服人。从前封建时代有"王子犯法，与庶民同罪"的传说，从这传说中可以看出人民很希望法律上平等的心理。难道说我们共产党不应当主张比封建时代传说下来的一点法律上的平等更前进一步吗？……党员犯法，加等治罪。这不是表示我们党的严酷，而是表示我们党的大公无私。党绝不包庇罪人，党绝不包庇罪人，党决不容许在社会上有特权阶级。党员毫无例外，而且要加重治罪，这更表示党所要求于党员的比起非党员的要严格得多（董必武1940年8月20日在陕甘宁边区中共县委书记联席会议上的讲话《更好地领导政府工作》之五党员犯法应加重治罪）。

有必要指出的是，华北人民政府时期的"党员犯法加重治罪"，虽然和"法律面前人人平等"的法律原则和精神有所不合，但却体现了对执政党党员从严要求的精神。党员既违反法律、又违反政纪的，除应承担法律责任外，不同于一般公民的是还要承担政治责任。因此，我们在完善法律责任体系的同时，有必要系统地研究监督体系和责任体系。

四、三位一体：走向法治政府

董老1950年1月4日在新法学研究院开学典礼上的讲话《旧司法工作人员的改造问题》中讲道："人的改造是有困难的，应当把它看作是一件很艰巨的工作。……但创制法典，还不是最困难的事情，最困难的还是改造人们的思想、工作作风与生活习惯的问题。……最困难的，也是最重要的，是思想的改造。……所以思想改造，不等于读书，而是要把所读的书适当地贯彻到实践中去，要能从实际生活行动中表现出来，才算是真正改造了。因此，思想改造，需要经历一个实践过程。"

由两千多年的专制社会所形成的人治传统转向法治，是人的思想的一种根本转变（改造）。唯有法治理念深入人心，依法行政的理念真正内化到政府的公共行政中，才可能真正由人治走向法治。在依法行政的法治理念真正内化的基础上，做到有法可依、有法必依、违法必究三位一体，最终走向法治政府。结合当前我国依法行政所面临的现实考验，我们应该创新法治政府理念、完善法律体系之维、强化法律效力之维、健全法律责任之维。

常规化：革命政权的转型

——一种支配社会学的视角

赵 真[*]

政权的更迭始终是中国近代史的一个主题。1948年，内战如火如荼，海内尚未统一，中国共产党人为建立新政权进行了一次实践上的准备，即成立华北人民政府。选择在这一关键的历史坐标作出决策，其实并不突兀。国内形势的迅速发展已然超乎中国共产党人的预料，社会政治、经济背景的深刻变化，促使中国共产党不得不开始考虑与建政有关的一系列重大问题。作为新政权的雏形，华北人民政府便是形势剧变与建政思考双重作用的产物。一般认为，华北人民政府的成立，在中国民主革命，尤其是中国共产党政权建设的历史上具有极为重要的意义。

一、作为时代语境的转型时期

"转型时期"这个语汇的使用并不限于当代，这至少是鸦片战争以降整个中国社会的基本走向。在这一过程中，近代化和现代化的任务反复交织、重叠。如果追溯60年前的转型，其重要性较之当下有过之而无不及。

从宏观上来看，随着新民主主义革命即将取得胜利，社会主义革命的兴起成为必然趋势。根据毛泽东的论述，中国革命的前途问题，便是中国资产阶级民主主义革命和无产阶级社会主义革命的关系问题，是中国革命的现在

---

[*] 中国政法大学硕士研究生。

阶段和将来阶段的关系问题。作为社会主义革命的必要准备，新民主主义的革命阶段不可跨越。在新民主主义革命完成之后，经过必要的准备，将很快转变到社会主义阶段。①

从中观来看，随着全国胜利的即将来临，由革命性政权向常规化政权的转变必须迅速提上日程。就全国范围来看，战争形势已经发生了深刻变化。中国共产党领导的革命力量由弱变强，从战略防御转向战略反攻，逐渐掌握了战争的主动权，夺取全面胜利在望。从这种意义上说，华北人民政府将担负着"摸索、积累政权建设和经济建设的经验，为全国解放后人民共和国的建立做准备"的任务。②

从微观上来看，华北重镇石家庄的攻克为华北人民政府的成立提供了一个重要契机。其最直接的影响是，将晋察冀和晋冀鲁豫两大区域联成一体，从空间位置上为华北人民政府的成立创造了条件。非但如此，石家庄的接管也为战争后期探索管理大城市提供了制度实践。③

华北人民政府的成立处于一个相当纷繁复杂的历史背景之下，它的产生绝不仅仅是某种"权力意志"的产物。对此，"现在"的我们不应将历史简单地看作过去，或者看作一个过程的完结，而应把历史看作"现在"的在场。我们的方法是，把自己看作历史真诚而保守的读者。一个读者对历史不享有为所欲为的权利，相反，必须坚守冷静、温和与克制的立场。④

二、新政府如何生成

一个政权——特别是革命性政权——的初建时期，往往不是一个常规时期。早在华北人民政府成立前夕，刘少奇在中共中央华北局扩大会议上提出，

---

① 毛泽东："中国革命和中国共产党"，见《毛泽东选集》（第2卷），人民出版社1991年版，第649~652页。
② 薄一波：《七十年的奋斗与思考》，中共党史出版社1996年版，第478页。
③ 刘建民：《华北人民政府研究》，首都师范大学2007年博士学位论文，第20页。
④ 王人博："被创造的公共仪式——对七五宪法的阅读与解释"，载《比较法研究》2005年第3期。

"我们要逐步走向正规化,强调集中统一,反对分散主义,无政府状态。"①其后,他在与中央各部门负责人谈话时提到,"我们的方式要由游击到正规,手工到工业,乡村到城市,作长期打算"。② 可见,华北人民政府的成立,反映出面向新时期的政党形态的转变,即由革命党转向执政党。从本质上说,这更表现为中国共产党为实现革命政权的常规化所作出的努力之一。如果从韦伯支配社会学的理论出发,这一过程或可理解为从魅力型支配到法制型支配的转变。

从发生学的意义上说,华北人民政府的成立经历了一个长期的酝酿与形成过程。究其原因,既有上述转型时期各种外因的作用,同时,常规化的制度向往也使得中国共产党在筹备华北人民政府时甚为慎重。为了使新政府的产生趋于合法化与民主化,必须采取适当的步骤。中共中央华北局曾酝酿过三种方案:(1)召开两区参议会联合会,成立华北临时联合行政委员会,由其筹备召开华北人民代表大会,再产生正式的华北联合行政委员会。(2)两区政府联合召集华北临时人民代表大会,进而产生华北人民政府。(3)两区政府正副主席(或主任委员)、参议会正副议长举行联席会议,宣布两区合并,成立华北临时联合行政委员会,由其筹备召开华北人民代表大会,再产生正式的华北联合行政委员会。③ 然而,实际的成立过程分三个阶段展开:第一步,南北两边区政府实行合署办公。第二步,召开两区参议会驻委会联席会议。第三步,召开华北临时人民代表大会,成立正式政府。

政府作为必要的枷锁,首先应该是人民自己选定的,而非强加的。通过威权所建立的政府将逐渐丧失合法性,也难以维持长久。从理论上说,政府基于同意而产生,权威应该建立在信任的基础上。在召开临时代表大会的问题上,毛泽东有着审慎的考虑。1948年4月25日,毛泽东致电刘少奇、朱德、周恩来、任弼时,准备在中央会议上讨论"邀请港、沪、平、津等地各

---

① 《刘少奇年谱1898~1969》,中央文献出版社1996年版,第148页。
② 同上书,第155页。
③ 同上书,第7页。

中间党派及民众团体的代表人物到解放区,商讨关于召开人民代表大会并成立临时中央政府问题"。① 4月30日,中共中央书记处扩大会议在城南庄召开时提出"各民主党派、各人民团体、各社会贤达迅速召开政治协商会议,讨论并实现召集人民代表大会,成立民主联合政府。② 5月1日,毛泽东特别致电李济深(时任中国民党革命委员会主席)、沈钧儒(时任中国民主同盟中央委员会委员),就政治协商会议的召开时间、地点、如何发表联合声明等具体事宜征求意见。

随着《关于召开华北临时人民代表大会暨代表选举办法的决定》和《关于召开华北临时人民代表大会的决定》的公布,华北临时人民代表大会的代表选举工作也相继展开。代表的选举主要分两步进行。首先是代表名额的确定与分配。中共华北局决定参加华北临时人民代表大会的代表为572名,其中党员代表378名,非党员代表194名。在代表名额的具体分配上,区域代表291人,均为党员,是比例最大的一部分;其他按人数的多少依次为,社会贤达代表90人,均为非党员;妇女代表50人,党员30人;职工代表35人,党员20人;聘请代表31人,均为非党员;工商业代表30人,均为非党员;军队代表20人;文化界代表15人,党员10人;回民代表7人,党员4人;指定选出党员代表3人。其次,根据代表所属类别,同时结合具体情况制定选举办法。比如,县市区域代表的产生考虑两种情况:一方面,在有人民代表会的县市,由人民代表会负责选举代表;另一方面,在没有人民代表会的县市,由县市委、县市政府、各人民团体各派代表召开联席会议推选产生。而对于其他代表的产生,因为涉及非党人员的问题,基本上采取推选的方法,如妇女、职工、地方军、回民、文化界等职业代表,"均由各区团体、部队,分别召开适当的会议推选之",社会贤达代表、指定选出的代表"均由区党委分配到人口较多的县推选之"。③

---

① 《毛泽东年谱1893~1949》(下卷),中央文献出版社2002年版,第304页。
② 同上书,第305页。
③ 同上书,第28页。

在思考与实践政权组织形式并使之合乎法理的过程中，中国共产党尤其注意联结党外人士和各阶层的民众，这在客观上导致了政府组织体现出更多的民主性。尤其值得注意的是，临时人民代表大会颇具政治协商的色彩，由此产生的政府便具有了联合政府的性质。这种政权组织形式进一步发展，1949年9月在北平召开的中国人民政治协商会议与此如出一辙。

三、法制：熟稔的记忆

纯粹的法制型支配基于以下几个相互依存的信念：首先，任何一种法律规范都可以根据目的理性或价值理性（或两者并立）的基础，经由协议或强制的手段来建立。其次，司法乃是法律之运用于具体的事例；为满足组织成员理性追求而设的行政程序，由规范组织的基本原则予以规定。再次，典型的支配者，即"上级"，自身也得服从于一套无私的法令和程序。最后，服从支配的人是以组织的"成员"身份而服从的，他所服从的，也只是该组织的法律。组织的成员之所以服从一个支配者，并非服从他个人，而是服从一个无私的秩序。[1]

可见，法制型支配必然要求服膺依法制定的一些客观的、非个人性的秩序，甚至支配者的支配范围也受到法律的限制。在日常化的政治生活中，对法律这种正当性的信念，通常可以补充习惯、个人利害、感情或理想等作为支配基础的不足。而作为该种支配的核心构件的法律，在趋向法理型结构的过程中，无疑将占有极为重要的地位。在华北人民政府存在的短暂时间里，制定法律之多、涉及范围之广，前所未有。这种对政制运行制度化的强调和对理性政治生态的诉求在中国共产党政权建设史上确实具有里程碑式的意义。

现在，我们仍有必要不厌其烦地重述华北人民政府"法创造"的历史。通过这些法律，中国共产党借助"人民意志"使其政策合法化，从而对华北

---

[1] ［德］韦伯：《支配的类型》，康乐等译，广西师范大学出版社2004年版，第299、308页。

地区进行了全方位、多层次的社会整合，将相关领域的政治、经济与社会资源逐步纳入常规化的发展道路。如果从文本出发，华北人民政府在其短暂的一年内所颁行的法律至少包含以下几个特征。

(一) 意识形态的转换

政权的更迭，并不是简单的改朝换代与谁主沉浮，它往往带来意识形态领域的重大变革，更何况这是空前的摧枯拉朽的革命。一直以来，中国共产党都将马列主义奉为圭臬，意识形态的重构必然以马列主义作为指导而展开。而作为国家机器的重要部分的法律体系，需要以新的指导思想为依据进行重建。董必武指出，"国民党的法律是旧中国占统治地位的少数人压榨广大劳动人民的一套很精巧的机器"①"建立新的政权，自然要创建法律、法规、规章、制度"。② 这种政权更迭的方式延续到1949年2月，与旧政权严格"划清界限"的特征体现得愈加明显。《中共中央关于废除国民党的六法全书与确立解放区的司法原则的指示》明确提出，"国民党的六法全书应该废除""应该以人民的新的法律为依据""以学习掌握马列主义毛泽东思想的国家观、法律观及新民主主义政策来教育、改造司法干部"。实际上，该文件基本确立了共和国法制建设的起点。

(二) 经济恢复为主线

从1948年9月成立到1949年10月结束工作，华北人民政府历时13个月。在此期间，先后制定、颁行了200多项法律。从调整范围来看，涉及建政、经济建设、民政、公安司法、金融、财政税务、工商贸易、交通、农业水利、教育科学文化卫生等诸多领域。从效力等级来看，包括"法令""训令""条例""规章""通则""细则"等诸种形式。例如，在经济方面，华北人民政府颁行了一系列的法律文件，诸如《华北区区外汇兑暂行办法》《华北区外汇管理暂行办法》及实施细则、《华北区金银管理暂行办法》《华

---

① 《董必武选集》，人民出版社1985年版，410页。
② 同上书，第218页。

北区私营银钱业管理暂行办法》《华北区对外贸易管理暂行办法》《华北区暂行审计规程》《统一货币与度量衡标准》《华北人民政府金库条例》《华北区工商业申请营业登记暂行办法》《华北区工商业所得税暂行条例》《华北区农业税暂行税则》《华北人民政府关于公营企业征收工商业所得税的规定》《华北区进出口货物税暂行办法》《华北区货物税暂行条例》《华北区酒类专卖暨征税暂行办法》《华北区交易税暂行办法》等。[1]

综观华北人民政府的立法活动可以发现，这些法律大多围绕经济事务展开。这可能与当时中国共产党对华北人民政府的功能定位密不可分。在攻克平津之前，华北地区成为华北、中原和西北战场的巩固后方，其中心任务为支援前线。刘少奇指出，华北人民政府成立以后，华北地区"即成为关内的基本解放区，发动五千万人民统一力量，去支援西北、中原与华东，是不可限量的"。[2] 据不完全统计，仅晋中、绥蒙、淮海和平津四场战役，就转运物资 8.1 亿斤，动员人力 4736 万个日工、畜力 1681 万个日工。[3] 从 1949 年年初开始，在相对趋于稳定、和平的环境中，华北人民政府更有可能、也有必要迅速恢复农业、工业生产，以各项和平建设工作推动政权的转型。比如，1949 年 2 月，政府委员会第二次会议通过了以生产为中心的施政方针和财政预算。7 月份召开的政府委员会第二次扩大会议又全面提出了各项生产和建设任务，分别轻重缓急，有步骤地恢复与发展工业、农业、交通、贸易、合作等。

（三）由专家主持立法

考察华北人民政府时期的重要领导人可以发现，其中大多具备法学或相关领域的教育背景。作为主席的董必武，早年负笈东瀛，于东京私立日本大

---

[1] 对于华北人民政府时期的法律的梳理，参见张希坡："董必武与华北人民政府的依法行政"，见《董必武法学思想研究文集》（第3辑），人民法院出版社 2004 年版，第 335 页。
[2] 《中共中央在西柏坡》，海天出版社 1998 年版，第 375 页。
[3] 阎书钦："论华北人民政府的成立、特点及其对新中国政权体制的探索"，载《当代中国史研究》1999 年第 Z1 期。

学攻读法科，系统地接受了日本法学思想，归国后在武昌创办律师事务所从事实务。副主席杨秀峰曾赴法留学，后回国任教，从事社会学、法学研究，被称为"红色教授"。作为司法部长的谢觉哉，是中国共产党内的学者型政治家，陕北时期便从事法学特别是宪法理论研究。此外，在华北人民政府的领导层内，还聚集了诸如张友渔、陈瑾昆、钱端升、陶希晋等法律专家。

法律的运用与实施，必须有专业的训练才可能达至完全理性的地步。在韦伯看来，作为法制型支配亚型的官僚行政之所以优越，便在于专业知识在其中所扮演的角色。"一方面，专业性的知识本身即足以保证非常的权力地位。另一方面，官僚组织或利用官僚组织的支配者，有可能以处理政治事务所积累的经验和知识，来增强其权力"。[①] 一个可能的结论是，华北人民政府官员的理性构成，并非纯粹基于专业遴选，但从客观上说，这种状况或可导致下面这种结果：这些官员借助其地位、身份、资历等在立法过程中施加影响，从而将先进的立法理念输入法律，在一定程度上提高了立法的品质。

对于华北人民政府时期的法制的简单梳理，有助于我们从宏观上把握政权转型的形式要件是否已经齐备。任何制度的形成都需要有一定的时间，政制意义上的制度尤其如此，对于政权的常规化并形成政制则更是如此。[②] 这种对法制的向往虽然还带有"秩序恢复"的工具性诉求，但已开始走出将法律作为专政工具的路向并致力建构一种理性政治。虽然，在共和国成立后的几十年里，政治生态曾几次回溯到非理性。但是，诚如崔卫平所言，"后来理想的败死是一回事，但是不能用这个来取消前人曾经拥有过的东西"。

四、魅力型支配的延续

无论是魅力型支配还是法制型支配，在韦伯的方法论中都是作为"理想类型"出现的。理想类型的主要任务是假设地把具体的、混沌多样的个别现

---

① [德] 韦伯：《支配的类型》，康乐等译，广西师范大学出版社2004年版，第320页。
② 苏力："当代中国的中央与地方分权——重读毛泽东《论十大关系》第五节"，载《中国社会科学》2004年第2期。

象归并为一种"理念的",即一种观念化的事件过程。① 韦伯认为,社会和历史中并不存在任何一种纯粹的理想类型的统治,现实生活中人们看到的都是某种程度的混合体而已,其差别仅仅是程度不同而已。② 特别是,作为一种"转型形态",革命政权在常规化的过程中必然会表现出更为复杂的特点,甚或产生相互悖谬的吊诡现象:一方面,要避免立基于原有结构的政治权威在变革中过度流失,从而保证一定的社会与政治动员能力;另一方面,为了保证这种权威真正具有某种"常规化导向",就必须防止转型中的权威因其不具外部制约或社会失序而发生某种回归。

从本质上说,魅力型支配的基础在于对个人及其所启示或订立的道德规范或社会秩序之神圣性、英雄气概或非凡特质的献身与效忠。在政治领域中,这种支配是由推举产生的战争头领、靠民众直接认可而当政的统治者、伟大的群众煽动家或政党领袖所实行。③ 人们对于领袖的忠诚,不是因为传统或法律,而是因为对其怀有信仰,而这种发轫于信仰的忠诚仅仅针对的是领袖本人,具体来说,是领袖所具有的非凡特质。

对于华北人民政府,论者往往仅注意到其法制化的倾向,而对于其魅力型支配的向度着墨并不多。对此,一个可能的解释是,由于研究对象与现政权存在特殊历史关联,这种深度剖掘可能存在一种"被忽略"的危险。

在考察华北人民政府的政治结构时,有两个重要因素是不可忽视的,即华北人民政府与华北中央局的关系以及与中共中央的关系。在中国共产党的发展历程中,存在着一个显而易见的规律:在一个地方的政权建设中往往先有党组织,然后才有军政组织。一般而言,党组织的作用不仅在于对地方党员的领导,而且有权对党政军民的重大问题作出决策。华北人民政府成立前夕,中共中央便力主晋冀鲁豫和晋察冀两中央局合并为华北中央局,负责筹

---

① 迪尔克·克勒斯:《马克思·韦伯的生平、著述及影响》,法律出版社2000年版,第219页。
② 韦伯:《经济与社会》(下卷),林荣远译,商务印书馆1997年版,第471页。
③ 韦伯:《学术与政治》,三联书店2005年版,第56页。

备华北人民政府。而在华北人民政府的例行工作中，遇有重大问题，向华北中央局进行请示报告便成为一个必要步骤。与此同时，由于并不存在一个中央政府与之发生联系，华北人民政府直接与中共中央发生领导与被领导的关系。一方面，既要最大限度地行使大区政府应有的权力；另一方面，又要向近在咫尺的中共中央遵守的严密的报告请示制度。

鉴于这种双重领导的政治关系，不应囿于华北人民政府层面上考察政权的性质问题。否则，可能由于某种"权力意志"的阙如而使论述流于表面。我们所选取的"人事安排"这一角度，由于在政权结构中占据举足轻重的地位，或许对我们理解魅力因素的留存有所裨益。

苏力认为，"农村包围城市"的革命路径，产生了许多党政军全盘负责的"地方诸侯"。为了保证指挥的有效，中国共产党更多强调领导人的个人能力和智慧。从总体来看，革命者接受的现代化规训较少，民主传统较为缺乏，不少人讲求的是对个人的忠诚。尤其是在中国革命中，党内产生了像毛泽东这样具有崇高权威的领袖，他的存在几乎就足以保证全党和全国的统一。①

具体到华北人民政府，董必武之出任华北人民政府主席，教育背景虽然是他当选的不可忽略的因素，但是，他的资历以及经验可能起着更大的作用。作为中共一大的代表，董必武在党内具有极高的威望。在华北人民政府成立不久前召开的七届二中全会上，董必武在中央委员中位列第七。刘少奇在为中央工委起草致中央的电报中谈到晋察冀与晋冀鲁豫两个中央局合并的问题时，认为两个政府在合并办公后，"指定党团负责人由董必武负责"（值得注意的是，华北人民政府成立后，并非是董必武，而是薄一波担任党组书记）。中央这样安排，很难说不是基于以下的考虑：以董必武的地位、资历和威望，更有可能得到两根据地领导人的尊重和支持，从而有助于化解和消弭政治生活中的各种矛盾。从组建华北局的过程中，我们

---

① 苏力："当代中国的中央与地方分权——重读毛泽东《论十大关系》第五节"，载《中国社会科学》2004年第2期。

也可以看到，人事安排对于领导人魅力型特质的依赖。1948年3月，在讨论晋冀鲁豫和晋察冀两中央局合并成立华北局有关事宜的会议上，中央工委决定任命薄一波为第一书记。但薄一波提出，"为了便于工作，我建议少奇同志挂个名，我做具体工作"。① 所以，直到华北人民政府结束工作前两个月，薄一波才开始担任第一书记。在此之前，由党内威望仅次于毛泽东的刘少奇担任第一书记，薄一波作为二把手负责具体工作。当时，虽然对于自己在党内的号召力尚不自信，但薄一波确信以刘少奇的威望足以使各方面与华北局保持一致以确保政令畅通。

在其他方面，华北人民政府虽然根据《华北人民政府组织大纲》的规定，设立各部委、会、院、行、厅，但与共和国成立后的情况相比，不仅在数量上甚为精简，而且在设置上也未达至系统化与专门化。比如，诸如劳动局、外事处等部门虽不能说可有可无，但在当时的情况下，究竟有多大的空间发挥其应有的职能，还难以确定。这在一定程度上也反映出，在魅力型的共同体内部，虽然存在少数的管理干部，但他们都不是现代意义上的官僚，其获得管理干部的资格完全出于个人所具有的魅力。因此，最高领袖与管理干部之间的关系是往往直接而只有很少的固定机构和程序。

五、余论：经济先行的意义

魅力型支配由于强调精神的力量，往往不注重经济生活，是一种典型的"非经济性"的政权。它的问题在于，这是一种不稳定的、不能持久的统治形式。因为，魅力型领袖"只有在生活中通过考验他的力量，才能获得和保持他的权威"，"他必须创造英雄的事迹"。一旦社会变革基本完成，社会进入相对平稳发展的阶段，魅力型支配将难以适应这种稳定、琐碎的社会发展，势必导致常规化。更为重要的是，如果领袖无法继续使其跟随者受益，他的

---

① 薄一波：《七十年的奋斗与思考》，中共党史出版社1996年版，第463页。

支配很有可能丧失。因此，这种常规化的趋势又进一步表现为管理干部对经济利益的占有。

所以，作为"反经济"的魅力型支配，其常规化首先意味着它开始介入日常生活——尤其是经济生活。在革命政权常规化的过程中，经济先行的意义便在于此。对于华北人民政府，论者往往将中共中央关于晋察冀与晋冀鲁豫两区合并的建议作为成立华北人民政府的先声，这种看法并不十分准确，已经有学者注意到这一点。[①] 事实上，华北地区的整合最初是由经济工作开始的，这从董必武在华北财经办事处的日常工作中便可窥知一二。1947年8月1日，董必武将《华北财经办事处组织规程》电报中共中央。该规程规定：华北财经办事处，在中央及其工作委员会领导下，统一华北各个解放区（东北暂不在内）的财政经济政策，指导华北各个解放区财政经济工作的推行，财经办事处的任务包括审查各个解放区的生产、贸易、金融计划，各个解放区的货币发行、筹建中央财政及银行等。[②] 8月25日，董必武向华东中央局、晋冀鲁豫中央局、西北中央局及晋绥中央分局发出《关于华北财经办事处组织规程的通知》，明确规定华北财经办事处的任务是，"制定华北解放区国民经济建设的方针；审查各解放区的生产、贸易、金融计划并及时作必要的管理与调剂；掌管各个区的货币发行、筹建中央财政及银行"。[③] 9月4日，董必武电告华东局、晋冀鲁豫中央局、西北中央局、晋绥中央分局及晋察冀中央局：根据中共中央指示，在中央工委及华北财办领导下，先行统一各地兵工生产计划和领导，调杨立三同志主持其事，管理范围为华北、西北等解放区，以晋冀鲁豫为中心来分配调剂各区的生产、器材、技术等，办公地点设在邯郸。[④] 9月18日、19日，董必武在晋察冀边区财经会议上强调统一财经工作的特殊重要性，他指出现在情况完全变了，各战区内部连成一片，各

---

① 刘建民：《华北人民政府研究》，首都师范大学2007年博士学位论文，第20页。
② 《董必武年谱》，中央文献出版社2007年版，第297~298页。
③ 同上书，第299页。
④ 同上书，第300页。

战区间也连接起来了，要发展生产，支援全国范围内的战争，特别是运动战，财经工作必须统一。

当魅力型支配要转变为日常现象，其反经济的特质必须改变。它必须适应某种财政组织的形式，以供给团体的物质需求，并且保证秩序和干部组织适应日常生活及行政管理的需要。

行政组织法视野下的华北人民政府

卞修全*

华北人民政府于1948年9月26日在石家庄成立,1949年2月20日移驻北平,1949年10月27日结束工作。它是无产阶级领导的人民大众的广泛统一战线的新民主主义政权,在中国革命政权和民主政治制度史上具有划时代的历史地位。它的成立和建设,标志着中国新民主主义政权建设翻开了崭新的历史篇章,为推进解放战争在全国的胜利和建立新中国作出了卓越贡献。本文拟从行政组织法的角度对华北人民政府的地位、职权、组织机构等问题进行一些粗浅的探讨,敬请批评指正。

一、各大解放区人民政府的成立与华北人民政府的地位

解放战争中后期,随着军事战线上的胜利推进,解放区成倍地扩大。到1949年6月,解放区面积已达296万余平方公里,占全国领土总面积的30%强,解放人口两亿七千九百万人,占全国总人口的58%以上。解放了北平、天津、南京、上海、武汉、西安等大城市。原来分散的根据地,逐步连成大片,形成了西北、华北、东北、中原、华东五个大解放区。除华东大解放区外,各大解放区都组成了人民政府作为本大解放区的最高行政组织,统一领导各该地区的政务工作。

(一) 华北人民政府

1947年3月,中国解放战争进入新的阶段,国民党改对解放区的全面进

---

* 中国政法大学博士后流动站研究人员,中国政法大学法学院副教授。

攻为重点进攻，抽调重点对我陕甘宁边区和山东解放区进行疯狂的进攻。为了粉碎国民党对陕甘宁边区的进攻，中共中央决定，党中央机构分为前委、后委和工委，分别负责指挥战争和领导解放区各项工作。任命刘少奇为工委书记，朱德、董必武为工委常委。根据党中央决定，董必武立即离开延安，辗转来到当时属于晋察冀解放区的河北平山县西柏坡村，协助刘少奇完成统一华北各解放区的财政经济和土地改革等重大任务，使华北各解放区连成一片，为华北人民政府的成立创造了条件。一年以后，随着解放战争的胜利发展，解放区空前扩大，党中央又于1948年3月决定，将晋察冀解放区和晋冀鲁豫解放区统一在一个党委、一个政府、一个军事机构指挥之下，全面实现华北的统一。5月成立了华北局、华北联合行政委员会和华北军区。董必武任华北联合行政委员会主任，负责筹备召开华北临时人民代表大会、合并晋察冀和晋冀鲁豫两边区政府建立华北人民政府的工作。1948年8月7日，华北临时人民代表大会在石家庄开幕，会议宣布成立华北人民政府，负责管理并领导河北、山西、平原、察哈尔、绥远五省及北平、天津两市。1949年10月25日，政务院呈请中央人民政府委员会宣布由政务院接管华北人民政府，其所辖五省二市划归中央直辖。27日，华北人民政府因完成其历史任务而奉命结束。

（二）陕甘宁边区政府

到1949年2月8日，为了适应迅速发展的革命形势，集中力量支援前线，争取祖国大西北的早日解放，陕甘宁边区参议会常驻议员、边区政府委员与晋绥解放区的代表举行联席会议，接受晋绥行署及晋绥临时参议会的请求，决定将两个解放区合并，将晋绥边区划归陕甘宁边区政府领导。为此，陕甘宁边区政府2月21日发布通令，并于4月9日通过了《陕甘宁边区政府暂行组织规程》，其主要内容是：陕甘宁和晋绥两边区合并后，边区最高行政机关仍称陕甘宁边区政府。原晋绥边区行政公署撤销，划分为晋南、晋西北两个公署，归陕甘宁边区政府统一领导；由于边区辖区的扩大，需要增补政府委员，由原来的16人增到31人；同时扩大政府组织机构，并规定其具体职权。西安解放后，边区政府迁至西安。新中国成立后，1950年1月建立西北军政委员会，陕甘宁边区政府完成了光荣的历史使命后，建制撤销。

（三）东北人民政府

东北人民政府的前身是1946年8月7日组成的东北行政委员会。1948年11月2日，辽沈战役取得了彻底的胜利，东北全境解放。此后在有3400万人口的整个东北地区先后建立了村、县、省各级民主政权。1949年8月21日，东北人民代表会议在沈阳开幕，选举41人为东北人民政府委员，27日，成立了东北人民政府。

（四）中原临时人民政府

1947年6月30日，我军转入战略大反攻后，晋冀鲁豫解放军与华东解放军配合作战，迅速扩大了中原解放区的领域，先后建立起豫西、豫皖苏、鄂豫、皖西、桐柏、江汉、陕南等七个行政公署。1949年3月3日，中原解放区召开临时人民代表大会，选举产生政府委员和主席，成立了中原临时人民政府，1950年2月奉命撤销，为中南军政委员会所取代。

在这些大解放区的人民政府中，以董必武同志为首的华北人民政府，统一了华北大解放区的政权，不仅对华北人民的政治、经济、文化生活有着很大意义，而且对其他解放区也有着积极的影响，因为华北大解放区位于各大区之间，便于联系各大区，处于重要的战略地位，在支援南线作战，恢复与发展各解放区的生产中发挥了重大的作用，特别是为新中国成立后中央人民政府各机关的建立奠定了基础。如华北人民政府成立后，制定了许多新的法令条例，涉及政权建设、民政、公安、司法、金融、财政、税务、工商、贸易、交通、农业、水利、教科文卫、职工、外事等事项，并通过施行这些法令条例，整顿了全区政权组织体制，统一财政收支，规定新的税收制度，确定工商企业和贸易的管理办法，整顿发展文教事业，建立统一的司法制度，并在1948年12月与华东、晋绥、陕甘宁等解放区联合成立了中国人民银行，发行人民币，统一币制。不仅如此，1948年10月，中共中央发出通知，决定由华北人民政府"将华北、华东和西北三区的经济、财政、贸易、金融、交通和军事工业的领导和管理工作统一起来,以利支援前线,并且准备在不久的将来,将东北和中原两区的上述工作也统一起来"①,为建立全国政权准备条件。可见,当时的华北人民政府既是华北大解放区的最高行政组织,而且是当时各大解放区人民政府中地位最重要的一个,为全国行政体制的统一和即将建立的中央人民政府奠定了基础。

二、华北人民政府的内设机构与职权

根据1948年8月16日华北临时人民代表大会通过的《华北人民政府组织大纲》第2~6条的规定,华北人民政府设华北人民政府委员会作为华北人民政府的权力机关,由委员25人至39人组成之。华北人民政府委员会委员,由本届华北临时人民代表大会及其后举行之华北人民代表大会选举之。② 华北人民政府经华北人民政府委员会议决,拥有以下职权:综理全华北区政务,并根据华北临时人民代表大会及华北人民代表大会所通过之施政方针及决议案制定实施条例及规程;执行华北临时人民代表大会及华北人民代表大会决议之事项;组织人力、物力、财力支援前线事项;华北人民代表大会及其他各级人民代表大会之选举事项;行政区划及各级人民政府组织设施事项;任免华北人民政府各部、院、厅长、各会主任、华北银行总经理及行署主任级以上人员;全区预算决算事项;关于全区生产建设、财经设施、土地、户籍、文化教育、公安、司法之方针、计划等事项;关于全区人民武装之组织事项;其他重大事项。华北人民政府还设主席一人,副主席三人,由华北人民政府委员会委员互选之。③ 华北人民政府主席可以行使以下职权:召集华北人民

---

① "中共中央关于九月会议的通知",见《毛泽东选集》(第四卷),人民出版社1991年版,第1345页。
② 1948年8月,华北临时人民代表大会选举董必武、聂荣臻、薄一波、徐向前、滕代远、黄敬、谢觉哉、范文澜、成仿吾、杨秀峰、宋劭文、南汉宸、戎子和、凌必应、张苏、陈瑾昆、蓝公武、于力、邢肇棠、薛迅、殷希彭、赵尔陆、贾心齐、晁哲甫、刘雨辰、徐正、王复初等27人为华北人民政府委员。
③ 1948年9月20日,华北人民政府委员第一次会议选举董必武为华北人民政府主席,薄一波、蓝公武、杨秀峰为副主席。

政府委员会，并为主席；领导、督促并检查各级人民政府执行华北临时人民代表大会、华北人民代表大会之决议及华北人民政府委员会之决议；处理华北人民政府日常政务及紧急事项，但属于须经华北人民政府委员会决议之事项者，须提请其追认；对外代表华北人民政府。华北人民政府副主席，协助主席执行前述职务；主席因故不能执行职务时，由副主席代行其职务。①《华北人民政府组织大纲》第 11 条规定，华北人民政府对外发布文告及有关政策、方针、重要计划等之命令指示，以主席、副主席名义行之。② 1948 年 11 月 18 日施行的《华北人民政府办事通则》对这一条做了更具体的规定。该通则第四条规定，凡属于下列性质之发出文电，均以本府主席副主席名义行之：（1）关于政策方针的通报指示；（2）关于重要计划的决定；（3）关于本府各种政务条例、法令规章的颁布；（4）关于方针政策及重要计划的变更；（5）关于本府职员及地方政府专员级以上之干部任免奖惩；（6）关于对外文告；（7）关于各部门有关的具体执行事项；（8）关于死刑之核准执行；（9）其他代表本府之证明文件。③ 此外，根据《华北人民政府组织大纲》第 13 条的规定，为执行华北人民政府委员会之决议，解决各部门有关问题，华北人民政府设政务会议。政务会议由主席、副主席、各部、院长、各会主任、银行总经理及秘书长组织之，但主席有最后决定权。④

从以上有关的法律、法规的规定可以看出，华北人民政府是一个合议制兼独任制的行政组织。华北大解放区的一切重大行政职权的行使，都须事先经过华北人民政府委员会的议决，然后交由政务会议执行。这种合议制既是我们党领导的人民民主政权的一贯优点，也为即将成立的新中国的中央人民政府的职权行使模式提供了一个很好的先例。但另一方面，华北人民政府还具有独任制的特征，华北人民政府主席可以不经过华北人民政府委员会对一

---

① 中国法学会董必武法学思想研究会编：《华北人民政府法令选编》，内部资料，第 17～18 页。
② 同上书，第 19 页。
③ 同上书，第 46 页。
④ 同上书，第 20 页。

些日常事务和紧急事务做出处理，并对外代表华北人民政府。这种合议制兼独任制的特征是我们党民主集中制政权组织原则在行政职权行使体制中的生动体现。

三、华北人民政府的直属行政组织

除了上述内设机构以外，根据《华北人民政府组织大纲》和《华北人民政府各部门组织规程》的规定，华北人民政府还设有下列各部、会、院、行、厅，在主席领导下分掌各该主管事项，包括民政部、教育部、财政部、工商部、农业部、公营企业部、交通部、卫生部、公安部、司法部、华北财政经济委员会、华北水利委员会、华北人民法院、华北人民监察院、华北银行、秘书厅、劳动局、外事处等。各部设部长一人，财政经济委员会、华北水利委员会各设主任委员一人，华北人民监察院、华北人民法院各设院长一人，华北银行设总经理一人，秘书厅设秘书长一人，劳动局设局长一人，外事处设处长一人，总理各该部、会、院、行、厅、局、处主管之事项。各部、会、院、行、厅、局、处因工作需要增设副职，协助办理各该部、会、院、行、厅、局、处主管之事项。各部、会、院、行、厅、局、处视工作繁简设置处、科、股分工办事。并得视工作需要，经华北人民政府委员会会议或政务会议通过设置各种专门委员会与直属的专管机关，主管一定事项。华北人民政府……属于具体执行事项或技术问题者，得依规程由主管部、院长、主任、总经理签署，单独行文。[①]

可以看出，以上下设机关除了华北人民法院为华北大解放区的司法终审机关，华北人民监察院属于特殊的行政组织外，别的机关都属于华北人民政府直属的具有一定的独立对外行政管理职能的普通行政组织。不仅如此，《华北人民政府各部门组织规程》对这些直属行政组织的权限都进行了详细的厘定，如规定民政部主管全区政权组织建设，户籍地政及其他社会行政事

---

① 中国法学会董必武法学思想研究会编：《华北人民政府法令选编》，内部资料，第18～19页、第34～35页。

宜。具体掌管下列事项：关于户籍人口调查登记事项；关于行政区划事项；关于地方政权组织建设事项；关于市政建设事项；关于选举事项；关于提请任免下级政府专员级以上干部，及登记、考核、奖惩各级行政人员事项；关于土地之清丈、登记，确定产权，调解土地房产纠纷，处理土地产量，租赁关系等事项；关于烈、军、工属，荣退军人之优待抚血及优军事项；关于社会救济事项；关于干部保健及其幼儿保育事项；关于婚姻登记事项；关于礼俗事项；关于宗教信仰事项；关于少数民族事项；关于名胜古迹之保护事项；其他有关民政事项。教育部主管全区人民文化教育事宜。具体掌管下列事项：关于管理各级学校事项；关于管理社会教育事项；关于图书教材之编审事项；关于文化教育及学术团体之指导与奖进事项；关于出版物之审查及登记事项；关于具有重大历史文化价值之古物与纪念陵园、图书馆、博物馆及公共体育场、娱乐场所之筹划及管理事项；其他有关文化教育事项。其他部门的权限也各有规定，这里就不一一列举了。① 这种分专业设置各职能行政组织，明定权限的做法，对于明确各部门的职责，提高行政效率，集中全解放区的人力、物力、财力，推进人民解放战争在全国的迅速胜利具有重大的意义，而且对即将成立的新中国的中央人民政府的直属行政组织的组成具有很大的借鉴意义。

这里还有必要介绍一下华北人民政府直属的特殊行政组织——华北人民监察院。根据《华北人民政府组织大纲》和《华北人民政府各部门组织规程》的规定，华北人民监察院为行政监察机关，是华北人民政府的组成部分，设院长一人，由华北人民政府副主席兼任。在院长领导下，设立人民监察委员会，以院长和华北人民政府委员会任命的人民监察委员5~9人组成。其任务是：检查、检举并拟议处分各级行政人员、司法人员、公营企业人员的违法失职、贪污浪费、违反政策、侵犯群众利益等行为；接受人民和公务人员对各级行政人员、司法人员及公营企业人员的控诉与举发，并拟议处理

---

① 中国法学会董必武法学思想研究会编：《华北人民政府法令选编》，内部资料，第35~41页。

办法；其他有关整饬政风事项。① 华北人民监察院在执行监察职务时，有权向有关机关进行调查，各有关机关必须接受检查，提供必要的材料。但人民监察院作出的处分决议，其本身并不能直接执行。按规定，须交法院审判的，提请法院审理；须交各行政机关执行的，提请华北人民政府主席批交各有关行政机关处理。法院对监察机关提请审理的案件，应予受理，案件审结后，须将结果函告监察院。如果法院对提请审理的案件持有不同意见，监察院应当说明理由，若发生疑难争议，会呈主席解决。可以说，华北人民监察院的建立，揭开了解放区人民监察制度建设的新篇章。从1948年建立至全国解放，在不到两年的时间里，华北人民监察院经过不懈的努力，在检查揭发违法失职行为、整饬政纪等方面做了不少工作，它的创设为新中国成立后人民监察机关的建设提供了若干有益的经验。②

四、结语

1948年3月，主持华北各解放区统一工作的刘少奇屡次在中共中央工委会议上指出：成立华北局不是临时的，而是一直达到全国胜利。中央要吸收这种太平区城管理国家的经验，以便将来管理全国。华北两区合并后的方针是建设，要在组织上、政策上、干部上、机构上、具体办法上来为新中国的建立做准备。要依靠华北探索建政、人民法庭、人民代表大会等一套办法和经验，以便统一、管理全中国。③ 1949年4月，华北人民政府在北平召开临时委员会会议，主要商讨华北人民政府组织机构并入中央人民政府等问题，并决定由薄一波、杨秀峰分别召集有关人员拟出具体方案。其所属各部委也相继开会研究向中央人民政府移交工作问题。7月，董必武指出："华北人民政府积极参加了准备成立新中国中央政府的工作"，"华北人民政府行将合并

---

① 中国法学会董必武法学思想研究会编：《华北人民政府法令选编》，内部资料，第19页、第40页。

② 张希坡、韩延龙主编：《中国革命法制史》，中国社会科学出版社2007年版，第243~244页。

③ 中共中央文献研究室编：《刘少奇年谱》（下卷），中央文献出版社1996年版，第142页。

于联合政府。"① 1949 年 9 月 21～30 日，中国人民政治协商会议在北京胜利开幕，会议一致通过《中华人民共和国中央人民政府组织法》，依法选举了中央人民政府委员会，建立了中央人民政府。随后，根据中央人民政府的命令，华北人民政府停止办公，开始向中央人民政府办理移交手续，中央人民政府即以华北人民政府所属各机构为基础，迅速建立了自己的组织机构。对此，薄一波回忆说：中共中央交给华北人民政府的重要任务是，"摸索、积累政权建设和经济建设的经验，为全国解放后人民共和国的建立做准备。……在中央的直接领导下，华北人民政府为中央人民政府的成立做了组织上的准备。中央人民政府的许多机构，就是在华北人民政府所属有关各机构的基础上建立起来的。"② 可以说，新中国成立之初的中央人民政府与华北人民政府是一脉相承的。今天，我们回顾与思考华北人民政府在行政组织建设方面的实践，有助于我们总结经验，为实现依法治国方略与依法行政的行政法治目标以及我们现在正在进行的行政组织改革提供有益的历史借鉴与理论智力支持。

---

① 《新华日报》太行版，1949 年 7 月 29 日，8 月 11 日。董必武同志所说的"联合政府"指即将成立的中华人民共和国中央人民政府。
② 薄一波：《七十年奋斗与思考》，中共党史出版社 1996 年版，第 478 页。

华北人民政府时期的依法行政思想及借鉴意义

王松锋[*]

依法行政，建设法治政府，是依法治国的重要内容和主要形式，也是我国政治文明的重要内容之一。1948年9月26日产生的华北人民政府在其存在的13个月里，先后制定了100多项法规、法令、办法和细则，涉及经济建设、财政金融、公安司法、教育文化及政权建设等各个领域。其中，在其制定的关于政权建设的法规、法令中实际上已蕴含了当今中国政府依法行政中的行政立法、行政执法、行政监督及正确处理党政关系等思想，对华北人民政府这一时期的这些思想进行考察与分析，对于我们深化有关中国共产党执政的历史的认识及对当今我国政府依法行政建设的深入研究，都具有一定的历史与现实意义。

一、依法行政的内涵及意义

依法行政是依法治国的关键和核心，它是在实施依法治国方略，建设社会主义法治国家过程中对行政机关提出的基本要求。1993年11月，党的十四届三中全会通过的《中共中央关于建立社会主义市场经济体制若干问题的决定》中明确提出"各级政府都要依法行政，依法办事"，这是在党的正式文件中第一次提出"依法行政"。自提出始，我国理论界对依法行政的认识

---

[*] 中国政法大学行政管理专业硕士研究生。

经过了一个长时间的曲折过程，相应地对究竟什么是依法行政也是众说纷纭、莫衷一是。在诸多学者的观点中，笔者比较倾向于这样的观点，依法行政应包括行政立法、执法和监督，它要求在党的领导下把党的方针、政策作为行政执法的指导，把宪法、行政法律、法规和规章作为行政立法、执法的依据，严格按法律规定的内容和程序实施行政管理，要求把法律、法规和规章作为评价行政行为的主要标准，把实现国家政治生活、经济生活和社会生活的规范、有序、健康作为评价行政行为的根本标准。[①] 在此，需要强调的是，笔者认为依法行政所依的法应该是广义上的法，不应该仅仅包括宪法、行政法律和法规，行政规章也应作为政府依法行政的依据。此外，依法行政不仅要求政府依法律规定行政，还应要求政府依法的目的、原则和精神行政。

依法行政是现代法治国家政府行使行政权力时所必须遵循的基本准则，是现代行政的核心。依法行政，是行政法治的一项基本内容，也是现代法治国家开展行政活动所必须遵循的一项基本原则。它贯穿于行政管理的全过程，是行政管理科学化、民主化、法制化的途径和保障。

二、华北人民政府时期的依法行政思想

（一）华北人民政府发展简述

华北人民政府的成立有其特定的历史需要和现实的可能性。在筹建华北人民政府之时，就全国而言，解放战争的形势已经发生了根本的变化。人民革命力量已经由弱变强，从防御转为进攻，夺取全国胜利的曙光已显现，如何为新中国的政权建设做好准备便成为中国共产党此刻面临的一个紧要课题。从华北地区来说，1948年初，华北腹地敌人基本肃清，并与山东、晋绥解放区完全衔接，使纵横千里的华北平原连成一片，并处于一个战事较少的准和平环境中，这就为中国共产党进行行政权建设提供了可能的实践基地。顺应这

[①] 李乾贵、高新华文："依法行政理论与实践的有益探索——'依法行政'研讨会有关讨论观点综述"，载《行政与法治》1999年第2期。

一历史转折的需要,伟大的华北人民政府便于1948年9月26日在石家庄应运而生了。华北人民政府的成立过程分为三个阶段:第一阶段,自1948年5月20日至6月26日,为晋冀鲁豫边区政府、晋察冀边区行政委员会合署办公阶段;第二阶段,自1948年6月26日至8月7日,为筹备华北临时人民代表大会阶段;第三阶段,自1948年8月7日至9月26日,为华北临时人民代表大会召开和华北人民政府正式成立阶段。[1]

诞生于特定历史时期的华北人民政府在中国民主革命尤其是中国共产党政权建设的历史上具有划时代的历史地位。华北人民政府是在中国新民主主义革命即将取得全面胜利的特定历史时期建立起来的新型人民政府,是中国共产党由局部执政走向全国执政的一次成功预演。对华北人民政府进行考察与分析,对于我们深化有关中国共产党执政的历史的认识及对我国政府依法行政建设的深入研究,都具有一定的历史与现实意义。

(二) 华北人民政府时期有关依法行政思想的论述

1. 行政立法

有法可依,是依法行政的基础。严格行政立法有其必要性,华北人民政府自成立始,就比较注重政府的立法工作。在华北人民政府存在的13个月里,华北人民政府及其相关部门,先后制定了100多项法规、法令、办法和细则,涉及经济建设、财政金融、公安司法、教育文化等各个领域。1948年9月26日,董必武在当选华北人民政府委员会主席后发表的施政讲话中,明确提出了政府工作讲求正规化、讲究"形式"和手续的施政要求,"现在政府各部门都成立起来了,这个政府是由游击式过渡到正规式的政府。正规的政府,首先要建立一套正规的制度和办法,过去好多事情不讲手续,正规化起来,手续很要紧"。[2] 同年10月,在华北人民政府召开的人民政权研究会上,董必武就曾经指出:"建立新的政权,自然要创建新的法律、法令、规章、

---

[1] 阎书钦:"论华北人民政府的成立、特点及其对新中国政权体制的探索",载《当代中国史研究》1999年第5~6期。

[2] 中国法学会董必武法学思想研究会编:《华北人民政府法令汇编》,2007年8月。

制度。我们把旧的打碎了，一定要建立新的。否则就是无政府主义。如果没有法律、法令、规章、制度，那新的秩序怎样维持呢?"① 此外，在行政立法中，华北人民政府还特别注重根据新的实践和人民的意愿来废除旧的法律、制度，及时制定新的法令、规章。"建立新的政权，自然要创建法律、法令、规章、制度""一定要建立新的。否则，就是无政府主义。如果没有法律、法令、规章、制度，那新的秩序怎样维持呢? 因此新的建立后，就要求按照新的法律规章制度办事。这样新的法令、规章、制度，就要大家根据无产阶级和广大劳动人民的意志和利益拟定"。②

2. 行政执法

有法必依，违法必究，是依法办事，依法行政的根本意义所在。1948年，在华北政府成立的讲话中，董必武同志指出："凡属已有明文规定的，必须确切地执行，按照规定办事，尤其一切司法机关，更应该严格地遵守，不许有任何违反。"③ 他特别指出少数党员和国家工作人员，有法不依的现象和危害，强调："我们反对一切随便不按规定办事的违法行为，今后对于那些违反法律的人，不管他现在地位多高，过去功劳多大，必须一律追究法律责任。依法办事，就是清除不重视和不遵守国家法律现象的主要方法之一。"此外，在《华北解放区施政方针》中就指出了："在民主基础上所建立的华北人民政府，是华北解放区行政上的统一领导机构，应提高行政效率，加强行政能力，严格执行行政纪律，肃清某些机构中所存在的若干无纪律、无政府的状态；反对地方主义和山头主义。"④ 在贯彻这些主张时，华北人民政府实际上蕴含了这样的思想：首先，国家机关工作人员要守法，特别是领导者要以身作则。"国家机关工作人员，必须对法律、法令有充分的理解，才能正确地执行和模范地遵守法律"。⑤ 其次，培养人民群众的守法思想。"我们

---

① 中国法学会董必武法学思想研究会编：《华北人民政府法令汇编》，2007年8月。
② 同上。
③ 《董必武法学文集》，法律出版社2001年版。
④ 中国法学会董必武法学思想研究会编：《华北人民政府法令汇编》，2007年8月。
⑤ 《董必武政治法律文集》，法律出版社1986年版。

的人民民主专政的政权要想办法使人民从不信法、不守法变为信法、守法，这虽然是比较困难的任务，但是我们必须要完成这个任务。"① 最后，注重司法程序。董必武同志强调："按照程序办事，可以使工作进行得更好、更合理、更科学，保证案件办得正确、合法、及时，否则就费事，甚至出差错"。②

3. 行政监督

在华北人民政府内，设立了人民监察机关，以监督、检查、检举并处分政府机关和公务人员的贪污腐化、违法失职，经常防止和反对脱离群众的官僚主义作风，严格进行了以反对贪污腐化、官僚主义和形式主义为中心的政府工作作风建设。1948年9月26日，董必武在华北人民政府成立就职大会上就强调："我们是人民选出来的，我们要向人民负责，人民要求我们办事要有制度、有纪律，无纪律无制度一定办不好事情。政府规定的制度一定要遵守，不遵守就是违反纪律。"③ 薄一波在华北临时人民代表大会上也提出：在政府内部"设立人民监察机关，以监督、检查、检举并处分政府机关和公务人员的贪污腐化、违法失职，并经常防止和反对脱离群众的官僚主义作风。"《华北人民政府组织大纲》规定，设立华北人民监察院为行政监察机关，其任务为检查、检举并决议处分各级行政人员、司法人员、公营企业人员之违法失职、贪污浪费及其他违反政策、损害人民利益之行为，并接受人民对上述人员之控诉。1949年1月29日，华北人民政府又以监总字第一号发出《为令各级行政、司法机关、各公营企业、财经、交通等部门对人民监察院之检察应妥为帮助，不得拒绝由》，规定"如遇有人民监察院人员持有加盖监察院印信证件到任何机关、部门检查工作时，该机关人员应妥为帮助检查，并须提供相当材料，不得藉词拒绝"。④

---

① 《董必武法学文集》，法律出版社2001年版。
② 中国法学会董必武法学思想研究会编：《华北人民政府法令汇编》，2007年8月。
③ 同上。
④ 同上。

4. 党政关系

此外，华北人民政府在正确处理党政关系上也有许多成功之处。华北人民政府成立后，华北局健全了各级党委制，确立了各级党委与政府的正确关系。其党政关系的基本内涵就是，使党的领导深入体现在政府的各项工作中，既保证党对重大问题的绝对领导，又保持政府工作的自主性。一方面，华北人民政府的各项重要决定都须经华北局审查批准；另一方面，华北局非常重视保持政府工作的自主性。1948年10月，华北局指出："应归政府处理者，不要一律拿到党委来，建立政府工作与党委工作明确分开而又联系的制度（重大政策性问题，必须经由党组请示中央局；日常工作，已经解决了的问题，应由政府自己负责处理）。肃清党政不分，党委包办代替政府工作的错误。要求有一个党委的正确领导，并要求有一个强有力的华北人民政府。"①研究华北人民政府的运行，可以发现，中共中央华北局通过的主要是关于政策、纲领等大政方针方面的决定，涉及政府方面的条例、法令等都是以"华北人民政府"的名义颁布实施的。

此外，在政权建设方面，华北人民政府也有许多值得我们借鉴之处。如随着为新中国建立而开展的各项准备工作的日趋完成，华北人民政府逐步撤销了一些已经完成任务的机关；合并了一些工作性质及任务相同的部门。这些都为即将成立的中央人民政府科学、高效地开展各项工作作出了有益的探索。

三、当代政府依法行政的新发展及其现存问题

江泽民同志在党的十五大报告中，把"依法治国"作为"党领导人民治理国家的基本方略"郑重地提了出来，这是我们党更加成熟的重要标志。依法行政是依法治国原则在行政领域中的具体应用。依法治国能否取得成效，关键在于能否坚持依法行政。近年来，我国在推进依法行政的具体实践中确实取得了很大的成效，但也依然存在着许多问题。

---

① 《共和国雏形——华北人民政府》，西苑出版社2000年版。

（一）依法行政在当代中国社会建设中的发展及成效

1. 依法行政在我国的发展

依法行政是随着资产阶级革命成功而逐步发展起来的，其理论基础是早期资产阶级思想家提出的分权论和天赋人权、主权在民的理论学说。在我国，依法行政也是历史发展到一定阶段的产物，它是随着我国民主与法制建设的发展逐步提出的，并随着依法治国，建设社会主义法治国家治国方略的正式确立，它才越来越被深入认识和重视的，并被视为依法治国的重点和核心。概括我国过去20多年的依法行政实践，其发展大致可以分为三个阶段：一是以依法"治事"为中心的起步阶段；二是以事后的行政权力监督与公民权利救济为重心的发展阶段；三是强调全方位规范、制约行政权运行过程的全面推进阶段。[①]

近十多年来，依法行政在我国取得了新的重大发展，自20世纪90年代中后期以来，依法行政开始频繁进入政府工作报告，成为各级政府施政的基本准则。1999年11月8日，国务院发布《关于全面推进依法行政的决定》，就依法行政的重要性、紧迫性、长期性、指导思想、基本原则、具体要求、组织章程等作了明确要求和部署。2003年召开的中共十六大明确提出：要"加强对执法活动的监督，推进依法行政"。为贯彻落实依法治国方略和党的十六大、十六届三中全会精神，坚持执政为民，全面推进依法行政，国务院又于2004年制定了《全面推进依法行政实施纲要》，提出了要经过十年左右坚持不懈的努力，基本实现建设法治政府的目标。2007年召开的中国十七大也重点提出要"全面落实依法治国基本方略，加快建设社会主义法治国家，推进依法行政"。政府依法办事、依法行政成为社会主义政治文明建设的重要内容，成为各级政府工作的基本准则和要求。

2. 依法行政的成效

20世纪80年代以来，我国依法行政从总体上来看取得了巨大的成绩和

[①] 应松年主编：《依法行政教程》，国家行政学院出版社2004年版。

进步，概括而言，我国的依法行政已经实现了以下六大转变：政府从主要依政策行政转到依法行政；政府与公民的关系从简单的管理与被管理关系到亦可"民告官"；行政侵权责任从"落实政策"到可以要求国家赔偿；人事行政制度从实行传统的干部管理到实行公务员制度；政府及其公务员从只是"监督者"到亦是"被监督者"；对行政权的控制从只注重实体制约到同时注重程序制约。①

（二）当前政府依法行政的现存问题

与完善社会主义市场经济体制、建设社会主义政治文明以及依法治国的客观要求相比，依法行政还存在不少差距，概括而言，主要是：行政立法缓慢、滞后、无序，不能适应行政管理的需要；行政管理体制与发展社会主义市场经济的要求还不适应，依法行政面临诸多体制性障碍；制度建设反映客观规律不够，难以全面、有效解决实际问题；行政决策程序和机制不够完善；有法不依、执法不严、违法不究现象时有发生，人民群众反映比较强烈；对行政行为的监督制约机制不够健全，一些违法或者不当的行政行为得不到及时、有效的制止或者纠正，行政管理相对人的合法权益受到损害得不到及时救济；一些行政机关工作人员依法行政的观念还比较淡薄，依法行政的能力水平有待进一步提高。②

就具体而言，单列行政立法工作来讲，我国目前尚有许多的行政立法须进一步健全和完善，比如我国现在比较完善的行政程序法只有两部，一是行政处罚法，一是行政许可法，还有大量的行政行为没有行政程序法。目前，行政强制法正在制定过程中，行政收费、行政裁决、行政征收、征用以及行政给付（如抚恤、救济、低保等）均需制定相应的程序法。而且，更重要的是，我国还缺少一个统一的行政程序法典。统一的行政程序法典应该是依法行政最主要的依据。没有统一的行政程序法典，依法行政

---

① 姜明安主编：《中国行政法治发展进程报告》，法律出版社1998年版。
② 中华人民共和国国务院：《全面推进依法行政实施纲要》，2004年3月。

的目标很难实现。

四、华北人民政府时期依法行政思想对当今中国政府依法行政的借鉴意义

分析和研究华北人民政府时期的有关依法行政思想对于当今我国正确实施依法治国方略，全面推进依法行政的借鉴意义可谓体现在各个方面，取其要者，笔者认为主要有以下几个方面。

（一）健全行政立法，是依法行政的前提

1989年4月4日，第七届全国人大二次会议通过自1990年10月1日起施行的《行政诉讼法》是第一部要求政府依法行政的法律。而从目前行政立法的现状来说，行政立法缓慢、滞后、无序，不能适应行政管理的需要是当前实行依法行政过程中的一个突出问题。而在行政立法中当前最重要和迫切的是完善相应的组织法和程序法规则。

1. 加强行政立法，尤其是行政程序法的创制

行政程序法规定政府行为的方式、过程、步骤，政府违反行政程序法的规定就会导致专断和滥用权力。可以说，行政程序法是行政实体法得以实施的保障，也是行政机关依法行政的保障。在行政立法中，应特别强调对行政程序的立法，尽快使行政程序法典化。我国今后应就行政立法、行政征收、行政决定、行政决策、行政强制执行等方面完善行政程序立法，从而使行政立法更积极地监督行政，从事前、事中各阶段预防和控制行政违法。此外，应确立行政程序法律制度。行政程序法律制度是行政程序法律规范制定与实施的制度保证，因而必须尽快确立与完善。主要包括：咨询公开制度、调查制度、听取陈述和申辩制度、听证制度、告知制度、不单方接触制度、回避制度、职能分离制度、合议制度、时效制度、说明理由制度、记录和决定制度、救济制度等等。

2. 建立健全行政组织法体系

行政组织法规定政府的职责、职权，政府如果违反行政组织法的规定

就会越位、错位和缺位。行政组织法的完善是一项十分艰巨的工程，也是行政法治中最难迈出的一步。首先，应更新观念，加强对行政组织法的研究。行政组织法是规范和控制行政权、保障公民权益的法，是行政法的重要组成部分。其次，确定行政组织法定原则。行政组织法定原则是指行政组织的权限、中央和地方权力的划分，行政机构的设置以及行政编制等都要依法设定，其他任何机关或个人都无权规定。最后，建立健全行政组织法体系。行政组织立法应包括这样几个层次：第一，第一级立法，制定《行政组织基本法》，确定行政组织法定原则，中央和地方权力法定原则，对行政组织、行政机关等术语进行统一界定，并规定违反行政组织法的法律责任。第二，第二级立法，制定《中央与地方关系法》《国务院组织法》以及《地方各级人民政府组织法》。第三，第三级立法，主要制定中央各行政机构设置法，制定《行政机构编制法》的配套法规，以及《公务员法》的配套法规。[①]

（二）严格高效的执法是依法行政的关键

"法令行则国兴、法令弛则国乱"。国家各级行政机关执法严格、公正、高效和廉洁是依法行政的关键。随着"有法可依"问题的逐步解决，"有法不依"和执法不力的问题开始显得突出。就目前的执法现状而言，我们应着重从下述几个方面完善。

1. 提高行政执法的素质，确保法律的正确实施

目前，我国行政人员分布不平衡，素质参差不齐，特别是基层行政执法人员文化素质和法律素质都相对较低。全面提高行政执法队伍的素质是加强依法行政的迫切需要。一要提高行政执法人员的政治素质和政治觉悟。二要制定科学的制度，选拔行政执法人员。三要提高行政执法人员依法行政的能力和水平，确保法律的正确实施。

---

① 应松年："行政组织法与依法行政"，见《应松年文集》（上卷），中国法制出版社 2006 年版。

2. 改革现行的执法体系

各级行政执法的主管部门应综合考虑本地区本部门的实际，结合执法体系的现状，切实理顺各执法部门的职能，以避免权限不清、职能交叉现象；应根据执法内容，尽可能减少执法部门的设置。

（三）有效监督是依法行政的保障

权力失去监督，必然导致腐败。一个健全的行政监督体系应由强制性监督和非强制性监督两大部分构成，其中，强制监督包括政治监督和法律监督，非强制性监督则应含有社会民主监督和道德谴责之义。此外，与行政监督体系相对应的还应建立一套完善的责任体系，构成责任体系的责任形式应主要包括政治责任、行政责任、刑事责任、赔偿责任和道义责任。我国目前的行政监督主要包括党的监督、人大的监督、司法机关的监督、行政机关内部的监督、舆论监督以及群众监督等，可谓已经形成了一个主体多元、内容广泛、多层次、宽领域的系统。外部监督中，权力机关的监督居于最主要的地位，内部监督中，行政监察和审计监督最为直接有力。但由于体系构建、制度设计以及具体实施过程中的各种客观和人为因素的影响，目前对政府的监督只能发挥有限的作用，并不能真正促使行政主体依法行政，从总体上表现出监督不力的状况。

针对目前监督体制现存的问题，完善我国的行政监督体制，主要应包括以下几个方面：一是要完善行政监督机构的设置，尤其是强化人大的监督和完善司法机关对政府的监督。二是要加强行政监督的法制化、制度化建设。一方面是要加强有关监督的立法工作；另一方面是要注意各种监督制度之间的有效衔接，使监督过程成为首尾相接的有机体系。三是要转变政府职能，积极发展市场，充分发挥市场在资源配置中的基础性作用，减少行政干预。四是要加强公民监督和舆论监督的作用，政府要向社会放权，推行政务公开，实现公民和社会的"知情权"。五是要提高监督机关工作人员的素质，吸收高素质人才到监督队伍中来，并举行经常性的培训和加强监督人员的自我修养。六是要加强廉政文化建设，推进行政伦理创新，提高行政人员的自律能力。七要加强行政监督信息网络系统的建设。最后，建立一套与监督相关完善的责任体系。

（四）强化依法行政的思想观念，为依法行政提供必要的思想保证

如果说有法可依和有法必依是对依法行政的外在要求，科学理性的行政管理理念的建立则是依法行政的内在要求。一方面，就行政主体而言，首先，各级政府及公务人员必须树立法治理念和法律优先的观念。即明确认识到行政职权来源于法律的明确授权，各级政府和公务人员只能按照法律的规定来履行自己的职权，除此之外，概无其他的特权。同时，行政执法者还必须认识到：其职权与职责是统一的，行政管理行为对其而言既是职权又是职责，当其违法行使权力或违背法定职责时，要承担由此产生的法律责任。其次，各级政府和公务员要树立服务的意识，即要求其摒弃以往的"官本位"思想，真正地认识到其权力来源于人民。要树立全心全意为人民服务的"公仆"观念，"人本"理念，为人民提供周到细致的服务，以维护人民的根本利益。另一方面，就行政相对方来说，应积极提高民众的维权意识，由于我国"官本位"的思想根深蒂固，我国民众的法治思想较淡薄，自我的维权意识不强，这成为我国的行政法治建设的巨大障碍，从某种意义上说，只有民众的民主和维权意识真正地提高了，依法行政的目标才能够真正的实现。

（五）进一步健全行政管理体制，为依法行政提供一个良好的运行机制和运作体系保证

1. 继续推进党政分开，理顺党政关系

首先，要继续解放思想，彻底解决党政不分的问题。党对政府的领导是政治上的领导，党不直接指挥政府，干涉政府的具体工作，指令政府该干什么不该干什么。党通过人大组织了政府，并且通过人大把自己的主张上升为国家的意志，政府执行法律就是执行党的主张，接受党的领导。其次，政府与党委成员应避免互相兼职过多，这样易给党政分开带来不良影响。最后，要从制度上确保党政分开有章可循，落到实处，要在制度上明确规定党与政府各自的权力行使范围和责任范围，确保政府权力的独立行使。只有制度明

确,党政关系才可能理顺并协调,确保两者关系的良好运行。

2. 健全和规范依法行政的运行机制与运作体系

行政管理体制不健全,部门职能交叉,利害冲突比较明显,难以发挥依法行政的作用与效力,这是我国当前推进依法行政的一大难题。当前要围绕社会主义市场经济体制的建立,进一步健全和规范依法行政的运行机制与运作体系,克服各自为政、政出多门的做法,彻底改变部门之间扯皮推诿、争权夺利的局面;切实做到各职能部门各负其责、各司其职,真正体现社会主义法制的公平、公正原则,避免行政执法上的不公和违法行政行为,以提高依法行政的效率,确保依法行政体制的良好、有序运行。2008年3月,两会期间推出的大部制改革方案就是要最大限度地避免政府职能交叉、政出多门、多头管理,从而提高行政效率,降低行政成本,这是我国行政体制改革上的一次有益的尝试。

参考文献

[1] 中国法学会董必武法学思想研究会编:《华北人民政府法令汇编》,2007年8月。

[2] 孙琬钟、吴家友、杨瑞广主编:《董必武法学思想研究文集》(第二辑),人民法院出版社2002年版。

[3] 孙琬钟、刘瑞川主编:《董必武法学思想研究文集》(第三辑),人民法院出版社2004年版。

[4] 应松年主编:《依法行政教程》,国家行政学院出版社2004年版。

[5] 江必新主编:《法治政府的建构〈全面推进依法行政实施纲要〉解读》,中国青年出版社2004年版。

[6] 韩健、王俊良主编:《我国依法行政的基本理论与实施》,西南交通大学出版社2006年版。

[7] 张正德、况由志主编:《依法行政的理念与实践冲突研究》,重庆出版社2004年版。

[8] 张海真:《我国依法行政面临的现实问题及对策研究》,2004年。

[9]《全面推进依法行政实施纲要》,新华社北京2004年4月20日电。

[10] 温家宝:《全面推进依法行政,努力建设法治政府——在全国依法行政工作电视电话会议上的讲话》,2004年6月28日。

[11] 湛中乐、傅思明主编:《依法行政培训教程》,中共中央党校出版社2004年版。

[12] 应松年:《应松年文集》(上卷),中国法制出版社2006年版。

[13] 傅思明:《中国依法行政的理论与实践》,中国检察出版社2002年版。

[14] 姜明安主编:《中国行政法治发展进程报告》,法律出版社1998年版。

[15]《董必武法学文集》,法律出版社2001年版。

[16]《董必武政治法律文集》,法律出版社1986年版

[17]《共和国雏形——华北人民政府》,西苑出版社2000年版。

[18] 中华人民共和国国务院:《全面推进依法行政实施纲要》,2004年3月。

[19] 应松年:"行政组织法与依法行政"见《应松年文集》(上卷),中国法制出版社2006年版。

[20] 李乾贵、高新华文:"依法行政理论与实践的有益探索——'依法行政'研讨会有关讨论观点综述",载《行政与法治》1999年第2期。

[21] 阎书钦:"论华北人民政府的成立、特点及其对新中国政权体制的探索",载《当代中国史研究》1999年第5~6期。

[22] 刘建民:《华北人民政府研究》,首都师范大学2007年博士学位论文。

[23] 郭洪波:"关于加强依法行政的思考",载《当代法学》2003年第2期。

[24] 牛玉萍:"浅谈我国加强依法行政的几个问题",载《沈阳农业大学学报》(社会科学版)2002年12期。

[25] 张海真:《我国依法行政面临的现实问题及对策研究》,华中师范大学2004年硕士学位论文。

论董必武的社会主义民主思想

陈 鲲[*]

作为人类文明的重要成果，古今中外的民主有着普遍的价值，如果失去普遍性，民主就无从谈起。然而，不同的社会历史条件、社会组织结构和社会生活方式导致了民主在不同的时代、不同的国家又具备其不同的个性与特殊性。可以说，现实中存在的民主更多的就是这种个性和特殊性的反映。民主的共性与个性、普遍性与特殊性是紧密联系、不可分割的。民主的共性和普遍性是指民主的本质内涵、民主的基本原则和基本制度规范、程序，它回答什么是民主，并判定一种制度是不是民主制度；民主的个性和特殊性则反映现实中民主制度的不同特点，回答一定社会历史条件下的民主是什么样的民主以及民主制度怎样有效运作。研究社会主义民主要把民主的共性与个性、普遍性与特殊性结合起来，这样才有可能深入理解和掌握社会主义民主。

一、民主的本质内涵

什么是民主？民主的本质内涵是什么？这是研究民主问题首先需要解答的问题。然而，关于民主概念的具体表述千差万别，争议甚多，大致上可以找出以下一些共识。

（一）民主的基本含义

民主这个词是由希腊语 demos（人民）和 kraits（统治或权威）派生出来

---

[*] 中国政法大学政治与公共管理学院政治学理论专业博士研究生。

的，意思是"由人民进行统治"。公元前15世纪中叶，希腊人首次使用民主（democratic）这个词来表述一种新的政治生活概念，以及这种概念在很多希腊城邦中的实践。① 希罗多德在对古希腊的各种政治制度进行比较时指出，民主政治的特点在于，公民"在法律面前人人平等"，直接参与政权，政事"取决于民众"。② 雅典民主派著名领袖伯里克利在一次演说中则说道，"我们的制度之所以被称为民主政治，因为政权在全体公民手中，而不是在少数人手中。"③ 由此可见，雅典人民对民主的认识基于平等之上——所有公民都享有在管理会议上讲话的平等和在法律面前人人平等。④

在近现代历史上，西方许多思想家、政治家，也都从政治制度的角度论述到民主的本质内涵。基恩·格雷厄姆认为，"民主的特点仅仅在于政府是由人民统治的，民主的首要含义是指人民、全体人民当家作主行使统治权"，"人民统治是民主的本质要求"，更确切地说，民主是"多数人统治"的制度。⑤ 林肯的"民有、民治、民享的政府"则表明，"民主是指政府是人民的，由人民统治，为人民服务的。"⑥《简明不列颠百科全书》对民主的解释是，"民主，字面上的意思是人民当家作主，但现代使用这个词时有以下几种含义：由全体公民按多数裁决程序直接行使政治决定权的政府形式；……在以保证全体公民享有某些个人或集体权利（如言论自由、信仰自由）为目的的宪法约束范围内，行使多数人权力的政府形式。"⑦ 由此不难看出，在近代西方，民主的首要含义也是指主权在民，保障公民自由、平等，实行多数人统治的政府形式和国家制度。

---

① 戴维·米勒、韦农·波格丹诺主编：《布莱克维尔政治学百科全书》，邓正来等译，中国政法大学出版社2002年版，第200页。
② 希罗多德：《历史》，王以铸译，商务印书馆1959年版，第398页。
③ 修昔底德：《伯罗奔尼撒战争史》，谢德风译，商务印书馆1960年版，第371页。
④ 当然，雅典的公民并不是包括城邦中的每一个人，公民是一个具有特殊身份意义的词汇，仅指本邦中的成年男子。关于人民的范围也是人们对民主进行争论的焦点之一。
⑤ 黄义扬主编：《国内外民主理论要览》，中国人民大学出版社1990年版，第378~380页。
⑥ 同上。
⑦《简明不列颠百科全书》（第6卷），中国大百科全书出版社1991年版，第5页。

马克思主义认为，民主既是一种国家形式，也是一种政治统治方式，是少数服从多数的政治决策原则，其实质就是"人民当家作主"。马克思在总结巴黎公社经验时肯定了巴黎公社是属于人民、由人民掌权的政府，他指出，巴黎公社是"新的真正民主的国家政权"。① 在《哥达纲领批判》中马克思指出："民主的"这个词在德文里意思是"人民当权的"。②

列宁在谈到民主时指出："民主是一种国家形式，一种国家形态。因此，它同任何国家一样，也是有组织有系统地对人们使用暴力，这是一方面，但另一方面，民主意味着在形式上承认公民一律平等，承认大家都有决定国家制度和管理国家的平等权利"。③ "民主就是承认少数服从多数的国家"。④

上述分析表明，关于民主的本质内涵，国内学者和社会各界有一个大致相同的认识，民主实质上是一种国家政治制度，是一种国家政体形式，即承认人民拥有主权、自由和平等的基础上，在保护少数人的前提下，按多数决定程序行使政治权力的统治形式和政权组织形式。

（二）民主的一般原则

民主的基本原则是民主本质内涵在实践中的具体表现，是民主制度规范和民主实践活动的思想原则和行为方向。

从上述民主本质内涵的分析和世界各国民主制度、民主活动的实践来看，民主的基本原则主要有以下几个方面。

1. 主权在民原则

这是民主本质的直接体现和根本要求，也是民主制与君主专制的首要区别。在君主专制下，国家的最高权力属于君主一人，而民主制下，国家的一切权力在形式上归全体公民所有。只有人民拥有主权，才能谈得上当家作主，否则，民主将无从谈起。正因如此，无论是古代民主的创始人还是近代的启

---

① 《马克思恩格斯选集》（第3卷），人民出版社1995年版，第64页。
② 同上书，第312页。
③ 《列宁选集》（第3卷），人民出版社1972年版，第257页。
④ 同上书，第241页。

蒙思想家，无论是古希腊民主活动的政治领袖还是现代民主制度的缔造者，都普遍承认主权在民或人民拥有主权，是民主制度的首要条件和根本要求。

2. 公民权利原则

所谓公民权利原则，是指每个公民有权自由地支配自己的身体和精神，自主地决定自身事务。现代社会中，公民的基本权利包括政治权利、经济权利、社会权利和思想文化权利等。权利是公民在现代国家中的基本保障，也是民主政治需要维护的根本。民主政治就社会而言是公民共同管理国家和社会事务的行为，就公民个人而言，实际是一种自主、自决行为。公民没有权利就无法做到自主、独立，更谈不上当家作主了。

3. 公民平等原则

这里的平等主要是指公民在权利方面的平等，公民权利平等主要是指公民在政治、经济和社会权利方面一律平等，在法律面前一律平等。这就要求公民不仅要拥有权利，其所拥有的权利还必须是平等的。从权利的内容来看，权利平等主要包括以下四个方面的内容：政治平等、经济平等、社会平等、宗教信仰平等。

政治平等主要是指把选举权扩大到每一个人，这意味着政治权力在归属上的差别不再成为差别，也意味着公民有权抗拒不公正的、没有合法性的政治权力。经济平等主要是指保障每个人享有同等的财产权和经济自由，但并不保障每个人占有同等的财富。社会平等主要是指身份与尊严的平等，表现为法律面前或法律地位上的人人平等，即财产和出身等方面的差别不应带来享受权利和自由上的差别，所以公民有反抗社会歧视的权利。宗教信仰平等主要是指个人有信仰宗教的权利也有不信仰宗教的权利，有信仰这种宗教的权利也有信仰那种宗教的权利。

法律面前人人平等则是指法律确认和保护公民在享有权利和承担义务上处于平等地位，不允许任何人有超越于法律之上的特权。

4. 服从多数并保护少数的原则

服从多数也叫多数决定原则、少数服从多数原则，即按多数人的意志作出决定的原则。保护少数原则是指在按少数服从多数原则作出决定后，必须允许少数人保留自己的意见，并保护其正当权利，以防止多数的暴政。多数决定原则实际上是与现实相妥协的一种程序设计。因为在实际生活中不可能存在"全体一致"的情况，当全体人民意见出现分歧时，最能为人民所接受的方法就是一人一票行使表决权，最后按照多数人的意志作出决定。因此，所谓全体人民的统治在事实上变成了人民中的多数人统治。在这个意义上，有人把多数原则视为民主制度的灵魂，也可以说它是民主的最直接、最显明的标志。然而，服从多数的规则并不意味着少数人失去了平等和自由，对少数人的意见必须予以保留，对他们的权益也应充分保障，这也是公民权利原则与权利平等原则的要求。如果说没有多数原则就没有起码的民主的话，那么，没有保护少数的原则，就不是完全的民主。

5. 公开监督原则

随着经济的发展与时代的变迁，现代民主制主要采取代议制的方式具体实施，即全体人民并不直接管理国家，而是通过选举自己的代表，由代表行使政治决策权和管理权。然而，"绝对的权力导致绝对的腐败"，为了防止代表们谋取私利，保证代表们始终按人民的意愿办事，人民必须对代表的行为进行监督。可以说，监督是现代民主政治的必然要求和重要原则。要实行有效的监督，必须实行公开原则。公开监督一方面可以保证公民的知情权，让其更为准确地了解事情的真相；另一方面便于其更好地作出判断。

6. 遵循程序原则

所谓遵循程序原则，是指无论是公民参与政治决策还是选举公职人员，都必须遵循法定的、制度化的程序。具体说来，一方面要有合理的程序安排；另一方面，这些程序必须以法律的形式确定下来，形成规范、稳定的制度。程序原则是由民主的本质及权力的性质决定的。权力具有独断性与无限扩张性，民主制则提供了一种对权力的约束机制。这种约束能为人们的行为提供一种指引，并能使每个公民在行使权力和实现权利的同时，不妨碍他人行使权力和实现权利。否则，如果没有任何程序规则，公民任意妄为，只能导致彻底的混乱，最终每个公民都无法实现自己的意志和利益，整个社会也无法建立秩序，民主也就无从谈起。

二、董必武的社会主义民主思想

在对民主的普遍性进行论述之后，让我们转入对民主的特殊性讨论，通过董必武的经历、言论与行为揭示出他对于社会主义民主的理解与概括。

（一）董必武社会主义民主思想的发展阶段

董必武社会主义民主思想的形成大致可分为三个阶段：

第一阶段，倾向于君主立宪改良主义思想。董必武少年时阅读了康有为提倡维新运动的书籍和梁启超主办的《新民丛报》等进步刊物后，认为"梁启超笔下常有感情，煽动性大"，[1] 并对他们宣扬的改革朝政，变法图强的主张感到十分新鲜，认为这对自己起了一定的"启蒙作用"。

第二阶段，追随孙中山的民主主义思想。1905年，董必武在武昌等待入学期间，经常到日知会阅读书报，并结识了刘静庵。刘静庵对董必武的影响很大，董必武把其看作自己革命民主主义思想的"启蒙师"。中国同盟会成立后，董必武悉心钻研《民报》和章太炎的《驳康有为论革命书》等报刊和书籍，以严肃的态度，认真研究和比较了康、梁和孙中山两派的纲领和主张，经过反复思考和鉴别，他认识到康、梁的主张虽有进步的地方，但终究冲不出清朝帝制统治的范围；而孙中山则提出采取革命手段推翻清朝统治，建立民主共和国的纲领，是适应世界潮流和中国国情的先进纲领。董必武后来回忆说："康、梁的主张，虽有其进步之处，而孙中山主张采取革命的手段，不但要推翻清朝统治，而且要还政于民，建立民主共和国，这当然是合乎民意、符合世界潮流的先进纲领。"[2] 他毅然抛弃了康、梁的君主立宪改良主义思想，转而接受革命的民主主义思想。

---

[1] 李东朗、雷国珍：《董必武》，河北人民出版社1997年版，第15页。
[2] 同上书，第16页。

第三阶段,信仰马克思主义的民主观。董必武在日本留学期间开始接触一些介绍马克思主义和无政府主义的书籍,但没有认真研究。回国后,董必武结识了中国早期马克思主义者之一——李汉俊。李汉俊在国内积极宣传马克思主义,董必武在听了他的讲解和认真阅读了马克思主义的书籍后,对马克思主义产生了浓厚的兴趣。回顾自己过去走过的坎坷道路,总结革命的经验教训,并结合自身的读书体会,董必武的思想发生了根本性的变化。

他从俄中两国革命成败的鲜明对比以及从"五四"到"六三"爱国运动的发展过程中,深刻地认识到:俄国革命中"列宁党的宗旨和工作方法与孙中山先生革命的宗旨和方法迥然不同",孙中山总是依靠军阀的"路子不对头",讳言革命"代表社会上哪一阶级的利益",因而"缺乏广大群众的基础","国民党一套旧的搞军事政变的革命方法,行不通了"。他得出一个明晰而郑重的结论:中国革命"要搞俄国的马克思主义",必须像俄国那样实行"阶级革命",必须"走十月革命的道路"。[①] 1926年11月,为纪念十月革命胜利9周年,董必武发表《十月革命与中国革命》一文,充分认识到人民的力量及人民民主的重要性。至此,他从一名激进的民主主义者转变为中国第一批共产主义者。在随后的人生道路中,董必武不断践行并完善着自身的社会主义民主观。

(二) 董必武社会主义民主思想的内容

董必武认为真正的民主是人民当家作主,人民行使国家权力的机关是各级人民代表会议及其所选出的各级人民政府,政府的权力源于群众,建设政权要靠法律,党组织与各国家机关的权力界限应严格划分清楚。

1. 人民当家作主是社会主义民主的本质

如前文所述,主权在民原则是民主本质的直接体现和根本要求,那么社会主义民主的本质是什么呢?在探寻本质之前,我们有必要先搞清楚社会主义民主的主体。对此,董必武有着独特的见解,他认为,社会主义民主的主

[①] 李东朗、雷国珍:《董必武》,河北人民出版社1997年版,第42页。

体是占社会绝大多数的人。他引用毛泽东的话说："人民是什么？在中国，在现阶段，是工人阶级，农民阶级，城市小资产阶级和民族资产阶级"。① 由此，社会主义民主的本质就是人民当家作主。他的思想很明确，"天下是属于人民的，不是属于哪个人或哪些人……"，"我们从事革命的人不是为着某个人的利益，而是为着人民，主要是为着劳动人民的利益。我们是为了人民要'坐天下'（要解放、要做国家的主人），才和人民一道去'打天下'（革命）的。"②

社会主义民主还保障人民充分享有各项民主权利。董必武不断强调共产党领导的政权是人民的政权，人民享有广泛的权利，人民政府应以保障民众的人权为旨意。他在《中国共产党的基本政策》一文中指出，人民政府应该"保障人民有民主权利，有集会、结社、言论、出版、信仰等自由……保障人民的人权和财权……保障人民有选举权和被选举权"。③ 他根据我国的实际情况特别强调，人民政府应采取一切办法发展生产，以保障人民的发展权；发展教育，以保障人民的受教育权。

社会主义民主还要反对特权，特别注重保障人民权利的平等性。在董必武的思想中，这一点较为集中地反映在法律面前人人平等方面。他常用"王子犯法，与庶民同罪"的传统理念来反对特权，说明保护人民平等权的重要性。他在不同场合多次强调，我们党绝不容许在社会上有任何特权阶层的存在，并提出党员犯法应当加重处罚的观点。④

另外，董必武还主张以正当法律程序保障人民的权利。他认为，我们的法律必须反映最广大人民群众的意志和根本利益，必须能促进社会进步，符合社会发展的客观规律，必须要保障人民的权利。"任何不重视人民民主权利、违犯人民民主制度的现象都是不能容许的"。⑤ 司法机关在实际工作中必

---

① 《董必武选集》，人民出版社1985年版，第295~296页。
② 《董必武政治法律文集》，法律出版社1986年版，第187~188页。
③ 同上书，第13页。
④ 同上书，第5~7页。
⑤ 同上书，第368页。

须公正地维护广大人民群众的利益。"法院是唯一的审判机关","审判活动的重心是公开审判"。他还指出"人民法院依法审判案件,既要依实体法,又要依程序法"。在1954年3月为《人民日报》撰写的社论《进一步加强经济建设时期的政法工作》中,他还尖锐地提出:"在逐步完善起来的人民民主制度和人民民主法制之下,人民的民主权利应该受到充分的保护。由于过去处在紧张的战争和大规模的社会改革运动中,由于法律还很不完备,司法制度特别是检察制度还不健全,有些公安、司法机关还有粗枝大叶、组织不纯甚至使用肉刑的现象,以致有一些人被错捕、错押或错判,人民的民主权利受到侵犯。为克服这种现象,今后必须从立法方面,从健全司法、公安和检察制度方面,对人民的民主权利给予充分保护。"[①]

董必武关于人民当家作主是社会主义民主的本质的观点是我国长期以来一直坚持的。党的十七大报告中指出:"人民当家作主是社会主义民主政治的本质和核心。要健全民主制度,丰富民主形式,拓宽民主渠道,依法实行民主选举、民主决策、民主管理、民主监督,保证人民的知情权、参与权、表达权、监督权"。由此可见,这一观点具备极强的现实意义,值得我们继续深入地研究。

2. 政权建设是社会主义民主实现的前提

人民当家作主、社会主义民主的实现离不开国家政权机构,因为一切革命的根本问题,就是国家政权问题,政权"关系千百万人的生命和他们的生活方向,所以一切革命的政党,最重要的问题,是夺取政权"[②]。

人民政权是社会主义民主实现的前提。董必武认为,政权被哪个阶级掌握着,它就为哪个阶级服务,"政权是一部分人代表着特定的阶级,运用国家的权力,发号施令,叫人民做什么事情,或禁止人民不得做什么事情"[③]。国家政权的性质决定了人民在国家是否享有民主权利及其享有的深度和广度,

---

[①] 《董必武政治法律文集》,法律出版社1986年版,第310页。
[②] 同上书,第35页。
[③] 《董必武选集》,人民出版社1985年版,第212页。

没有人民的政权，就不会有人民的民主。"我们的政权机关是由广大人民群众的代表人物组成的，这些代表人物受人民群众的委托，能够高度发挥他们的积极性和创造力，能够领导人民群众把国防、经济、政治、文教诸方面的建设工作做好。人民群众和他们的代表人物，也只有在人民民主政权机关领导下，才能把他们所蕴藏着的无限力量发挥出来，管理国家的事务和他们自己的事务。……这样的政权组织形式，是最好的基本的组织形式。它是最民主的、能包括一切人民群众的组织。"① 这种性质的政权就保证了人民民主的实现。

3. 人民代表大会是社会主义民主实现的基础

人民代表大会制度是与人民政权相适应的政权组织形式，它最能够体现人民当家作主，并最大限度地保证人民民主。董必武指出："政权的组织形式就是人民代表大会，全国的政权机关是全国人民代表大会。这个代表大会，就是一切权力都要归它。我们由人民代表大会选举政府，政府的权力是人民代表大会给的，它的工作要受人民代表大会限制，规定了才能做，没有规定就不能做。如果有紧急措施，做了要向人民代表大会作报告，错了要受到批评，一直受到罢免的处分。"② "人民代表大会或人民代表会议是最便利于广大人民参加国家管理的组织，是'议行合一'的，是立法机关，同时也是工作机关。"③

人民代表大会能否发挥作用，关键是要选好人民代表大会的代表，董必武提出："代表的产生，在基层，在乡一级，由人民直接选举直接撤换为最好。因为乡与乡离三到五里，顶多十里八里路，人们也都较熟识，是完全可以做到的。但县的、省的、全国的代表大会的代表怎样产生就比较复杂，大家可以议论，留待以后解决。……不想法子使人民代表大会的代表产生得好，这样的人民代表大会是不能够充分代表人民的意志的，也是不可能代表人民

---

① 《董必武选集》，人民出版社1985年版，第297页。
② 《董必武政治法律文集》，法律出版社1986年版，第41～42页。
③ 同上书，第181页。

意志的。怎样才能使人民选好他们的代表,要很好地研究。"① 他特别指出,国家政权建设工作就是要开好各级各界人民代表会议,因为人民代表会议的成功召开可以很好地推动各种工作,并且能够纠正我们机关工作人员中的官僚主义、强迫命令和包办代替等恶劣作风。

然而,尽管人民代表大会制度是广大人民群众在实践中自己创立的,但对于中国这个经历过几千年封建专制统治、缺乏民主传统的国家来说,仍然是十分陌生的。针对相当一部分人对人民代表大会存在的错误认识,董必武提出了严厉的批评:"华北各地对人民代表会议,还存在着各种各样的错误认识。各地召开人民代表会议的次数还是参差不齐,……固然各地情况不同,但在华北不开人民代表会议去进行各种工作,这对建立民主政权来说是不够重视的。"② 针对有人提出的"人民代表会议不起作用,可有可无"的说法,董必武指出:"这种说法是完全不对的。向人民传达政府的政策,反映人民群众的意见给政府,动员广大的人民群众,完成各项建设任务,人民代表会议是一种最好的形式。……人民代表会议不是'可有可无',应当是只许有不许无,只许一次比一次开得好,不许不开或少开。"③ 在对各种错误思想批评的基础上,董必武热情地讲,人民代表大会是最民主的、能包括一切人民群众的组织,通过人民代表大会制度的实行"就可以吸引全国人民进一步以主人翁的自觉来管理国家政权,从而百倍地加强我们的国家机关,……人民代表大会的政治制度万岁"。④

4. 党政分开是不断推进社会主义民主的关键

加强人民政权建设,推进社会主义民主需要从多方面入手。董必武认为,其中最主要的是正确处理党与国家政权的关系。因为,如果不能处理好这个关系,就会出现党政不分、以党代政的后果,会影响社会主义民主的进一步

---

① 《董必武选集》,人民出版社1985年版,第219~220页。
② 同上书,第292~293页。
③ 同上书,第302~303页。
④ 同上书,第336页。

发展。

（1）党政分开。董必武对党政分开的论述可以从以下三个方面来理解：

首先，应把党和权力机关、政府组织在性质上区别开来。新中国成立初期，董必武同志明确指出："党领导着国家政权。但这绝不是说党直接管理国家事务，绝不是说可以把党和国家政权看作一个东西……这就是说，党领导着国家政权，但它并不直接向国家政权机关发号施令。党对各级国家政权机关的领导应当理解为经过它，把它强化起来，使它能发挥其政权的作用。"① 这就说明，作为工人阶级先锋队的共产党与作为人民当家作主形式的国家政权是性质不同的两个政治实体，党是政治先锋队组织，政权机关是国家和社会事务的管理机构。把党混同为权力机关、政府机构或把权力机关、政府机构混同为党的组织都是错误的。

其次，应把党和权力机关、政府机构的职能区别开来。党、政之间的性质区别，决定了它们在革命和建设中各自负有不同的职能。"党无论在什么情况下，不应把党的机关的职能和国家机关的职能混同起来。党不能因领导政权机关就包办代替政权机关的工作，也不能因领导政权机关而取消党本身的职能。"② 这不仅指出了党不应包办国家政权机关工作的问题，而且指出了党组织要务好正业、管好本行，抓好自己职权范围内的工作的重要性。

最后，应区分开"党"、"政"工作的不同方式。党的组织是按民主集中制原则组织起来的统一体，其内部有着"个人服从组织、少数服从多数、下级服从上级、全党服从中央"的组织纪律，以此为基础，党的组织当然可以指挥自己的下级组织，指挥自己的党员。但党的组织不能指挥政权机关，如果不明确区分党对自己的下级组织和党员的工作方式与对于政府机构及其工作人员的工作方式，就很容易因党的领导地位而使党组织轻视政权系统的权威和地位，在工作中把政府机关及其工作人员看成自己的下级组织及其所领导的成员。抗日战争时期董必武同志就曾指出，"现在边区有些地方政府的

---

① 《董必武政治法律文集》，法律出版社1986年版，第190页。
② 《董必武法学文集》，法律出版社2001年版，第191页。

工作人员，很随便地被调走了，甚至政府负责人也不知道他的部属什么时候被调走了，这当然是一种不正常的现象。"① 他认为，党组织调动它的在政府中工作的党员，应该经过政府负责人的同意，不能简单地对他个人发命令。党的组织及其领导人在工作上与政府系统发生联系时，不能因为是执政党而无所顾忌，应非常注意工作的方式。"如果政府负责人是非党员，我们调动在他领导下工作的同志，那就尤其要慎重，要设法取得他的同意。"②

（2）正确实现党的领导。党的领导是中国革命和建设取得胜利的根本保证，其主要表现为思想、政治、组织等方面的领导，"党组织要领导国家机关工作，这是不可动摇的原则。"③ "党对国家政权机关的正确关系应当是：一、对政权机关工作的性质和方向应给予确定的指示；二、通过政权机关及其工作部门实施党的政策，并对它们的活动实施监督；三、挑选和提拔忠诚而有能力的干部（党与非党的）到政权机关中去工作。"④

概括来说，党的领导主要表现为三个方面：首先是通过党员的工作，努力在权力机关和政府组织中实现党的路线、方针和政策，而实现党对权力机关和政府工作的领导；其次是通过权力机关、政府组织中党团（党组）的作用，实现党的领导；最后是以党组织的名义向政权机关提出各种建议，并通过各种符合法定程序的形式使这种建议为政权机关所接受，以实现党的领导。

5. 法治是实现社会主义民主的保障

在经历了广泛而深入的讨论之后，时至今日，"法治"与"法制"的区别人们已经耳熟能详了。概括地讲，法制指一个国家的法及其法律制度，而法治却强调一个国家处于依法治理的一种状态。法制的内涵比法治要小得多。法制着重讲的是法的一系列规则、原则及与此相关的制度，而法治就是在法及其司法体制健全的情况下，在完全地服从于和体现了社会的整体利益与群

---

① 《董必武政治法律文集》，法律出版社1986年版，第5页。
② 同上书，第5页。
③ 同上书，第6页。
④ 同上书，第191~192页。

体意志的前提条件下，能最大限度而充分地发挥个人的意志与行为的自由的一种社会状态。概括地讲，法治就是良法之治与普遍守法。从这个意义上看，董必武在党的"八大"提出的"依法办事"的思想实质就是法治。如王怀安所言："董老讲国家法制时，尽管用的是'法制'，还没有用过'法治'二字，也没有讲过'依法治国'。但就董老所讲的'法制'的内容和实质来说，已是今天的法治思想了，并为'依法治国'做了理论准备和思想准备。"①

董必武生活的时代还是一个迫切要求制定法律、建立法律制度的时代，因此，他非常重视法律制定及制度建设工作，主张运用法律武器保护人民的民主权利。他的思想可以概括为两个方面：一是有法可依；二是有法必依。有法可依，简单地说就是政府工作要有章可循，各级党政干部要照章办事，不能为所欲为。有法必依，则是指一切国家机关、社会组织和个人都必须严格遵守和执行法律，在法律所许可的范围内活动。

首先，要通过制定和完善各类法律和各项制度来保护人民民主权利的实现。"建立新的政权，自然要创建法律、法令、规章、制度。……否则就是无政府主义。如果没有法律、法令、规章、制度，那新的秩序怎样维持呢？"② 但是，由于长期的战争和大规模的社会改革运动，导致我们的法律很不完备、司法制度特别是检察制度还不健全，以至于出现有些人被错捕、错押或错判，人民的民主权利受到侵犯。针对这种状况，董必武指出："今后必须从立法方面，从健全人民司法、公安和检察制度方面，对人民的民主权利给予充分保护。"③ 在董必武的积极立法思想指导下，我国的法制建设取得了显著成就，先后制定了政府机关组织通则，制定了工会法、婚姻法、土地改革法等一系列法律、法令，特别是1954年宪法的制定使法制建设发展到一个新的阶段。

其次，要通过严格执法来保障人民的民主权利。董必武强调，在制定了

---

① 祝铭山、孙琬钟：《董必武法学思想研究文集》，人民法院出版社2001年版，第25页。
② 《董必武选集》，人民出版社1985年版，第218页。
③ 《董必武政治法律文集》，法律出版社1986年版，第310页。

法律、法令、规章制度以后，还必须严格执法，比如，"法院判决了案子，就必须执行，一个案子判决确定之后，诉讼当事人应该有一方负责任，他不执行，法院就应该强制执行。"[①] 严格执法还要正确运用法律，否则也不能算是真正的执法，这就要执法人员深刻领会法律条文的精神实质，同时在处理案件的时候又要深入地研究案件的具体情况，不能机械地搬用条文。他提出要大力宣传，使每个人都知道严格遵守国家法制就是维护自己的民主权利，就能受到国家的保护。此外，他还指出守法的关键是党的组织和干部守法，只有党的组织和干部守法才能促使整个社会的普遍守法。

发展社会主义民主政治，建设社会主义政治文明，是社会主义的本质要求，也是当前构建社会主义和谐社会的基本要求。董必武关于社会主义民主的理论思考具有前瞻性，对于我们研究社会主义民主具有重要的启发性与意义。

参考文献

[1] 希罗多德：《历史》，王以铸译，商务印书馆1959年版。

[2] 修昔底德：《伯罗奔尼撒战争史》，谢德风译，商务印书馆1960年版。

[3] 《列宁选集》，人民出版社1972年版。

[4] 《董必武选集》，人民出版社1985年版。

[5] 《董必武政治法律文集》，法律出版社1986年版。

[6] 黄义扬主编：《国内外民主理论要览》，中国人民大学出版社1990年版。

[7] 《简明不列颠百科全书》，中国大百科全书出版社1991年版。

[8] 《马克思恩格斯选集》，人民出版社1995年版。

[9] 李东朗、雷国珍：《董必武》，河北人民出版社1997年版。

[10] 戴维·米勒、韦农·波格丹诺主编：《布莱克维尔政治学百科全书》，邓正来等译，中国政法大学出版社2002年版。

---

① 《董必武政治法律文集》，法律出版社1986年版，第343页。

上　编

四、公安、司法政策方面的法令研究

华北人民政府司法制度之研究

周道鸾[*]

司法制度作为华北人民政府政权建设的重要组成部分,在短短的13个月期间建树颇多,为新中国司法制度的建立打下了良好的基础。本文就华北人民政府司法制度建立的背景、主要内容、评价和给我们的启示作一阐述。

一、华北人民政府司法制度建立的背景

华北人民政府是在1946年6月,蒋介石公开撕毁国共两党于1946年1月签订的《休战协定》,向解放区发动全面进攻,中国共产党领导的强大的人民解放战争(第三次国内革命战争)进行到第三个年头,晋察冀边区与晋冀鲁豫边区已连成一片的关键时刻,经过1948年8月15日华北临时人民代表大会选举,于同年9月26日在华北重镇石家庄宣告成立的。

当时,华北人民政府的任务是支援前线力量,促进经济发展。《华北人民政府实施方针》[①]明确提出:继续进攻敌人,为解放全华北而奋斗,继续以人力物力财力支援前线,以争取人民革命在全国的胜利;有计划、有步骤地进行各种建设工作,恢复和发展生产;继续建设为战争和生产建设服务的民主政治,培养和大量吸收有用人才,参加各种建设工作,以奠定新民主主义新中国的基础。董必武同志在华北临时人民代表大会上当选为华北人民政府主席之后的就职典礼上,郑重宣布:"这个政府是由游击式过渡到正规式

---

[*] 国家法官学院教授。
[①] 中国法学会董必武法学思想研究会编:《华北人民政府法令选编》,内部资料,第3页。

的政府。正规的政府,首先要建立一套正规的制度和办法。"① 为此,刚组建的华北人民政府下设民政部、教育部、财政部、公安部、华北人民法院等 18 个部委院局,积极开展各项工作,并先后制定颁布了 200 项法规法令,其中司法方面就有 20 多项。华北人民政府的司法制度就是在这种背景下建立起来的。

二、华北人民政府司法制度的主要内容

(一)统一华北人民法院组织体系

1. 规范司法机关名称,恢复县级司法组织

华北人民政府成立以后,当务之急,就是要统一各行署司法机关名称,恢复县级司法组织。1948 年 10 月 23 日,《华北人民政府通令》② 规定:(1) 各行署原有司法机关,"一律改为某某(地区名)人民法院",称冀中人民法院,……(2) 由各行署转令各县政府迅速恢复原有司法组织(在民选政权未成立前,名称可仍旧),并指出:"过去司法机关与民、教或公安局合并;司法科所辖之监所与公安局之拘留所合并,工作极不便利,需要把它分开。"

2. 统一华北人民法院组织体系

当时,在华北人民政府下设华北人民法院,是华北人民政府的组成部分。1948 年 9 月 29 日,华北人民政府发布"布告",称 8 月召开的华北临时人民代表大会决议,合并晋冀鲁豫和晋察冀两边区,并选举董必武、聂荣臻、薄一波、陈瑾昆等 27 名委员为华北人民政府委员,组成华北人民政府。华北人民政府委员会第一次会议选举董必武为华北人民政府主席,薄一波、蓝公武、杨秀峰等为副主席,并任命陈瑾昆为华北人民法院院长,同时任命贾潜为审判委员会审判长,王斐然为审判委员会副审判长。③

---

① 中国法学会董必武法学思想研究会编:《华北人民政府法令选编》序言,内部资料,第 1 页。
② "华北人民政府通令"(1948 年 10 月 23 日法制字第四号),见中国法学会董必武法学思想研究会编:《华北人民政府法令选编》,内部资料,第 152 页。
③ 参见"华北人民政府布告"(1948 年 9 月 27 日秘总字第一号),见中国法学会董必武法学思想研究会编:《华北人民政府法令选编》,内部资料,第 31 页、第 28 页。

华北人民政府确定华北人民法院为华北最高审判机构；华北人民法院下各行政公署设区人民法院；区人民法院下设基层人民法院。同时，华北人民法院还设有两个直辖市人民法院[①]（见表1）。

表1　华北人民法院组织体系

华北人民法院	各行署区人民法院	冀中人民法院	县人民法院
		冀南人民法院	
		冀鲁豫人民法院	
		北岳人民法院	
		太行人民法院	
		晋中人民法院	
		太岳人民法院	
	直辖市人民法院	石家庄市人民法院	
		阳泉市人民法院	

（二）建立审级制度

华北人民政府在1948年10月23日发布的"通令"中明确规定："县司法机关为第一审机关，行署区人民法院为第二审机关，华北人民法院为终审机关"。这说明，华北人民政府一般实行三审终审制。但各直辖市人民法院受理的案件，原则上实行两审终审。当时，华北人民法院辖石家庄和阳泉两个直辖市。"通令"规定，"各直辖市人民法院为各该市第一审机关，华北人民法院为第二审机关。一般案件即以二审为止。"如果当事人不服，要求三审时，则由华北人民政府主席指定人员组成特别法庭，或发送华北人民法院复审审理之[②]（见表2）。

[①] 参见"华北人民政府通令"，（1948年10月23日法行字第四号），见中国法学会董必武法学思想研究会编：《华北人民政府法令选编》，内部资料，第152页。

[②] 同上。

表 2　华北人民法院审级制度

```
                    ┌── 冀中人民法院
                    ├── 冀南人民法院
                    ├── 冀鲁豫人民法院        ┌─────────────┐
          各行署区人民法院 ──┼── 北岳人民法院         │ 县人民法院 │
          （二审）       ├── 太行人民法院         │  （一审）  │
华北人民法院           ├── 晋中人民法院         └─────────────┘
（终审）               └── 太岳人民法院

          直辖市人民法院 ──┬── 石家庄市人民法院
          （二审）       └── 阳泉市人民法院
```

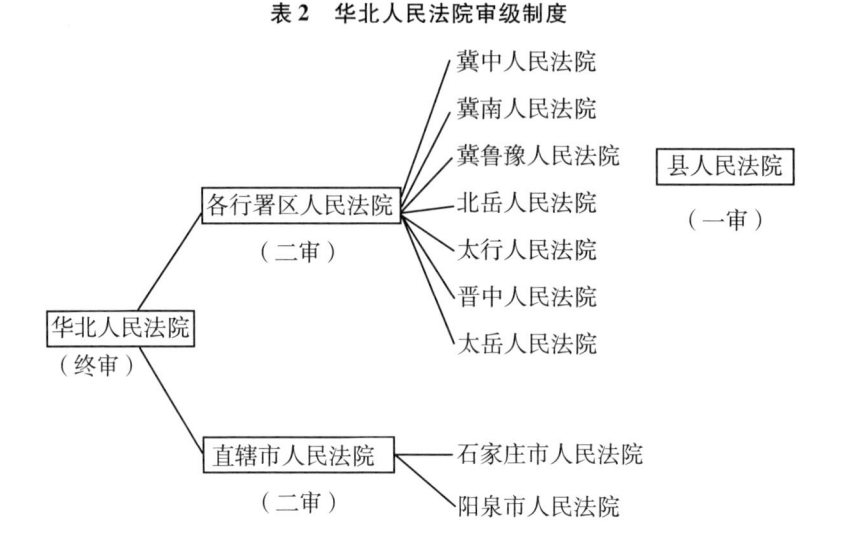

（三）建立死刑执行之核准制度

华北人民政府高度重视死刑判决的执行，并建立了严格的死刑判决和执行的核准制度。1948 年 8 月，经华北临时人民代表大会通过颁布的《华北人民政府施政方针》，在"保障人民的合法的民主自由权利"中，就宣布："判处死刑的执行，除边沿区、游击区，应由行政公署核准外，巩固地区一律须经华北人民政府核准"。之后，在 1948 年 8 月 16 日颁布的《华北人民政府组织大纲》中，虽明定华北人民法院为"华北区司法终审机关"，但同时规定，"死刑之执行，并须经主席之核准，以命令行之"。[①] 1949 年 3 月 23 日，在《为确定刑事复合制度的通令》中，对于未上诉的或者过了上诉期的死刑判决效力问题又进一步规定："判处死刑的案件，被告声明不上诉或过上诉期限内，县市人民法院呈经省或行署人民法院核转，或省、行署、直辖市人民法院经华北人民法院复核，送经呈华北人民政府主席批准，始为确定之判决"，充分体现了华北人民政府慎杀的思想。

---

① 中国法学会董必武法学思想研究会编：《华北人民政府法令选编》，内部资料，第 19 页。

（四）建立一系列诉讼原则、制度和程序，保障当事人的诉讼权利，保证案件质量

华北人民政府在司法工作中十分重视保障诉讼当事人的诉讼权利，建立了一系列诉讼原则、制度和程序。针对当时审判工作中存在的突出问题，如判处死刑而没有判决书；有了判决书而不宣判、不送达；判决书不规定上诉期，或有上诉期而不谕知被告；不经宣判、不经被告人声明不上诉即呈送上级司法机关核准；重口供不重证据；重被告的反省坦白，而不认真调查证据，研究案情，等等。华北人民政府于1948年10月23日发布"通令"，① 分析了产生以上现象的原因，是由于抗日战争期间，我们处在游击环境、战斗频繁，为了及时结案，处理手续比较简单。现在情况不同了，我华北解放区已经连成一片，土改工作也基本完成，司法工作者应该改变过去的作风，请求司法手续。尤其是死刑案件，办理更应慎重。为此，"通令"采取了相应的对策：

1. 审判工作必须遵守毛泽东同志所指示的三个条件，即禁止肉刑；重证据不重口供；不得指明名问供。

2. 建立公开宣判和送达制度。"通令"要求"正式开庭宣布判决书，并将判决书送达被告，制作送达证，由被告在送达证上签名或捺手指印。"

3. 建立上诉制度。"被告声明不服判决，要提起上诉时，该原审机关即应将上诉状连同卷宗，呈送上级司法机关，不得扣留与阻止。"还特别规定，"被告声明上诉，或超过上诉期间，未提起上诉的，该司法机关即备文连同该案卷，呈送华北人民法院审核，并经主席批准才得执行。"

为检查上述规定是否得到认真贯彻执行，"通令"还规定，"自令到之日起，如有不经宣判，或宣判而没有被告声明不上诉及逾期不上诉之证明，而呈请审核者，华北人民法院应即发回原呈送机关令其补行手续"，足见华北人民政府对诉讼程序的高度重视。

---

① 参见"华北人民政府通令"（1948年10月23日法行字第三号），见中国法学会董必武法学思想研究会编：《华北人民政府法令选编》，内部资料，第154~155页。

在上述"通令"下达后仅一个月,华北人民政府又下达"指令",重申:"本府法行字第三号通令关于判处死刑应宣判及送达证书等手续,并告以上诉期限和上诉机关,被告如有不服,应即允许上诉,在边沿区和游击区亦适用。"强调"这是民主政府,尊重人民民主权利,贯彻民主精神的具体体现。"指出,"在执行上如有困难,可以设法解决,如增加戒护人员,或暂解送内地监所羁押等,我们不能因为手续上有困难,而放弃了原则上的掌握。"[1]

(五) 建立减刑、假释制度

华北人民政府于1949年1月13日在为清理已决犯和未决犯事由而颁布的"训令"[2]中,建立了减刑、假释制度。

1. 减刑

"训令"规定:对判刑无误之案犯,刑期执行满三分之一后,有下列情形之一者,得由监所呈报原判司法机关减刑,转呈行署核准执行:(1)经常遵守规则,遵守纪律者;(2)对于错误坦白真实,且有清楚认识者;(3)主动积极从事劳动,能完成任务与超过任务者;(4)学习经常,且能帮助别人者;(5)其他适合于减刑之行为者。并规定,前项减刑不得超过宣告刑三分之一,不得少于宣告刑十分之一;减刑后,合乎假释条件者,应予假释;轻微案犯减刑后,所余刑期不满一年,认为无继续执行之必要者,得教育释放之。

2. 假释

"训令"规定:监所对案犯之合乎下列条件者,应具备理由报请该司法机关,转呈行署核准假释:(1)对所犯罪行有深刻认识,且悔改有据者;(2)无期徒刑,执行逾八年,有期徒刑逾二分之一者,但半年以下有期徒刑

---

[1] 参见《华北人民政府指令》(1948年11月22日法行字第六号),见中国法学会董必武法学思想研究会编:《华北人民政府法令选编》,内部资料,第167页。
[2] 参见《华北人民政府训令》(1949年1月13日法行字第一号),见中国法学会董必武法学思想研究会编:《华北人民政府法令选编》,内部资料,第185~186页。

不在此限。

（六）建立清理、减少积案制度

华北人民政府曾先后两次以"训令"的形式，专门发文研究如何清理已决犯、未决犯和如何清理、减少积案问题。

1. 清理已决犯和未决犯

1949年1月13日，华北人民政府以法行字1号发布的"训令",[①] 明确了清理案犯（包括已决犯和未决犯）的精神和一般规定，以及清理已决犯和未决犯的办法。

"训令"首先阐述了清理已决、未决案犯的必要性。根据各地报告，指出各级自新院、监狱、看守所、拘留所之已决未决案犯"积数甚多"。进而分析，由于解放区日益扩大，土改基本完成，一方面有些案犯科刑的客观情况已起了若干变化，案犯在较长时期时的改造中亦有显著进步；另一方面廓清积案现象，以便集中力量处理一些较大案件。因此，清理已决、未决案犯是有好处而无坏处的。

其次，明确了清理已决、未决案犯，应从新民主主义的国家利益着眼，不放纵一个坏人，关系重大的案件，绝不马虎处理，同时也不积压一件应解决而拖延不解决的事，不冤抑一个应受宽大而未给以宽大的人。

再次，确立了清理已决、未决案犯的一般规定。例如，清理案犯的进行，应已决犯、未决犯并重；以清理特种刑事案犯（如敌伪犯、破坏犯、特务嫌疑犯）为主，其次则为一般普通刑事案犯。清理案犯必须研究其犯罪材料，提出应如何处理的理由，不得马虎和笼统，等等。

最后，对如何清理已决犯、未决犯做出了具体规定。如对已决犯分改判、减刑、假释、继续执行四种办法进行清理。对未决犯，按公安机关尚未侦查完毕和公安机关已起诉两大类案件，分别不同情况进行清理。

[①] 参见《华北人民政府训令》（1949年1月13日法行字第一号，1949年5月21日法行字第十七号），见中国法学会董必武法学思想研究会编：《华北人民政府法令选编》，内部资料，第182~186页，第199~201页。

2. 清理、减少积案

1949年5月21日，华北人民政府以法行字第17号发布的"训令"，[①] 除依据各地司法工作报告，指示"积压案件已成为不少地区存在的现象"外，重点分析了产生积案的原因，研究了减少积案的途径。"训令"认为，所以造成积案，一是干部少，质量低，不能掌握政策，及时解决问题；二是处理案件的观点和方法不适当。

如何减少积案？指出可从受理新案和清理旧案两方面入手，并提示了具体要求。"训令"最后强调，"我们必须明确对人民负责，为人民服务的观点，拖延案件不处办，是没有群众观点的表现；对反动分子的罪恶不敢处理，迁就群众落后的要求不敢结案，有疑难不积极设法解决，都是没有或缺乏群众观点的表现，必须迅速纠正。"

（七）建立民间调解制度

华北人民政府非常重视和解和调解，特别是民间调解工作。1948年10月，华北人民政府制定的《华北人民政府各部门组织规程》中，将"关于和解及调解之指导事项"作为华北人民法院具体管辖的重要事项之一，并于1949年2月25日专门作出了《关于调解民间纠纷的决定》[②]（以下简称《决定》）。《决定》的主要内容是：

1. 阐述了民间调解的重要性

《决定》指出，历年来，我华北解放区对于民事案件和轻微刑事案件，倡导调解，民间纠纷经调解解决后，有的县占70%以上，有的村区甚至更多。这说明，调解工作对于加强人民团结，免去人民因诉争而伤财费时，使群众能用更多力量从事生产支前，起了相当大的作用。同时指出了调解中发生的一些偏差，如有的地方把调解规定成为诉讼必经的阶段，不经调解不许

[①] 参见《华北人民政府训令》（1949年1月13日法行字第一号，1949年5月21日法行字第十七号），见中国法学会董必武法学思想研究会编：《华北人民政府法令选编》，内部资料，第182~186页，第199~201页。

[②] 中国法学会董必武法学思想研究会编：《华北人民政府法令选编》，内部资料，第191~192页。

起诉,甚至当事人不服调解,而区村以不写介绍信强使服从,县也以无介绍信为由而不受理。这是将调解变成强迫与侵害人民的诉讼自由,是错误的,应即废止。[①] 其实,在这之前,即1948年11月22日,华北人民政府就"通令"取消了人民诉讼须经区村政府介绍的制度。

《决定》认为,"调解是人民的民主生活的一部分,凡可以调解之事,如调解好了,不只保全和气,不费钱,少误工;而且平心静气地讲理,辨明是非,教育的意义很大;调解中有互让或互助,可以改变人们的狭隘思想,这都是调解的好处。"

2. 明确了调解的组织

以下人员和机关可以进行调解:(1)民间调解指能公正办事的当事人的亲友、邻居和村干部。(2)政府调解。区村政府应接受人民调解的请求。村政府应设立调解委员会,委员由村人民代表大会选举或者村政府委员会推举。区公所依工作繁简可设调解助理员,或设调解委员会。区调解委员会以区长当主任委员,委员则由区公所聘请群众团体代表或在群众中有威信的人士充当。(3)司法调解。已起诉到司法机关的案子,如认为必要,也可以调解,方式有三:一是法庭调解,二是庭外调解,三是审判员到当地召集群众,大家评理,借以找出双方都能接受的和解方法。

3. 规定了调解的范围

(1)凡民事案件,均得进行调解,但不得违反法律上之强制性规定。如对法令禁止的买卖婚姻、早婚超过规定的租金或利息等,不得进行调解。(2)凡刑事案件,除损害国家社会公共治安及损害个人权益较重的案件不得进行调解外,一般轻微刑事案件,亦得进行调解。

4. 明确了调解的方法

指出,"调解以劝说为主"。但同时反对"无原则的和稀泥"的调解,应当依据政策法令提出必要的处置办法,如关于民事之赔偿或让免,轻微刑事

---

① 参见《华北人民政府训令》(1949年4月1日法行字第八号),见中国法学会董必武法学思想研究会编:《华北人民政府法令选编》,内部资料,第196~197页。

之认错,给抚恤金等,"方为妥当";也不应"强人服从",有坚持不服调解者,"应即依法进行审判"。

(八) 宣布废除国民党六法全书

华北人民政府成立之初,一些司法人员分不清新旧法律的本质和界限,甚至在制作的判决书中援引国民党的法律作为裁判的依据。为此,华北人民政府于1949年4月1日发布"训令",宣布废除国民党的六法全书及一切反动法律,各级人民政府的司法审判,不得再援引其法律。①"训令"强调了以下几点:

1. 新旧法律有本质上的不同

国民党的法律,是为了保护封建地主、买办、官僚资产阶级的统治与镇压广大人民的反抗;人民要的法律,则是为了保护人民大众的统治与镇压封建地主、买办、官僚资产阶级的反抗。

2. 新旧法律无"蝉联交代"可言,必须全部废除国民党反动的法律

各级司法机关办案,有纲领、条例、命令、决议等规定的,从规定;没有规定的,照新民主主义政策办理。

3. 旧的法律必须彻底粉碎,新的法律才能顺利成长

各级人民政府特别是司法工作者要用全副精神来学习马列主义——毛泽东思想的国家观、法律观,学习新民主主义的政策、纲领、法律、法令、条例、决议,来搜集与研究人民自己的统治、经验,制定出新的较完备的法律来。

(九) 建立司法干部培训制度

华北人民政府成立后,急需大量司法干部从事司法工作。由于当时历史条件的限制,多数司法干部没有学过法律,或者缺少司法工作经验,因此,加强对司法干部的轮训就成为提高司法干部水平的有效手段。为此,华北人

---

① 参见《华北人民政府通令》(1948年10月18日法行字第二号),见中国法学会董必武法学思想研究会编:《华北人民政府法令选编》,内部资料,第150~151页。

民政府于1948年10月8日发出"通令",① 决定于1948年度分4期轮训全区县级以上司法干部,并就轮训干部的条件、人数和受训干部需带来的材料等提出了具体要求。

从"通令"的主要内容可以明显看出,轮训的指导思想非常明确,即不是为轮训而轮训,也不单纯是灌输知识,而是通过培训,解决司法工作中的一些实际问题,所以轮训的针对性、实用性很强。"通令"指出,"我们训练,不是指灌输些知识,而是要依据具体事实提出问题,建立初步的新民主主义司法的建设和理论。"为此,"通令"要求受训者需带来"县市人民法庭的现况及经验教训;分析程序上的一些习惯做法;民刑事案件统计材料;司法工作当前困难及解决意见;对今后全区司法工作的意见,等等。为把这些材料收集、整理好,"通令"要求"各县市政府要开政务会议讨论本县市司法工作有什么缺点、困难及怎样改进的意见";收集的意见或材料要用书面写好,并经县市长看过,"专署行署应开会检讨全区司法工作,并提出意见"。

笔者认为,以上九个方面,虽不是华北人民政府的司法制度,但是它的主要内容。

三、华北人民政府司法制度的价评和启示

（一）评价

华北人民政府于1948年9月26日宣告成立,至1949年10月27日新中国成立后不久,毛主席签发《撤销华北人民政府令》,而宣告结束。从成立到撤销虽只有短短的13个月,但在董必武主席的领导下,做了大量的卓有成效的工作,积累了丰富的"由游击式过渡到正规式"的政权建设的经验。不仅为中央人民政府的成立作了可贵的准备,奠定了新民主主义新中国的基础,

---

① 参见《华北人民政府通令》(1948年10月18日法行字第二号),见中国法学会董必武法学思想研究会编:《华北人民政府法令选编》,内部资料,第150~151页。

成为中央人民政府的雏形，而且为新中国司法制度的建立，奠定了良好的基础，成为新中国司法制度的雏形。例如，按照第一届全国政治协商会议通过的《共同纲领》和中央人民委员会《中华人民共和国人民法院暂行组织条例》的规定，中华人民共和国最高人民法院为中央人民政府的组成部分；最高人民法院设最高人民法院委员会，为最高人民法院的领导机构；各省、市、县人民法院由各省、市、县人民代表会议选举产生，为省、市、县人民政府的组成部分，受同级人民政府委员会的领导和监督；人民法院基本上实行三级两审终审制，即县市人民法院为第一审，省人民法院及其分院为第二审，最高人民法院及其分院为第三审。一般案件两审就终结，少数重大疑难案件，必要时也可以三审终审；下级人民法院的审判工作受上级人民法院的领导和监督，等等。

直到1954年9月第一届全国人民代表大会第一次会议通过《中华人民共和国宪法》（简称"五四"宪法）和《中华人民共和国人民法院组织法》（简称"五四"法院组织法），经全国人民代表大会和地方各级人民代表大会选举产生的最高人民法院和地方各级人民法院才从中央政府（即国务院）和地方各级人民政府分离出来，成为"国家的审判机关"；最高人民法院和国务院一样，都要对选举它的全国人大及常委会负责，并接受其监督；为了方便群众诉讼，审级制度也由原来基本上的三级两审终审制，改为四级两审终审制，等等，从而确立了人民法院的新体制。可以这样认为，这是新中国成立初期人民法院司法制度的发展和完善。

（二）启示

华北人民政府司法制度的建立有其特殊的历史背景，且距今已60年，但它丰富的经验已成为我国法制建设的宝贵遗产，它所蕴含的深刻的民主法制思想则给我们以很大的启示。仅举三例：

1. 少用、慎用死刑的思想

华北人民政府多次发文，规定死刑判决之执行，需经华北人民政府主席核准，方能执行。这说明，早在新中国成立以前，在华北地区，就建立了死刑核准的特别程序。这与董老一贯坚持的少用、慎用死刑的思想是一脉相承的。1958年，他在一次司法工作座谈会上说："死刑要不要，我们是从来不说废除，但要少用。死刑好比是刀子，我们的武器库保存着这把刀子，必要时才拿出来用它。"在这之前，[1] 1956年，他在《肃反斗争中的审判工作》中又指出："关于死刑适用，我们国家历来就是采取十分慎重的方针。在这次肃清反革命分子的斗争中，人民法院依法判处死刑的反革命分子是极少数。我们国家对罪犯适用死刑的范围是尽可能缩小的。"并说，"现在，不仅在死刑适用范围上缩小，而且国家还从法律上规定得很严格。《人民法院组织法》第11条第5款规定的死刑复核程序，保证了对死刑适用的严肃、慎重。"[2] 时隔50多年后，全国人大常委会通过修改人民法院组织法的决定，将1983年下放给高级人民法院行使的死刑核准权，收回最高人民法院统一行使后不久，中央总结了新中国成立以来执行死刑政策的经验，在2007年3月9日由最高人民法院、最高人民检察院、公安部、司法部联合公布的《关于进一步严格依法办案 确保死刑案件质量的意见》中，重申了少杀、慎杀的政策，强调"保留死刑，严格控制死刑，是我国的基本死刑政策""我国现在还不能废除死刑，但应逐步减少使用，凡是可杀可不杀的一律不杀。"[3]

2. "尊重人民民主权利"的思想

在解放全华北、解放全中国，全力支援前线成为华北人民政府主要任务的条件下，华北人民政府为了保障当事人的诉讼权利，规定了开庭宣判、送达（判决书）、上诉等一系列诉讼制度。不仅一般刑事案件，而且判处死刑的案件，除巩固区要执行外，边远区和游击区也要执行。为了贯彻落实上述制度还特别规定，被告声明不上诉，或过了上诉期而未提出上诉，原审要将案卷呈送华北人民法院审核，并经华北人民政府主席批准，才得执行。为什

---

[1] 董必武："当前司法工作的几个问题"，见《董必武法学文集》，法律出版社2001年版，第414页。
[2] 见《董必武政治法律文集》，法律出版社1986年版，第464~465页。
[3] 见《中华人民共和国最高人民法院公报》2007年卷，第215页。

么如此重视当事人的诉讼权利？答曰："这是民主政府尊重人民民主权利，贯彻民主精神的具体体现。"华北人民政府强调，我们不能因工作上的困难而放弃了原则上的掌握。可见，早在60年前，就把保障当事人的诉讼权利，提高到"尊重人民民主权利"的高度来认识和把握。这和董老的民主法治思想，重视程序价值的思想是一致的。他在全国人大一次会议上当选为最高人民法院院长后不久，1955年春，就提出"法院依法审判的意义，包括依实体法，也要依程序法。"① 在这种思想指导下，在当时没有程序法的情况下，他采取总结审判经验的方法，制定出了历史上著名的《各级人民法院刑事案件审判程序总结》和《各级人民法院民事案件审判程序总结》②，提高了审判工作质量。今天的情况就大不相同了，三大诉讼法都早已颁布施行，但司法机关和司法工作人员长期存在的"重实体、轻程序"的思想依然存在，应当在司法工作人员中牢固树立实体、程序并重和程序优先的观念，使当事人依法享有的各种诉讼权利在诉讼过程中得以实现，从程序上体现司法公正。

（三）和解和调解是"人民民主生活的一部分"的思想

华北人民政府所以重视调解特别是民间调解工作，是因为它把和解和调解看作是"人民民主生活的一部分"。董老历来认为，人民法院受理的民事纠纷是人民内部的是非问题，主张通过调解的方法来解决。1957年7月，他在一届全国人大四次会议所作的《正确区分两类矛盾，做好审判工作》③的发言中就指出："人民法院所处理的民事纠纷是人民内部的是非问题，但它所处理的是非是法律上的权利、义务问题"。他认为，民事纠纷都是在根本利益一致基础上发生的，不是不可调和的矛盾，所以"应该以加强团结，有利生产为目的，根据政策、法律，尽可能用调解、说服、批评、教育的方法

---

① 董必武："关于收集整理十四个大中城市法院审理民、刑案件的资料问题"，见《董必武政治法律文集》法律出版社1986年版，第378页。

② 周道鸾："董必武的刑事司法思想及其对刑事立法、司法的影响"，见孙琬钟、公丕祥主编：《董必武法学思想研究文集》（第五辑），人民法院出版社2006年版，第291～297页。

③ 《董必武政治法律文集》，法律出版社1986年版，第537～539页。

来解决，并从加强法制政治教育倡导新社会主义的道德风尚，来促进矛盾的根本解决。"人民法院受理民事案件后，也应该视案件的具体情况，适当进行调解，必须判决的，依法判决。

华北人民政府开展调解工作的许多好的经验和做法，如把和解和调解纳入群众民主生活的范畴；多渠道进行调解，既可以由民间调解，政府调解，也可以由法院调解；凡是民事案件（违反法律之强制性规定的除外）和轻微刑事案件均可以进行调解；调解的方法以"劝说和解为主"，轻微刑事应认错，给抚慰金；坚持不愿调解的，应即进行审判，等等。今天看来，对于进一步完善被国际誉为"东方经验"的人民调解工作，创新诉讼调解机制[1]；创建多元化调解机制；倡导刑事和解以推进恢复性司法[2]，贯彻"能调则调，当判则判，调判结合，案结之事"的民事审判工作指导方针，充分发挥审判工作在构建社会主义和谐社会，保障社会主义现代化建设中的积极作用，仍具有指导意义。

---

[1] 参见"最高人民法院《关于进一步发挥诉讼调解在构建社会主义和谐社会中积极作用的若干意见》"，载《中华人民共和国最高人民法院公报》2007年卷，第199~202页。

[2] 周道鸾："中国少年法庭制度的发展与完善——苏沪少年法庭制度调查报告"，载《青少年犯罪问题》2007年第6期。

华北人民政府时期司法制度的文本研究

王 娜[*]

引 言

早在 1945 年 4 月 24 日，在中国共产党第七次全国代表大会上，毛泽东明确指出："中国急需把各党各派和无党无派的代表人物团结在一起，成立民主的临时的联合政府。"[①] 1948 年 5 月，人民解放军的力量不断发展壮大，为了适应华北解放区广大人民群众在政治上、经济上的要求，进一步加强华北解放区的政权建设和经济建设，为了彻底消灭国民党反动势力，解放全中国，中共中央及中央工委决定将晋冀鲁豫和晋察冀两边区合并，组成华北解放区、华北局和华北军区，并且晋冀鲁豫及晋察冀两边区政府暂时成立华北联合行政委员会。8 月，经华北临时人民代表大会这一有重大意义的会议通过，华北联合行政委员会改为华北人民政府。9 月 26 日，华北人民政府在河北省平山县王子村正式成立。自此，原晋冀鲁豫边区政府和晋察冀边区行政委员会已完成其历史使命，宣告撤销。董必武当选为华北人民政府主席，薄一波、蓝公武、杨秀峰当选为华北人民政府第一、二、三副主席，各部、会、院、行、厅、局负责人等也都完成了就职。华北人民政府的辖区随着人民解放战争的迅速发展，最后包括河北、山西、平原、绥远、察哈尔五省及北平、天津两市，时间从 1948 年 9 月到 1949 年 10 月，共计 13 个月。董必武同志

---

[*] 中国政法大学 2012 级法理学研究生。
[①] 毛泽东："新民主主义论"，见《毛泽东选集》（第 2 卷），人民出版社 1991 年版，第 663 页。

在就职典礼上郑重宣布:"现在政府各部门都成立起来了,这个政府是由游击式过渡到正规式的政府。正规的政府,首先要建立一套正规的制度和办法。"① 随后,他在《论新民主主义政权问题》的演讲中进一步强调:"建立新的政权,自然要创建法律、法令、规章、制度。我们把旧的打碎了,一定要建立新的,否则就是无政府主义。如果没有法律、法令、规章、制度,那新的秩序怎样维持呢?因此新的建立后,就要求按照新的法律规章制度办事。"② 因此,根据上述指导思想,尽管华北人民政府只存在了短短13个月,但是在这期间制定颁行的法律法令却覆盖各个方面,尤其是有关司法制度的规定,更是内容丰富和范围广阔。其中包括统一司法机关名称、建立刑事复核制度、建立减刑和假释制度、调解的适用以及创建司法训练班制度,等等。这些司法制度对于后来成立的中央人民政府,建立司法制度提供了有益的借鉴,具有非常重要的作用。

一、华北人民政府时期司法制度的主要内容

(一)统一华北人民法院组织体系

1. 规范司法机关名称,恢复各县司法组织

华北人民政府成立以后,在董必武的领导下,大力加强了人民民主法制的建设工作。③ 首当其冲的就是统一各行署司法机关名称,恢复各县原有司法组织。1948年10月23日,董必武与薄一波、蓝公武、杨秀峰以华北人民政府主席、副主席的名义发布了《华北人民政府通令》(以下简称《通令》)。这一《通令》规定各行署原有司法机关,一律改为"某某(地区名)人民法院",由华北人民政府统一颁发印信。《通令》还要求各行署转令各县政府恢复原有司法组织,并指出:"过去司法机关与民、教或公安局合并。

---

① 《董必武选集》编辑组:《董必武选集》,人民出版社1985年版,第207页。
② 同上书,第218页。
③ 《董必武传》编写组:《董必武传(1886—1975)》(下),中央文献出版社2006年版,第611页。

司法科（或处或人民法庭）所辖之监所与公安局之拘留所合并，工作极不便利，需要把它分开。"①《通令》的颁发，对恢复和加强人民法院组织具有积极的推动作用。根据《通令》的要求，在华北地区，从华北人民法院到各县设立的人民法院，先后建立了三百多个。

2. 建立行政监察制度

1948年8月，在华北人民政府建立前的华北临时人民代表大会上讨论并公布的《华北人民政府施政方针》中规定，在华北人民政府内，设立人民监察机关，以监督、检查、检举并处分政府机关和公务人员的贪污腐化，违法失职，并经常防止和反对脱离群众的官僚主义作风。谢觉哉先生也认为设立监察机构有其必要。②随后，1948年8月16日，华北人民政府根据《华北人民政府组织大纲》第7条的规定，设立了公安部、司法部、华北人民法院和华北人民监察院。华北人民监察院为行政监察机关，其主要任务为检查、检举并决议处分各级行政人员、司法人员、公营企业人员之违法失职、贪污浪费及其他违反政策、损害人民利益之行为，并接受人民对上述人员之控诉。

3. 建立审级制度

华北人民政府的司法审判是三级审判制度。《通令》中明确规定："县司法机关为第一审机关，行署区人民法院为第二审机关，华北人民法院为终审机关。"③但是一般案件以二审为止。如果有不服的而要求第三审时，由华北人民政府主席指定人员组成特别法庭，或发还华北人民法院复审为终审审理。各专区有司法机关的，不作为一级，而暂时作为行署区人民法院分院，专区的司法机关，不另设立。

（二）建立刑事复核制度

刑事复核制度是司法制度中极为重要的一个部分。它既连接上下级法院

---

① 中国法学会董必武法学思想研究会编：《华北人民政府法令选编》，第152页。
② 《谢觉哉日记》（下），人民出版社1984年版，第1277页。
③ 中国法学会董必武法学思想研究会编：《华北人民政府法令选编》，第152页。

的工作，又能使得下级法院在审判过程中具有审慎的态度。华北人民政府成立后，对于刑事复核制度给予了高度的重视，并先后颁布若干法令对其进行规范。

1. 死刑复核制度

1948年8月，在华北临时人民代表大会通过并颁布的《华北人民政府施政方针》中宣布："判处死刑的执行，除边沿区、游击区应由行政公署核准外，巩固地区一律经华北人民政府核准。"[1] 随后，在1948年8月16日颁布的《华北人民政府组织大纲》中明确"死刑之执行，并须经主席之核准，以命令行之"。[2] 这说明华北人民政府对于死刑的重视，体现了慎杀的态度。谢觉哉也曾在1948年10月8日与部长谈话时认为，死刑案必须宣判，不上诉的才复核。[3] 之后，为了指导、帮助司法干部准确掌握量刑幅度，尤其是对死刑的判定与复核，董必武与其他几位副主席在1948年10月23日联合颁发了《华北人民政府通令》。其中列举了若干个在处理死刑案件中存在的问题，并要求司法工作者应改变过去的司法作风，以保证司法程序的正确适用，还要求各行署、各直辖市专属及县、市政府处理死刑案件的审判工作时必须遵照毛泽东提出的三个条件：第一，禁止肉刑；第二，重证据、不轻信口供；第三，不得指名问供。但是，由于战争时期处于不稳定的环境，各地对于复核制度的实践都不统一，为此，华北人民政府于1949年3月23日颁布《为确定刑事复核制度的通令》以统一复核程序的适用。其中有关死刑复核程序的规定是："各县市人民法院各省各行署各直辖市人民法院及其分院，判处死刑的案件，被告声明不上诉或过上诉期限时，县市人民法院呈经省或行署人民法院转核，或省、行署、直辖市人民法院径呈华北人民法院复核，送经华北人民法院主席批准，始为确定之判决。"[4]

---

[1] 中国法学会董必武法学思想研究会编：《华北人民政府法令选编》，第12页。
[2] 同上书，第19页。
[3] 《谢觉哉日记》（下），人民出版社1984年版，第1277页。
[4] 中国法学会董必武法学思想研究会编：《华北人民政府法令选编》，第195页。

2. 有期徒刑、拘役和罚金复核制度

如上述内容所述，1949年3月23日颁布的《为确定刑事复核制度的通令》是华北人民政府为统一各地对于复核制度的实践而颁布的。其中有关有期徒刑、拘役和罚金的复核制度包括以下几点：第一，将各县市人民法院判处不满5年的有期徒刑、拘役和罚金的案件判决书呈请省或行署人民法院核阅。若其认为有复核必要的，则调卷复核。第二，对于各县市人民法院判处5年以上有期徒刑的案件，由原审机关呈送省或行署人民法院复核。第三，将各省、行署或直辖市人民法院判处有期徒刑、拘役和罚金的案件判决书呈请华北人民法院备查。若其认为有复核必要的，则调卷复核。

由此可见，这充分体现了华北人民政府对于刑事审判的重视，从而很好地避免了冤假错案的发生，保障了人民群众的人身安全。

（三）建立减刑、假释制度

华北人民政府早在1948年10月27日的《华北人民政府指令》中就已经对减刑假释的问题进行了规定。其后，在1949年1月13日的《华北人民政府训令》中为清理已决犯和未决犯的规定中，建立了减刑、假释制度。

1. 减刑

在《华北人民政府指令》中，华北人民政府就自新院中存在的问题给了具体的解决方法。其中就有关于减刑的程序，即把应减刑的具体案情及减刑的具体意见报告给各专署县府和司法机关，并在审查后提出减刑的具体条文，报告给华北人民政府批准后执行。

1949年1月13日的《华北人民政府训令》对减刑规定了详细的条件，为日后各司法机关裁判减刑提供了重要的参照标准。训令规定："对判刑无误之案犯，刑期执行满三分之一后，有下列情形之一者，得由监所呈报原判司法机关减刑，转呈行署核准执行。A. 经常遵守规则，遵守纪律者。B. 对于错误坦白真实，且有清楚认识者。C. 主动积极从事劳动，能完成任务与超过任务者。D. 学习经常，且能帮助别人者。E. 其他适合于减刑之行为者。前项减刑不得超过宣告刑三分之一，不得少于宣告刑十分之一，减刑后，合

乎假释条件者，应予假释，轻微案犯减刑后，所余刑期不满一年，认为无继续执行之必要者，得教育释放之。"①

2. 假释

《华北人民政府指令》对于假释的规定几乎没有，只有这样的一句话：令各专署县府和司法机关，把自新院案犯审查一次，应假释的仍照向例办理。但是《华北人民政府训令》对于假释的条件给予了详细的规定。训令规定："监所对案犯之合乎下列条件者，应备具理由报请该管司法机关，转呈行署核准假释：A. 对所犯罪行有深切认识，且悔改有据者。B. 无期徒刑，执行逾八年，有期徒刑逾二分之一者，但半年以下有期徒刑不在此限。"②

（四）建立民间纠纷调解制度

在华北人民政府时期，华北解放区对于民事案件和轻微刑事案件是倡导以调解的形式解决矛盾的。由此，华北人民政府为规范调解方式，于1949年2月25日作出了《关于调解民间纠纷的决定》，从调解的重要、调解的组织和调解的范围三个方面对调解进行了详细的规定。另外，谢觉哉同志也在其《关于调解与审判》一文中对调解的方式和内容提出了自己的观点。

1. 调解的重要

"调解可使大事化小、小事化无；可使小事不闹成大事、无事不闹成有事。增加农村和睦、节省劳力以从事生产。"③ 调解是人民的民主生活的一部分，凡是可以调解的事，如调解好了不仅保全和气、不费钱、少误工，而且平心静气地讲理，辨明是非，教育的意义很大。据统计，在华北人民政府期间，有的县以调解解决的占全部案件的70%以上，有的村区甚至更多。这说明了调解对于加强人民团结、节省钱财、提高生产以支援前线起了非常重要的作用。

---

① 中国法学会董必武法学思想研究会编：《华北人民政府法令选编》，第185页。
② 同上书，第185~186页。
③ 全国政协《谢觉哉文集》编辑办公室：《谢觉哉文集》，人民出版社1989年版，第593页。

2. 调解的组织

谢觉哉同志曾在1944年的《关于调解与审判》的一文中提出调解的方式有三个：第一，群众调解；第二，政府调解；第三，审判与调解结合，即马锡五同志的审判方式。[①]《关于调解民间纠纷的决定》基本按照谢觉哉同志的思路将调解的组织规定为双方的亲友邻居及村干部、政府和法院。具体而言是：(1) 依靠公正的双方当事者的亲友邻居及村干部。(2) 政府调解。村政府应设调解委员会，委员由村人民代表会选举或村政府委员会推举均可，但村主席须是当然委员或兼任主任委员。区公所依工作繁简可设调解助理员，或设调解委员会。(3) 司法调解。若有必要，已起诉到县司法机关的案子，也可调解，方式有：一是法庭调解；二是庭外调解；三是审判员到当地召集群众，找出大家接受的和解方法[②]（如马锡五审判模式）。

3. 调解的范围

调解是自愿服从，审判是强制服从，因此调解的范围是受到限制的。《关于调解民间纠纷的决定》中详细规定了调解的范围。主要有：(1) 凡民事案件，均得进行调解，但不得违反法律上之强制规定。例如，法令禁止买卖婚姻、禁止早婚、禁止超过规定的租金或利息。(2) 凡刑事案件除损害国家社会公共治安及损害个人权益较重者不得进行调解外，其余一般轻微刑事案件，亦得进行调解。[③]

4. 调解的内容

调解的内容包括以下几点：(1) 要取得双方当事人的完全同意，不可有稍微强迫；(2) 要虚心听取群众意见，像郭维德同志说的："群众是面镜子，什么事都能照见"；(3) 主持调解的人要能提出各方面都能顾到而又恰当的解决方法；(4) 要随时注意积极方面；(5) 要善于转变当事人情绪，凡争多

[①] 全国政协《谢觉哉文集》编辑办公室：《谢觉哉文集》，人民出版社1989年版，第593~594页。
[②] 中国法学会董必武法学思想研究会编：《华北人民政府法令选编》，第191~192页。
[③] 同上书，第192页。

是"一时之气",气一平什么都好说。①

(五) 建立司法干部训练制度

司法建设的各项工作都需要司法工作者进行,因此,在华北人民政府成立初期,对于司法工作者的需求是非常大的。但是当时在废除《六法全书》、创建新法的过程中,旧的司法工作者不论理念还是知识都不契合华北人民政府的民主统治。由此,司法培训班成为教育和培养司法工作者不可缺少的一部分。

在当时的历史条件下,华北人民政府于1948年10月18日发布的《华北人民政府通令》决定在1948年度分四期轮调全区县级以上司法干部来司法部训练,并就轮训干部的条件、人数和受训干部需带来的材料等提出了具体要求。

谢觉哉在1949年1月的《在司法训练班的讲话》中明确指出,"我们的司法,是新的司法。"② "在旧社会,司法工作者确是这样的:手拿着《六法全书》,学的时候,一条一条地念,用的时候,一条一条地套。这种方法在我们今天已经不适用了。"③ 谢觉哉认为司法工作者在判案时应遵从毛泽东提倡的调查和研究之方法,并且司法工作者应该一面办案,一面考虑案件的社会原因。只有这两者的结合,司法工作才能适应现实的社会,并对社会发挥重要的司法裁判作用。

二、华北人民政府时期司法制度的特征及价值

(一) 华北人民政府时期司法制度的特征

1. 具有独特而鲜明的过渡性

华北人民政府是中国共产党为准备建立新中国而进行的一次政权建设的

---

① 全国政协《谢觉哉文集》编辑办公室:《谢觉哉文集》,人民出版社1989年版,第594页。
② 同上书,第643页。
③ 同上书,第646页。

实践活动，具有独特而鲜明的过渡性。由此在其经历的13个月内建立的各种司法制度也具有相同的过渡性。在革命快要在全国胜利时，新的法律与司法制度以及新的法律理论，必须更明确地有系统地建立起来，以适应新中国建设的需要。

华北人民政府是在晋察冀边区与晋冀鲁边区连成一片的基础上成立的。在这一时期，有许多的问题需要华北人民政府解决，尤其是司法上的问题，如治安问题、监察问题、积案问题。这些问题都对华北人民政府提出了艰巨的挑战。为解决这些问题，华北人民政府发布了许多法令、通令等一系列法律法规，并建立了司法制度。例如，为统一人民政权做准备，统一了华北人民法院组织体系，并建立了三级两级终审制度以及死刑复核一律由华北人民政府核准的制度。又如，为彻底打破旧政权，华北人民政府决定废除国民党的《六法全书》及一切反动法律。"旧的必须彻底粉碎，新的才能顺利成长。"[①] 我们必须将我们身上的枷锁打破，才能在新的政府统治下得到重生。再如，由于解放地区逐渐扩大，土地改革基本完成，清理案犯，使其得到及时、合理的处置成为当务之急，因此，这一时期的清理案犯制度具有独特性。

由此可以看出，华北人民政府时期的司法制度内容丰富，对原有的司法制度进行了发展，同时也创建了许多新的司法制度，具有独特而鲜明的过渡性。这些制度对处于当时历史条件下的华北人民政府来说，是具有稳定根据地、创建统一政权的作用的。同时，这些制度对后期建立新中国的法制建设也具有重要的基础性作用和借鉴意义。

2. 为恢复和发展生产服务

华北人民政府成立初期，人民需要安定，恢复疮痍，重创家业，但没有全面解放的时局总使得人民的生活处于不安定的状态。因此，华北人民政府为解决这一现实问题，颁发了许多法令、政令，对那些打破治安秩序的反动

[①] 中国法学会董必武法学思想研究会编：《华北人民政府法令选编》，第197页。

分子给予了严厉的打击。此外,华北人民政府还肩负着支援战争的重任,因此,恢复和发展生产是华北人民政府将要承担的重要职能。由此,1948年8月11日华北人民政府颁布的《华北人民政府施政方针》规定:"为了进一步建设华北,从明年起,政府应编制较广泛、较长期的(比如二年)经济建设计划,包括发展国营经济和合作社经济及有计划地帮助对国民生计有益的民族工商业,而以国营经济做领导,以便把华北范围内的整个国民经济逐渐推向有组织、有计划的发展道路上去。"①

在这种历史背景下,华北人民政府建立了行政监察院,并沿用晋冀鲁豫审检所的经验,决定以经济建设为重点进行调查。谢觉哉在1949年8月的《司法工作报告》中指出,"依据一年来的经验,我们认为监察工作的对象,应着重在经济建设,尤其是公营企业及公有财产"。②

由此可以看出,华北人民政府时期的监察制度对于当时的经济建设是有重要的监督作用的,是为恢复和发展生产服务的。

3. 以马列主义思想为基础

华北人民政府建立后,在顺应新时期发展的过程中,于1949年4月颁布了废除国民党的《六法全书》以及一切反动法律的《华北人民政府训令》。其实,早在1948年10月董必武在《论新民主主义政权问题》的演讲中就强调:"建立新的政权,自然要创建法律、法令、规章、制度。我们把旧的打碎了,一定要建立新的,否则就是无政府主义。如果没有法律、法令、规章、制度,那新的秩序怎样维持呢?因此新的建立后,就要求按照新的法律规章制度办事。"③ 随后,《华北人民政府训令》要求各级人民政府,特别是司法工作者,要用全副精神来学习马列主义——毛泽东思想的国家观、法律观,学习新民主主义的政策、纲领、法律、法令、决议,制定出新的较完备的

---

① 中央档案馆编:《共和国雏形——华北人民政府》,西苑出版社2000年版,第118页。
② 全国政协《谢觉哉文集》编辑办公室:《谢觉哉文集》,人民出版社1989年版,第663页。
③ 《董必武选集》编辑组:《董必武选集》,人民出版社1985年版,第218页。

法律。①

由此可以看出，华北人民政府时期的司法制度是在打破旧的资本主义法律观，并在马列主义思想上建立起来的。此后，在1950年7月26日召开的第一届全国司法工作会议上，朱德进一步强调："如果我们的司法干部都能确定马列主义的国家观和法律观，同时又具有坚强的群众观点，依靠群众去进行工作，就一定能把司法工作做好。"②

（二）华北人民政府时期司法制度的价值

1. 为新中国的法制建设奠基

华北人民政府虽然只有短短的13个月，但是在董必武主席的领导下，做了大量富有成效的工作，不仅为中央人民政府的成立做了大量的准备，奠定了新中国成立的基础，成为中央人民政府的雏形，而且为新中国司法制度的建立奠定了良好的基础，成为新中国司法制度的雏形。

例如，在华北人民政府时期建立的审级制度。县司法机关为第一审机关，行署区人民法院为第二审机关，华北人民法院为终审机关。一般以两审为终审。新中国成立之后也基本延续这样一种审级制度，即使直到目前，现在的审级制度也是在其基础上增加了一级，即四级两审终审制。又如，在华北人民政府时期被规范化的调解制度。调解这一社会规范在中国具有悠久的历史。远在厌讼的古代，调解就是解决社会纠纷的一个重要的制度。华北人民政府根据调解在实践中所起的作用，对调解这一制度进行了规范化，明确了调解的重要性、内容和范围等。这一被规范化的调解制度对后期建立适应时代的调解制度奠定了良好的基础。再如，为体现慎杀思想而建立的死刑复核制度。死刑复核制度并不是在华北人民政府时期才首创，它是由古代的"二复奏""三复奏"制度演化而来的。这一一直延续的制度对于新中国成立后建立的死刑复核程序具有重要的意义。华北人民政府时期的许多其他的司法制度都

---

① 《董必武年谱》编纂组编：《董必武年谱》，中央文献出版社2007年版，第327页。
② 《朱德年谱》，人民出版社1986年，第347页。

为新中国成立后建立司法制度奠定了良好的基础。

2. 弥补法制不健全的缺陷

在废除国民党的《六法全书》及一切反动的法律之后，法制建设出现了很大的空白。由此，华北人民政府建立了一系列新的法律、法令等。但旧的司法工作者若不进行改造则无法适应这一系列新的法律思想下建立的各项制度，因此，建立司法干部训练制度就在当时的背景下如火如荼地开展了起来。

此外，刑事复核制度对于弥补法制不健全也是有重要意义的。在1949年4月的《华北人民政府训令》中明确要求各级人民政府的司法审判，不得再援引《六法全书》的条文。但事实上，自抗日战争以至解放战争时期，中国共产党领导各个根据地制定了许多刑事法令，但这些刑事法令中大量是关于汉奸、反革命等政治性犯罪的规定，对于普通的刑事犯罪则规定较少。在这一历史背景下，刑事复核制度的建立有利于弥补法制不健全的缺陷，以防止出现冤假错案。

三、结语

华北人民政府是在解放战争行将结束，为在和平环境下成立的中央人民政府做准备而建立的共产党领导下多党合作的人民民主专政的政权，所以十分注意实行依法治国，十分注意进行法制建设，在建立健全法规制度方面做了极大的努力，虽然只历时13个月，但是其创建的一系列法律法规几乎涵盖了所有方面，尤其是有关司法制度的规定，更是相当完备。无论是统一司法机关的规定还是调解的适用等，都体现了司法制度的合理性，而司法实践的灵活掌握，更使得法律的施行契合社会现实。传统之所以存在，是有其存在的意义的。我们应该汲取前人的司法智慧，继承那些合理的具有深厚生命力的司法制度，为早日实现中华民族社会主义法治的中国梦做出贡献。

华北人民政府司法制度研究

胡丽燕[*]

一、华北人民政府司法制度的社会历史背景

在新民主主义革命即将取得胜利的时刻，中共中央为了适应形势的发展，为了探索新中国政权建设，决定建立华北人民政府。1948年9月，华北临时人民代表大会召开，华北人民政府正式成立。薄一波回忆说：中共中央交给华北人民政府的重要任务是，"摸索、积累政权建设和经济建设的经验，为全国解放后人民共和国的建立做准备。"在中央的直接领导下，华北人民政府为中央人民政府的成立，做了组织上的准备。中央人民政府的许多机构，就是在华北人民政府所属有关各机构的基础上建立起来的。[①] 它不仅将晋冀豫、晋察冀两大解放区连成一体，有力地支援了解放战争，而且还形成新中国中央人民政府的雏形，着手于民主宪政和经济建设。在中国革命政权和民主政治制度史上，具有划时代的历史意义，奠定了新中国政权体制的基础。

在华北人民政府成立以后的短短几年内，其颁布了一系列的法令法规，涉及政治、经济、科教文卫、交通、水利，还有司法制度等不同的方面。深入研究华北人民政府的各种制度，这不仅仅有利于客观全面地审视华北人民政府时期的历史面貌，而且更为重要的是理解在华北人民政府基础上成立的新中国的各种制度，从而去努力走近历史的真实，发现历史发展中规律性的

---

[*] 中国政法大学法学院2007级研究生。
[①] 薄一波：《七十年奋斗与思考》，中共党史出版社1996年版，第478页。

东西。特别是它当时的司法制度，对后来新中国的法制建设产生了巨大的影响，有着重大的意义。

二、华北人民政府司法制度的建设基础

华北人民政府的主席董必武是中共一大的代表之一，其资历之深人所共知。董必武在任华北人民政府主席期间，有一个相对和平安定的环境来实践他的政治理念，尤其在政治建设、经济建设和司法建设方面均有其独到的见解和杰出的贡献。所以，我们可以说董必武对华北人民政府的司法制度的重视是其建设基础。

1948年9月26日，董必武率领当选的华北人民政府委员会及全体干部就职，宣告华北人民政府成立，并在就职大会上讲话。董必武说："现在人民解放战争正引向蒋管区，华北土地改革已基本完成"，这就决定了华北人民政府是从原来根据地游击式过渡到正规式的政府。正规的政府要有正规的规章制度，要有一套切实可行的办法来确保依法行政，"我们要向人民负责，人民要求我们办事要有制度、有纪律，无纪律无制度一定办不好事情。政府规定的制度一定要遵守，不遵守就是违反纪律"。在政府成立之初，董必武的话语中已经透射出了对于法制建设的重视。

司法制度的建设，不仅仅使华北人民政府的各项工作建设能"有法可依""依法行政"，更重要的是为中央人民政府成立后工作的有序开展打下了坚实的基础。

三、华北人民政府的司法制度的主要内容

在董必武的领导下，华北人民政府极其重视法制工作。在短短一年多的时间里，《华北人民政府组织大纲》《华北区村县人民代表会议代表选举条例（草案）》《华北区农业税暂行条例（草案）》《华北区暂行审计规程》《华北区商标注册办法》等大量的法律、法规和条例制定颁布。为了保证制定的法律不至于被束之高阁，华北人民政府通过召开司法培训班、座谈会等形式培

训司法干部，发布相关指示，阐释法制工作的重要性。

（一）华北人民政府的司法工作，首先体现在废除国民党制定的法律的工作上

要加强法制建设，但必须彻底废除国民党制定的为其服务的法律，这是华北党政的共识。1949年4月1日，华北人民政府颁发了法行字第八号《华北人民政府训令》，指出国民党反动统治阶级的法律是广大劳动人民的枷锁，废除国民党的六法全书及其一切反动法律。各级人民政府的司法审判，不得再援引其条文。各级司法机关办案，有纲领、条例、命令、决议等规定的服从规定，没有规定的照新民主主义的政策办理。各级人民政府特别是司法工作者，要用全副精力来学习马列主义——毛泽东思想的国家观、法律观，学习新民主主义的政策、纲领、法律、法令、决议，来收集与研究人民自己的统治、经验，制定出新的较完备的法律来。[①]

（二）华北人民政府在废除旧法的同时，颁布了一系列的新法律规范，体现了它在司法制度上"立新"的一面，其涉及的具体法律制度包括五个方面

1. 复核制度

在司法制度中，复核制度的制定是极其重要的一环。因复核制度不仅能加强各级法院上下级的联系，交流工作经验，提高司法理论，及便利上级法院检查，监督下级法院与掌握政策法令在审判中的正确执行，使各级法院慎重地处理各项诉讼，把案件办理得更好。[②] 华北人民政府在成立之后，对于复核制度在司法程序中的运用极为重视，曾几次颁布法令予以关注。

抗战时期，为了即时结案，处理手续比较简单。这样的作风延续到华北人民政府，特别是死刑复核案件。为此，华北人民政府于1948年10月23日颁布的法行字第三号《华北人民政府通令》，要求各行署、各直属市专署及

[①] 中国法学会董必武法学思想研究会编：《华北人民政府法令选编》，内部资料，第196页。

[②] 同上书，第194页。

各县、市政府慎重处理死刑案件的审判工作。首先，审判工作必须遵守毛泽东所提出的三个条件：第一，禁止肉刑；第二，重证据，不轻信口供；第三，不得指名问供。其次，研究案情决定判罪，得由该政府各级负责人组成司法委员会，但必须有审判负责人参加研究与决定。还规定判决书要写明上诉期，并送达被告，被告如果对判决不服而提起上诉时，该原审机关即应将上诉状检同卷判，呈送上级司法机关，不得扣留与阻止。①

此后，1949年3月23日，华北人民政府颁布法行字第七号《为确定复核制度的通令》，确立了具体的复核制度。

第一，各县市人民法院判处不满5年的有期徒刑、拘役或罚金的案件卷宗呈请省或行署人民法院核阅，发现问题后认为有复核的必要即调卷复核；第二，对于判处5年以上的案件，原被告人声明不上诉或过了上诉期限，则由原审判机关呈请省或行署人民法院复核，若认为原判不适当，得行改判或发还更审；第三，各级法院判处的死刑案件，最终要送往华北人民法院复核，并最终需要华北人民政府主席的批准确定；第四，各省、行署或直辖市人民法院判处的有期徒刑、拘役或罚金的案件，在将判决书呈送华北人民法院备查后，如果认为某案有复核的必要，得调卷复核。② 由此可见，有期徒刑案件的复核决定权在于其直属上级机关，而死刑案件则需要华北人民法院及华北人民政府主席，这不但尽量避免了冤案假案的产生，体现了对人民群众生命的重视，更重要的是在程序上确保了复核制度的严谨性，为司法制度的完善提供了保证。

新中国成立以来我国死刑核准权在整体上经历了一个分散——集中——再分散——再集中的演变过程。新中国成立之初，死刑案件的核准权是由最高人民法院和高级人民法院共同行使的。到1957年，死刑核准权从收归由最高人民法院统一行使；但是，"文化大革命"期间，死刑核准权受到严重的破坏；20世纪80年代以后，随着改革开放的全面展开，我国的社会治安形

---

① 中国法学会董必武法学思想研究会编：《华北人民政府法令选编》，内部资料，第154~155页。
② 同上书，第194~195页。

势也日益严峻,恶性刑事犯罪的案发率迅速上升,为了有力打击犯罪,死刑核准权又被多次下放。期间,发生了不少冤假错案,引起不少争议。于是,在 2005 年 10 月,死刑核准权被宣布要重新收归最高人民法院统一行使。

华北人民政府的死刑复核制度有着严格的程序要求,其相对于新中国成立以后的死刑复核制度的多次反复,不能不说有先见之明。死刑核准权的下放,会造成二审程序与死刑复核程序合二为一的不利局面,使死刑复核程序形同虚设,不利于有效发挥其纠错与保障功能,难以保证死刑案件审判的公正性。华北人民政府的立法者们正是看到这一点,才要求把死刑复核收归华北人民法院及华北人民政府主席。我们新中国成立以后的最高人民法院在曲折反复之后,终于认识到前人的智慧,统一死刑的适用标准,提高死刑案件的办案质量,维护司法公正和国家法制的统一,是死刑复核程序真正价值得以实现的前提和保证。

2. 审级制度

在华北人民政府成立之前,由于处于被敌分割的状态,晋察冀与晋冀鲁豫根据自身的实际情况,形成了独具特色的审判制度。而随着华北人民政府的成立,此种状况已不适应形势发展的需要。为了加强法制建设,华北人民政府于 1948 年 10 月 23 日发布了法行字第三号和法行字第四号《华北人民政府通令》通令,责令成立各级司法委员会,发挥研究案情决定判罪的作用。并且,统一了各行署司法机构的名称,恢复各县原有司法组织及审级,规定了司法机关的审级制度。因而,华北人民政府规定县司法机关为第一审机关,行署区人民法院为第二审机关,华北人民法院为终审机关。各直辖市人民法院为各该市第一审机关,华北人民政府为第二审机关。一般案件即以二审为止,如有不服要求三审时,由华北人民政府主席指定人员组成特别法庭,或发送华北人民法庭复审为终审审理之。各专区之有司法机关者,不作为一级,暂时为行署区人民法院分院。专区无司法机关者,不另设立。[①] 解放后,两

[①] 中国法学会董必武法学思想研究会编:《华北人民政府法令选编》,内部资料,第 152 页。

审终审的审级设置得到认可，并且一直延续到今天，可见华北人民政府的审级制度设计得十分科学、合理，为后来的审级制度建设奠定了坚实的基础。

为了解决实际的建立过程中各地名称不一致，为工作带来了一定不便的问题，1949年3月22日，华北人民政府发出法行字第六号《为各级司法委员会改为裁判研究委员会通令》，决定裁判研究委员会为统一的名称，并规定裁判研究委员会以司法机关负责人为主任委员，主审员、县长、公安局长及选聘的其他民众团体负责人为委员，并提出裁判委员会负责研究司法机关已经审理后的死刑及五年以上有期徒刑的重大刑事案件，及有关政策原则要慎重考虑决定或请示的民事案件。[①] 裁判研究委员会的规范化诞生，不仅对于重大的刑事民事案件起到了更加审慎的监督作用，而且对审判制度的完善和严肃具有积极作用。

3. 调解制度

在中共的司法实践中，调解制度对于加强人民团结，免去人民因讼争而伤财费时，能使用更多的力量从事生产支前，发挥了非常重要的作用。这是因为许多纠纷都发生在基层，各解放区政府对于民事案件及轻微刑事案件，提倡调解，重视调解工作。民间纠纷因调解而解决的在各县占的比例都很大。

华北人民政府在继承和总结老解放区调解工作经验的基础上，还作了一些专门决定，颁布了一些规程和条例。1949年2月25日，华北人民政府做出了《关于调解民间纠纷的决定》。该决定规定了调解进行的方式，首先应依靠公正的双方当事者的亲友邻居及村干部，他们对事情比较清楚，关系又较密切，如果能有正确的观点，能于纠纷开始时即使之消弭，且也常做得恰当。其次是政府调解，区村政府应接受人民调解的请求。为进行此项工作，村政府应设调解委员会。最后，已起诉到县司法机关的案子，如认为必要，也可以调解，其方式：一是法庭调解；二是指定双方所信任的人在庭外调解；三是审判人员到有关地点，召集当地群众，大家评理，借以找出双方都能接

[①] 中国法学会董必武法学思想研究会编：《华北人民政府法令选编》，内部资料，第193页。

受的和解办法,是调解也是审判。①

《关于调解民间纠纷的决定》还规定了调解的范围,凡是民事案件,均得进行调解。但不得违反法律上之强制规定。凡刑事案件,除损害国家社会公共治安及损害个人权益较重者不得进行调解外,其余一般轻微刑事案件,亦得进行调解。

调解以劝说为主,但是也必须依据政策法令,提出必要的处置办法,无原则的"和稀泥"是不对的。也不应强人服从,其有坚持不服者,应即依法进行审判。

调解如果逾越范围,不应调解的也调解了,或者处理不适当的,经县司法机关指令纠正或者撤销时,调解人或者机关及双方当事人均应服从,不得违抗。②

同时,华北人民政府规定案件要及时处理,可以成为诉讼,但能调解者,即进行调解。调解不成或非调解的案件,一定要定期审理,不能为了追求调解而久拖不决。在抗战期间,人民诉讼曾经有重于区村调解工作;调解不成,由区或村政府介绍到县政府解决。但后来有的区村干部基于个人意气,不服调解者,也不给写介绍信。有的县司法机关,没有区村的介绍信,即不受理,以致有许多人含冤莫伸。1948年11月23日,华北人民政府颁布法行字第七号《华北人民政府通令》,规定:把区村介绍制度取消,日后人民纠纷在区村能调解者调解之;不能调解时,任凭当事人到县司法机关起诉;即不经调解亦可直接向县司法机关起诉,县司法机关必须予以受理,不许再往区村推。③ 案件的当场解决,不但节省了人力物力,对于减少案件的积压也是十分重要的。

调解大大节约了司法资源,被人誉为"东方经验"。新中国成立以后,民事调解制度继续发扬光大,即使在法治进步的今天,调解制度仍然是处理

---

① 中国法学会董必武法学思想研究会编:《华北人民政府法令选编》,内部资料,第191页。
② 同上书,第192页。
③ 同上书,第169页。

民事纠纷的首选方案。法官在审理一个案子的过程中，无论是审判或者是调解，为了更好地解决问题，都必须主动或被动地运用"灵活司法"，特别是善于用调解结案。全国十佳法官的事迹，他们中的大部分人在审判时，不用专业的法言法语，而是老百姓听得懂、能够明白的乡土乡语，大多数案子以调解结案，群众非常满意，当选十佳。华北人民政府关于民事调解的一些原则，比如调解自愿，不能久调不审，调解并非不要程序等，都得到很好的继承。

4. 清理积案制度

由于司法干部少，并且在处理案件的观点与方法上不适当，当时华北人民政府形成了许多积压案件。在《论加强人民司法工作》一文中，董必武写道："法院应该简化自己的办事手续，打破成规，改变作风……。照成例，过去判一个案子，总是要先递呈子，再把呈子送到主办人手上，再送到审判官那里去审，不知道要经过多少手续。照成例，还要写判决书，判决书上还一定要有主文、理由、事实……一大篇，写的人很费力。我们要打破这种成例，改变作风，这是减少积案的一种办法。"于是，华北人民政府为了提高司法审判工作的水平和案件质量、减少积案，于1949年5月21日专门发出法行字第十七号《华北人民政府训令》，要求各行署、各直辖市政府各级领导肯于调查研究，从受理新案和清理旧案两方面入手。[①] 总之，必须明确对人民负责，为人民服务的观点，减少积案，为人民办实事。

5. 其他制度

除了上述规定以外，华北人民政府还统一取消诉讼费，以利于人民的诉讼。同时还规定了因粮等制度，完善司法制度，维护广大人民群众的合法权益。

四、结语

我们从华北人民政府的司法制度可以看出，华北人民政府的法治思想是

[①] 中国法学会董必武法学思想研究会编：《华北人民政府法令选编》，内部资料，第200页。

以法为本，依法治国，依法行政。它在基于对解放区的真实情况的了解和分析之上，制定出了与当时的社会环境相符合的法律法规。不仅仅用法律来规范民众，同时也制约政府的行为，使当时处于动荡的社会中的民众真实地感受到了法治。也让我们了解到，在我们党、我们国家的发展历程中，法治一直是我们的目标与行动指南。我们不能否认华北人民政府的司法制度对新中国法制建设所产生的巨大的影响，它为新中国的司法制度确立了原则和基本的制度，为新中国的司法制度建设奠定了良好的基础。比如上文中提到的复核制度、审级制度、调解制度及其他一些司法制度，不仅在当时发挥极大的作用，在新中国成立后，甚至今天，都有不可替代的影响。我们今天来研究那个时期的司法制度，更加有利于研究和了解我们现在的司法制度。

参考文献

[1] 中国法学会董必武法学思想研究会编：《华北人民政府法令选编》，内部资料。

[2] 河北省档案馆：《华北人民政府司法部工作报告》。

[3] 中央档案馆编：《共和国雏形——华北人民政府》，西苑出版社2000年版。

[4] 《董必武法学文集》，法律出版社2001年版。

[5] 《董必武政治法律文集》，法律出版社1986年版。

[6] 《董必武选集》，人民出版社1985年版。

[7] 薄一波：《七十年奋斗与思考》，中共党史出版社1996年版。

[8] 陈光中、徐静村主编：《刑事诉讼法学》，中国政法大学出版社2000年版。

从"人民司法"到"司法为民"

——董必武人民司法思想的继承与发扬

姜登峰*

董必武（下称董老）是新中国法制建设的主要奠基人和长期从事政法工作的卓越领导人，是中国共产党内坚决主张实行法治的第一人。董老一生"执著追求法治理想，以实现社会结构公正为先；全面构建社会主义法治秩序，以形式正义为据；总体推进社会主义法治建设，以有法必依为重；树立社会主义法制权威，以治权为要"[1]。其法制思想涵盖立法、司法、守法、法学研究、法律人才培养等诸多方面，其中人民司法思想在新中国国家政权建设过程中发挥了重要的指导作用，是董老法制思想的重要支柱之一[2]。在当下，中国正处于以"践行司法为民 加强公正司法 提供司法公信力"[3]为主题的司法改革进程中，研究董老的人民司法思想，对于推进司法现代化，提升司法公信力，建设社会主义法治国家无疑具有重大的理论价值和现实意义。

---

* 姜登峰，中国政法大学法学院副教授，法学博士。

[1] 祝铭山、孙琬钟：《董必武法学思想研究文集》，人民法院出版社2001年版，第212页。

[2] 人民司法和依法办事，是董老法律思想大厦最重要的两个支柱。参见吕伯涛："董必武：人民司法传统的缔造者、传承者和发展者"，载《法学杂志》2011年第10期。

[3] 2013年10月，最高人民法院发布《关于切实践行司法为民大力加强公正司法不断提高司法公信力的若干意见》，要求各级人民法院深入贯彻落实党的十八大关于加快建设社会主义法治国家的重大部署和习近平总书记关于法治建设的重要论述，积极回应人民群众对于新时期人民法院工作的新要求和新期待，切实践行司法为民，大力加强公正司法，不断提高司法公信力，充分发挥人民法院的职能作用。该意见体系完整、内容全面、目标明确、要求具体，可谓最高人民法院新一届党组的"一号文件"，人民法院当前和今后一段时期的发展路径和工作目标，一览无遗。

一、董必武人民司法观的基本内容

(一) 人民司法的价值理念

司法理念是指导司法制度设计和司法实际运作的理论基础和主导价值观，也是基于不同价值观对司法功能、性质和应然模式的系统思考①。司法最基本的理念是司法公正。"司法为民"则是当代中国对司法公正的实质性解说②。任何社会的司法实践总是遵循着特定的司法理念，而人民司法的实践则必然遵循"人民司法"的理念。司法理念决定着司法实践的性质和方向。董老在领导政法工作的实践中，于1950年第一届全国司法会议中对全国的司法干部阐释了"人民司法"的基本精神，也即"人民司法"的理念。该理念是"把马、恩、列、斯的观点和毛泽东思想贯彻到司法工作中去"，其最基本的内容是坚持群众路线的观点，即司法要与群众联系，为人民服务，保障社会秩序，维护人民的正当权益。群众路线这种"人民"的观点是对"人民司法"最一般的认识，离开这个最一般的认识，"司法工作根本谈不上是人民司法工作"③。

近年来，最高人民法院根据人民法院的性质，在总结人民司法传统、遵循法院工作规律的基础上提出"公正、廉洁、为民"的司法价值观④；倡导"能动司法"理念；根据"三个至上"的司法根本指导思想，最高法进而提出坚持"为大局服务，为人民司法"的理念，并将其作为人民法院工作的主题。从人民司法到司法为民，就是在坚持董老人民司法的思想理念的前提下司法理念的新发展。虽然时代的变迁改变了司法为人民服务的实践路径和制

---

① 范愉："现代司法理念的建构"，载《检察日报》2001年7月17日，第3版。
② 张志铭："社会主义法治理念与司法改革"，载《法学家》2006年第5期。
③ 《董必武法学文集》，法律出版社2001年版，第45页。
④ 2010年3月，在第十一届全国人民代表大会第三次会议上，最高人民法院院长王胜俊提出了人民法官应树立公正、廉洁、为民的司法核心价值观。在新形势新任务下，这既对司法工作提出了新要求，也为司法工作指明了新方向。最高人民法院于2010年8月5日公布了《关于进一步加强人民法院文化建设的意见》(法发〔2010〕31号)，以正式文件的形式将公正、廉洁、为民的司法核心价值观确立下来。

度样态，但蕴于其中的人民司法的价值理念却穿越历史的时空，在我国司法文明的历史长河中闪烁着耀眼的光芒。

（二）人民司法的基本特征

1. 人民司法的根本目的：巩固人民民主专政

在新中国成立伊始，国家的各项工作的开展可能都离不开对新生的人民政权的巩固，没有这个前提和基础，就根本谈不上国家和社会的建设与发展。作为与政权建设密切关联的政法工作就是在和平背景下巩固人民政权最重要的手段之一。董老指出："政法工作有没有方向呢？我们说有，就是巩固人民民主专政。"在谈到司法工作时，董老指出："我们应该认识到司法工作是国家政权的重要组成部分，是镇压反动派，保护人民的直接工具，是组织与教育人民群众做阶级斗争的有力武器"。也就是说人民司法工作的目的就是要加强对敌专政，组织人民群众和教育人民群众开展对敌斗争，在巩固人民民主政权的同时，也维护了人民群众根本利益。董老这样的思想是和当时新中国刚刚成立时的历史背景分不开的，在激烈尖锐的革命斗争结束后，通过司法工作打击反动势力，解决人民内部矛盾，维护人民群众利益。站在历史角度看，巩固人民政权应该是人民司法应有的功能，也是其基本内涵之一。

2. 人民司法的价值核心：维护人民利益

新中国的法制是人民民主政权组成部分之一，是人民当家作主的法制，这就决定了它的核心价值必须维护人民利益。虽然有学者将董老人民司法的理论属性概括为政治性、法律性、人民性，且认为人民性集中体现了人民司法的特点，即司法属于人民、司法为了人民、司法依靠人民[1]，也有学者将董老的理论体系概括为：作为理论基石的人民主权论、作为理论核心的形式正义论、作为理论目标的法律权威论[2]。这些论述对董老人民司法思想的阐述并不全面，也缺少深度，多少有些隔靴搔痒之感。作为新中国政权组成部

---

[1] 吕伯涛："坚持实事求是思想路线 探求社会主义建设规律"，见《董必武法学思想研究文集》（第八辑），人民法院出版社2009年版，第14页。

[2] 夏锦文："董必武人民司法思想的理论体系"，载《江苏社会科学》2006年第6期。

分的司法权，在人民民主专政下，其人民性自不待言，但是董老的人民司法思想更大程度上也强调司法权或司法机关的工具意义、工具价值，具有很强的操作性，即司法应该成为维护人民利益的工具、手段，而非仅仅在应然层面宣示"权源出自群众"。①

董老曾在多个场合反复强调司法权或司法机关作为一种治国理政的工具，应当成为维护人民利益的工具。在《废除国民党的六法全书及其一切反动法律》一文中，董老指出："人民要的法律，是为了保护人民大众的统治与镇压封建地主、买办、官僚资产阶级的反抗""人民法律的内容，比任何旧时代统治者的法律，要文明和丰富，只要加以整理，即可臻于完备"。董老在第一次全国司法工作会议中明确指出："人民司法基本观点之一是群众观点，与群众联系，为人民服务，保障社会秩序，维护人民的正当权益"。② 在1953年召开的第二届全国司法工作会议上，董老对人民司法的本质作了更为精辟的阐述，"确认人民司法是巩固人民民主专政的一种武器；人民司法工作者必须站在人民的立场，全心全意地运用人民司法这个武器；尽可能采取最便利于人民的方法来解决人民所要求我们解决的问题。一切这样办了的，人民就拥护我们，不然人民就反对我们"。③

董老的这些论述深刻阐释了人民司法的内涵是以维护人民利益为最终目标，但由于"人民利益"本身的复杂性与多样性使得人民司法最终目标的实现需要更为可行的、更为细化的制度保障，然而这对于百废待兴的新中国来讲多少有些苛求。

3. 人民司法的根本保障：坚持共产党领导

人民司法工作作为党的工作的重要组成部分，必须毫不动摇地坚持党对司法工作的坚强领导，并自觉地在思想上、政治上、行动上与党中央保持一致。董老多次强调，"党是国家的领导核心""没有党的领导什么也做不通"，

---

① 《董必武政治法律文集》，法律出版社1986年版，第3页。
② 《董必武法学文集》，法律出版社2001年版，第45页。
③ 同上书，第154页。

具体到司法实践中,"必须加强党对司法工作的领导""法院离开党委的领导,要想前进一步,办法是不多的"。① 纵观董老有关党领导的司法的论述可以看出,其基本思想大致包括以下内容:首先,董老强调司法工作要以马列主义、毛泽东思想为指导思想,要将司法工作服务于党的方针政策;此外,具体的审判实践亦要服从地方党委的领导,在党委领导的基础上处理好其与司法独立的关系。

在我国,"人民法院是中国共产党领导下的国家审判机关,是人民民主专政的重要组成部分,在实现党的领导、人民当家作主和依法治国相统一的民主政治发展道路中肩负着十分重要的政治使命"。② 司法服从党的领导是我国司法的基本特征,也是我国司法实现其职能的保障。坚持党的领导是司法执行党的方针政策的必然要求,坚持党的领导是司法保持正确政治方向的根本保证,坚持党的领导是司法系统各项工作开展的有效途径。在新的历史时期,加强党的领导更是应对复杂国内外局势的必然要求。

4. 人民司法的核心内容:树立司法权威

人民司法是树立司法权威与广泛接受社会监督统筹兼顾的可信赖的司法。真正的司法权威不是来自司法强制而是扎根于人民心中。失去民众信任的司法,也就丧失了司法的公信力,法院判决的权威性亦无从谈起。然而,司法的权威并非与生俱来,司法权威的获得取决于人民对司法是否认同、是否尊重、是否服从。对司法权威的如何树立,董老亦有详细论述,具体有以下几个方面的内容:

首先,强调领导干部要带头尊重法律、信仰法律。针对新中国成立初期,社会上存在的不信法、不守法的现象,董老在结合中国历史和现实的客观实际上,具体分析了这一现象产生的历史根源和社会基础,指出:严格执法、公正司

---

① 《董必武法学文集》,法律出版社2001年版,第418页。
② 贺小荣:"能动司法是人民法院服务经济社会发展大局的必然选择",载《人民法院报》2009年9月1日。

法是"清除不重视和不遵守国家法制现象的主要方法之一"①"凡属已有明确规定的，必须确切执行，按照规定办事，尤其一切司法机关，更应该严格地遵守，不许有任何违反"。②

其次，反对特权，坚持法律面前人人平等。法律上的特权思想在边区的一些党员和党组织中十分普遍，董老严厉地指出："对于宪法和法律，我们必须带头遵守，并领导人民群众来遵守。假如我们自己不遵守宪法和法律，怎么能领导人民群众来守法呢？教育人民守法，首先就要国家机关工作人员守法"。③"我们反对一切随便不按规定办事的违法行为，今后对于那些违反法律的人，不管他现在地位多高，过去功劳多大，必须一律追究法律责任"。④

最后，要严格依法办事，完善司法程序。董老认为，依法办事是加强法制，确立法律至上权威的中心环节，"充分利用一切对我们有利的条件，尽可能迅速地把我国建设成为一个伟大的社会主义国家。在这样的任务面前，党就必须采取积极措施，健全我们的人民民主和法制。党中央号召公安、检察、法院和一切国家机关，都必须依法办事。我认为依法办事是我们进一步加强人民民主法制的中心环节"，同时"依法办事有两方面的意义：一是必须有法可依；二是有法必依"。⑤ 为了树立司法权威，董老提出必须严格执法，公正司法。

董老人民司法思想中关于法律功能的论述，不仅超越了同时代社会成员对法律的理解，更重要的是他将法律的权威性与党的领导、人民利益有机结合，正是在这种意义上，董老的人民司法思想对当代司法改革的推进具有重大的理论价值和现实意义。

---

① 《董必武法学文集》，法律出版社 2001 年版，第 353 页。
② 同上书，第 354 页。
③ 同上书，第 200 页。
④ 《董必武选集》，人民出版社 1985 年版，第 452 页。
⑤ 《董必武法学文集》，法律出版社 2001 年版，第 351 页。

二、如何提高司法公信力是人民司法面临的重大现实问题

司法公信力是司法的生命,是司法的灵魂,是司法的根本所在。如果司法没有公信力,司法的所有功能也就荡然无存了。在一定意义上,公信力的缺失就意味着司法权的丧失。随着我国社会的发展及法治化的逐步推进,社会纠纷越来越多,法院作为"定纷止争"的国家机构,被人们寄予厚望。但司法实践与人民期待存在一定差距,公众不愿求助公力救济,涉诉信访形势严峻,暴力抗法时有发生,案件执行难等等司法现实,严重影响和损害司法权威的树立。司法公信力不断流失的现状亦引起理论界和实务部门的担心。

（一）司法公信力不足的现状及其成因

近年来,司法机关以满足新时期人民群众对司法的新要求、新期待为出发点,相继进行了加强和谐司法、公开司法和民生司法建设,人民群众满意度得到了一定提高,但司法公信力不足的问题仍然较为突出,具体表现为以下几个方面：一是部分当事人对判决结果不认可。具体表现为相当数量的案件需法院采取强制执行手段才能实现案结事了；二是涉法涉诉信访案件数量仍呈高位运行态势,对司法公信力造成巨大冲击,严重损害司法权威；三是部分当事人对司法机关不信任。诉讼请托案件以及通过法律程序外途径干预案件审理的现象时有发生,此外司法系统内部的腐败案件同样加剧了人民群众的这种不信任感；四是部分当事人对司法工作人员的工作不满意。具体表现为不少当事人反映承办案件的法官审判作风不端正、司法行为不规范、审判效率不高、司法能力有欠缺等等。

笔者认为,影响司法公信力的因素是多方面的,既有司法系统外部诸如司法环境、法治化程度等方面的问题,也有司法系统自身司法为民作风、司法规范化水平、司法公开以及民主化程度等方面的问题。具体来讲有以下几个方面。

1. 司法为民作风有待进一步加强

司法为民是董老人民司法思想在当代的新发展,其核心目标是为人民服

务,维护人民利益,然而司法实践中部分司法工作人员为民服务意识淡薄,在工作责任心、规范性、中立性上存在很多问题,直接影响当事人和公众对司法机关的认同度,从而削弱了司法权威在公众中的树立。

2. 司法公开工作有待进一步深化

虽然最高人民法院先后印发《关于司法公开的六项规定》(2009)《关于人民法院接受新闻媒体舆论监督的若干规定》(2009)和《关于推进司法公开三大平台建设的若干意见》(2013),试图通过司法公开倒逼司法公正,在打造阳光司法的同时,努力使司法过程和处理结果在法律规定范围内贴近人民群众的公平正义观念。然而,司法实践的现实情况是:由于上述规范性意见的配套规定尚未出台,司法公开的制度化保障机制不健全,使得一线机关对上述规范的执行力度不够,侵犯当事人知情权、参与权和选择权的情形时有发生。

3. 司法规范化程度有待进一步提高

在司法行为方面,部分案件的审理或执行程序不规范;在事实认定方面,部分案件适用证据规则不到位、甚至出现事实认定错误;在裁量权行使方面,缺乏统一的行使标准和行使方式,同案不同判的现象时有发生;在举证责任分配方面,部分案件忽视了当事人诉讼能力不足的现实,致使证据审查和事实认定不能赢得当事人的认可。

(二)人民司法要求下的司法公信力建构

通过上述分析可以看出,司法公信力不足现状的成因是多方面的,我们应当坚持董老人民司法的理念,从维护人民利益出发,努力寻求一系列司法公信力建设的新举措。这其中尤其要加强人民司法作风建设,以良好的司法形象促进司法公信。

1. 加强诉讼服务体系建设,将人民司法理念落实到具体制度中

在拓展法律援助平台建设的同时,针对部分当事人诉讼能力较弱又没有聘请代理人的情况,探索与政府部门、高等院校法律援助机构建立合作机制,实行法律援助告知制度,使当事人及时知晓利用法律援助制度的权利和具体

的利用方式，促进当事人诉讼能力平衡；探索建立全方位诉讼服务新机制，在为当事人提供导诉、查询案件、接收诉讼材料等"一站式"服务的基础上，积极尝试设立法律服务窗口，为特殊人群提供法律咨询服务；针对部分专业性较强的诉讼案件，向当事人免费提供相关法律知识宣传手册，为当事人提供诉讼指导等服务。通过这样一系列司法服务体系的建设，将"人民司法为人民"的理念具体化为操作性强的制度安排，从而增加司法认同度。

2. 健全司法廉洁自律机制

公生明，廉生威。司法廉洁关涉司法公正，因此要把司法系统反腐倡廉建设放在突出位置。加强司法廉洁教育，坚持把廉政教育作为一项常规工作，定期分析研判反腐倡廉形势，加强示范教育和警示教育，筑牢司法工作人员拒腐防变的思想防线。加强权力监督制约，以规范和制约司法权行使为核心，全面构建廉政风险防控机制，完善司法权运行内部监督制约制度，从源头上铲除滋生腐败的土壤。[①] 目前司法系统应当严格落实廉政行为规范，认真贯彻执行《关于实行党风廉政建设责任制的规定》《中国共产党党员领导干部廉洁从政若干准则》的相关要求，切实加强规定落实情况的简短的检查，坚决杜绝司法不廉行为的发生。在内部防控的基础上，拓宽外部监督渠道，畅通立案接待申诉渠道、司法人员违纪投诉渠道、"政法民声热线"渠道等，拓宽广大群众对司法工作人员司法廉洁、司法作风问题的投诉反映途径，形成内部监督与外部监督并举的架构。

3. 加大借助社会力量化解矛盾的工作力度，实现法律效果和社会效果的有机统一

建立专业组织和基层组织参与调解工作，在破产、不正当竞争、劳动权益保障、消费者权益保护等民商事案件中，构建商会、工会、消费者协会等专业组织参与调解的机制；在农民权益保障、相邻关系等案件中，构建村民委员会、居民委员会以及基层法律工作者参与调解的机制，通过专业组织、

[①] 王胜俊："加强司法公信建设 提升人民法院司法公信力"，载《求是杂志》2012年第17期。

基层组织的参与最大限度地利用社会力量化解纠纷①。与此同时，建立人民调解与司法审判的良性互动，以人民调解法为基准，按照各地区设立人民调解室的工作部署，积极引导当事人选择人民调解方式解决纠纷。

三、深入贯彻群众路线是司法为民不断发展的必然历史选择

（一）理念的转变：从人民司法到司法为民

虽然从人民司法到司法为民一脉相承，但必须理性地看到，董老的人民司法观还含有很大一部分是由人民司法专政构成的。新中国成立初期司法作为巩固政权的政治意义浓厚，司法依靠人民、司法为了人民主要表现为以人民群众为主体，对旧社会残余势力的专政式法制，② 司法与群众的紧密联系处处折射出新政权与旧政权、旧社会的绝对对立。因此，董老的人民司法观不可避免地被打上了特定的时代烙印，存在着一定的历史局限性。

随着我国改革的深入和社会主义民主法治进程的加快，司法在国家政治、经济和社会生活中的地位和作用越来越重要，人民群众对司法的要求和期许亦逐步提高。在这种情况下，司法为民作为贯彻"三个至上"③重要思想的指导方针被适时提出，人民法院的工作主题也从"公正与效率"转换为"为大局服务，为人民司法"。这些指导思想和方针，与董老"人民司法工作必须站稳人民的立场""为人民服务"的主张是一致的，都是党的群众路线在司法战线的具体表现，体现出一脉相承的内在历史继承关系。

当然，司法为民思想在继承董老人民司法观的基础上又有创新和发展。主要表现为：

司法为民要求坚持以人为本、关注民生，把司法为民落实到具体的、可

---

① 北京市第一中级人民法院课题组："关于加强人民法院司法公信力建设的调研报告"，载《人民司法》2011年第5期。
② 黄淑彬、胡恋梅："马锡五审判方式在当代司法实践中的价值——以董必武的人民司法观为视角"，见《董必武法学思想研究文集》（第九辑），第316页。
③ 2007年12月26日胡锦涛总书记在全国政法工作会议代表和大法官、检察官座谈会上的讲话。

操作的司法制度中，在时刻感知人民群众对司法回应的同时，切实保障人民群众的合法权益；在实践层面上，要把司法为民思想落实到具体个案中，切实贯彻习近平总书记在党的十八大强调的"努力让人民群众在每一个司法案件中都感受到公平正义"的要求，推进科学立法、严格执法、公正司法、全民守法，保证有法必依、执法必严、违法必究。在政策层面上，党的十八大明确提出全面推进依法治国，加快建设社会主义法治国家。2013年10月，最高人民法院发布《关于切实践行司法为民　大力加强公正司法　不断提高司法公信力的若干意见》（下称《意见》），这是司法机关学习贯彻党的十八大精神的重大举措，是学习贯彻习近平总书记关于法治建设重要论述精神的重大举措，更是深入开展党的群众路线教育实践活动的重大举措。

（二）群众路线：司法为民不断发展的必然选择

人民司法工作要按照群众路线展开，遵从实事求是的原则，采取最便利于人民的工作方法，才能被人民拥护，从而胜利完成自己的光荣任务。人民司法工作应当真正给人民群众谋福利，解决人民群众的问题。董老认为"人民司法的基本观点之一是群众观点，与群众联系，为人民服务，保障社会秩序，维护人民的正当权益"。[①] 司法的核心价值是司法为民，司法的群众路线是"一切从实际出发，客观、全面、深入地进行调查研究，以事实为依据，以法律为准绳，反对主观主义的审判作风"。"从群众中来，到群众中去"，既是党的根本工作路线、工作方法和领导作风，也是司法为民的实践路径。

司法权威缘何屡受挑战，人民群众缘何仇"官"，司法公信力为何常受质疑，涉法涉诉、暴力抗法事件为何不断发生？痛定思痛，其根源在于脱离群众，没有走群众路线。回顾党史，中国共产党的制胜法宝就是实事求是，走群众路线。十八大对新形势下走群众路线提出的根本要求，更是如何司法的根本要求，更是如何司法的前行指南。所以，走群众路线才真正是实现司法为民的根本路径，是司法为民不断发展的必然要求。

---

① 《董必武法学文集》，法律出版社2001年版，第45页。

1. 要在群众路线的贯彻实施中让人民群众感受到司法安民

脱离人民群众是党执政地位的最大危险。我国自古以来就有"水能载舟，亦能覆舟"之说，讲的就是要重民安民。作为司法机关要根据形势需要准确把握当前社会心理的变化，深入体察群众疾苦，及时了解群众呼声，全面掌握群众最关心的问题，把好事办在群众开口之前，把实事办在群众急需之处，从不同层面增加群众的福祉、赢得群众的认同。

2. 要在群众路线的贯彻实施中让人民群众感受到司法保民

当前，人民群众的利益更加多元化。其诉求，已不再局限于物质利益，而是更多地关注经济、政治、文化、社会以及生态等各方面的权益。司法机关应按照新形势下密切联系群众的新要求，坚持问政于民、问需于民、问计于民，在各个领域体现出司法保民的要求。

3. 要在群众路线的贯彻实施中让人民群众感受到司法惠民

社会发展的主体是人民群众，人民法院在以正当诉讼程序公正高效地维护人民群众合法权益的同时，更要心"忧"群众，哀民生之疾苦，恤稼穑之艰难，念百姓之安危，要让人民群众从人民法院所办理的每一起案件、化解的每一起纠纷、处理的每一起事件、进行的每一次法律服务中得到实实在在的实惠，从而累积人民群众的信任，赢得人民群众的支持，增进同人民群众的感情，不断满足人民群众的新期待、新要求。

群众路线是司法工作作风的生命线，是维护司法公信力的生命线。司法机关只有坚持走群众路线，坚持"为人民司法""靠人民司法"，坚持司法过程每一个决策从群众中来，坚持工作成效由群众来检验，才可能最大限度地捍卫法律尊严、实现社会公平正义，才可能真正实现司法为民。

四、结语

中国的司法改革曾有着不知往何处去的迷惘。司法改革是在进步还是在徘徊，抑或是在倒退，法学界论说不一。然而，在道路通向何处的追问中，只有客观地看待中国司法的昨天，才能理解中国司法的今天，展望中国司法的明天。现在，党的十八大之后，中国的法治建设和司法改革已迈开新的步伐，找到了正确的方向，我们深信在以习近平为总书记的新一届党中央的领导下，中国的法治建设和司法改革一定会取得更大成就。抚今追昔，我们也深知"法律一开始就明显不仅仅是法律问题，而同时也是政治问题、社会问题、历史问题和文化问题"。[1] 董老的人民司法思想在反映其产生之初的历史现实的同时，睿智地把握住了中国法治发展的脉搏，前瞻性地揭示了司法改革的动向，这既是当代司法领域"人民司法"复兴的原因，也是从人民司法到司法为民得以传承的价值基因。当我们穿过历史的迷雾，回望新中国成立之初的沧桑岁月时，董老法学思想的智慧光芒依然闪耀。

---

[1] 梁治平：《法律的文化解释》，生活·读书·新知三联书店1994年版，第6页。

以往之可"鉴" 来者犹可追

——从历史实证维度剖析华北人民政府的公安、司法制度

于耀辉*

60年前，在中国共产党的领导下，一个"正规式"[①]的政府——华北人民政府在河北石家庄成立了。华北人民政府作为新中国中央人民政府的雏形，从1948年9月26日成立到1949年10月31日完成历史使命，虽然仅存在了一年多时间，但是在这短短一年时间里，华北人民政府在党中央的领导下领导解放区人民发展生产、支援前线，为解放战争的全面胜利立下了汗马功劳。更重要的是，华北人民政府实行的民主制度和采用的政权组织形式为新中国政治制度的形成以及中央人民政府的组织建构作了有益的尝试。

作为新中国中央人民政府的雏形的华北人民政府在短短13个月的存续时间内制定颁布了200余项法律规则，涉及的领域涵盖了公安司法制度、建政、经济建设、支前、民政、金融、财政税收、工商贸易、农林水利交通、教育科技文化卫生等诸多方面。根据目前掌握和所能查找到的资料统计，仅仅有关公安制度、司法制度方面的法律性文件就有35件之多，其中公安制度方面13件、司法制度方面22件。采用了指令、通令、通知、训令、暂行办法、通报、布告、管理办法、暂行规则、决定、指示、公函等多种形式。

本文从历史材料出发，着眼于对现有资料的收集与整理，对华北人民政

---

* 中国政法大学硕士研究生。
① 董必武同志在华北人民政府成立大会上的讲话中强调"这个政府是由游击式过渡到正规式的政府"。参见"建设华北，支援解放战争"，见《董必武法学文集》法律出版社2001年版，第11页。

府的公安、司法制度进行仔细、深入地分析，从诸多方面发掘这些制度的精神内涵和历史意义。

一、华北人民政府公安管理制度分析

根据华北人民政府于1948年10月制定的《华北人民政府各部门组织规程》（以下简称《组织规程》）第13条规定：公安部主管维持全区社会治安保卫革命秩序事宜。具体掌管下列事项：（1）关于奸细特务盗匪及其他危害人民利益的破坏分子之防范侦缉及检察起诉事项。（2）关于人民除奸之组织教育事项。（3）关于清查户口安定社会秩序及机关保卫事项。（4）关于边沿区接敌区之通告管理与出入境检验等事项。（5）关于违警事件及管理事项。（6）其他有关公安事项。

当时的华北解放区土地改革已经基本结束，解放区内社会秩序有所好转。但是由于正处于解放战争之特殊时期，社会中仍存在着一些不稳定因素，如：国民党特务的暗中破坏、许多受封建迷信思想影响较深的农民加入一些封建反动的会门道门迷信组织并经常被敌害分子所利用，赌博、烟毒流行、匪军残余滋扰等，导致了一些不安定的社会现象的发生。为了巩固解放区社会秩序、保障广大人民生命财产安全，特制定了一系列关于维护解放区稳定的法律规则。

（一）关于公安部门自身建设方面的法规

有《规定各级公安干部调遣制度的训令》（公行字第一号，1948年11月17日）；《关于建立边防公安办事处、边防公安局、水上公安局、河防公安局的训令》（公行字第二号，1948年11月20日）；《为规定公安局武装配置名额训令》（公行字第三号，1948年11月20日）。

（二）关于枪支军火管理的法规

有《华北区枪支管理暂行办法》（1948年11月18日）；《携带枪支暂行规则》（1948年11月18日）；《为令严格登记管理乡村散置军火令》（秘总字第一七八号，1949年8月30日）。

（三）关于禁烟禁毒禁赌的法规

有《华北区禁烟禁毒暂行办法》（社政字第五十号，1949年7月16日）；《关于禁止赌博的指示》（公安字第四号，1949年7月13日）。

（四）关于破除封建迷信的法规

有《解散所有会门道门封建迷信组织的布告》（秘总字第二号，1949年1月4日）。

（五）关于边境管理的法规

有《华北区战时出入境管理办法》（1948年12月1日）。

（六）关于消防管理的法规

有《关于石景山钢铁厂化验室失火事件的通令》（监企字第三号，1949年6月16日）。

（七）关于防范敌特分子破坏的法规

有《令各级军政经济机关分散各地直辖之派出机关须向当地政府登记训令》（公安字第一号，1948年11月17日）；《再令各军政经济机关分散各地之直辖派出机关须迅向当地政府登记的通知》（公安字第三号，1949年1月5日）。

上述法规的制定为稳定解放区内社会秩序、养成良好社会风气和保障人民生命财产安全做了极为重要的贡献。在战争时期，这些制度的实施为保证革命的大后方的稳定保驾护航，从而间接地起到了支援解放战争的作用。

二、华北人民政府司法制度分析

（一）司法行政制度

依据《组织规程》第14条规定，司法部享有司法行政权，主管全区司法行政事宜。具体主管下列事项：（1）关于法院监所之设置与变更事项。(2)关于各级司法人员之铨叙教育事项。(3)关于民事行政事项。(4)关于刑事行政事项。(5)关于监所人犯之教育管理事项。(6)关于华北人民法院判决重大案件之复核事项。(7) 关于司法法规之编拟事项。(8) 其他有关司法行政事项。

另外，依据《华北人民政府组织大纲》（1948年8月16日）第10条和《组织规程》第29、30条规定，司法部拥有对重大案件的复核权并对死刑案件具有初步审核权。可以从中看出这些规定在一定程度上吸收了我国古代法律制度的相关因素。这造成了司法行政权凌驾于司法审判权之上，并且是对司法独立原则的破坏。这两项权力均在现今我国司法部的权限之外，即在我国现行体制的权力架构中行政权与审判权的关系得到了修正。

（二）关于司法审判依据

根据党中央于1949年2月发布的《中共中央关于废除国民党的六法全书与确定解放区的司法原则的指示》的精神，华北人民政府亦于1949年4月1日发布了《为废除国民党的六法全书及一切反动法律的训令》。训令将国民党的法律的性质明确地界定为"国民党的法律，是为了保护封建地主、买办、官僚资产阶级的统治与镇压广大人民的反抗""国民党反动统治阶级的法律，是广大劳动人民的枷锁"。为此，训令明确规定必须"废除国民党的六法全书及其一切反动法律，各级人民政府的司法审判，不得再援引其条文……反动的法律和人民的法律，没有什么'蝉联交代'可言，而是要彻底地全部废除国民党反动的法律"。

另外，在1949年初《为通报重大案件量刑标准》（法行字第四号）的通报中甲项第四点也强调了"不得援用国民党的法律""'六法全书'是旧统治阶级统治人民、镇压人民的工具，又经蒋匪修改补充更见凶恶，和我们新民主主义司法精神根本不合，人民政府必须把它彻底打碎禁止援用"。

由于当时正处于战争时期，解放区内并没有制定统一、完善的法律制度，人民政府及其各部门在处理很多问题时经常出现"无法可依"的情形。所以在《为废除国民党的六法全书及一切反动法律的训令》发布前，各司法机关在裁判时，如果人民政府的法令没有明确规定的，大多则以当时国民党政府制定的法律为依据，甚至在该训令发布以后，这种情形在少数司法机关及司法工作人员的裁判工作中仍然存在。

关于废除国民党反动法律之后人民司法机关的判案依据问题，训令规定"各级司法机关办案，有纲领、条例、命令、决议等规定的，从规定，没有规定的，照新民主主义的政策办理"。训令同时要求人民政府特别是司法工作者"用全副精神来学习马列主义——毛泽东思想的国家观、法律观，学习新民主主义的政策、纲领、法律、命令、条例、决议，来搜集与研究人民自己的统治经验，制定出新的较完备的法律来"。

（三）刑事司法制度

由于新生的民主政权并没有制定统一的刑事实体法典和刑事程序法典，这给当时司法机关处理刑事案件带来相当大的困难。这也就不难理解为什么在《为废除国民党的六法全书及一切反动法律的训令》发布后有部分司法机关和司法工作人员仍然要以当时国民党政府制定的法律为判案依据了。

为了改变对国民党政府反动法律的依赖状况，华北人民政府先后制定了若干规范刑事司法的法律规则，以保证人民政府刑事司法工作顺利进行。

1. 关于犯罪与刑罚

华北人民政府在《为通报重大案件量刑标准》的通报中对什么是犯罪做出了明确的界定：凡危害新民主主义国家及由国家所制定的法律秩序，或危害个人权益致对社会秩序有严重影响者，即为犯罪。

关于刑罚的目的、标准和处罚原则，通报指出，处罚犯罪不以报复、损毁人格及使人身体痛苦为目的，而以教育改造为目的。刑罚应以犯罪行为危害国家社会人民利益的严重程度作为科刑轻重的标准。除了危害性因素外，同时要区别不同性质的犯罪的处罚原则，并注意区分首从以及查明犯罪分子主观状态，综合判断并处以相应、合理的刑罚。

关于刑罚种类，华北人民政府并没有对刑罚种类进行统一规定，但根据《为确定刑事复核制度的通令》《为清理已决及未决案犯》（法行字第一号，1949年1月13日）和《为通报重大案件量刑标准》三个法律文件分析，当时华北人民政府采用的刑罚种类包括死刑、无期徒刑、有期徒刑、拘役、罚金、褫夺公权六种。

华北人民政府于1949年4月公布的《办理刑事案件应注意的方法与程序》的通知中，从检举、传问拘押、搜查、交保、讯问、证据、检验、审级、诉讼费用、管辖、公审、宣判与上诉、复核及复审等方面做了详细的界定。①

2. 明确刑事案件处理权责制度

在华北人民政府发布的训令《关于县市公安机关与司法机关处理刑事案件权责的规定》（法行字第九号，1948年11月30日）中对于公安机关与司法机关的权责进行了明确规定。对于刑事案件，公安机关拥有侦查权和如今检察机关才享有的起诉权和抗诉权。案件经公安机关起诉后，司法机关则有权责对该案进行审理和裁判。

训令规定，公安机关在侦查结束后，有权不予起诉，并根据不起诉的原因分为存疑不起诉、无罪不起诉和酌定不起诉三种。训令并且强调：公安方面职在追诉犯罪，故对有犯罪嫌疑者，不一定证据确凿，即可起诉；而司法方面责在论罪科刑，若被告仅有嫌疑，没有积极的证据可以证明被告确系犯罪时，即不能论罪科刑。

3. 死刑核准制度

华北人民政府成立之前甚至成立初期，由于在游击环境下，各地战斗频繁，革命政权为了及时结案不可避免地在程序上陷于混乱。为了体现对生命权的尊重以及规范死刑案件的审判活动，并着眼于改变解放区内许多法院审理、判决案件过于草率、手续简单、不注重诉讼程序的现状，华北人民政府对死刑案件的审理程序及复核批准执行制度作了详细规定。

《华北人民政府组织大纲》第10条规定：死刑之执行，须经主席之核准，以命令行之。《组织规程》第30条亦规定：华北人民法院判处或核定之死刑案件，均先函送司法部代主席做出初步审核，提出意见，呈送主席核定，

---

① 《办理刑事案件应注意的方法与程序》，河北省档案馆，586-1-183-2，1949年4月，第3~19页，转引自刘建民：《华北人民政府研究》，首都师范大学2007年博士学位论文，第113页。

并由主席以命令行之，如遇疑难，依前条之处理办法处理之（指29条规定之"遇有疑难争执，由主席召集该两部院有关人员会商决定之"——笔者注）。

在《处理死刑案件应该注意的事项》（法行字第三号，1948年10月23日）中对死刑案件应遵循下列原则和程序作如下规定：

（1）审判工作必须遵守毛主席所指示的三个条件，即①禁止肉刑；②重证据不重口供；③不得指名问供。

（2）研究案情决定判罪，得由该政府及各负责人组成司法委员会，但必须有审判负责人参加研究与决定。

（3）刑罚确定后，由审判机关拟定判决书，在判决书上应记明：如有不服须于十日内向原审机关声明上诉。上诉期一律定为十天，不得减少。

（4）正式开庭宣布判决书，并将判决书送达被告，制作送达证由被告在送达证上签名盖章，或按指印。

（5）被告声明不服判决，要提起上诉时，该原审机关即应将上诉状检同卷判，呈送上级司法机关，不得扣留与阻止。被告声明不上诉，或超过上诉期间未提起上诉时，该司法机关即备文检同该案卷判，呈送华北人民法院审核，并经主席核准才得执行。

（6）自令到之日起，如有不经宣判，或宣判而没有被告声明不上诉及逾期不上诉之证明，而呈请审核者，华北人民法院即发回原呈送机关令其补行手续。

另外，在《游击区判处死刑案件可由行署批准》（法行字第一号，1948年10月5日）中，对死刑案件的复核批准程序作了变通规定：对罪大恶极、严重破坏我军事政治之奸特分子，可分别首从，判明是非，予以及时处理。为此该署所请将判处死刑案件授权行署批准应予照准。但是同时强调"但由行署批准之死刑案件，须检同犯罪事实及判决理由，呈报本府备查""至于一般不含政治性质之普通刑事案犯罪当处死者，则仍应依照正常司法手续呈报本府批准后执行"。可见，华北人民政府对死刑核准权的下放是十分慎重的，并且将下放的范围局限于涉及军事政治的案件之内。

在《边沿区游击区判处死刑亦应执行宣判送达手续》（法行字第六号，1948年11月22日）中再次强调"本府法行字第三号通令关于判处死刑应宣判及送达证书等手续，并告以上诉期限和上诉机关，被告如有不服，应即允许其上诉。在边沿区游击区亦适用""因为这是民主政府尊重人民民主权利，贯彻民主精神的具体表现""我们不能因为手续上有困难，而放弃了原则上的掌握"。

对死刑问题的慎重态度体现了华北人民政府非常重视对人民生命权的保护。据统计，在复核制度确立以后，从1948年10月初至1949年6月底，司法部核准死刑案114件，人数为129人，其中改判徒刑9件，17人，发还更审15件，16人，核死人数为总人数79.56%[①]。说明死刑核准制度在保障人权、规范司法程序方面起到了相当积极的作用，也有效地防止了冤假错案的发生。

4. 一般刑事复核制度

"为了加强各级人民法院上下级的联系，交流工作经验，提高司法理论，及便利上级法院检查，监督下级法院与掌握政策法令在审判中的正确执行，使各级法院慎重地处理人民诉讼，把案件办理得更好"，《为确定刑事复核制度的通令》（法行字第七号，1949年4月23日）确定了如下复核制度：

（1）各县市人民法院（包括县司法处或司法科，下同）判处不满5年的有期徒刑、拘役或罚金的案件，原被告声明不上诉或过上诉期限时，原审判决即为确定之判决。但应将判决书每月汇订成册，呈请省或行署人民法院核阅。省或行署人民法院于核阅中认为某案有复核之必要时，应即调卷复核。

（2）各县市人民法院判处5年以上的有期徒刑的案件，原被告声明不上诉或过上诉期限时，由原审机关呈送省或行署人民法院复核；若经核准，原判决即为确定之判决；若认为原判不适当，得行改判，或发还更审。

（3）各县市人民法院，各省、各行署、各直辖市人民法院及其分院，判

[①] "华北人民政府司法部工作报告"，见武延平、刘根菊等编：《刑事诉讼法学参考资料汇编》（上册），北京大学出版社2005年版，第629页。

处死刑的案件，被告声明不上诉或过上诉期限时，县、市人民法院呈经省或行署人民法院核转，或省、行署、直辖市人民法院径呈华北人民法院复核，送经华北人民政府主席批准，始为确定之判决。

（4）各省、行署或直辖市人民法院，判处有期徒刑、拘役、罚金的案件，原被告声明不上诉或过上诉期限时，即为确定之判决。但应将该判决书每月汇订成册，呈请华北人民法院备查，华北人民法院认为某案有复核之必要时，得调卷复核。

5. 减刑与假释制度

华北人民政府在《为清理已决及未决案犯》的训令中对已决案犯的减刑和假释应具备的条件作了详细规定。

其中规定减刑应具备的条件有：（1）经常遵守规则，遵守纪律者。（2）对于错误坦白真实，且有清楚认识者。（3）主动积极从事劳动，能完成任务与超过任务者。（4）学习经常，且能帮助别人者。（5）其他适合于减刑之行为者。减刑不得超过宣告刑的三分之一，不得少于宣告刑的十分之一。减刑后，合乎假释条件者，应予假释，轻微案犯减刑后，所余刑期不满一年，认为无继续执行之必要者，得教育释放之。

假释的条件有：（1）对所犯罪行有深切认识，且悔改有据者。（2）无期徒刑，执行逾越八年，有期徒刑逾二分之一者，但半年以下有期徒刑不在此限。

训令还规定，判十年以上有期徒刑及确系反革命特务案犯的减刑或释放，须报华北人民政府批准。

6. 时效与前科制度

华北人民政府并未规定具体的时效制度，只是在《为通报重大案件量刑标准》中分别对追诉时效和刑罚执行的概念进行了界定和区分：犯罪经过一定时间后，国家对此犯罪未为追诉及审理以后即不得再追诉，是为追诉时效。刑罚自判决确定之日起，经过一定时间未执行，即不再执行，是刑罚之执行时效。

《关于目前自新院案犯处理的规定》（法行字第五号，1948年10月27日）第六项：发现有犯人去参军而且包括有政治问题的犯人。也极不妥当，应制止。犯人刑满，表现尚好，可介绍去参军，但要向部队说明经过。说明犯人所犯罪行的否定性法律评价后果将延续到刑满结束之后，并为犯人设定了前科报告制定。

7. 案犯清理制度

当时解放区内各羁押犯人场所内，包括自新院、自新学艺所、监狱、看守所、拘留所，皆人满为患。被关押的犯人中一大部分是未决犯，其中石家庄的未决犯经常超过在押犯的半数，严重妨碍了司法机关和犯人管理机关的正常工作。针对这种情况，华北人民政府发布了一系列法律规则以改善这种状况。

（1）《为清理已决及未决案犯》的训令对清理案犯做出了比较详细具体的规定。对于清理案犯的精神，训令指出，应从新民主主义国家的利益着眼，不放纵一个坏人，关系重大的案件，绝不马虎处理。同时也不积压一件应解决而拖延不决的事，不冤抑一个应受宽大而未给以宽大的人。凡分割新民主主义国家及广大人民利益的犯罪，处理应从重；至于侵占伤害及普通损害个人利益之犯罪则可从轻。应已决犯未决犯并重，以清理特种刑事案犯为主，一般普通刑事案犯次之。

训令要求在进行案犯清理时应注意以下条件：①犯罪科刑时条件的变化情形。②案犯在监所的改造程度。③释放后对社会的影响。④犯罪情节及犯罪行的轻重和主被动的差别。⑤刑期执行的长短，如系未决犯，视其在押日期的长短。训令同时强调，清理案犯必须研究其犯罪材料，提出应如何处理的理由，不得马虎或笼统。如确系特务或反革命犯，应慎重处理，不宜轻易判刑或释放，或减轻褫夺公权之处分。并且，行署直辖市府还应考虑如释放案犯较多时，可能引起社会的误会或治安问题，而事先研究释放步骤及必要的对付方法。

对未决犯的清理，训令指出，如果公安局尚未侦察完毕者，由各级公安局按照下列办法清理之：①属于违警范围的，应即予违警处分。②嫌疑证据不足，又无法继续再找证据的，应登记教育释放，并通知该犯原籍之公安机关注意其行动。③案情轻微，嫌疑又不大的，交保释放。④案情重大，嫌疑又重大的，迅即进行侦察起诉。⑤嫌疑及证据充足的，即起诉送审判机关审理。⑥有犯罪证据，但不属于政治性犯罪，而是犯错误，在押期间反省较好的，得登记教育释放；或送原机关，或有关机关适当处理之。如果各级公安局已起诉者，由各级司法机关按前述规定迅速判处；公安局认为以不起诉为宜者，可以撤回起诉。如果司法机关不明或已变更的，由领导监所之司法机关清理，有争议时由行署决定管辖。监所应将关于案犯的改造情形及有关材料送清理机关参考。

对已决案犯的清理，训令规定，应由案犯之原审机关负责进行。除判十年以上徒刑及确系反革命特务案犯的减刑或释放，须报请本府批准外，其余统由行署、直辖市府批准办理，并报本府备查。根据各已决犯的具体情况处理，或继续执行、或改判、或减刑、或假释。

训令规定，案犯有下列情形之一者，继续执行：①无论罪刑轻重，毫无悔悟之表现者。②罪刑特别严重，其情节无可原谅者。③罪刑严重虽有悔悟，但若减刑假释为人民所反对者。而对于具有下列情形者应予改判：①有确实反证，证明原判根本错误者，应予平反，宣告无罪开释。②过去量刑较重或过重者，应适当减轻或释放。③判决时所采之证据，迄今未能证明其确属真实者应改为无罪之判决。④一部分罪行能确定，一部分罪行不能确定者，其不能确定之部分，应宣告无罪。⑤原判决量刑较轻者，一般不再变动，但如发现新罪或因原审判确系失出很大者，可撤销原判，另行适当判刑。⑥在群众运动中，执行政策发生偏向中之行为，一般不追刑事责任，其已判罪者，应予改判。但挟嫌报复者不在此限。对于减刑和假释应具备的条件，上文已经介绍，不复赘述。

对于回村执行的案犯，训令指出，无论押了的或未押的，都须由县派人按上述规定进行清理。清理办法，可按其表现及广大群众意见处理，这种案犯多属轻微，一般不应再送监狱或自新院执行。惟案情较重应继续执行的送自新院或监所执行，经此次清理之后，区村一律不得羁押人犯。

（2）《关于目前自新院案犯处理的规定》中要求各级政府和司法机关在清理自新院案犯时要防止由过去发生的乱押乱判的"左"的现象转变成"乱放"的"右"的现象。要求各专署县府和司法机关把辖区内自新院案犯全部审查、清理一次，其中应特别注意清理未决犯有无乱扣押及久押不判现象，并且在处理时应制定处理办法。除假释按向例办理外，各专署县府和司法机关应把辖区内自新院案犯审查一次，对应改判或减刑的，形成意见后由各专署县府和司法机关制定具体条文，报本府批准后执行。

（3）在华北人民政府颁布的训令《处理各县逃亡平津等大城市人犯的规定》（法行字第二号，1949年2月7日）中，对各地先后派人去平津等大城市抓捕逃亡人犯的现象进行了严格的规范。训令指出，各县群众要求抓捕该人犯等，给以应得的惩罚，这是正义的革命的要求，人民政府应该予以支持。但为了贯彻政府的法令，严肃革命的法治，防止滥捕滥打滥杀现象的发生，训令规定，各县应将抓捕任务交由公安机关，然后交由县政府依法惩处，各县群众及政府不得自行逮捕。

（四）其他司法制度

1. 积案清理制度

由于解放区人民政府和司法机关成立不久，司法经验缺乏，加上司法干部人员少、水平低，不能很好地掌握政策、及时解决问题，以及在处理案件的观点与方法上的不适当，造成了各地案件积压情况严重。以太行行署为例：1949年2月份，全区民刑案件共3131件，已结案件1400件，未结案件1731件，未结数超过55%。华北人民政府关于《贯彻清理积案并研究减少积案办法》（法行字第十七号，1949年5月21日）的训令中对案件积压的现状及产生原因进行了仔细的梳理，并且提出了清理积案、减少积案指导性办法。训令指出，要减少积案，可以从受理新案、清理旧案两方面着手：

受理新案时，案件一来就要分辨轻重缓急，确定其先后处理的方针，或成案，或不成案，或进行调解，都需要当机立断。如当场解决而不成案，节省时间与人力，案的积压，当可减少。而对于清理旧案，要根据本府法行字第一号训令（即《为清理已决及未决案犯》——笔者注）清理未决犯精神研究处理办法。案情不明的就赶快去调查；案情明了就赶快研究处理办法；嫌疑不足和证据不足的赶快进行解释与释放；分清是非，分清责任，分清过失与罪恶，无罪者释放，有罪者处罚，抢劫倒算者除认罪科刑外，必须退回抢来倒来之物。

2. 人民调解制度

我党历来重视调解制度在司法实践中的作用，华北人民政府亦特别提倡运用调解来处理民事案件和轻微刑事案件，并且在总结调解的历史经验的基础上，制定了《关于调解民间纠纷的决定》（1949年2月25日）。关于调解的组织，该决定规定，首先应依靠公正的双方当事者的亲友邻居及村干部；其次是通过政府设立的调解委员会调解；对于已经起诉至法院的案子，必要时也可以进行调解。关于调解的范围，该决定规定，民事案件均得进行调解。但不得违反法律上之强制规定。凡刑事案件除损害国家社会公共治安及损害个人权益较重者，不得进行调解外，其余一般轻微刑事案件，亦得进行调解。

该决定同时指出，调解应以劝说和解为主，必须依据政策法令提出必要的处置办法，但不应强人服从，有坚持不服者，应依法进行审判。如果调解逾越范围的，或者处理方法不适当的，县司法机关有权指令纠正或撤销。

3. 司法机关自身建设与分工制度

为了统一人民民主政权领导下的司法机关的组织与结构、充实司法机关组织队伍，华北人民政府先后发布通令《为召集第一期司法干部训练班》（法行字第二号，1948年10月18日）以提高司法机关干部素质；发布通令《统一各行署司法机关名称，恢复各县原有司法组织及审级的规定》（法行字第四号，1948年10月23日）以统一司法机关名称、恢复司法组织以及勘用人员；发布《为各级司法委员会改为裁判研究委员会通令》（法行字第六号，

1949年3月22日）以统一裁判研究委员会的名称、组成、权限及争议处理办法；发布《为函知新法学研究院该院准予备案函》（法行字第三十六号，1949年8月）以培养高层次的新法律研究人才。

4. 按期报告制度

为了加强司法机关之间的联系，并了解全区司法情况，华北人民政府司法部发布了《各级司法机关按期报告工作，有关司法行政事项呈送司法部核办》（司通字第二号，1948年10月25日）的通知，对于报告的级别、内容、期间等做了详细规定。华北人民政府于翌年制定了《为指定专县市按期寄送总结报告》（司通字第三号，1949年5月2日），强调要在报告内容中增加实际案例的叙述，以帮助了解具体情况，研究社会问题，总结司法经验。

5. 其他制度

《统一各行署司法机关名称，恢复各县原有司法组织及审级的规定》中对审级制度作了规定，即实行三审终审制。行署区内，县司法机关为第一审机关，行署区人民法院为第二审机关，华北人民法院为终审机关。直辖市内，直辖市人民法院为第一审机关，华北人民法院为第二审机关，一般案件即以二审为止。如有不服要求第三审时，由华北人民政府主席指定人员组成特别法庭，或发送华北人民法院复审为终审审理之。

《估定因粮额数、取消讼费及区村介绍起诉的制度》（法行字第七号，1948年11月23日）和《为老区和新区因粮供给办法的训令》（司法行字第三号，1949年2月10日）两个法律文件中对因粮供给和生产成果分配制度等进行了规定。前者还规定了取消诉讼费并取消人民诉讼须经区村政府介绍的制度。

三、华北人民政府公安、司法制度及其历史意义的评析

（一）对华北人民公安、司法制度的客观评价

首先，从上文对材料的整理与分析中我们不难看出，尽管受当时社

会和历史条件的限制，华北人民政府的公安、司法制度的立法仍体现了一种朴素的法治精神。纵观之，华北人民政府的公安、司法制度不乏闪光之处。

1. 死刑复核制度

华北人民政府对死刑复核制度的规定体现了对人的生命权的极大尊重及对死刑适用的慎重。这些制度对死刑案件的审理、上诉及核准程序都做了严格的规定，对死刑案件审理的证据取得方式、审判组织构成、审判根据、宣判方式、上诉期限告知、送达手续、上诉程序、复核流程等作了明确规定，并强调禁止刑讯逼供、指名问供，同时确立了重证据不重口供的原则。有了这些程序的限制与保证，被告人的正当权利得到了很好的保障并且防止了错杀滥杀现象的发生。虽然对游击区的具有军事政治性质的奸特分子的死刑复核作了可由行署批准的变通规定，但是由于其范围较小和战争年代中此类案件特殊的军事、政治性质，此类案件几乎无出错可能，并不会破坏普通案件的死刑核准制度的严肃性。

回顾新中国成立以来的司法制度史，由于受阶级斗争、政治运动扩大化和法律虚无主义思想的冲击，我国司法系统长期闲置甚至瘫痪，司法活动一片混乱。取而代之的是打着"革命"旗号的无节制的"打、砸、抢"，无数的冤假错案以及层出不穷的"错杀、滥杀"现象，社会秩序和法律秩序遭到严重破坏，不计其数的干部、群众含冤致死。随着改革开放以来法制秩序的逐渐恢复和法制进程的加快，我国在1979年刑法第43条明确了地方法院判处死刑立即执行的案件都应上报最高人民法院核准。随后最高人民法院又把相当范围内的死刑立即执行的核准权下放到高级人民法院，而在实践中，各高院往往将复核程序和二审程序合二为一，使死刑复核程序流于形式，侵犯了被告人的正当权利，从而使被告人丧失了一次纠正错案的机会。直到2006年年底，最高人民法院才决定自2007年开始收回死刑核准权。新中国成立以来，死刑核准制度的尴尬的历史现实与华北人民政府对死刑的慎重及严谨的态度相比，不禁令人汗颜。

2. 人民调解制度

由于调解制度具有经济、灵活、快捷、程序简便、易于化解矛盾和修复人际关系等众多优点，我国历朝历代政权都十分重视调解在化解社会纠纷中的重要作用，共产党领导下的华北人民政府也不例外。华北人民政府专门制定了《关于调解民间纠纷的决定》，对可调解案件的范围、调解组织、调解方式、调解的方法与程序作了详细的规定。这些规定所体现出的调解理念及部分调解制度被目前我国的调解制度所继承和发扬，甚至在某些程度上比后者更具有可操作性。

值得一提的是，《关于调解民间纠纷的决定》把一般轻微刑事案件也纳入可调解范围，由于这类案件的社会危害性不大，对其进行调解比单纯适用刑罚进行谴责能达到更好的社会效果，但又不至于放纵犯罪。这与目前我国在构建和谐社会语境下逐渐兴起的刑事和解制度的初衷不谋而合，不同的是前者比后者提前了六十余年之久。

3. 三审终审及取消讼费制度

华北人民政府对审级的规定采用了"三审定谳"制度，即一个案件最多可以经过三个审级的法院或审判组织审理，从而为纠正错案、实现公平正义增加了一层程序上的保障。虽然与二审终审制与三审终审制相比具有提高司法效率和节省司法资源的特点，但在保障当事人合法权益、促进司法统一、增强纠错功能及法律审查方面，后者毫无疑问具有绝对的优势。目前世界各国普遍采用的都是三审终审制度，我国推行二审终审制度可谓特立独行。如此看来，华北人民政府在审级制度方面似乎走在我国当下审级制度的前面。

另外，华北人民政府为了利于人民进行诉讼并保证老百姓都能打得起官司，明确规定取消诉讼收费制度，取得了良好的社会效果。而目前我国普遍存在着社会底层群众因为交不起诉讼费而对打官司望而却步的现象，虽然有缓交、免交、减交诉讼费的规定，但在实践中几乎很少被适用。因此，为了改变这种现状，我国有必要适当借鉴华北人民政府关于取消诉讼费用的规定，改革目前的诉讼收费制度，减免甚至取消对弱势群体的诉讼收费，以保障人民群众能够不因贫困而丧失通过诉讼来维护自己正当权益的权利。

其次，由于华北人民政府的性质是中央人民政府成立前的一个过渡性、试验性的政府，受立法资料匮乏、立法经验欠缺、立法人员自身素质及当时社会环境等多方面的历史及社会因素的限制，华北人民政府公安、司法制度的立法仍有许多不尽如人意之处，表现在以下几个方面。

（1）立法不够全面、系统，废除国民党六法全书后在司法实践中经常出现无法可依的情形相当程度上妨碍了司法活动的顺利进行。

（2）规定较为粗糙，立法用语不够准确、严谨、统一，在司法适用时容易产生理解上的分歧，从而影响法律的严肃性和适用统一性。

（3）将与国民党在政治和军事的对立扩大至法律领域并注入浓厚的意识形态因素，过分夸大法律问题与政治问题的联系，严重制约了华北解放区法制建设的发展。

（4）在没有制定替代法规之前就仓促废除六法全书的适用，形成了许多法律空白，而在适用时遇到没有相关规定的情况则依据纲领、决议甚至是政策，这对法律的权威构成了极大的破坏，造成了广泛存在的司法随意现象的发生。更为严重的是，受这种思想的影响，我国在建国后相当长的一段时期内都不重视法制建设甚至是蔑视法制，由此造成的社会混乱极大地制约了我国在各个领域的发展和进步。

当然，这些瑕疵的存在是可以理解的，有些甚至是不可避免的。目前我国的法制建设尚不完善，我们自然不能苛求60年前制定的这些法律应当尽善尽美。反而是在当时的社会、政治、军事背景下，华北人民政府能在其存在的短短十三个月时间里制定出如此之多、重要并且实用的法律制度是相当难能可贵的，其蕴含的朴素的法治思想仍值得60年后今天的我们去学习、借鉴和发展。

（二）华北人民政府公安、司法制度的历史意义

华北人民政府一年零一个月的历史，在岁月的长河中只能是一个瞬间，

但它在特定时期所肩负的由华北走向全国的光辉使命,永远不会被历史所磨灭①。这一时期的立法数量多、效率高、涵盖范围广,无论对于法学学习、研究人员还是法律职业从业人员来说都是值得深入学习和研究的一笔宝贵的精神财富和文化财富。

华北人民政府公安司法制度的制定和实施,标志着华北人民政府的公安司法工作已经由战争状态下的"游击化"阶段转入了相对稳定时期的"正规化"阶段。这不仅保证了华北人民政府依法行政的顺利进行,而且为新中国的政权建设奠定了重要的基础。不仅如此,这些法律制度的制定更为后来的中央人民政府构建了公安司法方面立法的模型,并且在当前历史阶段对于健全社会主义法制、建设社会主义法治国家也具有重要而深远的意义。

我国正处于法制现代化、建设法治国家的进程中,无论是在制定新的法律,还是在清理现有法律时,华北人民政府的立法进程所渗透出的法治精神和法治理念都是值得我们去学习和继承的。我们同样要接受历史的教训,加快立法、完善立法并加强司法,以完备的立法和良好的司法为建设小康社会、和谐社会,为经济建设,更为社会主义建设保驾护航。

最后,我用董老为自己的 90 华诞创作的诗作《九十初度》的最后一句结束这篇文章,这就是"一代新规要渐磨"。

参考资料

[1] 中国法学会董必武法学思想研究会编:《华北人民政府法令选编》,内部资料。

[2] 武延平、刘根菊等编:《刑事诉讼法学参考资料》(上册),北京大学出版社 2005 年版。

[3] 张希坡、韩延龙主编:《中国革命法制史》,中国社会科学出版社 2007 年版。

---

① 彭凯:"华北人民政府——新中国中央人民政府的雏形",http://pk75329.bokee.com/viewdiary.23468502.html,访问时间:2008 年 3 月 20 日。

［4］《董必武法学文集》，法律出版社2001年版。

［5］张晋藩总主编，张希坡主编：《中国法制通史》（第十卷），法律出版社1999年版。

［6］刘建民：《华北人民政府研究》，首都师范大学2007年博士学位论文。

［7］张希坡："董必武与华北人民政府的依法行政"，见《董必武法学思想研究文集》（第三辑），人民法院出版社2004年版。

华北人民政府公安司法制度回顾

王丽瑛[*]

前　言

翻开发黄的老报纸可以发现，在1948年8月底到9月初这段相对集中的时间内，解放区创办的各类党报都先后在头版头条的显要位置，对同一事件进行了报道："华北临时人民代表大会在华北某地[①]举行""在中国民主史上具有很大意义的华北临时人民代表大会，8月在华北某地隆重揭幕……"，而且诸报道均高度评价此次会议为"中国民主历史的里程碑"。

自解放军攻克石家庄后，华北的晋察冀和晋冀鲁豫两大解放区连成一片。5月，中共中央迁到河北平山县西柏坡村。为了适应整个解放战争形势的需要，中共中央决定召开华北临时人民代表大会，成立华北人民政府。7月，经过酝酿选举，各解放区选出代表500余人。8月7日，华北临时人民代表大会在石家庄召开，大会选举董必武、聂荣臻、薄一波等27人组成政府委员会。委员会推举董必武为主席，薄一波、蓝公武、杨秀峰为副主席。华北人民政府自1948年8月26日在石家庄成立，1949年2月20日移驻北平，1949年10月31日结

---

[*] 中国刑警学院教授，中国政法大学博士研究生。
[①] 是指石家庄市，石家庄市的名称来源于石家庄村，1925年由于建市的需要将附近休门、栗村并入，取石家庄、休门首尾各一字，更名为石门市，同时建立了市政公所。1947年，中国人民解放军解放石门后改称石家庄市。一百多年前，石家庄是获鹿县（今鹿泉市）的一个小村庄，面积不足半平方公里，只有百余户，600多人。从1902年，起随着京广、石太、石德铁路的兴建，逐渐发展为现代都市。它西扼进出山西要道，东接山东，南连鄂豫，北通京津，交通方便，四通八达，素有"晋冀咽喉"之称。自解放军攻克石家庄后，华北的晋察冀和晋冀鲁豫两大解放区连成一片。

束工作。它的成立，在中国革命政权和民主政治制度史上具有划时代的历史地位，为新中国全国政权的建立和组织做了探索，奠定了新中国政权体制的基础。

如果说新中国的制度建设继承了华北人民政府的制度遗产，那么华北人民政府的制度建构却得益于董老（董必武先生）。董老逝世距今已有30多个年头了。曲折前进的中国社会主义革命和建设的历史，证明了半个多世纪前他统一金融财政的实践，特别是关于人民民主和法制的理论和构想，是科学的、适合中国国情且具有前瞻性的，至今读起他的相关著述仍感到很新鲜、很亲切。他早年曾留学日本，专攻法学，加上他对中国文史典籍早已谙熟于胸，对古今中外法学具有广博的知识，且有深邃的见解。大革命时期，他在担任湖北省政府主要领导人时，曾经主持制定了《惩治土豪劣绅暂行条例》和《审判土豪劣绅暂行条例》两部法律，支持农民运动。土地革命时期，董老担任中华苏维埃共和国最高法院院长。抗日战争期间，董老曾在重庆领导了民主宪政运动，还出席了在旧金山举行的制定联合国宪章大会，在联合国宪章上签了字。旧政协时，他是宪法草案审议委员会的成员。应该说，在担任华北人民政府主席之前，董老在法学造诣和法律实践方面，已是闻名遐迩。担任华北人民政府主席后，他在就职演说中庄重宣布：华北人民政府是由游击式过渡到正规式的政府。正规的政府首先要建立一套正规的制度和办法，我们办事要有制度，有纪律。他再三强调：建立新的政权，自然要创建法律、法令、规章、制度。我们把旧的打碎了，一定要建立新的，否则就是无政府主义。维持新的秩序，就要求按照新的法律、规章、制度办事。为了扭转长期游击环境的工作方式，董老领导华北人民政府相关部门，从工作实际需要出发，曾花大力气制定了多项法规、法令和办法。据不完全统计，在短短13个月里，华北人民政府所颁布的"训令"①"指令"②"法令""条例""规

---

① 训令：旧政权上级机关对所属下级机关主动下行的指示性文书，通常是"合行令仰知照，并饬所属一体遵行"广泛发送的通令。

② 指令：上级机关对下级机关呈报或请示具体问题的批复文书，用指令。无论有无意见，每件均有指令回复。虽然无意见，亦批"呈悉"。民国初年限于大总统或上级官对下级官有所指挥用指令。

章""通则""细则"和"办法"等，就有200多项，几乎涵盖了支援前线、经济建设、金融财政、公安司法、教育文化等各个领域，为即将成立的中央人民政府在法制上做了必要的准备。本文主要介绍华北人民政府的公安制度。

华北人民政府的公安制度

1948年，华北临时人民政府发布的《华北人民政府组织大纲》中规定了华北人民政府下设公安部，省以下设公安处和公安局。在各级公安机关内部，分别设侦察、治安、预审等业务机构，而且上下对口，这反映出警察机关的组织机构逐步健全起来。根据中国法学会董必武法学思想研究会编写的《华北人民政府法令选编》[①]，涉及公安制度的训令、指令、通知、指示、办法等共有16项，据此介绍和分析华北人民政府公安制度。

一、组织人事制度

公安干部任免制度。[②] 为了加强华北区公安工作建设，保持公安业务之专门化，特决定各级公安干部升降调遣制度如下：县公安局股长区公安员一级公安干部，须经县民政科、县公安局之会签县长批准任免；县公安局局长一级公安干部，须经行署[③]民政处公安处之会签行署主任批准任免；专署一级以上公安干部，须经本府[④]民政部、公安部之会签，呈本府主席批准任免。

[①] 中国法学会董必武法学思想研究会编《华北人民政府法令选编》，第149~216页。
[②] 参考《华北人民政府法令选编》第160页。1948年11月17日，公行字第一号：《规定各级公安干部调遣制度训令》。
[③] 行政公署相当于省级的政权机关，是省一级政府的派出机关，是抗日战争及中华人民共和国建立初期的行政建制。如苏南、苏北、皖南、皖北等人民行政公署，1952年撤销；1978年《宪法》规定，省、自治区人民政府在所属各地区设立行政公署作为自己的派出机关。1982年修改通过的《中华人民共和国地方各级人民代表大会和地方各级人民政府组织法》规定，省、自治区人民政府在必要时，经国务院批准，可以设立若干行政公署作为其派出机关。所以，目前行政公署是省级政府的派出机关。目前行政公署已不多，多数已改为省辖市。尚存的行政公署有贵州毕节地区行政公署、大兴安岭行政公署、贵州铜仁行政公署、新疆哈密地区行政公署、内蒙古阿拉善盟行政公署、新疆阿勒泰地区行政公署、新疆和田地区行政公署、新疆阿克苏地区行政公署、内蒙古锡林郭勒盟行政公署、新疆喀什行政公署等。
[④] 本府是指华北人民政府。

二、加强队伍建设

为了使公安机关能够担负起维护社会秩序和安全的任务和使命，提高公安队伍的战斗力和业务技能，华北人民政府决定武装公安局，[①] 小县须配置一个排（36名），大县配置50人并积极加以训练，熟悉业务和技术。令各行署各直辖市府并抄致华北级各机关，各专署县市政府及本府各部门，遵照执行并将执行情况报告本府。

培养法医。针对当时在司法队伍中缺乏具有尸体检验知识的人，华北人民政府决定[②]先聘请当地具有此项经验之人协助办案作为应急措施，目的是为科学探究致死之由提供破案线索。为了鼓励具有此项经验之人协助办案，采取给予适当报酬的办法，并规定所有报酬之钱款，可作司法工作的正当开支准予报销。华北人民政府认识到检验工作聘人协助，毕竟是临时的，不是长久之计，特别强调培养具有医学知识的检验人员的必要性和应急性，指令应设法培养具有医学知识的检验人员。

三、加强机构建设

建立专门公安局。[③] 为了巩固边防、防止间谍匪患，保证商旅安全，加强边沿区出入口管制工作，已制定《华北区战时出入边境管理办法》，同时决定在各边防区设立专门公安局：它们分别是边防公安办事处（保定）、边防公安局（冀中大清河、平西、安阳、新乡）、河防公安局（太岳、冀鲁豫所辖黄河沿岸地区）、水上公安局（冀南滏阳河）。上述各公安局组织分由各该区行署公安处或本府公安部领导，其所属职员、武装由各该行署或本府公

[①] 参考《华北人民政府法令选编》第165页。1948年11月20日，公行字第三号：《规定公安局武装配置名额训令》。

[②] 参考《华北人民政府法令选编》第172页。1948年12月1日，公行字第十号：《华北人民政府指令》。

[③] 参考《华北人民政府法令选编》第166页。1948年11月20日，公行字第二号：《建立边防公安办事处、边防公安局、河防公安局、水上公安局训令》。

安部斟酌实际需要采取紧缩方针，拟定编制，报请本府核准后实行。

划分县市公安机关与司法机关处理刑事案件权责。[①] 这一时期各地区的警察组织已初具规模，无论是具体职责，还是与其他机关的关系，规定得都比较详细。华北人民政府针对当时各县市公安机关与司法机关在处理刑事案件时权责不清、互相推诿、争纷迭起的局面，为减少矛盾、提高效率、明确职责，特作如下规定：

关于汉奸特务及内战罪犯等案件，其侦查的责任应属于公安机关，并有权处理侦查结果，司法机关不得干涉。即公安机关经侦查，如果发现某人犯罪或确有犯罪嫌疑，即可向司法机关提起公诉。如果侦查的结果嫌疑不足或其行为不成立犯罪时，公安机关均有权释放，不予起诉。对于公安机关提起公诉尤其不予起诉决定，司法机关无权干预。至于普通的刑事案件（除违警罚法外），公安机关知道有犯罪嫌疑时，也有职权和职责采取紧急与必要的措施，移交司法机关处理。

关于汉奸特务及内战罪犯等案件，其论罪科刑的责任，应属于司法机关。对于公安机关提起公诉的案件，如果司法机关认为被告仅有嫌疑，没有积极的证据可以证明被告确系犯罪时，就不能论罪科刑。公安机关在司法审理过程中既可追诉，并可提出意见，但司法方面采纳与否，对于被告认定犯罪或无罪，科刑或重或轻，由司法机关决定，公安机关不得干涉。因为公安机关是追诉犯罪，故对论证犯罪嫌疑人犯罪行为的证据要求不一定确凿，而司法机关职责是论罪科刑，对论证犯罪嫌疑人犯罪行为的证据要求必须确凿，所以经常会出现公安机关提起公诉的案件到司法机关宣判无罪的现象。如果公安机关有意见按法律程序可以上诉，但不能干涉司法机关判案。

四、加强治安管理

为了维护社会秩序，保障公共安全，巩固边防，防止间谍特务，华北人

---

① 参考《华北人民政府法令选编》第170页。1948年11月30日，公行字第九号：《华北人民政府训令》。

民政府制定了许多治安管理方面的法规，内容比较广泛，几乎涉及社会生活的各个方面：

在1948年11月18日颁布了《华北区枪支管理暂行办法》和《携带枪支暂行规则》。对本办法和本规则所管理的枪支的种类、制造主体、采购主体、采购程序、携带主体、携带许可等方面都做了详细的规定，总的原则是慎用枪支，特别强调学校职员、教员、学生、国营商店人员和国营工人不准携带枪支。

以一兵工厂南石檀分厂有两名工人因耍弄废引信出险为导线，华北人民政府在1949年8月30日颁布了《为令严格登记管理乡村散置军火令》，通令各地政府引以为戒，对流散于乡村之军火进行严格登记清查，妥善管理。并严禁玩弄军火，免遭损害。

为巩固边防，防止间谍特务，保护商旅安全，华北人民政府在1948年12月1日颁布了《华北区战时出入境管理办法》。根据本办法，这时的边境不是现代意义的国与国的边境，而是指"敌我交界地带，友邻解放区边境不在此限。"规定凡出入境者，[1] 均须持有县市以上政府公安局[2]填发的出境证，凡出入边境者，均须经边防区派出所检查后始准通行，而且规定此检查权是公安派出所的专项权力。这时的边防区派出所权力很大，具有暂予拘留权。根据《华北区战时出入境管理办法》第八条，边防区派出所在检查中发现无出境证而强欲出境或拒领入境证的、私带军火武器出入境者、私带违禁品出入境者、有间谍盗匪之重大嫌疑者等均可采取暂予拘留措施，在24小时内送往县市公安局和边防公安局。在本办法中还有一个令人注目的是关于公安部门与工商部门联合执法的规定。如边防区派出所在检查出入边境者时，以边防区派出所为主协同当地工商部门共同施行；其违犯出入境货物税则条例私自贩运违禁货物或走私漏税者，应会同工商部门检查并将应处理之人与物转送就近之工商部门处理之。

---

[1] 外侨另有规定及部队班以上集体活动与当地驻军派出之侦察人员除外。
[2] 部队人员由旅以上政治部添发。

为了防止间谍特务伪造公章利用机关名义，掩护其破坏活动，保障社会治安，巩固民主革命成果，华北人民政府在1948年11月17日颁布了《令各军政治经济机关分散各地之直辖派出机关须讯向当地政府登记的训令》，规定各军政治经济机关分散各地之直辖派出机关，如各机关部队派驻各城镇之办事处、工作站、商店、工厂等等，除必须受当地政府领导与管辖外应一律持各该机关首长证明信即向当地县市公安局登记。令各地遵照执行并将执行情况报告政府。但防不胜防，华北人民政府公安部先后破获了冀中傅匪特务王信昌案、北岳特务郑明星案和冀鲁豫何玉珍案，[1] 说明解放区尤其在两区交界工作薄弱地带社会治安制度存在严重的弱点，给蒋特破坏活动提供可乘之机，他们冒充我方人员，大搞破坏活动。为了巩固社会治安，堵塞漏洞，华北人民政府在1949年1月5日又颁布了《再令各军政治经济机关分散各地之直辖派出机关须讯向当地政府登记的通知》，继续强调各军政治经济机关分散各地之直辖派出机关，如各机关部队派驻各城镇之办事处、工作站、商店、工厂等等，除必须受当地政府领导与管辖外应一律持各该机关首长证明信即向当地县市公安局登记，以便政府管理和掌握相关信息，防止蒋特利用我方工作机关进行破坏活动。

华北解放区内在1949年出现了非常严重的赌博现象，如赌博遍布各地，赌博输赢额巨大，村干部和民兵带头赌博等，[2] 这不仅败坏社会风气，而且造成家庭不睦，甚至发生抢劫、偷盗等图财害命事件，严重影响社会治安。为此，华北人民政府在1949年7月13日颁布了《关于禁止赌博的指示》。指

---

[1] 特务王信昌，冒充冀中联络部之干部，在河间、高阳一带以开办训练班的名义，在傅匪突击河间时进行多种破坏活动；特务郑明星等20余人，冒充晋绥六分区独立工作队的名义进行破坏和探取情报活动；特务何玉珍等男女25人，冒充华野21兵站的名义，在柳城一带交结地方流氓进行破坏活动，并供给济南蒋匪不少军事情报。

[2] 赌博遍布各地（如冀中之赵县八、九两区，在十天内抓赌四十起，晋县八、十区39个村，聚赌者55处，察省获鹿县二月份抓赌31起）；赌博输赢额巨大（沁县与屯留等地赌一场即有百万冀抄上下输赢，永年刘营村赌博输赢达百余万冀抄）；村干部和民兵带头赌博（冀南赵县赌博人员中2/3是村干部和民兵。沁县八个赌博村中有六个村有村干部参加。灵石有七个村在聚赌时有民兵持枪警戒）。

示明令禁止一切赌博或变相赌博行为；禁止村干部和民兵带头赌博；禁止以赌博原因出卖在土改中所分得之土地财产。从方法上采取教育为主、惩罚为辅的宽严相济措施①，尤其值得赞赏的是以群众的力量肃清赌博行为的——"群众公约制度"，即采取各种方式如报纸、群众会、黑板报、屋顶广播与通过群众团体进行广泛深入的宣传教育，说明赌博的害处。经过宣传教育，提高群众觉悟，启发群众自行定出公约，大家遵守，互相监督。该公约制度值得借鉴。

为了根绝烟毒②流害，保护人民健康，厉行禁烟禁毒，华北人民政府在1948年7月16日特制定颁布了《华北区禁烟禁毒暂行办法》，规定严禁种植烟苗、严禁私存鸦片及其他毒品、严禁制造买卖贩运烟毒、严禁吸食烟毒、严禁烟毒入口岸等。所采取的方法有：烟苗铲除、没收烟毒及制造吸食烟毒之机械用具、经济处罚、报告登记、宣传教育、限期戒除或强制戒毒（烟毒较重的县市，设立戒烟所，办理戒烟事宜）等办法。此外，《华北区禁烟禁毒暂行办法》允许医药和科学领域所用之麻醉毒品的存在，只是设定了严格的审批程序，如麻醉毒品之原料，统由华北人民政府卫生部核准配售，其成品之制造销售须经省以上卫生机关之检查化验、批准。

此外，针对当时查会门道门组织不仅大搞封建迷信活动，蛊惑人心，而且常为反动分子所操纵，以进行刺探军情、散布谣言、发动武装暴动等各种反革命活动。为了保障人民利益、维护社会治安、挽救一般误入歧途的会员群众及首要分子以自救自新之路，华北人民政府在1949年1月4日特制定颁布了《解散所有会门道门封建迷信组织的布告》，规定自布告公布之日起，所有会门道门封建迷信组织一律解散，不得再有任何活动。本着治病救人的方针所采取的方法主要用说服劝告的方法，以教育为主、惩罚为辅，宽严相

---

① 对参赌人员，先进行劝告，仍不改的再进行处罚；对带头赌博的村干部和民兵，也是先进行教育，令其立即改正，对于屡教不改或错误严重的进行严厉处分。

② 是指鸦片烟及吗啡、高根、海洛因、金丹或其他化合质料等毒品。

济,取得良好的效果。如所有会门道门首要分子应向当地县市公安局登记,假如其会曾与匪特勾结或有犯罪行为者,若能改过自新,政府应予以宽大处理,假如其会未曾与匪特勾结或没有犯罪行为者,只要其停止活动并履行登记,那么免予追究责任。所有被胁迫或被诱骗而参加的会门道门一般会员群众,一经脱离组织,停止活动,即一律不予追究责任。同时,当时政治斗争复杂,不益树敌太多,团结一切可以团结的力量,避免节外生枝,给敌特分子以鼓煽之隙,政府特强调不滥施斗争,以宽大为主。

五、注重民事纠纷的调解机制

2006年3月5日,是曾任华北人民政府主席,中国共产党和中华人民共和国的创始人和缔造者之一,伟大的马克思主义政治家、法学家,新中国人民民主与法制建设的主要奠基人董必武同志诞辰120周年纪念日。这一天中国法学会为了缅怀董老,学习和纪念董老的法学思想,专门采访了曾任华北人民政府秘书厅秘书、现任全国政协副主席、董必武法学思想研究会会长的任建新同志。任建新同志讲,在华北人民政府颁布的30多项涉及公安、司法的法令、法规中,有两项法规是董老格外关注的。一是华北人民政府于1949年2月15日颁布的《关于调解民间纠纷的决定》,提出要倡导对于民事和轻微刑事案件,尽可能由村或区调解委员会调解解决,认为这样做对于加强人民团结,使百姓省时、省钱,意义重大。二是为慎用死刑,华北人民政府于1949年3月23日颁布了《关于刑事复核制度的通令》,规定:凡"判处死刑的案件,被告声明不上诉或过了上诉期限时,县市人民法院呈经省或行署人民法院核转,或省、行署、直辖市人民法院经呈华北人民政府法院复核,送经华北人民政府主席批准,始为确定之判决"。这一死刑复核制度,对于防止冤假错案的发生发挥了重要作用。

华北人民政在1949年2月25日颁布了《关于调解民间纠纷的决定》,对于调解的重要性、调解的组织、调解的范围都做了明确的规定。调解不仅对于加强人民团结,使百姓省时、省钱,意义重大,而且在华北解放区具有很好的历史发展基础,① 具有可行性。但是在调解中,发生了偏差,如有的地方干部把调解规定为诉讼的必经阶段,当事人不服调解起诉时,区村不给写介绍信,县也以无介绍信为由不受理,使调解成为强迫和侵害人民诉讼自由的绊脚石,对此有必要进行规范。

华北人民政府在1949年2月15日颁布了《关于调解民间纠纷的决定》,调解的范围是民事案件和轻微的刑事案件。凡是民事案件均可调解,但不得违反法律上的强制规定,如法令禁止买卖婚姻、禁止早婚、禁止超过规定的租金或利息等。凡刑事案件除损害国家社会公共治安及损害个人权益较重的案件不得调解外,其余一切轻微刑事案件,均可调解。一旦逾越调解范围,要服从县司法机关的指令进行纠正或撤销。此外,本决定中关于调解的有关规定也适用于城市。

华北人民政府在1949年2月15日颁布了《关于调解民间纠纷的决定》,调解的组织有三个:一是由双方当事人认可的所谓公正的亲友邻居及村干部组成的调解团。他们与当事人关系密切,了解争议事情,便于解决纠纷。二是政府调解。调解组织有村政府调解委员会和区公所调解委员会。村政府调解委员会是以村主席兼任主任委员、由村人民代表大会选举或村政府委员会推举的成员组成的调解组织。区公所调解委员会是以区长兼任主任委员、由区公所聘请群众团体代表或在群众中有威信的人充当委员的调解组织。第三个是司法调解。适用于已起诉到县司法机关的案子。调解方式有法庭调解(在法庭上劝导双方和解息讼)、庭外调解(法院指定双方所信任的人劝导双方和解息讼)、审判员庭外调解(审判员到有关地点,召集当地群众,评理说法,找出双方都能接受的和解方法劝导双方和解息讼,是调解也是审判)等,多渠道的调解方式。

调解以依法调解、自愿调解、服从司法监督为原则。调解以劝说和解为主,但无论调解内容、范围、方式上必须依政策法令,如买卖婚姻、早婚、

---

① 华北人民政府在1949年2月15日颁布了《关于调解民间纠纷的决定》,华北解放区倡导调解。民间纠纷因调解解决的有的县占全部案件的70%以上,有的村区更多。

民间高利贷等不得调解，即没有调解的余地。调解的处置方法也合乎法律规定的方式，如民事案件采取赔偿、赔礼道歉、返还原物等方式，轻微刑事案件采取赔礼道歉、给予抚慰金等形式，不能无原则的"和稀泥"。同时，调解要服从司法监督。调解一旦逾越调解范围或调解不适当，当事人和调解机关要绝对服从县司法机关的指令进行纠正或撤销。另外，调解没有强制性，争议双方对调解不服，应可依法进行审判，走司法救济的道路。

以上是华北人民政府时期公安方面的基本制度，与现代社会公安制度比较这一历史时期的公安制度存在随机性、零散性、不全面、不完善、不规范等许多不足，但在当时的特定背景下，这些制度确实起到了打击敌特分子，巩固新兴革命政权，维护社会秩序和安全的积极作用。这些制度不仅成为新中国公安制度的基础，而且有些制度至今具有可借鉴意义，如打击赌博中的"群众公约制度"、解决民事案件和轻微的刑事案件的"民间纠纷调解机制"等具有一定的开创性、科学性和可行性，对我们现代的公安工作也具有一定的指导意义。

浅论华北人民政府在刑事司法领域内的法制建设

孔令滔[*]

华北人民政府自1948年9月成立，持续自1949年10月，虽仅存在了13个月，但其为新民主主义政权的法制建设作出了极其重要的贡献，尤其是在刑事司法领域内的法制建设，具有诸多先进和优越之处，故研究此些制度，不仅有利于比较全面地把握我国社会主义法制建设早期的思想和实践历程，亦有助于我们吸收和借鉴此些制度中的科学之处，该点对于建设社会主义法治国家亦具有重要的参考价值。华北人民政府在刑事司法领域内的建制，其所展现出的法治精神、人道精神，以及相应的制度设置，为新中国成立后的刑事法治工作提供了宝贵的历史经验和指导范本。

一、"两大主义"：华北人民政府刑事司法建制的灵魂

任何具体制度的建设，必然需要围绕一个总体的方针（或宗旨），这既是为了防止制度建设偏离既定的目标或欲实现的结果，也是为了促进制度之间的体系和谐与完整。华北人民政府在刑事司法领域内的制度建设，同样贯穿着这样一些方针（或宗旨）。通过研读当时的相关法令以及历史文献资料，笔者以为，华北人民政府在建设刑事司法制度时，始终围绕着"法治主义"与"人本主义"这两条主线，前者体现出制度"刚性"的一面，即"有法必

---

[*] 中国政法大学法学院。

依、执法必严"的法治精神，后者则体现出制度"柔性"的一面，即"尊重与保障人权、以人为本"的人道精神。

（一）法治主义："有法必依、执法必严"

由封建社会进入新民主主义社会，及至社会主义社会，这其间的过程充满艰辛与苦难，但也正是因为如此，历史才具有了深度与厚度，才具有了弥足珍贵的借鉴意义与警醒效果。在这一过程中，中国由"人治"的不确定型社会开始逐渐走向"法治"的确定型社会，由"人治传统"走向了"制度文明"。可以说，"法治"的兴起与兴盛，不仅表明落后制度的消亡，也预示先进制度的生长。

正是基于这一点，华北人民政府自其成立始，便积极提倡法律制度的建设，其在13个月里，曾不分昼夜地进行"立法"工作，先后制定、颁行了200多项"法令""训令""条例""规章""通则"等，涵盖了建政、支援前线、经济建设、民政、公安司法、金融、财政税务、工商贸易、交通、农业水利、教科文卫等诸多方面。[①] 而其仅在刑事司法领域，便先后颁行了约35项法令，其内容涵盖了司法程序、司法组织、罪刑制度等方面，可以说，其比较完整地建立了刑事司法体系，回应并较好地解决了先前存在的"滥罚、滥捕、滥打、滥杀"等问题。

（二）人本主义："尊重与保障人权"

刑事司法作为一种对"犯罪之人"科处"刑罚"的特殊制度，其所针对的对象便是"罪犯"，这也是刑事司法区别于其他类司法的特点之一。提倡"罪犯人权"，不仅是法制文明的必然要求，更是政治文明的一种魄力与气度，它要求政治家们透过罪犯"反社会"的外表而直视罪犯作为一个"人"、一个"公民"所应该享有的基本权利：罪犯首先是"人"，其虽然遭受到国家刑法的否定性评价，但其"人性"依旧无法否认，其在根本上依旧是与普通大众一致

---

① 中国法学会董必武法学思想研究会编：《华北人民政府法令选编》，"序言"。

的"人",而人权作为"人的权利",① 作为"最低限度的普遍道德权利",②其为每一个人所普遍具有;其次,罪犯也是"公民",尽管其在人身自由、相关权利上受到限制与约束,但其并未被剥夺"公民资格",其依旧享有相应的公民权,而"公民权即是制度化了的人权",③ 是为每一个公民所当然享有的。

上述结论于当今社会而言虽已成共识,但对于一个刚刚在法治道路上起步的政府而言却是艰巨与困难的。在华北人民政府颁行的诸多法令中,我们依旧可以发现"以平民愤"等一些非理性的措辞,然则,华北人民政府在"罪犯人权保护"方面所迈出的这一步却仍具有重大的历史意义,它所体现出的政治远见与法治卓识为日后的立法提供了一种路径与框架。

(三) 法治主义与人本主义的交融

从功能上而言,法治主义与人本主义具有迥异于彼此的特点,即前者寻求的是一种"制度理性化",其通过法律的规范作用以使得制度对民众的行为评价具有判断标准,而后者寻求的是一种"制度人性化",其通过对制度的柔性改造以使得制度能够回应人性、人道与人本精神。

然则,法治主义与人本主义事实上存在相互交融的空间,其根源便在于我国刑法的目的是为惩罚与教育相结合,"马克思主义刑法观的一个基本观点,人是可以改造的,因而,我国刑法坚决反对'惩办主义'和'报复主义',反对剥削阶级使用的那种残废刑和肉体刑以及贬低犯罪分子人格的丑辱刑,而是实行教育与惩罚相结合的政策。马克思主义一向认为,制止犯罪发生的最有效的手段之一,并不在于刑罚的严峻和残酷性,而是在于使罪犯不能逃避刑罚的惩罚。这说明我国刑法的正义性,因而也就具有最大的威力

---

① 李步云:"论人权的三种存在形态",载《法学研究》1991 年第 4 期。
② [英] A. J. M. 米尔恩:《人的权利与人的多样性——人权哲学》,夏勇、张志铭译,中国大百科全书出版社 1995 年版。
③ 王启富、刘金国:《人权问题的法理学研究》,中国政法大学出版社 2003 年版,第 160 页。

和力量"。[①] 据此，刑法之教育目的便要求"以人为本"的感化性力量融入刚硬的"法治主义"，以此削弱后者所带有的"惩罚"色彩，从而使刑法的目的真正得到落实。

二、华北人民政府刑事司法建制的特点

通过研究华北人民政府颁行的相关刑事司法方面的法令，笔者以为，华北人民政府在刑事司法领域的法制建设，其特点集中表现在两个方面：其一为司法的政治性，即以司法为工具而为政治服务；其二为司法的专业化，即意识到司法的独立性，并使司法去政治化、去工具色彩的过程。前者产生背景在于当时的特殊历史使命，即一切以政治为优先考虑，故其虽不符合完全的法治的精神，但又具有现实存在的一定客观性；而后者作为法治发展的趋势，是符合司法之本质的。

（一）刑事司法的政治性

任何一项制度，都具有特定的时代烙印，并为特定的时代命题而服务；刑法，作为法律制度中严厉性最强、惩罚色彩最浓厚的部门法，则更是具有了这种时代特征。正如学者所言："在文明社会司法发展的进程中，作为一种解决社会冲突与纠纷的重要机制，司法从来都不是价值中立的，也绝不超然于社会利益矛盾斗争的旋涡之外，而是反映特定社会阶级或利益集团的政治需要，具有鲜明政治倾向或政治性品格，进而成为社会政治斗争的重要工具。"[②] 具体而言，华北人民政府刑事司法的政治性主要体现在以下几个方面。

1. 确立司法的法律依据：废旧法、立新法

法律是什么？针对此一问题，华北人民政府在《通报》（法行字第四号）里面这样阐述："法律是政权的一部分，是当权的阶级用以保护本阶级的利

---

① 樊凤林："论董必武的刑法思想"，载《中国刑事法杂志》2001年第3期。
② 公丕祥："董必武司法思想述要"，载《法制与社会发展》2006年第1期。

益并统治敌对阶级的工具,所以法律不是什么神秘的东西,它是阶级社会的产物,它不能超阶级而存在。"① 据此,华北人民政府明确了法律的阶级性,以及法律为政治目的(即当权阶级用以保护本阶级利益并统治敌对阶级)而服务的特性,进而其规定道:"当权的阶级变了,新的当权阶级自然要制定自己所需要的法律。"②

正是基于上述结论,华北人民政府决定彻底废除国民党的六法全书及其一切反动法律,同时要求各级司法审判皆不得援引其条文,以下一段文字十分清楚地表明了华北人民政府作出此一决定的理由:"'六法全书'是旧统治阶级统治人民、镇压人民的工具,又经蒋匪修改补充更见凶恶,和我们新民主主义司法精神根本不合,人民政府必须把它彻底打碎、禁止援用。因为我们不能一面执行着保护封建地主和官僚资产阶级的法律,一面却梦想着去推翻他们的统治和剥削,我们必须以我们自己的法令和政策来镇压一切反革命分子与破坏分子。"③ 在1949年4月,华北人民政府更是以专文的形式,即《华北人民政府训令》(法行字第八号)下发各级政府,决定废除国民党六法全书,"旧的必须彻底粉碎,新的才能顺利成长。各级人民政府——特别是司法工作者要和对国民党的阶级统治的痛恨一样,而以蔑视与批评态度对待国民党六法全书及欧美日资本主义国家一切反人民的法律。"④

另一方面,华北人民政府在废旧法的同时,亦积极制定新的法令,在该方面,其仍体现出浓厚的政治性,其号召司法工作者们"用全副精神来学习马列主义——毛泽东思想的国家观、法律观,学习新民主主义的政策、纲领、法律、命令、条例、决议,来搜集与研究人民自己的统治经验,制定出新的较完备的法律来",⑤ 同时,由于立法技术的不成熟,势必导致法律的不健全和不完整,因此,华北人民政府阐述:"现在我们已经系统化的法条诚然

---

① 中国法学会董必武法学思想研究会编:《华北人民政府法令选编》,第175页。
② 同上书,第175页。
③ 同上书,第176页。
④ 同上书,第197页。
⑤ 同上。

不够，但我们有政策原则，有政府命令可资遵循，只要我们精细地分析案情、灵活地掌握政策原则，自然就会把案件处理得很好"①，据此，政策原则和政府命令这些政治色彩极为浓厚的规范性文件便成为了刑事司法的法律依据。

2. 确立司法的任务：维护新民主主义国家及广大人民的利益

司法的政治性不仅取决于司法活动所依据的法律的性质，还表现在司法工作的方向与任务上。"从本质意义上讲，司法机关的工作方面与基本任务，都反映了掌握国家政权的统治阶级的政治要求，并且是统治阶级的政治愿望和政治主张在司法活动中的落实"，②由此，仅在"司法的任务"此一层面上而言，司法的中立性事实上存在一个逻辑前提，即司法的政治性。

该点表现最为明显的，即是华北人民政府在清理案犯上的态度，其规定，"清理案犯的精神，应从新民主主义的国家利益着眼，不放纵一个坏人，关系重大的案件，绝不马虎处理，同时也不积压一件应解决而拖延不解决的事，不冤抑一个应受宽大的人"，据此，"凡侵害新民主主义国家及广大人民利益的犯罪……处理应从重；至于侵占、伤害及普通损害个人利益之犯罪则可从轻。"③ 这些规定明确体现了华北人民政府为刑事司法所设定的任务，即以维护国家和人民利益为根本，凡触犯此些利益者，处罚即应从重。

（二）刑事司法的专业化

从渊源上说，在中国法律近代化的过程中，司法专业化并非一开始便被大众和官方所接受，"近代意义上的司法制度对于中国而言是一个舶来品，它与重道德，轻视技术，主张集权和专制，反对分权的中国传统法律文化是格格不入的。"④ 然则，随着法律近代化的深入以及国人对外国法律考察的深

---

① 中国法学会董必武法学思想研究会编：《华北人民政府法令选编》，第175页。
② 公丕祥："董必武司法思想述要"，载《法制与社会发展》2006年第1期。
③ 中国法学会董必武法学思想研究会编：《华北人民政府法令选编》，第183页。
④ 侯欣一：《从司法为民到人民司法：陕甘宁边区大众化司法制度研究》，中国政法大学出版社2007年版，第48页。

入,司法专业化便逐渐被人们所肯认并被立法所明确规定。华北人民政府在建制的过程中,亦充分认识到司法专业化在保证判决公正、使民众信服等方面所具有的重要作用,故其积极颁行相应法令以实现司法的专业化,具体而言,主要体现在如下几个方面:

1. 司法独立:划分公安机关与司法机关之间的权责界线

在《华北人民政府通令》(法行字第四号)里,华北人民政府曾专门要求各行署、直辖市府"恢复各县原有司法组织",此规定出台的社会背景便在于司法机关与公安机关之间曾长期合并,"过去司法机关与民、教或公安局合并。司法科(或处或人民法庭)所辖之监所与公安局之拘留合并,工作极不便利,需要把它们分开"。[1] 据此,华北人民政府积极着手、采取措施使司法机关与公安机关相分离,而其中最为典型的便属1948年11月颁行的《华北人民政府训令》(法行字第九号),其中明确划分了公安机关与司法机关之间的权责界线。

该《训令》规定:"关于汉奸特务及内战罪犯等案件,其侦查的责任,应属于公安机关……前述案件,经公安机关向司法机关起诉后,司法机关即有权责审判该案,对于被告的犯罪事实和证据,加以审理研究,看被告是否犯罪、所犯何罪、应该科什么刑,然后加以裁判,宣示",因此,"公安方面职在追诉犯罪,故对有犯罪嫌疑者,不一定证据确凿,即可起诉。而司法方面职在论罪科刑,若被告仅有嫌疑,没有积极的证据可以证明被告确系犯罪时,即不能论罪科刑"。[2] 另一方面,该《训令》要求公安机关与司法机关应各司其职而互不干预,"假如侦查的结果嫌疑不足,或其行为不成立犯罪等则公安机关均有权释放,不予起诉,司法方面,不能干涉",而公安机关在司法机关审理过程中若有不同意见,则只能通过上诉而不可强求司法机关。[3]

---

[1] 中国法学会董必武法学思想研究会编:《华北人民政府法令选编》,内部资料,第152页。
[2] 同上书,第170页。
[3] 同上书,第152页。

2. 司法人员专业化

独立后的司法应该由谁掌握？若由丝毫不懂法律的人掌握，则司法独立便不可能实现，司法作为一门含有高度技术成分与智识要求的技艺，其对握有者们的必然要求便是这些人士应具有相当的法律专业知识。就此，华北人民政府曾发专文，即《华北人民政府通令》（法行字第二号），要求各地分四期轮调全区县级以上司法干部来参加司法部的培训班，并明确了此培训的目标，即"不是只灌输些知识，而是要依据具体事实提出问题，建立初步的新民主主义司法的建设和理论"。①

3. 建立司法报告制度

司法报告制度的一个重要目的便在于总结各地司法经验，以及司法工作中的困难及解决意见，以此提升司法的专业化程度。《华北人民政府司法部通知》（司通字第二号）里面便详细规定了报告的相关内容：1）就月报（即每两月报告一次）而言，包括分类统计的新收、已结、未结等案件，并列举几件重大案件或某个案子之审判经验材料，羁押人犯及自新院的大致情况；2）就总结报告（即每半年报告一次）而言，包括这一时期的工作的主要优缺点、经验所获等。②

三、制度建设：华北人民政府刑事司法建设的实体

（一）体现法治主义的相关制度建设

法治主义的基本要求在于"依法办事"，即"有法必依、执法必严"，其若化解开来，便可体现为遵守程序、符合审级规定等内容。据此，华北人民政府在该方面的制度建设，便可以概括为如下几点：

1. 关于司法组织的建制

司法机关作为司法活动的主要参与者与程序控制者，其是否健全关系到

---

① 中国法学会董必武法学思想研究会编：《华北人民政府法令选编》，内部资料，第151页。
② 同上书，第156页。

法治主义是否得到了实质性的落实。华北人民政府在设置司法审级方面，可以说是较为科学的，其建立了三审终审制的审级体制，具体又可划分为两种领域的三审终审：1）在各行署区，县司法机关为第一审机关，行署区人民法院为第二审机关，华北人民法院为终审机关；2）在各直辖市，市人民法院为第一审机关，华北人民法院为第二审机关，而由华北人民政府主席指定人员组成的特别法庭或发送华北人民法院复审时的华北人民法院便是终审机关。[①]

2. 关于司法程序的建制

"刑事司法工作是整个刑事法治的基石和根本落脚点，这不仅涉及实体法的具体运用，更主要的是要遵守法定的程序来追究犯罪人的刑事责任，保障无辜的人不受法律追究。"[②] 因此，程序是否健全便直接关系到整体司法工作是否完善。华北人民政府通过分析各行署反映上来的情况，深刻指出了司法活动在程序方面存在的三个问题：第一，于"呈送复核死刑案件"领域内，体现为"判处死刑而没有判决书，有了判决书而不宣判及送达；判决书不规定上诉期，有上诉期却不谕知被告；不经宣判，不经被告声明不上诉，即呈送上级司法机关核准"；第二，于"论罪科刑"领域内，体现为"有的由司法委员会研究决定，有的制作研究案犯确定表，但均没有审判负责人员参加讨论与研究"；第三，于"审判工作"领域内，体现为"重口供不重证据，凭被告的反省坦白，而不认真调查证据，研究案情，简单潦草，从案卷中说明不了的问题，更是较为普遍的现象"。[③]

针对这些问题，华北人民政府出台了以下几个举措：第一，要求审判工作必须遵守毛主席所指示的三个条件，即禁止肉刑、重证据不重口供、不得指名问供，从而在指导方针上明确了审判工作的要求；第二，研究案情决定

---

① 中国法学会董必武法学思想研究会编：《华北人民政府法令选编》，第152页。
② 赵秉志、时延安："董必武刑事法治思想研究"，载《吉林大学社会科学学报》2002年第2期。
③ 中国法学会董必武法学思想研究会编：《华北人民政府法令选编》，第154页。

判罪，并可以由该政府各负责人组成司法委员会，但必须有审判负责人参加研究与决定；第三，刑罚确定后，由审判机关拟定判决书，并在判决书上记明十日期限的上诉期；第四，判决书应正式开庭宣布，并将其送达被告；第五，被告声明不服判决，要提起上诉时，原审机关应将上诉状连同卷判，呈送上级司法机关，被告若声明不上诉，或超过上诉期限而未上诉，该司法机关即应备文连同卷判，呈送华北人民法院审核，并经主席核准才得执行。① 据此，华北人民政府不仅强调了判决宣告送达制度，并建立与完善了刑事上诉制度，后者对于建设与完整刑事司法程序的意义可谓重大。

在建设司法程序方面，还应单独论述华北人民政府在对待死刑问题上的做法。首先，华北人民政府将死刑案件划分为两大类，并据此规定了不同的批准程序。《华北人民政府指令》（法行字第一号）规定：至对罪大恶极，严重破坏我军事政治之奸特分子，可授权行署批准，但仍需呈报华北人民政府备查；至于一般不含政治性质之普通刑事案犯当处死者，则仍应依照正常司法手续呈报华北人民政府批准后执行。② 其次，华北人民政府以专文形式，即《华北人民政府指令》（法行字第六号），明确规定了"边沿区、游击区判处死刑亦应执行宣判送达手续"，从而使得死刑宣判送达制度拓宽了应用范围。

3. 关于刑事复核的建制

刑事复核的意义重大，其有利于"加强各级人民法院上下级的联系，交流工作经验，提高司法理论，及便利上级法院检查，监督下级法院与掌握政策法令在审判中的正确执行，使各级法院慎重地处理人民诉讼，把案件办理得更好"。③ 基于此，华北人民政府在《为确定刑事复核制度的通令》（法行字第七号）中明确规定了刑事复核制度：1）关于由各县市人民法院（包括县司法处或司法科，下同）判处的案件，①若判处不满五年的有期徒刑、拘

---

① 中国法学会董必武法学思想研究会编：《华北人民政府法令选编》，第154~155页。
② 同上书，第149页。
③ 同上书，第194页。

役或罚金的案件，原被两造声明不上诉或过上诉期限时，原审判决即为确定判决。但应将判决书每月汇订成册，呈请省或行署人民法院核阅，省或行署人民法院于核阅中认为某案有复核之必要时，应即调卷复核。②若判处五年以上的有期徒刑的案件，原被两造声明不上诉或过上诉期限时，由原审机关呈送省或行署人民法院复核；2）关于由各省、行署或直辖市人民法院判处的案件，凡判处有期徒刑、拘役罚金的案件，原被两造声明不上诉或过上诉期限时，即为确定之判决。但应将判决书每月汇订成册，呈请华北人民法院备查，华北人民法院认为某案有复核之必要时，应即调卷复核。3）关于判处死刑的案件，被告声明不上诉或过上诉期限时，县市人民法院呈经省或行署人民法院核转，或省、行署、直辖市人民法院径呈华北人民法院复核，送经华北人民政府主席批准，始为确定之判决。① 此种结合"法院"与"刑罚"二因素的刑事复核分类体系，不仅考虑了各级法院的司法权威程度，也考虑了各刑罚的严厉程度，可以说是较为科学的。

（二）体现人本主义的相关制度建设

于刚性的法律之外，注入温暖人心的人道关怀，此种制度必将令人更加信服，亦更能获得民众的支持。华北人民政府自其成立始，便秉持着这样的人道关怀，力图使制度融刚性与柔性为一体，体现了其政治远见和治国远谋！

1. 估定囚粮数额

囚粮问题是困扰华北人民政府实现刑法目标的因素之一，"有些不能不判罪与不能释放者，在监所里，由于饮食不足，致发生疾病死亡等现象，这对于树立新民主的法治精神及治病救人的方针是不符合的"。因此，华北人民政府发文要求"各行署市府应即根据基本区囚犯主要应生产自给、边沿区不能进行生产或只能生产一部分者，得予以补助的原则，迅速估定各该行署区所需囚粮名额"。② 据此，通过估定囚粮数额的方式，便于政府研究决定全

---

① 中国法学会董必武法学思想研究会编：《华北人民政府法令选编》，第194~195页。
② 同上书，第168页。

华北区因粮分配的办法，从而较好地解决了囚粮方面存在的问题。

2. 便利人民起诉

在此一方面，华北人民政府主要采取了两项措施：1) 一律取消所有讼费；2) 取消人民诉讼须经区村政府介绍的制度。"在抗战期间，人民诉讼曾经有重于区村调解工作，调解不成，由区或村政府介绍到县政府解决，但后来有的区村干部基于个人意气，不服调解者，也不给写介绍信，有的县司法机关，没有区村介绍信，即不受理，以致有许多人含冤莫申"，因此些问题，华北人民政府遂决定取消区村介绍起诉的制度，即"不经调解亦可直接向县司法机关起诉"。①

3. 典型事例：解散会门道门封建迷信组织

会门道门作为封建迷信组织，其常为反动分子所操纵和利用，从事各种反革命活动，故其对于新民主主义建设起着破坏作用，亦会对人民利益造成损害，因此须予以取缔。在取缔会门道门的过程中，华北人民政府本着"保障人民利益、维护社会治安并挽救误入歧途的会员群众及首要分子以自救自新之路"的宗旨，充分展现了其"以人为本"的人道主义精神，具体表现如下：第一，针对首要分子，华北人民政府规定，其会与匪特勾结或从事犯罪行为的，若能悔过自新，当予以宽大处理，而其会未与匪特联系、亦未从事犯罪行为的，只要向当地所属公安机关进行了登记，并停止活动，则予以免究；第二，针对所有被胁迫或被诱骗而参加会门道门的一般会员群众，华北人民政府规定，该些人员一经脱离组织，停止活动，便一律不予追究。②

(三) 体现法治主义与人本主义交融的制度建设：以调解为典型

人民调解，为我国法律文化中十分具有本土特色的一种制度。它融合了"依法办事"和"动之以情、晓之以理"的两种解决纠纷的特质，既要求依法调解，亦要求在法律范围内的情理运用，故可以说是法治主义与人本主义

---

① 中国法学会董必武法学思想研究会编：《华北人民政府法令选编》，第168~169页。
② 同上书，第178页。

交融的典型体现。

调解在解决纠纷方面具有自己的优势,"凡可以调解之事,如调解好了,不只保全和气,不费钱,少误工,而且平心静气地讲理,辨明是非,教育的意义很大;调解中有互让或互助,可以改变人们的狭隘思想",然则,在现实运用中,调解制度却也出现了一些偏差,例如,"有的地方干部把调解规定成为诉讼必经的阶段,不经调解不许起诉;甚至当事人不服调解,而区村以不写介绍信强使服从,县也以无介绍信而不受理",此些偏差事实上即"将调解变成强迫与侵害人民诉讼自由的手段"。① 据此,调解不仅有其存在的现实原因,亦有完善自身的客观需要。

华北人民政府在完善调解制度所采取的措施上,主要体现为以下两点:(1)规定了调解的组织。首先即人民调解,指依靠公正的双方当事者的亲友邻居及村干部;其次是政府调解,即由村政府设调解委员会、区公所可设调解助理员或调解委员会来接受人民调解的请求;第三则是司法调解,即已起诉到县司法机关的案件,如认为必要,亦可以调解,其方式包括三种,分别为法庭调解、庭外调解以及由审判员到有关地点,以召集群众、大家评理的方式所进行的调解。②(2)规定了调解的范围。在刑事司法领域,华北人民政府规定:"凡刑事案件除损害国家社会公共治安及损害个人权益较重者,不得进行调解外,其余一般轻微刑事案件,亦得进行调解。"③

四、结语:华北人民政府刑事司法建制的评价及借鉴意义

华北人民政府虽仅存续 13 个月,但却在如此之短的时间内颁行了数量庞大的法令、条例等,可以说,其开拓了具有中国特色的社会主义法律体系的建设,其更是表明:"在中国共产党的政权建设史上,也曾经有过倡言法治,主张以法治国和依法行政的政治努力",虽然它在新中国成立初期没有能够延续下

---

① 中国法学会董必武法学思想研究会编:《华北人民政府法令选编》,第191页。
② 同上书,第192页。
③ 同上书,第192页。

来,但"正表明现代法治的实现不是一个想当然的愿望,而是一个政治、经济、文化、社会多方面协调发展的渐进过程"。① 华北人民政府在建设法制社会上的此种努力,同时表明了我国提倡法治并非近来之事,而是在新中国成立之前便已被老一辈领导人所重视、所积极推行!

而华北人民政府在刑事司法领域的诸多建制,更是对我国现在的刑事立法、司法实践等具有十分重要的借鉴意义,具体而言如下:

(一) 司法活动应始终对人民负责

我国是社会主义国家,人民群众作为国家的主人,其利益具有根本性的地位,然则在现今的司法实践中,一些司法者无视人民利益,或枉法裁判、或收受贿赂,以致司法不公等丑恶现象时有发生,这些做法可以说都是没有群众观点的表现。而华北人民政府针对司法实践中存在的此些现象,便明确颁行过训令要求司法者"必须明确对人民负责、为人民服务的观点",② 由此从指导思想的层面上对司法者提出了严格的要求。

(二) 注重程序的思想

前已论及,华北人民政府曾积极颁行过多个法令以完善相关的司法程序,其对程序的重视,不仅表现在对一般司法流程的设置上,也表现在对具体制度(如死刑宣判送达)的程序设计上。程序不仅能够使实体正义得到实现,更是使实体正义以看得见的方式被实现,此种价值性必然要求立法者、司法者注重程序、遵守程序,以使自身制定的法律、下达的判决为民众所信服。

(三) 慎刑、慎杀的司法理念

刑罚作为国家惩罚机制中惩罚色彩最浓厚、对被处罚者人身、财产等利益影响最大的一种制度,尤其是死刑在剥夺人之生存权方面的不可恢复性,都要求司法机关定罪处罚时应慎之又慎,以免造成冤假错案。华北人民政府通过司法程序的设置、刑事复核机制的建立以及死刑宣判送达、复核等制度

---

① 刘忠权:"华北人民政府法治取向",载《湛江师范学院学报》2006年第4期。
② 中国法学会董必武法学思想研究会编:《华北人民政府法令选编》,第201页。

的实施，明确了其慎刑、慎杀的刑事司法理念，此些举措对维护犯罪嫌疑人的合法权益起到了重要的作用。我国现阶段，无论是在刑事立法方面，还是在刑事司法、执法方面，更应该秉持着慎刑、慎杀的理念，以此才能获得民众的信服与认同。

（四）应建立与完善刑事和解制度

华北人民政府针对轻微刑事案件所肯认的调解制度事实上正是现代刑事和解制度[①]的雏形，其对于我国现时建立与完善该制度具有重要的指导意义。例如，华北人民政府所限定的刑事和解范围——"轻微刑事案件"，此也是现今学界和实务界所持的主流意见。[②] 而至于华北人民政府在刑事和解中所设置的多层次的、灵活的调解组织形式，对于我们如何建设刑事和解组织从而实现和解所欲求的目的亦具有重要的启示意义。

结束本文，兼与法律同行共勉："一代新规要渐磨"。

参考文献

[1] 中国法学会董必武法学思想研究会编：《华北人民政府法令选编》，内部资料。

[2] 李步云："论人权的三种存在形态"，载《法学研究》1991年第4期。

[3] [英] A. J. M. 米尔恩：《人的权利与人的多样性——人权哲学》，夏勇、张志铭译，中国大百科全书出版社1995年版。

[4] 王启富、刘金国：《人权问题的法理学研究》，中国政法大学出版社2003年版。

[5] 樊凤林："论董必武的刑法思想"，载《中国刑事法杂志》2001年第3期。

[6] 公丕祥："董必武司法思想述要"，载《法制与社会发展》2006年第1期。

[7] 侯欣一：《从司法为民到人民司法：陕甘宁边区大众化司法制度研究》，中国政

---

① 关于"刑事和解制度"的相关理论，可参见陈光中、葛琳："刑事和解初探"，载《中国法学》2006年第5期；陈瑞华："刑事诉讼的私力合作模式——刑事和解在中国的兴起"，载《中国法学》2006年第5期。

② 张建升："刑事和解的理论基础与程序操作问题辨析——'宽严相济刑事司法政策与刑事和解研讨会'观点综述"，载《人民检察》2007年第12期。

法大学出版社2007年版。

[8] 赵秉志、时延安："董必武刑事法治思想研究"，载《吉林大学社会科学学报》2002年第2期。

[9] 刘忠权："华北人民政府法治取向"，载《湛江师范学院学报》2006年第4期。

[10] 陈光中、葛琳："刑事和解初探"，载《中国法学》2006年第5期。

[11] 陈瑞华："刑事诉讼的私力合作模式——刑事和解在中国的兴起"，载《中国法学》2006年第5期。

[12] 张建升："刑事和解的理论基础与程序操作问题辨析——'宽严相济刑事司法政策与刑事和解研讨会'观点综述"，载《人民检察》2007年第12期。

刍议华北人民政府关于被追诉人人权保障的确立

刘 蜜[*]

1948年9月26日,根据中共中央的指示精神,华北临时人民代表大会决议合并晋察冀和晋冀鲁豫两边区政府,成立华北人民政府。作为中国颇具代表性的过渡性地方政权,华北人民政府历时虽短,但是在运行的期间里,它对政府制度化的强调已经呈现出了现代政府的运行特征。华北人民政府在其执政的短短13个月中,在董必武主席的领导下,华北人民政府委员会及相关部门,先后制定、颁布并施行了200余项法律文件,涵盖了政府建设、民政、司法、金融、财政、工商、交通、农业、水利、教育科技文化等诸多有关国计民生问题,数量之多,范围之广,前所未有。这些颁行的法律文件中大部分在中央人民政府成立后被继续采纳,特别是涉及普遍权利义务规制的方面。其中关于保障被追诉人人权方面的法令不管在当时的政治环境下还是现如今,都具有不可低估的法律影响和地位。

一、华北人民政府人权保障法治取向的确定

(一) 法律含义的确立

法治确定的着眼点,首先是确定法律的社会含义,其次是关于法律体系的形成。华北人民政府成立前后,正值人民解放战争发生变化,华北大部分

---

[*] 湖北警官学院法律系教师。

地区已没有敌人,时任华北人民政府领导人的刘少奇同志就提出新政府必须考虑施行新的法治方略了。因为国民党的"六法全书是旧统治阶级统治人民镇压人民的工具,又经蒋匪修改补充更见凶恶和我们新民主主义司法精神根本不合,人民政府必须把它彻底打碎禁止援用。……我们必须以我们自己的法令和政策来镇压一些反革命分子与破坏分子。"

针对"法律是什么"的问题,华北人民政府在1949年初发布的通报中非常直白地表述出来,"法律是政权的一部分,是当权的阶级用以保护本阶级的利益并统治敌对阶级的工具,所以法律不是什么神秘的东西,它是阶级社会的产物,它不能超阶级而存在。当权的阶级变了、新的当权阶级自然要制定自己所需要的法律。"在这一简要直观的表述中,我们不难看到法律工具主义价值观的体现。董必武曾指出,华北人民政府"是由游击式过渡到正规式的政府,正规的政府,首先要建立一套正规的制度和办法。"也正是因为这一套制度的建立和法律的制定,中国的司法过程逐步规范化,华北人民政府的法治取向逐步显现出来。法律已不再是单纯的工具性诉求,华北人民政府开始朝民主法制的路向努力,并建构一种立足在法治基础之上的政府。

(二)人权需要法律来维护

在华北人民政府成立前,因为受到旧的司法体制的影响,司法工作中不尊重和保障人权的现象在各解放区比比皆是,例如随便扣押、随意殴打被追诉人,监狱中的非正常死亡事件等等,这些严重的现象并不是一朝一夕形成的,而是因为几千年的封建统治思潮影响,在封建社会纠问式的诉讼模式下,被追诉人沦为客体,不具有现代诉讼模式下应有的权利,只承担诉讼主体科以的义务,并且以刑讯逼供作为获得口供的法律手段存在,因此,尊重和保障人权在华北政府成立之时缺乏现代意义上的法治理念。什么是法治,能通过司法的程序实现人民心中的公平和正义就是法治的基本要求。在刑事诉讼中,打击犯罪固然是首要解决问题,但是如果对犯罪的惩罚是建立在对被追诉人正当人权的侵犯上,这就已经突破了民众对公权力忍让的底线,公平正义的诉求也就不能实现。诉讼作为纠纷的一种解决途径,因为本身带着主观色彩，所以诉讼的结果并不能完全尽如人意，因此法治意义上也允许有利益的牺牲，但是如果是以大的利益牺牲换取小的利益，那就已经不再是公平和正义了，从现在宁纵不枉的法治态度来看，打击犯罪是应让位于保障人权的。因此，华北人民政府酝酿成立之前即开始强调用法律保障人权的重要性。1948年8月，根据中共中央华北局对施政方针的建议，经华北临时人民代表大会讨论通过公布的《华北人民政府施政方针》中就提到，政府的成立虽处于战争环境，但是政治制度必须是民主的，同时也必须保障人民合法的民主自由权利，具体到刑事诉讼中，它强调，对于被追诉人，"除司法机关和公安机关可以依法执行职务外，其他任何机关、部队、团体、个人，不得对其加以逮捕、监禁、审问或处罚"，这是对公民人身权利的极大保障和尊重。

对于诉讼中被追诉人人权保障的问题，首先是对被追诉人格尊严的尊重，其次是给予并保障他们权利的行使，最后，也是最重要的，就是加强对诉讼中公权力的约束和监督。华北人民政府成立之时，就发布法令着手加强各地司法机关的建设，不仅要求司法机关在审判案件时必须重证据不重口供，被追诉人的坦白书只能作参考，而且严禁刑讯逼供，对被追诉人采取强制措施，也必须慎之又慎，严禁乱捕乱杀。在董必武同志作政府年度工作报告中，也特别强调对被追诉人权利的保障问题，一方面公安司法工作是人民民主专政的重要组成部分，是镇压反动破坏的重要武器之一；另一方面，也是保卫人民利益的强大力量。

(三) 提升司法人员的法律素质

华北人民政府在酝酿成立之时就意识到司法人员的法律素质也是提升人权的保障，时任华北人民政府副主席的杨秀峰同志针对司法实践中屡屡践踏人权的现象曾指出，"发生这些现象的原因，同干部残存的封建统治思想有关；同抗战和土改时期对汉奸、特务和地主的打击方法有关；更同我们的干部理论水平低，不知道什么是人权有关；还同强迫命令的工作方法有关。"华北人民政府在建构司法制度时，不仅强调法令对人权的保障，也着重于对司法干部的素质提升。1948年10月18日，华北人民政府发布通令，要求各行署和各直属市县级以上司法干部到司法部受训,当时的司法部部长谢觉哉同志曾强调,司法工作者和公务人员要带头守法,以身作则。在过去传统的法律体制中,司法和行政不分,司法人员并没有进行过专业的司法训练,因此,当时的政府意识到司法人员的素质对提升法治的进程起到必不可少的作用后,在加强培训方面,不断要求提高司法人员素质,培养他们的专业素养。

二、华北人民政府关于被追诉人人权保障的相关规定

在华北人民政府颁布的一系列法令文件中,关于被追诉人的人权保障问题并没有独立的法律成文规定,而是散见于诸多法律文件,通过对法令的总结和归纳,我们可以看出,华北人民政府对被追诉人人权保障的规定打破了中国几千年封建法制中程序权利虚无的处境,它不仅规定了被追诉人应享有的实体性的权利,还规定了被追诉人在诉讼中享有的一系列程序性权利。

(一)保障人身自由权

自18世纪开始强调诉讼中人权保障的意识以来,人身自由权利一直是被放在公民权利,特别是被追诉人所享有权利的首位。华北人民政府对此通过法令予以限制,它明确规定只有公安司法机关有权对公民实行拘留逮捕,其他任何机关、团体和个人均无权行使这项权利,而且公安司法机关在行使拘捕权时必须出示证件,不允许无证拘捕。一方面确定有效制止犯罪的权力范围;另一方面从人权角度出发,在刑事诉讼中贯彻正当程序的适用,力求最大限度地避免对公民人身自由权的非法侵犯。

(二)严禁刑讯逼供,弱化口供的证明力

严禁刑讯逼供是华北人民政府在审核案件时一贯强调的主张,这是对刑事诉讼中被追诉人人格尊严权的一种维护。人格尊严权是仅次于人身自由权的被追诉人应享有的实体性权利,人格尊严是公民基于自己的民族、种族、工作、地位、财产状况等要求他人对自己的名誉、人格以及社会价值给予的基本尊重。在1948年华北人民政府发布的法行字第三号通令中,还特别指出,要求审判机关在审理案件时必须遵守毛主席的三个指示,其中之一即

"禁止肉刑"。被追诉人由于在诉讼中地位的特殊，因此，一旦诉讼开始，他的权利就会受到一定的限制甚至剥夺，但是并不能因为被追诉人的犯罪嫌疑，就使得其丧失其应有的人权，不仅如此，在追诉犯罪的过程中，被追诉人的人权应格外受到重视，因为诉讼是柄双刃剑，随时可能侵犯他们的人格尊严，其中这种侵犯最甚者即刑讯逼供手段的采取，这是对被追诉人人格尊严的一种极端践踏。

1948年10月，华北人民政府《关于死刑案件须报华北人民法院审核并经主席批准的通令》中提到，"审判工作必须遵守毛主席所指示的'重证据不重口供''不得名问供'，"之所以提出这样的规则，是因为考虑到在当时的环境下，由于战争的影响，战斗非常频繁，而且主要的是游击作战方式，为了快速有效地结案，司法机关往往审查处理的方式比较简单，并不能像现在从立案到判决有一系列法律的明文权利和期限规定，在强调效率的前提下，只能提升实体结果的重要性，被追诉人的程序性的权利难以得到保障，甚至处于一种虚无的状态。但是在华北人民政府成立之时，华北解放区已经形成，除了少数地区仍处在战争状态下，其他地方已趋于稳定，因此，政府要求司法工作人员必须转变作风，审判过程中，如果只有被追诉人的供述，没有其他证据相辅佐，司法工作人员也不去认真调查案件的事实和有力支撑的证据，是不能认定被告人有罪的。因此针对于只有口供而没有其他证据证明案件事实的情况下，有的司法机关忽视调查研究甚至主观认定和拖延迟缓积压案件的现象必须用力克服，这不仅有利于公安司法机关完善和提高司法手段，减少对被追诉人供述的依赖性，也有利于减少冤假错案的发生，提升司法的公信力和权威性。

（三）上诉权

在华北人民政府执政期间，由于战争的影响，各地受到以前的司法法令的限制，在上诉权方面并没有达到统一，有的是报请省或行署确定，有的是县人民法院直接复核，有的根据刑期的长短来确定不同的复核机关，为了在府辖区范围内加强各级人民法院的联系，慎重处理诉讼案件，提高司法水平，

1949年3月，华北人民政府发布《确定刑事复核制度的通令》，对上诉和复核进行统一，具体如下：

（1）各县市人民法院判处五年以下有期徒刑、拘役或罚金的案件，上诉期限内原被两造声明不上诉，原审判决即为确定判决。但必须每月将判决书汇订成册呈请省或行署人民法院核阅。核阅时认为有异议并有必要复核的，应立即调取案卷进行复核。

（2）各县市人民法院判处五年以上有期徒刑的案件，上诉期限内原被两造声明不上诉，由原审机关呈送省或行署人民法院复核，一经核准，立即生效，若未核准，须另行改判或者发回重审。

（3）各省、行署或直辖市人民法院判处有期徒刑、拘役罚金的案件，上诉期限内原被两造声明不上诉，原审判决即为确定判决。但必须每月将判决书汇订成册呈请华北人民法院核阅。核阅时认为有异议并有必要复核的，应立即调取案卷进行复核。

（4）各地方人民法院判处死刑的案件，被告在上诉期内不上诉，上诉期满后需逐级报请华北人民法院复核，并送经华北人民政府主席批准，方为生效判决。

从通令可以看出，华北人民政府将上诉权作为被追诉人一项重要的诉讼权利予以确立，施行的方式按照刑罚的轻重虽有所不同，但是从另一方面也体现出慎刑的精神，当然其中也有一脉传承下来对实体真实的无限追求，判决效力确定后，如果发现有错误，上级人民法院仍然可以推翻已经生效的判决，并要求下级人民法院重审，这与我们现行的审判监督程序比较相似。在对上诉权的保障方面，华北人民政府要求各地法院对上诉期限不得随意减少，一律为十日。在针对行署有时会出现判刑了没有判决书，或者有了判决书却不及时送达给当事人，甚至在判决书下达的时候并不告诉被追诉人如果不服判决可以上诉以及上诉的期限的现象，华北人民政府强调案件不能在被追诉人未行使上诉权的情况下就报请上级司法机关核准，剥夺他们对判决的异议权，如有违反规定而呈请审核的，华北人民法院必须发回原审法院补行手续。

对于死刑案件，《关于死刑案件须报华北人民法院审核并经主席批准的通令》指出，在"被告声明不服判决，要提起上诉时，该原审机关即应将上诉状检同卷判，呈送上级司法机关，不得扣留与阻止。被告声明不上诉，或超过上诉期间未提起上诉时，该司法机关即备文检同该案卷判，呈送华北人民法院审核，并经主席核准才能执行。"这个通令的作出不仅在实体上确保被追诉人的生命权利不得随意剥夺，也在诉讼程序上体现了对死刑案件复核的严谨度，保障了被追诉人上诉权利的行使，进一步完善了司法体系。

（四）辩护权

辩护权是被追诉人在诉讼中享有的最重要的权利之一，是现代国家法律制度的重要组成部分，辩护制度的健全和完善与否，是衡量刑事诉讼程序是否民主化和科学化的重要标准。早在1936年，中国共产党就在革命根据地确立了被追诉人的辩护权，并制定了比较简单的辩护制度，辩护制度的确立，是维系刑事诉讼合理构架的需要，它能形成对国家公权力的制衡机制，以保证审判机关对案件作出客观公正的处理。1946年，在《晋察冀边区行政委员会关于人民法庭工作的指示》中进一步规定："允许被告自己和被告的代表辩护和提出反证。"这不仅对维护被追诉人的合法权益起了一定的作用，而且也为新中国辩护制度的确立奠定了基础。辩护制度作为现代法治国家法律制度的重要组成部分，鲜明地反映了一国诉讼制度和司法机关执法的民主性和公正性程度，对促进和保障司法公正、诉讼民主有着十分重要的意义。

（五）减刑假释的适用

华北人民政府在1949年1月为了清理已决和未决案犯由，在"不放纵一个坏人……不冤抑一个应受宽大未给以宽大的人"的精神指示下特发布训令，"要求对各级自新院、监狱、看守所、拘留所之已决和未决案犯按照法律的变化、案犯的改造程度、释放后的影响、犯罪情节的轻重、执行刑期的长短等条件进行清理。对于刑期执行满三分之一以上而且判刑无误的案犯，在满足条件的情形下，可以由监所呈报原判司法机关减刑，转呈行署核准执行。同样对于满足假释条件的案件,行署核准后也可予以假释。"之所以对案犯进行清理,是为了使案犯得到及时合理的处置,这对于建设新民主主义国家是有益而无害的。

三、华北人民政府关于被追诉人人权保障法令的价值

(一) 慎刑精神的体现

不管是华北人民政府在 1949 年 3 月发布的《为各级司法委员会改为裁判研究委员会的通令》(法行字第六号)还是《为确定刑事复核制度的通令》(法行字第七号),均体现了裁判作出的谨慎态度,也是被追诉人人权保障实现的方式之一。它要求对各县市人民法院判处的五年以上有期徒刑和死刑的重大刑事案件,均须报请上级人民法院复核,上级人民法院接受报请案件后,由裁判研究委员会的委员对案件进行研究,研究确定之后,由司法机关制作判决书,并且判决书必须开庭宣判,而不是直接送达被告人;如果裁判研究委员会意见产生分歧,不能达成一致,则需报请更高级别的司法机关进行审核决定。这种审判组织的行使在新中国成立以后仍然采用,现在称之为审判委员会,专门总结审判经验,讨论重大、复杂疑难案件。这种审判方式的确立,主要是为了防止冤案错案的发生,而且在华北人民政府成立之时,法制并不健全,司法人员的法律素质也良莠不齐,很大一部分司法人员并没有接受过系统正规的法学教育,因此法学素养普遍低下,那么从审判人员中挑选出专业素质过硬、业务也熟练的法官成立裁判研究委员会,在当时是有着积极作用的,这不仅可以发挥集体的优势,弥补法官个人法学知识、经验的不足,也可以使被追诉人的诉讼权利得到保障。

(二) 程序权利与实体权利并重

华北人民政府主席董必武同志在华北人民政府成立大会上的就职讲话中指出:"现在政府各部门都成立起来了,这个政府是由游击式过渡到正规式的政府。正规的政府,首先要建立一套正规的制度和办法。过去好多事情不讲手续,正规化起来手续很要紧。有人说这是形式。正规的政府办事就要讲

一定的形式，不讲形式，光讲良心和记忆，会把事情办坏的。"从董老的这段话中可以看出，在以前办案时，过多地强调了实体的重要性，很少兼顾诉讼程序，而且董老曾用工厂的规章制度来形象地比喻司法办案必须有一套完整的流程，而且一旦用法律的形式确定下来，就必须遵守，尤其是公安司法机关必须严格依法办事。只要强调程序就必不可少会涉及被追诉人的程序性权利，华北人民政府的一系列法律文件将被告人从封建诉讼模式的客体地位中解放出来，赋予他们更多的诉讼权利，允许上诉、行使辩护权以及面对刑讯逼供可以提起控告的权利，将程序权提升至与实体权一样的高度，特别是对于口供证明力的弱化，单独审查口供是不能得出定案结论的，必须结合其他证据一起审查，客观全面地分析研究，逐步引导司法工作走向正轨。

（三）无罪推定的适用

1948 年 11 月，华北人民政府法行字第九号令《关于县市公安机关与司法机关处理刑事案件权责的规定》中指出，对于公安机关来说，侦查的主要任务就是收集被追诉人的犯罪事实和证据，并提请相关部门进行起诉，但是在发现证据不足，行为不构成犯罪的情况下，并不能继续羁押，而应当以不起诉为由，予以释放，并且法院对公安机关这一权力的行使不能干涉。在刑事诉讼中，人身自由一旦受到限制或者剥夺，其他权利的行使均会受到影响。强制措施的行使均会不同程度地限制人身自由，所以，采用强制措施必须是一项法律性很强的活动。在司法审判中，为了保障刑事诉讼的顺利进行，对被追诉人采取强制措施是不可避免的，因此公安司法机关在行使职权时，必须依法正确行使，这是刑事诉讼活动自身的必然要求，也是履行保障人权的重要条件。同时由于当时并没有真正意义上的起诉机构，因此起诉权也由公安机关行使，法行字第九号令对公安机关的起诉权的行使要求："公安方面职在追诉犯罪，故对有犯罪嫌疑人者，不一定证据确凿，即可起诉，而司法方面责任论罪科刑，若被告仅有嫌疑，没有积极的证据可以证明被告确系犯罪时，即不能论罪科刑。"这句话虽然与现在的犯罪事实清楚，证据确凿充分的情况下才能起诉有违背的地方,但是我们也要看到,对被追诉人来说,侦查和起诉并不是决定其应承担刑事责任最重要的阶段,审前的所有工作都是为审判而服务,因此,法令特别强调司法审判机关在证据不充分的情况下,是应按照无罪推定而判决被追诉人无罪的。

参考文献

[1] 中国法学会董必武学思想研究会编:《华北人民政府法令选编》,2007年版。

[2]《董必武选集》,人民出版社1985年版。

[3] 中国法学会董必武学思想研究会编:《华北人民政府法令选编》,2007年版。

[4] 刘忠权:"华北人民政府法治取向探析",载《湛江师范学院学报》2006年第8期。

[5] 中国法学会董必武学思想研究会编:《华北人民政府法令选编》,2007年版。

华北人民政府死刑程序法令述评

王平原[*]

1948年8月7日,华北临时人民代表大会在石家庄隆重开幕。"华北临时人民代表大会是中国民主革命历史中划时代的一次大会。"[①] 大会经过十多天的讨论,最后通过了《华北人民政府组织大纲》《华北人民政府施政方针》等重要文件,并组成了华北人民政府,董必武当选为华北人民政府主席。华北人民政府承担着摸索、积累政权建设的经验,为在全国范围内建立人民政权作准备的重要历史使命。从1948年9月成立到1949年10月,华北人民政府存在的短短的13个月里,董必武领导华北人民政府委员会及相关部门,不分昼夜进行工作,先后制定、颁行了200多项法令、训令、条例、规章、通则等法律法令,本文仅就其中关于死刑程序的法令作一探讨。

一、华北人民政府关于死刑程序的规定

根据华北人民政府的一系列法律法规,死刑案件一般要经过侦查、审判、复核、执行等基本程序:

(一) 侦查

死刑案件的侦查,华北人民政府没有规定特别程序,故遵循华北人民政府关于刑事案件侦查的一般程序。刑事案件的侦查权利属于司法机关和公安机关。1948年8月16日,华北临时人民代表大会通过的《华北人民政府组

---

[*] 中国人民公安大学,博士,讲师。
[①] 《董必武传》撰写组:《董必武传》(1886~1975)(上),中央文献出版社2006年,第597页。

织大纲》规定：华北人民政府设有华北人民法院、华北人民检察院以及公安部、民政部、财政部等16个院、部、会、厅，并规定了华北人民政府各个部门的组成及职能等。根据华北人民政府的其他法令，虽规定了华北人民政府所属的各级政府均得设立公安机关和司法机关，即公安局和人民法院，但对于下级公安机关与司法机关的职责与权限没有作更明确的规定，因此出现了各县市司法机关与公安机关对于处理刑事案件由于权责不清楚而发生意见分歧影响工作的情况，1948年11月30日，华北人民政府发出"法行字第九号"训令，就县市公安机关与司法机关处理刑事案件的权责作出规定。根据这个法令：公安机关职在追诉犯罪，而司法方面责在论罪科刑。在案件管辖上，实行一般刑事犯罪与政治性犯罪分别管辖。公安机关专有关于汉奸特务及内战罪犯等案件的侦查权，侦查的主要任务就是搜集罪犯的犯罪事实及证据并据以起诉。如果发现某人犯罪或确系有犯罪嫌疑时，即可加以侦查追究，并向司法机关提起公诉，如果侦查的结果是嫌疑不足，或其行为不成立犯罪，或虽是犯罪但以不起诉为适当时，公安机关有权释放不予起诉，而司法机关无权干涉。上述关于汉奸特务及内战罪犯案件一经公安机关向司法机关起诉后，司法机关即有权审判案件，即对被告的犯罪事实和证据加以审理研究。公安机关在司法机关审理过程中既可追诉，也可提出意见，但司法机关是否采纳公安机关的意见，是否认定被告犯罪或无罪，科刑是轻是重，均由司法机关决定，公安机关有不同意见可以上诉。对于一般刑事案件（除违警罚法外），以司法机关管辖为原则，公安机关采取紧急与必要措施为例外，但在紧急与必要措施之后，公安机关仍必须将案件移交司法机关处理。[1]

（二）审判

审判是司法机关专有的权利，华北人民政府的司法机关就是华北人民政府及其所属各级人民政府的人民法院。根据《华北人民政府组织大纲》第十

---

[1] 中国法学会董必武法学思想研究会编：《华北人民政府法令选编》（内部资料），2007年版，第170页。

七条的规定，华北人民法院主要是管辖下级法院的上诉刑民事案件以及死刑复审案件，以及监督指导下级人民法院的审判检察以及和解与调解。但它同时规定华北人民法院对华北人民政府公安部移送处理的案件、华北人民监察院提请处理的案件、华北人民政府主席交付处理的案件以及特别重大案件有管辖权，因而华北人民法院亦有死刑案件的一审权。①

在华北人民政府成立前，各个地方的司法机关名称与组织均不统一，为此，华北人民政府在 1948 年 10 月 19 日的第一次政务会议决定：统一各行署司法机关名称，恢复各县原有司法组织及审级，并随后于 10 月 23 日发布了华北人民政府"法行字第四号"通令，规定各行署原有司法机关一律改称"某某（地区名）人民法院"，② 华北人民政府各级司法机构相应建立，县级法院是其基层法院。与现行刑事诉讼法规定死刑案件由中级人民法院管辖不同，华北人民政府时期，县级司法机关对死刑案件有管辖权，这体现在 1949 年 3 月 22 日华北人民政府发出的"法行字第六号""为各级司法委员会改为裁判研究委员会通令"中。该通令规定，各地的司法委员会、裁判委员会等一律改为裁判研究委员会，"裁判研究委员会以司法机关负责人为主任委员，主审员、县长、公安局长及选聘之其他民众团体主要负责人为委员。委员可以固定，但召开裁判研究委员会时，对于该项案件关系不大的委员可不参加。出席委员已足五人即得开会。"③ 同时，它也对裁判研究委员会的职责作了规定，明确指出研究死刑案件是其一项重要职责："裁判研究委员会研究司法机关已经审理后的死刑案、五年以上有期徒刑的重大刑事案件以及有关政策原则需要慎重考虑决定或请示的民事案件（如分家、继承等案的标准原则）。"④ 该项通令还规定："裁判研究委员会研究确定之案件，仍须由司法机关制作判决书，正式开庭宣判。"

---

① 中国法学会董必武法学思想研究会编：《华北人民政府法令选编》（内部资料），2007 年，第 39～40 页。
② 同上书，2007 年，第 152 页。
③ 同上书，2007 年，第 193 页。
④ 同上书，2007 年，第 193 页。

同样，华北人民政府于1949年3月23日发出的"法行字第七号"《为确定刑事复核制度的通令》第三条的有关规定也明确各县市基层人民法院对死刑案件有管辖权。

（三）上诉与复审

华北人民政府"法行字第四号"通令规定："县级司法机关为第一审机关，行署区人民法院为第二审机关，华北人民政府为终审机关；各直辖市人民法院为各该市第一审机关，华北人民法院为第二审机关。一般案件即以二审为止。如有不服要求第三审时，由华北人民政府主席指定人员组成特别法庭；或发送华北人民法院复审为终审管理之。各专区之有司法机关者，不作为一级，暂作为行署区人民法院分院；专区无司法机关者，不另设立。"① 根据上述规定，华北人民政府期间，法院审判案件以二审终审为原则，以三审为特例。死刑案件与其他案件一样，在第一审人民法院判决后，因被告的上诉而发生第二审程序，原审法院的上级法院即为第二审人民法院，如果原审法院是县人民法院，则第二审法院则为行署区人民法院或其分院，而在直辖市，直辖市人民法院则是第一审机关，华北人民法院为第二审机关。华北人民政府特别强调保证死刑案件被告的上诉权。1948年10月23日，华北人民政府专门就死刑案件应该注意事项发出"法行字第三号通令"，除强调审判工作必须遵守毛主席所指示的禁止肉刑、重证据不重口供、不得指名问供等三个原则外，特别围绕审判程序、尤其保障被告的上诉权作了详细规定，主要包括：确定案情决定判罪，得由该项政府级各负责人组成司法委员会，而且必须有审判负责人参加研究与决定；判决书应记明"如有不服须于十日内向机关声明上诉"，且十日的上诉期限不得减少以保证被告上诉权；判决书必须开庭宣布并送达被告，并由被告在送达证上签章或按指印；原审机关应当配合而不得扣留与阻止被告上诉，即使被告不上诉，原审机关也必须将案

---

① 中国法学会董必武法学思想研究会编：《华北人民政府法令选编》（内部资料），2007年，第152页。

件全部材料报送华北人民法院审核，并经主席核准才得执行；对于令到之日而没有完成上诉程序与手续者，华北人民法院应当发回原呈送机关令其补行手续。①

华北人民政府成立时，虽然华北地区大部分解放区已经连成一片，但解放战争还在继续，华北地区若干大城市及其附近地区还被敌人占据着，围绕华北解放区还有一些敌我双方争夺十分激烈的游击区。基于游击区的特殊情况，华北人民政府对其司法审判等作了若干特殊规定，但对游击区的死刑案件仍然要求执行宣判送达等法律手续，并为此于1948年11月22日专门发布了"法行字第六号"指令，宣布："本府法行字第三号通令关于判处死刑应宣判及送达证书等手续，并告以上诉期限和上诉机关，被告如有不服，应即允许其上诉，在边沿区游击区亦适用。"②

（四）复核

华北人民政府对刑事案件实行复核制度，其目的是"为了加强各级人民法院上下级的联系，交流工作经验，提高司法理论，以及便利上级法院检查，监督下级法院与掌握政策法令在审判中的正确执行，使各级人民法院慎重地处理人民诉讼，把案件办理得更好。"③但由于各省或行署所判处的有期徒刑案件的复核很不统一，为此，华北人民政府于1949年3月23日发出"法行字第七号"《为确定刑事复核制度的通令》，统一刑事复核规定。该通令规定：各县市人民法院，包括没有统一司法机关名称的县司法处或司法科等判处的不满五年的有期徒刑，拘役或罚金的案件，原被两造声明不上诉或过上诉期限时，原审判决即为确定之判决。而对各县市人民法院判处的五年以上的有期徒刑的案件，即使原被两造声明不上诉或过上诉期限，也应由原审机关呈送省或行署人民法院复核，经核准的案件，原判决即为确定的判决，

---

① 中国法学会董必武法学思想研究会编：《华北人民政府法令选编》（内部资料），2007年，第154~155页。
② 同上书，2007年，第167页。
③ 同上书，2007年，第194页。

若认为原判决不适当,复核人民法院可改判或发回原审法院重新审理,原判绝不发生效力。而各省、行署或直辖市人民法院判处的有期徒刑、拘役、罚金案件,原被两造声明不上诉或过上诉期限时,即为确定之判决,不存在复核问题。但原审人民法院应将判决书每月汇订成册,呈请华北人民政府法院备查。华北人民法院认为某案有复核之必要时,得调卷复核。对于死刑案件,"法行字第七号"通令第三条明确规定:"各县市人民法院各省各行署各直辖市人民法院及其分院,判处死刑的案件,被告声明不上诉或过上诉期限时,县市人民法院呈经省或行署人民法院核转,或省、行署、直辖市人民法院径呈华北人民法院复核,送经华北人民政府主席批准,始为确定之判决。"①

从以上规定可以看出,死刑案件必须经过复核这一程序,对于死刑案件,即使被告人不上诉或已过上诉期限,原审人民法院均得把案件报送上一级法院直至华北人民法院、华北人民政府司法部复核。应该说,复核制度的执行,对于统一死刑标准以及提高死刑案件的质量均起到了很好的作用。如华北人民政府的文献就记载:规定死刑案件由华北人民政府复核之后,各个行署报送的案件办理手续都或多或少存在许多问题,如:判死刑却没有判决书,有了判决书而不写着急送达,判决书不规定上诉期,有上诉期却不谕知被告,不经宣判、不经被告声明不上诉即哺养上级司法机关核准;在认罪科刑上,有的由司法委员会研究决定,有的制作研究案犯确定表,但均没有审判负责人员参加讨论与研究;在审判工作中,存在着重口供不重证据、主要凭被告的反省坦白而没有认真调查证据、研究案情等。为此,华北人民法院除对个案进行纠正处理外,还专门发出"法行字第三号"通令,专门对有关问题进行进一步规范。

(五) 核准执行

死刑案件经复核后,执行死刑时还必须经过执行核准程序,《华北人民

---

① 中国法学会董必武法学思想研究会编:《华北人民政府法令选编》(内部资料),2007年,第195页。

政府施政方针》明确规定：死刑的执行，除边沿区、游击区由行政公署核准外，巩固地区一律须经华北人民政府核准。《华北人民政府组织大纲》第10条规定："华北人民法院为华北区司法终审机关。但重大案件之判决，得经司法部复核；死刑之执行，并须经主席之核准，以命令行之。"① 华北人民政府政务会议于1948年11月18日通过的《华北人民政府办事通则》第4条第(8)款亦规定：关于死刑核准执行的电文须以华北人民政府主席副主席的名义行之，批准死刑的执行是华北人民政府主席一项极其重要的权力，把死刑这种剥夺人的生命的最严重的刑罚的决定权最终集中到了华北人民政府的最高领导人手中。

由于华北和全国还处在战争状态，华北人民政府的死刑核准制度也对游击区的死刑执行作了例外规定：行署可以批准游击区的政治类死刑案件的执行，但仍必须报华北人民政府备查；而游击区的普通刑事犯罪的死刑案件的执行，则必须经华北人民政府核准执行②。

二、华北人民政府死刑程序法令的特征及价值

由于华北人民政府是在战争还没有完全结束的条件下建立起来的人民政府，它承担着"继续进攻敌人，为解放全华北而奋斗，继续以人力、物力、财力支援前线，继续配合人民解放军向蒋匪军进攻，以争取人民革命在全国的胜利，推翻美帝国主义的走狗蒋介石反动集团的统治"与"有计划、有步骤地进行各种建设活动，恢复和发展生产；在现有基础上，把工农业生产提高一寸，继续建设为战争和生产建设服务的民主政治，继续培养为战争和生产建设服务的各种干部，大量吸收各种有用人才，参加各种建设工作，以奠定新民主主义新中国的基础"③ 的双重任务，其关于死刑程序的法令虽然离

---

① 中国法学会董必武法学思想研究会编：《华北人民政府法令选编》（内部资料），2007年，第19页。
② 同上书，2007年，第149页。
③ 同上书，2007年，第2~3页。

成熟与完备的死刑程序法令还有相当距离,但其已经具有了自己的特点,它所体现出来的法治精神与慎杀的思想,在今天仍然具有十分重要的现实意义。

(一) 把死刑程序提升到保障人民的合法的民主自由权利的高度来重视

华北人民政府于1948年8月在其施政纲领中明确宣布:"保障人民的合法的民主权利。保障人民的言论、出版、集会、结社、信仰、迁徙、旅行等自由,不得侵犯;保障人民的身体自由和安全,除司法机关和公安机关可依法执行其职务外,任何机关、部队、团体、个人,不得加以逮捕、监禁、审问或处罚;判处死刑的执行,除边沿区、游击区、应由行政公署核准外,巩固地区一律须经华北人民政府核准。"① 这一规定继承了抗日民主政权保护人权法令的规定,把死刑程序问题提升到保护人民合法民主权利的高度来加以强调,就是在敌我争夺十分激烈的游击区、边沿区,华北人民政府虽然作了变通规定,但仍然强调对死刑程序的遵守。如1948年9月27日,太行行署来电陈述:在游击区判处死刑案件若经华北人民政府批准,在执行时有许多困难,案件来往至少需时一月,要求改由行署批准。华北人民政府于1948年10月5日发出的"法行字第一号指令"并没有完全同意太行行署的要求,而是认为:游击区是敌我斗争的焦点,环境亦随之复杂,在这种条件下更应十分注意正确掌握与执行政策,以扩大我方的影响,争取广大群众。对于罪大恶极、严重破坏我军事政治之奸特分子,可分别首从,判明是非,予以及时处理。对此类应处死刑的案件授权行署批准,而对于一般不含政治性质的普通刑事案犯罪当处死者,则仍应照正常手续呈报华北人民政府批准后执行。1948年11月22日,华北人民政府就边沿区、游击区判处死刑应执行宣判送达手续专门发出"法行字第六号"指令,要求在边沿区、游击区亦适用前列"法行字第三号"的规定:即判处死刑应宣判及送达证书等手续,并告以上诉期限和上诉机关,被告如有不服,应即允许其上诉。"法行字第六号"指

---

① 中国法学会董必武法学思想研究会编:《华北人民政府法令选编》(内部资料),2007年,第11~12页。

令明确指出："这是民主政府尊重人民民主权利、贯彻民主精神的具体表现"，要求："在执行上如有困难，可以设法解决，如增加戒护员或暂解送内地监所羁押等，我们不能因为手续上有困难，而放弃了原则上的掌握。"[①] 正因为华北人民政府及其领导人站在保护人民合法民主权利这样的高度来重视死刑程序问题，因而在华北人民政府存在的仅仅13个月时间里，在百废待兴、政权建设任务繁重、法律法规极不完善以及各级司法机关亟待建立的情况下，先后发布了近十个与死刑程序相关的法令，建立起了死刑程序的基本框架，这是华北人民政府法治建设的重大成就。两相比较，在新中国成立后的数十年里，我国死刑程序几上几下、几经起伏，莫不与我国的民主政治建设、对人民合法的民主自由权利的保护息息相关。长期以来，我国只看到了死刑在打击敌人、惩罚犯罪方面的功能，强调从重、从快，而没有从保护人民权利、保护民主制度与民主精神角度来设计和执行死刑程序，其教训是深刻的。

（二）规范死刑程序是建设正规政权的重要方面

摸索、积累政权建设的经验，为在全国范围内建立人民政权作准备，是中共中央交给华北人民政府的首要任务，而正规人民政权的建立与运行必须建立在一整套的制度和程序上，华北人民政府主席董必武在华北人民政府成立大会上的就职讲话就强调："现在政府各部门都成立起来了，这个政府是由游击式过渡到正规式的政府。正规的政府，首先要建立一套正规的制度和办法。过去好多事情不讲手续，正规化起来手续很要紧。有人说这是形式。正规的政府办事就要讲一定的形式，不讲形式，光讲良心和记忆，会把事情办坏的。"[②] 而死刑程序的建立也就成为了正规政府建立的一个重要方面。早在土地革命时期，中华苏维埃共和国虽然已经通过《中华苏维埃共和国裁判部暂行组织及裁判条例》等法规建立起了侦查、预审、起诉、审判、判决、

---

① 中国法学会董必武法学思想研究会编：《华北人民政府法令选编》（内部资料），2007年，第167页。
② 董必武："建设华北，支援解放战争"，见《董必武选集》编写组：《董必武选集》，人民出版社1985年版，第207页。

上诉、再审与审批以及执行等一系列的司法程序，规定了死刑案件的审批与执行等死刑特别程序，曾经要求死刑须经临时最高法庭批准才能执行。但由于战争状态以及"左"的影响，1934年4月8日，中华苏维埃中央执行委员会通过的《中华苏维埃共和国司法程序》废止了死刑审批制度，规定只与一般案件一样实行二审终审制度。《中华苏维埃共和国司法程序》甚至还规定：在新区、边区，在敌人进攻的地方，在反革命活动特别猖獗的地方，在某种工作的紧急动员时期，如查田运动、扩大红军、突击运动，区裁判部和区肃反委员会只要得到当地革命群众的拥护，对于反革命犯和豪绅地主中的犯罪分子，有一级审判之后直接执行死刑之权，执行后上报备案①。抗日战争时期，由于各个抗日根据地分散、独立，关于死刑案件程序、尤其是死刑的复核与执行程序各不相同。晋冀鲁豫边区自1942年起，一审机关对死刑案件判决，须送二审机关（专署）复核后始为确定判决，二审机关判决的死刑案件，须经专员、专署司法科长、公安督察处长集体讨论决定，但专员有最后决定权。②晋察冀边区、太行区、太岳区、山东根据地等还制定了实行悬赏捕获就地正法的法令，对于罪恶昭彰、住敌占区或敌据点之死心塌地的汉奸及群众所痛恨的土匪，不能逮捕归案者，经县长呈请专员批准，得宣布"就地正法"；对于处于战时状况的汉奸现行犯，无论军民均可捕而杀之③。解放战争时期，各解放区人民政权基本沿袭了抗日民主政权的刑事诉讼程序与死刑程序。在土地改革运动中，为适应轰轰烈烈的群众运动的需要，解放区先后设立人民法庭，作为专门审理土改运动中案件的临时司法机关。虽然各个解放区人民法庭的设立的层级与运行有一定差别，但审判权与死刑权多被下放，因而也出现了若干差错与失误。随着大规模战争走向结束与更广大地区的解放，建立正规的人民政权与秩序也越来越重要了，董必武明确指出：

---

① 张晋藩总主编、张希坡分卷主编《中国法制通史（第十卷）·新民主主义政权》，法律出版社1999年版，第258页。
② 同上书，第465页。
③ 同上书，第427页。

"建立新的政权，自然要创建法律、法令、规章、制度。我们把旧的打碎了，一定要建立新的。否则就是无政府主义。如果没有法律、法令、规章、制度，那新的秩序怎样维持呢？因此新的建立后，就要求按照新的法律规章制度办事。这样新的法令、规章、制度，就要大家根据无产阶级和广大劳动人民的意志和利益来拟定。"① 华北人民政府成立后发布的司法方面的第一个法令"法行字第一号"就是关于游击区判处死刑案件核准的指令，这体现了华北人民政府对死刑程序的重视。针对规定死刑案件由华北人民政府复核之后发现的许多问题，1948 年 10 月 23 日，华北人民政府专门就死刑案件应该注意事项发出"法行字第三号"通令，分析了发生各种混乱现象的客观原因，认为这是由于抗战期间我们处在游击环境、战斗频繁而不得不采取比较简单的处理手续以结束案件。"法行字第三号"通令同时强调：现在情况发生了根本转变，华北解放区已经连成一片，除少数接敌区仍然处在战争状态外，大部分地区已经相当稳固，土地改革工作已经基本完成，因此，"我们司法工作者应该改革过去的作风，讲求司法手续。尤其是死刑案件，办理更应慎重。"② 华北人民政府对死刑程序的重视也收到了明显的效果，几个月后，华北人民政府主席董必武于 1949 的 2 月 21 日在华北人民政府第二次委员会会议上所作的《关于本府成立以来的工作概况报告》总结道："关于过去在土地改革斗争中曾经发生过的某些乱打乱杀现象，早已彻底克服了。为了慎重死刑，去年十月又重申死刑的复核与宣判制度，建立请示报告制度，各地区为此亦召开了司法会议，严格整饬。截至去年年底，统计三个月来全区经本府法院核准执行死刑的案件，共计二十七件。审判制度方面，则坚持处刑宣判的原则，纠正某些重口供不重证据的情形，并明确了民刑案件上诉与答辩的规定，创造了原审判机关就上诉提出意见的办法，有步骤地将审判工作逐

---

① 董必武："论新民主主义政权问题"，见《董必武选集》编写组：《董必武选集》，人民出版社 1985 年版，第 218 页。
② 中国法学会董必武法学思想研究会编：《华北人民政府法令选编》（内部资料），2007 年，第 154 页。

渐提高走向正规。"①

（三）用程序规范死刑以弥补死刑实体法不足之缺陷

第三次国内革命战争时期，东北、华北等解放区在审判中均存在着援引国民党法律的情况。为此，中共中央于1949年2月颁布了《中共中央关于废除国民党的六法全书与确定解放区的司法原则的指示》，指出："在无产阶级领导的工农联盟为主体的人民民主专政的政权下，国民党的六法全书应该废除，人民的司法工作不能再以国民党的六法全书为依据，而应该以人民的新的法律作依据"，规定："司法机关的办事原则应该是：有纲领、法律、命令、条例、决议规定者，从纲领、法律、命令、条例、决议之规定；无纲领、法律、命令、条例、决议规定者，从新民主主义的政策。"② 华北人民政府亦于"法行字第四号"通报中，批评"晋中行署法字第一号请示"中一再援用国民党法律的错误，明确指出："'六法全书'是旧统治阶级统治人民镇压人民的工具，又经蒋匪修改补充，更见凶恶，和我们新民主主义司法精神根本不合，人民政府必须把它彻底打碎，禁止援用。我们不能一面执行着保护封建地主和官僚资产阶级的法律，一面却梦想着去推翻他们的统治与剥削，我们必须以我们自己的法令和政策来镇压一切反革命分子与破坏分子。"③ 1949年4月1日，华北人民政府亦发出"法行字第八号"训令，宣布废除国民党的六法全书及一切反动法律，要求各级人民政府的司法审判，不得再援引其条文④。事实上，解放区司法机关援引国民党政府的法律亦有其客观原因。自抗日战争以至解放战争时期，中国共产党领导各个根据地制定了许多刑事法令，但这些刑事法令中大量的是关于汉奸、反革命等政治性犯罪的规定，而对于普通刑事犯罪则规定较少，而这也曾引起共产党的领导人的注意。早

---

① 中国法学会董必武法学思想研究会编：《华北人民政府法令选编》（内部资料），2007年，第614页。
② 中央档案馆：《中共中央文件选集（1949）》，中共中央党校出版社1992年版，第150页。
③ 中国法学会董必武法学思想研究会编：《华北人民政府法令选编》（内部资料），2007年版，第175页。
④ 同上书，第196~197页。

在 1948 年 5 月 25 日，刘少奇与谢觉哉（中共中央法律委员会负责人之一）谈话时就说：华北大部分地区已没有敌人，可以着手建立正规法治。刑法和民法先就旧的改一下施行，边做边改，有总比无好。现急要稳定秩序，财产有保障，使人民乐于建设。随后，谢觉哉便集中精力起草《县市村民主政权组织纲要》《县市村人民代表大会选举条例》和《危害解放区治罪条例》，谢觉哉说明："此条例是军事时期的特别法，不同于一般刑律，本条例在中心区和边沿区皆可适用。"① 这里的《危害解放区治罪条例》是特别法，主要是惩罚危害解放区的政治性犯罪，而不是一般意义上的刑法。而且，就是这个特别法，此时也还没有正式公布施行。而当时的各个司法机关所要面对处理的则是包括有普通刑事犯罪与政治性犯罪在内的大量刑事案件，因此不可避免地出现了审判无法可依的状况。因此，在司法审判以及法律文书中援引国民党政府的法律可以说是解放区司法机关与司法人员的不得已之举。而包括刘少奇、董必武在内的中国共产党的领导干部已经意识到了解放区司法机关所面临的困境，因此也迫切希望能尽早制定人民政权自己的法律。1948 年 7 月 17 日，董必武就致函谢觉哉等，转达刘少奇与自己的意见："日前晤少奇同志，他说'乡县政权组织纲要和选举条例及危害解放区治罪条例三草案都很好。希望赶快把民、刑两法草拟出来备用'。我认为他这个提议很好。望诸位同志考虑，以法学为人民服务。"② 1948 年 7 月，中共中央工作会议也确定由董必武执笔修改谢觉哉起草的《危害解放区治罪条例》，名称改为《惩治反革命暂行条例》③。1949 年 2 月，华北人民政府主席董必武在华北人民政府第二次委员会会议上所作的《关于本府成立以来的工作概况报告》提出："必须创立人民的法典，建立与健全新民主主义的司法制度。"④ 但由于诸多

---

① 中国法学会董必武法学思想研究会编：《华北人民政府法令选编》（内部资料），2007 年，第 623 页。
② 《董必武年谱》编纂组：《董必武年谱》，中央文献出版社 1991 年版，第 310 页。
③ 中国法学会董必武法学思想研究会编：《华北人民政府法令选编》（内部资料），2007 年，第 310 页。
④ 同上书，第 615 页。

原因，新建立的人民政府的法律法典制定仍然远远落后于实际需要，而按照《中共中央关于废除国民党的六法全书与确定解放区的司法原则的指示》规定，根据当时还十分粗糙与简陋的新民主主义纲领、法律、命令、条例、决议以及新民主主义的政策处理死刑案件，就极容易出现相当大的误差。在这种情况下，强化死刑程序的建立与执行，以程序规范死刑，既是不得已的措施，更是避免产生错误的重要方法，它很大程度上弥补了死刑实体法缺乏之不足。而在新中国成立后的数十年里，我们长期没有刑法典，对司法程序也任意践踏，所造成的恶果也是触目惊心的。

华北人民政府依法治监刍议

薛梅卿　赵　晶[*]

　　1948年，中国共产党所领导的人民解放战争已经进入到夺取全国胜利的决定性阶段，而华北老根据地——晋察冀边区与晋冀鲁豫边区已经连成一片。为了巩固解放战争的胜利成果、加强华北解放区的经济和政权建设，中共中央决定合并晋察冀边区与晋冀鲁豫边区、成立华北人民政府作为解放全中国的后方基地。1948年8月7日，华北临时人民代表大会在石家庄正式召开；8月18日，大会选举产生了董必武、聂荣臻等27名华北人民政府委员。9月20日至24日，华北人民政府第一次委员会召开，会议依法选举董必武为华北人民政府主席，同时产生副主席、各部长等。9月26日，正、副主席就职，启用华北人民政府印信，华北人民政府正式成立。1949年10月31日，华北人民政府结束它的历史使命，其辖下的河北、山西、平原、绥远、察哈尔五省及北平、天津两市，改归中央直属，而中央人民政府的许多机构，都是以华北人民政府为基础建立起来的。其中机构建设方面，就包括作为国家专政机器的监狱、看守所和自新院等，华北人民政府对于这些监所的职责、实施的政策，通过各种法令、训令得到了制度性保障。虽然华北人民政府只存在了短短的13个月，但是它出色地完成了自己的历史使命，运转了各种机器职能（包括狱政），巩固了解放区的建设，从人力、物力、财力上保证了前线解放战争的后备支持，为中华人民共和国成立后的各项建设积累了宝贵经验。

---

[*] 中国政法大学监狱史学研究中心。

一、华北人民政府成立后的立法状况和指导思想

《华北人民政府施政方针》中明确指明了华北人民政府的任务:"继续进攻敌人,为解放全华北而奋斗,继续以人力、物力、财力支援前线,继续配合全国人民解放军向蒋匪军进攻,以争取人民革命在全国的胜利,推翻美帝国主义的走狗蒋介石反动集团的统治;有计划、有步骤地进行各种建设工作,恢复和发展生产;在现有基础上,把工农业生产提高一寸,继续建设为战争和生产建设服务的民主政治,继续培养为战争和生产建设服务的各种干部,大量吸收各种有用人才,参加各种建设工作,以奠定新民主主义新中国的基础。"由这个"总纲式"的归纳可以推知,华北人民政府的基本工作原则:首先是服务原则。当时解放战争正节节胜利,华北人民政府作为后方基地,其各项工作就是以服务前线为中心。其次是改革原则。董必武在《论新民主主义政权问题》的演说中进一步强调:"建立新的政权,自然要创建法律、法令、规章、制度。我们把旧的打碎了,一定要建立新的。否则就是无政府主义""因此,新的建立后,就要求按照新的法律规章制度办事"。[①] 所谓改革,就是破旧立新。作为新民主主义革命政权的实践,它必然要改革旧有的、落后的各种规章制度、设施模式;作为新中国诞生前的经验摸索与积累,它必然要进行各种新的建设与尝试。这些原则当然落实在了立法工作上。在短暂的13个月里,华北人民政府依据当时的形势与任务,先后制定、颁行了许多重要的法令,涵盖各个领域,据载有200多项,"关于制度的:有统一各行署司法机关名称,恢复各县原有司法组织及审级的规定;估定囚粮,取消讼费及村区介绍起诉制度通令;关于县市公安机关与司法机关处理刑事案件权责的规定;关于刑事复核制度通令;司法委员会改为裁判研究委员会的通令;及采用办理刑事案件应注意的方法与程序的小册子。关于量刑标准的:有清理已决未决案犯的训令,重大案件量刑标准的通报;及为贯彻清理积案并研

[①] 中国法学会董必武法学思想研究会编:《华北人民政府法令选编》之序言,内部资料。

究减少积案的办法训令。关于调解的：有关调解民间纠纷的决定。关于废除旧法的：除了一些报告讲话未统一颁发外，有废除国民党六法全书及一切反动法令的命令。此外在报纸上刊载的答复询问也起到立法的作用。对各区专县报告的核阅批答作的是比较经常的，对下边的政策指导互相联系起着很大的作用"，"总起来说，华北政府成立以来，较带长期性普遍性的单行办法条例决定等已如上述共十九种，除大部已载在法令汇集者外，连适合某一地区或某一时期的东西也有十几种，并已汇印成册随报告送上，此外的个别批答很多"，①这样大规模的立法，既使得各项活动有法可依，保障了社会稳定和人民生命财产的安全，犯罪得到应有的惩罚，又为中华人民共和国成立之后的立法活动提供了可贵的经验和参照。

"法律是政权的一部分，是当权的阶级用以保护本阶级的利益并统治敌对阶级的工具"，②但是，新的民主政权法制的建立和发展，不是萧规曹随、盲目因循，而是制定自己所需要的法律、规章、制度，实现自己的统治秩序。华北人民政府所颁行的法律制度必然遵循中国共产党人独特的法律思想，并以此指导法律实践活动。本文仅就有关几点稍作论述：

（一）犯罪的认定与处罚

华北人民政府在《通报》中就明确了犯罪行为的概念，"凡危害新民主主义国家及由国家所制定的法律秩序，或危害个人权益致对社会有严重影响者，即为犯罪。"③由此可见，当时对犯罪的理解，重心在于对"公"的侵害，即便涉及"私"——个人权益，也需是对社会有严重影响者方可定性，个人权益只是一个介质而已。这种鲜明的时代痕迹，是由当时特定的历史、社会环境所决定的。至于对犯罪行为的处罚，则贯彻"罪刑相适应"的原

---

① "司法部工作报告"，摘自《华北人民政府一年来工作报告》，见《中华人民共和国审判法参考资料汇编》第一辑历史部分，北京政法学院1956年版。
② "华北人民政府关于重大案件量刑标准的通报"，载《华北人民政府法令汇编》第一集1949年版，见《中国新民主主义革命时期根据地法制文献选编》第三卷，中国社会科学出版社1981年版，第186页。
③ "华北人民政府关于重大案件量刑标准的通报"，载《华北人民政府法令汇编》第一集。

则,即"以危害国家社会人民之利益的严重与否,而为科刑之标准。首要的严重的反革命犯,以及首要的严重的反施政秩序犯,应处重刑。一般的反革命及反施政秩序犯,可依其危害程度的大小、主动被动而分别处以徒刑,其他犯罪之处罚亦宜视其行为对社会人民危害程度的大小而分别论处"①。可见,当时对犯罪的处罚依然贯彻"轻罪轻罚,重罪重罚,罚当其罪"的思想,依据轻重分别处理。当然,对于犯罪性质,还有从犯罪行为所侵犯的客体角度进行分类的:敌伪犯、破坏犯、特务嫌疑犯、一般刑事犯。②

(二) 犯罪的矫正

中国共产党一贯重视思想改造工作,毛泽东在《实践论》中就曾提出:"所谓被改造的客观世界,其中包括一切反对改造的人们,他们的被改造,须要通过强迫的阶段,然后才能进入自觉的阶段。"落实到犯罪的矫正上,即罪犯的思想改造方面,"强迫的阶段"就包括监所矫正,及其对象——"反对改造"、需"被改造"的罪犯。这里蕴含着两点内容:首先,罪犯是人,需要把他们当作人看。"犯人之所以甘为犯人,主要是由于社会不把他当人。要恢复他的人格,必自尊重他是一个人始"③。其次,罪犯矫正虽然要经过"强迫的阶段",但其最终目的在于"进入自觉的阶段",让他们自新。毛泽东曾经说过:"苏维埃的监狱对于死刑以外的罪犯是采取感化主义,即是用共产主义的精神与劳动纪律去教育犯人,改变犯人犯罪的本质。"④ 这一指示随后得到系统性的发展,成为革命根据地民主政权确立监所工作、改造犯人的全新指导思想。华北人民政府对于罪犯的矫正,也必然秉承这一指导思想,采取的主要方法就是"教育"原则,即教育感化主义。

---

① "华北人民政府关于重大案件量刑标准的通报",载《华北人民政府法令汇编》第一集。
② "华北人民政府训令"(法行字第一号,1949年1月13日),载《华北人民政府法令选编》,第182页。
③ 林伯渠:"陕甘宁边区政府工作报告(1939~1941年)",见杨永华、方克勤:《陕甘宁边区法制史稿》,法律出版社1987年版。
④ 中国现代史资料编委会:《苏维埃中国》,1957年7月,第266页。

"处罚犯罪不以报复、损毁人格及人身体痛苦为目的,而以教育改造为目的"。① 其主要手段有:第一,政治教育,即以政府政策法令、爱国民主思想等为内容,使犯人了解中国革命前途及个人努力方向;第二,劳动教育,分为日常生产教育和劳动生活教育两个部分,培养犯人的劳动思想习惯,为日后出监打下生活技能的基础;第三,文化教育,目的在于提高犯人的知识水平。通过这些方式,使监狱变成一所特殊"学校",使"入监"成为"入学",通过感化教育、思想改造,提高犯人的觉悟,从而达到犯罪矫正的目的。

此外,华北人民政府监所矫正工作还努力实施着革命人道主义,如在管理犯人上"坚决废除肉刑""取消区禁闭室,收回刑具",在囚粮待遇上体现"新民主法治精神和治病救人的方针",在处理逃亡人犯方面"严禁滥捕、滥打、滥杀"等等,这也是保障犯人人权在法律上的具体反映。

(三) 治监的总原则

罪犯的矫正与改造必然与监狱相关,监狱是司法体系中重要的一个环节,是国家刑事追诉得到最终落实的环节,也是实现罪犯重新做人的终端环节,其重要意义不言而喻。华北人民政府十分重视监所(华北人民政府辖下,设有华北第一监狱、看守所、自新院、拘留所、村监狱等)的改革与管理,立足于"犯罪改造"的思想,积极贯彻"把犯人当人"的原则,在原有监所法令的基础上,在根据地宪法性文件的总体内容和精神的指导下,依照形势的新发展,陆续颁行了各种新的法令,使得监所管理制度化、有序化,努力实现依法治监。当然,限于当时的战争形势等客观原因,监所立法不可能具备体系性、完整性,"各级司法机关办案,有纲领、条例、命令、决议等规定的从规定,没有规定的,照新民主主义的政策办理"。② 同时,也限于当时的

---

① "华北人民政府关于重大案件量刑标准的通报",载《华北人民政府法令汇编》第一集,1949年版。
② "华北人民政府训令"(法行字第八号,1949年4月1日),载《华北人民政府法令选编》,第196~197页。

认识水平,"政策优先"的思想同样根深蒂固,"现在我们已经系统化的法条诚然不够,但我们有政策原则、有政府命令可资遵循"①"政策是衡量判决妥当与否的第一个标准。这不独是现在还缺少成文法时,应当如此,即将来有了法典时,也应如此。因为所有法律条文的依据,都是政策,如果条文的精神不符合政策,那就是条文的不妥当,我们不能死扣条文"②。由此可见,实践中的"政策优先"不仅是存在的,而且还相当突出。但无论如何,依法治监是总的原则,不可动摇,即便对于特殊形势与状况要"便宜行事",也必须在法定的框架内、依照法定程序进行,不可肆意为之。如针对游击区处死刑案件上报华北人民政府批准,耗时弥巨、执行困难的问题,华北人民政府指令:"查游击区为敌我斗争点,环境亦随之复杂,应十分注意正确掌握与执行政策,……为此该署所请将判处死刑案件授权行署批准应予照准",但是并非一切死刑案件的批准权都予以下放,只限于"罪大恶极,严重破坏我军事政治之奸特分子""至于一般不含政治性质之普通刑事案犯罪当处死者,则仍应依照正常司法手续呈报本府批准后执行"。并且,下放给地方行署的死刑案件,还"须检同犯罪事实及判决理由,呈报本府备查"。③ 同样,在批复"边沿区游击区判处死刑亦应执行宣判送达手续"的请示中,华北人民政府再次强调:"我们不能因为手续上有困难,而放弃了原则上的掌握。"④

二、监所管理法令的规定和实施

华北人民政府施政时期,因为战争动态等影响,不可能制定系统的监狱法典以切实执行,只能在原有的单行条例、法令、指示、规则、办法等的基

---

① "华北人民政府关于重大案件量刑标准的通报",载《华北人民政府法令汇编》第一集,1949年版。
② 《北京市人民法院审判工作总结》第一部分《对七个多月以来审判工作的估计》,见中央人民政府司法部干部轮训班编印:《一九四九年各地司法工作总结报告选辑》。
③ "华北人民政府指令"(法行字第一号,1948年10月5日),载《华北人民政府法令选编》,第149页。
④ "华北人民政府指令"(法行字第六号,1948年12月22日),载《华北人民政府法令选编》,第167页。

础上，根据形势的新发展，进行修订、补充。这里只抉取华北人民政府在狱政方面的几项法令改革作一简介。

（一）案犯清理

由于当时"干部少，质量低，不能掌握政策，及时解决问题""在处理案件的观点与方法上的不适当"① 等多种原因，造成积案现象严重，譬如获鹿、平山两县1949年2月报告：安阳刑事未结95件，元氏刑事未结81件，安新刑事未结104件。② 因为刑事积案的大量存在，导致监所中未决犯的数量激增，如"石家庄市常押犯在二百五十名以上（多时达四百五十人），未决犯常超过半数"③。加上根据地的监所存在容量小、数量少、条件差等情况，其负荷十分沉重。而且被关押在监所中的未决犯，虽已失去人身自由，但对其行为是否属于犯罪的定性尚不确定，甚至有"因久押不结家庭破产者（如关春魁）"。④ 对于已决犯而言，也存在定罪量刑的偏差，符合减刑、假释的条件而未处理等问题。鉴于此，华北人民政府先后下发有关"清理积案""清理案犯"的训令，要求各行署、直辖市政府"从新民主主义的国家利益着眼，不放纵一个坏人，关系重大的案件，绝不马虎处理，同时也不积压一件应解决而拖延不解决的事，不冤抑一个应受宽大而未给以宽大的人"，⑤ 并提出了清理案犯的一般规定：

（1）应已决犯未决犯并重：以清理特种刑事案犯为主，其次则为一般普通刑事案犯。

（2）要考虑如下条件：犯罪科刑时的条件变化情形；案犯在监所的改造

---

① "华北人民政府训令"（法行字第十七号，1948年5月21日），载《华北人民政府法令选编》，第199~200页。
② 同上书，第199页。
③ "华北人民政府训令"（法行字第一号，1948年1月13日），载《华北人民政府法令选编》，第182页。
④ "华北人民政府训令"（法行字第十七号，1948年5月21日），载《华北人民政府法令选编》，第199页。
⑤ "华北人民政府训令"（法行字第一号，1948年1月13日），载《华北人民政府法令选编》，第183页。

程度；释放后对社会的影响；犯罪情节及犯罪行为的轻或重、主动或被动等差别；刑期执行的长短，如系未决犯，视其在押日期的长短。

（3）确系特务或反革命犯，应慎重处理，不宜轻易减刑或释放，或减轻褫夺公权之处分。

（4）必须研究其犯罪材料，提出应如何处理的理由。

具体的清理方法，又根据对象的不同分为以下两个方面：

一是针对未决犯：

（1）公安局尚未侦查完毕者，由各级公安局负责按下列办法清理之：属于违警范围的，应即予以违警处分；嫌疑证据不足，又无法继续再找证据的，应登记教育释放，并通知该犯原籍之公安机关注意其行动；案情轻微，嫌疑又不大的，交保释放；案情重大，嫌疑又重大的，迅即进行侦查起诉；嫌疑及证据充足的，即起诉送审判机关审理；有犯罪证据，但不属于政治性犯罪，而且犯错误在押期间反省较好的，得登记教育释放；或送原机关，或有关机关适当处理之。

（2）各级公安局已起诉者，由各级司法机关根据一般规定迅速判处；公安局认为以不起诉为宜者，虽已起诉，仍可撤回。

二是针对已决犯：

（1）改判：要求原判司法机关对现有案犯重新复核，如有反证证明原判根本错误，或判决所采用的证据至今未能证明属实的，应改判无罪；对于量刑偏重者，应适当减轻或释放。

（2）减刑：对于已执行 1/3 刑期的罪犯，如符合规定条件，可予以减刑。减刑后，如符合假释条件，应予以假释。轻微案犯减刑后，所余刑期不满一年，认为无继续执行之必要的，可以教育释放。

（3）假释：对于那些对所犯罪行有深切认识，且悔过有据者，或被判处无期徒刑，执行逾 8 年，有期徒刑执行逾 1/2 者（半年以下有期徒刑不在此限），应报请假释。当然，清理案犯并非无原则、无底线地释放、减轻罪犯的处罚，以达到减轻监所负担的效果，如果罪大恶极、没有任何悔罪表现的，一律继续执行,绝不宽贷。法令还规定了回村执行案犯的清理办法。①

贯彻区别对待原则的训令有利地推动了清理工作有条不紊地展开。如华北人民政府于1949年1~6月,共收刑事案件27847件,结案24885件;② 北京市人民法院1949年3~12月,审结窃盗案件2206件,未结的仅79件。③ 只有依法迅速、准确地审结刑事案件,让无罪的人免于刑罚,让有罪的人受到追诉,司法正义才能真正地落实,监狱的犯罪矫正功能才能真正地体现。

(二) 囚粮供应

虽然解放战争已经进入到了最后胜利阶段,但战争所带来的创伤远未平复,解放区人民的生产、生活条件也远未改善,饱受战争之苦的老百姓尚在艰难困苦中奋斗,"在监所里,由于饮食不足,致发生疾病死亡等现象"④ 也更为严重。因此,华北人民政府十分重视囚粮的供应问题,专门制定了"估定囚粮额数""老区新区囚粮供给办法"等训令,以保障囚犯的基本生活需要,体现了人道主义精神。

首先,《训令》对司法机关羁押的罪犯与公安机关羁押的未决犯,分别实施囚粮分配措施。因为公安机关羁押的全部都是未决犯,时限短,不易安排他们从事生产劳动,所以他们的囚粮实行"实报实销"。

其次,对于司法机关羁押的罪犯,又区别老解放区、新解放区和某些边沿区、各直辖市作了囚粮开支的决定:(1) 因为老解放区的各监所大都有生产基础,所有囚粮应全部实现自给。对于其中的未决犯,如果他有家庭且能够供给的,由其家庭负担,不能供给的,由生产项下补助。尚未做到安全生

---

① "华北人民政府训令"(法行字第一号,1949年1月13日),载《华北人民政府法令选编》,第183~186页。
② "司法部工作报告",摘自《华北人民政府一年来工作报告》。
③ "一九四九年北京市人民法院刑事窃盗案收结统计"(表二),载《一九四九年各地司法工作总结报告选辑》。
④ "华北人民政府通令"(法行字第七号,1948年11月23日),载《华北人民政府法令选编》,第168页。

产自给的监所，应在已有基础上，努力做到自给，县政府设法协助。（2）新解放区与某些边沿区的各监所，县政府应从公共财产中设法筹措一些生产工具或基金，使他们有计划地走上自给的道路。在生产没有基础之前，暂定每县平均按 6 个人的囚粮报销，每人每日包括柴、菜金在内，按 1 斤 6 两小米计算。（3）对于各直辖市司法部门的囚粮问题，石家庄实施的措施是，解放后 3 个月内，按三分之二补助，以后逐渐减少以争取达到自给。①

另外，对于解放区一直以来实行的犯人生产分红制，《训令》提出：基于它违背"新民主主义的经济方向""只能增加其唯利是图的落后思想，不能起教育改造的作用"，为减轻国家开支等原因，取消分红，但在犯人"生产超过一定任务时，可酌予提奖，奖金可看犯人情形，替其据实存放银行，作为该犯出狱后谋生资本"。② 这种措施既减轻了国家财政开支负担，支援了前线战争，又提高了囚犯的劳动积极性，并为他们出狱后的生活打下了一定物质基础。

（三）思想教育

"单纯的体力劳动而不与思想教育相结合，或轻视思想教育的思想是不正确的""在劳动改造过程中，必须紧密地与思想教育相结合"。③ 正是在这种犯罪矫正思想的指导下，对于罪犯的教育改造工作得以有效展开。

1. 犯人的组织

有的地方将犯人以住室为单位组成班，每班十二三人，设班长一人，负责全班日常生活及纪律事宜；学习组长一人，负责领导学习，总的组织犯人学习委员会，辅助领导学习事宜。其班长、组长、学习委员的选择是以思想好、劳动好并有领导能力等条件为标准。④ 这是"犯人自治"在思想学习上

---

① "华北人民政府为老区和新区囚粮供给办法的训令"（司法行字第三号，1949 年 2 月 10 日），载《华北人民政府法令选编》，第 189 页。
② 同上书，第 190 页。
③ 北京市人民法院"一九四九年盗窃案总结"，载《一九四九年各地司法工作总结报告选辑》。
④ 天津市人民法院"一九四九年窃盗案件工作总结"，载《一九四九年各地司法工作总结报告选辑》。

的体现,如北京午未所就成立了犯人自己组织的受管教科领导的学委会。① 而且还根据年龄的特殊情况,将"十六岁以下的童窃单独组织,施以有计划的政治文化教育,提高觉悟,学习识字,并给予更多的自由活动",以避免"受到惯犯恶习的影响,沾染一些不良倾向"。②

2. 教育方式

教育的方式是多样化的,具有相当的灵活性,具体有:动员报告,小组讨论;发动积极分子在组内闲谈,以他自己的情形为例,去启发说服其他罪犯;开大会或在小组会上表扬好的、批评或斗争极端坏的;通过文娱活动教育犯人,如壁报、画报、演剧,均以犯人改造劳动,以及各种好的坏的典型例子为内容。③ 总体来说,在思想教育中,非常重视"榜样示范"作用,因此"选择有觉悟的,坦白反省好的,组织大会教育窃盗,于运动中不断发现觉悟分子,并予以培养。有计划的分布于各班各组,进行活动""使其起一种桥梁作用,打开局面。觉悟分子的选择条件必须是诚恳坦白,思想有转变有进步者,要加强对他们的教育培养,成为进步的榜样"。④ 同时贯彻"民主"的管理方式,"所有犯人规约、纪律、生产、学习制度,都通过犯人讨论互相监督执行,并在犯人中开展批评与自我批评,促使犯人思想改造"。⑤

3. 教育内容

一般来说,思想教育着重于启发,首先介绍新旧社会的对比,揭露旧社会的罪恶,说明谁迫使他们走上犯罪道路,激发他们的政治认识,再结合他

---

① 北京市人民法院"一九四九年盗窃案总结",载《一九四九年各地司法工作总结报告选辑》。
② 天津市人民法院"一九四九年窃盗案件工作总结",载《一九四九年各地司法工作总结报告选辑》。
③ 北京市人民法院"一九四九年盗窃案总结",载《一九四九年各地司法工作总结报告选辑》。
④ 天津市人民法院"一九四九年窃盗案件工作总结",载《一九四九年各地司法工作总结报告选辑》。
⑤ 河北省人民法院"河北建省以来司法工作简要总结",载《一九四九年各地司法工作总结报告选辑》。

们切身的痛苦，深入启发，解除思想顾虑，认识旧社会，并要认识犯罪对社会的危害及其本身存在的恶劣习气，分清责任，指出纠正的方法，① 从而在根本上肃清他们认识上的误区和思想中存在的犯罪动因，达到改造的目的。

正是采用了这种较为系统化的教育制度，"动之以情，晓之以理"的教育方式和充实的教育内容，许多罪犯都肃清了不良的犯罪思想，认识到了错误，并对新社会、新生活充满了憧憬与向往，从而激发起他们改造自己、造福社会的动力。譬如被关押在北京看守所的案犯李冯安，一开始进看守所的时候多有欺诈行为，常常犯错误，但是经过思想教育之后，坦白交代了他在解放前曾参加过"还乡队"，持枪奸淫抢掠，解放后又连续行窃，并交出私藏手枪一支，并说："我情愿帮助政府将过去'还乡队'队长手下的手枪十一支追究出来"。又如有的罪犯在悔过自新后说："入所后，在思想上不但彻底认识了自己的错误和行为的可耻，而且在努力认真来接受政府给我们的教育。"②

（四）生产劳动

根据地监所一贯强调犯人参加生产劳动，并把教育寓于劳动之中。而解放区监所基本又在巩固、改善抗日民主政府监所劳动改造工作的基础上有所发展。"除从思想上解决问题外，更重要的在于从参加劳动中改造，予以实际的劳动锻炼，学习一定的生产技术，作为以后走到社会上的谋生条件，不然虽从思想上解决了问题，由于没有劳动习惯和生活技术，到社会上仍然没办法"。③ 由此可见生产劳动对于罪犯的意义十分重大：一来练习技能，为以后自谋生路作准备；二来锻炼意志，克服各种恶劣的旧习气；三来创造物质财富，减轻人民和政府的负担，改善犯人的生活条件等。

---

① 天津市人民法院"一九四九年窃盗案件工作总结"，载《一九四九年各地司法工作总结报告选辑》。
② 北京市人民法院"一九四九年盗窃案总结"，载《一九四九年各地司法工作总结报告选辑》。
③ 天津市人民法院"一九四九年窃盗案件工作总结"，载《一九四九年各地司法工作总结报告选辑》。

生产劳动的形式多种多样，织布、织麻袋、纺毛、做鞋、理发、做豆腐等生产，① 也有"组织犯人劳动队，参加修堤、筑路或为烈军家属代耕"，② 而且在认识到"现在监狱的工厂不能容纳全部犯人参加劳动"的问题后，有关部门果断决策，"向监狱外面找寻参加劳动生产的机会"。1949年天津就组织起1000人的劳动大队，准备参加新开河挖河工程，另外还准备组织500人去哈尔滨农学院农场参加农业生产工作。③ 甚至在遇到突发性事件时，犯人们还能发挥积极的作用。如北京市看守所在1949年6月间组织101名未决人犯前往参加修建永定河堤险工，④ 因正在麦收时期，犯人们适时地加入修筑工程，能腾出民力往田间劳作，既未耽误收割，也没有延误工程，达到了很好的社会效果。正是这样的劳动改造，使得犯人的觉悟得到提高，生产与生活技能得到锻炼，从而更好地投入到新中国、新生活的建设中去。譬如，经教育改造释放的盗窃犯张墨林、马士文、贾振兴等已经开起了工厂。又如，盗窃犯谭富，释放后由于找不到职业，但不愿再继续行窃，因而又回到监所，要求在监所继续劳动生产，另外也有不少犯人出所后都纷纷写信回来，感激监狱改造自己，并且很多都已转向劳动生产。⑤

当然要使犯罪得到根本的根除，单靠劳动改造还是无法完成的，这与社会生产发展的水平紧密相关。如天津法院1949年的统计数据显示，157名窃盗重犯中因找不到工作而又重行窃盗的即有44名。⑥ 因此，犯人出狱后的就业问题对犯罪矫正的效果起着重要的影响作用。对此，华北人民政府就有指

---

① 天津市人民法院"一九四九年窃盗案件工作总结"，载《一九四九年各地司法工作总结报告选辑》。
② 河北省人民法院"河北建省以来司法工作简要总结"，载《一九四九年各地司法工作总结报告选辑》。
③ 天津市人民法院"一九四九年窃盗案件工作总结"，载《一九四九年各地司法工作总结报告选辑》。
④ "司法部工作报告"，摘自《华北人民政府一年来工作报告》。
⑤ "司法部工作报告"，摘自《华北人民政府一年来工作报告》。
⑥ 天津市人民法院"一九四九年窃盗案件工作总结"，载《一九四九年各地司法工作总结报告选辑》。

令：如果"犯人刑满，表现尚好，可介绍去参军，但要向部队说明经过"，①还有的地方"把表现较好而愿意工作的介绍给矿山改造队当工人"。②但限于当时客观的社会条件及战争形势，不可能为刑满释放的所有犯人提供工作机会。

三、华北人民政府依法治监的历史意义

华北人民政府成立之时，虽然已处于人民革命战争夺取全国胜利的前夕，但是战争形势依然紧张激烈，新旧交错的社会环境十分复杂，因此其工作环境非常困苦、动荡，其下属的司法机关达312个，要全面铺开服务前线的工作，难免参差欠妥，如监所方面，机构名称不统一，建筑设施比较简陋，立法不够完整、系统，政策与法律等同，制度不规范、细密，监所工作方法较简单等，但是作为全国第一个由游击式过渡到正规式的政府，它所推行的种种依法治监的训令和措施都给后世以参考与借鉴。

董必武在华北人民政府第一次临时会议上曾指出："华北人民政府的功能，过去本是具有中央与地方双重性的，这是因为革命的需要而形成。实际在经济上、财政上都起了它是全国范围的作用。"③ 1949年10月，《中央人民政府主席毛泽东关于撤销华北人民政府令》更确切地宣布："中央人民政府的许多机构，应以华北人民政府所属有关各机构为基础迅速建立起来。"④ 这就阐明了华北人民政府是向中央人民政府过渡的具有全国性作用的正规政权，可以说它是中央人民政府的雏形，是新中国成立前"伟大预演"的最临近一幕。

毋庸置疑，华北人民政府狱政机关及工作运行都将是新中国政府建设的重要基础之一，诸如监所的建置、改造罪犯的理念、有关法规制度的制定等，

---

① "华北人民政府指令"（法行字第五号，1948年10月27日），载《华北人民政府法令选编》，第159页。
② 东北人民政府司法部、东北人民法院《一九四九年工作总结报告》（1950年1月30日）。
③ 《华北人民政府法令选编·附录》，第678页。
④ 《华北人民政府法令选编》，第75页。

都是新中国劳改工作和法制建设的奠基石。其中，坚持依法治监的原则和办法，不仅对于当时的社会治安、人权保障、政权巩固、服务战争等作出了重要贡献，具有现实意义；而且对于后来新中国建立初期的劳改工作法治化、文明化起到了直接的指导作用，具有重要的经验参考价值和弥足珍贵的历史意义。

其一，实践性。华北人民政府依法治监的工作是在马克思主义法律观的指导下，结合当时的客观历史条件，围绕已有的监狱立法，有计划、有目的地开展起来的，它既注意掌握理论思想，又能将其落实为具有可操作性的狱政规定，将原则性与灵活性、变通性有效地结合起来，除旧立新，在实践中不断摸索，使狱政工作收到了应有的良好效果。比如取消村监狱及不妥当的积案，纠正因粮不足和无额数的问题，大量清理各监所已决未决案犯，"华北第一监狱一次即释放400多人"，[①] 足以说明工作效率颇高。

其二，科学性。华北人民政府在依法治监中，既注重犯人的人权保障，又不放松对犯罪的惩处；既重视提高监狱的生活、生产条件，又充分落实集中人力物力支援前线的施政方针；既考虑囚犯现阶段的生活质量与待遇，又谋划他们出狱后的谋生，既努力纠正"过去发生乱押乱判的'左'的现象"，又要防止"现在可能发生'乱放'的右的现象"，[②] 这种把科学理论指导与实际国情相结合，既有重点又照顾全面的细致考虑，反映了相当程度的科学性。

其三，改革性。华北人民政府依法治监工作既面临巩固老根据地监所，接管、整顿、改造国民党监所的任务，又须在新辖解放区建立新的人民监所，因此，一方面它要与旧时代所推行的落后狱制划清界线，"彻底地全部废除国民党的六法全书及一切反动法律"；另一方面，要"用全副精神来学习马列主义——毛泽东思想的国家观、法律观……来搜集与研究人民自己的统治

[①] "司法部工作报告"，摘自《华北人民政府一年来工作报告》。
[②] "华北人民政府指令"（法行字第三号，1948年10月27日），载《华北人民政府法令选编》，第158页。

经验，制定出新的较完备的法律来"，① 完成司法狱政根本性质的转型，成为新中国劳改事业开展的桥梁。尽管当时的改革不尽完善，有相当程度的妥协性，但这种改革是具有历史意义的。

综合以上实践、科学、改革三方面的意义，不仅用事实有力地证明了这一过渡式政府的重要性和当时有法可依、依法办事的法制状态，而且也充分体现了华北人民政府依法治监举措对于中央人民政府所具有的建设性意义。董必武同志在当选为华北人民政府之后的就职典礼上，郑重宣布："这个政府是由游击式过渡到正规式的政府。正规的政府，首先要建立一套正规的制度和办法。"② 因此，华北人民政府依法治监是新中国监狱依法管理的滥觞，它为新中国狱政工作提供了一整套新的思路和方法，具有积极的启迪创新意义。

---

① "华北人民政府训令"（法行字第八号，1948年4月1日），载《华北人民政府法令选编》，第196~197页。

② 转引自《华北人民政府法令选编》之序言。

论华北人民政府时期的调解制度

李嘉娜[*]

一、华北人民政府时期调解制度的历史背景

华北人民政府是在中国共产党领导的人民解放战争进行到第三个年头，晋察冀边区与晋冀鲁豫边区已经连成一片的时刻成立的。其辖区随着人民解放战争的迅速发展而日益拓展，包括河北、山西、平原、绥远、察哈尔五省及北平、天津两市，时间从1948年9月到1949年10月，历时达13个月。[①] 由于是一个处于解放战争末期的临时性政府，其基本定位十分明确：一方面，要争取三年到五年根本上打败国民党；另一方面，必须开始有计划、有步骤地进行各项建设工作。因此，1948年8月通过的《华北人民政府施政方针》中明确宣告，"华北解放区的任务应该是：继续进攻敌人，为解放全华北而奋斗，继续以人力、物力、财力支援前线，继续配合全国人民解放军向蒋匪军进攻，以争取人民革命在全国的胜利，推翻美帝国主义的走狗蒋介石反动集团的统治；有计划、有步骤地进行各种建设工作，恢复和发展生产；在现有基础上，把工农业生产提高一寸，继续建设为战争和生产建设服务的民主政治，继续培养为战争和生产建设服务的各种干部，大量吸收各种有用人才，参加各种建设工作，以奠定新民主主义新中国的基础。"[②] 由此可见，在当时

---

[*] 中国政法大学宪法学与行政法学博士研究生，河北农业大学法律系教师，研究方向：行政法学。

[①] 中国法学会董必武法学思想研究会编：《华北人民政府法令选编》，2007年版，序言。

[②] "华北人民政府施政方针"，载《华北人民政府法令选编》，第3~4页。

特定的历史条件下,调动人民群众的主动性和积极性,恢复生产建设,奠定民主政治基础,是华北人民政府开展政权建设的中心工作。

应当看到,华北人民政府所处的华北解放区,是"经过八年抗战和两年人民解放战争的老根据地。它曾经普遍地推翻了日伪统治,建立起人民民主专政,实行了减租减息和合理负担的社会改革;日本投降以后,又普遍地实行了土地改革,实现了耕者有其田。"① 因此,一方面,该解放区大规模的急风暴雨式的阶级斗争已基本结束,人民内部问题已经上升为突出的社会问题,成为这一历史条件下的主要社会矛盾;另一方面,该解放区人民大众的政治觉悟程度和组织程度均得到较大的提高,人们得以有计划、有步骤地进行各种建设活动,和平安定的社会环境从根本上减弱了产生犯罪的基础。据此,严格区分敌我问题和人民内部问题,正确区别人民内部的犯罪案件和民事纠纷,针对不同性质的问题,探求和采取正确的方式、适当的办法来解决,成为华北人民政府开展政权建设和司法工作的首要准则。

因而,在以董必武同志为核心的华北人民政府看来,一个总的原则就是:对于处理人民内部犯罪案件,还必须切实分析具体案情,认清事件是否构成犯罪,应否处刑。行为错误而不违法,或者违法而非犯罪的,不能用司法手续处理;行为虽构成犯罪,但就当时和事前事后的情况全面考量,可以不予追诉刑事责任的,也不应用司法手续处理;犯罪轻微的,可以不用司法手续处理。进一步讲,民事纠纷和轻微犯罪案件,这类纠纷都是在根本利益一致的基础上发生的,不是不可调和的矛盾,本着以加强人民内部团结、有利于恢复生产建设为目的,根据政策、法律,尽可能用调解、说服、批评教育的方法来解决,促进矛盾的根本化解,这在特定历史条件下是具有战略意义的。

正是在这样特殊的历史背景下,1949年2月25日,秉持团结人民群众、化解内部矛盾、恢复生产建设、发扬民主精神的理念,华北人民政府颁布了《关于调解民间纠纷的决定》,该决定对调解的重要作用、调解的组织与调解

---

① "华北人民政府施政方针",载《华北人民政府法令选编》,第3页。

的范围作了明确规定。这对华北人民政府调解制度的建立、民间纠纷调解工作的开展起着重要的指导和规范作用。

二、华北人民政府时期调解制度的基本内涵

华北人民政府时期的调解制度是对历史经验的总结和升华。长期以来，华北解放区对于民事案件及轻微刑事案件的处理，积极倡导调解。民间纠纷因调解而解决的，有的县占全部案件的70%以上，有的村区甚至更多。据《保德县志》记载，该县仅1948年就调解纠纷达1089件，其中土地纠纷231件、婚姻纠纷44件、减租争执224件、工资纠纷182件、公粮案件102件、家庭问题127件、其他179件，这使保德县的诉讼案件由上年的105件下降为26件，效果非常明显。当地老百姓说："几百年来保德州的官难当，案难断，如今人民当家，再难的官司也不难。"[①] 这充分说明，华北解放区的调解工作是由来已久的，对于加强人民团结，减少人民因争讼而伤财费时，便于人民集中力量从事生产支前，起到了相当显著的作用。然而，在调解工作中，不少地方也发生了一些偏差。例如，有的地方干部把调解规定为诉讼的必经阶段，不经调解不允许起诉；有的地方当事人不服调解，区村则以不写介绍信而迫使其服从，县人民法院也以无介绍信而不予受理。有鉴于此，华北人民政府对华北解放区调解工作的历史经验进行了梳理与总结，并通过正式文件的规定对其予以制度化、规范化。

（一）调解的适用范围

1. 民事案件

根据《关于调解民间纠纷的决定》之规定，"凡民事案件，均得进行调解，但不得违反法律上之强制规定，如法令禁止买卖婚姻、禁止早婚、禁止超过规定的租金或利息等。"[②]

[①] 陈秉荣：《保德县志》，山西人民出版社1990年版，第256页。
[②] "关于调解民间纠纷的决定"，载《华北人民政府法令选编》，第192页。

民事纠纷是同人民群众的切身利益休戚相关的，是人民内部的是非问题，通过调解方式解决，有利于在团结的基础上化解人民内部矛盾。当然，对于民事纠纷的调解，仅限于适法的民事争议，违反法律强制性规定的，诸如买卖婚姻等，则不得适用调解。

2. 轻微刑事案件

根据《关于调解民间纠纷的决定》的规定，"凡刑事案件除损害国家社会公共治安及损害个人权益较重者，不得进行调解外，其余一般轻微刑事案件，亦得进行调解。"[1]

可见，在华北人民政府时期，就已经注意正确区分敌我问题和人民内部问题、人民内部的严重犯罪问题和轻微犯罪问题。如前所述，一个总的原则就是，除非确已构成破坏国家社会治安的反革命犯罪和人民内部的严重刑事犯罪，犯罪轻微的，可以不用司法手续处理。对于一般轻微刑事案件，通过调解方式予以解决，可以达到教育和团结人民群众的效果。

（二）调解的种类及其主体

1. 民间调解

这类调解广泛地存在于华北解放区。调解的主体，一般是公正的双方当事人的亲友、邻居以及村干部。由于他们通常与当事人之间的关系比较密切，对当事人之间的纠纷比较了解，如果能有正确的观点，往往易于为当事人双方所接受，就能够在纠纷开始之时使之消弭。实践中，这类调解通常能够简便、快捷、恰当地化解人民群众之间的矛盾。

2. 行政调解

这类调解又称政府调解，通常由区、村人民政府接受人民群众的请求而组织进行调解。其调解主体是设立于区、村人民政府的调解委员会。为开展此类调解工作，村政府设立了调解委员会，委员由村人民代表会选举或村政府委员会推举产生，但村主席必须是当然委员或兼任主任委员。区公所依工

---

[1] "关于调解民间纠纷的决定"，载《华北人民政府法令选编》，第192页。

作繁简可设立调解助理员，或者设立调解委员会。区调解委员会以区长为主任委员，委员由区公所聘请群众团体代表或在群众中享有威信的人士充当。

3. 司法调解

这类调解主要是针对已经起诉到县司法机关的案件。法院认为有必要的情况下，可以组织调解，该调解贯穿于诉讼活动之始终。司法调解具体又分为下述三种方式：（1）法庭调解。即审判人员在法庭上劝导双方当事人和解息讼。（2）庭外调解。即由法庭指定双方当事人均信任的人士在庭外对双方纠纷进行调解。（3）审判型调解。即审判员到有关地点，召集当地群众，大家评理，藉以找出双方当事人均能接受的和解方法。这种调解方式既不同于一般的审判活动，又不是通常意义上的社会调解或者行政调解，"既是调解也是审判"。[①] 经司法调解而达成的调解协议，经双方当事人签字后便具有法律效力，须无条件执行。

(三) 调解的基本原则

1. 自愿原则

所谓自愿原则，即调解必须出自双方当事人的自愿，不得强迫、命令或威胁。是否同意调解，是否接受调解的结果，完全取决于当事人双方的意愿。尤其对于调解的结果，不应强人服从，当事人有坚持不服者，有权提起诉讼，法院应依法进行审判。

2. 合法原则

所谓合法原则，即调解必须以人民政府的法令和善良习俗为依据。

除民间调解外，行政调解、司法调解均应由法定的调解主体依据法定的程序和期限进行调解。例如，《晋察冀边区民刑事件调解条例》就详细而具体地规定了调解委员会的管辖制度、回避制度、调解的申请方式、调解委员会的勘验调查职权、调解的期限、调解的笔录内容、调解的送达、调解的法律效力等事项。

[①] "关于调解民间纠纷的决定"，载《华北人民政府法令选编》，第192页。

调解除了采取说服教育的方式外，必要时还要依法采用赔礼道歉、赔偿损失或抚慰金等方式。《关于调解民间纠纷的决定》规定，"调解以劝说和解为主，但也必须依据政策法令提出必要的处置办法，如关于民事之赔偿或者让免，轻微刑事之认错，支付抚慰金等等。"①

调解不得逾越法定的适用范围。《关于调解民间纠纷的决定》明确规定，"调解不得逾越范围，不应调解的也调解了，或者处理的不适当，经县司法机关指令纠正或撤销时，调解人或机关及双方当事人均应服从，不得违抗。"②

3. 保护当事人诉讼权利原则

所谓保护当事人诉讼权利原则，即调解不得妨碍当事人的诉权。这意味着调解并不是进行诉讼的必经程序，任何个人和机关不得阻止当事人起诉。对于当事人双方而言，调解只是解决纠纷、化解矛盾的一种手段，是选择性程序。当事人既可以请求调解，也可以直接向人民法院提起诉讼。对于行政调解来说，区村政府不得变相地把调解作为诉讼的前置程序，当事人不服调解的，不得以各种方式阻挠其起诉。对于司法调解而言，若当事人一方或者双方不愿进行调解或者无法达成调解协议，则人民法院应当依法进行审理做出判决。

上述这些原则是相互关联、不可分割的。它们是以华北解放区调解工作的实践经验为基础历经多年而逐步形成的。调解工作三项基本原则的确立，是华北人民政府调解制度形成的主要标志。

(四) 调解的程序制度

根据华北解放区颁布的调解条例之有关规定，调解的程序制度主要包括下述几个方面：

(1) 管辖制度。若申请人与被申请人隶属于不同的区村管辖，应向被申

---

① "关于调解民间纠纷的决定"，载《华北人民政府法令选编》，第192页。
② 同上。

请人所在区村调解委员会申请调解。

（2）回避制度。若调解委员会与本调解事件，有最近宗属、配偶或历史关系，足可以认为其执行任务时有不公正之可能者，应回避。

（3）申请方式。申请调解时，既可以以书面形式，也可以以口头形式向调解委员会提出。

（4）期限制度。调解委员会若认为不能即时调解时，应另定调解日期，并通知当事人，但自申请之日起，不得超过五天；调解期限，不得超过三天。

（5）调查勘验。调解委员会对有争议的事实有怀疑时，有权派人实施勘验或调查。

（6）记载事项。对调解当事人的姓名、年龄、住址、成分、职业，调解的原因、事实、结果以及调解委员的姓名，调解处所、调解时间等事项，应由调解委员会主任委员或其他识字的人记载下来，并且调解会议的笔录应做成笔录正本，送达当事人，取回具证。

（7）法律效力。调解成立与确定的判决，具有同等的效力。

（8）禁止规定。调解委员会不得收受报酬，亦不得强令当事人同意调解。

三、华北人民政府时期调解制度的历史意义

《关于调解民间纠纷的决定》对于调解之重要作用的认识与肯定，调解范围、调解组织、调解原则的确立，充分证明了华北人民政府时期调解制度的充分发展。调解作为人民的民主生活之一部分，具有典型的成本低、效率高、保全和气的优势，能够及时有效地解决大量的民间纠纷；调解重在"晓之以理，动之以情"，在于调动和发挥人民群众的互谅、互让、互助精神，能够改变人们的狭隘思想，有利于提高人民群众的思想觉悟，教育意义可谓显著。通过健全与完善调解制度，华北人民政府切实地化解了诸多社会纠纷与矛盾，团结了广大人民群众，调动了人民的积极性与创造性，为发展生产、恢复建设、发扬民主提供了有力的社会基础。

（一）华北人民政府时期调解制度的民主意义

华北人民政府时期的调解制度，是长时间以来我解放区调解工作正反经

验的凝结,是中国共产党领导下的广大人民群众的智慧之结晶。该调解制度来自于人民,始终为人民服务,是最符合广大人民群众切身利益的。历史证明它是民主的产物。与过去的某些制度相比较而言,它具有无与伦比的民主意义。

在华北解放区建立以前,山西曾一度实行阎锡山的村调解制度。这种村调解制度与华北人民政府时期的调解制度相比,无论在设立目的方面,还是在实施效果方面,都具有本质的差异和区别。

从设立目的上看,村调解的根本出发点是维护传统乡村的等级秩序,稳定乡村社会。而华北人民政府时期的调解制度,从根本上是为了解决人民内部矛盾,化解纠纷、加强团结,免去人民因讼争而耗时伤财,以便集中精力恢复生产,从而更快地改善人民的生活条件。

从实施效果上看,村调解的调解人都是有威望、有势力的人士,一般的农民是没有能力或资格获得这种威望与地位的,因此,调解人一般由地主来担任,这就决定了调解人立场的偏差。调解人地位的不中立性、调解行为的不公正性,势必直接影响到调解的实际效果,农民必然对调解结果不服。相比之下,华北人民政府时期的调解制度,其调解主体或者是人民群众信赖的亲友、邻居以及村干部,或者是人民选举产生的政府,或者是司法机关,这些调解人或者组织都具有一定的中立性,而且有关调解条例中还规定了回避制度,有力地保障了调解行为的公正性,因而,其调解结果自然为人民群众接受,受到人民群众的信赖和拥护。

由此可见,阎锡山的村调解制度,代表的是地主阶级的利益,不可能真正地为人民服务。相比之下,华北人民政府时期的调解制度是从广大人民群众的切身利益出发,是坚持为人民服务的,是符合广大人民根本利益的民主制度。

(二) 华北人民政府时期调解制度的借鉴意义

华北人民政府时期的调解制度虽然仅仅存续了短暂的13个月,但是它并非凭空而来,也并非随着政府的撤销而消逝。作为一项制度,其背后的价值理念与自身内含的精髓将永远留存，这些对于我们今天的制度设计与制度完善仍旧具有深刻的借鉴意义。

1. 调解是一种效率、经济的纠纷解决途径

当年的华北人民政府为了尽快恢复生产，省时减耗地加强建设，着力健全和完善调解制度，形成了一套囊括民间调解、行政调解与司法调解为一体的全方位调解制度，极大地节省了司法资源，提高了纠纷解决的效能，确实行之有效。今天，我国社会正在历经一场从经济体制到政治体制到社会层面的大转型，利益的多元化格局必然产生大量纷繁复杂的社会纠纷。在这样的历史背景下，保持纠纷解决渠道的通畅性，提高纠纷解决的效率，降低纠纷解决的成本，显得更为迫切和重要。相比较而言，司法确实是一种解决纠纷的公正机制，但是司法资源的稀缺性也必然决定动用司法解决纠纷的非经济性、非效率性。鉴于此，力求把社会纠纷化解于司法这"最后的防线"之前，无疑是必要的。中国人历来讲求"和为贵"，调解、和解在我国具有相当久远的历史渊源，我们需要对这些传统的制度予以正确地对待，及时地对制度进行梳理、反思、提炼和完善，使之发挥潜在的优势，成为我国当今社会纠纷解决的一种主渠道。

2. 调解应当是一项具有规范性的制度

早在抗日战争时期，各根据地的调解工作便在逐步实现规范化，抗战胜利后，各解放区更是注重通过一系列政策法令把调解工作予以进一步规范化、制度化。在华北人民政府成立之前，晋察冀边区与晋冀鲁豫边区就已经颁布了若干调解条例或者办法。华北人民政府成立之后，为了加强对调解工作的规范，颁布了《关于调解民间纠纷的决定》。可以说，调解制度是关涉人民群众切身利益的民主制度，尤为需要通过立法对其适用范围、基本原则、组织、程序等具体事项做出明确而具体的规定，以利于规范、便于操作。

新中国成立以来，我国有关调解的立法相对较为滞后，尤其是人民调解的立法更为滞后。1989年6月17日，国务院颁布《人民调解委员会组织条

例》,1990年4月司法部发布《民间纠纷处理办法》,此后很长一段时间人民调解立法基本上停滞不前,但人民调解的实践早已突破了法律规定。由于原有法规规章对调解程序的规定过于简单,同时又缺乏适时的法律规定,实践中调解程序带有明显的随意性。调解的中立性、公正性缺乏切实的制度保障,从而导致调解工作和调解结果的不确定性,当事人的权利难以得到有效保护。有鉴于此,立法机关应当对此予以重视,及早进行立法规划,尽快出台适应现实需要的规范调解工作的法律。

新中国调解制度的奠基

——读华北人民政府《关于民间调解纠纷的决定》

张 传[*]

美国学者柯恩曾说:"中国法律制度最引人注目的一个方面是调解在解决纠纷中不寻常的重要地位。"在中国,调解制度可以说是一种从本土生根、成长、发展起来的法律制度,无论是历史还是现在,它在纠纷解决的过程中都扮演了重要的角色。而华北人民政府关于调解的规定具有里程碑的意义,有着承上启下的作用,它既是对革命政府成立以来形成的调解制度的归纳总结,同时也为新中国人民调解制度的发展奠定了基础。本文通过对中国调解制度发展脉络的简单梳理,进一步明晰华北人民政府的调解制度在调解发展史上的重要地位;并说明这一调解制度的指导思想——董必武人民调解的思想也起到了提纲挈领的重要作用。在当今社会主义建设的新时期,重温华北人民政府《关于民间调解纠纷的决定》,也对当下进一步完善调解制度,实现依法治国有着重要意义。

一、华北人民政府之前的调解制度

(一) 我国古代的调解制度

调解在我国有着深远的历史,也许是中国人的民族文化和社会环境决定

---

[*] 中国政法大学法学院 2013 级法理学研究生。

了调解在纠纷解决中的重要地位。孔子曾说"听讼,吾犹人也,必也使无讼乎。"① 儒家的"无讼"思想是一种理想追求,因此,相较于对簿公堂的诉讼而言,古代的中国人就更倾向于用缓和的调解的方式来平息纷争,恢复和谐。我国古代调解的历史源远流长,早在西周的铜器铭文中,就已经有调解的记载。秦汉以来,司法官多奉行调处息诉的原则。至两宋时期,随着民事纠纷的不断增多,调处呈现制度化的趋势。明清时期,调处已臻于完善。② 从其发展过程来看,调解主体以州县长官为主,因为中国古代没有专门的法院,具有社会治理综合职能的"衙门"便成为了解决民事纠纷的主要机构。此外,除了官府的调解之外,中国古代的民间调解也很发达,尤其是明清时期。在明代,乡里设有"申明亭",宣教礼仪道德,并由里长、里正调处有关民间诉讼,③ 明代还有一个重要的民间调解组织即乡约,由乡村百姓成立。案件经由乡里、约里调解后仍不能解决的,才交由官府处理。④ 清代的调解也分为州县调解与民间调解,尽管清代的法律没有规定调解是民事诉讼的必经程序,但在实践中,"纠纷的解决还是通常由社区中有影响的人物、诉讼当事人的邻居或者官府成员主持的调解来加以解决,甚至在纠纷已呈官府衙门后也是如此。"⑤

然而,中国古代的调解有一个重要的特点是,它并非基于当事人的自愿,而是具有教化和强制的成分。在调解过程中,主持人利用自身的权力,依据以"礼"为核心的道德标准,对纠纷的是非曲直作出判断,对当事人进行教化,某些时候还可以对"理亏"者施以刑罚。其目的当然不是保护某个人的某项权利,而是维护、恢复遭到破坏的道德——因为法律的作用不是为人们满足私利提供合法的渠道,恰恰相反,它要尽其所能抑制人们的私欲,最终达

---

① 《论语·颜渊》。
② 张晋藩主编:《中国民事诉讼制度史》,巴蜀书社1999年版,第15页。
③ 同上书,第157页。
④ 邱星美:《调解的回顾与展望》,中国政法大学2013年版,第118页。
⑤ 强世功编:《调解、法制与现代性:中国调解制度研究》,中国法制出版社2001年版,第97页。

到使民不争的目的。① 可以说这是古代调解与现代人民调解一个最大的区别。

（二）革命政府的调解制度

革命政府调解制度逐渐发展的过程，可以说是随着国内战争局势的发展而不断变化成熟的过程。这也是新中国人民调解与法院调解制度的重要铺路和奠基过程。这里的调解制度按照历史阶段可以划分为三个时期，即国内革命战争时期、抗日战争时期、解放战争时期。

我国的人民调解制度萌芽于第一次国内革命战争时期。当时，共产党领导下的反对封建的农民组织和一些地区建立的局部政权组织中设立了调解组织，调解农民之间的纠纷。例如，1922年，澎湃同志领导广东海丰农民成立了"赤山约农会"，农会下设"仲裁部"，就地调解处理婚姻、钱债、业佃直至产业争夺纠纷。1926年10月，中国共产党湖南区第六次代表大会通过的《农民政纲》第7项规定：由乡民大会选举人员组织乡村公断处，评判乡村中之争执。②

第二次国内革命战争时期，1931年11月，中华苏维埃共和国中央执行委员会第一次全体会议通过的《苏维埃地方政府暂行组织条例》第17条规定：乡苏维埃有权解决未涉犯罪行为的各种争议问题。当时的调解制度具有以下两个特点：一是调解的内容以不涉及犯罪的民间纠纷为限；二是具有广泛的群众性。③

抗日战争时期可以说是调解制度发展的一个新时期。由于抗日战争一致对抗日军侵略的需要，在抗日革命根据地加强人民内部团结、巩固和发展抗日民族统一战线的工作就显得尤为重要。于是调解就自然地成为了主要的纠纷解决手段。因此，这一时期的调解制度迅猛发展，促进了根据地的政权建设和其他各项建设，是根据地司法制度的重要组成部分。这一时期的调解制度发展主要有以下几个特点：

---

① 梁治平：《寻求自然秩序中的和谐》，中国政法大学出版社1997年版，第203页。
② 邱星美：《调解的回顾与展望》，中国政法大学2013年版，第123页。
③ 同上。

1. 调解工作制度化、法律化

1938年1月，在河北阜平成立的晋察冀边区政府，是敌后根据地第一个抗日民主政权。在边区政府领导下，调解工作普遍开展，并在1940年于各地村公所之下，广泛设置调解委员会。从1941年起，各根据地抗日民主政府便在系统总结工作经验和群众创造的基础上，相继颁发了一系列适用于本地区的有关调解工作的单行条例和专门指示。1941年4月18日，山东抗日人民政府通过并公布施行了《调解委员会暂行组织条例》，晋西北行政公署于1942年3月1日公布了《晋西北村调解暂行办法》，陕甘宁边区政府于1943年6月11日颁布了《陕甘宁边区民刑事件调解条例》，其他根据地也分别颁布了类似的条例。

2. 调解形式多样

这一时期的调解主要分为四类，分别是民间自行调解、群众团体调解、政府调解、司法调解。（1）民间自行调解，是指由双方当事人出面或当事人的亲属出面，邀请邻居、亲友或群众团体，根据具体情况，提出调解方案，劝导双方平息纠纷。《陕甘宁边区民刑事件调解条例》第4条规定：调解之进行，"由双方当事人各自邀请地邻、亲友……，从场评议曲直，就事件情节之轻重利害提出调解方案，劝导双方息争。"[1] 这种调解形式非常灵活，能够充分发挥人民群众的聪明才智，但是因为其没有固定的组织机构，所以并非是主要的调解形式，易于自流。（2）群众团体调解。这里的群众团体调解分为两种类型，一种是设立专门的调解组织，如在村里或商会内设立调解委员会或调解小组，由政府代表、组织负责人和地方公正人士组成。另一种类型是把已有的各种团体，如工农青妇各团体变成自己解决自己纠纷的机构，不另设调解委员会。（3）政府调解。这是当时占主导地位的调解形式。政府调解也分成两种形式，一种是由政府直接组织调解，不设专门的调解机构。依照陕甘宁边区政府的规定，民间纠纷必须先经过民间自行调解，

---

[1] 《陕甘宁边区政策条例汇集》。

调解不成立时，当事人双方才有权向各级政府提出调解的申请；① 另一种是在基层人民政府内设置负责调解工作的专门机构，由它进行民间纠纷的调解工作。这个专门机构即调解委员会，一般由同级政府的主要负责人兼任主任委员。(4) 法院调解。抗战时期，根据当时的司法政策，陕甘宁边区高等法院、各分庭、县司法处都被赋予调解民间纠纷的职能。《陕甘宁边区民刑事案件调解条例》第 11 条规定："系属法庭之案，得由法庭以职权依据本条例之规定进行调解，或指定双方当事人之邻居、亲友或民众团体在外从事调解。"因此，法院的调解也分为两种类型，一种是庭内调解，一种是庭外调解。所谓庭外调解，主要是指审判人员在法庭外会同当事人的邻居、亲友等参加的调解，是当时司法调解的主要形式，也是马锡五审判方式的重要内容之一。以上这四类调解形式，前三者属于人民调解的范畴，最后的法院调解属于诉讼调解。两者最大的区别是，前者所达成的调解协议不具有强制执行力，如果当事人一方或者双方反悔，他们可以直接向上一级组织重新提出调解申请，或者直接向审判机关起诉。而法院调解所达成的调解协议，具有强制执行力，当事人双方必须无条件执行。

3. 调解范围明确

调解范围是除法律另有规定外的一切民事纠纷和轻微刑事案件。依据抗日根据地调解条例，所谓轻微刑事案件是指打架斗殴、毁坏强占、轻微伤害、坐闹索诈、诱奸串逃、阻耕强收、妨害水利等引起的民间纠纷事件而言的。②

4. 调解的基本原则确立

（1）调解程序民主原则，调解充分尊重当事人的意志，调解人必须"以说服方式取得双方当事人同意为原则，不得用任何强迫命令威吓等方法。"③（2）调解程序合法原则，调解的依据应当是抗战时期的法令和当地的善良习惯。

---

① 《陕甘宁边区民刑事案件调解条例》（1943 年 6 月 13 日）。
② 韩延龙："试论抗日根据地的调解制度"，载《法学研究》1980 年第 5 期。
③ 同上。

虽然抗战时期调解制度已经走向制度化、系统化，也为巩固抗日民族统一战线，加强人民团结作出了重要的贡献，但它存在一些较重大的缺陷，亟待改善。它过于强调调解的重要性，甚至将调解视为高于审判，提出"调解为主，审判为辅。"有些地区甚至将调解作为诉讼的必经程序，赋予调解笔录以强制执行的效力，违背了调解自愿的原则。

二、华北人民政府的调解制度

在解放战争夺取全国决定性胜利的前夕，华北人民政府成立了。华北人民政府统辖了晋察冀和晋冀鲁豫边区，包括了河北、山西、平原、绥远、察哈尔五省以及北平、天津两市。它是中共中央和中央军委所在地，是支援解放战争在全国取得胜利的重要的基地，也是为新中国成立起到奠基作用的中心根据地。因此，在董必武主持下的华北人民政府所颁行的法令，可以说是解放区法规、法令的集大成者，也为新中国的法治建设起到了重要的铺垫作用。其中，《关于民间调解纠纷的决定》对于我国调解制度的发展就是如此。重读《关于民间调解纠纷的决定》，总结其内容精髓如下：华北人民政府《关于调解民间纠纷的决定》主要包括三个方面的内容，即调解的重要性、调解的种类以及调解的范围。它较为全面地概括了解放前夕华北地区的调解制度，并对调解工作的开展进行了指导。

（一）强调调解的重要性，解决强迫调解的问题

第一部分，《决定》强调了调解的重要性。首先，事实证明调解在解决民间纠纷中起了主要的作用。尤其是在解放战争的特殊时期，用调解的方式解决民间纠纷能够加强人民团结，免去人民在诉讼上伤财费时，从而将更多的力量投入生产支前。"民间纠纷因调解而解决的，有的县占全部案件70%以上，有的村区甚至更多。"[①] 其次，第一部分还从更宏观的角度分析了调解的优势。"调解是人民的民主生活之一部分，凡可以调解之事，如调解好了，

---

① "关于民间调解纠纷的决定"，载《华北人民政府法令选编》。

不只保全和气，不费钱，少误工；而且平心静气的讲理，辨明是非，教育的意义很大；调解中有互让或互助，可以改变人们的狭隘思想。"① 强调了调解的民主意味。另外，这一部分还纠正了在调解过程当中出现的强迫调解的问题，即有的区村以调解强迫与侵害人民的诉讼自由。"如有的地方干部把调解规定成诉讼的必经阶段，不经调解不许起诉；甚至当事人不服调解，而区村以不写介绍信强使服从，县也以无介绍信而不受理。"② 由此，还可见，在华北人民政府时期，调解并非是诉讼的必经阶段。

（二）明确调解的类型

第二部分，《决定》划分了调解的类型，主要有三类，其一，民间自行调解与群众调解。依靠公正的双方当事者的亲友邻居及村干部进行调解。其二，政府调解。村政府设调解委员会，区公所依工作繁简可设调解助理员或设调解委员会。其三，司法机关的调解。其中又划分出三小类，（1）法庭调解，在法庭上劝导双方和解息讼。（2）指定双方信任的人在庭外调解。这实际上已经不是我们现在所划分的诉讼调解的范畴了，而更像是非诉讼调解。（3）有点类似于马锡五审判方式的调解，"审判员到有关地点，召集当地群众，大家评理，藉以找出双方都在接受的和解办法，是调解也是审判。"③

（三）明确调解范围与调解依据

调解的范围是所有的民事案件以及一般轻微的刑事案件。"凡民事案件，均得进行调解。但不得违反法律上之强制规定（强行规定：如法令禁止买卖婚姻、禁止早婚、禁止超过规定的租金或利息等）。凡刑事案件除损害国家社会公共治安及损害个人权益较重者，不得进行调解外，其余一般轻微刑事案件，亦得进行调解。"④ 调解虽以劝说和解为主，但是不得违反法律上之强制规定，要依据政策法令提出必要的处置办法。另外，《决定》还指出，调

---

① "关于民间调解纠纷的决定"，载《华北人民政府法令选编》。
② 同上。
③ 同上。
④ 同上。

解如果逾越范围或者处理不适当，应由司法机关指令纠正或撤销，当事人不得违抗。

三、1954年《人民调解委员会暂行组织通则》

1954年2月25日，在时任政务院副总理董必武先生的倡导之下，政务院第206次会议通过，并在3月22日公布实施了《人民调解委员会暂行组织通则》。这部条例是我国人民调解制度的开端，为建国后人民调解制度的发展奠定了基础，具有重大意义。"该通则在总结我国新民主主义革命时期调解工作丰富经验的基础上，又吸收了新中国成立后几年来调解工作新经验而制定，在当时的社会条件下是比较成熟的法律规范，特别是相对于我国的民事诉讼程序规范。"[①]

该法令规定了人民调解委员会的性质是群众性的调解组织。

调解的范围延续了解放区的规定，即一般民事纠纷与轻微刑事案件。同时还规定了调解的任务之一是进行政策法令的宣传。

调解的原则有合法原则、自愿原则、并且规定调解不是诉讼的必经程序，不得因未经调解或调解不成而阻止当事人向人民法院起诉。

同时，该通则还规定了调解委员会的辖区、组成设置、产生规则、调解委员会工作纪律等。

该规定基本上是解放区调解制度的延续，其特点是组建了人民调解委员会。这是新中国调解工作的创举，同时也是董必武法律思想的重要体现。

四、董必武的法律思想

董必武是伟大的无产阶级革命家、政治家。他曾留学日本，接受了正规的法学教育，同时也是杰出的马克思主义法学理论家和实践家。他运用自身所学，结合中国革命道路的现实，为中国的法制建设作出了杰出贡献，

[①] 邱星美：《调解的回顾与展望》，中国政法大学2013年版，第156页。

尤其是在解放战争时期和新中国建设初期。我国调解制度的发展与其人民调解的法律思想不可分割，因此，我们在学习调解制度发展的过程中也非常有必要了解董必武先生的法律思想，了解其法学理论是如何在一个高度上指导法律实践。他的理论既延续了我国调解的传统，也结合马克思主义法学理论，走群众路线，提出了人民司法与人民调解，是调解思想理论上的创举。

（一）董必武关于人民内部矛盾的经典论断

处理好人民内部矛盾，无论在战争时期，还是社会建设时期，都是巩固政权、支援前线和推动建设的重要一环。而处理人民内部矛盾好方法就是调解。

董必武在1957年7月2号所写的《正确区分两类矛盾，做好审判工作》一文，运用马克思辩证的法学方法，在对当时复杂的社会局势作出准确分析的基础上，一针见血地指出："社会上的矛盾正在变化，革命时期的大规模的急风暴雨式的群众阶级斗争基本结束，人民内部问题已经在社会上成为突出的问题。……社会关系是人同人的关系，一切人民内部矛盾最终都是人同人的关系上的矛盾。……案件如不正确处理，就不但不能产生调整人民内部矛盾的作用，反而会产生促使矛盾复杂化、尖锐化的作用。……法院必须充分认识审判民事案件对调整人民内部矛盾的重要作用，并充分予以发挥。但这类纠纷都是在根本利益一致的基础上发生的，不是不可调和的矛盾，所以应该以加强内部团结、有利生产为目的，根据政策、法律，尽可能用调解、说服、批评教育的方法来解决，并从加强思想政治教育倡导新社会的道德风尚，来促进矛盾的根本解决。人民法院受理民事案件后，也应该视案件的情况，适当进行调解；必须判决的，应该认清纠纷所反映的矛盾，依法判决。"①

---

① 《董必武选集》，人民出版社1985年版，第463页。

(二) 董必武关于人民司法的思想

董必武先生在新中国成立后1953年的第二届司法会议上发表了《论加强人民司法工作》的讲话，这是对新中国成立后司法改革工作的一次总结，也是其人民司法思想的集中体现。他总结道："所以，总结我们三年以来的经验，就是：确认人民司法是巩固人民民主专政的一种武器；人民司法工作者必须站稳人民的立场，全心全意地运用人民司法这个武器；尽可能采取最便利于人民的方法解决人民所要求我们解决的问题。一切这样办了的，人民就拥护我们，不然人民就反对我们。这个经验各地方都差不多，司法改革运动完全证明了这一点。"[①] 在人民司法思想的指导之下，董必武肯定了符合便利人民要求的调解委员会的工作，肯定其工作成效，也提出了存在有需要改进的消极方面。

另外，针对司法工作中出现的积案问题，董必武先生提出除了从提高办案人员的能力以外，还有一个是简化办案的手续。他指出："法院应该简化自己的办事手续，打破陈规，改变作风。这次所要交给大家审查的调解委员会和将来还要设立的接待处、巡回制度等都是比较便利于人民的，只要我们真正想办法去解决，是可以减少一部分案子的。照成例，过去判一个案子，总是要先递呈子，再把呈子送到主办人手上，再送到审判官那里去审，不知道要经过多少手续。照成例，还要写判决书，判决书上还一定要有主文，理由、事实……一大篇，写的人很费力。我们要打破这种成例，改变作风，这是减少积案的一种办法。"[②] 这一种解决积案的方法，也促使了调解制度在我国的发展，少了一些程序的繁琐和限制，而是更贴近实际地解决人民群众的问题，同时还减轻了法院的负担。这正是调解制度在我国蓬勃发展的重要原因。

---

① 董必武：《论社会主义民主和法制》，人民出版社1979年版，第56页。
② 同上书，第62页。

五、调解制度在华北人民政府时期的意义

华北人民政府时期的调解制度可谓是解放区调解制度的集大成者,在解放战争进入全国解放的关键时期起到了非常重要的作用。

(一)加强人民团结,为生产支前奠定了基础

调解制度让那些在审判中无法解决的问题获得了一个当事人双方都能接受的方案。尤其是在当时,调解制度顺沿了历史传统,符合现实的条件。在解放战争时期,根据地尚没有一个完善的法律体系,尤其是民事法律规范较少。"新民主主义革命尚在进行中,中国共产党还未在全国范围内建立政权,培养新的司法职业者并建立一套全新的法院体系还不具备条件。因此不需要严格遵循程序规范,不需要专业化的司法工作者操作的、灵活机动的调解解决民事争议的制度首先获得生机是当时社会的必然趋势。"[1] 因此,调解,对于解决民间纠纷来说是一个最佳选择。它为巩固统一战线,免去人民因诉讼而伤财费时,支援解放战争前线,起到了非常重要的作用。

(二)调解也起到了对人民群众进行法制教育、普及法制观念和道德观念,为新中国建后的法制环境打下了一定的基础

《关于民间调解纠纷的决定》中明确规定,"调解以劝说和解为主,但也必须依据政策法令提出必要的处置办法,如关于民事之赔偿或让免,轻微刑事之认错,给抚慰金等,方为妥当;无原则的'和稀泥',是不对的,但不应强人服从,其有坚持不服者,应即依法进行审判。"正是因为调解要以法律为依据,这就给了当事人一个熟悉法律和了解法律的机会,为了在调解中占据优势,对法规的掌握程度也是一个谈判的筹码,所以往往当事人双方在调解的进行过程中也了解了相关的法令、法规。而且这是一个涉及切身利益的主动学习的过程,所以这样学到的法令,较之单纯进行普法宣传来说,当事人印象更加深刻,也更有实效。因此,从侧面来说,此时解放区进行的

---

[1] 邱星美:《调解的回顾与展望》,中国政法大学2013年版,第154页。

调解工作对新中国的普法教育、法制环境建设也起到了一定的作用。

（三）调解工作也推动了人民司法的建设，改变了人民对司法机关的传统认识

调解、尤其是法院的调解工作，在这一时期加强了司法机关同人民群众的联系。法院调解除了庭内调解之外，还有具有鲜明特色的庭外调解，即"审判人员到有关地点，召集当地群众，大家评理，藉以找出双方都能接受的和解办法。是调解也是审判。"这就是人民司法思想的集中体现。司法机关办理案件时深入群众、密切联系群众，以便利人民群众、符合人民群众的利益为目标，这是对人民司法思想的落实，改变了人民群众对司法机关的看法，使人民群众更愿意将纠纷诉诸法院解决，这对传统的人民将司法机关视为高高在上的政权机构而宁愿"息诉止争"的认识，也是一种冲击和改变。

六、结语

华北政府时期的调解制度是我国调解制度发展的一个承上启下的阶段，为新中国的调解制度奠定重要的基础。在董必武法律思想的指导之下，一个符合中国国情的、体现马克思主义法学思想的调解制度应运而生。即使在今天，面对司法工作中出现的种种问题，董必武的法学思想仍然值得我们仔细探讨和研究，具有重要的借鉴意义。

论华北人民政府民间纠纷调解机制

闫 晶[*]

调解是中国自古以来解决纠纷的重要方式。《辞海》中"调解"的定义是"通过说服教育和劝导协商,在查明事实、分清是非和双方自愿的基础上达成协议,解决纠纷。在我国,调解是处理民事案件、部分行政案件和轻微刑事案件的一种重要方法。"[①] 作为一种解决纠纷的方式,传统的调解更多地体现了对社会秩序的安排。而发展到当代,在对中国传统调解制度的继承与扬弃基础上,调解制度已经具备了区别于传统调解的功能。

一、一般理论——民间纠纷与调解

(一) 纠纷及其影响

《现代汉语词典》中的解释,"纠纷"指"争执的事情"。本文所指纠纷,限制在具有法律意义的纠纷,盖指人与人之间、人与单位之间或是单位与单位之间因人身、财产或其他法律关系发生的争执。纠纷是一种社会现象,与人类社会一直相随相伴。从形式上来看,纠纷表现为争执,根源在于利益冲突。对于利益分配发生争议,就产生纠纷。

纠纷是客观的、普遍的,也是永远不能消除的。世界上任何事物都是辩证的统一。纠纷对社会的影响也是,既有正面的,也有负面的。其中正面影响是间接的,即纠纷的发生可以将社会内部蕴含的不稳定因素及时表现出来,

---

[*] 中国政法大学博士研究生。
[①] 《辞海》,上海辞书出版社1990年版,第453页。

避免更大的社会动荡;及时地解决纠纷能够促进社会纠纷解决机制的完善,从而推动社会进步。就像人类一样,出现一种新的疾病,会刺激自身免疫系统的完善。

与之比较,纠纷的负面影响是直接的。最直接的负面影响表现为对秩序的破坏。秩序是社会追求的目标,有序是社会所期待的理想状态。纠纷层出不穷,矛盾不断升级,就会损害社会成员的根本利益,动摇社会的根基。从微观意义上讲,纠纷会造成人们财产和精神上的损害,引起人们的不安、焦虑和惶恐。

对于今日的中国,纠纷对社会的负面影响更应当引起高度的重视。随着我国社会的发展变化,纠纷也呈现出了多样化和复杂化的特点。《最高人民法院、司法部关于进一步加强新时期人民调解工作的意见》指出,"随着社会主义市场经济体制的建立与发展以及各种利益关系的调整,出现了许多新的社会矛盾纠纷,矛盾纠纷的主体、内容日益多样化、复杂化。许多纠纷如果不能及时疏导化解,就可能发展成为群体性事件,甚至激化为刑事犯罪案件,严重干扰党和政府的中心工作,影响社会稳定和经济的持续发展"。

(二)纠纷解决途径

解决纠纷的途径可以划分为诉讼途径和非诉途径。诉讼途径指的是法院运用国家强制力解决民间纠纷的方式;非诉途径泛指法院诉讼之外的各种争议解决方法,也被称为"选择性争议解决方式""非诉讼解决机制""代替性纠纷解决机制"等等。从目前的发展趋势来看,非诉方式基于其灵活简便、费用低廉、充分尊重当事人意愿等特点,成为解决纠纷的主流。而诉讼方式由于司法资源的有限性和不断增长的司法负荷之间不可调和的矛盾,成为选择性的、替代性的途径。

实践中,常见的纠纷解决非诉途径有三种:

第一种是谈判,俗称"私了"。即当事人自己协商,达成合意,在没有第三者的协助下自行解决纠纷。这是历史最悠久、使用最广泛的纠纷解决方式。但是，作为当事人私下解决纠纷的手段，在使用上是有很多条件的。在不具备相应条件时，不仅不能达到通过谈判解决纠纷的目的，还有可能增加纠纷解决的成本。

第二种是调解。即在第三者的主持、调停下，双方经自愿协商解决纠纷的活动。这也是一种传统的纠纷解决方式。但在现代社会中，仍然被广泛采用。调解与谈判相比区别在于：作为调解，有第三方的参与并且第三方对纠纷的最终解决起着非常重要的作用。

第三种是仲裁，即发生纠纷的双方自愿将纠纷交由第三者裁决的纠纷解决方式。仲裁是一种古老的纠纷解决方式，根据《牛津法律大辞典》记载，早在希腊时期就已经很盛行。在现代社会，依然被广泛使用。与调解不同，仲裁必须以当事人之间的仲裁协议为基础；仲裁的裁决具有终局性，对当事人具有拘束力，当事人不得反悔，也不得对该请求另行起诉；此外，仲裁在实体性规范和程序性规范方面都具有优势。

以调解为代表的非诉途径和诉讼途径各有不足和优势，通过二者的比较可以更清楚地认识调解制度的特点。

诉讼的优势主要表现在国家的强制性和严格的规范性，从而使之成为最有权威和最可能实现公正的纠纷解决方式。在现代法治社会，只有经过正当法律程序才能确定和剥夺公民的人身权和财产权，而且将诉讼和审判作为保障公民权利实现的最终和最重要手段，即所谓"司法最终"。调解基于其民间性，是以当事人自愿为前提的，但当事人间达成协议仅基于诚信约束当事人履行，在程序和实体两方面都缺乏制度保障，以至于在双方当事人地位不平等的情况下，其间的协商亦有可能是不平等的。而且如果当事人一方反悔，仍有可能选择诉讼途径。

诉讼的不足主要表现在两个方面：首先，诉讼专业技术性很强，不易为一般民众接受，只能求助于专业人士。从技术和成本上考虑，当事人往往望而却步。而调解程序简单明了，强调当事人自愿，从而消除了专业性给当事人带来的操作上的困难。另外，调节不收取任何费用，减少了当事人的经济负担。其次，诉讼往往是当事人不得已的选择，纠纷只要闹上法庭，大多"一年官司十年仇"，而且判决通常过于生硬，很难满足当事人既不伤和气又能解决纠纷的要求。调解以自愿和说理为原则，积极促成纠纷当事人通过自愿协商和相互让步而达成和解，不主张用对抗的方式解决，从而比较容易获得两利或双赢的结果，也有利于维护当事人之间需要长久维系的商业关系和人际关系，更富有"人情味"。

（三）调解制度的特点与意义

如前所述，诉讼的不足恰好是调解的优势所在。进一步讲，调解的特点主要体现在以下几个方面：

（1）调解由纠纷双方以外第三人主持。与协商谈判相比，调解最大的特点在于中立第三方的协助。第三方的协助对于当事人之间纠纷的解决具有重要作用。在调解实践中，为保证第三人的中立性，通常第三人应当遵守一定的行为规则，同时，当事人对第三人也拥有选择权。

（2）调解的程序和使用的规范具有广泛的选择性。作为一种程序便捷的纠纷解决方式，调解无须遵循严格的程序。当事人可以根据纠纷的特点、彼此的关系以及各自的需要选择使用适当的程序。调解所使用的规范也相对灵活。除依据现行法律法规外，还可以以各种有关的社会规范作为依据和标准。

（3）调解的进行以当事人自愿为前提。调解的启动、调解规则的适用、调解人员的选定、调解程序的进行以及调节结果的履行等都取决于当事人的共同意愿。

（4）调解采用的是说服教育的方法。这与审判、行政决定等其他方式采用依赖国家强制力解决纠纷的方式相区别。

正是基于这些特点，在当前全面建设小康社会、构建和谐社会的历史时期，调解作为一种重要的纠纷解决机制，化解社会矛盾，维护社会稳定，服务经济发展更具有重要的意义。

二、史料分析——华北人民政府民间纠纷调解制度

建设有中国特色的社会主义事业，需要国家的长治久安，需要保持稳定的社会秩序。尽量减少纠纷、努力化解纠纷是人们追求的共同目标，也是人类社会的永恒主题。自从人类进入文明社会以来，人们就在不断地探索减少和化解纠纷的途径，并且取得了丰硕的成果，积累了宝贵的经验。无论是被誉为"东方经验"的人民调解制度，还是当前风靡全球的 ADR（替代性纠纷解决机制）[1] 浪潮，都是这种成果的体现。其中，华北人民政府时期的民间纠纷调解制度从调解的重要性、调解的组织和调解的范围等方面进行的言简意赅的阐述，对于我们现行的调解理论与调解实务研究具有重要的参考价值。

（一）华北人民政府《关于调解民间纠纷的决定》出台背景

在《关于调解民间纠纷的决定》（以下简称《决定》）中，对其制定的现实意义进行了说明，"调解不仅对于加强人民团结，使百姓省时、省钱，意义重大，而且在华北解放区具有很好的历史发展基础，[2] 具有可行性。但是在调解中，发生了偏差，如有的地方干部把调解规定成为诉讼的必经阶段，当事人不服调解起诉时，区村不给写介绍信，县也以无介绍信为由不受理，使调解成为强迫和侵害人民诉讼自由的绊脚石，对此有必要进行规范。"由此可知，之所以制定《关于调解民间纠纷的决定》，主要出于两个方面的原因：一是调解制度在当时解决民间纠纷、稳定社会关系中具有举足轻重的地位，发挥了不可替代的作用；二是由于缺乏法律规范，调解制度无法可依，成为某些利益机关作威作福的工具，侵害了公民权益，亟须制定相关法令进

---

[1] 替代性纠纷解决方式（Alternative Dispute Resolution），简称为 ADR，是诉讼外解决纠纷的各种方法、程序和制度的总称。通常认为替代性纠纷解决方式有广义和狭义两种定义。狭义说将之限定在"非诉讼非仲裁的纠纷解决方式"范围内。广义说不仅包括狭义的替代性纠纷解决方式，还包括仲裁以及行政机关准司法纠纷解决程序。本文采用广义说。

[2] 据华北人民政府在1949年2月15日颁布的《关于调解民间纠纷的决定》，华北解放区倡导调解，民间纠纷因调解解决的有的县占全部案件的70%以上，有的村区更多。

行规制。

(二)《关于调解民间纠纷的决定》中有关调解制度的原则

《决定》指出调解以依法调解、自愿调解、服从司法监督为原则。

1. 依法原则

调解必须按照国家法律、法规、规章和政策进行。具体地讲,有以下几个方面:

(1) 调解范围合法。《决定》规定:"调解的范围是民事案件和轻微的刑事案件。凡是民事案件均可调解,但不得违反法律上的强制规定,如法令禁止买卖婚姻、禁止早婚、禁止超过规定的租金或利息等。凡刑事案件除损害国家社会公共治安及损害个人权益较重的案件不得调解外,其余一切轻微刑事案件,均可调解。"

(2) 调解方式、方法合法。按照《决定》规定,"调解的处置方法也合乎法律规定的方式,如民事案件采取赔偿、赔礼道歉、返还原物等方式,轻微刑事案件采取赔礼道歉、给予抚慰金等形式,不能无原则的和稀泥"。传统的民间调解强调"循理重于循法",具有较重的重利轻义、折中调和的色彩。作为新时期的法令,《决定》切实改变了旧观念,切实提高权利、义务观念。强调在分清是非、明确责任的基础上,促成当事人互谅互让达成协议。谅解不是"和稀泥",一味无原则地要求一方忍让,从而息事宁人,而是应在明确权利义务的前提下进行。

(3) 双方达成的调解协议合法,即协议不能违背国家法律法规强制性规定。

2. 自愿原则

调解应当在双方当事人自愿的基础上进行,不得采取任何强迫措施。也即合意是调解的本质要求。具体地讲,有以下几个方面:

(1) 以调解的方式解决纠纷是矛盾双方当事人真实意思的表示,其有决定选择调解程序和方式的自由;

(2) 调解组织受理及调解纠纷时,都必须坚持自愿原则。调解前,尊重当事人有选择诉讼或调解方式来解决纠纷的自由；调解中，尊重当事人有终止调解，选择诉讼的自由；调解后，尊重当事人依法向法院诉讼的自由；

（3）调解协议是纠纷双方当事人真实合意的表示，调解协议的内容完全由双方当事人自己认可并经双方签署证明；

（4）调解协议要当事人自觉履行。

3. 服从司法监督原则

按照《决定》规定，"调解要服从司法监督。调解一旦逾越调解范围或调解不适当，当事人和调解机关要绝对服从县司法机关的指令进行纠正或撤销。另外，调解没有强制性，争议双方对调解不服，应可依法进行审判，走司法救济的道路。"

（三）《关于调解民间纠纷的决定》中有关调解的种类

《决定》中，依据调解的组织，可以将调解分为以下三类：

1. 民间调解

民间调解是指在非司法和非行政的民间组织、团体或个人主持下进行的调解，即《决定》中所指"公正的双方当事人的亲友邻居及村干部"主持下的调解。就性质而言，民间调解是公民之间进行的一种自助行为。民间调解的范围以公民个人之间发生的一些生活性纠纷为主，其形式有宗族调解、亲友调解、社区调解、行会调解等等，主要是建立在血缘、亲缘、地缘和业缘关系的基础之上的。其中，民间调解中最重要的组成部分是人民调解。

2. 政府调解

政府调解是国家行政机关依照法律规定，调解解决某种特定纠纷的活动。

华北人民政府《关于调解民间纠纷的决定》中，将政府调解分为村、区两级政府调解。村一级应设立村调解委员会，委员由村人民代表选举或村政府委员会推举，其中，村主席是当然委员或是兼任主任委员；区一级则有两种形式：一种是设立调解委员会，区调解委员会委员由区公所聘请群众团体代表或在群众中有威信的人士担当,其中,区主任为主任委员。另一种是设调解助理员。具体设置按照工作繁简决定。同时,《决定》指出,调解也适用于城市。

3. 法院调解

法院调解是人民法院处理民事案件、经济纠纷案件和轻微刑事案件的一种诉讼活动。通常是当事人双方在人民法院法官主持下,通过处分自己的权益来解决纠纷。它以当事人之间的私权冲突为基础,以当事人一方的诉讼请求为依据,以司法审判权的介入和审查为特征,以当事人之间处分自己的权益为内容,实际上是公权力主导下对私权利的一种处分和让与。在华北人民政府《关于调解民间纠纷的决定》中,将法院调解或称司法调解作了进一步分类:一是法庭调解,在法庭上劝导双方和解息讼;二是庭外调解,即指定双方所信任的人进行庭外调解;三是审判员庭外调解,即审判员到有关地点,召集当地群众,大家评理,借以找出双方都接受的和解办法。

(四)《关于调解民间纠纷的决定》中有关调解的范围

《决定》中指出,调解的范围是民事案件和轻微的刑事案件。凡是民事案件均可调解,但不得违反法律上的强制规定,如法令禁止买卖婚姻、禁止早婚、禁止超过规定的租金或利息等。凡刑事案件除损害国家社会公共治安及损害个人权益较重的案件不得调解外,其余一切轻微刑事案件,均可调解。一旦逾越调解范围,要服从县司法机关的指令进行纠正或撤销。

三、现实意义——华北人民政府时期调解制度评析及启示

调解在我国具有悠久的历史,在古代,调解是解决民事纠纷的主要手段。中国有和为贵的传统,在处理人与人之间的关系时,做到仁爱,讲礼让,讲义务,讲亲和。在这种以和谐为核心内容的文化背景下,古代中国形成了不同于西方的解纷机制。在西方社会,人们往往通过诉讼方式解决纠纷,而在古代中国,诉讼意味着对和谐的破坏和背叛,因为诉讼本身意味着当事人的矛盾冲突与对立。于是,无讼状态是古代中国社会的必然要求甚至是理想状

态。然而，冲突和纠纷却又是不可避免的，一旦遇到纠纷，人们自然会选择既能解决纠纷又能保持和谐的解纷机制。这种机制就是调解。

华北人民政府时期的调解制度是在中国传统调解文化的基础上发展演化而来的。但其实质和内容已经发生了根本的变化。其中为调解制度设立的基本原则、基本制度以及适用范围、调解机构等等，成为此后调解制度的蓝本。新中国成立后，调解制度尤其是人民调解制度在维护社会稳定方面发挥了很大作用，被世界誉为"东方经验"。世界向中国学习，掀起了一股替代性纠纷解决机制浪潮（ADR）。该机制也叫做多元化的纠纷解决机制，简单地讲，就是改变过去片面崇尚通过诉讼解决纠纷的思维方式，建立包括调解在内的各种行之有效的纠纷解决方式。这是西方法治国家在观念上的根本转变。

反观我国现阶段国情，随着我国社会主义市场经济体制的建立和逐步完善，市场主体多样化的趋势日益明显。多样化的经济主体、多层次的经济关系、多角度的经济交往，势必对争议解决方式提出多样化的要求，以满足不同主体在不同经济社会关系中的不同需求。发展多样化纠纷解决机制，符合我国文化传统，也是适应市场经济主体多样化的必然选择，是一种国际化的趋势。其中，调解制度仍然是重中之重。

如前所述，华北人民政府时期的调解制度具有深远的历史意义和现实意义。其中，对于调解制度的基本原则，即依法调解原则、自愿调解原则、服从司法监督原则，可以直接适用于当前的调解制度；对于调解的种类、调解适用的范围也基本没有太大变化，足见其生命力之顽强。当然，为了更好地发挥调解在构建和谐社会主义中的积极作用，还是应当继续改进调解方法，创新调解机制。以下几个方面的问题，是新形势下的新思考：

（一）新时期下重新认识调解制度的价值

一段时期内，调解方式受到冷落。究其原因，一方面，调解制度与计划经济时期的国家治理方式存在某种同构性，国家治理方式转变的同时，调解的组织形式、工作方式没有相应调整,出现了落差;另一方面,对于法治内涵的误读也是不容忽视的原因。20世纪90年代以来,法治几乎成了诉讼的代名词,司法最终解释原则被扩大化理解,这样的"法治氛围"一方面导致社会对诉讼的狂热以及公众对诉讼的过高期待,另一方面也贬抑了调解的价值和正当性。①

一个社会的纠纷机能能否良性运作在很大程度上是由纠纷解决体系的结构决定的。社会的复杂性、纠纷的多样性对纠纷解决方式的多样化提出要求。在这个新的历史时期,社会转型带来不同的价值观念、利益观念、是非观念的相互碰撞;各种利益关系的进一步调整,各种社会矛盾大大增加,矛盾主体日益多元化,矛盾内容日益复杂化,都迫切要就建立一个合理的、高效的纠纷解决体系。就目前各国的趋势看,普遍重视非诉讼解决机制,强化解决纠纷手段的多样化。我国具有和合的文化传统,以调解为代表的非诉途径本来就是我国的特色,此时更应该发扬光大。尤其是调解制度,作为我国现有的ADR制度,更应当进一步挖掘其潜力,对其进行合理的改造和利用,推动我国多元化纠纷解决机制的完善。

(二) 注意纠纷解决方式的系统性

虽然我国已经建立了多种纠纷解决方式,但这些纠纷解决方式之间仍然缺乏内在的统一性。这不仅表现为诉讼与非诉纠纷解决方式之间缺乏统一性,而且也表现为各种非诉纠纷解决方式之间缺乏内在统一性。各种纠纷解决方式之间的不统一,严重影响了它们对纠纷的解决。

之所以造成这种情况,原因在于对各种纠纷解决方式在本质上的一致性没有充分认识。其本质都是为了及时、有效地解决纠纷。因此,在构建我国民间纠纷解决机制体系时,应当有一个系统的、全面的观念,在纠纷解决方式的设置上、在程序的设计上、在纠纷处理的效力上,都应当从整个纠纷解决体系出发,而不应局限于某一类纠纷解决制度,避免因制度设计上的不合

---

① 韩波:"人民调解:后诉讼时代的回归",载《法学》2002年第12期。

理，造成纠纷解决方式的冲突与重复。在构建我国的纠纷解决体系时，不仅应当妥善处理诉讼与非诉的关系，还应当妥善处理具体纠纷解决方式之间的关系。

纠纷解决机制的系统性，还意味着纠纷解决机构设置上的系统性。各种纠纷解决机构都应当在全国范围内设置，从而形成一个全方位、多渠道的纠纷解决网络。

（三）进一步发挥人民调解制度的作用

人民调解制度是最具有中国特色的民间调解制度。就我国目前调解制度现状来看，应当充分发挥这一制度的作用。

首先，应当努力提高人民调解员的素质。对人民调解员的选任资格和相应培训做出明确的规定。除现有的对人民调解员品德的规定外，还以应当对其年龄、学历等作出规定，并制定考核标准。在有条件的地方可要求持证上岗。同时，组织其定期接受调解技能和法律知识的培训。

其次，应当加强调解协议的效力。调解协议对当事人没有拘束力和执行力是人们不愿意采用调解方式的根本原因，其结果是导致调解制度萎缩，调解人员的素质得不到提高。就现实的情况而言，要提高调解协议的效力，主要是赋予调解协议强制执行力，即通过国家法律规定，使原来没有强制执行力的调解协议具有强制执行力。

如何赋予调解协议强制执行力，学者提供了两种思路：一是将调解协议视为合同，在当事人一方不能主动履行调解协议时，另一方当事人可以因合同不履行而向人民法院起诉，要求对方履行。法院受理后，按照合同法规定进行审理。而且，诉讼标的为协议本身，不是当事人双方原来民事纠纷。另一种是将调解协议视为特殊的纠纷解决机制形成的结果，本身具有拘束力和执行力。当一方不履行时，另一方当事人可以根据调解协议向法院申请强制执行。当双方当事人对调解协议有争议时，可以向法院起诉。法院只能进行形式审查。只有形式上不合法，才能撤销。就现实性看，前者简单易操作，但是调解协议并没有真正的执行力。后者解决了拘束力问题，但是需要通过立法对现行制度进行改革，短期内难以实现。① 因此，还应当在实践中积极探索，寻找新的解决方式。

（四）加强诉前调解与诉讼的对接

诉前调解与诉讼的对接是纠纷解决机制系统中较为重要的环节。二者的对接是解决诉与非诉的关键。具体地讲，主要是做好两个方面的梳理：

一是进一步拓宽人民调解在司法解决纠纷中的作用领域。继续扩大诉前调解的适用范围，不但对传统的纠纷案件，而且对新类型纠纷案件、仅靠法院书面判决可能难以实际解决问题的案件，都要在诉前充分利用民间调解、行政调解以促进纠纷的化解。在诉讼中，要充分发挥协助调解与委托调解的作用。对于任何类型的民事案件，都可以邀请有关单位和个人协助法院进行调解。

二是探索构建两者之间关系的新体制。强化基层法院和基层纠纷调解组织之间在体制层面上的协作，从而增强解决纠纷的效果。在将来条件具备时，探索将人民调解机构等基层纠纷解决组织的业务纳入基层法院管理，作为人民法院的常设附属机构调解案件（即所谓 ADR 机制）。对于本地区发生的案件，可以主动进行调解，也可以接受法院的委托进行调解，以充分利用民间自治能力和机制化解纠纷。

附录1 现行涉及民间纠纷调解制度的法律法规

最高人民法院关于审理涉及人民调解协议的民事案件的若干规定（2002年9月16日）

最高人民法院关于人民法院民事调解工作若干问题的规定（2004年9月16日）

中华人民共和国物权法（2007年10月1日）

中华人民共和国民法通则（1986年4月12日）

最高人民法院关于贯彻执行《中华人民共和国民法通则》若干问题的意见（试行）（1988年1月26日）

中华人民共和国婚姻法（2001年4月28日）

中华人民共和国继承法（1985年4月10日）

---

① 张卫平：《探究与构想——民事司法改革引论》，人民法院出版社2003年版，第378页。

中华人民共和国收养法（1998年11月4日）

最高人民法院关于适用《中华人民共和国婚姻法》若干问题的解释（一）（2001年12月24日）

最高人民法院关于适用《中华人民共和国婚姻法》若干问题的解释（二）（2003年12月26日）

最高人民法院关于审理人身损害赔偿案件适用法律若干问题的解释（2003年12月26日）

中华人民共和国劳动合同法（2008年1月1日）

中华人民共和国企业劳动争议处理条例（1993年7月6日）

最高人民法院关于审理劳动争议案件适用法律若干问题的解释（一）（2001年4月16日）

最高人民法院关于审理劳动争议案件适用法律若干问题的解释（二）（2006年8月14日）

附录2　参考资料

[1] 沈恒斌主编：《多元化纠纷解决机制原理与实务》，厦门大学出版社2005年版。

[2] 梁德超主编：《人民调解学》，山东人民出版社1999年版。

[3] ［日］棚濑孝雄：《纠纷的解决与审判制度》，王亚新译，中国政法大学出版社2004年版。

[4] 范愉：《非诉讼纠纷解决机制研究》，中国人民大学出版社2000年版。

[5] 范愉主编：《ADR原理与实务》，厦门大学出版社2002年版。

[6] 顾培东：《社会冲突与诉讼机制》，四川人民出版社1991年版。

[7] 王长生：《仲裁与调解相结合的理论与实务》，法律出版社2001年版。

[8] 江伟、杨荣新：《人民调解学概论》，法律出版社1994年版。

[9] 何兵：《现代社会的纠纷解决》，法律出版社2003年版。

[10] 张卫平：《探究与构想——民事司法改革引论》，人民法院出版社2003年版。

[11] 蔡定剑：《历史与变革——新中国法制建设的历程》，中国政法大学出版社1999年版。

[12] 强世功编：《调解、法制与现代性：中国调解制度研究》，中国法制出版社2001年版。

[13] 洪冬英：《当代中国调解制度的变迁研究》，华东政法大学2007年博士学位论文。

[14] 韩波："人民调解：后诉讼时代的回归"，载《法学》2002年第12期。

[15] 王珏："简论人民调解立法的实践基础"，载《中国司法》2005年第5期。

[16] 李浩："调解的比较优势与法院调解制度的改革"，载《南京师大学报（社会科学版）》2002年第4期。

[17] 王亚明："多元纠纷解决机制的法文化探源"，载《理论与现代化》2006年第6期。

论物权法的实施与公安执法[*]

王应富[**]

物权法是规范财产关系的民事基本法律，调整因物的归属和利用而产生的民事关系。公安执法实践中，无论是刑事侦查，还是治安、户政、消防、交通以及出入境管理等公安行政业务，都会不同程度地涉及民法的适用。[①]物权法作为民法的支柱性的组成部分，公安执法中无疑会直接或间接地对其加以适用。本文拟从物权观念的进一步强化、公安执法中坚持物权法的平等保护原则和公安执法中的难点——善意取得制度等三个方面就物权法的实施与公安执法的关系问题进行探讨，以期为完善公安机关的依法行政提供有益的理论参考。

一、进一步强化物权观念，提高公安执法水平

在中央政治局 2007 年 3 月 23 日下午进行的关于制定和实施物权法若干问题的集体学习上，胡锦涛总书记强调：认真学习全面实施物权法，要牢固树立物权观念，全面坚持国家基本经济制度，同时强调要正确处理行使国家权力和保障公民权利的关系。[②]那么，何为物权观念以及如何在公

---

[*] 在本专题的选题、研究和论文的写作过程中，笔者得到我校管理系退休教授刘祁宪老师的悉心指导和帮助，在此敬表感谢！
[**] 中国人民公安大学法律系。
[①] 徐武生主编：《民法学》，群众出版社 2004 年版，第 32 页。
[②] "胡锦涛在中共中央政治局第四十次集体学习时强调 认真学习全面实施物权法 开创社会主义法治国家新局面"，http://www.cctv.com，访问日期：2008 年 3 月 1 日。

安执法中进一步强化物权观念即为我们公安民警需要予以把握和理解之问题。

(一) 物权观念之意义

在界定物权观念之前,我们先需把握物权的概念。近现代各国民法,就物权概念,大抵不作定义性规范。在物权法的发展过程中,学者们所提出的物权定义大致可归为以下四类:[①] ①着重于对物的直接支配性而下的定义,如将物权界定为对一定的物为直接支配的权利;②着重于对物的直接支配与享受利益而下的定义,如将物权定义为直接支配特定物而享受其利益的权利;③着重于对物的直接支配与排他性而下的定义,如将物权定义为直接支配其物而具有排他性的权利;④综合前三种定义,即着重于对物的直接支配、享受利益与排他性而给物权下定义。如史尚宽先生将物权定义为"物权,乃直接支配一定之物,而享受利益之排他的权利"。[②] 以上四类定义,笔者赞同最后一类,理由是这一定义不仅吸收了德国学者梅克尔(Merkel 1836～1896)就权利本质所主张的法力说——其现已成为关于权利本质的通说,即权利,乃主体享受特定利益的法律上之力;[③] 同时,该定义突出了物权的"排他性"。然而,我国物权法采纳的却是上述的第三类定义,其第2条第3款规定,"本法所称物权,是指权利人依法对特定的物享有直接支配和排他的权利,包括所有权、用益物权和担保物权。"物权的界定,同时宣示了物权之绝对性原则。[④]

因物权为绝对权,权利人行使物权时只需按照自己的意思就可以实现其权利目的。这也正是物权与债权最为重要的区别之一,债权的实现须借

[①] 梁慧星、陈华彬编著:物权法(第二版),法律出版社2003年版,第12～13页。
[②] 史尚宽:《物权法论》,中国政法大学出版社2000年版,第7页;王泽鉴:《民法总则》(增订版),中国政法大学出版社2001年版,第84页。
[③] 梁慧星:《民法总论》,法律出版社1996年版,第62页;王泽鉴:《民法总则》(增订版),中国政法大学出版社2001年版,第84页。
[④] 梁慧星:《中国物权法草案建议稿 条文、说明、理由与参考立法例》,社会科学文献出版社2000年版,第99页。

助于相对人（债务人）的意思（或行为）。物权法第2条第3款规定，物权为"排他"的权利。此为法律就物权所作的强制性规定。物权的"排他性"，是指物权具有"排除他人干涉的效力"，其含义为物权人在实现自己的权利时排斥他人意思的介入。① 物权的排他性，不仅表现为排除一般人的干涉，更表现为"排除国家公权力的干涉"。② 正因为如此，对私人住宅，西方国家有一格言——"风可进，雨可进，国王不可进"。此之"国王"即意指公权力。

正因为物权具有排他性，公法上设置有搜查证制度；证据法规定，通过违法行为所取得的证据不具有证据效力。何谓"违法取得的证据"？如无搜查证即强行进入私人房屋所获取之证据，即可谓"违法取得的证据"。足见，物权的排他性不仅于民法上，且在刑法上、程序法上均具有重大意义。实际上，物权的排他性，即为划分公权力与私权利的界限。③

观念，乃思想意识。④ 依此，物权观念，即物权思想意识。公权力的行使应受私权的限制，即要有私权观念。而私权观念，主要指物权观念，即认识到物权为具有"排他性"的财产权。

（二）进一步强化物权观念有助于提高公安执法水平

当前，公安执法工作的主流是好的，得到了人民群众的衷心拥护，但也存在问题，如部分地方的个别派出所确有违规查封、扣押、收缴财物的现象存在。这种现象与我们的少数基层民警欠缺物权法知识、物权观念淡薄等密不可分。他们未能认识到物权的排他性。

物权的排他性并非是绝对的，其主要有两个例外：一是前面所述的公法上的搜查证制度；另一是《宪法》和《物权法》等法律所规定的征收征用制

---

① 孙宪忠：《中国物权法总论》，法律出版社2003年版，第42页。
② 梁慧星：《生活在民法中》，法律出版社2007年版，第48页。
③ 同上书，第121页。
④ 中国社会科学院语言研究所词典编辑室编：《现代汉语词典》，商务印书馆1991年版，第409页。

度。只有在为了社会公共利益,且符合法律①所规定的权限和程序,并对被征收人予以补偿的条件下,国家才能对私人的财产进行征收。征用则一般是在被征用财物被毁损的情况下,才需对被征用人予以补偿。然而,实践中,有个别地方政府部门受眼前之商业利益驱动,打着"公共利益"的旗号,强行拆迁民众的房屋、征收集体的土地,严重损害了公民和集体的合法权益;有的虽然是出于公共利益拆迁,且程序合法,但未对被拆迁人予以足额补偿,在群众中引起极大的不满,甚至成为诱发群体性事件的因素之一。有鉴于此,物权法对于征收、征用的条件程序以及补偿均作了相应的规定,从而为政府机关依法行政提供了法律依据,并可有效防止滥用公权力随意侵害人民群众合法权益的现象发生。所以,广大的基层公安民警在处理相关的案件时,应进一步强化物权观念,认真甄别案件的性质,对确因合法权益受到侵害的群众,悉心劝导其按照法律所规定的途径去寻求救济;对借机寻衅滋事的人则依据《治安管理处罚法》等相关法律进行处理。

温家宝总理在2004年的《政府工作报告》中提出了"全面推行依法行政"的目标。然而,我们认为,全面依法行政的核心在于合理界定公权力的边界,而并非完全依赖于行政法规、行政规章等的完善。实际上,物权的排他性,即为划分公权力与私权利的界限。我们人民警察在执法当中,代表的是国家,代表的就是公权力。因而我们的全体公安民警应进一步强化物权观念,确实防止公权力的滥用,提高我们的公安执法水平,真正地做到依法行政。

二、公安执法中应坚持物权法的平等保护原则

(一) 物权法确立平等保护原则之意义

平等观念是民法得以产生和发展的思想前提。平等原则集中反映了民事

---

① 《中华人民共和国立法》第8条第(6)项明文规定:"对非国有财产的征收"必须制定法律,即在我国,只有全国人民代表大会及其常务委员会才有权出台相关的规定。

法律关系的本质特征，也是宪法中公民在法律面前人人平等原则的具体体现。①

物权法起草过程中的争论点之一，是规定国家财产特殊保护，还是合法财产平等保护。国家财产特殊保护，是以现行《民法通则》为依据的。《民法通则》第73条规定："国家财产神圣不可侵犯"。这一规定与当时的立法背景相适应。当时我国实行改革开放的时间不长，且当时我们国家提出"实行有计划的商品经济"。综合《民法通则》第73条和第75条的规定，可以看出，当公民的私人财产受到一般人的侵犯时，这一法律保护制度尚可发挥保护受害人、制裁加害人的作用。但当公民私有财产的保护与国家财产的保护发生冲突时，必然要牺牲公民私人的财产权益而确保国家的财产权益。在社会主义市场经济体制已经确立的今天，这样一种法律保护制度，显然已与我国现实的社会经济生活严重脱节，也不符合社会主义市场经济体制的本质和要求。

经过30多年的改革开放，我国的社会经济状况已发生了根本性的变革，即从改革开放前的单一公有制的计划经济体制，转变为奠基于公有制经济和非公有制经济基础之上的社会主义市场经济体制。我国《宪法》明确规定："国家实行社会主义市场经济。"公平竞争、平等保护、优胜劣汰是市场经济的基本法则。市场经济条件下，各种所有制经济形成的市场主体在统一的市场上开展民商事活动并发生相互关系，各种市场主体都处于平等地位，享有相同权利，遵守相同规则，承担相同责任。如果对各种市场主体不予以平等保护，就不可能发展社会主义市场经济。平等保护原则是社会主义市场经济体制的本质和要求的体现。没有平等保护原则就没有社会主义市场经济，也不可能坚持和完善社会主义基本经济制度。为适应社会主义市场经济发展的要求，党的十六届三中全会进一步明确要"保障所有市场主体的平等法律地位和发展权利"。在财产归属依法确定的前提下，作为物权主体，无论是国

---

① 王利明主编：《民法》，中国人民大学出版社2005年版，第34页；徐国栋：《民法基本原则解释——以诚实信用原则的法理分析为中心》（增删本），中国政法大学出版社2004年版，第41页。

家、集体，抑或私人，对他们的物权均应当给予平等保护。① 否则，势必严重影响私人依法创造财富、积累财富的积极性。如此，既不利于强盛国力，亦有损社会和谐。古语云："有恒产者有恒心。"道理即在于此。由此，物权法第 4 条规定："国家、集体、私人的物权和其他权利人的物权受法律保护，任何单位和个人不得侵犯。"此乃物权法关于平等保护原则的明文。

物权法平等保护原则的实质，在于对不同所有制性质的物权，给予同样的法律地位，赋予同样的法律效力，适用同样的法律规则，在遭受不法侵犯时同样受刑事责任制度和侵权责任制度的救济，而与不同所有制性质的物权在国民经济中所占比重和所发挥的作用无关。

（二）在公安执法中坚持物权法的平等保护原则

过去以单一公有制为基础的计划经济体制，客观上要求对公有财产给予特殊的法律保护，因此在我国过去的一些民事立法中，包括《民法通则》在内，都或多或少地带有身份立法的色彩。② 长期以来，支配我们公安民警思想和行为的法律观念，是公法观念、公权观念，甚至于部分民警还有较强的特权思想。但是，随着我国社会主义市场经济体制的确立，我国立法已发生了相应的变化：私法上，已从身份立法向行为立法转变；③ 公法领域，在设计国家公权力与个人私权利之间的关系上，有两个社会进步的标志：一是从无限地授予权力到逐步地限制权力；二是从为达结果不择手段，到强调正当的法律程序和公正的法律实施过程。④ 公安机关在对行政相对人进行罚款、没收财产等行政处罚时，如果没有法律明确规定的权限和履行法定的程序，均可能侵犯公民、法人的物权。

因此，我们的公安民警应彻底转变思想观念，特别要抛弃过去那种因所

---

① 王兆国："关于《中华人民共和国物权法（草案）》的说明"，见《中华人民共和国物权法》附录部分，法律出版社 2007 年版，第 53~54 页。
② 李开国：《民法总则研究》，法律出版社 2003 年版，第 71 页。
③ 同上。
④ 陈瑞华：《法律人的思维方式》，法律出版社 2007 年版，第 6 页。

有制不同而区别对待权利人的陈旧观念，在执法中全面坚持物权法对国家、集体和私人的物权实施平等保护的原则，仅着眼于其财产之取得是否合法，公民合法取得的财产应当受到与对国家财产和集体财产同等的法律保护。

在 2007 年 3 月 23 日下午的中央政治局集体学习上，胡锦涛总书记强调，广大干部群众要充分认识依据宪法和法律对国家、集体和私人的物权给予平等保护的重大意义，牢固树立依法平等保护和正确行使财产权利的物权观念。他强调，要全面落实保障一切市场主体的平等法律地位和发展权利的法律要求，正确处理行使国家权力和保障公民权利的关系，充分运用物权法等法律手段提高促进经济社会发展、管理经济社会事务的水平，增强解决社会矛盾、促进社会和谐的能力。[1]

三、善意取得制度——公安执法中的难点

（一）善意取得制度之意义

善意取得，又称即时取得，是指受让人以获取财产的所有权为目的，善意、对价受让且占有该财产，纵然让与人无移转该财产所有权之权利，受让人仍取得其所有权。[2] 善意取得制度，为大陆法系与英美法系民法上的一项重要制度，其涉及民法所有权的保护与交易安全的保护问题。从本质上说，善意取得制度，是一种以牺牲财产所有权的静的安全为代价而保障财产交易的动的安全的制度，是近代各国民事立法政策为维护市场交易的安全、便捷与迅速而确立的制度，同时也是保护不动产登记、动产占有的公信力的要求。

依据我国物权法第 106 条的规定，善意取得应具备以下要件：①让与人无移转该财产所有权的权利；②受让人须为善意，即不知让与人为无处分权人；③受让人支付了合理的价款；④转让的财产应当登记的已经登记，不需要登记的已经交付给了受让人。应当登记的财产为不动产，我国就不动产物

---

[1] "胡锦涛在中共中央政治局第四十次集体学习时强调　认真学习全面实施物权法　开创社会主义法治国家新局面"，http://www.cctv.com，访问日期：2008 年 3 月 1 日。

[2] 胡康生主编：《中华人民共和国物权法释义》，法律出版社 2007 年版，第 240 页。

权原则上采登记生效主义；不需登记的主要指动产，我国就动产物权原则上采占有交付生效主义。另外，从学理上看，善意取得尚应具备另一要件，即须基于法律行为而受让财产的所有权。善意取得一旦同时具备以上要件，受让人即取得财产的所有权。

再者，就动产而言，各国民法区分占有委托物和占有脱离物而规定善意取得制度的适用。占有委托物，为基于租赁、保管等合同关系，由承租人、保管人等实际占有、属于出租人、委托人所有的物。易言之，它是基于原权利人的意思而丧失占有的物。而占有脱离物则指非基于原权利人的意思而丧失占有之物，如盗赃物、遗失物、漂流物等。对占有委托物，原则上适用善意取得；而就占有脱离物，部分国家（地区）规定只有在例外的情况下才可适用善意取得，如日本、瑞士和我国的台湾地区等。[1]

我国立法机关在参考了一些国家的立法例后，结合我国实际，在物权法中亦规定就占有委托物原则上适用善意取得制度；就占有脱离物，则在例外情况下适用善意取得制度，而且仅限于遗失物、漂流物、隐藏物和埋藏物等。[2] 就盗赃物，则主要依据现有的《刑法》《刑事诉讼法》《治安管理处罚法》等有关法律的规定追缴后退回所有权人。[3] 从司法实践看，1965年12月1日，最高人民法院、最高人民检察院、公安部和财政部联合发布的《关于没收和处理赃款赃物若干问题的暂行规定》第二条第（六）项规定："在办案中已经查明被犯罪分子卖掉的赃物，应当酌情追缴。对买主确实知道是赃物而购买的，应将赃物无偿追回，予以没收或退还原主；对买主不知是赃物的，而又找到了失主的，应该由罪犯按卖价将原物赎回，退还原主，或者按价赔偿损失；如果罪犯确实无力回赎或赔偿损失，可以根据买主与卖主双方的具体情况进行调解，妥善处理。"应当指出的是，此条有关赃物处理的规

---

[1] 参见《日本民法》第193、194条，《瑞士民法》第934条和我国台湾地区"民法"的第948~950条。
[2] 参见《中华人民共和国物权法》的第九章"所有权取得的特别规定"。
[3] 胡康生主编：《中华人民共和国物权法释义》，法律出版社2007年版，第244页。

定,符合善意取得的原理,体现了对善意占有人的承认和保护。① 关于赃款,最高人民法院《关于审理诈骗案件具体应用法律的若干问题的解释》(法发〔1996〕32号)第11条规定:"行为人将诈骗财物已用于归还个人欠款、货款或者其他经济活动的,如果对方明知是诈骗财物而收取,属恶意取得,应当一律予以追缴;如确属善意取得,则不再追缴。"应该说,后一司法解释就善意取得制度对诈骗财物的适用作了更为明确的规定。

(二) 公安执法中善意取得制度之实施

物权法的善意取得制度,当属公安执法中的难点之一。物权法之前,我国相关法律、司法解释等,就这一制度的规定尚不甚明确,亦较零散。现在,物权法中专设一章——第九章"所有权取得的特别规定",就善意取得制度设置了较为系统完善的规定。

综合物权法第九章的规定,就遗失物、漂流物和埋藏物、隐藏物,拾得人和发现人在拾得和发现相关财物后,可能会依法送交我们的公安部门,公安部门应予以接收,并妥善保管;对不易保管或保管费用过高的,公安部门可以及时拍卖、变卖而保存价金。依法,公安部门接收此类财物后还应履行的法定义务是:知道权利人的,应当及时通知其领取;不知道的,应当及时发布招领公告。权利人领取相关物品时,应向公安部门支付因保管相关物品而支出的必要费用。此乃法律规定的公安部门因保管相关物品而享有的一项必要费用求偿权。如相关物品自发布公告之日起六个月内无人认领的,即归国家所有。

遗失物、漂流物和埋藏物、隐藏物(依文物保护法等法律规定,属国家级文物的除外),如经转让被他人②占有,所有权人或其他权利人自知道或应当知道受让人(应指上述之他人)之日起的二年内,有权向受让人请求返还原物。但如受让人是通过拍卖或向具有经营资格的经营者购得该物品的,权

---

① 徐武生、靳宝兰主编:《民法学》,中国人民公安大学出版社2005年版,第255页。
② 需予以明确的是,此他人应非相关物品的拾得人或发现人。

利人请求返还原物时，应向受让人支付其所付的费用。此被称为原权利人的回复权。经营资格的界定当以经营者是否取得工商登记予以判定。此二年时间为除斥期间，期间届满，且受让人是通过拍卖或向有经营资格的经营者购得该物品的，依据物权法第 106 条的规定，受让人即取得该物品的所有权。如受让人是无偿获得的，则不适用善意取得。由此，若遗失物、漂流物和埋藏物、隐藏物的原权利人与善意受让人就此发生纠纷而诉诸公安部门，我们的公安民警应详细调查了解案情，依据物权法进行调解；如当事人不服调解，则劝其通过民事诉讼的途径予以解决。以此化解矛盾，妥善解决纠纷。

赃物，是指司法机关、行政执法机关依法认定为违法、犯罪所得的物品。实践中，公安机关对犯罪嫌疑人的作案工具和犯案所得以及对行政违法行为人的违法所得等依法实施的扣押、扣留以及收缴等措施，我们的部分民警将此统称为追赃，严格说是不妥的。在公安机关侦办刑事案件的过程中，公安民警就嫌疑人的作案工具及作案所得予以扣押、封存等，应称为物证扣押措施，不宜谓之为追赃。只有在法院对被告人依法作了有罪判决并就其作案工具、犯案所得依法予以认定后，此部分所获财物始可称为赃物，然后再由法院依据相关法律和司法解释予以处理。不过，在公安机关的行政执法中，如在办理治安案件中所查获的毒品、淫秽物品等违禁品，行为人违反治安管理所得的财物等，笔者认为，应称之为赃物。对上述违禁品，违法行为人用于赌博的赌具、赌资，吸食、注射毒品的用具以及直接用于实施违反治安管理行为的本人所有的工具等，依据《治安管理处罚法》第 11 条第 1 款的规定，公安机关应当予以收缴，按照规定处理。同时，依据该条第 2 款的规定，对行为人违反治安管理所得的财物，公安机关应予以追缴退还被侵害人；对没有被侵害人的，登记造册，公开拍卖或者按照国家有关规定处理，所得款项上缴国库。

就赃物，物权法虽未规定适用善意取得，但就前述两个司法解释看，司法实践中似未排除适用善意取得的可能。这就需要我们公安机关在侦办刑事案件和处理治安案件中，注意准确把握好相关规定并予以正确实施。

笔者在此欲特别指出的是，我党在解放战争时期成立的华北人民政府存续时间虽短，仅有13个月，其先后制定、颁行的200多项"法令""训令""条例"等，内容涵盖了建政、经济建设、公安司法等诸多方面，为当时的各级行政机关依法行政提供了依据。如《华北人民政府施政方针》中规定："各阶层人民的土地财产，法律应给予切实保障，不受侵犯"。《太行区采矿暂行条例草案》的第5条规定："采矿权合法取得后，政府依法予以保护，任何人均不得越界开采"。《为注意保护友邦公私船只的通报》中规定："如无上级指示，又未发现确是敌人船只，一律不准擅自登船搬运物品及破坏，违者严予惩处，只有我们自己及友邦之公私船只，均切实予以保护。"[1] 这些"法令"等当中所体现的以服务人民为中心，注重保护公私财产、促进国际经济之交往等思想，与我国当今法治发展的指导思想，如平等保护公私财产，公安机关的"立警为公、执法为民"等不谋而合。

物权法第一次以民事基本法的形式对物权法律制度作了安排，从而全面确认了公民的各项基本财产权利，这就为公民的基本人权保障、为法治社会奠定了基础。我们的公安民警，尤其是治安民警、交警和110巡警所受理或处置的相当一部分案件，实质上就是民众之间的侵权纠纷。因此，物权法颁行之后，作为有义务保障公民基本人权的人民警察，我们应增进对物权法的理解，进一步强化物权观念，提高公安执法的水平，在公安执法中坚持物权法的平等保护原则。否则，虽有物权观念，但在执法中，却区分不同所有制性质的物权主体予以差别对待，必有损于我国社会主义市场经济体制，亦无从坚持和完善我国现行的基本经济制度。同时，在具体的执法中，我们的公安民警应把握并实施好善意取得制度。总之，只有将物权法从"纸面上的法律"转变为"现实中的法律"，才能使其发挥应有的作用。

---

[1] 中国法学会董必武法学思想研究会编：《华北人民政府法令选编》，内部资料，第5、401、456页。

通过法律的治理

——人民司法的功能与目标

危文高[*]

一、问题与方法

华北人民政府是中国共产党在面临新的历史条件下筹备和建立起来的，它一开始就有着双重的任务：一是为解放战争的全面胜利提供政治、经济上的支援，同时更为重要的是为即将到来的中国新政权建设提供政治实践的经验。也即是说，中国共产党领导的新政府此时面临一个重大角色的转变，从长期的战争状态过渡到建立稳定、有效的和平状态，完成国民党政府未能完成的现代民族国家的建构。用时任华北人民政府主席董必武的话来说，是"由游击式的过渡到正规式的政府"，正规政府的建立与维护需要一套稳定的法律制度来保证，为此，华北人民政府在其仅存在 13 个月的时间里，先后制定了 200 部"法令""训令""条例""规章""通则"等，几乎涵盖了政治社会的一切方面，这些"法律规定"不仅应合了当时时势的需要，建构了一套行之有效的制度，而且对新中国初期的法制建设甚至对现今中国的法治话语与制度建设都有着重要的影响。也许，这些文本的规定及其在现实中的实践，用我们现在通行的法治话语和标准而言，是那么的不"现代"甚至是粗糙不堪，没有现代意义上的司法独立、程序公正，有的只是为满足特定政治

---

[*] 山东烟台大学法学院讲师。

需求的权力意志与命令,这样的批判可能被继续想象为文化大革命"无法无天"暗含的必然结果。这种批判隐含的理论前提是现代法治话语"当然"的正当性,尽管站在中国当下特殊的历史语境中,我们大多可能都会接受这一立场而反对裹着全球化浪潮而来的各种后现代主义质疑和颠覆性的姿态,但真正的问题并不在于我们是否主张有一种天然合理的法律秩序,因为其他批判法治秩序的"主义"论述也同样会声称它们的正当性,[①] 而致使问题的争论可能发展成为一个意识形态的论辩,无助于理性地理解和解决问题。如果暂时搁置意识形态的争论而采取"历史同情"的眼光,真正的问题是我们如何来理解这种特定时代的法律,这种法律整体表现出一种什么样的特点?它又发挥着何种功能?它与特定的制度结构是如何关联的?以及作为一种制度传统,它又是如何影响着此后(包括今天)的制度和实践的?本文的目的就是以华北人民政府的法制建设为中心,同时为了表明制度的惯性及连续性,而对建国初期的法律实践及其与前者的相互关系进行谱系学的分析,论证其法律制度和法律实践如何发挥着一种政治治理的功能,其表现形式就是人民司法的法律治理模式。

二、为什么是人民司法?

(一) 人民司法的提出及内涵

人民司法作为一个概念在华北人民政府时期还没有明确地表述出来,但其实质内涵则反映在当时很多法律文件及制度实践中。所谓人民司法表述了一个重要的法律立场问题,即法律和司法活动本身并不是不分敌我的价值中

[①] 有时这种批判立场所表达的正当性诉求是隐而不显的,如李斯特博士在批评用当下的法律话语来批判那段曾经"无法无天"的历史时说,"只要我们稍稍平心静气,是否会想起一个朴素的道理:用超越时空的标准来评价一时一地的具体制度,是否公允?是否有意义?⋯⋯超验的正义并不存在。"李斯特:"人民司法群众路线的谱系",见苏力主编:《法律和社会科学》(第一卷),法律出版社2006年版,第292页。这种观点在批评普遍的正义不可能时,同时又包含着自我瓦解的可能,因为申言正义只能是具体的,实际上是在主张正义的虚无性。尽管作者的目的是想回避宏大的正义理论对真正问题的视而不见,但其中又隐含了立场的表述。

立的,它有着强烈的阶级色彩和政治性。换言之,司法的目标与服务对象是"人民",而"人民"之外的敌对阶级是其要批判和消灭的对象,这是其一。其二,对于人民内部的"司法"问题,也要贯彻一定政治原则,即有助于政治上的实质性考量(如社会稳定和人民团结等)。以上内外两方面是判断司法是否具有"人民性"的重要标准。从华北人民政府颁行的法令中我们可以清楚地看到法律和司法的"人民性"色彩。

1. 从法律结构上分析

由于华北人民政府是在极其特殊的历史背景下成立的,它还没有现今比较完善的立法机构。在某种意义上,华北人民政府同时行使着统一的行政权与立法权,在一定意义上还行使着司法权。从法律的外在形式上看,法律更多地采用政府通常使用的"指令""训令""通令""办法""指示""通知"等形式,这使得法律不具有一般法治所要求的规范性和普遍性,更多地是对具体问题作出一个具体的政策和原则性的决定和命令。而这一点也从法令的结构特点中反映出来。很多法律没有采用现在为我们所接受的立法模式,如原则加分则构成一个逻辑体系严密的法律规范性文件,法律中内容的表述也不是采用通常的规范逻辑结构形式(假定、行为模式和法律后果),而是用政府在作出决定或判决的模式。如,在"通令""训令""指令""通告"中直接列出作出决定的条目内容。更让我们感到惊奇的是法律中有很多采用"问题—原因—解答"的模式,如在1949年初,华北人民政府发布的通报(法行字第四号)中,对重大案件量刑的标准问题的批示,首先批示的不是决定的内容,而是说明诸如"法律是什么?它是怎样产生的?什么行为是犯罪?犯罪应该怎样处罚?"这样的法理学或刑法学讨论的问题。对于处理死刑案件不合程序的现象,在陈述完各种问题之后,接着分析造成这些问题的原因,最后才提出解决办法。[①] 像类似的情况还出现在其他一些法令中。

之所以采取这样一些不规范的陈述形式,不是因为法律技术和法律知识

[①] 中国法学会董必武法学思想研究会编:《华北人民政府法令选编》,内部资料,第154～155页。

的欠缺，因为在其他的一些法律文件表述中也出现较为"规范"的表述，特别是金融、财税等比较专业的法律领域。可能的解释是这种不规范的形式并不重要，甚至正是因为其不规范才可能更有利于"内容"的表达，因为严格形式主义恰恰有可能掩盖或削弱内容的充分表达。在此意义上，形式是服务于内容的。对法律问题采用政府下达公文的形式，目的是为了使各政府机构（包括法院）更加直接地理解文件背后的意图，掌握处理法律问题的原则与方法。

2. 从法律的内容上分析

此时颁行的法令有着强烈的阶级性和对法律政治性的反复强调。在1949年4月《华北人民政府训令》（法行字第八号）中提出了要废除国民党的六法全书及一切反动法律："国民党的法律，是为了保护封建地主、买办、官僚资产阶级的统治与镇压广大人民的反抗；人民要的法律，则是为了保护人民大众的统治与镇压封建地主、买办、官僚资产阶级的反抗。阶级利益相反，因而在法律本质上就不会相同。"[1] 另外，对于判决死刑案件的标准掌握，首先应区分政治与非政治性的刑事案件，对于在游击区破坏军事政治的奸特分子，为扩大政治影响和争取群众，可以及时处理，而对于一般的刑事犯罪要判处死刑的案件，应按正当的司法审判程序报华北人民政府批准。

在具体的司法案件中，法令也从司法的政策角度进行了批示。如在1949年初的《通报》中对魏成龙案的处理意见：案件十分简单，魏成龙不满民主区公所对其霸占他叔母的财产退还的决定，而行凶杀人，造成重伤。最后对其行为性质的认定不是普通的杀人案件，而是反施政的罪行，加重刑罚。此案之所以被当作典型案件，乃是因为魏成龙曾经任阎匪之伪闾长及伪民卫军分队长。即他以前不是人民的一分子，所以这样的案件当然不能当作普通的刑事案件来处理，否则就没有法律和司法的阶级和政治立场。同样，杨立志也因为他曾受过阎匪的军官训练，其教唆杀人的案件也不是普通的案件。所以，华北人民政府认为原判决量刑过轻，容易引起人民群众的不满。[2]

---

[1] 中国法学会董必武法学思想研究会编：《华北人民政府法令选编》，内部资料，第196页。
[2] 同上书，第176~177页。

以上案件和法律基本上处理的是敌我矛盾，其政治性和阶级性毋庸置疑，但对人民内部矛盾的处理是不是也体现了某种政治性原则？毕竟从法律处理纠纷的常态来讲，这种对人民内部矛盾的解决更能体现法律的特点。对于人民内部的纠纷通常采用调解的原则，而只对特别重大的刑事案件或调解不成的案件进行依法审判。正因为如此，我们才能理解法令《关于调解民间纠纷的决定》（1949年2月25日）首先论述"调解的重要性"，因为调解的目的不只是解决纠纷，而且更为重要的是"加强人民团结，同时在经济上也能免去因讼争而伤的财费，把更多的精力放到生产支前上。"因此，调解作为处理矛盾的一般原则是人民民主生活的重要体现，是政府官员，特别是司法人员必须掌握的一套法律技术。

3. 从政府职能划分来看

华北人民政府创立时，也有相对的权力划分与职能分工。如设立各级人民法院（县为一审机关、行署区为二审机关、华北人民法院为终审机关）并对法院及公安机关处理刑事案件的权责进行了划分。[①] 但这种权力的划分并不意味着其他机构不能解决法律问题。相反，我们可以看到行政机关在处理法律问题中扮演了非常重要的角色。

首先，我们可以从诸多法令发布的对象中看到这一点。比如在处理死刑案件时，其通令（1948年10月23日）的对象是"各行署、各直属市专署及各县市政府"，对重大案件量刑标准的《通报》也是发给"晋中行署、各行署、省直辖市府及所属人民法院"。很多涉及法律问题的决定在一般情况下都同时发给各级司法机关和各级人民政府，这不是因为华北人民政府是各级人民政府的上级领导机关，而是因为法律问题不仅是法院的事，更是政府的事，法院依法审判并不是完全独立的，它要受政府的监督，而监督与领导的界线不总是那么清楚。

其次，在具体案件的处理中，行政机关也发挥着重要作用。如法行字第

[①] 中国法学会董必武法学思想研究会编：《华北人民政府法令选编》，内部资料，第170页。

三号通令第二项规定，"研究案情，决定判罪，得由该政府各负责人组成司法委员会。"裁决委员会（原司法委员会）主要组成人员不但有司法机关负责人、主审人员，还有县长、公安局长。县长参与审理案件是其对法院行使监督的职权，公安局长参与是因为刑事案件往往由公安机关进行侦查，对案件的事实情况比较清楚，但也许更为重要的是这种"多方参与、集体决议"更容易使政策得到执行与贯彻。

另外，作为最高行政机关的华北人民政府实际上行使着最高的司法权，如前面提到的对三个典型案件的处理意见，类似今天最高人民法院对案件具体适用法律问题作出的司法解释。

我们可以看到，行政与司法之间的界限并不是那么清楚，在某种意义上，这种清楚的划分也没有多大的必要。之所以这些权力的划分与职能区分没有多大的意义，一方面是法院要真正独立，首先必须有一批掌握法律知识和技术的法律职业者存在，而在当时这个条件根本不具备，因为旧的司法人员作为反动的势力被消灭或改造了，而新的司法人员并没有经过职业化的训练。另一方面，大部分的案件都是比较简单（也许重大但不复杂）的刑事案件，并不需要非常专业的刑法知识而只要懂得党中央的政策与文件精神，人民群众渴望的也是一种朴素的、后果主义的司法。所以，专业化的司法职能在当时并没有多少市场需求，司法的正当性并不是依赖于形式正义的法律，而是法律背后体现的实质性的政治需要。中共办政法大学培养司法干部基本上也是要求学员掌握马列主义的国家法律观，它是人民司法的"一把钥匙"。[1]

（二）人民司法的历史建构

人民司法是中国社会主义法律传统中的特色，[2] 这种传统是中国共产党在新中国政权建设与司法实践中逐步建构起来的，它有着丰富的历史和政治

---

[1] 陈守一：《一把钥匙一张蓝图》，此为陈守一教授在华北司法干部训练班上的讲稿题目，非常形象地概括了人民司法工作的精髓。熊先觉："法大声名始末"，载《比较法研究》2003年第1期。

[2] 从当下中国法治中提倡的"司法为民""和谐司法""坚持法律效果与社会效果的统一"这些不仅仅是口号式的话语中，我们就可以看到我们对司法性质与功能特有的理解与期待。

意涵，它不但涉及对法律性质、法律与国家的基本关系的理解，更为重要的是法律在政权组织与社会秩序的构建中扮演了什么样的角色，正是基于此，我们不能简单地把这种"人民司法"传统等同于雅典式的人民大众司法或广场司法。那么，关键的问题是，为什么司法应该是"人民的"？

司法的"人民性"不但表达了司法的功能性目标，首先最主要表达的是司法的"正当性"要求，换言之，司法不是在真空中进行的，而是与特定的国家权力结构及职能分配，以及附着的政治意识形态密切关联的。[①] 而此种正当性的论证在新中国成立之初是围绕新政权的合法性问题而展开。新政权的建立不只是在战场与暴力中取得的，更需要政治意识形态的合法化论证。取得革命法权的正当性话语自然是把马列主义思想具体化的毛泽东思想，即人民民主专政的思想。在《论人民民主专政》中，毛泽东指出："总结我们的经验，集中到一点，就是工人阶级（经过共产党）领导的以工农联盟为基础的人民民主专政。"[②] 人民民主专政是通过对敌人实行专政和对人民实行民主来实现的，所以作为人民民主专政体现的人民司法就是从这两方面来展开的，即首先批判国民党和一切反动派的法律观及法律制度，以及加强对旧司法人员的改造，特别是对于旧的司法思想的改造问题成为当时及以后很长时间的重要工作。董必武说："我以为在司法工作初建之际，思想建设特别重要，必须把它视为司法工作建设的前提。"[③] 新中国成立之时的司法中心任务就是要通过斩断旧的法律意识形态、旧的司法制度，从而建立新的司法指导思想与司法作风，才能建立其合法性。另一方面，司法工作必须站在人民的立场，维护人民利益。"人民司法基本观点之一就是群众观点，与群众联系，为人民服务，保障社会秩序，维护人民的正当权益。"[④] 为人民群众利益而司法的

[①] 对于法律制度与程序和国家权力结构关系的比较分析，参见达玛什卡：《司法和国家权力的多种面孔——比较视野中的法律程序》，郑戈译，中国政法大学出版社2004年。
[②] 《毛泽东选集》（第四卷），人民出版社1991年版，第1480页。
[③] 《董必武法学文集》，法律出版社2001年版，第41页。
[④] 董必武："对参加全国司法会议的党员干部的讲话"，见《董必武法学文集》，法律出版社2001年版，第45页。

工作态度与政治方向是这种新司法观的核心内容与根本目标，正如董必武在总结新中国成立三年来的司法工作经验时强调的："确认人民司法是巩固人民民主专政的一种武器；人民司法工作者必须站稳人民的立场，全心全意运用人民司法这个武器；尽可能采取最便利于人民的方法解决人民所要求我们解决的问题。一切这样办了，人民就拥护我们，不然人民就反对我们。"① 华北人民政府为了体现人民司法为人民的宗旨，采取了一些相应的措施。如颁布法令取消诉讼费，以及对于有的区村干部或县司法机关无视人民利益，取消了人民诉讼须经区村政府介绍的制度。②

三、人民司法的目标及其治理方式

（一）人民司法的功能与目标

1. 政治服务功能

人民司法首要和主要的功能就是巩固人民民主专政。对于此点，作为马克思主义的法学家董必武有清楚的认识。他在第一届全国司法会议上，就突出地强调司法工作对于建立人民民主专政的国家政权的重要意义。他说："我们是取得胜利的国家，是人民民主专政的国家，人民民主专政的最锐利武器，如果说司法工作不是第一位的话，也是第二位的。当我们跟反革命作武装斗争的时候，当然武装是第一位的，……可是社会一经脱离了战争的影响，那么，司法工作和公安工作，就成为人民国家手中对付反革命，维持社会秩序最重要的工具。"③ 当时，这种法律和司法为政治服务的观念成为人们的集体"共识"，而且作为一种最高的工作原则和指导方针具体地落实在法律制度设置、新的司法人员的培养、法学教科书的编写，更重要的是体现在对法律人员的旧的法律思想的改造过程中。用曾任华北人民政府司法部部长

---

① 董必武："论加强人民司法工作"，见《董必武法学文集》，法律出版社2001年版，第154～155页。
② 《华北人民政府通令》，（法行字第七号，1948年11月23日），见中国法学会董必武法学思想研究会编：《华北人民政府法令选编》，第168页。
③ 董必武："要重视司法工作"，见《董必武法学文集》，法律出版社2001年版，第38页。

谢觉哉的话来说:"我们的法律是服从于政治的,没有离开政治而独立的法律。政治要求什么,法律就规定什么。当法律还没有成为条文的时候,就依政策行事。这一点,从来就是这样。……他们的法律是政治上压迫人们的工具。他们的政治需要什么,法律就有什么。我们的司法工作一定要懂得政治,不懂政治绝不会懂得法律。"①

因而,在对司法人员的选用上,几乎排斥了旧的司法人员,因为他们的思想是落后甚至反动的,跟不上革命形势发展的需要。在放弃这些具有法律知识背景的同时,开始了另外一种选择司法干部的路子,即注重对司法工作骨干的培养与不断地吸收新鲜血液,所谓骨干就是1945以前参加工作的老干部,这些同志被历史证明在政治上比较可靠,因而值得信任。同时把土改、镇反、及"三反""五反"中的积极分子,包括工人、店员、青年、妇女与农民吸纳进来。只要历史清白,有志于政法工作,而不对其年龄、文化作过高要求。之所以把这些非专业人员吸纳进法律队伍,一个是现实情况使然,不要说共产党的优秀干部中没有多少真正受过法律训练,就是当时全国人民的普遍文化素养都不是很高,所以,把只有高中文化(农民甚至可能更低)程度的人纳入司法干部队伍是不得已之举。但另外,我们又得看到这些司法队伍人员选用背后的"政治"动因,正是因为他们在法律知识上的不"专业",他们才可能在政治与思想上是可靠和纯洁的,而且司法的大门向群众开放,也说明司法的人民性。"只要我们面向群众,依靠群众,那么我们就不仅不会感到司法干部来源枯竭,相反倒会使我们获得丰富的干部源泉,并更加纯化我们的司法机关。"② 在实际的司法运作过程中,选取典型的案件,动员群众参与到具体的司法审判中,通过诉苦、挖根及各种形式的讨论与辩论,使广大人民群众认识到旧政权与旧官僚、反动派的阶级压迫,从而使人

---

① 谢觉哉:"在司法训练班上的讲话",见王玉明主编:《毛泽东法律思想库》,中国政法大学出版社1993年版,第67页。

② 董必武:"关于改革司法机关及政法干部补充、训练诸问题",见《董必武法学文集》,法律出版社2001年版,第123页。

民群众通过"人民司法"的路线真正参与到现代民族国家新政权的建构过程中。为了方便人民群众参与到诉讼中来,在司法改革过程中抛弃了旧司法繁文缛节,大力倡导人民陪审制、巡回审判,强调建立法院接待机构、简化审判手续。通过这些制度上的改造,一方面有效地遏制了官僚主义、主观主义及宗派主义在司法工作中的蔓延,同时也使在此种改造过程中逐步建立起来的合法性获得了一种新的制度形式,即形塑了新的司法传统。

2. 社会整合功能

如果说在华北人民政府建立前后,需要一个在政治上高度集中、思想上统一的中央政府来保证完成从战争到建设现代民族国家的历史任务,而人民司法作为这个政权运转的重要一环,也无疑首先体现这种"政治性",但是法律在此转型过程中也以它特有的方式参与到社会秩序的建构与整合中。

首先,法律以它公正的面目而获得社会认同。在一个急剧完成转型的时期,积累最多的就是社会公正问题。而这些问题的解决又不能简单地以非常规方式,如战争和搞社会运动来解决,所以法律在此变成一种重要的治理手段和方式。董必武对党内干部对人民司法工作认识不清,而只想以群众运动来解决问题的做法进行了批评。他在《对参加全国司法会议的党员干部的讲话》中谈道:"国内战争结束后,对残余敌人不能单靠武装斗争,而要靠公安和司法部门的工作,没有它们不能完成专政的任务。……四亿七仟五百万人口的大国,内部生活是很复杂的,特别是从旧社会留下来的'垃圾'很多,没有人民的司法工作是不行的。"更为重要的是,随着暴风骤雨式的阶级斗争的结束,社会的主要矛盾由敌我矛盾变成了人民内部矛盾,对于人民内部矛盾当然不能用你死我活的阶级斗争手段,而必须用法律来解决问题。法律以它特有的规范和程序上的特点,更为重要的是它有公正的名义而能在转型之后的社会获得民众的认同,从而完成社会秩序的整合与建构。

在对过去由于抗战时期处理死刑问题比较简单的做法(如判决死刑没有判决书,有了判决书而不宣判及送达;判决书不规定上诉期,有上诉期而不告诉被告,等等),华北人民政府发布通令(1948年10月23日法行字第3

号）强调："我们的司法工作者应该改变过去的作风，请求司法手续。尤其是死刑案件，办理应该慎重。"并且针对此，下达了六点指示，加强了司法审判中的程序性与公正性。在新中国成立前后，在司法中存在比较严重的问题就是积案和所谓的"三错"案件。由于干部少，不能掌握政策及时解决问题，以及在处理案件过程中方法不对，这使得积压案件成为一个非常严重的现象，引起人民群众的不满，损害了人民法院的公正形象。为此华北人民政府发布训令（1949年5月21日，法行字第17号）分别从受理新案与清理旧案两方面进行处理，并强调司法机关在处理问题过程中要端正态度："我们必须对人民负责，为人民服务的观点，拖延案件不处理，是没有群众观点的表现；对反动分子的罪恶不敢处办，迁就群众落后的要求不敢结案，有疑难不积极设法解决，都是没有或缺乏群众观点的表现。"另外，错捕、错押、错杀的案件也是一个普遍存在的现象，不仅在法院有，在公安部门也有，甚至在下级行政部门和行政人员中也存在，针对此，董必武在第二届全国司法会议上强调它的严重性，因为处理此类案件事关人民生命财产，事关党和政府在人民群众中的地位。与此同时，分别从司法制度的创设（如合议制、陪审制、辩护制、公正审判及审判委员会）及完善相关立法和加强司法人员的业务素质的培养来防止错案的发生，可以说，这些措施都对人民法院在人民群众中树立公正的新形象起到很大的作用。

其次，通过法律的形式和程序达至正义。如果以上所述的法律更多地是体现追求"实质正义"，争取人民群众对司法的认同和信任，但另一方面法律也在书写着自己的正义。尽管从现在反观历史，我们容易得出一个印象：那时的法律和司法基本上被理解为实现政治、伦理等其他目的的"工具"或"武器"，但如果我们仔细观察，我们会发现法律确实也发生了一些变革，尽管从当时总体气候而言不那么重要。如在华北人民政府时期，政府发布训令对公安与司法机关在处理刑事案件中的权责进行了明确的分工。为了防止群众对逃往各大城市的从犯滥捕、滥打、滥杀的现象，华北人民政府发布训令进行严格的程序规范。对法律程序强调最多的是董必武。他说："资产阶级形式主义的那一套，我们是不要了，但也应该有个适合我们需要的规程。工厂有操作规程，我们办案子也有操作规程，就叫诉讼程序。按照程序办事，可以使工作进行得更好、更合理、更科学，保证案件办得更正确、合理、及时，否则就费事，甚至出差错。"① 他还在很多场合反复强调群众，特别是国家干部要带头守法，尽管他对人们为什么要守法以政治的口吻来讲述。"如果群众中有不守法的，这便容易为敌人的破坏活动打开方便之门，使其有隙可乘。只有群众都严格地遵守法律，才能堵住这个漏洞，使破坏分子不能钻空子，无法隐藏，并因而便利我司法机关和公安机关集中力量去对付敌人的破坏活动。"② 在总结司法审判经验的基础上，形成了案件的审理规则，对新中国法律制度，特别是诉讼法制度的完善起了重大的推动作用。

（二）法律治理方式

为了完成法律和司法的政治服务目标，同时也在社会整合的意义上完成法律对社会秩序的建构，新中国成立前后，人民司法采用多种且灵活多变的法律治理方式。

1. 区分政治与非政治的刑事案件

对于战犯、官僚资本家及反革命犯一般从重处罚，而且在新中国成立后对反革命犯的审判，由军管会进行判决，判决后不允许上诉。而在普遍法院审理的却可以上诉，至于采用何种程序完全取决于政治的决定。对于这种不统一，董必武解释道："两种情况都是合法，两种情况都存在。……这个不统一是我们有意识的，因为这个情况对人民民主权利毫无不便利之处，只是对于反革命不便，这又有什么坏处呢。对我们来说，可以随时运用这种便利条件来对付反革命。"③

---

① 董必武："实事求是地总结经验，把政法工作做得更好"，见《董必武法学文集》，法律出版社2001年版，第426页。

② 董必武："进一步加强法律工作和群众的守法教育"，见《董必武法学文集》，法律出版社2001年版，第221页。

③ 董必武："改变审判作风"，见《董必武法学文集》，法律出版社2001年版，第255页。

2. 强调调解为先，审判并行

这是人民法院处理人民内部矛盾采用的方式。首先，人民内部矛盾大量存在，但并不是所有的人民内部矛盾都要到法院来解决，只是某些矛盾不可开交的时候才到法院。一方面为了节约司法成本，减少积案，对于大部分民事案件和轻微的刑事案件倡导并积极开展调解，充分发挥中国共产党在20世纪40年代初期形成的"马锡五审判方式"，通过民间调解、政府调解及法庭调解等说服、教育平息争讼，以有利于生产和安定团结。另一方面，之所以强调调解的重要性，是因为调解不仅仅是一种解决纠纷的技术（它不仅是中国最为古老的传统，也是世界各地解决纠纷的一种常见的方式），而是共产党为建构其自身的合法性并有效地完成对社会的治理而采取一套新的权力技术。[1] 这种调解技术从农村到城市、从民事案件到刑事案件、从法庭内到法庭外、从干部到普通人民群众被广泛采用，成为构建新中国社会秩序和新的司法传统的重要手段。其次，正因为如此，我们必须从调解与审判的相互关系，及在其背后所共同致力达到的政治效果来看，才能理解审判在司法中的地位。审判是对严重的犯罪及难以化解的纠纷最后的去处，是国家立场和权力庄严的最高体现，同时也党的政策和精神通过司法这台国家机器得以实现的重要方式。

四、结语

一个制度和传统的形成不是通过个别事件就可以建立起来的，个别的事件可能只发挥着某种催化剂的作用，也许很重要，但不是决定性的。我们只有从某种长时段的角度，从事件被实践展开的"关系"里才能发现一个新的制度和传统的形成。所以，要理解华北人民政府的历史地位及其在塑造新的司法传统过程的作用，我们必须有一个宏观的历史视野，必须看到人民司法传统的形成与过去中国共产党在革命早期形成的司法惯例（如马锡五的审判

---

[1] 强世功："权利组织网络与法律的治理化"，见《法制与治理》，中国政法大学出版社2003年版，第78~134页。

方式）之间的相互关联，也应该看到作为过渡政府的性质是如何与新中国的政权建设一脉相承的，如何造就有中国特色的新的司法传统。如果以上看到的是制度的延续性和关联性的话，把目光放得更远些，我们或许可以发现人民司法传统与中国古老的法律文化的断裂之处，特别表现在人民司法传统中的调解制度与中国古而有之的调解的不同，它也许利用但绝不是简单地挪用了这种古老的法律解纷技术。同时，把新中国成立前后的人民司法传统与现在"迈向法治"时代的"和谐司法"观作个对比，我们在发现历史的相似和制度的惯性时，也会发现它们之间的断裂之处。当然这属于另外一个需要讨论的主题。

在历史性理解人民司法时，我们也必须从社会学的角度来理解，人民司法传统不只是从外在看到的"历史惯性"，而是深深植根于社会的岩层之中。正因为如此，我们应该从现代民族国家的历史建构与政权合法性的重建角度来理解华北人民政府建设法制的努力，中国共产党是如何利用各种资源（包括法律和司法活动）来完成对社会的有效的治理。所以，我们首先得抛弃我们现有的来自西方法治话语的"先见"来同情理解此时的法律所能发挥的功能及其要达到的目标，从而理解法律和人民司法传统的形成与社会诸因素是如何复杂关联的。

下 编

五、金融财税、农业环保、交通运输方面的政策、法令研究

董必武与华北人民政府契税制度的建立

张 璐[*] 赵晓耕[**]

1948年，中国共产党领导的人民解放战争进行到了第三个年头，战争形势发生了根本性变化，革命取得最后胜利的曙光已显现，如何筹建中央人民政府被提上了中共的议事日程。在这一转折时刻成立的华北人民政府，为新中国全国政权建设作了积极探索，为中央人民政府的成立奠定了坚实的基础。在短短的13个月中，董必武同志领导的华北人民政府及其相关部门，先后制定、颁布了200多项涵盖建政、民政、公安、司法、金融、财政、税务、工商、交通、农业、教育、文化、卫生等各个方面的法令、条例、办法、实施细则等，为后来成立的中央人民政府在制定各项法律、法规、制度上进行了有益的尝试。

本文以财政税务制度中的契税制度为切入点，对中国古代、民国、华北人民政府和新中国建立后各阶段契税制度及实施进行简明的历史性梳理和考察，通过分析和比较，从一个侧面深入了解华北人民政府时期金融财贸法规及制度，从而深化我们对中国近现代法制史的认识与理解。

一、中国契税制度的渊源

(一) 古代传统社会的契税制度

契税是以所有权发生转移变动的不动产为征税对象，向产权承受人征收

---

[*] 法学博士，中国人民大学法学院教授、博士研究生导师。
[**] 法学博士，中国人民大学法学院教授、博士研究生导师。

的一种财产税。契税是一个古老的税种,是中国古代官府征收的赋税中一种独特的一次性税收。中国古代契税制度按其历史沿革,大约可以分为草创、确立、继承和完备四个时期。①

1. 自东晋至五代——契税制度草创期

我国历史上的契税制度可以追溯到东晋的税估制度。东晋开征课于交易行为的估税,《隋书·食货志》载:"晋自过江,凡货卖奴婢、马牛、田宅,有文券,率钱一万,输估四百入官,卖者三百,买者一百。无文券者,随物所堪,亦百分收四,名为散估。历宋、齐、梁、陈,如此为常。"② 由此可知,东晋的估税分为两种:一是输估,即数额较大并立有契据的买卖,如买卖奴婢、牛马、田宅等大型交易,其所征收的税即为输估,税金由双方共同分担,但以卖方为主,每一万钱征收四百钱,税率为4%,其中卖方交300钱,买方交100钱。一是散估,即从不立契据的小额交易中征税,税率4%,税金全由卖方负担。东晋以后的宋、齐、梁、陈四国也都征收过估税,税金逐步演变为买方缴纳。唐德宗建中四年(782年),政府有意向交易双方抽收5%的"除陌钱",但因战乱频繁而放弃。③

2. 宋、元——契税制度确立期

我国古代经济发展至宋代达到高峰,宋代也成为古代经济立法最为活跃的朝代之一,政府创立了许多新的经济法律制度,其中包括契税制度。宋太祖开宝元年(公元968年)开征印契税,规定"令民典卖田宅,输钱印契,税契限两月",违者按匿税条法断罪,正式开创了我国契税制度。④ 为了防止偷税漏税,宋徽宗崇宁三年(公元1104年),政府首次对房产典卖契约的格式、内容做出统一规定,发行统一印制的格式化契券。此外,宋代还颁行了限期投契纳税、过税离业方可成交等一系列契税管理制度。

---

① 金亮、杨大春:"中国古代契税制度探析",载《江西社会科学》2004年11期。
② 《隋书·食货志》。
③ 张晋藩:《中国法制通史(隋唐)》,法律出版社1999年版,第473页。
④ 同上。

3. 元、明两代——契税制度继承期

元、明两代在继承宋代契税制度的基础上又有所革新。《元典章》规定，土地典卖，地权转让，必须呈报地方官府，领取凭证，方许交易；成交立契之后，必须赴州县税契，推收过割。① 《至元条画》规定："诸人典卖田宅、人口、头匹、船舡物业，应立契者，验立契上实值价钱，依例收办正税外，将本用印关防每本宝钞一钱。"② 有文章指出，这里的"正税"指交易税，亦称"商税"，而"用印关防每本宝钞一钱"则指交易税之外，针对契约所征收的契税，契税是作为"正税"之外的附加税存在的，这就意味着，元代将交易税与契税分离，使契税成为一项独立税种。③ 上引《条画》中"每本"指官府统一印制发行的契约文券，时称"契本"，是对宋代契券的继承。

《明会典》纳税条例规定："令买卖田宅、头匹务赴偷税，除正课外，每契本一纸，纳工本铜钱四十文，余外不许多取。"可见，明代继续使用契本，征收契税。④ 《大明律》规定："凡典买田宅不税契者，笞五十，仍追田宅一半入官。"明代《户部则例》规定："凡民置买田房，不赴官纳税请粘契尾者即行治罪，并追契价一半入官，仍令照例补纳正税。"

4. 清代——契税制度完备期

清代契税的主要内容是契尾制度。契尾是指粘在契本之后的税收凭据。契尾产生于元代，⑤ 明代投契纸上正式出现"契尾"字样，制度上也日趋完备。清入关之后，先是使用契尾。顺治四年规定："凡买田地房屋，必用契尾，每两输银三分。"⑥ 康雍年间，在是否使用契尾上曾有数次反复，后因田房买卖日益频繁，户部于乾隆十二年颁布三联格式的契尾，乾隆十五年又颁

---

① 《元典章·户部·典卖田地给据税契》。
② 张晋藩：《中国法制通史（元）》，法律出版社1999年版，第473页。
③ 《元典章·户部·典卖田地给据税契》。
④ 《明会典·户部》。
⑤ 赵华富："元代契尾翻印件的发现"，载《安徽大学学报（哲学社会科学版）》2003年第9期。
⑥ 席裕福、沈师徐：《皇朝政典类纂卷九四·征榷十二·杂税》，台北文海出版社1982年版；转引自孙清玲："略论清代的契税问题"，载《福建师范大学学报（哲学社会科学版）》2003年第6期。

布新一联契尾,同时废止三联契尾。① 总的看来,乾隆改革之后契尾制度已趋于完善。

清代契税的另一个重大问题是田房典当契税问题。清入关后,为了增加国库收入,对典契征税,此项政策延续至雍正朝。后经康雍时期,清代经济有了较大发展,雍正十三年发布上谕,认为民间活契典当不在买卖之列,不用投契用印,收取税银。乾隆年间沿用这一政策,但对典契进行了严格区分。清末,由于新政及赔款之需,宣统元年度支部重新制定税则,规定对典契征收契税,每典价一两征收六分,先典后买,准扣还典价,以免重征。未几,清朝灭亡,此项规定随之废止。②

(二) 民国契税制度

1. 北京政府时期

1913年11月22日,北京政府公布《划分国家税地方税法(草案)》,将契税划为国家税。

1914年1月11日,北京政府公布《契税条例》。条例规定:契税的征收范围包括不动产的典契和卖契;纳税人为不动产的买主或承典人;就税率而言,卖契税为契价的9%,典契为6%;官署地方自治团体及其他公益法人为不动产之买主或承典人,免纳契税,但是以收益为目的者除外;纳税期限为契约成立后六个月以内。③ 在执行此条例过程中,财政部曾多次调整税率,而各地实际执行税率也很不一致。如1915年黑龙江、湖北卖九典六,直隶、江西卖四典二,安徽、广东卖六典四,江苏卖五典二,浙江卖四典三。④

1923年10月10日,《中华民国宪法》颁布,第二五条规定,"田赋、契税及其他省税",由"省立法并执行,或令县执行之",⑤ 契税被划为地方税。

---

① 马学强:"民间执业,全以契券为凭",载《史林》2001年第1期。
② 吕鹏军:"从有关律例看清代田房典当契税的变化",载《清史研究》1999年第4期。
③ 《最新编订民国法令大全》,商务印书馆。
④ 刘佐:"中国房地产税收制度的发展",载《经济研究参考》2005年第81期。
⑤ 夏新华、胡旭晟:《近代中国宪政历程:史料荟萃》,中国政法大学出版社2004年版,第523页。

2. 南京国民政府时期

1928年11月20日，南京国民政府颁布《划分国家收入地方收入标准》，契税被列为地方收入，[①] 契税成为地方财政收入的主要来源之一。各省市参照前颁《契税条例》自行制定地方契税制度，各地税率不同，且附加税名目繁多。[②]

1942年5月25日，南京国民政府公布修正后的《契税暂行条例》。修正内容主要涉及四个方面：

（1）扩大征税范围，交换契和赠与契被加入征税项目，由交换人和受赠人缴纳，税率分别为4%和10%；

（2）提高税率，卖契与典契分别被提高至10%和6%；

（3）确定征收机关，对定契税由财政部主管机关征收；

（4）扩大免征范围，规定政府机关公用和因公征用的不动产免征契税。[③]

1943年5月15日，南京国民政府公布《契税条例》，与此前公布的《契税暂行条例》相比，此次《契税条例》再次扩大征税范围，将分割契和占有契增加为征税项目，分别由分割人和占有人缴纳，适用税率分别为6%和15%。此外，再次大幅提高税率，卖契提高至15%，典契提升至10%，交换与赠与税率则分别提至6%和15%。[④]

1946年6月29日，国民政府公布修正后的《契税条例》，再次调整税率，规定卖契、赠与契、占有契适用税率为6%，典契为4%，交换契、分割契为2%，较以往条例契税税率有了大幅下降。[⑤]

二、华北人民政府的契税制度

1948年9月26日，董必武领导的华北人民政府成立，各部门负责人正

[①] 《中华民国法规大全·第三册 财政 实业 教育》，商务印书馆，民国二十五年辑印。
[②] 如江苏契税为卖九典六，河北卖六典三，湖南卖四典二。数据引自刘佐："中国房地产税收制度的发展"，载《经济研究参考》2005年第81期。
[③] 数据均参考刘佐："中国房地产税收制度的发展"，载《经济研究参考》2005年第81期。
[④] 同上。
[⑤] 同上。

式就职，戎子和任财政部部长，李子昂任华北税务总局局长。

1949年8月16日，华北人民政府财政部发布第109号令——《为公布试行北平天津市契税暂行办法及其施行细则（草案）令》，宣布根据天津市人民政府呈报的《天津市契税暂行办法（草案）》和《天津市契税暂行办法实施细则》，以及北平市人民政府呈报的《北平市建筑地基房屋契税暂行办法》，"经相互参照加以修正，拟定北平天津市契税暂行办法草案及实施细则草案各一件，随令附发，希即公布试行。"①

（一）契税的征收范围与种类

《北平天津市契税暂行办法（草案）》（下简称华北政府契税条例）规定，契税的征收范围是北平、天津两市土地房屋之买卖、典当、交换、分割、赠与、占有六项，其中，买卖契税、赠与契税和占有契税的税率为7.5%，典当契税税率为5%，交换契税和分割契税则为2.5%。

华北政府契税条例第五、六两条对典契和交换契有特别规定：先典后买之买契，以原纳税额划抵买契税，但以典当权人与买主同属一人为限，继承买主之直系亲属以同属一人论；交换之土地房屋，其承受部分在同等价值内，各按交换税率纳税，超出部分按买卖税率纳税。

（二）契税的征收主体与期限

契税由市人民政府财政局征收，以土地房屋的承受人为纳税人，但政府机关以公用为目的购置土地、房屋，得免征契税。针对纳税期限则规定，应于契约成立或承得所有权之事实成立后两个月内为之，逾期不纳者除责令完纳，并科以应纳税额10%~100%的罚金。

三、对新中国建立后制定契税制度的影响

1950年3月31日，政务院第26此政务会议通过《契税暂行条例》，1950年4月3日由政务院公布。该《契税暂行条例》与华北政府契税条例有

---

① 中国法学会董必武法学思想研究会编：《华北人民政府法令选编》，2007年版，第350页。

明显的继承关系，但在沿革之外又有不同。例如，中央政府契税条例的征收范围仅限于土地房屋之买卖、典当、赠与和交换四种，在第九条特别规定，"凡属共有土地房屋，如分析时应将原契连同分析单据呈验核准后，另换新契，免征契税，只收契纸工本费"；契税由土地房屋所在地之县（市）或相当于县（市）之人民政府征收；买契税税率为6%，典契为3%，赠与契为6%，交换的土地房屋，若两方价值相等，则免征契税，若不相等，则超出部分按买卖税率纳税；契税免征范围也有所扩大，按规定，凡机关、部队、学校、党派、受国家补贴的团体、国营和地方国营的企业与事业单位，以及合作社等，凡有土地房屋的买、典、承受赠与或交换行为者，均免纳契税。但凡属公有土地房屋，如分析时应将原契连同分析单据呈验核准后，另换新契，免征契税，只收契纸工本费。纳税期限则为产权变动成立契约后3个月内办理，有所延长。此外，根据当时特定条件下实际情况特别于第十五条内规定，伪造证据，侵占他人产业，或应没收之敌逆房地产，冒名补契投税者，除没收已交税款外，并送请人民法院处理。

1956年，我国实行社会主义工商业改革，契税税源逐渐减少，文革时期，全国契税工作基本处于停顿状态。十一届三中全会以后，社会和经济秩序逐步恢复，房产转移事件随之增多，各地陆续恢复了契税征收。[①]

四、华北人民政府契税制度的历史意义

从以上对我国契税制度历史性考察，我们可以发现，董必武领导的华北人民政府的契税制度有重要的历史地位及作用。

[①] 近年来，随着房地产市场的飞速发展，1950年颁布的《契税暂行条例》已明显不能适应现实情况的需要。1997年7月7日，国务院第224号令公布了《中华人民共和国契税暂行条例》，于当年10月1日起实施。此部契税暂行条例再一次调整了征收范围，取消了对房屋典当所征收的契税，意在避免重复征税，按照现行税收制度，房屋典当已被征收营业税。此部条例还在原有税率6%的基础上调低了1~3个百分点，同时根据各地经济发展的不平衡性，将原先全国统一税率改为由省级人民政府在规定幅度内适用税率，条例只规定了3%~5%的税率幅度。此外，此部条例缩小了契税减免范围对公有制经济组织恢复征收契税，但仍旧保留了对国家机关、事业单位、社会团体、军事单位承受土地、房屋用于办公、教学、医疗、科研和军事设施，意在促进文教卫生和科研事业的发展。

首先，华北人民政府契税制度具有承上启下的作用。在吸取已有立法经验的基础上结合当时情况，制定出符合实际的契税条例，而该条例又为后来成立的中央人民政府所颁布的《契税暂行条例》大范围继承。

其次，华北人民政府契税制度在稳定时局方面做出了巨大贡献。华北解放区处于东北、西北、华东、中原解放区的中心，华北人民政府是在晋察冀与晋冀鲁豫两大解放区合并的基础上建立起来的，如此重要的地理位置决定着华北人民政府负担着解放华北的一切大小城市和乡村，并努力恢复和发展生产，将解放区建设好的地方政府职责。契税是地方税收的一大来源，《北平天津市契税暂行办法（草案）》确立了华北人民政府契税征收规定，为稳定税源、充实财政收入、支援战争做出了应有的贡献。最后，华北人民政府制定的契税制度成为新中国成立后契税制度的滥觞。

华北人民政府不但具有地方政府的职能，还具备了某些中央政府的职能，正如董必武在1949年4月16日召开的华北人民政府第一次临时会议上指出："华北人民政府的功能，过去本是具有中央和地方双重属性的。这是因为革命的需要形成的。实际上在经济上、财经上也都起了它一定全国范围的作用。"[1] 华北人民政府制定的契税暂行办法有利支持了董老的这一论点，中央人民政府成立后，1950年颁布的《契税暂行条例》与此有明显的继承关系，只是在某些条文中为了适应新时期的现实需要略作调整。

通过对华北人民政府契税制度的考察，我们可以发现，董必武领导的华北人民政府特别重视经济建设与管理的立法工作，所制定的法规、制度一方面保证了当时经济的正常运行，一方面为新中国成立后各项经济立法工作提供了可资借鉴的蓝本。

华北人民政府在对新中国经济管理体制进行的探索与实践中影响最大的是财政与税收两项。华北税务局在华北人民政府对各项税收制度[2]做了全面

---

[1] 中共中央档案馆编：《共和国的雏形——华北人民政府》，学苑出版社2000年版，第13页。
[2] 包括《华北区工商业所得税暂行条例（草案）》《华北区农业税暂行税则》《华北区进出口货物税暂行办法》《华北区交易税暂行办法》《为规定娱乐税税率及减免办法令》《华北区屠宰税暂行条例》，等等。

整顿和改革的基础上制定了相关法规,确立了各级税务机关的编制、领导和干部制度,颁布各项税收条例,制定了各项税收手续,初步实现了税务工作的正规化。① 1949年8月,华北税务总局提出召开全国性税务工作会议的建议,草拟了中央人民政府成立后的税制、税收、税务机构方案。② 这些都为即将诞生的新中国奠定了基本可行的财政和税收的体制和制度。

董必武领导的华北人民政府成立距今已有60年,在其存在的短暂历程中制定了大量法令、法规,其中的某些法律制度对于我们今天立法、司法及行政工作仍然有重要借鉴意义。

---

① 如《关于建立华北各级税务机关的决定》《华北区各级税务机关组织规程》(1948年)《为修订华北区各级税务机关组织规程令》《华北区各级税务机关组织规程》(1949年)。
② 金燕:"华北人民政府的成立、职能及特点",载《党的文献》2006年第4期。

董必武财税法制思想初探

甘功仁[*] 何恒攀[**]

  作为中国共产党的创建者和中华人民共和国的主要领导人，董必武同志以其深邃的法学理论和丰富的实践为新中国的民主与法制建设做出了卓越的贡献。董必武的法制思想全面而系统，不仅包含宪法、刑法、司法制度建设等内容，而且包含财政税收法制建设等方面。纵观董必武的一生，他亲自参加和领导了大量的财政税收工作。早在旧民主主义革命时期，他就曾担任过湖北军政府理财部秘书，参与过财政支出和税收条例的制定工作；在孙中山先生领导的"二次革命"时期担任靖国军司令部秘书，负责筹款筹粮，此后曾长期负责国民党湖北省党部的党务工作，其中也包括对财政税收工作的领导；在土地革命战争之后，他担任中华苏维埃共和国中央执行委员会委员、最高法院院长等职，参与过中央苏区各项重要工作的领导；解放战争后期是他全面领导经济工作的一个时期，他先后担任华北财经办事处主任、中央财政经济部部长、华北人民政府主席等重要职务，领导制定了包括财政税收法在内的一系列法令；新中国成立后，他在担任政务院副总理等职务期间也参与了大量财税法制建设的领导工作。董老在长期革命实践中形成和发展起来的财税法制思想对我们今天的财税法治建设仍然具有极其重大的指导意义。但是，在已有的关于董老法制思想的研究成果中，却很少专门论及财税法制领域，因此本文旨在对董老的财税法制思想进行初步的探讨。由于董老在担

---

[*] 中央财经大学法学院教授、博士研究生导师。
[**] 中央财经大学法学院硕士研究生。

任华北财经办事处主任、华北人民政府主席这段时期是他比较集中地领导财政税收和财税法制建设工作的时期,因此本文更多的是结合这一时期的历史文献史料来加以研究。

一、财税法制建设为经济建设和发展服务的思想

(一)关于财政与发展经济的关系的思想

董必武的一生,以新中国成立为界线,大体可以划分为革命战争时期和和平建设时期这样两个阶段。革命战争时期的中心工作毫无疑问是聚集和发展革命力量,夺取全国政权。但是无论是在革命战争时期还是和平建设时期,经济建设和发展都是极其重要的任务。在革命战争时期,如果没有经济的发展,就会使革命丧失经济基础和物质支持,打击人民群众的革命积极性,想要夺取最终的胜利是不可能的。而在和平建设时期,工作的重点更应该转移到以经济建设为中心上来,尽管新中国成立后在相当长的一段时期内对于这个问题的认识是偏颇的。

发展经济离不开国家财政管理工作。财政作为国家为了实现其职能而参与社会产品分配和再分配的活动,在经济建设和发展中具有重大的作用。正确认识和处理财政与经济的关系,是关系到财政工作和财税法制建设指导思想的一个根本性问题。但是,对这个根本性问题的认识,在我们党的领导集团内却一直存在分歧。当时一部分同志认为,生产缓不济急,利润太小,靠发展生产不能解决财政问题,进而把财政和发展经济割裂开来。以董必武为代表的一部分领导同志是坚决反对这种看法的。董必武1947年9月在晋察冀边区财经会议上的讲话中明确指出,在革命时期的"财经任务,应当是动员我区现有的人力、财力、物力来支持空前大规模的、近代化的、长期性战争,发展各种生产,特别是国民生产,实行精简节约,保障前线后方各部队机关从业人员业务和生活上一定量必需的供给。"[①] 这段话阐明了财政与发展经济

---

① 《董必武选集》,人民出版社1985年版,第158页。

的关系。因为在根据地建立和巩固之后,对战争的支援和供给依靠的是财政工作的开展,而财政资金的来源必须依靠发展生产,因此董老特别强调"发展各种生产,特别是国民生产"的重要性。虽然在革命战争时期,财税工作主要是要服务于更大的战略需要,服务于战争的胜利,但从扩大财政供给来说,还要服务于经济的发展,财税政策和财税法律的制定应当考虑对发展生产的保障和促进作用。董老的这种思想认识在当时的情况下是难能可贵的,并且,董老关于财政与发展经济的关系的思想与中央的指导思想是一致的。中共中央在1947年10月发布的《关于批准〈华北财政经济会议决议草案〉及对各地财经工作的指示》中指出:"过去各解放区对于'发展经济,保障供给'的方针,还缺乏深刻的认识,重财政轻经济的现象尚相当普遍的存在(晋冀鲁豫的情形要好一些),因此,许多地方对于发展农业(包括副业)和手工业生产,组织劳动互助,发展合作事业,提倡解放区缺少但有可能自己出产和推广的各种生产(如植棉、种蓝靛……),尚缺乏认真的、坚持的、贯彻到底的精神。财经机关在贸易、金融、财政等政策上,对于如何保护和扶助解放区内国民经济的发展也就缺少注意,或者是注意得不够。这就不可能使解放区达到经济上独立自主并进一步改善人民生活的目的。这种情形必须引起全党的注意,并努力加以改进。"[①]

董必武关于财税工作和财税法制建设必须服务于经济建设和发展的思想,今天依然具有重大的现实意义。在我国由计划经济向市场经济转型的时期,又有不少人认为财政工作的任务应该是仅限于保障政府的基本职能实现,即所谓的"吃饭财政",财政工作应退出经济建设领域,财政资金不应再投入经济建设项目。这种观点显然是站不住脚的。在革命战争时期,革命政权的财力严重匮乏,商品经济极不发达,尚且注重财政对经济建设的支持和扶助,而在以经济建设为中心的今天,国家的财政实力日益雄厚的情况下,面对"市场失灵"等弊端,更不能放弃财政工作的这一职能。不能把有无财政对

[①]《董必武传》,中央文献出版社2006年版,第562页。

经济建设的支持作为判断市场经济和计划经济的标准。党的十五大报告指出："集中财力，振兴国家财政，是保证经济社会各项事业发展的重要条件。"可见，新时期党和国家对财政工作的基本要求还是对经济发展和建设的支持，包括财政税收立法也要服务于经济发展和建设。

（二）农业税法服务于农业经济发展的思想

农民问题是中国革命和建设的根本问题，而农民最关心的是土地问题。土地问题包含多方面的内容，其中农业税赋问题直接关系到农民的负担和生产的积极性。董老认为，农业税征收的指导思想应当解决好"必须大量养兵，必须保障部队生活的一定水准和必须照顾人民负担能力三个基本矛盾"[1]，强调要"改革税制，整顿税收，力求不再加重人民负担"，"以达到农村负担的公平合理"，并提出"农业负担最高不超过全区人口平均的农业总收入的百分之二十"。[2] 他所说的财政工作中的三个基本矛盾，实际上包含了财政支出和财政收入两个方面，养兵是军费开支，这是当时财政支出的主要部分，而人民的负担则是财政收入的主要来源。在革命根据地建立之初，由于客观条件的限制，曾经有过一段无税时期，财政收入主要依靠向剥削者没收或征发、捐款，但这种财政收入是不稳定的，不可能长久，财政收入必然要过渡到征税时期。[3] 在当时的条件下，农业经济是根据地经济的基础，所以农业税也自然成为最为重要的税种。以解放战争时期为例，农业税占解放区财政收入的比重，晋冀鲁豫占74.9%（1947年）和79.8%（1948年），晋察冀占76%（1948年），唯一例外的东北解放区因为工商业经济较为发达，农业税的比例仅为39.7%（1947年）和41.8%（1948年）。

保障战争供给与农民负担能力的矛盾从革命根据地建立之日起就是一对一直存在的矛盾。在解放战争之前，由于战争形式主要为小规模的游击战，

---

[1] 参见"华北财政经济会议决议"，见薛暮桥、杨波主编：《总结财经工作，迎接全国胜利》，中国财政经济出版社1996年版，第51页。
[2] 《华北人民政府施政方针》。
[3] 张侃、徐长春：《中央苏区财政经济史》，厦门大学出版社1999年版，第287页。

所以对后勤供给的要求并不高，这一矛盾还不是很突出。但是到了解放战争时期，随着大兵团式的运动战和攻坚战的展开，军队数量大大增加，对武器装备和后勤保障的要求也相应提高。因而，保障战争供给和农民负担能力这一矛盾就变得更加突出。据1947年12月的统计，晋冀鲁豫、晋察冀、山东、晋绥、陕甘宁等五个解放区的脱产人员达到160万，比日本投降前夕高出77.8%；脱产人员的供给标准，以晋冀鲁豫边区为例，抗日战争最艰苦的1942~1943年为每人折合小米7石，1946年增至14石，1947年更达到28石。而当时解放区农民的收入水平是相当低的。据1947年的调查，华北解放区每个农民年平均收入折合小米仅有2.5石。[①] 因此，为了发展生产、培养税源，就必须要在农业税的征收上规定奖励生产的政策，以便在保障供给的前提下最大限度地减小税赋对于农民的影响。

农民负担的合理程度具体到农业税而言，直接体现在不同时期农业税的课税对象、计税依据和税率等课税要素以及农业税的减交、免交等方面，这些要素由于受到我党不同时期土地政策的影响而有所变化。董老主持华北财政办事处之时，华北的土地改革已经普遍开展，至华北人民政府成立，除少数新解放地区外土地改革已经基本完成，因此，他"根据土地改革后，农村土地大体平分之情况"，及时提出改革税制应"依发展农业生产，保证战争供给，并使农民负担合理固定之原则制定之"。在他的直接领导下，华北解放区进行了一场全面的税制改革，其标志就是1948年12月25《华北区农业税暂行税则》的颁布。

在课税对象上，废除按资产、收入合并计算征收的统一累进税，对原来课征的工商业收入另征营业税，农业部分改征农业税。一般只就土地收入征收，不再另征资产税。

在计税依据上，按照土地常年应产量（即根据土地的自然条件和一般生产经营状况评定的正常年景下应当收获的产量）来负担税赋。[②] 这样就确保

---

① 李炜光：《中国财政史述论稿》，中国财政经济出版社2000年版，第249页。
② 《华北区农业税暂行税则》第6条。

了农业税税赋的稳定，增产不增税，体现了鼓励增产的政策，也即促进农业经济发展的政策。这比起我党一些时期、一些地区实行的按照每年的实际收益来征税的做法（例如，在中央苏区，按照1931年11月28日颁行的《中华苏维埃共和国暂行税则》的规定："分得土地后，按照全家每年主要生产的收获以全家人口平均，规定出每人每年的收获数与生活必需的支出，根据此标准再定出向每人开始征收的最低数额"。）显然更为进步。尽管这种思想的提出在中国历史上并非最早，但是却体现出董必武对农民负担合理程度的关注及对农业经济发展的重视。

在税率上，变以往的累进税率为固定的比例税率，"在土地改革已经完成的区域，一律废除农业统一累进税"、实行"按照土地常年应产量计算的比例负担制"，并在立法中得以施行。由于在华北的土地改革完成以前，我党不同时期的土地政策虽然各异，但是都保留了富农经济，考虑到富农与中农、贫农的负担能力的差异，为了体现不同的阶级政策，以实现税收的公平，所以大多都是实行累进税率，这样能够保证富农多交税而中农和贫农的税赋比较轻。但是，从1947年起，在华北推行土地改革，实行消灭一切剥削制度的政策，地主、富农经济被消灭，原来的富农经济已经不复存在，因此这个时候再实施累进税率就失去了其原本的调节贫富的意义，甚至会打击土改之后的农民的生产积极性。"比例固定不累进的新的农业税则，适合于全区土地改革后新的农村经济情况，对稳定农民生产情绪，刺激生产有积极作用"。[①] 因此，董老因势利导，改变了以往的税率。这种思想和做法在我党历史上是具有开创性的，并且成为新中国农业社会主义改造完成之后的农业税税率准则。

此外，华北人民政府实行的是一种有免征额的比例税制，就是对每一农户计算税额时，先按人口扣除一定数量的收入（免征额），所余部分按同样的税率比例征收。免征点的扣除则是所有纳税户的人口，不分男女老幼均按

---

① 《关于推行农业税则的决定》。

一个标准亩（常年产量十市斗谷）扣除。耕畜及其所生之幼畜也都扣除一定的消耗。这样就较好地体现了合理负担的政策，兼顾了土改之后中农和贫农的利益，而且在一定程度上保持了税收调节收入的作用。①

当时的法令还规定，垦种生荒地或新修山地等情况可以在一定时期免征农业税，对遭受灾害而致缴纳有困难者规定了缓征、减征或免征制度，规定在缺棉地区种植棉花、蓝靛的收入在一定时期内减税、免税，对农民利用农闲经营家庭副业的收入一般不征税，对兴修农田水利予以税收优待等促进农业经济发展的做法。

在征税手续上，华北解放区原本的征税手续是比较复杂的，虽然详细，但农民难懂，计算征收很麻烦。董老主政华北之后的税制改革，大大简化了征税手续，不仅是因为税率本身的变化导致了计算手续和工作量的减少，而且计税收入在经过调查登记达到确定程度之后，即行固定，减少了以往一年一登记的麻烦。

所有这些都充分体现了董老审时度势，根据不同时期的实际情况来制定不同的农业税法，以服务和促进农业经济发展的思想。

（三）工商业税服务于工商业经济发展的思想

"农村包围城市"是我党领导的新民主主义革命的一大特色，所以我党创建的根据地基本上都是以农业经济为基础的，缺少现代意义上的工业和商业的发展，从税收上讲也只有少许的工商业税存在。但是随着革命形势的发展，尤其是到了解放战争后期，在农村的土地改革完成之后，发展城市工商业也就提上了日程，党的工作重心也逐步由农村向城市转移。随着各种所有制的工商业的发展，工商业税收自然多了起来。在社会主义改造完成之前，工商业税收主要涉及的是资本家或者小资产者的利益，故我党历史上对工商业经济发展的认识在相当长时间内是存在争论的，甚至有"民粹主义"等较

---

① 参见中华人民共和国财政部《中国农民负担史》编辑委员会编著：《中国农民负担史》（第三卷），中国财政经济出版社1990年版，第635页。

为极端的思想存在。而董必武认为，在当时的形势下，必须努力发展各种形式的对国计民生有益的工商业，"在发展生产、繁荣经济、公私兼顾、劳资两利的总方针下，努力发展工商业"，"人民政府应重申坚决保护工商业，不得侵犯的政策"，"也应适当地照顾厂方的适当利益，否则对生产不利"。① "在经济工作方面要纠正害怕工商业家发展的保守思想，大胆放手让私人资本和私营经济自由发展"，"适当规定工商业税及其征收办法，应使一般工商业者义务纳税之后仍然有利可图"。董老的在保障供给的前提下发展工商业的思想，无疑是工商业税收立法的指导思想之一。

当时的工商业税主要是指营业税和货物税（"关税"），后来还包含了工商业所得税、矿产税、烟酒消费税等税种。对于工商业税等的征收标准，考虑到解放战争后期的实际情况，"在币值下落物价上涨的情况下，按货币来计算工商业的盈利数额，作为征收标准，是可能会使工商业者名赚实亏的，在我决定税款数额时，应注意这点。至于征收办法，各地经验可由政府规定税款总额，征求工商业者意见，然后通过各业民主讨论，自报公议，来决定各户应摊的税款。这系过渡办法，实行起来颇受工商业者欢迎"②，而且对于工业和商业的税收，董必武主张应有所区别，"如对于工业可以采取免税、减税、重税等办法分别对待之，对于商业只要定出较合理的税则就可以了。"③ 这是符合政府对工业要酌情辅助、对商业只需取消限制即可的政策精神的，是符合当时经济发展的客观需要的。

货物税（"关税"）分为进出口税和过境税两种，虽然它不是通常意义上说的国与国之间的贸易所形成的关税，但却是当时对根据地和国统区之间的进出口贸易课征的一种税种。正常的货物贸易是实现调剂供求、平稳物价、组织各地物资交换等任务所必须的，因此董必武认为，货物税的征收"应当

---

① 《华北人民政府施政方针》。
② "华北金融贸易会议的综合报告"，见薛暮桥、杨波主编：《总结财经工作，迎接全国胜利》，中国财政经济出版社1996年版，第388页。
③ "董必武同志在华北金融贸易会议上的讲话"，见薛暮桥、杨波主编：《总结财经工作，迎接全国胜利》，中国财政经济出版社1996年版，第355页。

便利交易而不影响市集繁荣""人为的相互封锁和税收上的关卡较多,税则琐碎、繁多等,都妨害货畅其流"。① 为了保护根据地经济的发展,奖励土货,根据地政府根据进出口货物的不同供需情况和货物的必需程度等制定出不同的税率标准。进口货物,根据地群众"不要的抽重些,要紧的抽轻些,一定要的就免税";出口货物,"我们多的抽轻些,不够的抽重些"。在华北人民政府建立之时,由于抗战时期各解放区相互独立、分别制定政策措施的影响,某些解放区存在重复征收货物税的现象,对此,华北人民政府专门制定了制止重复征收的法令,如《为本区已照章完税之货物各地不得重征货物税令》等,这使得货物税征收完全改变了在半殖民地半封建社会中"厘金关卡层层抽剥"的状况。

我们现在的工商业税已经细化为很多具体的税种,当时的"工商业所得税"已经被"企业所得税"所取代,货物税这种特殊情况下的税种当然已经不复存在。但是在董老的思想指导下,我们仍然能得到不少启示,如结合当前中、外企业所得税"两税"合并的实际及存在的问题,改革营业税等流转税中与现代经济发展不相适应的制度,以达到工商业税法服务于工商业经济发展的目的。

二、财税统一的思想

在1931年中华苏维埃共和国临时中央政府成立之后,统一财政的工作事实上就已经提上了日程。只是在解放战争以前,革命根据地分散,加上敌人的封锁而相互隔离,客观条件的限制使得各个革命根据地的财政工作单独进行。自设财政,自行收支,自求平衡还具有一定的合理性,所以除去红军长征之后到抗战初期这段时期又恢复到了最初的自收自支的局面之外,总体来讲实行的是"统一领导,分散经营"的财政方针。这种财政格局虽然无法从根本上统一整合财力,但却能够在短期内克服暂时的财政困

---

① "董必武同志在华北金融贸易会议上的讲话",见薛暮桥、杨波主编:《总结财经工作,迎接全国胜利》,中国财政经济出版社1996年版,第355页。

难。到了解放战争时期,由于革命形势的发展,根据地逐步扩展,开始相互连接形成了大片新的根据地,在新的形势下,要求真正在全国范围内实现各革命根据地财政的统一。财政工作的统一直接决定了财税立法工作的统一。

1947年3~5月召开的华北财经会议是统一全国各解放区财政工作的开端。与会人员讨论了各解放区的脱离生产人数比例、人民负担标准等问题,交流了经验,提出了存在的问题,统一了认识。会议认为,必须以极大的决心和努力,动员各解放区全体军民共同奋斗,统一各区步调,利用各区一切财经条件和资源,克服本位主义,实现大公无私的互相支援,才能达到团结对敌、共同克服财经困难的目的。在董老的支持下,会议草拟了《华北财经会议决议》和《华北财经会议综合报告》送呈中央。这两份文件提出了财经工作的基本方针和针对财政工作和经济工作的一些具体问题的解决措施,其中的思想和观点集中反映了董老等人关于解放区财政工作的思想和政策。"董老还估计到了由于本位主义和山头主义的存在,统一财经工作会有阻力,"[1] 对于习惯了自给自足的各根据地来讲,一时间要统一财政工作并非易事。对此问题,董老认为,过去的"各战略区或分区都不能相互联系,只好自力更生,各自为政;在财经方面也是各搞各的,用一切的方法求得自给自足。这种方法是适合于当时环境的,起了积极的作用。但是在这个基础之上很容易产生宗派主义、本位主义和山头主义的思想和作风。""我仔细考虑财经统一的问题,觉得从一个共产党员的观点来看,在现在情况下,工作上没有什么不便。假如有什么不便的话,那就是不便于某些个人的为所欲为罢了。"[2] 同时,他又认为当时财政统一的主客观条件尚未成熟,统一是必要的,但是应有准备、有步骤地去实现,"一到环境允许统一时,财经工作便要统一起来。"不过,为了便于照顾地方困难,

---

[1] 薛暮桥:"解放战争时期财政经济工作的回忆",见薛暮桥、杨波主编:《总结财经工作,迎接全国胜利》,中国财政经济出版社1996年版,第315页。

[2] 《董必武选集》,人民出版社1985年版,第164页。

也要让基层适当保持一定的机动权。这些论述体现了董老的全局观念和实事求是的思想。

为了实施财政统一，会议决定成立以董必武为主任的华北财经办事处，以便在中央领导之下具体负责统一协调各区的财政工作。此后华北财经办事处先后召开了财经、军工、交通等工作会议，这一系列会议决定并实施了统一管理华北各解放区货币、贸易的具体措施和行动计划。华北财经办事处存在期间，"调整了各解放区间的相互关系，减轻了各区财经工作的矛盾，如：撤销了各区间的关税壁垒；协同各战略区负责人调剂了贫富区的财政，较富区帮助较贫区，使较贫区在财政上得以减少其困难。"①

从1948年开始，随着革命形势的迅速发展，财政统一的步伐进一步加快。1948年7月，中央决定撤销华北财经办事处而设立中共中央财政经济部，由董必武任部长，以加强对华北各解放区财经工作的统一领导。中央财经部对1949年的财政供给和统一调配做了安排。董老直接领导财政统一工作直到由陈云出任主任的中央财经委员会成立。前文提到的其主政华北人民政府时期的税制改革是这一时期财政工作走向统一的一个重要步骤，这次改革结束了华北解放区多年多种税收制度并存的局面。在土地改革完成之后，除了北京、绥远部分地区外，都实行了华北的统一税法。

由董老领导的这一系列统一财政工作的努力，为当时革命斗争的发展做出了重要的贡献。例如，在华北财经会议闭幕不久，刘邓大军挺进中原区作战，就是由晋冀鲁豫边区承担了全部后勤保障任务。据统计，1947年，晋冀鲁豫军区支援刘邓大军银元100万元，还有大量军需物资折合小米3527万斤。华北人民政府1948年上缴和援助各区支出共计折合小米12.96亿斤，占华北当年财政总支出的27.1%②。这种团结互助、共同克服财政困难的做法

---

① 参见"董必武关于华北财经办事处结束工作的报告"，转引自西柏坡网，http://www.hebei.com.cn/node2/node1318/node1321/node1329/userobject1ai163607.html。

② 华北解放区财政经济史资料选编编辑组：《华北解放区财政经济史资料选编》（第2辑），中国财政经济出版社1996年版。

在以往是没有的。同时，由董老领导的这一系列工作，成为新中国成立之后由陈云同志领导的被毛主席誉为财经战线"淮海战役"的财经统一工作的先声，并且对现今的财政税收工作仍然具有指导意义。因为在今天，当初被董老批判的山头主义、本位主义、地方保护主义等现象并没有从根本上消除，例如，歧视性的财政扶持就是破坏统一的财政工作方针的表现。我们一方面要加强对财税工作的统一领导和管理，制定和完善相关的法律法规；另一方面也应当结合董老关于财政统一的主客观条件的论述，仔细查找存在这些现象的原因。例如，应当从实际出发，具体分析分税制改革之后地方政府的财权和事权不平衡、某些地区财政困难等情况，而不能简单地口号式地要求各地方、各部门服从于统一财政的大局。既要坚持原则的统一性，又要保持一定的灵活性。

三、加强财政管理和监督的思想

财政活动是政府的经济行为，没有有效的监督难以保证财政收入的民主、公平、合理和财政支出的有效性。对财政活动的监督，一要建立健全组织机构，如《华北人民政府各部门组织规程》《华北区各级税务机关组织规程》等都是有关财政管理组织的法令；二要立法，对预算、会计、审计、金库等具体制度都要有比较完整的规定。董必武指出，"在财政上应当建立若干制度，制度拟综合各区现有的规定，这里包括预决算、财粮会计、金库和审计诸制度"，[①] 并在工作中予以落实。

（一）建立财政预算制度

预算制度是财政制度的基础制度，从一定程度上说，预算工作是财政管理和监督工作的第一步。在我党领导的根据地政权建立之后，就已经建立了早期的预算制度，到了解放战争时期，各解放区的预算制度也基本上都是承

[①] "董必武同志关于华北财经办事处工作向中央的报告"，见薛暮桥、杨波主编：《总结财经工作，迎接全国胜利》，中国财政经济出版社1996年版，第339页。

继以前的预算制度。1947年3月,蒋介石军队大举进攻解放区,我军被迫进入战略防御阶段,因此,此时的预决算制度已经名存实亡,只能以精兵简政为精神,核实前线与后方、部队与机关的人员编制、减少行政费用,保证战争胜利而已,直到1948年随着解放区的扩大,预算制度才算走上正轨。① 对此问题,董必武认为,应当"把我们的预算交解放区人民代表机关去审查、修改和通过。村款开支和战勤支差都由村民大会讨论决定。这样我们所办的事,所用的款子,都由群众审查和批准"。由董必武主持制定的《华北财经办事处组织规程》规定办事处的一大任务就是"审查各个解放区的财政预算并作出必要的调剂办法"。《华北人民政府组织大纲》明确规定,全区预算决算事项应由经选举产生的华北人民政府委员会决议行之。② 这种规定虽然不是严格意义上的由人民代表会议审议预算,但限于当时的条件,由选举产生的政府委员会审查批准财政预算,实际上相当于今天由人民代表会议审查批准。《华北区暂行审计规程》则明确规定了预算决算的编制、编审程序和执行等问题。

(二) 建立统一的会计制度和审计制度

建立统一的会计制度是统一财政之本。根据地早期的会计工作较为混乱,各地区账本和记账方法不一致,现金的收支和管理混在一起,会计科目名称不一等现象普遍存在。这样上级财政部门无法进行比较、对证和审查,也就谈不上财政监督了。为此,华北人民政府于1949年制定了《华北区财政会计规程》,规定区财政和县财政之款项、实物及粮秣收支会计事宜均依该规程办理。该规程详细规定了会计机构与职责、会计科目、收支程序、电报制度、账表组织、结账决算、会计交代等。

审计制度是对财政收支进行审核算与监督,加强财政管理,提高财政透明度,防止贪污腐化的重要制度。按照《华北区暂行审计规程》的规定,在

---

① 孙文学主编:《中国近代财政史》,东北财经大学出版社1990年版,第502页。
② 参见《华北人民政府组织大纲》。

全区范围内由华北财经委员会按照"独立审计"原则，执行总预算的审计工作。华北财经委员会虽然不是专职的审计机构，但它是与财政部平级的机构，在接受政府委员会委托行使审计职权时不受财政部的制约。而对重大事项之外的一般审计工作则是由各级财政部门办理，此时即为"财审合一制"。这种监督事实上是财政部门对财政部门之外的机关的财政收支的监督和审查。"独立审计"和"财审合一"相结合的制度更多的是受制于当时的客观条件，虽然比起早年中央苏区曾经采用的"独立审计制"甚至有所倒退，但却是我国新中国成立之后长期沿用的一种制度，尽管建国后由监察部分担了部分审计职能，一直到1983年设立国家审计署专司审计之责，然而"独立审计"和"财审合一"相结合的制度架构至今没有改变。

（三）打击贪污腐化行为

董老非常重视整肃政风，力行廉洁政治。对于财政领域的贪污腐化行为，董老坚决予以反对。由于当时的大多数财政立法中并没有专门的"法律责任"追究的规定，尽管如此，对于违反财政法令、纪律的行为，董必武仍坚决主张加以惩处。他在华北金融贸易会议上的讲话中指出，"目前贪污现象日益严重，这种现象如不纠正，将大大加重我们的财政困难"，"对教育无效或者犯罪行为超过一定限度的，就必须执行纪律，不能姑息"，[①] 财经工作"应当反对贪污，这是犯罪的事"。[②]

在相关立法上，董必武主政的华北人民政府虽然没有制定专门的惩治贪污条例等法令，但是此前已有不少根据地都制定了相关的法令，如《陕甘宁边区惩治贪污条例》（董老曾经短时期代理陕甘宁边区主席）、1947年的《东北解放区惩治贪污条例》、1948年的《晋冀鲁豫边区惩治贪污条例》等，这些法令不能说没有包含董老的思想。况且新中国成立之后颁布的《中华人

[①] 1948年1月，华北财经办事处："关于反贪污反浪费的指示"，见《董必武传》，中央文献出版社2006年版，第584页。

[②] 参见"董必武同志在华北金融贸易会议上的讲话"，见薛暮桥、杨波主编：《总结财经工作，迎接全国胜利》，中国财政经济出版社1996年版，第354页。

民共和国惩治贪污条例》以及《中华人民共和国刑法（草案）》等法律的起草工作都是由董老亲自参与领导的。当时的华北人民政府还设立有专门的人民监察机关，以监督、检查、检举并处分政府机关及其公务人员的贪污腐化、违法失职行为。所有这些都足见董老努力通过立法加强财政监督、惩治贪污腐化的决心。在今天贪污腐败之风盛行的形势下，董老反腐倡廉的法制理论和实践仍是值得我们学习和发扬光大的宝贵精神财富。

华北人民政府的金融法令

——新中国金融立法的萌芽

刘隆亨[*] 吴 军[**]

新中国金融法制建设的来源主要有三个部分,一是革命根据地时期的银行金融货币政策法令。如中华全国苏维埃共和国国家银行的法令、根据地造币厂和印钞厂的相关法令、根据地的货币发行与管理法令、根据地的银行业务法令(代理金库、吸收存款、发放贷款等)以及西安事变后中国共产党金融政策法令(包括减息政策、对私人工商业发放低利贷款等)。二是旧中国遗留下来而又经过改造可以适用的金融机构和某些技术性的政策法令条款。如对民族资本的金融机构的一些银行存贷款规定、对私人工商业发放贷款的某些具体规定等。三是吸收和借鉴国际的、外国的金融政策规定、先进经验制定的法令,如学习苏联国家银行政策法令等。在这三部分组成中,当年吸收根据地的经验,尤其是华北人民政府金融法令占有重要的成分,起着重要的作用。因此,今天我们着重研究华北人民政府金融法令具有重大的历史和现实意义。

本文分三部分。

一、华北人民政府法令中有关金融法令的概况及分析

1947年夏,人民解放战争从战略防御转入战略进攻阶段。1947年11月

---

[*] 北京大学税法研究中心主任,北京联合大学经济法研究院院长、教授。
[**] 北京大学税法研究中心办公室副主任,北京联合大学经济法研究院综合办公室主任、助理研究员。

12日，河北石家庄解放，至此，华北、西北、山东等几大解放区已连成一片。中共中央认为由于形势发展，必须通过进一步扩大新的政权建设，以适应解决一系列实际问题的紧迫需要，于是在1948年9月成立华北人民政府。这个政府和根据地建立的革命政府比较起来，它标志着由游击式政府过渡到正规式的政府。正规的政府，首先要建立一套正规的制度和办法。由于这个政府和政权的特殊性，决定了它在短短的13个月中先后制定并颁布了200多项法令、训令、规定、通则、细则。这次选编的财税方面的法令有44项，金融方面的法令14项。华北人民政府直到1949年1月31日北平和平宣告解放，建立全国性政权很快成为现实，它才失去了存在的必要。1949年10月31日，华北人民政府正式撤销。13个月，在历史的长河中只是一瞬间，但它在特定时期所肩负的由华北走向全国的光辉使命，却永远不会被历史磨灭。

从对《华北人民政府法令选编》的14件金融法令的分析来看，大致分六种类别：（1）银行管理规定1件，有《华北人民政府布告》（金字第三号）；（2）统一货币及货币发行的法令占5件，有《华北人民政府布告》（金字第一号）《华北人民政府布告》（金字第二号）《为成立中国人民银行发行统一货币的训令》（金行字第一号）《华北人民政府布告》（金字第四号）《关于停止东北、长城两种货币在华北区流通的布告》（金行字第五号）；（3）对曾作为货币使用的金银管理法令3件，有《华北区私营银钱业管理暂行办法》（1947年4月27日颁布）《华北区金银管理暂行办法》（1947年4月27日颁布）《华北人民政府关于执行金银管理办法的请示》（金行字第八号）；（4）对外国货币在中国结算的外汇管理法令3件，有《华北区区外汇兑暂行办法》（1947年3月15日颁布）《华北区外汇管理暂行办法》（1949年4月7日颁布）、《华北区外汇管理暂行办法实施细则》（1947年4月11日颁布）；（5）银行贷款及利息调整法令1件，有《中国人民银行总行关于工商放款政策及调整利息的指示》（总业字第一号）；（6）金库管理法令1件，有《华北人民政府金库条例》（1947年1月8日颁布）。

二、华北人民政府金融法令的基本特点和原则

（一）华北人民政府金融法令的基本特点

（1）为适应生产发展需要，满足支援全国解放战争发展和胜利的需要，稳定金融、安定人民生活，保护人民财产的需要，目的性非常鲜明。

（2）对金融涉及的面比较广泛，内容丰富，对统一货币制度的重点十分突出，十四件金融法令中有六件都体现了这方面内容。

（3）具有过渡性，一方面是对各根据地地方金融法令、货币政策的总结和统一，另一方面又成为全国解放，建立新中国，制定金融法令的过渡。

（4）针对性强，赏罚分明，惩戒从严，体现了革命法制的权威性。例如，在对金银管理的办法中，必须严加取缔私营饰品业的非法经营，针对违法行为的不同情况，分别规定了贬价兑换、全部没收、加倍罚款、处以罚金等严厉措施。军民对违背金银管理的现行犯均有检举、告发、查获的权力，对违法行为的检举控告者给予一定的奖励。对银钱业有违反管理暂行办法的，按照情节轻重，分别处以警告、罚金、令其撤换重要职员、停止票据交换、停止营业、有关刑事部分者交给司法机关处理等。上述规定，充分体现了革命法制的威严。

（二）华北人民政府金融法令的基本原则

（1）独立自主、统一货币发行与流通的原则。1948年3月，董必武同志在石家庄主持召开了华北五大解放区（晋察冀、晋冀鲁豫、晋绥、陕甘宁、山东）金融贸易会议，决定成立中国人民银行并发行人民币。在经过了近9个月的积极筹备后，在1948年11月25日，由华北银行总行对各大区银行和分行机构发出指示信，决定将华北银行、北海银行、西北农民三行合并，成立中国人民银行，以华北银行总行为人民银行总行。1948年12月1日，华北人民政府发出布告（金字第四号），宣告中国人民银行于1948年12月1日成立，同日开始发行人民币，这是中国人民银行成立后发行的第一套人民币。这套人民币共印制了12种面额，60种版别。这套人民币的发行，既区别于

各根据地发行的货币,更区别于旧中国发行的货币,体现了独立自主的货币政策与流通政策。此后,各种券别和版面的人民币逐步推广到全国各个解放区,清除了国民党政府发行的各种货币,保障和促进了人民解放战争的全面胜利,中国人民银行的成立和人民币的发行流通,标志着一个崭新的统一的货币体系已经有了雏形。

(2) 为国民经济建设与革命战争大局服务的原则。《华北人民政府布告》(金字第四号) 和《为成立中国人民银行发行统一货币的训令》制定的目的都是为适应国民经济建设的需要。在《中国人民银行总行关于工商放款政策及调整利息的指示》中也明确规定了放款的总方针是要有利于国民经济的发展,并对怎样有利于国民经济的发展做了具体的指示,包括扶植工业、农业等生产事业,工业贷款、农业贷款与合作放款、商业放款、私营工商业放款以及扶植政策和放款政策的顺序、标准安排等。与此同时,货币的发行虽然支持了财政的需要,但不是财政发行,而是按照经济发行的原则进行。

(3) 顾及金融业的特殊性原则。金融的特殊性在于强调金融的稳定性和保障社会正当信用。从这种特殊性原则出发,为稳定金融、扶植生产、保障社会正当信用,特制定了《华北区私营银钱业管理暂行规定》,包括对私人资本经营的商业银行、银号、钱庄的经营业务范围、限制取缔一些不正当经营、资本最低数额、中国人民银行的检查制度等。为稳定金融,防止金银、银元流通买卖给本币信用造成恶劣影响,制止因金银流入敌区而减少人民财富,防止走私倒卖,特制定了《华北区金银管理暂行办法》和《华北人民政府关于执行金银管理办法的请示》,对金银流通范围、人民携带金银、人民自行佩带金银、自愿出售金银等以及违反规定的处理措施和执行中应注意的问题做了详细规定。

(4) 方便人民,服务人民,关注民生的原则。早在土地革命时期和抗日战争时期制定的有关金融方面的规定就提到了民生的问题,华北人民政府金融法令的相关规定在服务人民大众、关注民生问题上特点更加鲜明。如为促进国内各地物资交流,繁荣经济,便于人民汇兑,制定了《华北区区外汇兑暂行办法》，详细规定了华北区与解放区外国内其他地区之间的汇兑办法，由中国银行负责经营外汇管理业务，中国人民银行负责汇价牌告、核准汇水数额、指定银行汇出区外款项用途及数额等。为管理国外汇兑，特制定了《华北区外汇管理暂行办法》和《华北区外汇管理暂行办法实施细则》。为方便群众，服务人民，对出口托收款项的期限把路途远近、交通条件的不同情况都归置进去。在解放战争还没有结束，对外汇的使用有限的情况下，首先照顾了购买外汇支付驻外亲属人员生活费者、支付驻外商业机关生活费及出口佣金、运费、保险费者、支付留学、旅行及驻外机关团体人员费用者的需要。

三、华北人民政府金融法令对新中国金融法制建设的重大意义

1949年10月27日，毛主席在撤销华北人民政府的命令中指出："中央人民政府的许多机构，应以华北人民政府所属有关机构迅速建立起来。"我们认为它还为后来成立的中央人民政府在制定法规和制度上做了充分的准备。具体说来，华北人民政府金融法令重大意义主要有以下几点：

（1）从对华北人民政府金融法令的概况、背景、特点和原则的分析中，可以看出，华北人民政府金融法令首先具有承上启下的过渡性的意义。一方面对土地革命、抗日战争、解放战争中国共产党领导下的金融政策和根据地政府的金融机构及货币管理法令的系统总结和统一，如《华北人民政府布告》（金字第一号、二号、三号）；另一方面又是为适应全国解放战争的胜利和建设新中国而进行经济恢复和建设的需要在高一级形式下的规范化。如把各根据地的银行成立为统一的中国人民银行，其业务也有了更新和提高。把各根据地的各种货币发行与流通统一为人民银行发行钞票与统一流通。新老解放区之间的货物交易与货币也统一按照一定的比例结算流通使用。把市场金银的流通和买卖的管理，根据新的形势也进行了规范，包括取缔、禁止、限制和严格管理四种情况。把外汇使用与交换予以管制，颁布了《华北区外汇管理暂行办法》（18条）《华北区外汇管理暂行办法实施细则》（15条）。

同时针对全国解放前夕国内物资交流特别重要，规定了华北区以外的汇兑办法。所有这些规定，为新中国成立的金融政策、货币政策、外汇政策做了重要的准备。这些间接或直接地反映在1949年9月29日第一届全体会议通过的《中国人民政治协商会议共同纲领》之中，如第四章经济政策第26条、31条、34条、37条的规定，尤其是第39条规定明确指出：金融事业应受国家严格管理、货币发行权属于国家、禁止外币在国内流通。外汇、外币和金银的买卖，应由国家银行经理。依法营业的私人金融事业，应受国家的监督和指导。凡进行金融投机、破坏国家金融事业者，应受严厉制裁。

（2）有力地支持了人民解放战争的全面胜利和新解放区的生产和货币流通。1948年冬至1949年初，经过辽沈、平津、淮海三大战役，人民解放战争的全面胜利和最后的胜利曙光为期不远。一方面中国人民饱受日寇侵略之苦，抗战胜利后国民党为打内战解决军费问题，国民党统治区滥发纸币搜刮民脂民膏，因此肃清敌伪币、逐退法币、金圆券、开展反假票斗争刻不容缓；另一方面，新老解放区如果继续使用原来的区域性货币，由于比价不同，折算起来比较复杂，统一人民币势在必行。有了统一使用的人民币，极大地方便了部队供给，为支持解放战争的全面胜利起了不可磨灭的作用。

（3）稳定了战时金融秩序，及时打击和禁止了敌币的流通。随着人民解放战争的不断胜利和解放区的不断扩大，人民纷纷拒用原国民党政府发行的金元券、银元券。一些地方又重新使用黄金、白银，特别是银元作为交换手段，一些投机分子大搞投机活动，造成金融秩序混乱。针对这种情况，人民政府明令宣布：国民党政府发行的金元券、银行券，人民政府不再承担任何责任，并禁止在市场流通。这一措施，为安定人民经济生活和清肃敌币起了重要作用。由于人民币的发行是随着解放军解放到哪里就发行到哪里的政策，此举及时替补了货币空档，遏制了不法分子的投机行为，稳定了金融秩序。

（4）加快了独立自主货币制度形成，为新中国成立后进一步统一货币打下基础。建国前夕在沿海大城市，大约有3亿美钞，5至6亿港币在中国市场上流通。这些外币流通，极大影响了我国独立自主货币政策的实行。为此，华北人民政府颁布了《外汇管理暂行办法》，规定禁止外币在市场流通，无论是中国人或外国侨民，凡持有外币者，必须在一定时间内，按规定牌价到中国人民银行或其他指定机构兑换成人民币，或作外币存款换取外币存单。因公务、商务或旅游进入中国境内者所持外币和外币汇兑票据，必须在中国人民银行设立的边境兑换机构兑换人民币或作外币存款。这些规定，迫使外币退出中国市场，加快了我国独立自主货币政策的逐步形成，到新中国成立时，全国大部分地区已用人民币替代了国民党发行的货币、外币和金银币。人民币的使用范围迅速扩大，为新中国成立后进一步统一全国货币和创立统一的独立自主的货币制度打下了良好基础。

（5）中国人民银行的成立及业务的开展，为新中国的银行金融组织体系和业务发展提供了重要的保障。巴黎公社的失败，重要原因之一是没有建立自己的银行和夺取资产阶级的银行。十月革命成功的原因之一就是苏维埃的战士在夺取冬宫之后及时夺取并接管了资产阶级银行。而我国是一边夺取革命政权，一边建立自己的银行，新中国成立后，银行系统也都基本建立起来。1949年9月，中国人民政治协商会议通过《中华人民共和国中央人民政府组织法》，把中国人民银行纳入政务院的直属单位系列，接受财政经济委员会指导，与财政部保持密切联系，赋予其国家银行职能，承担发行国家货币、经理国家金库、管理国家金融、稳定金融市场、支持经济恢复和国家重建的任务。

（6）华北人民政府金融法令，至今在立法精神和技巧上还有许多值得借鉴的地方，表明新老解放区尤其是华北人民政府金融法令是新中国金融法制建设的重要渊源之一。①当年金融法令的规定简易明了，操作性强，直到今天都值得我们学习。尤其是在我国当前金融法制存在执行难，确定力、执行力、效力薄弱的情况下，学习和借鉴当年金融法令的制定和实施经验，实现金融法制的统一性、严肃性、效力性、公平性，坚持社会主义法制理念，具有重大实际意义。②当年金融法令体现了前瞻性和现实性的统一。如《华北人民政府金库条例》（10条），金库的目的作用、三级管理、职责等基本原则、基本框架仍然适用，具有重要的参考价值。

论我国大运输体制的构建

——以华北人民政府交通部的模式为要

谭 波[*]

一、大运输体制及其意义

（一）华北人民政府的大运输模式

华北人民政府成立于1948年，历时13个月。作为中央人民政府的雏形，华北人民政府为新中国的政权建设奠定了重要的基础，为新中国统一财政和恢复发展经济积累了经验。华北人民政府设置的职能部门，除秘书厅外，共包括交通部、华北财政经济委员会、华北银行在内的十三个综合机构。从华北人民政府的机构建制来看，交通部的设置很明显涉及了多个方面，即铁路、公路、航运、邮政（甚至包括军邮）等方面，一个完整而有序的"大运输"体制轮廓非常清晰。如在华北人民政府1949年出台的一些法令中，《华北区战时船舶管理暂行办法》中提及的航政局、《华北区对外通电暂行办法》中提到的华北电讯管理局、《为明令保护铁路与收集器材的通令》中的铁路局、《为统一领导计划公路运输企业令》中将公路局与运输公司合并成立的华北公路总局、《华北区区外通邮暂行办法》中隶属于交通部的华北邮政总局和《搜集与保护铁路交通器材办法》中的军邮管理机构军委会铁道部。从《华北人民政府各部门组织规程》中也可以看出这一点，"交通部主管全区铁路、

---

[*] 中国政法大学博士研究生，河南工业大学讲师。

公路、邮电、航运之建设管理及公私运输之指导改进事宜。"从华北人民政府交通部具体掌管的事项来看，也反映了大部制的管理模式，具体包括：一、关于铁路、公路、航路、邮电之筹建与管理事项；二、关于公营运输业之筹设与管理事项；三是关于指导与扶助私营运输业事项；四是关于道路、航路、车船制造之检查改进事项；五是关于交通团体之指导事项；六是其他有关交通事项。[①] 从我们现在正在进行的大部制改革的措施来看，华北人民政府交通部的许多设置无疑可以成为我们进行中央政府机构改革的模板和经验。

(二) 大运输体制的发展背景

大部门制，是国外市场化程度比较高的国家普遍实行的一种政府管理模式，并在公共管理变革中出现了决策权与执行权的分离等趋势。目前，在我国计划经济向市场经济转轨过程中，政府不应过多地干预微观经济，反映在行政管理体制上就是实行大部制。我国政府要综合设置政府部门，实行"大行业""大产业"管理模式，实行职能穷尽和综合管理原则，设立综合的经济管理机构。

按照十七大的精神，我国目前行政管理改革的一项重量级措施就是要"加大机构整合力度，探索实行职能有机统一的大部门体制，健全部门间的协调机制"。大部制的实际用意在于将职能相近或业务性质雷同的机构在一定限度内合并，建立起一个大的部门，统一行使相关职能，精简机构，建立高效政府和责任政府。大部制的设置从理论上说有利于防止政出多门，也防止在事故发生后推诿责任，可以从宏观上对国民经济进行集中统一管理。大部制改革既是国家行政管理乃至公共管理的发展趋势，也是国际公共行政管理发展演变的一种方向，我们完全可以在吸收华北人民政府机构建制和过去若干次行政体制改革经验和外来经验的基础上进行改革。以国家运输事务管理为例，我国目前与运输有关的部门有交通部、铁道部、国家民航总局等机构，交通部管水路和公路运输，铁道部管铁路运输，民航总局管空中运输，

[①] 中国法学会董必武法学思想研究会编：《华北人民政府法令选编》内部资料，第38页。

但美国的运输部就包含了海、陆、空运输,甚至在一些国家把邮电也放在运输部的管辖中。这体现了"大运输"的思维。

(三) 大运输体制的实际意义

在《华北人民政府施政方针》中,提出要有计划地恢复铁路,整理河运,修理公路和大车路,以恢复和发展交通运输事业,特别在军事方面提出要改进各种运输工具,健全兵站运输。而从当时华北人民政府面临的形势来看,为了克服大规模的运动战、攻坚战与分散的小农经济落后运输工具之间的矛盾,必须有计划有组织地动员全区的人力物力、充分利用现有的交通工具(铁道、汽车、内河船只等)实行全区统一的大调剂,因此,结合所有的运输力量、动员机构及与后勤有直接关系的各个部门,组成一个综合性的、统一的、固定的组织是必要的。而类比我们当今中国交通运输管理体制,如何理顺关系、优化结构、提高效能,形成权责一致、分工合理、决策科学、执行顺畅的行政管理体制,也将是我国运输业健康发展以及相关市场需求得到合理满足的关键。现在有必要将相关部门的运输管理职能统一于一个部门——"运输部",而集中统一的运输管理体制也将就此得到确立,并在此基础上进一步推进决策机构和执行机构的分层。在我国,有的综合性部委集中了过多的决策权,削弱了其他部门的决策权,不仅降低了政府行政效率,还强化了部门利益,并成为产生机制性腐败的因素之一。《华北人民政府办事通则》中规定,本府各部门用人行政,以精简为原则,所有人事编制及经费预算,均须政务会议审核及主席核准。从大部制推行的积极意义上说,主要有以下几方面:首先,有利于尽可能减少部门权力交叉、行政内耗和部门执法打架;其次,有助于降低行政成本,形成行政合力,推进廉政建设和资源节约型社会的构建;再次,更有利于公务员的分类管理、综合素质的提高和依法行政的整体推进。

华北人民政府作为华北解放区行政上的统一领导机构,在其施政方针的政治方面提出"提高行政效率,加强行政能力"和"政简便民"的政策。从其客观作用来看,大部制实际上是我国建设服务型政府的一项重要举措,十七大报告将"加快行政管理体制改革"与"建设服务型政府"放在同一部分。国外的经验也是大致如此,英国现行的交通管理主要由英国环境、运输和地方事务部(运输部)负责。在近年的政府行政改革中,整合了相关政府资源,普遍实行了"大部制"机构模式,运输部即是由以前的环境保护、交通运输管理以及地方事务三个部合并组成。合并后的运输部名称由原来的"Department of Transport"改变为"Department for Transport",of 和 for 一词之差体现了从管理到服务理念上的转变。所以,我们目前的大部制改革与我们打造"权为民所用,情为民所系,利为民所谋"的服务型政府是分不开的。

二、大运输体制的国外模式

(一) 美国

美国实行在大部制体制之外建立大量行政机构的模式,大部制和独立的执行局,是美国联邦政府的两大支柱。独立行政机构如证券交易委员会、全国劳工关系局。美国运输部包括组成预算、政策、安全与航空、铁路、公路、城市交通、海运等十几个业务局,负责"运输方面的全面领导""鼓励运输技术进步""向总统和国会建议批准国家运输政策和计划"等。美国联邦运输部由运输部长办公室(OST)、运输统计局(BTS)、联邦航空管理局(FAA)、联邦公路管理局(FHWA)、联邦机动运输安全管理局(FMCSA)、联邦铁路管理局(FRA)、联邦运输管理局(FTA)、海运管理局(MARAD)、国家公路运输安全管理局(NHTSA)、监察办公室(OIG)、研究和特殊项目管理局(RSPA)、Saint Lawrence 海上航道发展公司(SLSDC)、水陆运输委员会(STB)等部门组成。

(二) 英国

英国实行在大部制体制之内设立执行局的模式,形成各部部长——政策核心司——执行局的模式。运输部内部保留一些核心部门,负责有关道路交通的政策制定、政策执行监督以及财政资助等事务;有关交通运输方面的具体事务,主要通过下属的"执行局"和非政府部门的"公共团体"来完成。

目前英国运输部所属这类"执行局"和"公共团体"有 20 余个，其中道路交通运输方面的"执行局"有 5 个，分别是：公路局、驾驶标准局、驾驶员和车辆许可局、车辆认证局以及车辆检测局。

(三) 新西兰

新西兰实行彻底的执行局化模式。新西兰政府将其商业性和其他可以开展竞争的服务业务从公共部门分离出来成立公司，通常是私营公司。剩余的有着多种职能的较大部委被分解成若干专职的执行局，由经理根据定额定产合同来领导，自主权相当大，包括雇佣和解佣权。

三、我国大运输体制的构建

根据我国的具体运输业务的分类及发展现状，我们可以考虑对未来的"大运输"体制吸收华北人民政府大运输体制的经验做出如下设计，即囊括公路运输、铁路运输、航空运输、管道运输和特殊类别的邮政运输职能在内的综合的运输部，主要负责运输、交通方面的法律政策制定和监督执行。

(一) 运输部下设部门职能说明

1. 决策部门

政策研究司：组织拟定运输方面综合性的经济政策；研究并组织指导运输体制改革工作；拟定运输行业的发展战略、方针政策并监督执行，对运输现代化实施宏观指导。

法规司：组织和协调运输行业法律、行政法规和规章的制订并监督执行。

发展规划与财务司：研究交通运输发展的状况，提出交通运输发展战略、规划和体制改革建议；编制运输行业中长期发展规划和年度建设计划并监督实施；对行业实施宏观管理；办理大中型建设项目审定的有关工作；组织编制合资、地方建设计划的有关工作；管理国家运输战备、节能、环保工作；归口管理利用外资工作。拟定国家运输收入清算规章，组织实施宏观经济调节；负责运输建设基金、资金和价格的管理工作；管理国家运输事业经费；指导运输行业财务会计工作；管理专项资金、预决算、外汇、信贷以及利用外资有关的财务工作，协调有关财税政策。

信息与评估司：负责全行业综合统计和信息化工作；监测分析运输行业经济运行态势，组织解决运输行业经济运行的有关重大问题，研究提出运输行业经济运行方面的政策建议，对国家重点物资运输和紧急客货运输进行决策。

对外联络与国际合作司：拟订发展国际和地区运输关系的方针政策；组织参加国际运输组织和其他有关国际组织的活动，办理有关国际运输公约、条约及协议的具体事务；开展国际运输经济技术合作与交流。

咨询委员会：通过调查研究，对运输业发展中的全局性、战略性、政策性的问题进行论证，负责就其中的重大问题向决策机构提出咨询和建议。

2. 执行部门

公路管理局：维护公路建设和道路运输行业的平等竞争秩序；监督管理重点公路建设项目的实施；负责公路规费稽征、公路养护、路政、收费公路的管理；负责道路运输、汽车维修市场行业管理；负责汽车出入境运输管理；统一管理全国公路运输调度指挥工作。

铁路管理局：统一管理全国铁路运输调度指挥工作；负责国家铁路运输的宏观管理，拟定铁路工程建设的标准、规范；管理铁路工程建设项目设计鉴定；管理铁路建设、设计、施工和监理单位的资质审查；协调、监督大中型铁路项目建设并组织竣工验收。

航空管理局：协调航班计划，组织协调重大、紧急航空运输和通用航空作业任务；拟定民用机场建设和安全运行标准及管理规章并监督检查。

水运管理局：拟定水运基础设施建设技术标准；维护水路交通行业的平等竞争秩序；负责水运基础设施建设有关项目的管理；负责水运设施的维护和管理；负责水运规费稽征和国际国内水路运输、港口、船舶代理、外轮理货及其他水运服务业的管理；组织实施国家水路重点物资运输和紧急运输。

邮政运输管理局：负责邮政应急体系的组织协调工作；拟订邮政资源规划；建立和完善普遍服务的机制，依法监督邮政普遍服务义务的履行。

管道运输管理局：管道勘察、设计、施工以及咨询、监理、检测，物资采办和工程物流服务等。

标准与安全管理局：承担运输国家标准的计划和审查监督工作；负责运输技术监督工作；拟定运输设备适运管理标准和规章制度；拟定运输设备运行标准及管理规章制度，对运营人实施运行持续监督检查；组织重大科技项目攻关、科技合作交流、技术引进工作。负责运输安全监督及其相关工作；管理运输行业劳动安全和劳动保护工作；参与和组织重大事故的调查处理；发布安全指令；指导运输安全教育和安全管理研究工作，发布运输安全信息。

3. 行政部门

办公厅：组织协调部机关工作。组织运输行业政策研究工作，起草重要报告、综合性文件；负责值班、文秘、政务信息、机要、保密、信访、档案和机关后勤行政管理工作；负责有关重要会议的组织。

机关党委：负责运输部党群工作，办事机构设在人事教育司。

纪委（监察局）：负责纪检监察工作；对其他部门贯彻执行党和国家的方针、政策及法律法规情况实施监督检查；受理对检查、监察对象违反党纪政纪行为的检举、控告及处理；受理检查、监察对象的申诉。

计财装备司：研究制定运输系统的财务、物资装备、基本建设的规章制度，监督运输系统业务经费使用情况，负责机关、直属单位的国有资产和财务管理，管理运输系统的物资装备。

人事教育司：负责部机关人事、劳动工资、机构编制管理工作，按规定管理部直属单位主要领导干部以及部属单位的人事、劳动工资、劳动保护和卫生工作；组织和指导人才开发、培训教育工作。

审计司：组织财会监督，维护国家投入运输资本的权益，组织协调财务资产管理工作。

（二）运输部职能分类及其来源

表 1　运输部的职能分类及职能来源

名称	大职能	具体职能	职能来源
运输部	政策与法规制定职能	组织拟定铁路综合性的经济政策和铁路行业法规；研究并组织指导铁路经济体制改革工作；依法办理行政复议工作	铁道部政策法规司
		拟定公路、水路交通行业的发展战略、方针政策和法规并监督执行。负责行业立法的规划、组织、协调和行政复议工作	交通部体改法规司
		组织调查研究民航行业发展的方针、政策和重大问题；综合协调和组织审查民航各类法规、规章制度，处理行政复议和诉讼	国家民航总局办公厅
		研究提出邮政业的发展战略、发展规划和有关政策；起草邮政业法律、行政法规和规章草案；办理行政复议事项	国家邮政局政策法规司
	发展与规划职能	研究交通运输发展的状况，提出交通运输发展战略、规划和体制改革建议	发改委交通运输司
		编制民航行业中长期发展规划；对行业实施宏观管理；负责全行业综合统计和信息化工作	国家民航总局规划发展科技司
		编制铁路中长期发展规划和年度建设计划；办理大中型建设项目审定的有关工作；组织编制合资铁路、地方铁路建设计划的有关工作；管理国家铁路战备、节能、环保工作；归口管理利用外资工作	铁道部发展计划司
		拟定公路、水路交通行业的发展规划、中长期计划并监督实施；负责交通行业统计和信息引导	交通部综合规划司
		拟订邮政资源规划	国家邮政局政策法规司

续表

名称	大职能	具体职能	职能来源
运输部	运输财务管理职能	组织财会监督，维护国家投入铁路资本的权益；拟定国家铁路运输收入清算规章；负责铁路建设基金、资金和铁路价格的管理工作；管理国家铁路事业经费	铁道部财务司
		指导交通行业财务会计工作；管理专项资金、预决算、外汇、信贷以及利用外资有关的财务工作	交通部财务司
		研究并提出民航行业价格政策和财会规章制度，组织实施宏观经济调节；管理有关预算资金和专项基金；审核汇编直属企事业单位年度财务预决算；拟定航空运价和各项收费标准并监督实施；协调有关财税政策；负责民航外债监管、协调；实施财会监督，维护国家投入民航资本的权益	国家民航总局财务司
		组织协调财务资产管理工作	国家邮政总局综合司
	运输标准制定与运输安全管理职能	负责水上交通安全监督、船舶及海上设施检验和防止船舶污染、航海保障、救助打捞、通信导航工作	交通部水运司、海事局
		拟定铁路行车安全法规、制度并进行监督检查；管理劳动安全、锅炉压力容器安全和劳动保护工作；参与和组织重大事故的调查处理	铁道部安全监察司
		拟定民用航空安全政策和规章制度，管理和监督检查飞行安全及航空地面安全；组织协调行业的"系统安全"管理工作，发布安全指令，组织航空事故调查；指导航空安全教育和安全管理研究工作，发布航空安全信息；承担总局安全委员会的日常工作	国家民航总局航空安全办公室
		建立和完善普遍服务的机制，依法监督邮政普遍服务义务的履行，保障机要通信安全	国家邮政局普遍服务司（机要通信司）

五、金融财税、农业环保、交通运输方面的政策、法令研究 下编 435

续表

名称	大职能	具体职能	职能来源
运输部	运输标准制定与运输安全管理职能	承担交通、铁道、民航等部门国家标准的计划和国家标准的审查、实施情况的监督工作	国家标准化委员会工交部
		负责铁路技术监督工作	铁道部科学技术司
		拟定公路建设和道路运输的行业政策、规章和技术标准	交通部公路司、水运司
		拟定民用航空器适航管理标准和规章制度。拟定民用航空飞行标准及管理规章制度，对民用航空器的运营人实施运行合格审定和持续监督检查	国家民航总局适航司、飞行标准司
	具体管理职能	组织公路及其设施、水运基础设施的建设、维护、规费稽征；组织实施国家重点公路、水路交通工程建设	交通部公路司、水运司
		拟定铁路工程建设的标准、规范、规章；管理铁路工程建设项目设计鉴定；管理铁路建设、设计、施工和监理单位的资质审查；协调、监督大中型铁路项目建设并组织竣工验收	铁道部建设管理司
	运输设施发展职能	拟定民用机场建设和安全运行标准及管理规章并监督检查	国家民航总局机场司
		拟订邮政资源规划	国家邮政局政策法规司
		管道设计施工业务包括管道勘察、设计、施工以及咨询、监理、检测，物资采办和工程物流服务等	中石油、中石化、中石气管道局

续表

名称	大职能		具体职能	职能来源
运输部	具体管理职能	运力协调和紧急运输	监测分析工交行业经济运行态势，组织解决工交行业经济运行的有关重大问题，研究提出工交行业经济运行方面的政策建议；组织重要物资的紧急调度和交通运输协调工作	发改委经济运行局
			对国家重点物资运输和紧急客货运输进行调控	交通部水运司
			统一管理全国铁路运输调度指挥工作；负责国家铁路运输的宏观管理	铁道部运输局
			协调航班计划，组织协调重大、紧急航空运输和通用航空作业任务	国家民航总局运输司
			负责邮政应急体系的组织协调工作	国家邮政局综合司
		运输技术促进职能	拟订邮政业技术标准	国家邮政局政策法规司
			拟订促进交通运输技术进步的政策，对交通运输现代化实施宏观指导	国家发改委交通运输司
			拟定交通行业科技发展政策和规划	交通部科技教育司
			负责铁路技术监督工作；组织重大科技项目攻关、科技合作交流、技术引进工作	铁道部科学技术司
			管道科研	中石油、中石化、中石气管道局
	国际交流合作职能		拟定发展国际和地区民航关系的方针政策；组织参加国际民航组织和其他有关国际组织的活动，办理有关国际民航公约、条约及协议的具体事务	国家民航总局国际合作司
			拟订邮政对外合作与交流政策并组织实施，承办邮政外事工作和对台、对港澳邮政事务	国家邮政局综合司（外事司）
			管理交通外事工作；负责政府间交通行业涉外工作；管理公路、水路交通与国际组织有关事宜，开展国际交通经济技术合作与交流	交通部国际合作司
			负责铁路外事工作；管理国家铁路对外经济合作交流工作	铁道部国际合作司

（三）地方改革的相关问题

值得注意的是，1949年5月的《华北区县区政府编制暂行办法（草案）》中谈到"简练机构"的原则，其中就可以发现并没有地方交通机构的设置，也就是说，并没有实行所谓的"对口设置"的组织原则，而且规定了必设部门与酌设部门的区别。大部制在中央的推行可能比较容易进行，但到了地方进行相应的机构改革时，就可能遇到像深圳三分制改革所遇到的种种不易，所以在地方进行相应改革时就应该结合地方的实际情况来推行。

华北人民政府铁路占地问题立法述评

赵晓耕* 时 晨**

一、引言

铁路问题，如果从相对宽泛的时代跨度上来看，可以说是纵贯中国近代史的一个相当具有代表性的大问题。西方列强在侵入中国的进程中，总是非常急于抢占铁路的路权，甚至因此而在彼此之间产生了矛盾；在中国人民奋起反对入侵的运动中，保路运动也非常具有代表性。至抗日战争时期，日本为控制占领区，在相关区域内修建了诸多铁路，通常所称的豫湘桂战役实为"大陆打通作战"，[1] 其对于铁路交通的重视可见一斑；此后的百团大战是直接针对铁路进行破袭的交通破袭战；至抗日战争胜利后，由国民政府在国统区进行的以及由我党在解放区进行的铁路的修筑、修缮和维护工作也取得了巨大的成就。在上述的全部过程中伴随的是因修筑铁路而带来的借款合同、巨额债务，以及国人对于铁路这种作为近代标志性交通工具由"黔之驴"般的态度到认识利用的意识之转变。故以铁路作为线索，可以反映出中国近代史的诸多问题。

若就某一个具体的历史时期而言，铁路仍然具有巨大的代表性意义，因围绕铁路可涉及诸多问题，这些问题囊括了经济、内政、农工、地理、行政

---

* 法学博士，中国人民大学法学院教授、博士研究生导师。
** 中国人民大学法学院硕士研究生。
[1] ［日］桑田悦、前源透："打通大陆交通线作战（'一号作战'）"，载《简明日本帝国战争史》第十章《大东亚战争》，军事科学出版社1989年版。

五、金融财税、农业环保、交通运输方面的政策、法令研究 下编 439

区划和行政管理、战备、法律等方面,具有提纲挈领的意义。述及铁路与法律的关系,一方面铁路运输作为一个行业必然需要制定本行业内的规则,另一方面,因铁路与相关的领域所产生的广泛交叉,对于此类交叠的事项也应由法律进行调整,本文所关注的铁路占地补偿问题即是一个复杂、敏感而干系重大的问题,然而对于此领域的研究目前仍相对比较缺乏。

华北人民政府成立于1948年9月26日,而对于铁路占地补偿问题的处理的专门规范性文件《关于铁路占地问题处理办法及枕木价格、运费的规定》(下简称《铁路占地问题处理办法》)制定于1948年10月8日,[①] 中间只有十余日。一个新生的政府以如此的"优先级"来处理铁路占地的问题,足能说明其对于新生政权的巨大意义。在此以前,国民政府六法全书中的《土地法》于民国十九年六月三十日(1930年6月30日)由国民政府公布,并于民国三十五年四月二十九日(1946年4月29日)由国民政府进行了修正公布,在处理相关问题上已经有了相对可以直接参照的法律规范,[②] 华北人民政府的《铁路占地问题处理办法》在诸多方面与此形成了鲜明的对照。从这些对照当中,我们可以大体得知华北人民政府对于铁路等国计民生的大问题的立法处理的倾向,通过对原因转变的梳理,亦可得出对于当时立法活动产生巨大影响的各种因素,上述诸问题正是本文着力探讨的问题。

目前,中国铁路交通进入了高速发展的阶段,以高铁为代表的铁路网线建设规模日益扩大,因用地补偿问题而产生的矛盾也层出不穷,甚至某些情况下表现为土地原使用人与公权力机关尖锐对立的情况,观当时立法的目的和技法,亦可为解决当前问题提供宝贵的经验和教训。

二、华北人民政府铁路占地补偿立法及与六法全书的比较

对于铁路占地补偿的问题,《铁路占地问题处理办法》的规定为:[③]

[①] 中国法学会董必武法学思想研究会编:《华北人民政府法令选编》,2007年版,第425页。
[②] 《土地法》,载《基本六法》,三民书局印行2012年版,第176页。
[③] 中国法学会董必武法学思想研究会编:《华北人民政府法令选编》,2007年版,第425页。

关于铁路占地问题，应分别不同地区及新旧路基规定之：

一，老解放区土改已彻底完成，地少不能再调剂者，新路基占用民地，应按地质作价收买，其价值最高不得超过三年产量之总值。旧有路基重新修筑者，不再出钱收买，但如已变成耕地有碍土地所有人生活者，由本村调剂补偿。

二，土改未彻底完成地区，新旧路基之占地，均不作价收买，在土改中调剂解决。

三，不论新老区，因修筑新旧路基，损坏了已锄过的田苗，可按常年应产量酌与赔偿，如系小苗及已下种施肥之地，可在不超过常年应产量三分之一的标准内酌与赔偿，因挖土、堆土致地不能耕种者，按前一、二两项规定之占用路基办法解决之。

《六法全书》中《土地法》之规定为：①

第二百三十六條：1，徵收土地應給予之補償地價、補償費及遷移費，由該管直轄市或縣（市）地政機關規定之。2，前項補償地價補償費及遷移費，均由需用土地人負擔，並繳交該管直轄市或縣（市）地政機關轉發之。

第二百四十二條：被徵收土地之農作改良物，如被徵收時與其孳息成熟時期相距在一年以內者，其應受補償之價值，應按成熟時之孳息估定之，其被徵收時與其孳息成熟時期相距超過一年者，應依其種植、培育費用，並參酌現值估定之。

值得注意的是，《土地法》对于征收补偿方面有非常详细的规定，《土地法》将土地征收作为第五编在其中专门论述，并将国家兴建交通事业划入了规制的范围。在比较具体的规定之前，应明确，二者相较可以看出《土地法》未对于征收补偿确定具体的金额标准，仅就计算方式做出了原则性的规定，而《铁路占地问题处理办法》为具体金额的计算划定了上限，并为青苗

---

① 《土地法》，载《基本六法》，三民书局印行2012年版，第210~211页。

等改良物价值的计算确定了相对具体的标准。故该法从表达方式上更加接近于《土地法》所称的"该管直辖市或县（市）地政机关规定"，在此方面二者存有"性质"上的区别。但从实践角度看，国民政府之法一出，其治下的各行政区划在制定本区域内标准时必然以此为指导，而此原则性规定与《铁路占地问题处理办法》亦有诸多可比之处，下详细论之，以更好地阐明《铁路占地问题处理办法》之特点。

第一，补偿的性质具有本质性区别。

从补偿的构成上看，占地的补偿一般应包括对于用地的补偿以及对于地上物的补偿两方面，[1]即所谓"占地补偿款"以及"青苗损失费"。在地上物方面，二者均有规定，但对于占地的补偿则区别甚大。依据《土地法》，占地应给予补偿地价，"补偿地价"的规定实质上相当于政府从现有地主人手中以某种价格将地"购回"，而实行此举的重要前提是具有相关地价能够得以确定的标准，正是因为已经有了"核定全国地价"[2]的行为，"地价"概念才有存在的基础，而以土地作价的行为之内在逻辑在于土地私有，问题实质是土地原有主的所有权和国家对于土地的使用权之间的博弈。

就《铁路占地问题处理办法》而言，以行文看，对于土地的补偿是以其产值作为计算标准的，而既然采用所谓"三年产量之总值"的表述方式，逻辑上以"产量总值"代替"地价"就可能带来一些以偏概全的问题，例如，某地为居住用地、矿脉经过之地或者交通之要冲，则其土地农作物产量将相对不高，但其低价本身却可能高于农地。从实践角度来讲，虽然存有上述问题，但其影响应比较有限。因在铁路运输方面，华北人民政府的主要任务并非新修筑铁路而是对原有的、已被破坏的铁路进行的修复，而旧有的铁路沿线得到了相对较为完善的保护，[3]在此种情况下将各类可能占用的土地以耕

---

[1] 王仕菊、黄贤金、陈志刚、谭丹、王广洪："基于耕地价值的征地补偿标准"，载《中国土地科学》2008年11期，第44~47页。

[2] 孙中山《三民主义》，九州出版社2012年版。

[3] 如日寇于铁路周际设置"护路村"，国民政府设置界石、界碑以及铁路隔离区等，参杨永刚《中国近代铁路史》，上海书店出版社1997年版，第118~123页。

地为线一视同仁进行补偿亦未为不可。"产量总值"所关注的,实为使用土地已经带来的及可能带来的收益,而"地价"则是地本身的价值,二者既然内涵不同,在立法方面所用的措辞就应当有所区别。在《铁路占地问题处理办法》当中,规定"按地质作价收买",这种表述的精神与《土地法》之"补偿地价"本质无异,均是对其进行购买,那么以土地产出物作价来购买土地,显然这并不符合买卖的一般规则。此故,《铁路占地问题处理办法》所称的收买其实并非为收买,而是征收并给予一定的补偿,这种补偿额可能较高,甚至达到三年的产出物价值之总量,但从性质上来看,这是一类权力完全征服权利之后进行的补偿,其比照购买的方式显然更具有国家强制力的色彩。

据此我们似可认为,《土地法》之补偿的性质为:第一,土地价款;第二,各类补偿费用(包括但不限于青苗损失);第三,搬迁费用;而《铁路占地问题处理办法》所规定的补偿的性质为:第一,补偿;第二,青苗等的损失费用。

第二,补偿标准方面之规定有较大区别。

从补偿的标准上看,前述已论及,《铁路占地问题处理办法》始终是围绕着产量进行的,考其对于青苗的补偿方面,若田苗已经锄过,则按常年应产量酌与赔偿,而如果是小苗或者下种施肥的土地,则在不超过常年应产量三分之一的标准内进行赔偿,这实际上是划一的操作方法,在实践中未免有生搬硬套之嫌。可以想见,一方面,当年产量和常年应产量必然有所区别;另一方面,在华北地区正常耕种的过程中,翻耕需要四次到六次作业[1],如果耕地条件较差,此作业次数可能还要增加,繁多的作业耗费了大量人力物力,在当时的历史条件下,也占用了农民大量时间。意即,"田苗已经锄过"是一个相对不确定的时间点,如若只是第一次浅锄,而其间作物的补偿价就瞬间照之前飙升为三倍的话,显然在公平方具有可以提升

---

[1] 徐秀丽:"近代华北平原的农业耕种制度",载《近代史研究》1995年第3期。

五、金融财税、农业环保、交通运输方面的政策、法令研究 下编

的空间。

"常年应产量"的认定亦非常模糊,按照立法内部逻辑的自洽性,在华北人民政府所颁布的法律中,对于此点的规定为:"'常年应产量'之订定,应根据土地自然条件(土质、水利、风向、阳光等)并参照当地近年一般农户经营概况(施肥、用工等)在当地一般年头下的收获为标准。"① 从规定上看,自然条件和一般经营状况等均系估计的参数,还是以经验主义为主要的立法模式,其是否有可能对于常年应产量做出不当的估计,是可怀疑的。最关键的问题是,上述规定(《关于农业税土地亩数及常年应产量订定标准的规定》)制定于民国三十七年十月二十三日,《铁路占地问题处理办法》尚且要比其早上二十余日,对于"常年应产量"按何种方式进行操作恐怕就更无一定之规了。

必须承认的是,即便其上的作物已经成熟并收割完毕,计算其准确价值继而进行相关赔偿都是相对困难的,毋宁在此种青苗的状况之下了,但是《土地法》和《铁路占地问题处理办法》仍有着"实际收益——损失"和"应产量收益——损失"的区别,能否以应产量代替实际产量,此问题显而易见,姑且不论;能否因某些土地自然条件相对较差,常年应产量很低而进行很少的补偿呢?事实上,在这样的土地上农民往往需要付出甚至已经付出了更多的、更辛勤的劳动,抑或是在相同自然条件下有农民的勤劳耕作等多种情况下,在补偿时的公平确实堪忧,② 甚有不具体问题具体分析之嫌。当然,在此问题上《土地法》之规定亦有其计算困难之处,但相较而言,《铁路占地问题处理办法》规定显得草率、忽视实际是基本可以认定的。

另需补充的是,显然在《铁路占地问题处理办法》中,未涉及搬迁费用

---

① 《关于农业税土地亩数及常年应产量订定标准的规定》,第二条起,见中国法学会董必武法学思想研究会编:《华北人民政府法令选编》2007年版,第260~261页。
② 应指出的是,实际上在前注规定之第二条第二款丙项中规定:"如系同样的土质,因多加工、多施肥、勤劳耕作而增产的不应提高。"即常年应产量的计算,实际已将农民个人劳动的因素(尤指非连续性质的)排除在外了。

的问题。

第三，就土地权属上看，《土地法》和《铁路占地问题处理办法》均并未明确指出土地权属流转问题，但通过体系解释的方法可以得知，《土地法》中之土地使用人可为私人，其权属应是按照如下顺序流转的：（1）私人申请使用土地；（2）国家批准后由国家进行征收；（3）在此过程中，由国家向土地原主人发放征地补偿；（4）由申请人承担此费用，土地交由申请人使用。在《铁路占地问题处理办法》当中，因不涉及私人使用者的问题，故对此问题完全未有相关阐述。另可见，在《土地法》当中为私人使用者设定了相对较为周密的程序，具体为：

> 第二百二十四條：徵收土地，應由需用土地人擬具詳細徵收計畫書，並附具徵收土地圖說以及土地使用計畫圖，依前兩條規定（前為政府核准等規定，筆者注）分別聲請核辦。

上述诸规定共同指向一个非常基本但是重要性仍显得极为突出的问题，即补偿费用是由何主体所承担，抑或是，补偿费用资金的来源。考虑到华北人民政府的建制及对外关系，其资金来源的渠道与国民政府存在区别，此点将在下文专门论述，而资金来源一定程度上关系着资金是否充盈。同样地，从法律内部的逻辑看来，《中国土地法大纲》为 1947 年 9 月通过，于 10 月 10 日公布，虽时间上《铁路占地问题处理办法》较之为早，但因《中国土地法大纲》为解放区等各地经验汇总基础之上的文本，其所体现的相关规定与华北人民政府的相关规范性文件不应有所龃龉，反之亦然。故《中国土地法大纲》第六条所称之："除本法第九条乙项所规定者外，乡村中一切地主的土地及公地，由乡村农会接收，连同乡村中其他一切土地，按乡村全部人口，不分男女老幼，统一平均分配，在土地数量上抽多补少，质量上抽肥补瘦，使全乡村人民均获得同等的土地，并归各人所有。"[1] 从所有权上规定了土地实际为私有，在此前的《中共中央关于清算减租及土地问题的指示》当中，

---

[1] 载《中国土地法大纲》第六条，见《中国土地法大纲》，新华书店晋绥分店印 1947 年版。

亦有:"在农民已经公平合理得到土地之后,应巩固其所有权,发扬其生产热忱,使其勤勉节俭,兴家立业,发财致富,走向美满有方向,以便提高解放区生产。"①的规定,概言之,从地主的土地所有权变为农民的土地所有权一直是我党致力的方向和希图取得的良好效果,就铁路占地问题而言,所涉及的为农民之土地,则更可以通过调剂等方式解决,因这些似乎可以划归为"人民内部"的问题,而且因此时政府着意将民众支援前线的积极性调动起来,对于补偿款项的讨论,是否承担方面的讨论,其意义比照如何承担依然显得十分重要。

三、征地补偿立法原因简析

在前文所简要分析的两种法律的种种区别基础之上,华北人民政府为何选择这样一种立法模式,从理论上讲,这涉及立法诸环节的各种问题,尤其是政策与法律之间关系的问题,考虑到《铁路占地问题处理办法》更多地表现出行政性,其更多地关注应是,欲要达到当前的目的,克服当前的困难,需要采取何种措施,而上述种种共同构成了征地补偿立法的宏大背景,也就是,为什么要这样立法这一简单而复杂的问题。在此,笔者仅就四个相对突出的、具有典型性的原因进行分析,这不代表仅有这些原因,恰恰相反,与这些原因相关的各类因素都应纳入考量的范围,惟在此暂不进行深入探讨。

第一,从财政角度看,修筑铁路需要消耗大量经费,而自清以来,于中国修筑之铁路,需要向国外银行进行借款者占大多数,国民政府执政期间,修筑铁路主要是以买办资本和外国资本"合办"或"合资"的方式进行,帝国主义亦在诸多方面影响甚至控制着中国的路权。具体借款情况如附表一。不惟如此,在国民政府统治期间,为修建铁路还曾举内债,具体数目如下表:

---

① 《中共中央关于清算减租及土地问题的指示》第12条。

中国近代铁路内债明细表（1930~1941年）

发行日期	债券名称	发行定额	实发行额	担保品	利率	备 注
1930-01-01	铁道部收回广东粤汉铁路公债	2000万元	2000万元	粤汉铁路余利	年息2厘	期限5年,之后分20年还清
1934-05-01	民国二十三年第一期铁路建设公债	1200万元	1200万元	铁道部直辖国有铁路余利	年息6厘	按面额九八折发行,期限14个月,之后分7年6个月还清
1934-06-01	民国二十三年玉萍铁路公债	1200万元	1200万元	江西地方盐附捐收入	年息6厘	期限1年6个月,之后分7年5个月还清
1934-06-01	民国二十三年六厘英金庚款公债	2700万元	2700万元	铁道部借得英国退还庚子赔款为基金	年息6厘	按面额九八折发行,期限5个月,之后分10年还清
1936-02-01	第二期铁路建设公债	2700万元	2700万元	铁道部直辖国有铁路余利	年息6厘	
1936-03-01 1937-03-01 1938-03-01	第三期铁路建设公债	12000万元	8000万元	湘黔、川桂、平绥、正太、胶济各路之盈利,不足以国有其他铁路余利	年息6厘	分三年三次发行,按面额九八折发行,期限先各后分20年还清
1937-01	民国二十六年京赣铁路建设公债	1400万元	1400万元	铁道部借用英路款用以完成粤汉铁路之借款,京赣路营业之收入	年息6厘	按票面九八折发行,期限6个月,之后分9年6个月还清
1937-05-01	民国二十六年粤省铁路建设公债	270万英镑	270万英镑	财政部在粤区增收之盐税,广梅铁路营业收入	年息6厘	按票面九八折发行,期限5年,之后分25年还清
1941-07-01	民国三十年滇缅铁路金公债	1000万美元	1000万美元	滇缅铁路之余利	年息5厘	按票面九八折发行,期限2年6个月,之后分25年还清

五、金融财税、农业环保、交通运输方面的政策、法令研究　下 编　447

　　而与之不同的是，华北人民政府成立时间较晚，存在时间也相对短暂，就在其存续期间，还因自然灾害频发、战争连年而导致生产生活的严重困难。从政策角度，政府存续的目的即为："……继续以人力物力财力支援前线，……有计划地有步骤地进行各种建设工作，恢复和发展生产；在现有基础上，把工农业生产提高一寸①。"从实际情况看，1947 年 12 月，晋冀鲁豫、晋察冀、山东、晋绥以及陕甘宁五个解放区的脱产人员达 160 万，比抗战胜利前夕高出 77.8%，而对于此类人员的供给标准却从 1942 年、1943 年的小米 7 石，增至 1946 年的 14 石，1947 年更高达 28 石，当时每个农民的年收入仅为小米 2.5 石②。另一方面，1947 年晋冀鲁豫军区支援刘邓大军银元 100 万，以及各类军需物资折合小米 3527 万斤，华北人民政府 1948 年援助各区的支出折合小米有 12.96 亿斤，占其财政总支出的 27.1%③。更毋宁于讨论华北人民政府成立肇始，各个解放区存在有"山头主义"的迹象，④ 再加之未见有外债或者内债的发行，⑤ 可以说，华北人民政府是在以其并不丰裕的财政收入在支持铁路的修缮和修筑的工作，而这样就更需要农民和工人等的义务性劳动、无偿性的奉献加以支持。可以说，从经费上考虑，华北人民政府在征地问题上选择这样一种态度是堪可理解的。

　　第二，虽然在土地法方面，中国共产党和苏联采取的政策存在本质性区别，但对于土地利用等行政方面概与苏联有较大的相似度，抑或云，深受苏联的影响。依据苏联 1922 年之《苏俄土地法典》以及 1928 年《土地和利用

---

　　① 《华北人民政府施政方针》，见中国法学会董必武法学思想研究会编：《华北人民政府法令选编》，2007 年版，第 3～4 页。
　　② 李炜光：《中国财政史述论稿》，中国财政经济出版社 2000 年版，第 249 页。
　　③ 华北解放区财政经济史资料选编编辑组：《华北解放区财政经济史资料选编》（第二辑），中国财政经济出版社 1996 年版。
　　④ 如董必武认为：各战略区或分区都不能联系，只好自力更生，各自为政；财经方面也是各搞各的，用一切的方法求得自给自足……但是现在在这个基础之上很容易产生宗派主义、本位主义和山头主义的思想和作风。语出《董必武选集》，人民出版社 1985 年版，第 315 页。
　　⑤ 刘隆亨、吴军："华北人民政府的金融法令"，见中国法学会董必武法学思想研究会：《依法行政的先河》，中国社会科学出版社 2011 年版，第 328～329 页。

土地一般原则》之规定,土地私人所有权在俄罗斯联邦被永远废除了,此系认定国家所有权的重要规定。① 在此基础上,苏俄对于铁路用地的立法模式为:

> 撥給運輸部門的土地,系指本規定第四節至第八節所列舉的土地而言,完全歸交通人民委員會……(下含6機構,從略,筆者注)……及上列的所屬機構所管轄。

> 屬於鐵路運輸部門的土地,系指鐵路線路,包括側線,以及直接銜接線路的:備用線、砂石場、路塹、車站與線路設備、倉庫、堆貨地段、工廠、機廠、車庫、存放機車與車輛房、辦公室、住宅與文化教育場所、苗圃、防雪設置、防雪與禦沙地帶、以及具有特別用途,而為鐵路服務直接銜接線路的其他設備與地段所佔用的土地。②

与此相似的是,于《华北区公路铁路留地办法》当中,华北人民政府亦规定有:各行署在未发土地证以前,应按表规定将公路铁路占地留出,路权属于公有,由交通部掌管之。③ 路权公有是苏俄和华北的共同特点,在此特点下由政府机关掌管成为必然的选择。而路权公有在国内的意义显然因长期的斗争而更为重大,从此角度讲,可以说其堪称当前中国铁路乃至整个中国运输业的立法模式和运营模式的滥觞,对于目前"一家独大"或者"铁老大"等的现状,笔者无法,也无意做任何评论,其利弊之辩未有止休,现也有出现变化的迹象。路权既为公有,又附加以公权力机关运营,这是政治体制所导致的必然选择,还是在现有的体制改革的趋势下可以选择更好的方式或者进行调整,值得相关决策者深思。

---

① СУ РСФСР. 1922. No. 68. Ст. 581. 及 C3 CCCP. 1928. No. 69. Ст. 642。

② 《拨给运输部门土地规则》第一章第一节、第二章第四节,一九三三年二月七日苏联人民委员会议与中央执行委员会第五八——五〇号命令批准,并在一九三三年苏联法令汇编第十二号第六十六节乙项内公布。转引自《苏联铁路条例》上册,人民铁道出版社1952年版。

③ 《华北区公路铁路留地办法》第一条,见中国法学会董必武法学思想研究会编:《华北人民政府法令选编》,2007年版,第427页。

在征地补偿方面,《华北区公路铁路留地办法》所规定之原有铁路路基地产,未经破毁有案可查时,仍照原旧地界留除,不得平分,亦不照前条办法留地①。此规定与先前《铁路占地问题处理办法》相合,尤其在于若为旧有路基未经破坏而得保留者,按照后法之规定,原地界应得留除,不能将其平分,而依前款,此地得由村等单位调剂补偿。此两款似并非后者为前者的补充,而是共同构成了对于土地进行处置的不同方面,可以说从立法体系性的角度考虑,也似可说明前款规定之原则性意义。

第三,从实际情况看,前已论及,华北人民政府在铁路运输方面所面对的主要任务并非新修筑铁路,而是将原有的、被破坏的铁路尽快修复、抢通,并使原先缺少支线的铁路真正连成网络。

以正太铁路为例,正太铁路自1904年开始修建,至1907年10月全部完工通车,其经费来源前已有述,自邮传部成立以后,也均归属于邮传部所管辖。②因其所修筑的最初目的为运煤,故其为窄轨铁路。抗日战争期间,日本为加速掠夺中国的资源、将其"中国大陆路网"建设完备而进行了铁路的整修工作,具体表现为于1938年将正太铁路井陉支线改为标准轨,南张村至太原间的铁路改轨于1939年6月2日完工,南张村至石家庄间的铁路改轨工程同年竣工。这样,日寇就将整条正太铁路干线和一部分支线改为了标准轨距的铁路。③百团大战最初被称为"正太战役",而自其8月20日晚打响开始,即为针对铁路而进行的破袭战,其结果为"破坏交通的成绩计:破坏铁路九四八里(其中以正太路被我毁灭最为厉害,直到现在已三月有余,仍未

---

① 《华北区公路铁路留地办法》第五条第三款第三项,见中国法学会董必武法学思想研究会编:《华北人民政府法令选编》,第428页。
② 宓汝成:《中国近代铁路史资料》(第二辑),中华书局1963年版,第730~733页。
③ 罗文俊、石峻晨:《帝国主义列强侵华铁路史实》,西南交通大学出版社1998年版;《兴亚》,第五号,昭和十四年十一月一日。

修复)"① 1947年11月10日，晋察冀边区铁路管理局在石家庄成立，着即恢复已被解放的正太铁路的运输。尤其是为解放太原之故，工程进度很快，至1948年12月10日已经恢复了阳泉至榆次间的铁路通车，至1949年4月全线修复通车。

正太铁路是华北人民政府治下进行修复的铁路中极具代表性的一条，仍基本集中于对其进行的修复，此种情况与征地补偿问题的关联，当有两个方面：一方面，为支援前线故，进行修复工作必须追求速度，尽快完成，这就要求对工程中出现的问题，尤其是涉及民众利益的问题尽速解决，以一种概括性的高度、普适性的标准和贴近农村、贴近实际的方式立法尤为必要；另一方面，对原铁路进行的修缮本身就决定了铁路的存续性，大规模的战斗以后，在铁路或原铁路的路基上进行耕种显得匪夷所思，若此种占地相对较少，则不补偿而以调剂的方式解决土地问题则有效地规避了争议的出现，而相对低额度的补偿可以在不造成民众抵触的前提下节约宝贵的资金，质言之，一平一战，一普通一特别的对比反映出特定历史条件下共产党人在法律上的某些功利主义，也反映出难能可贵的实事求是的特点。

四、余论

华北人民政府存续的时间并不长，其设立既是解放战争的阶段性胜利成果的落实，也是对未来新中国政权建筑模式的一次展望。相对较强的过渡性使这一时期在立法方面成就斐然，但仍以行政性质的、政令性质的和规章性质的居多，效力层次方面也区分得不够明显。可以说，在讨论任何当时的立法问题时，均不能忽略了其是战时这样一个基本的背景，从这个角度看，一方面诸多问题可以得到合理化的解释；另一方面，也不应因某

---

① 《第十八集团军总司令部野战政治部公布百团大战总结战绩》（新华社晋东南11日电），1940年12月10日，根据1940年12月22日《新中华报》刊印，人民网：http://cpc.people.com.cn/GB/64184/64186/66643/4490225.html。

些问题的处理或者某些法条的制定上与今日有着较大区别或者从今日的角度看当难以认识难以理解，即认为其应对当今的某些问题而负责，将具体的法律放置于具体的历史情境下进行讨论，进而总结出立法应遵循的某种原则，是从历史中尤其是华北人民政府的法律的历史中汲取经验的一种相对有效的途径。

具言之，征地补偿问题方面之立法在目前仍然采《土地法》之模式，由各省政府制定具体的标准，例如，《河北省土地管理条例》第39条规定："征用耕地的土地补偿费，为该耕地被征用前三年平均年产值的六倍至十倍"。其后又分别规定了征用耕地以外的其他农用地和建设用地的土地补偿费、征用未利用地的土地补偿费、征用耕地的安置补助费、征用耕地以外的其他农用地和建设用地的安置补助费以及支付土地补偿费和安置补助费后，尚不能使需要安置的农民保持原有生活水平的，经省人民政府批准，可以再增加安置补助费。条例以上限的方式规定："土地补偿费和安置补助费的总和不得超过下列限额：（一）征用耕地的，不得超过该耕地被征用前三年平均年产值的三十倍；（二）征用耕地以外的其他农用地和建设用地的，不得超过该土地所在乡（镇）耕地前三年平均年产值的二十五倍。"对于征用土地的青苗补偿费按当季作物的产值计算。地上附着物补偿费标准由设区的市人民政府制定，报省人民政府批准后执行。尤为值得一提的是，在土地被征用后，应当核减所征用土地的农业税、农业特产税和农产品定购任务。征用时，未收获当年作物的，当年核减；已收获的，下年核减。①

可以说，目前的方式在认定土地公有的前提下，将补偿的标准做到了精细化，一方面，补偿是按照土地补偿、安置补偿和青苗损失划分，使得补偿能够尽可能包括失地人损失的全部方面，此与《土地法》有相似之处；另一方面，以实事求是的态度规定了土地补偿和青苗损失等浮动性损失的具体标

---

① 《河北省土地管理条例》39条、40条、41条、42条，载武安市国土资源局网站：http://www.hebwagt.gov.cn/manage/message/htm/200911/12/20091112161036.htm。

准，不再采其地产总值这种难以计算、易于上下其手的标准，而是将耕地产值平均计算，将耕地和非耕地区别，并且规定有补偿的计算方法和上限，这就有效地解决了一些具体操作中可能产生的问题，当然，《河北省土地管理条例》的规定，亦有可遭非议之处，然其所体现的实事求是的基础上尽量对失地农民加以保护的精神，则是与华北人民政府一脉相承的。在当时的历史条件下，在资源困乏、全力支前、百废待兴的情况下，对于农民的权益尚且以立法的形式加以保护，当下这类法律能够实际被执行的又有多少，实际执行中被遵守的又有多少，被遵守了的农民实际拿到的补偿款又有多少，种种乱象，值得深思和检讨。铁路于中国方兴未艾，相较传统的铁路，动车铁路、高铁铁路以及电气化铁路等种类的新型铁路为了行车安全和车外人的安全，需要更大的隔离带，自然需要占用更多土地，面对更多的此类问题。

　　从此角度向前一步，在讨论华北人民政府，尤其是华北人民政府法治的情况下，是否其开创性意义亦很重要，甚至超过了其过渡性意义呢？任何事物不会从无到有，一个政府、一个执政党刚刚取得了政权就迅速制定了一套法规无异于空中楼阁之谈，某些法律只有在相当的法域内方有实践的意义，进而也才有可能出现。试想，在一个没有铁路或者铁路很少的地方，在一个无力兴建铁路的地域讨论铁路占地补偿是很荒谬的，而只有当掌握了相当的地方，组织起了相当的政治机构，统治了相当的人民，才可能考虑这些涉及基础设施建设的问题，此类问题在华北人民政府的立法中不胜枚举，一方面，其法律与《六法全书》等具有较大区别的确是实，但彻底摆脱《六法全书》的影响，完全地另起炉灶是违背现实也是违背历史规律的，是否存有"法统"，以何种方式延续了"法统"，恐怕与这些立法也不无关联；另一方面，大量实务性的、操作性极强、技术性极强的法律的制定，是长期经验的总结，此种由一般经验落实到文本法律的过程，其重大意义，岂是仅仅一个过渡性就能概括的呢？

五、金融财税、农业环保、交通运输方面的政策、法令研究 **下编** 453

附表：中国近代铁路外债细目表（1912～1946年）

年 月 日	借款名称	借款者或经手人	贷款者	借款金额 原额	借款金额 折合国币（元）	年利（%）	折扣（%）	备 注
1912-07-08	南浔铁路借款	南浔铁路公司	（日）东亚兴业公司	日金 5 000 000 元	5 228 188	6.5	95	
1912-07-11	津浦铁路临时垫款	交通总长朱启铃	（德）德华银行	英金 900 424 镑	9 192 806	7	—	
1912-08-28	津浦铁路临时垫款	交通总长朱启铃	（英）华中铁路公司	英金 300 000 镑	3 062 825	7	—	
1912-09-24	陇秦豫海铁路金镑垫款	财政总长朱启铃，财政总长未学熙	（比）比国铁路电车公司	英金 4 000 000 镑	40 837 579	5	8.5	
1912-12-21	京汉陕路借款	交通部（驻英公使刘玉麟代）	（英）英伦城市平安储蓄银行	英金 150 000 镑	1 530 413	7	97	
1913-07-25	同成铁路借款垫款	财政总长梁士诒等	（法,比）铁道公司	英金 1 000 000 镑	10 303 608	6	94.5	
1913-10-30	沪宁铁路购地借款	交通总长周自齐	（英）中英公司	英金 15 000 镑	1 547 254	6	92	
1913-11-14	浦信铁路借款垫款	交通总长朱启玲	（英）华中铁路公司	英金 307 256 镑 13 先令 5 便士	3 169 363	6/7	92	第一次垫款，计198 792 镑16 先令11 便士，利率6%；第二次垫款，计8 463 镑16 先令6 便士，利率7%

续表

年 月 日	借款名称	借款者或经手人	贷款者	借款金额 原 额	借款金额 折合国币（元）	年利（%）	折扣（%）	备注
1914-01-21	钦渝铁路借款垫款	财政总长熊希龄、交通总长周自齐	（法）中法实业银行	法金 32 115 500 法郎	14 503 174	5	94	
1914-02-14	沪枫铁路借款	财政总长周自齐、交通部	（英）中英公司	英金 375 000 镑	4 281 527	6	91	
1914-03-31	宁湘铁路借款垫款	财政总长周自齐、交通总长朱启钤	（英）中英公司	库平银 2 000 000 两 现银 486 000 两	2 797 203 679 720	7	96	
1914-05-15	南浔铁路借款	南浔铁路公司	（日）东亚兴业公司	日金 2 500 000 元	2 906 906	6.5	95	
1914-07-27	沙兴铁路借款垫款	交通总长周自齐	（英）保林公司	英金 100 000 镑	114 174 046	5	96	
1915-12-17	四郑铁路追加借款	财政总长周自熙、交通总长梁敦彦	（日）横滨正金银行	日金 5 000 000 元	6 232 000	5	81	
1916-02-19	陇海铁路七里固军券	陇海铁路督办施肇曾	（比）铁路电车公司	比金 10 000 000 法郎	3 365 011	7	95	
1916-03-06	滨黑铁路借款垫款	财政总长周自熙、交通总长梁敦彦	（俄）华俄道胜银行	规银 500 000 两	699 301	7	—	

续表

年 月 日	借款名称	借款者或经手人	贷款者	借款金额 原额	借款金额 折合国币(元)	年利(%)	折扣(%)	备注
1916-09-27	株钦周襄铁道借款	交通总长许世英	(美)裕中公司	美金1 150 000元	2 267 974	7	—	
1917-10-12	吉长铁路借款	交通总长曹汝霖	(日)满铁	日金6 500 000元	5 114 646	5	91.5	
1918-02-12	四郑铁路追加借款	交通兼财政总长曹汝霖	(日)横滨正金银行	日金2 600 000元	1 709 198	7/9	—	1919年起,利率由7%改为9%
1918-06-18	吉会铁路借款垫款	财政总长曹汝霖	(日)兴业银行等	日金10 000 000元	6 573 839	7.5	—	
1918-09-28	满蒙四铁道借款	财政总长曹汝霖	(日)兴业银行等	日金20 000 000元	13 147 680	8	—	
1918-09-28	济顺、高徐两铁道借款	财政总长曹汝霖	(日)兴业银行等	日金20 000 000元	13 147 680	8	—	
1918-12-13	京绥铁路借款	京绥路局长丁士源	(日)东亚兴业公司	日金30 000 000元	1 972 152	9	—	
1919-05-03	陇海铁路七厘国库券	陇海路局长施肇曾	(比)铁路电车公司	比金20 000 000法郎	3 079 051	7	95	
1919-09-08	四洮铁路借款垫款	代交通总长曾毓隽	(日)满铁	日金5 000 000元	2 863 970	5	94.5	

续表

年 月 日	借款名称	借款者或经手人	贷款者	借款金额 原额	借款金额 折合国币（元）	年利(%)	折扣(%)	备注
1920-05-01	陇海铁路比、荷借款	陇海铁路督办施肇曾	（比）铁路电车公司（荷）建筑海口公司	法金137 743 000法郎 荷金30 750 000弗罗令	12 063 159 15 375 000	8	91	
1920-12-16	清孟铁路借款	交通总长叶恭绰，财政总长周自齐	（英）福公司	英金89 962镑	546 331	7.5	—	
1921-04-18	京绥铁路借款	京绥路局长陈世华	（日）东亚兴业公司	日金3 000 000元	2 977 070	10	—	
1921-04-22	京奉路唐榆双轨借款	交通总长张志潭	（英）中英公司	英金500 000元 银元2 000 000元	3 940 185 2 000 000	8	—	
1922-06-20	陇海铁路垫款	陇海铁路督办施肇曾	（比）铁路电车公司	比金25 000 000法郎	3 807 429	10	93	
1922-05-06	南浔铁路借款	南浔铁路公司	（日）东亚兴业公司	日金2 500 000元	2 264 534	7.5	96	
1922-07-20	京绥京门支线借款	京绥路局长萧俊生	（英）中英煤矿公司	300 000元	300 000	1.5	—	
1922-10-02	包宁展线借款	交通总长高恩洪	（比）比国营业公司等	英金800 000镑	6 647 466	8	87	
1922-12-05	胶济铁路偿价	交通部	（日）正金银行	日金40 000 000元	36 232 558	6	—	

续表

年 月 日	借款名称	借款者或经手人	贷款者	借款金额 原额	借款金额 折合国币（元）	年利（%）	折扣（%）	备注
1924-08-20	陇海铁路借款	陇海路督办赵德三	（比）铁路电车公司	5 000 000 元	5 000 000	8	83	原计折扣为85，但又规定中国政府应担任发行及代销费二厘，故实际上为83
1924-09-03	洮昂铁路借款	交通部	（日）满铁	日金 16 214 294 元	12 954 733	9	—	
1925-01-01	陇海铁路借款	陇海路会办章祜	（比）铁路电车公司	比金 23 000 000 法郎	1 999 665	8	91	
1925-10-24	吉敦铁路垫款	吉敦铁路局长魏武英等	（日）满铁	日金 10 767 428 元	7 073 913	9	—	
1926-02-06	吉敦铁路垫款	吉敦铁路局长魏武英等	（日）满铁	日金 2 787 508 元	1 831 394	9	—	
1928-07-01	中比庚借款	交通部	中英庚款委员会	美金 5 000 000 元	10 971 832	6	—	
1934-03-14	玉山南昌铁路材料款	铁道部	（德）奥托华尔夫公司	8 000 000 元	8 000 000	7	—	
1934-06-01	中英庚款借款	铁道部	中英庚款委员会	英金 1 500 000 镑	17 700 355	6	90	债票持有者为英国汇丰银行
1936-02-11	浙赣路南萍断借款	铁道部	（德）奥托华尔夫公司	10 000 000 元	10 000 000	7	—	

续表

年 月 日	借款名称	借款者或经手人	贷款者	借款金额 原额	借款金额 折合国币（元）	年利（%）	折扣（%）	备 注
1936-05-08	沪杭甬路六厘借款	铁道部	（英）中英银公司	英金 1 100 000 镑	18 226 538	6	88	
1936-08-25	宝成铁路借款	铁道部	（比）铁路电车公司	比金 450 000 000 法郎	50 566 331	6	—	
1936-12-01	京赣铁路借款	铁道部	中英庚款委员会，（英）汇丰银行	英金 450 000 000 镑	14 912 622	5	—	
1936-12-05	湘黔铁路借款	铁道部	（德）爱森钢铁公司	30 000 000 元	30 000 000	6	—	
1936-12-07	成渝铁路借款	铁道部	法国银团	30 000 000 元	34 500 000	7	93	
1946-06-03	铁道材料借款	国民政府	（美）华盛顿进出口银行	美金 16 650 000 元	?	3		借款额计至 1947 年 1 月底止
1887-1936 年铁路建筑债款总计				104 353 万元				

说明：1. 本表借款，除 1894 年前几笔之外，只列人开筑铁路时具有资本性质的借款（包括假这类借款之名而被挪作军、政费用的借款），材料债款未列在内。
2. 外币据历年海关汇价折合成国币，原合同中并列有国币数字，则以这种数字为准。1946 年由于法币币值狂跌，该年一笔美元借款未折合成法币。

资料来源：严中平：《中国近代经济史统计资料》，中国社会科学出版社 2012 年版。
徐义生：《中国近代外债史统计资料》，中华书局 1962 年版。
中国人民银行总行参事室：《中国清代外债史资料》，中国金融出版社 1991 年版。
宓汝成：《帝国主义与中国铁路》，经济管理出版社 2007 年版。

参考文献

[1] 中国法学会董必武法学思想研究会编:《华北人民政府法令选编》,2007 年版。

[2]《基本六法》,三民书局印行 2012 年版。

[3] 李炜光:《中国财政史述论稿》,中国财政经济出版社 2000 年版。

[4] 华北解放区财政经济史资料选编编辑组:《华北解放区财政经济史资料选编》(第二辑),中国财政经济出版社 1996 年版。

[5] 董必武:《董必武选集》,人民出版社 1985 年版。

[6] 宓汝成:《中国近代铁路史资料》(第二辑),中华书局 1963 年版。

[7] 杨永刚:《中国近代铁路史》,上海书店出版社 1997 年版。

探析华北人民政府农业立法对我国农业发展的借鉴意义

王 丽[*]

在推进社会主义新农村建设和农业发展的今天,完善农业立法,健全农业发展制度,是解决"三农"问题的唯一有效途径。华北人民政府农业立法是留给我们的一笔宝贵财富,我们应该吸取其先进经验,为我国当代农业发展做出贡献。

一、华北人民政府农业立法背景和概况

华北人民政府成立于1948年9月结束于1949年10月,时经13个月。作为新中国中央人民政府的雏形,为了推进政府工作的制度化和法制化,华北人民政府在仅一年多的时间制定颁布了大量法令,[①] 力求政府工作有法可依。法令蕴含了先进、丰富、科学的法律原则,体现了依法行政的思想,为我国当前依法行政的贯彻实施起到了良好的模范作用。

董必武同志在当选为华北人民政府主席之后的就职典礼上说:"这个政府是由游击式过渡到正规式的政府。正规的政府,首先要建立一套政府的制度和办法。过去好多事情不讲手续,正规化起来,手续很要紧。……正规的

---

[*] 中国政法大学。
[①] 法令指的是政权机关所颁布的命令、指示、决定等的总称。在本文中指的是华北人民政府及各部门颁布的命令、指示、决定等的总称,形式包括施政方针、税则、细则、规定、计划、指示、命令、决定、训令、办法、通知等。从法律的角度分析,这些法令大多数并不符合正式法律的形式,也不具有正式法律的效力,但这并不妨碍我们研究其体现的价值和意义。

政府办事就要讲一定的形式,不讲形式,光讲良心和记忆,会把事情办坏的。"① 他还说过:"建立新的政权,自然要创建法律、法令、规章、制度。我们把旧的打碎了,一定要建立新的。否则就是无政府主义……因此新的建立后,就要求按照新的法律规章制度办事"。②

华北人民政府的施政方针是指导政府各个方面工作的核心文件,是政府制定农业法令,部署和开展农业工作的重要依据。施政方针里不仅确定了总的农业生产任务——努力恢复和发展农业生产,使从现有的基础上提高一寸,还详细提出了各项促进农业生产的措施。为了调动所有生产积极因素,施政方针提出要普发土地证,确定地权,实行比例负担制的农业税制,补偿中农,安置地主富农,保障各阶层人民的土地财产,承认雇佣劳动自由和私人借贷自由。在尚未完成土地改革的地区,适当调剂土地,采取刚柔并济的中农不动两头平的办法。施政方针还规定,华北党政各级领导机关应在全年拿出不少于六个月的时间,组织、领导和扶助群众生产,继续发展生产合作互助组织。扶助和奖励各项副业发展;改良和提高农业技术,增加和改良农具,选用优良品种,改良耕作方法,繁殖牲畜,蓄积肥料,防除虫害,改良土质,治河防水,兴修水利以及植树造林;发放低利无利农贷,改良农贷办法,简化贷款手续;普遍组织供销合作社。

根据依法行政的思想和施政方针的指导原则,华北人民政府在短短的13个月里制定颁布了近30项有关农业的法令,涵盖了农业生产、农业税收、抗旱救灾、防汛、兴修水利等多个方面,形式包括税则、规定、指示和计划等。

华北人民政府制定颁布的农业法令主要有:《华北区农业税暂行税则》《华北区农业税灾情减免暂行方法》《关于防汛粮款开支办法的规定》《关于预防春荒及救灾的指示》《一九四九年华北区农业生产计划》《一九四九年华北区农业贷款计划》。

《华北区农业税则暂行税则》及其细则和附属法令是华北人民政府农业

---

① 《董必武法学文集》,法律出版社2001年版,第11页。
② 《董必武政治法律文集》,法律出版社1986年版,第41页。

法令中的一个亮点。税则详细规定了税制、耕地征税计算单位、纳税人、免税点、处罚办法等，还根据当时华北区发展农业生产，保证战争供给，并使农民负担合理固定的原则，制定了多个激励农民生产的规则。废除累进税制，采取免税点的比例征税的单一税制；对新开荒土地免征二至三年的税；提高鳏寡孤独和军人烈士等特殊群体的免税点；对遭遇灾害者可缓征、减征或免征；对逃税、少纳税者予以处罚。税则施行细则对税则中的有关概念进行了解释，保证税则准确施行。政府还专门制定农业税灾情减免暂行办法，对灾害种类、灾害严重程度、减免标准、减免办法、灾情报告等做了说明。

《一九四九年华北区农业生产计划》首先要求每亩增产五升粮食；其次详细规定了农产品的种类以及每个种类需要达到的产量。为了达到增产要求，计划还规定了必须采取的增产措施。提倡互助劳动，要求50%以上的妇女要参加生产，保证多耕多锄；大力防治水患，缩减旱灾，兴修水利；增加肥料；防除病虫害，推广优良品种；增加修补农具；扩大耕地面积，消荒灭荒；保护山林；鼓励发展副业。

《一九四九年华北区治河计划》提出，采取"择险修整、大力防汛"的方针，对冀鲁豫区黄河工程、太行区沁河工程、冀南区、冀中区、冀东区和察哈尔省等的治河工程做了详细规划。1949年6月，华北人民政府发布《关于防汛工作的指示》，对流域内各级政府的职责进行了分工，对防汛基本工作进行了部署。此后政府又发布了检查修补各河堤防险工程的命令。

1949年4月下发的《为紧急防旱克服困难的通知》，根据当时华北地区缺少雨水、播种困难的情况，华北人民政府农业部提出三项措施来保证按时播种。要求在群众中进行防旱动员；尽量发挥水利，加紧完成兴修水利计划，运用可能利用的水利设施帮助播种；重视劳畜力的组织工作，动员妇女劳力参加抗旱下种工作。

这些法令从当时农业生产面临的实际问题出发，结合华北人民政府的工作目标和任务，全面而详细地规定了农业生产的各个方面。一方面体现了华北人民政府以人为本，以农为本的思想，将农民的生存生活问题放在第一位，代表着广大无产阶级的利益。另一方面其专业措施具有很强的先进性和科学性，也是值得我们在依法治农的过程中借鉴的。

二、当前我国农业的现状和问题

新中国成立后，我国农业取得了举世瞩目的巨大成就，用不到世界9%的耕地，养活了世界21%的人口，粮食、棉花、油料、蔬菜、水果、水产品等产量居世界首位。我国农产品供应已经实现由长期短缺到总量基本平衡、丰年有余的历史性转变。农民收入水平有了极大提高。改革开放近30年是我国农村经济发展最快、农民生活变化最大的时期。

看到成就的同时也要看到不足。我国农业发展经历了一条艰难而坎坷的道路。作为国家的第一产业和基础产业，农业在新中国经济发展的历史中并没有得到足够的重视。尤其是改革开放之后，我国走的是一条农村支持城市，农业支持工业的经济发展之路，城乡二元的户籍制度和工农产品价格剪刀差极大限制了农业的发展，损害了农民的利益。2007年，中央一号文件指出："当前农村发展仍存在许多突出矛盾和问题，农业基础设施依然薄弱，农民稳定增收依然困难，农村社会事业发展依然滞后，改变农村落后面貌、缩小城乡差距仍需付出艰苦努力。"具体说来，目前我国农业主要存在以下几个问题。

（一）农业基础建设有待加强

1. 农业基础地位薄弱

农业是一个国家的基础产业，主要体现在农产品供给上。目前我国农产品供给形势十分严峻。随着我国工业化、信息化、城镇化、市场化、国际化的快速前进，我国农产品供求形势正发生着深刻变化。第一，我国农产品数量供需不平衡。20世纪末以来，我国农业综合生产能力虽明显得到增强，但仅能基本满足社会对农产品的需求。人均耕地面积减少，耕地质量下降，水资源贫乏等问题导致我国农产品产出不足，无法满足快速增长的众多人口的需求。自2007年以来，农产品价格的快速上涨也能反映出我国农产品供求不平衡。第二，农产品结构平衡压力大。玉米、水稻、棉花、小麦等供过于求，油料作物较为紧缺，水果呈现区域性和季节性过剩的特点。第三，农产品质量低。农产品生产技术普遍较低，优质农产品紧缺，普通和低档农产品较多。农产品质量安全仍是关系到我国国民健康的重要问题。

2. 农业基础设施不健全

具体表现为：农田水利基础设施薄弱，基础设施建设投入结构不合理，资金来源渠道单一，维持基础设施运转机制不完善。

3. 农村基本制度不健全

第一，农村基本经营制度不完善。我国农村实行的以家庭承包经营为基础、统分结合的双层经营体制，不能有效地保护农民的土地承包经营权，随意收回或"调整"农民承包地的现象时有发生，破坏了农村基本经营制度。第二，农村公共服务体系不健全。城乡公共服务供给失衡，尤其是农村贫困群体难以获得基本的公共服务。我国城市已经建立了一套完善的社会保障体系，但农村依然实行的是以家庭为主体的保障制度，农村合作医疗制度仍处于起步和探索阶段。农村的基础设施建设也很薄弱。第三，农村基层组织不能充分发挥作用，农民的满意度不高。《村民委员会组织法》[①] 规定，乡镇政府与村委会之间是指导与被指导的关系，而非领导与被领导的上下级行政隶属关系。在实际操作过程中，一些乡镇把村委会当作自己的行政下级或派出机构，对村委会工作和村民自治工作直接干预，利用传统的命令指挥式的管理方式，让村委会事实上履行乡镇政府的行政职能。这种过度干预村委会导致村民自治名存实亡，自治的真正含义无法体现，也使政府与农民的关系趋于紧张。

4. 农业基础建设薄弱还表现在科技水平低、含量少，农民专业合作组织发展不完善，农产品及其流通市场不适应 WTO 的挑战等问题上

[①] 《村民委员会组织法》第四条规定，乡、民族乡、镇的人民政府对村民委员会的工作给予指导、支持和帮助，但是不得干预依法属于村民自治范围内的事项。村民委员会协助乡、民族乡、镇的人民政府开展工作。

（二）财政支农力度不够

1. 财政支农资金总量不足

随着我国财力的不断增强，国家财政用于农业的支出也不断增加，从 1978 年的 150 亿元增长到 2007 年的 4318 亿元。然而农业支出占财政支出的比重不但没有保持稳定的增长，还出现了下降，1978 年该指标为 13.43%，2007 年该指标为 8.71%，平均值为 8.36%。我国《农业法》规定："国家财政每年对农业总投入的增长幅度应当高于其财政经常性收入的增长幅度"，[①] 1978 年以来，我国财政收入增长了 44 倍，而农业支出仅增长了约 30 倍，没有达到法律规定的水平。财政用于城市建设和工业发展的支出远远高于用于"三农"的支出，城乡公共服务的水平有很大差距，财政支农资金的投入无法满足农业发展的需求。

2. 地方财政支农不足

中央和地方财权和事权不统一是我国五级财政体制已长期存在的问题。县乡政府，尤其是中西部地区县乡政府，对农业税的依赖性较大，2000 年以来实行的农村税费改革，至 2006 年全国免除农业税收，对县、乡（镇）政府财力产生了巨大影响，加剧了中央和地方财权和事权不统一的矛盾。乡财政基本上只能依靠转移支付，仅能维持日常工作开支，无法用以支持和发展农业。财政支农主要依赖中央和省级财政。一些农业投入项目，在上级财政发放资金时，需要由地方财政按一定比例拿出相应配套资金，然而很多基层政府无法做到这一点。因此，中地财权和事权不统一的矛盾导致地方财政支农不足。

3. 财政支农支出管理混乱，缺乏监督

我国现行的财政支农管理体制实行的是分块管理。国家财政用于农业的支出主要分为支农支出、农业基本建设支出、农业科技三项费用和农村救济费。不同的支出项目由不同的部门职能管理，各个部门之间缺乏协调，没有统一的管理办法，导致资金使用效益低，资金使用范围模糊，重复投入，不

[①] 《农业法》第 38 条规定，国家逐步提高农业投入的总体水平。中央和县级以上地方财政每年对农业总投入的增长幅度应当高于其财政经常性收入的增长幅度。

利于各项资金形成整体合力。管理体制的缺陷还导致支农资金监督不力。监督的缺失导致财力匮乏的基层政府截留、挪用支农资金。据统计,全国财政支农资金挤占、挪用的 70% 以上发生在县、乡(镇)两级政府。

4. 财政支农缺乏法律保障

我国财政支农主要依靠政策调节,财政支农项目的种类、规模、范围以及责任等方面缺少明确的法律依据,政府支农措施缺乏法律保障,也导致监督的缺位。

(三) 土地制度不合理

我国实行的是农地的以家庭联产承包责任制为基础的农民集体所有制,这种农地制度已不符合我国农业发展的需要,不利于提高农民的生产积极性,更不利于保护农民的利益。

1. 随着城市用地不断扩大,农地征收过程中农民的合法权益更是得不到有效保护

(1) 农地产权不明。我国有关法律规定,[①] 农村土地虽属于农民集体所有,但在执行过程中往往演变为由农民集体组织代为行使所有权,村委会、村小组对农地的处置权很大,农地征收单位通常是与农民集体组织中的代表,即村委会成员协商征收补偿等事项,并不征求所有农民的意见。组织代表或为了私利,或对所有农民的观点没有完整的认识而做出有损于农民利益的决定。此外,村委会虽然属于农村自治组织,独立于我国五级行政体制之外,但在大部分地区,村委会成员的产生仍具有较强的任命色彩,村委会和乡政府有着复杂的关系。为了保证自身的利益,村委会领导作为农民集体的代表不能为农民说话,而是服从行政机关的决定和命令。甚至村委会已经将农地

[①] 《宪法》第 10 条规定,城市的土地属于国家所有。农村和城市郊区的土地,除由法律规定属于国家所有的以外,属于集体所有;宅基地和自留地、自留山,也属于集体所有。国家为了公共利益的需要,可以依照法律规定对土地实行征收或者征用并给予补偿。任何组织或者个人不得侵占、买卖或者以其他形式非法转让土地。土地的使用权可以依照法律的规定转让。《土地管理法》第 8 条规定,城市市区的土地属于国家所有。农村和城市郊区的土地,除由法律规定属于国家所有的以外,属于农民集体所有;宅基地和自留地、自留山,属于农民集体所有。

的所有权转移给国家机关,村民还得不到确切消息。

(2) 征地补偿标准低。《土地管理法》规定①,征收土地按照被征收土地的原用途给予补偿,补偿额最高不得超过土地被征收前三年平均年产值的30倍。我国土地管理法颁布于计划经济时期。现在的市场经济体制对我国农业和农民形成了巨大冲击,农民面临着很多不可预测的因素,基于计划经济体制制定的补偿标准已经不能适应当前的情况,无法保障失地农民保持原有的生活水平,并随着经济的发展,生活水平也相应提高。此外,这些转让费也不能全部到达农民手中,村委会还会截留一部分,甚至是大部分。很多失地农民的收入和生活水平有较大幅度的下降。农民的土地具有生活保障的功能。失去土地也就意味着失去了生活来源,农民由于自身局限性无法对补偿费做合理的规划与使用,加上城乡二元的户籍制度限制了农民流向城市寻找新的生活工作方式,农民一旦失去土地也就是被剥夺了生存的机会。

2. 农村还没有建立完善的农地流通制度和市场

我国法律规定②,村集体经济组织、村民委员会、村民小组对农村土地

---

① 《土地管理法》第47条规定,征收土地的,按照被征收土地的原用途给予补偿。征收耕地的补偿费用包括土地补偿费、安置补助费以及地上附着物和青苗的补偿费。征收耕地的土地补偿费,为该耕地被征收前三年平均年产值的6~10倍。征收耕地的安置补助费,按照需要安置的农业人口数计算。需要安置的农业人口数,按照被征收的耕地数量除以征地前被征收单位平均每人占有耕地的数量计算。每一个需要安置的农业人口的安置补助费标准,为该耕地被征收前三年平均年产值的4~6倍。但是,每公顷被征收耕地的安置补助费,最高不得超过被征收前三年平均年产值的15倍。征收其他土地的土地补偿费和安置补助费标准,由省、自治区、直辖市参照征收耕地的土地补偿费和安置补助费的标准规定。被征收土地上的附着物和青苗的补偿标准,由省、自治区、直辖市规定。征收城市郊区的菜地,用地单位应当按照国家有关规定缴纳新菜地开发建设基金。依照本条第2款的规定支付土地补偿费和安置补助费,尚不能使需要安置的农民保持原有生活水平的,经省、自治区、直辖市人民政府批准,可以增加安置补助费。但是,土地补偿费和安置补助费的总和不得超过土地被征收前三年平均年产值的30倍。

② 《土地管理法》第10条规定,农民集体所有的土地依法属于村农民集体所有的,由村集体经济组织或者村民委员会经营、管理;已经分别属于村内两个以上农村集体经济组织的农民集体所有的,由村内各该农村集体经济组织或者村民小组经营、管理;已经属于乡(镇)农民集体所有的,由乡(镇)农村集体经济组织经营、管理。《土地承包法》第12条规定,农民集体所有的土地依法属于村农民集体所有的,由村集体经济组织或者村民委员会发包;已经分别属于村内两个以上农村集体经济组织的农民集体所有的,由村内各该农村集体经济组织或者村民小组发包。村集体经济组织或者村民委员会发包的,不得改变村内各集体经济组织、农民集体所有的土地的所有权。国家所有依法由农民集体使用的农村土地,由使用该土地的农村集体经济组织、村民委员会或者村民小组发包。

拥有经营管理权以及发包权。村组织拥有的权力很大。加上一些乡镇政府的介入，充当土地流转的主体，随便改变土地承包关系的现象十分严重。基于我国人多地少的现状，促进农地合理流通是必须的选择。目前我国还没有统一、完善的农地流通市场，受城乡二元户籍制度的限制，大部分农民还被束缚在稀少的土地上，劳动力还不能从土地中解放出来。加之没有健全的土地流转中介组织。一般而言，流转土地面积小，农地流转关系仅限于本地区的熟人，大多数为口头约定，并没有正式的合同，协议的履行依靠的是农民之间的相互信任，而非有效的法律文书，当发生矛盾时法律无法起到有效作用。

三、借鉴华北人民政府农业立法经验，完善我国农业立法，推进农业发展

我国农业发展过程中产生这些问题的根源在于我国农业制度的不健全，依法行政、依法治农的理念还没有完全贯彻在政府部门，增加了我国政府治理农业时的随意性。我国解决"三农"问题过分依靠党的政策。1982~1986年，党通过五个一号文件指导我国农业发展。2004~2008年，党又连续下发五个一号文件分别对农民增收、提高农业生产能力、社会主义新农村建设、发展现代农业，以及加强农业基础建设五个方面的工作进行部署。党的政策是我国的一大特色，具有指导意义，但也由于仅是指导性原则，并不具有强制力，而无法规范政府行为。因此，真正解决"三农"问题依赖于将党的政策转化为法律，建立完善的农业法律体系，为政府解决"三农"问题提供法律保障。

这也是华北人民政府农业立法给我们的启示。首先，华北临时人民代表大会使党的政策通过法律的形式表现出来；其次，华北人民政府组织大纲和各部门组织规程规定，政府下设农业部并列明了农业部的主管事项；最后，华北人民政府农业部及其他部门根据法律规定制定颁布有关农业及农业生产的计划、指示、通知等法令。通过这种形式将党的意志转化为政府工作的依据，并逐渐形成了"依法行政"的理念。

我国农业法律大多制定于计划经济时期，已不适应我国现代市场经济体

制的要求。因此，当前最重要的工作是建立良好的农业发展体制，修改并完善我国农业立法。具体说来应从以下几个方面入手。

(一) 统筹城乡发展，破除城乡二元体制，为农业发展提供制度保障

我国城乡二元体制由来已久。1958年，我国在农村开始建立人民公社，将农民大规模地高度集中在这个组织之中，共同生产，共同生活，形成了密不可分的社会共同体，二元体制开始形成。城乡二元的户籍制度将农村劳动力和城市劳动力人为分开，限制了农村居民自由迁徙。教育、就业、医疗、养老保险、劳动保障、兵役、婚姻和生育等方面也体现了二元制度对工业和城市的倾斜。作为一种制度安排，城乡二元体制人为地将城乡分离开，使得我国农民长期被阻挡在现代化进程之外，完全被束缚在土地上，从事农业生产，使农业成为工业发展的廉价基础和牺牲品，极大阻碍了农业发展。

解放前的华北人民政府特别重视城市和农村、工业和农业的协调发展，为我国现在农业发展提供了很好的榜样。它在施政方针中指出："必须了解，由于人民解放军继续向蒋管区进攻，许多城市必将继续解放，城市居民特别是工人的粮食，及为恢复工业继续开工所必须的原料，就要成为严重的问题，因此恢复和发展农业生产，增加商品粮食和工业原料作物，就成为刻不容缓的任务了。……为了恢复和发展工业，特别是为了有计划地使城市和农村，工业品和农业品进行交换，就必须发展商业……"

因此，推进农业发展必须从改变城乡二元体制入手，统筹城乡发展。首先，加大工业反哺农业、城市支持农村的力度。其次，破除城乡二元户籍制度，促进城乡劳动力、科学技术、资金等生产要素的合理配置，优化农业生产资源。再次，创建服务型政府，实现城乡基本公共服务均等化。各级政府，尤其是基层政府，不仅要为农村提供与城市一样公平的基本公共服务，还要结合农村的特点，为农业发展提供便利服务。这就要求为农民提供先进农业生产技术、及时的农业信息，指导建立健全的农产品市场。

(二) 综合发展现代农业

现代农业是以现代发展理念为指导，以现代科学技术和物质装备为支撑，

运用现代经营形式和管理手段，贸工农紧密衔接、产加销融为一体的多功能、可持续发展的产业体系。根据现代农业的含义，应从以下几个方面推进现代农业发展。

首先，政府应该为发展现代农业提供财力支持。加强农田水利、农村交通、通信等基础设施建设；增加农业产业化专项资金投入；支持农业保险体系建设。综合运用税收、补助、参股、贴息、担保等手段，为社会力量投资建设现代农业创造良好环境。[①]

其次，提高农业科技含量。我国的农业科技在农业增产中的贡献率仅为35%，农业科技未被广泛应用和推广，农产品缺乏深加工和精加工，附加值极低。而国外发达国家农业科技在农业增产中的贡献率高达60%以上，农产品科技含量高，附加值也大。目前，我国有一部关于农业科技的法律——《农业技术推广法》，颁布实施于1993年7月2日，时间较早，需修改和补充。应将增加农业科研投入，推进农业科技创新，科技入户等新观点写入法律，坚定走"科技兴农"之路，提高农产品的科技附加值和国际竞争力。

最后，积极发展农民专业合作组织。

华北人民政府在施政方针中指出，在自愿结合、等价交换的原则下，继续发展农民生产合作互助组织，但组织生产的合作互助，应从农村实际情况和从需要与可能处罚，反对强迫命令，反对包揽一切，反对追求大变工、大互助的形式主义。必须自上而下，自下而上的普遍组织供销合作社。这是把小生产者和国家结合起来的一根经济纽带。

新中国成立初期，我国农村合作组织的发展曾误入歧途，正是由于没有遵循反对大变工、大互助的形式主义的原则。长期以来，我国没有规范农业合作组织的高层级的法律，2007年7月1日才施行《中华人民共和国农民专业合作社法》和《农民专业合作社登记管理条例》。现在我们需要做的是依据法律积极发展各种形式的农民专业合作组织，开展农产品销售加工储藏、

---

① 摘自2007年《中共中央、国务院关于积极发展现代农业扎实推进社会主义新农村建设的若干意见》。

信息服务、技术培训和农资采购经营等活动，以形成合力，促进农业发展。

(三) 加大财政支农力度，深化农村金融体制改革

自2006年中央一号文件对财政支农提出"三个高于"，2007年中央一号文件又强调了要加大财政支农力度，2008年把"高于"改为"明显高于"，即"2008年，财政支农投入的增量要明显高于上年，国家固定资产投资用于农村的增量要明显高于上年，政府土地出让收入用于农村建设的增量要明显高于上年。"

《农业法》第六章"农业投入与支持保护"，从国家财政收入、建立农业专项基金、税收、价格、信贷及农业投资主要使用范围等方面仅做了原则性规定，不能作为政府财政支农的具体依据，增加了政府的自由裁量空间。此外，《农业法》还没有明确财政支农的法律责任，缺少监督、约束和制裁。

首先，《农业法》应对增加农业投入做出更加完整的规定，进一步明确投入数量、最低比例和程序，并有必要在《预算法》里将农业投入纳入各级政府预算支出范围之内，以法律的强制力确保执行。其次，应建立完整的监督制度。从立法技术角度来说，《农业法》"法律责任"一章应明确不按该法要求支农的单位和相关责任人的法律责任。我国财政支农计划的制订和执行仅靠财政内部监督和各级人民代表大会的监督，但这两种监督方式都不能对财政进行有效制约，使得监督效果大打折扣。此外，还应加大对基层政府的财政转移支付力度，保证县乡两级政府为农村提供基本公共服务的财力。

目前，我国还没有健全的农村金融体系。自1996年农村信用合作社与中国农业银行分开后，农村信用社资产低，流动资金少，不良债务多，只存不贷，没有能力承担农村金融体系的主导作用。此外，国家没有赋予农民农田的担保权，农民因缺少担保而失去借贷权利。我国关于农业贷款的专门的法律法规共三部，《农业银行合作农业贷款管理办法》(1988年6月23日实施)《农业银行国企农业贷款管理办法》(1989年2月27日实施)，和《农业银行农业贷款项目管理规程》(1993年1月28日实施)，颁布时间较早，已不符合现代农业的发展需求。党和国家近年来曾多次提出要发展农业信贷，但我

国法律并没有及时地修改更新。

我国应加大农业发展银行支持"三农"的力度，推进农业银行改革，鼓励邮政储蓄银行发挥积极作用。用立法的形式支持农村信用合作社的发展，为其提供存款准备金，对贷款利率实行优惠，完善治理结构，维护和保持县级联社的独立法人地位，积极探索农村担保方式创新。

华北人民政府意识到了农业资金对于农业发展的重要性。为了促进农业生产，它在施政方针中提出："必须尽可能地发放低利无利农贷，以解决农民缺乏资本、工具、牲口、种子等生产资料的困难。改良农贷办法，纠正平均分配的错误方针，同样也纠正不贷给中农的错误方针。有计划地、有重点地，贷给农村从事生产的人们。简化贷款手续，保证全部贷款能很快地到达他们的手里，以免耽误生产……"① 1949 年，华北人民政府制定了详尽的农业贷款计划，详细规定了贷款数额、用途、分配、种类、期限和利息等问题。

（四）完善农地制度，保障农民权益

华北人民政府时期农业取得快速发展的原因是实行了适合当时解放区情况的土地制度——农地私人所有制。一方面某些地区继续推进尚未完成的土地改革，适当调剂土地，划定阶级成分，并规定职能采取比较缓和、稳妥的方法，将地主、富农的地调剂给无地少地的农民和中农，求得土地的平均，但反对平均主义。采取中农不动两头平的办法，原则上不侵犯中农。另一方面在土地改革已完成的地区，普发土地证，确定地权，改订成分，适当补偿被侵犯的中农，安置没有分给一份土地和浮财的地主富农，使一切农业人口各得其所，安心生产，并以法律切实保障各阶层人们的土地财产不受侵犯，承认土地买卖的自由及在特定条件下出租土地的权利。

土地平均分配极大激发了农民的生产积极性，为前线战争提供了有力的物质保障。对中农、富农、地主适当的刚中带柔的政策，有效地团结了他们，有利于团结解放区所有阶层，为解放战争贡献力量。农地的私人所有制并承

---

① 《华北人民政府法令选编》，第 6 页。

认土地的正常流通有利于土地资源和人力资源的合理配置与利用，已具有市场经济的自由的特性。为了支援战争，满足城市居民的粮食需求，恢复和发展农业生产，增加商品粮食和工业原料作物是当时刻不容缓的任务。这些法令均有利于提高农业产量。

现在我国根据实际，应从三个方面完善农地制度。

1. 严格保护基本农田

基本农田对于我国维护粮食安全具有重要意义。《土地管理法》第四章对耕地保护做了原则性规定，以及违法占用耕地应负的法律责任，但缺少强制执行力。

党的十七大报告中指出，坚持农村基本经营制度，稳定和完善土地承包关系，按照依法自愿有偿原则，健全土地承包经营权流转市场，有条件的地方可以发展多种形式的适度规模经营。2008年，中央一号文件指出，严格执行土地利用总体规划和年度计划，全面落实耕地保护责任制，建立和完善土地违法违规案件查处协调机制，切实控制建设占用耕地和林地。2008年，中央政府工作报告中指出，坚持最严格的耕地保护制度，特别是加强基本农田保护。按土地利用总体规划从严审查、调整各类规划的用地规模和标准，严格执行土地用途管制制度，依法严格管理农村集体和个人建设用地，坚决制止违法违规占用耕地和林地的行为。

2. 规范农地征收补偿标准，保障失地农民合法权益

立法规定，政府征地时，应与农地所有权的主体即农民集体谈判。而非农民的代表性组织或机构谈判，作为所有者主体的农民集体应与作为代表主体的村委会分离。出台《征地补偿法》，规范征地补偿标准，细化补偿项目，形成统一口径，提高征地补偿的规范性和公开性，并明确法律责任。加强对补偿安置费的监管力度，将安置补助费设立专户，存入银行，做到专款专用，并接受有关部门的监督和检查。在费用补偿之后，注重对农民的就业和社会保障。2007年8月17日，国家出台了《劳动和社会保障部、民政部、审计署关于做好农村社会养老保险和被征地农民社会保障工作有关问题的通知》，

说明我国正逐步完善失地农民的社会保障制度,但应进一步将政策性文件转化为法律制度,有效保护失地农民的利益。

3. 完善农地流转体制,建立有效的农地流转市场

加快农地流转立法。明确界定农民土地权利,使用权流转转让的补偿标准以及收益分配,土地流转的合理管理程序和土地纠纷的处理机制。同时政府还要大力鼓励农地流转中介组织的发展,发挥乡村基层组织在农地流转的中介组织的作用。

华北人民政府农业立法是留给我们的宝贵财富,蕴含了丰富的法学精神,更有先进的治农原则和思想。受我国工业化、信息化、城镇化、市场化、国际化等趋势的影响,农业正经历着巨大的变化。我们必须借鉴前辈先进的治农经验,结合当前实际,完善农业立法,探索有效的农业发展之路。

参考文献

[1] 中国法学会董必武法学思想研究会编:《华北人民政府法令选编》,2007年8月。

[2] 董必武文集编辑组:《董必武政治法律文集》,法律出版社1986年版。

[3] 董必武:《董必武法学文集》,法律出版社2001年版。

[4] 孙琬钟:《董必武法学思想研究文集》(第五辑),人民法院出版社2006年版。

[5] 孙琬钟:《董必武法学思想研究文集》(第三辑),人民法院出版社2004年版。

[6] 温铁军:《城乡二元结构的长期性——乡土中国与文化自觉》,三联书店2007年版。

[7] 王碧峰:"我国发展现代农业问题讨论综述",载《经济理论与经济管理》,2008年第1期。

[8] 陈茂国、漆丹:"论农地征用中的几个关键性法律问题",载《华中农业大学学报》(社会科学版),2007年第3期。

[9] 陆学艺:"社会主义新农村建设需要改革现行土地制度",载《东南学术》,2007年第3期。

华北人民政府环境立法及其特点

王 立[*]

2008年，是华北人民政府成立60周年的年份。[①] 翻开有关华北人民政府的史料，我们会惊讶地发现，这个政府竟然能在短短的一年多时间里颁布了如此众多的法律文件。华北人民政府颁布的这些法律文件涉及政治组织、经济建设、农副业生产、工矿企业、文教卫生、植树造林、兴修水利、财政金融、司法制度等诸多方面，令人叹为观止。其中，华北人民政府颁布的有关环境保护的法律、法规及其他法律文件，又是那样引人注目、发人深思。

一、华北人民政府的环境立法概况

一般来说，我们的许多学者认为中国的环境保护始于20世纪70年代。从对现代意义上的环境法研究，或是对当代环境法的研究上看，这些看法的确是有一定道理的。但是，如果我们囿于眼前，就法论法，就会显得因过于

---

[*] 国家法官学院教授。
[①] 1948年5月，中共中央迁到河北平山县西柏坡村。为了适应整个解放战争形势的需要，中共中央决定召开华北临时人民代表大会，成立华北人民政府。7月，经过酝酿选举，各解放区选出代表500余人。8月5日，华北临时人民代表大会在石家庄召开，大会选举董必武、聂荣臻、薄一波等27人组成政治委员会。委员会推举董必武为主席，薄一波、蓝公武、杨秀峰为副主席。8月26日，华北人民政府宣告成立。华北人民政府的成立，是中国现代史上的一件大事，也是在中国和世界现代政治制度史上的具有划时代意义的一件大事。董必武对这次大会的现实意义和深远的历史意义做了高度的概括：这次大会将成为全国人民代表大会的雏形。大会宣告了一个崭新的全国性的联合政府即将成立，华北人民政府从而成为中央人民政府的雏型。华北人民政府从成立到撤销仅仅一年零一个月的时间，在这短短的一年多的时间里，华北人民政府在党中央、毛泽东的直接领导下，率领华北解放区的人民进行革命和建设，为中国革命史写下了光辉的一页。

功利而失之公允。① 环境法同其他任何法一样，作为独立法律门类以来的历史绝不能与环境法律史等量齐观。② 因此，我们还应当历史地、审慎地从法文化的角度来对待和研究环境法。任何今天的法，都是昨天的规则和见解在今天的逻辑演绎与法律延续，昨天的那些见地、思想、智能、规则和散见于其他法中并不被称作环境法的环境法律规范则是很早就存在并发生过作用的，这种文化传承往往是一脉相继的。在这个问题上，梅因早在1851年就说过："我们的法律科学所以处于这样不能令人满意的状态，主要由于对这些观念除了最肤浅的研究之外，采取了一概加以拒绝的草率态度或偏见"。③ 就环境法研究的现状而言，梅因的见解，在今天看来仍然是如此的尖锐、如此的精辟和如此的深邃。

事实上，按照今天我们对于环境法的主流认识，即根据《中华人民共和国环境保护法》第2条的规定，环境是指影响人类生存和发展的各种天然的和经过人工改造的自然因素的总体，包括大气、水、海洋、土地矿藏、森林、草原、野生生物、自然遗迹、人文遗迹、自然保护区、风景名胜区、城市和乡村等。如果以当代环境法的权威宣言来看，有关大气、水、海洋、土地矿藏、森林、草原、野生生物、自然遗迹、人文遗迹、自然保护区、风景名胜区等方面的法律法规均属环境法范畴。那么，在回首60年前的环境法的时候，我们会发现一个惊人的历史真实，原来当年的环境法规已然涉及今天环境法的许多方面，只是囿于当时的认知水平，尚未出现"环境法"这一法律概念而已——从事物发展的逻辑上讲，任何法言法语中的法律名称，其实都是这个法律本身出现之后才被加冕一个名称罢了。然唯其如此，我们对华北人民政府环境法律问题的研究和对话才有了共同认知的前提和基础。否则，

---

① 英国功利主义法学派代表人边沁1776年在其代表作《政府片论》中认为，功利原理是分析国家的基本原理，并认为功利原理不需要由更高的原理也没有更高的原理能够推导而出（其详请阅《政府片论》，商务印书馆1996年版）。本文作者认为，就当代环境法而论当代环境法，极有可能走入"新边沁主义"的泥潭。

② 本文作者认为，遵循辩证唯物主义和历史唯物主义的观点，任何事物都有着发生、发展和消亡的运动发展过程，任何就事论事的观点都脱不了形而上学的机械论干系。

③ ［英］梅因：《古代法》（中译本），商务印书馆1959年版，第2页。

我们对事物的认识与研究将终究不能脱开经院与禅谒辩经会上"白马非马"式的口水消遣和智慧浪费。

在我看来，华北人民政府涉及环境保护的立法文件主要有以下几类：

1. 环境保护指导原则

即与环境保护有关的政策性规定，也是对环境保护的原则性规定，主要包括在《华北人民政府施政方针》《华北区奖励科学发明及技术改进暂行条例》《华北区奖励科学发明及技术改革暂行条例执行办法》之中。

其中，《华北人民政府施政方针》中的一些原则规定，就其法律地位而言，居于"宪法性环境法律规范"的地位，实际发挥着纲领和指导作用。

2. 环境保护组织机制

即与环境保护有关或直接发挥环境保护作用的组织机构及其运行机制。它的地位和作用在于规定与环境保护有关工作的组织、实施机构以及这些机关的职责，主要体现在《华北人民政府各部门组织规程》之中。

3. 环境保护行政法规

即由政府制定并发布实施的与环境保护有关或直接发挥环境保护作用的命令、指示和规定。它们多数是以保护与环境有关的各种要素的政策性文件形式出现，从法律渊源上讲，以政府命令、指示和规定为普遍范式。具体包括：

（1）在矿产资源保护领域，主要有《禁止在各大矿区续开小窑挖煤令》《太行区采矿暂行条例草案》等；

（2）在农业资源包括水利、防治病虫害、农业生产保护领域，主要有《一九四九年华北区农业生产计划》《奖励农业增产的指示》《为紧急防旱克服困难的通知》《一九四九年华北区治河计划》《关于防汛工作的指示》《紧急动员除虫保苗的指示》《为令各地政府及河务部门派专人检查修补各河堤防险工令》《关于秋收种麦秋耕及生产救灾工作指示》等；

（3）在开展植树造林运动领域，主要有《关于开展植树护林运动的指示》《关于大量采集树籽开展秋季造林运动和建设苗圃的指示》等；

（4）在文物古迹保护领域，主要有《关于文物古迹征集管理问题的规定》《为保护各地名胜古迹严禁破坏底训令》《为禁运古物图书出口令》等。

二、华北人民政府环境保护法律、法规的主要内容

（一）确定环境保护的管理机构及其职责

按照《华北人民政府各部门组织规程》的有关规定，华北人民政府环境保护的管理机构及其职责是：

1. 民政部

《华北人民政府各部门组织规程》第 5 条第 7 款规定：民政部关于土地之清丈、登记，确定产权，调解土地房产纠纷，处理土地丈量，租赁关系等事项。

2. 教育部

《华北人民政府各部门组织规程》第 6 条第 6 款规定：教育部关于具有重大历史文化价值之古物与纪念陵园、图书馆、博物馆及公共体育场、娱乐场所之筹划及管理事项。

3. 农业部

《华北人民政府各部门组织规程》第 9 条：农业部主管全区农副业生产建设事宜。具体掌管下列事项：（1）关于农林畜牧事业之计划奖进事项。(2) 关于全区人民开展大生产运动之指导事项。(3) 关于组织农村劳动互助及农村合作事业之指导奖进事项。（4）关于整理耕地改良农地开垦荒地事项。(5) 关于兴办农田水利事项。(6) 关于农具肥料种子之改良推广事项。(7) 关于防除农业病虫害事项。(8) 关于牲畜之繁殖保护、造林护林、植树之指导管理事项。(9) 关于农业展览及农业技术发明创造之奖励事项。（10）关于奖进农村副业事项。(11) 关于贷粮之计划与检查事项。(12) 关于农业经济之调查改进事项。(13) 关于农村团体之指导事项。(14) 其他有关农业事项。

4. 公营企业部

《华北人民政府各部门组织规程》第 10 条：公营企业部主管全区公营工

矿业之生产建设事宜。具体掌管下列事项：一是关于民用公营工矿业之管理事项。二是关于地方上公营工矿业之指导管理事项。

5. 华北水利委员会

《华北人民政府各部门组织规程》第16条：华北水利委员会主管本区各河流水利之企划领导事宜。具体掌管下列事项：一是关于华北区各主要河流治理方针计划之统一厘定事项。二是关于华北区各主要河流之河务管理事项。三是关于防治水患、修堤、疏浚、抢险、防汛等工作之指导管理事项。四是关于兴办各河水利、修建灌溉之工程指导事项。

（二）明确环境要素保护措施

1. 对土地资源的保护

《华北人民政府施政方针》规定："华北解放区，土地改革业已基本完成，应即普发土地证，确定地权，……各阶层人民的土地财产，法律应给予切实保障，不受侵犯"。[1]

2. 对矿产资源进行保护

《禁止在各大矿区续开小窑挖煤令》规定：兹为保障国家资源，以利今后经济设计特决定所有现在各大矿区（井陉、阳泉、峰峰、腰三角形焦作、白晋等各煤矿区）一律禁止续开小窑挖煤，过去所开小窑，亦应由当地政府会同该地公营煤矿公司加以管理。[2]

3. 对动植物进行保护，消灭病虫害，兴修水利、植树造林

《华北人民政府施政方针》规定："……炼铁、采矿、运输等一切群众性

---

[1] 中国法学会董必武法学思想研究会编：《华北人民政府法令选编》，2007年8月，第5页。
[2] 这是华北人民政府于1949年1月18日颁布的财经第二号文件《禁止在各大矿区续开小窑挖煤令》。全文如下："令各行署直辖市府公营企业部及所属各煤业公司：据报近来各公营煤矿区内私人开小窑者日有增加，此种其无组织无计划之任意开采，对矿区破坏性极大。县区政府往往因不了解小窑破坏矿区之严重性，对此多漠不关心，并且有奖励开采者，兹为保障国家资源，以利今后经济建设特决定所有现在各大矿区（井陉、阳泉、峰峰、焦作、白晋等各煤矿区）一律禁止续开小窑挖煤，过去所开小窑，亦应由当地政府会同该地公营煤矿公司加以管理，希即转饬遵行，并将执行情形报告本府。"参见中国法学会董必武法学思想研究会编：《华北人民政府法令选编》，2007年8月，第397页。

的副业,都应给予扶助和奖励。必须改良和提高牲畜、蓄积肥料、防除虫害,改良土质,治河防水,兴修水利以及植树造林等。"①

4. 对文物、古迹进行保护

《华北人民政府施政方针》规定:"……图书、文物、古迹和一切公私财产,严禁破坏、抢掠、偷盗;违者严惩。"②

三、华北人民政府环境立法的主要特点

(一)以保护动物和牲畜、兴修水利、消灭虫害和病害、实行绿化与消灭荒地荒山为主导,体现了农业文明环境法制思想

由于中国是一个传统的农业国家,工业水平不高。特别是在新中国成立之际,环境污染,特别是工业污染并不是十分突出的问题,对自然资源的法律保护仍然是当时环境法制的首要任务。因此,这一时期,环境保护的措施主要集中在对自然资源的保护和对农业生产的保障以及提高人民群众物质生活的阶段上。这一特点在华北人民政府环境立法上表现得尤为突出。

《华北人民政府施政方针》明确指出:"……炼铁、采矿、运输等一切群众性的副业,都应给予扶助和奖励。必须改良和提高牲畜、蓄积肥料,防除虫害,改良土质,治河防水,兴修水利以及植树造林等。"③

1. 实行绿化、消灭荒山荒地

——保护现有山林,恢复禁山,并在各大林区及全区各地组织群众植树2400余万株(特别是果树),加强技术指导与组织管理,保证成活率在70%以上。④

——严格禁止开垦荒山(山坡地)以防止山洪泛滥,过去已开垦的山

---

① 中国法学会董必武法学思想研究会编:《华北人民政府法令选编》,2007年8月,第6页。
② 同上书,第14页。
③ 中国法学会董必武法学思想研究会编:《华北人民政府法令选编》,2007年8月,第6页。
④ 华北人民政府《一九四九年华北区农业生产计划》,参见中国法学会董必武法学思想研究会编:《华北人民政府法令选编》,2007年8月,第465页。

五、金融财税、农业环保、交通运输方面的政策、法令研究 下编 481

荒，可动员群众修成梯田或改植树木，农业税上规定新修梯田免税三年，应广为宣传，如因停止开荒影响当地群众生活的，可帮助其进行其他生产。山岳地区署、县可发布禁开山荒的布告，并向群众说明禁开山荒的意义，督促切实执行。①

2. 兴修水利

——奖励兴修水利，发展水田，要很好宣传农业税则规定的奖励办法，政府并可给以贷款及技术的指导，群众合作修渠的，更应加以协助。②

——尽量发挥水力，运用可能利用的水渠、水井、水池，进行播种，并须注意使水管理以节省水量，加紧完成兴修水利计划，并发动群众修水渠、透河井、积水池、人工扬水等小规模的水利。大量修复旧井、旧水车、旧水渠，政府并给以必要的扶助。各地贷款亦应尽可能地用到水利方面来。③

3. 防治病虫害

——运用一切可能的办法，利用一切可能的条件，并进行严密的防除虫害的组织工作，以保证不使害虫成灾。④

(二) 确定了符合农业文明环境保护的一些基本原则

1. 发动群众，保护环境

群众路线是中国共产党的优良传统，始终贯穿华北人民政府的环境保护立法之中。

——凡正发生或过去曾发生过某些虫害的地区，应深入动员群众及时扑灭，不使蔓延，周密预防，不使复燃，吸收过去除虫的经验，运用一切有效

---

① 华北人民政府《奖励农业增产指示》，参见中国法学会董必武法学思想研究会编：《华北人民政府法令选编》，2007年8月，第470~471页。
② 华北人民政府《奖励农业增产指示》，参见中国法学会董必武法学思想研究会编：《华北人民政府法令选编》，2007年8月，第470~471页。
③ 华北人民政府《为紧急防旱克服困难的通知》，参见中国法学会董必武法学思想研究会编：《华北人民政府法令选编》，2007年8月，第472页。
④ 华北人民政府《紧急动员除虫保苗的指示》，参见中国法学会董必武法学思想研究会编：《华北人民政府法令选编》，2007年8月，第480页。

的土办法……①

——进行广泛深入的宣传动员，宣布奖励生产灭荒政策。②

——组织与动员群众进行植树造林；为了使这一工作形成群众的自觉运动，更应着重注意林木保护与奖励政策。③

2. 运用科技知识，提高环境保护水平

——须教育群众不应仅仅满足于现有的防治虫害的技术水平，而要在可能范围内进一步运用现有的科学技术条件，提高广大农民的技术水平。④

3. 奖励科学发明，引导科学环保

华北区奖励科学发明及技术改进暂行条例（秘总字第二十九号令　中华民国三十七年十二月二十日）第2条规定：凡从事于工矿、农林、畜牧、水利、交通、医药各业技术之研究试验，获有下列各项之发明或改进之一，且于国民经济有实际贡献者，得呈请当地县（市）政府，经行署复核后，转报华北人民政府奖励之。其中包括：首次发现地下矿藏者，以及对于农具种子等技术之改进或发明，能使生产量显著提高者。⑤

（三）对文物古迹的保护体现了中国共产党人和联合政府⑥在环境保护上的前瞻性

1. 对文物古迹的范围进行了界定

文物古迹包括：古代玉器、铜器及其他金属器、陶器、瓷器、玉器、漆器、竹木器、齿牙骨角器、珠宝玳贝器、玻璃料器、皮革器、丝麻棉等编织

---

① 华北人民政府《紧急动员除虫保苗的指示》，参见中国法学会董必武法学思想研究会编：《华北人民政府法令选编》，2007年8月，第480页。
② 华北人民政府《关于查荒灭荒工作的指示》，参见中国法学会董必武法学思想研究会编：《华北人民政府法令选编》，2007年8月，第483页。
③ 华北人民政府《关于开展植树护林运动的指示》，参见中国法学会董必武法学思想研究会编：《华北人民政府法令选编》，2007年8月，第480页。
④ 华北人民政府《紧急动员除虫保苗的指示》，参见中国法学会董必武法学思想研究会编：《华北人民政府法令选编》，2007年8月，第480页。
⑤ 中国法学会董必武法学思想研究会编：《华北人民政府法令选编》，2007年8月，第512页。
⑥ 从性质上看，华北人民政府属于联合政权的组织形式。

物及刺绣；凡各种化石，凡古版及各种珍贵版本、孤本、绝本、抄本与不常习见之书籍、碑版、甲骨、金石文字及其他拓本，图书版片、简牍、档案、文书簿记、字画、佛经等以及近代的中外图书仪器报章杂志、图表；凡各地名胜古迹：如名寺古刹及其附属建筑、地下建筑，古佛像、碑碣、壁画、古冢墓及其附属建筑，古迹发掘遗址，名人故居等。①

2. 确定了古代文物的性质

华北人民政府在有关文件中明确指出：古代文物为我民族文化遗产，其中不少具有历史学术或艺术价值，是中华民族文化的历史遗产，对新中国文化具有重大价值。

3. 确定了华北人民政府的文物古迹管理机构

教育部、各行署区、各直属市、各县，成立各级图书古物管理委员会，为图书古物管理的专门机关，各级图书古物管理委员会应以各级政府教育部门，及其同级各单位宣教部门吸收聘请地方知名人士专家、文化教育工作者组成之，根据各地情形拟具具体办法进行工作。

4. 确定了文物古迹的保护范畴、原则、方式和禁止性规范②

（1）以历史文化价值标准确定名胜古迹的保护范畴。

——凡具有历史文化价值之名胜古迹，如：古寺、庙、观、庵、亭、塔、牌坊、行宫等建筑，碑碣、塑像、雕刻、壁画、冢墓、古迹发掘遗址，名人故里之特殊建筑，及其有纪念意义之附属物等，均属于保护之列。

（2）确定文物古迹保护的管理机构。

——各级政府之民政部门，应兼办其辖境内，名胜古迹之调查及勘查事宜，调查结果，随时报告本府。各级政府更当分别情形，注意保护。

（3）确定文物古迹的保护性修建原则及经费来源。

---

① 华北人民政府《关于文物古迹征集管理问题的规定》，参见中国法学会董必武法学思想研究会编：《华北人民政府法令选编》，2007年8月，第493～494页。

② 华北人民政府《为保护各地名胜古迹严禁破坏底训令》，参见中国法学会董必武法学思想研究会编：《华北人民政府法令选编》，2007年8月，第526～527页。

——关于名胜古迹之修葺,应以保护为原则,目前绝不应翻修或重建,其费用可从地方建设粮内开支。如遇特殊情形,要补助时,可具报本府,认为必要时酌量予以解决。

(4) 确定零散文物古迹的集中原则。

——凡零散在各地之古迹,当地政府应负保管之责;其能移动者,如碑碣、雕像、铸像之类,必要时可移至名胜场所,或古物保存所,以便保护。

(5) 对军队及其他机关拆毁占用名胜场所的专门禁止。

——凡价值之宫、观、寺宇及名胜场所等,禁止军队及其他机关拆毁占用,并应委定专人住守管理,加意保护,看守人之生活费用,应由当地政府规定办法,自行解决。一般无特殊价值之寺院,亦当视为公共财产予以照顾不可任令毁坏。①

(6) 地理、生物和历史古迹及年代标准。

——凡属于考古学、历史学、古生物学及其他文化有关之古物,并80年以前之一切图书,均严禁出口,运往国外。②

通过对华北人民政府环境立法的简略回顾,笔者深深震撼于其数量之丰富,范围之广博,立法见地之长远,资源保护思想之深邃。这些环境立法可以说是新中国环境立法的开端,也是我国环境法律发展史上光辉的一页。

---

① 华北人民政府《为保护各地名胜古迹古迹严禁破坏底训令》,参见中国法学会董必武法学思想研究会编:《华北人民政府法令选编》,2007年8月,第526~527页。
② 华北人民政府《为禁运古物图书出口令》,参见中国法学会董必武法学思想研究会编:《华北人民政府法令选编》,2007年8月,第537页。

下编

六、民政、文教、卫生等方面的政策、法令研究

华北人民政府社会保障法制研究

姜登峰

华北人民政府作为共和国政府的雏形,也是共和国政府成立时的基础。毛泽东同志在撤销华北人民政府令中指出:"中央人民政府所属有关机构应以华北人民政府所属有关机构迅速建立起来。"华北人民政府对共和国成立所起到了奠基性的历史作用。

抚今追昔,华北人民政府在其存续的短短的一年零一个月的时间内,也为共和国法制的建立和发展发挥了重要的作用。它们是我们党在人民革命根据地的法制建设向真正的人民共和国的法制建设转化的重要纽带。然而,由于华北人民政府存在的时间比较短暂,却使得人们对它了解不多,更使得人们对它存续时期的法制建设缺少正确的认识。因此,在法制研究上也不自觉地被人们所忽视。从历史的角度而言,这是不应该有的忘记。因为从我党领导我国人民进行法制建设的历史看,这是人民政权进行法制建设非常重要的一段历史时期。忽视这段历史等于割断了人民政权法制建设的历史,也淡化了华北人民政府对共和国成立的巨大历史作用。在法制建设上,仅就华北人民政府制定和实施社会保障方面的法令来看,这些法令的制定和实施就直接调动了当时广大群众和军人参加和投身人民解放战争的积极性,为华北解放战争迅速胜利发挥了巨大的作用。本文在此仅就华北人民政府社会保障法制建设的主要内容、特点及意义加以简要的研究。笔者相信这种研究对于我国社会保障法制发展历史的认识不仅是理论上的意义,而且对调动我国人民参加和谐社会建设和小康社会建设目标的实现将有着现实的借鉴意义。

社会保障是对暂时或永久丧失劳动能力、失业以及因各种原因生活困难的社会成员予以物资帮助,并进而提升全社会成员生活质量的制度。① 社会保障法就是调整社会保障关系的法律规范的总和。简单地说,社会保障法就是社会保障制度的法律表现。社会保障作为一项社会制度,它必须以法律规范为依据,强制性地加以实施。社会保障法律制度是整个社会保障制度得以规范和有效运行的客观依据和准则。对社会成员的保障待遇标准只有通过立法才能加以确定,国家对社会特殊群体的保护和帮助也只有通过立法才能得以强制实施。华北地区人民政府成立后共制定27个有关社会保障方面的法令。尽管当时的立法形式简单,规范内容有些疏漏,但其内容涉及广泛,有很强的现实针对性。在当时社会的历史背景下,它基本上涵盖了现代社会保障法所涉及的主要范围。现代社会保障法律制度主要有社会保险、社会救济、社会福利和社会优抚四个方面。当时的华北人民政府的社会保障制度尽管也没有按现代社会保障法律体系分别颁布相应的法令,但在各种不同的法令中基本上还是涉及了社会保障制度相关的内容。

一、华北人民政府社会保障法制的主要内容

(一) 建立社会保障的行政管理机构和职工自我管理的相应机构

社会保险是国家通过立法,运用社会力量筹集保险基金,用以对丧失劳动能力或失去劳动机会的工薪劳动者及其家属提供基本收入保障的一种社会制度。它在社会保障制度中居于核心地位。华北人民政府时期对社会保险的规定主要通过《关于建立省、市劳动局的决定》和《关于在国营、公营工厂企业中建立工厂管理委员会与职工代表会议的实施条例》等条例来体现的。这两个条例最主要的内容就是明确了政府在劳动保障中的权限和地位。如《关于建立省、市劳动局的决定》第一条规定:各省人民政府及本府直辖市人民政府均增设劳动局为该各政府组成部分之一。并明确了劳动局的职能:包括职工福利、审查国营、公营、合营及私营企业内部管理规则;指导劳

---

① 王昌硕主编:《劳动和社会保障法学》,中国劳动社会保障出版社2005年版,第203页。

保险金的筹划、保管与支配；督促与检查矿坑、工厂安全卫生设备事项；办理职工团体登记备案事项等。从现代社会保障法制的发展看，政府是社会保障责任的主体。劳动保障行政管理机构的设立为政府担当这一责任有了具体而明确的保证。在设立社会保障的管理机构的同时，华北人民政府又作出了同意在公营和国营企业中设立工厂管理委员会和职工代表会议决定。根据《关于在国营、公营工厂企业中建立工厂管理委员会与职工代表会议的实施条例》的规定，管理委员会的职权就是讨论决定有关生产问题、经营管理、人事任免、工资福利问题等。职工代表会议主要职权是对工厂管理委员会提出批评和建议。对于加强企业的民主管理，提高广大职工群众在工厂中的积极性和创造性以及职工的主人翁责任感有重要的意义。

（二）制定了大量的以社会优抚为主的社会保障法令

华北人民政府在成立的一年多时间内，颁布了《为规定远调新区工作干部及直系亲属一律按军属待遇通令》《华北区老病弱退伍军人待遇办法》《华北区荣誉军人优待抚恤条例》《关于如何执行荣军优抚条例退伍退职办法的指示》《为规定荣退军人处理费容校及特殊优抚救济费开支办法令》《华北区革命军人家属优待条例》《华北区革命军人牺牲褒恤条例》《华北区民兵民工伤亡抚恤办法》《华北区革命工作人员伤亡褒恤条例》《对尚有军籍之荣校学员、工作人员家属准按军属待遇的通知》《民政部关于烈士问题的解答》。这些优抚法令在当时的华北人民政府颁布的社会保障法令中无论在数量上，还是在内容等方面都占据着重要的地位。它为实现华北人民政府的职能和支援前线、稳定社会、发展生产和保证解放战争胜利等方面发挥了重要的作用。因为动员工作的成功与否，仅仅靠宣传教育是不够的。上前线也好，在后方也罢，都是为了支前任务的完成。因此，不考虑军人、民兵、民工和家属的切身利益，无疑不是真正的动员，也不会得到农民人力资源和物资资源的全部支持。华北人民政府成立后，面对需要全力支援前线的形势，在历史动员经验的基础上，制定了各种优抚条例，目的就是从物资上补偿支前人员，从精神上稳定其情绪，以保证支前工作的顺畅和完成。优抚法令包括的对象和优抚的内容如下：

优抚的第一类对象首先是荣誉军人。依照《华北区荣誉军人优待抚恤条例》第3条的规定，荣誉军人是根据"残废轻重和失去劳动能力之大小"来确定残废等级的，共分为四个等级，包含的伤残情形共有35种。对伤愈后不影响劳动能力者不得列入伤残等级，由部队委托医院发给"光荣负伤纪念证"以资纪念。对于荣誉军人的抚恤主要有抚恤费的发放和残废后能继续工作的军人的工作安置。"妥善地安置荣军，认真地执行优抚政策，根据荣军的不同情况进行不同的思想教育与培养其生产就业知识，提高群众和干部的优荣尊荣观念，使每个荣军于其残废后能够各尽所能各得其所，继续为革命服务"。这是华北人民政府制定的荣军工作的方针和任务。①

关于年老病弱退伍军人，华北地区人民政府规定：凡已取得军籍的人民解放军指战员，因年老或长期病弱确实不能担任部队工作的称为年老病弱退伍军人。②

烈士，根据《华北区革命军人牺牲褒恤条例》（华北人民政府秘书厅：《华北人民政府法令汇编》第一集第52页）的规定：凡人民解放军的指战员（包括野战军、地方军、脱离生产的游击队，后方各军事机关及军事系统的其他取得军籍的人员），因参战牺牲或因公牺牲或被敌杀害（如被俘不屈就义、被俘暗杀等）者均称为烈士。《华北区革命军人牺牲褒恤条例》革命军人牺牲后，由其所在部队妥善安葬，并用砖石刻该烈士名字、年龄、职务等，棺葬费平地发给小米500~600斤，在山地则为400~500斤。烈属发给"革命牺牲军人家属光荣纪念证"。

革命军人的家属，不仅仅是对烈士的家属，对其他革命军人的家属同样需要做好优抚工作。做好优抚工作具有多方的良好效果：一则能使军人安心于战场，即使牺牲了也能得到慰藉；二则能在军人家乡起到宣传示范作用，

---

① 《荣军工作的方针和任务》[初步意见] 河北档案馆，586-1-39-4，第1页。
② 《关于如何执行荣军优抚条例退伍退职办法的指示》，华北人民政府秘书厅：《华北人民政府法令汇编》，第38页。

六、民政、文教、卫生等方面的政策、法令研究 下编 491

便于以后征兵扩军工作的开展；再则在生产的发展与社会稳定上也有益处。《华北区革命军人家属优待条例》中规定：人民解放军的野战军、地方军、脱离生产的游击队、后方各军事机关及军事系统的革命军人，与其同居一家的妻（或夫）、父母、弟妹，或军人自幼依靠其抚养长大现在又必须依靠军人生活的其他军属称为革命军人家属。① 对军人家属的优待主要有：在分配土地粮食财物时对贫苦军属要适当照顾，对公有土地、房屋、器物等出租、出卖是在同等条件下有优先权，子弟入学的公费待遇的优先权，公营工厂等雇佣的优先权，到公共卫生机关看病的酌情减收或免收医药费，尊重军属、提高军属的社会地位等，贺功贺喜、挂光荣匾等。

革命工作人员，《华北区革命工作人员伤亡褒恤条例》规定：凡本解放区的革命工作人员（包括脱离生产的干部警卫人员、公安队员及勤杂人员在内）因参战或对敌斗争或被杀害（包括被俘不屈、被特务暗杀等）而致伤亡者有资格享受此条例的规定。在对伤亡人员进行褒恤的同时华北区人民政府还颁布了《华北区老病弱退职人员待遇办法》，规定了这些人员在本区脱离生产享受供给制待遇的各种情况，退职人员回家后，依照《中国土地法大纲》的规定分得土地，当地政府要负责其生产和生活上的帮助义务。

民兵民工，华北人民政府除了责令各地在工作中对民兵民工照顾外，还颁布了《华北区民兵民工伤亡抚恤办法》，规定了民兵民工因参战负伤或致残废要享受到应有的抚恤。对于参战负伤的民兵民工，由县政府或配合作战的部队送其到公立医院免费治疗或根据具体情况发给疗养费，对因参战致残的民兵民工，除了发给"民兵民工荣誉抚恤证书"以外，依照伤残等级发给抚恤费。对于在后方担任长短途运输的民兵民工也"照支前民兵民工牺牲的办法抚恤"。②

华北人民政府的优抚法令几乎照顾到了各个方面的人员和方方面面的需

---

① 《华北区革命军人家属优待条例》，河北档案馆，586-1-25-4，第1页。
② 《关于战勤运输中供给民工牺牲、病死抚恤办法的指示》，河北档案馆，586-1-3-3，1949年11月8日。

要,这对于支援前线和保障战争的胜利发挥了十分重要的作用。华北人民政府制定的优待制度体现了我党长期以来的优待传统。早在1931年11月,中共中央苏区颁布的《红军优待条例》中就规定了对红军及其家属实行分配土地、代耕代种、免缴捐税和优惠购物等优待。①

(三)针对特定社会人群颁布了许多社会保障法令

社会救助作为社会保障的最低和最基本的目标,承担了保证社会成员生存所需基本条件的责任。它对保障社会稳定和发展有着重要的意义。社会救助制度是社会保障制度的一个重要的组成部分。华北人民政府颁布的有关社会救助制度是特定历史时期针对一些特定社会成员而颁布的。例如,《华北区老病弱退职人员待遇办法》《关于执行年老病弱退职人员待遇办法的补充通知》《关于预防春荒及救灾的指示》《华北区城市处理乞丐暂行办法》《关于处理遣散俘虏及投降士兵工作的联合训令》《为规定对敌军散兵游勇处理办法的联合训令》。

老病弱退职人员作为社会保障对象主要是指脱离生产享受供给待遇的工作人员。在其退职时发给生活补助金,退职人员得在原籍依照中国土地法大纲分得土地,当地政府应帮助其组织生产建立家务。其无家可归者由当地政府另行安置。

乞丐主要是指游民行乞采取的办法,主要是禁止其入城,劝其回乡生产。已收容的遣送回籍,由沿途各县招待食宿;有劳力者强制从事生产,无劳力者交由其家人亲戚予以安置教养。无家可归之老幼残废或妇女,由救济院或特设部门安置教育,参加适当劳动。对收容的乞丐采取的方针是:树立自食其力的思想,并养成劳动习惯。学习生产技能。对乞丐的收容所及救济院的经费由市政社会事业费内报销。

俘虏及投降士兵、散兵游勇的救济处理主要是遣送回籍,发给粮票,有的也可发给现款,令其购买饮食,发给路费。对孤老残病者,得酌救济。此

---

① 费梅苹:《社会保障概论》,华东理工大学出版社2005年版。

项救济粮由地方粮内开资。对回乡者主要是组织其参加生产。

二、华北人民政府社会保障法令的主要特征

华北人民政府的社会保障法制的主要特点是和当时的社会历史时期中国革命的发展紧密联系的。因此，它有着鲜明的历史和时代的特征。

（一）战时性

由于华北人民政府成立的时间主要是在解放战争，特别是在平津解放之前，其中心任务就是支援解放战争。对当时的现役军人、革命伤残军人、军属和烈属的优抚是对他们革命战争舍生忘死、流血流汗精神的肯定，也是对他们为革命所做牺牲的物资补偿，对他们给予精神和物质的优待既是对生者的安慰、肯定、鼓励也是对死者的尊重，是社会不可缺少的政治、道德风尚。华北人民政府适时出台的这些社会保障法律制度免除了他们的后顾之忧，对提高他们参战的积极性和激励他们的勇敢作战精神发挥了巨大的作用，军人作战勇敢和积极性的提高是解放战争胜利的重要保障。优抚法律制度是国家对有特殊贡献的人员实行的一种保障制度，在战争时期是军事胜利的保证，在和平时期是国家稳定与发展的保证，对社会经济繁荣、稳定社会秩序具有十分重要的作用。

（二）适应性

华北人民政府的社会保障制度，由于它成立的时间短和针对性强等原因使得该时期的社会保障制度具有明显的适应性。如《关于处理遣散俘虏及投降士兵工作的联合训令》《为规定对敌军散兵游勇处理办法的联合训令》等主要是为了解决战争时期遣散俘虏及投降士兵，以及对敌军散兵游勇的处理，明确了处理机构是旅以上之敌工部门，对本籍俘虏人员凡属孤老病残者"其全无依靠，又无生计者，经区村请求、县政府核准，得酌予救济"，"每月补助小米最多不得超过三十斤"。[①] 对于散兵游勇的处理："不论其有无证件均

---

① 董必武法学思想研究会编：《华北人民政府法令选编》，第124页。

应令其向区政府登记,并动员与组织其参加生产。关于处理遣散俘虏及投降士兵办法所规定有关各节,亦均适用于散兵游勇"。① 社会救灾是社会救济的主要内容之一。华北人民政府《关于春荒及救灾的指示》就是针对华北区已经基本解放,但新收复地区,因敌人摧残灾情颇重,由于部分地区亦有水、旱、虫灾等提出的预防性指示,明确了救灾的原则"节约防灾,生产自救,群众互助,以工代赈"。华北人民政府成立了生产救灾委员会统一领导救灾工作。它批评了救灾工作中存在的一些错误做法,比如救灾中平均主义、恩赐的观点,单纯的救济而不作组织生产自救的做法等。华北人民政府的社会救灾等规定和指示适应了当时社会的具体情况和针对的具体社会人员,同时也根据当时政府自身的实际情况和能力而提出的,体现了很强的社会适应性,乃至在建国初期我国的救灾指导方针也是采用华北人民政府确定的救灾原则。到1983年第八次全国民政工作会议确立的救灾原则仍然是注重生产自救,群众自救和国家救助相结合方针,② 这也充分证明了华北人民政府时期的救灾原则的历史适应性,也是适应我国国情的原则。

三、华北人民政府社会保障法制的主要意义

华北人民政府成立的时间虽然短暂,但是它已完成了其成立的历史使命,它重视社会保障制度的制定和实施,体现了我党在政权建设过程中一贯的重视社会保障法律制度建设的优良传统。

我们党从诞生之日起就非常重视工人群众的社会保障问题,把实行社会保险(社会保障的重要内容之一)写进党的重要决议之中。我们党对社会保障立法作用有着深刻认识的具体体现就是,能按照劳动力再生产的客观要求和不同时期革命斗争的具体需要明确社会保障的主要内容和具体方针以及适时制定了大量社会保障法令。大革命时期由于党还没有领导人民建立自己的政权,有关社会保障的思想和具体内容主要体现在1922年中国劳动组合书记

---

① 董必武法学思想研究会编:《华北人民政府法令选编》,第126页。
② 王昌硕主编:《劳动和社会保障法学》,中国劳动社会出版社2005年版,第273页。

部拟定的《劳动法大纲》中,建立革命根据地后,1930年5月苏维埃区域代表大会通过的《劳动保护法》第七章对社会保险作了规范,1931年制定的《中华苏维埃共和国宪法大纲》、1933年《中华苏维埃共和国劳动法》以及稍后颁布的《中国工农红军优待条例》《红军优抚条例》《红军抚恤条例》《优待红军家属条例》都对社会保障问题作了规定。抗日战争后期边区政府制定了针对抗战军人及家属的保障和劳工保护问题的政策法规。东北行政委员会颁布了《东北公营企业暂行劳动保险条例》。这些有关社会保障方面的法令和法规是我党一贯重视社会保障法制建设的具体体现。这为新中国成立后我国劳动社会保障法制的建设奠定了相应的立法基础。华北人民政府时期制定的有关社会保障方面的法令和其他革命根据地政权的社会保障法令是中华人民共和国社会保障法制的前身和渊源。它对于我国社会保障法制建设有着十分重要的借鉴价值。华北人民政府成立的职能,正如董必武在《关于华北人民政府成立以来的工作概况报告》中所指出的:本政府成立之初,"曾是继续动员全区人力物力财力使之更有计划有效率地支援前线,为解放全华北而奋斗;曾是组织与领导全区人民力求迅速恢复与发展生产和各种建设工作,以推进新民主主义的建设"[1]。其中它所制定和颁布的社会保障法令对其职能的实现发挥了巨大的作用。华北人民政府颁布的社会保障法律制度对今天我国社会保障法制建设至少有两方面的借鉴意义。

(一) 必须重视社会保障法制在革命斗争和国家建设中的作用

社会保障法制建设在我党领导人民进行革命斗争时期就非常重视,因为我们充分认识到了社会保障法制建设的重要性。它对于我们实现革命时期的目标和革命战争的胜利有着十分密切的关系。仅就华北人民政府时期颁布的社会保障法令法规看,就为当时华北平津地区解放发挥了巨大的作用,提高了广大人民参军入伍的积极性,保障了我们的兵源。优抚制度提高了参战人员的积极性,对参加革命的干部及家属的保护也极大地调动了他们参战和支

---

[1] 《共和国雏形——华北人民政府》,北京西苑出版社2000年版,第162页。

援战争的积极性,对城市流浪人员的管理维护了当时解放区的社会稳定,对俘虏和散兵游勇的规定瓦解了敌方的军心,增加了有关人员对我们军队和党的正确认识。由于对春荒的预防和采取的正确方式使得当时华北解放区的许多群众免除了生存危机,消灭了因灾祸和贫困而导致的社会不稳定现象,维持了当时的社会稳定。同时由于采取生产自救的保障方针,有利地推动了社会生产的发展,从而在经济上有利地支援了解放战争。

由于华北人民政府是党领导人民群众建设国家政权的准备,薄一波回忆说:中央交给华北人民政府的重要任务之一是,"摸索、积累政权建设和经济建设的经验,为全国解放后人民共和国的建立做准备。"[1] 因此,华北人民政府对法制建设的重视(包括对社会保障法制建设的重视),为新中国成立后对法制建设奠定了相应的基础和必要的准备。仅从新中国成立初期的1950年到1965年中国制定的主要社会保障法规看,政务院(国务院)制定的社会保障法规就有15项,[2] 其中主要的法规包括《中华人民共和国劳动保险条例》和一组优待抚恤条例,这些法规和条例构成了当时社会保障法规的基本框架。这些法规和华北人民政府时期颁布的主要社会保障法一样都是以优抚为主的社会保障法。

在我国建设和谐社会和为实现小康社会的奋斗目标而努力的过程中,必须重视社会保障的法制建设,有针对性地对社会保障薄弱环节加以完善,特别是针对社会弱势群体,以及城市化进程中的农民工的社会保障是我国目前社会保障重点之一。按着我国目前社会发展的实际,围绕着经济建设和社会稳定两个基本点主要方面出发,只有这样才能推动和谐社会的建立和小康社会建设目标的实现。

(二)社会保障法制的建立和发展必须从实际出发

华北人民政府在成立时,全国即将解放,华北地区还没有完全解放这一

---

[1] 薄一波:《七十年的奋斗与思考》(上卷)中共党史出版社1996年版,第478页。
[2] 郑功成:《论中国特色的社会保障制度》,武汉大学出版社1997年版,第476页。

历史背景,当时的革命任务和经济发展水平决定它所制定的社会保障法必须顺应形势的变化。正如毛泽东同志指出的:"过去十年在土地革命的许多政策在抗日战争时期不应简单的引用。"① 实际上华北人民政府所制定的社会保障法令,在内容上主要是侧重支援前线,保障战争胜利的目的,因此它在社会保障方面的立法主要是优抚方面的立法,而且优抚的对象非常的全面,内容十分具体详尽。

在华北地区基本解放时,在社会救济方面当时的社会情况是,人民政权初建经济还比较贫困,因此,在救灾工作中坚持"节约预防,生产自救,群众互助,以工代赈"的方针,号召群众克服单纯等待救济思想,"各级政府责应认真帮助其找到生产门路,勿使劳力闲散。救济粮款之发给,目的在于通过生产,以达救济目的,为数有限,亦唯有通过生产,始能发挥救济效能。若单纯依靠发粮发款,不但目前财政困难,无能为力且必养成依赖思想,势难解决困难。"对俘虏和散兵游勇的处理"凡属于孤老残病者,应尽量动员其投靠亲友,从事生产。其全无依靠、又无生计者,经区村请求县政府核准,得酌救济。……但一有办法自救者,即不应救济。"

我国目前的社会保障立法也要考虑到我国经济发展的实际水平,也要考虑到对国际社会其他国家的有关制度的借鉴,也要立足本国社会的实际。华北人民政府的社会保障法律制度给我们的启示,就是要把社会保障法律制度的建设和本国当前社会的实际结合起来,在全面建立社会保障法律制度的基础上,有针对性地对待主要的社会群体,为实现国家的发展目标结合起来。如此,才能建立社会和谐和实现小康社会。

---

① 《毛泽东选集》合订本,人民出版社1967年版,第720页。

华北人民政府关于救济救灾思想的研究

孙晓飞

一、华北人民政府的成立及作用

华北人民政府于1948年9月26日成立，1949年10月31日撤销，历时一年零一个月，是根据中共中央的指示精神在原晋察冀和晋冀鲁豫两边区政府的基础上建立起来的。历时的这一年，华北南（晋冀鲁豫）北（晋察冀）两大解放区合并，由战争转入了和平建设，由农村进入了城市。

华北人民政府成立之初，正是人民解放战争发生根本变化，全区土地改革已基本成功的时期。这一时期工作的中心任务，是继续动员全区的人力物力财力，使之更有计划更有效率地支援前线，为解放全华北而奋斗；同时组织与领导全区人民恢复和发展生产，推进新民主主义的建设。而对于政府内部，由于晋察冀和晋冀鲁豫两边区的合并，造成机构的职能重叠与功能不全等问题突出，机构十分不健全；两区颁布的法令规章有不一致乃至冲突的现象发生。[①] 这就要求华北人民政府为中央人民政府的成立作组织上的准备。据时任华北人民政府副主席薄一波回忆说："中央交给华北人民政府的任务是：把华北解放区建设好，使之成为巩固的根据地，从人力、物力上大力支援全国解放战争；探索、积累政权建设和经济建设的经验，为全国解放后人民共和国的建立作准备。""中央人民政府的许多机构，就是在华北人民政府

[①] 中国法学会董必武法学思想研究会编：《华北人民政府法令选编》，2007年版。"董必武在华北人民政府第二次委员会会议上：关于本府成立以来的工作概况报告。1949年2月21日"。

所属有关机构的基础上建立起来的。"[1]

在党中央、毛泽东主席及华北局的领导下，调动一切人力、物力和财力，完成了华北区的统一和支援全国解放战争的任务，着力于为新中国的政权建设和经济建设摸索、积累经验，为中央人民政府的成立做了组织上的准备。华北人民政府是新中国中央政府成立的基础，其间颁布的法令对新中国执政有着重要的借鉴意义。在这短短的一年多时间里，华北人民政府完成了中共中央交办的任务：把解放区建设好，使之成为巩固的根据地；从人力、物力上大力支援解放战争；摸索、积累政权建设和经济建设经验，并为中华人民共和国诞生后成立中央人民政府作了组织上的准备。华北人民政府的成就及作用主要表现在以下几个方面：

华北人民政府是全国解放战争的后方基地。华北人民政府成立的任务之一，就是在党中央、毛泽东和华北局的直接领导下，统一华北原有的晋冀鲁豫和晋察冀两大解放区，使之成为华北、华东、中南和西北战场的巩固后方，承担着重要的支前任务。[2]

与此同时，在十三个月里，华北人民政府昼夜工作，先后制定、颁行了200多项"法令""训令""条例""规章""通则""细则"等。其中仅在民政方面就颁布了26项。[3]

二、救济救灾的含义

(一) 救济和救灾的定义

按照民政部对灾害的界定，灾情即"自然灾害情况，是指干旱、洪涝、风雹（包括龙卷风、沙尘暴、飓风等）、台风（包括热带风暴）、地震、低温冷冻、雪灾、病虫害、滑坡、泥石流等各种异常自然现象给人类社会造成的

---

[1] 薄一波：《七十年奋斗与思考》，中共党史出版社1996年版，第478页。
[2] 《中共中央移驻西柏坡前后》。
[3] 中国法学会董必武法学思想研究会编：《华北人民政府法令选编》，2007年版。

损失情况和工作数据。"①

救灾是指"灾害已经开始和灾后最急迫的减灾措施"。②

（二）我国灾害的现况简介

中国是世界上受自然灾害影响最为严重的国家之一，由于特殊的地理位置，季风影响十分强烈，东临太平洋，东南沿海受台风影响较大，地震构造活跃，地形条件复杂，山地和高原约占国土面积的69%。这种地理环境决定了中国的自然灾害呈现出以下基本特点：

（1）灾害种类多。除火山喷发外，几乎所有的自然灾害在中国都不同程度地发生；

（2）频度高。1949年以来，影响较大的干旱平均每年出现7次以上，洪涝平均发生58次，登陆台风平均每年7次，低温冷冻平均每年25次；

（3）区域性、季节性强。干旱主要分布在西北黄土高原和华北平原，多发生在春秋两季。洪涝主要分布在7大江河流域，特别是长江中下游和淮河流域，多发生在夏秋两季；

（4）灾害损失严重。一般年份，全国农作物受灾面积为6亿亩左右，占全国耕地面积19亿亩的近1/3；绝收面积近2亿亩；紧急转移人口300万以上，因灾倒塌房屋300万间左右，有2亿左右人口的生活受到灾害的影响；

（5）中国最为经常发生的自然灾害有5种，即洪涝、干旱、地震、台风和滑坡泥石流等，其所造成的损失占到自然灾害损失总量的80%～90%。③

三、华北人民政府时期面临的特殊困难

"建立新的政权，自然要创建法律、法令、规章、制度。我们把旧的打碎了，一定要建立新的。否则就是无政府主义"，"因此新的建立后，就要求

---

① 《灾情统计、核定、报告暂行办法》（民救发〔1997〕8号）。
② 马宗晋、郑功成：《灾害管理学》，湖南人民出版社1998年版，第196页。
③ 游志斌：《现代国际救灾体系比较研究》，中共中央党校博士学位论文，第18页。

按照新的法律规章制度办事"。① 因此，从华北人民政府建立伊始到新中国成立期间，颁布和实施民政方面的法令26项，其中关于救灾救济的政策对解放前夕华北人民政府进行救灾抗灾，恢复发展生产起了重要的指导作用。

对于地域广阔、人口众多的中国社会来说，救灾历来是中国政府的主要任务之一。华北人民政府时期，华北已经基本解放，但新收复的地区因敌人的摧残灾情很严重。加之这一时期自然灾害频发，水、旱、虫灾害给人民的生产生活和抗战带来巨大的困难。同时，战争也使人民饱受颠沛流离，生活十分凄苦。自然灾害频繁发生与常年的战争使人民饥寒交迫。双重的威胁使华北人民政府面临救灾减灾、稳定人心，解决华北人民政府军民的生产和生活的急迫任务。

四、华北人民政府关于救济的思想

（一）制定了"节约防灾，生产自救，群众互助，以工代赈"的救济原则

1. 节约防灾

这一时期全国的革命还没有完全胜利，而国家"一穷二白"资金短缺，物资缺乏，拿不出多少资金和物资救助灾区。因此，这一时期把节约救灾放到了救灾方针的首位。

关于节约防灾的观念在今天的世界背景下，又引起了新的关注。这种关注源于20世纪以来三方面的巨变：经济规模的迅速增大和生产力的极大提高；世界人口爆炸式的增长；自然资源的过度开发与消耗，环境污染和生态遭到前所未有的破坏。在经济飞速发展的同时，带来无法估量的负面影响。这使得防灾减灾不得不面临着难题，即如何将灾害的损失降到最小，如何节约资源的同时抵御灾害带来的损失。

新中国成立后，党和国家将救灾工作放在重要的议事日程当中。面对河北、安徽、江苏、山东、河南、平原等省的特大自然灾害，而这时期政府却

---

① 董必武：《论新民主主义政权的问题》。

无资金和物资救助灾区。因此，节约救灾被提出来，放到救灾方针的首位。在新中国成立这一时期，节约救灾成为救灾的口号。为了战胜灾荒，中央政府要求，灾区每人每天的口粮不到半市斤的，国家要尽力供应，保证吃到半市斤。灾民要先吃自己的，后吃国家的。可以忙时多吃一点，闲时少吃一点。参加劳动的人多吃一点，不参加劳动的人少吃一点。干重活的多吃一点，干轻活的少吃一点。要积极收购枣子、柿子、橡子、薯干、瓜菜和其他代食品，供应灾区，补充灾民口粮不足。中央领导带头节衣缩食，节约渡荒是当时救灾工作的主要内容。①

2. 生产自救

生产自救是发动广大群众通过积极开展生产，达到自我救助的目的。早在抗日根据地建立之时，我党就十分重视生产自救的重要作用。1944 年，中共中央在总结各根据地经验的基础上，作出指示："关于灾荒问题，应坚决实行生产自救的基本方针，应提出生产救灾，大家互助，渡过困难，政府以一切方法保证不饿死、肯自救的人等口号去动员组织党内外的群众进行生产自救。"② 生产自救对我党在解放战争之前抵御自然灾害的威胁，夺取战争的胜利起到巨大的作用。

以北京地区怀柔县为例，1948 年 12 月 6 日，怀柔县全境宣告解放。面对战争结束后留下的废墟，人民急需要休养生息，重建家园，兴家立业。怀柔县开展了生机勃勃的生产自救运动，提出一系列生产自救的目标，并提出了解决方针。灾区主要依靠群众生产自救。

（1）提倡逐人逐户的解决，广开副业门路，开豆腐房、粉坊、油坊、打柴、烧炭、去门头沟背煤、跑运销等，发挥各自的一技之长，解决吃粮问题。

（2）号召灾民大量种植早熟作物，多种、种好瓜菜，每人 5 至 10 棵倭瓜，采集树叶、野菜等。

---

① 中共中央、国务院关于生产救灾工作的决定，1963 年 9 月 21 日。http：//news3. xinhuanet. com/ziliao/2005 - 01/27/content_ 2515201. htm。

② 中央档案馆，《中共中央文件选集》，中共中央党校出版社 1992 年版，第 14 册，第 304 页。

(3) 发放生产贷粮 46 万斤，救济粮 7 万斤，扶持灾民，组织生产。要求凡贷粮户，春耕夏锄有粮吃。

(4) 发放购买牲畜、种子贷款，扶持灾区进行生产。

(5) 缺少劳动力的孤寡军干烈属，除部分救济外，主要依靠亲属照顾。

(6) 组织互助换工调剂农具、牲畜、劳力余缺，发动男女老少参加劳动。

(7) 发给灾区一部分炸药，用以治疗疥疮，防止病灾蔓延。

(8) 派选强有力的县区村干部领导灾区生产自救。

(9) 政府在生产自救中进行监督与调节，全力支持群众渡过饥荒。

(10) 广泛开展互助合作。在自愿互利的原则下，自由组织小型多样的季节性农业生产和副业生产互助合作组织，提倡开设短工市场。

(11) 提高妇女地位，加强教育，使其改变传统观念，参加劳动扩大生产。

(12) 改造懒汉烟民，教育强制懒汉烟民、地主富农分子参加劳动，改造其成为自食其力的劳动者。[①]

通过上述一系列的措施，怀柔县开展各种形式的生产自救，使恢复灾区建设进一步加快。

在历史发展的今天，救灾工作中生产自救仍是重要的思想。政府的财力和物资是有限的，在灾害发生后，应抛弃"等、靠、要"的思想，充分发挥主观能动性，积极进行生产自救，才能尽最大可能的减少灾害的破坏，以最快速度恢复和发展生产。救灾工作发展到今天，生产自救这一条主线始终没有发生变化。"尽管政府对灾民的救助额度会随着国家经济的发展而不断提高，但在较长时期内这种救助仍然满足不了灾民战胜灾害的需要。要从根本上战胜灾害必须在国家的扶持下发展生产。只有发展生产，才能尽快弥补灾害造成的损失，壮大自身经济实力，改善抗灾防灾的条件，才能积累更多的抗灾防灾

[①] 孙克刚、徐志荣："艰难的一步——怀柔解放后第一个冬春生产自救度荒述略"，载《北京党史研究》1994 年第 3 期。

的资金和物资，以应对可能到来的下一次自然灾害。发展生产，生产自救是战胜灾害最根本最有效的方法。"①

3. 群众互助

"对于群众之副业生产，特别是灾区群众之副业生产，应努力帮助，供给原料，收买成品，组织运输，打通销路。"②

4. 以工代赈

顾名思义，以工代赈就是让受赈济者参加劳动并获得报酬，从而取代直接赈济的一种组织方式，简言之，就是"以务工代替赈济"。

以工代赈作为政府针对特定人群（一般为低收入者，如受灾人口或贫困人口）采取的一种特殊的赈济方式，其政策前提是赈济对象的存在，即由于各种原因造成一部分人达不到社会最低生活标准，需要政府加以救济。如果没有赈济对象的存在，没有群众的参与，以工代赈将失去其原本的意义。以工代赈体现了以人为本的理念，人民群众是它的主体。③ "各灾重地区之专区、县应成立生产救灾委员会，吸收各有关部门参加以便统一领导救灾工作，首先克服群众之单纯等待救济思想，号召组织起来，生产自救，各级政府则应认真帮助其找到生产门路，勿使劳力闲散。"④ "因此粮款之发放，首先应采以工代赈方式，如组织灾民修渠、修路、挖沟整滩等；或调剂战勤，如组织灾民运粮赚脚费等"。⑤

另外，华北人民政府时期还没有成立人民公社、生产大队、生产小队，因而在救灾方针中也不可能提出发挥集体组织的力量。把以工代赈写进方针，是因为当时国家拿不出更多的资金救助灾民，只好通过让灾民参加国家一些工程建设、向他们发放报酬的方法来解决救助资金问题。这个方针是当时国

---

① 李全茂："与时俱进的救灾工作方针"，载《中国民政》2008年第2期。
② 《关于预防春荒及救灾的指示》，1947年2月22日，选自中国法学会董必武法学思想研究会编：《华北人民政府法令选编》2007年版，第128页。
③ http://www.gspc.gov.cn/ygdzh/ShowArticle.asp? ArticleID = 1744。
④ 《关于预防春荒及救灾的指示》，1947年2月22日，选自中国法学会董必武法学思想研究会编：《华北人民政府法令选编》2007年版，第127页。
⑤ 同上书，第128页。

家政治、经济、社会等诸条件的集中体现。

实施以工代赈政策可以同时达到三个目标：第一，通过组织赈济对象参加工程建设，使赈济对象得到必要的收入和最基本的生活保障，达到赈济的目的。第二，在政策实施地区形成一批公共工程和基础设施，对当地经济社会的发展长期发挥作用。第三，可在一定程度上缓解政策实施地区农村劳动力剩余问题，有利于社会稳定。以工代赈具有"一石三鸟"之功效。同时，还可以激发群众自力更生、艰苦奋斗的精神，摆脱"等、靠、要"等消极思想。

（二）救灾工作中应该存在的问题

在华北人民政府时期的救灾工作中，我国政府就已经发现救济物资发放工作中可能出现的漏洞和问题，提出了适时的提醒并采取相应对策。其中一些问题在当前救灾工作中仍然存在，仍然考验着执政者的智慧。

(1) 救助对象的不明确。"干部不明了制度，如救济军属，则对即将改嫁的军人嫂子也发给粮食，不知其不能算作军属。"[1]

(2) 救助物资发放的随意性。由于缺乏制度性的规定，在救助物资发放过程中容易出现发放物资随意的现象。

(3) 搞平均主义。

(4) 不做教育说服工作。对未发放救助物资的对象没有做好解释工作，引起工作上的误会。

(5) 依靠政府救助的单一性。"单纯依靠政府救济，不注意组织群众互助，把一切救助工作均放在政府肩上，降低了群众间互助互济的力量。"[2]

(6) 救助物资发放中的徇私舞弊行为。

---

[1] 《关于预防春荒及救灾的指示》，1947年2月22日，选自中国法学会董必武法学思想研究会编：《华北人民政府法令选编》2007年版，第128页。

[2] 同上。

五、华北人民政府的救灾思想在今天的启示

（一）改变传统的救济观念

目前传统救济思想依然存在。新中国成立以来，在计划经济体制下形成的传统社会救济制度，是专门针对"无劳动能力"的边缘群体的。救济范围的狭窄决定了救济制度并未成为真正面向全民的救济制度。如失业人员、下岗职工和大批的待岗职工等，这些处于社会弱势地位的群体，其基本生活权利也应得到保障。

（二）制定一部比较完备的"社会救助法"

自战争时期到新中国成立的和平时期，我国施行社会救助制度几十年，积累了救济救灾工作的经验，制定了有关社会保障方面的规章、规定或办法以及各省、市、自治区制定的有关地方性法规和政策。至今为止，我国还没有颁布一部全面规范社会救助的条例，也没有颁行有关社会救助的专门法律。实践中所依据的有关社会救助的规范性文件又散见于各个行政规章及行政政策中，缺乏系统的指导作用。

中国并没有专门的防灾救灾法，目前已经制定了《救灾法》草案和《突发事件应对法》草案，通过下述的政策性纲领、法律、条例及应急措施逐步形成中国的防灾、减灾与救灾法规体系：

（1）中国 21 世纪议程（1994 年）；

（2）防空法（1997 年 1 月 1 日）；

（3）消防法（1997 年 3 月 14 日）；

（4）防洪法（1998 年 1 月）；

（5）防震减灾法（1998 年 3 月 1 日）；

（6）中华人民共和国减灾规划：1998～2010 年（1998 年 4 月 29 日）；

（7）消防法（1998 年 9 月 1 日）；

（8）突发公共卫生事件应急条例（2003 年 5 月 12 日）；

（9）突发事件应对法（草案）2005 年；

(10) 灾害救助法（待制定）2005 年。①

立法机关应组织专门力量对我国社会救助工作进行立法调研，尽早颁布一部《社会救助法》，以规范全国的社会救助工作，做到有法可依。

（三）完善社会救助的标准

中国的社会救助标准一贯偏低。1992 年，用于城镇困难户的定期定量救助经费是 8740 万元，救助对象人均月救济金额为 38 元，仅为当年城镇居民人均生活费收入的 25%。到 20 世纪 90 年代末，国务院将"建立城市最低生活保障制度"的思想第一次写进了最高层次的政府文件《国民经济和社会发展"九五"计划和 2010 年远景目标纲要》中。②

民政部救灾救济在 165 个城市建立最低社会保障线制度，如表 1 所示。

表 1 各城市最低生活保障标准（1997 年 3 月）

	200 元及以上	150~199 元	100~149 元	99 元及以下
直辖市		上海、北京	重庆	
省会城市	广州	杭州、福州、武汉、海口	石家庄、呼和浩特、长春、哈尔滨、南京、合肥、济南、郑州、长沙、昆明、南宁、兰州、西宁	沈阳、南昌
地级市	5 个	19 个	57 个	3 个
县级市	6 个	5 个	38 个	7 个
共计	15 个	29 个	109 个	12 个

资料来源：民政部救灾救济司。

社会救助资金的偏低导致无法满足社会底层弱势群体的基本需求，继而无法达到社会保障的目的。因此，应在财政能够负担的范围之内，适度提高救济标准，以保障人民的基本生活。

---

① 游志斌：《当代国际救灾体系比较研究》，中共中央党校博士学位论文，第 20 页。
② 民政部救灾救济司：《城市居民最低生活保障制度文件资料汇编（一）》，1998 年 2 月编，第 6~7 页。

（四）救助形式的多样化

社会救助的目的是帮助处于困境的人摆脱困境，改善生活状态，维护人权。单靠实行社会救助工作难以达到以上目的。因此，在实行社会救助政策时，必须与其他的社会救助形式相结合，才能激发受助者的积极性，早日摆脱贫困，脱离救助，提高生存能力。多种形式包括，在实行社会救助时对救助对象进行职业技能培训，增强其自主就业的能力；帮助救助对象创办经营实体，为其提供资金、技术与信息的支持；鼓励受助者自主创业并给予政策支持，让救助对象走上发展的道路。通过多方式相结合的社会救助形式，不仅能够帮助救助对象摆脱暂时的困境，改善生存条件，而且能从根本上使救助对象彻底摆脱困境，脱贫致富，成为发展我国社会主义经济的新生力量。

（五）完善灾害应急救援机制，增强减灾救灾能力

要遵循社会互助、生产自救的救灾思想，以提高灾害应急能力和综合减灾能力为核心，完善救灾应急机制，加强灾害能力建设，提高减灾救灾工作水平。一要提高灾害应急能力。抓紧制订和完善各级、特别是基层社区的救灾应急预案及相应的工作规程，建立上下衔接的预案体系。加快中央救灾物资储备库的建设进度，扩大救灾帐篷储备，丰富物资储备品种。努力改善救灾交通、通讯等设备装备。要建立基层灾害信息员制度，健全灾害应急社会动员机制，探索巨灾应对和灾害风险评估机制。推进减灾示范社区创建工作，做好减灾宣传教育，提高全民减灾意识。二要提高减灾救灾工作水平。灾时要及时启动救灾应急响应，做到第一时间救灾人员到位、资金到位、物资到位，确保受灾群众安全转移和临时生活保障。灾后恢复重建要认真做好规划和选址，避开灾害隐患点，提高建房质量，确保达到设防标准。要高度重视今冬明春受灾群众的生活安排，制定周密的冬春救助方案，规范工作程序，妥善解决受灾群众的口粮、衣被、住房和过冬取暖问题。三要完善救灾投入机制。要加大救灾投入，根据受灾群众困难程度，提高救助标准，实施分类救助。要抓紧制订农垦、林业、渔业系统和城镇居民受灾救灾政策。要建立因灾死亡人员抚慰金制度，体现党和政府对因灾死亡人员家属的慰藉。要切实加强救灾款物基层发放和管理使用，严禁缓拨、滞拨或挪用救灾资金，发现问题要及时查处。

论华北人民政府时期婚姻法的价值取向

蒋燕玲[*]

1948年9月26日，被誉为"共和国雏形"的华北人民政府宣告成立。虽然仅存在短短13个月，但其法制建设却成果斐然。从现有研究状况看，学者们对这一时期法律制度的考察主要集中在行政、经济等方面，对其时似乎没有大改变和新突破的婚姻制度较少关注。不过，通过对这一时期婚姻法制建设的深入考量，我们不难发现，虽然华北人民政府成立后并没有着手制定新的婚姻法，而是继续沿用了晋察冀边区和晋冀鲁豫边区婚姻条例的有关规定，但仍针对新情况、新问题做了一些非常重要的补充性解释和说明。这种审慎严谨、灵活务实的立法态度，充分反映了华北人民政府在婚姻家庭问题上的基本立场，即既坚决秉承革命根据地通过长期实践确立的婚姻法的价值理念，又积极探求新时期，尤其是新中国成立后社会主义婚姻法应有的原则精神。所以，深入分析华北人民政府时期婚姻法的价值取向将有助于我们理解社会主义婚姻法价值理念的确立、传承和发展。

一、在秉承发展中确立的华北人民政府婚姻法价值取向

华北人民政府时期婚姻法价值取向的确立不是一夕之功，而是中国共产党长期革命实践和妇女解放运动的结晶，经历了苏区的积淀、抗日边区的超越和解放区的传承，方才成就了华北人民政府婚姻法的价值理念。

中国古代奉行男尊女卑、"父母之命，媒妁之言"等封建婚姻制度，"男

---

[*] 北京航空航天大学法学院讲师，主要研究近代中国法律制度。

女婚姻，野蛮到无人性，女子所受的压迫与痛苦，比男子更甚。"① 中国共产党的缔造者们，如李大钊、陈独秀、毛泽东等人早在"五四"时期就以马克思主义的妇女理论为指导，对此作了深刻的揭露和批判。② 中国共产党诞生后，为了实现对社会正义的追求，提出了关于妇女解放和改革婚姻家庭制度的若干基本原则，以"打破奴隶女子的旧礼教"，③ "废除一切束缚女子的法律"。④ 1928 年 7 月 10 日，中共六大通过的《妇女运动决议案》更是明确要求"苏维埃政府成立时，应立刻颁布解放妇女的条例，以实现在妇女中宣传的各种口号"。⑤ 因此，制定婚姻法自然成为新民主主义革命时期红色政权重要的立法任务。

红色政权的婚姻立法史可以追溯至秋收起义后成立的各边区地方政府的婚姻立法活动。⑥ 这些与婚姻家庭有关的政纲和法律法规为之后的中华苏维埃共和国制定统一的婚姻法规，提供了重要的参考蓝本和有益经验。1931 年，以毛泽东为首的中国共产党人在总结苏维埃政权创建以来各地区婚姻立

---

① "中华苏维埃共和国婚姻条例"，见刘素萍主编：《婚姻法学参考资料》，中国人民大学出版社 1989 年版，第 25 页。

② 李大钊在 1919 年至 1923 年期间发表了《妇女解放与 Democracy》等多篇文章和演讲。陈独秀在 20 世纪 20 年代初，为了揭露旧中国妇女的悲惨地位，也连续发表《我的妇女解放观》等许多文章。毛泽东在五四时期也曾对"男女平等""婚姻自由""反对强迫和买卖的婚姻制度"等婚姻的核心问题提出过自己的想法以及相关的解决之道，发表了《女子自立问题》《省宪法草案的最大缺点》等文章。参见《李大钊文集》（下），人民出版社 1984 年版。《陈独秀文章选编》（中），三联书店 1984 年版。《毛泽东早期文稿》（1912.6～1920.11），湖南出版社 1990 年版。

③ "妇女运动决议案"，见中央档案馆编：《中共中央文件选集》（第一册），中共中央党校出版社 1982 年版，第 120 页。

④ "中国共产党第二次全国代表大会宣言"，见中央档案馆编：《中共中央文件选集》（第一册），中共中央党校出版社 1982 年版，第 36 页。

⑤ 《妇女运动决议案》中央档案馆编：《中共中央文件选集》（第四册），中共中央党校出版社 1983 年版，第 263～271 页。

⑥ 自 1927 年秋收起义创建苏维埃政权之后，各地方党组织或政府分别制定了若干有关婚姻家庭问题的政纲、决议或法律法规。主要有 1929 年 7 月《中共闽西第一次代表大会妇女问题决议案》、1930 年 3 月闽西第一次工农兵代表大会的有关决议案及《婚姻法》、1929 年 10 月《广西东兰县革命委员会最低政纲草案》、1930 年 7 月《赣西南青年的迫切要求纲领》、1931 年 7 月《鄂豫皖工农兵第二次代表大会婚姻问题决议案》、1931 年 10 月《湘赣省婚姻条例》等。参见张希坡：《中国婚姻立法史》，人民出版社 2004 年版，第 127～133 页。

法经验的基础上，根据《中华苏维埃共和国宪法大纲》的精神，① 公布实行了《中华苏维埃共和国婚姻条例》。该条例"确定婚姻以自由为原则，废除一切封建包办、强迫与买卖的婚姻制度"，② 初步指明了新民主主义婚姻法的基本价值取向。抗日战争时期，各根据地的民主政权也都十分重视婚姻立法，如陕甘宁边区制定了《陕甘宁边区婚姻条例》（1939年），晋察冀边区先后制定了《晋察冀边区婚姻条例草案》（1941年）和《晋察冀边区婚姻条例》（1943年），晋冀鲁豫边区制定了《晋冀鲁豫边区婚姻暂行条例》（1941年）和《晋冀鲁豫边区婚姻暂行条例实施细则》（1942年）。③ 这些婚姻立法颁布时的具体情况虽有不同，从内容和体例上都有一些调整，但均继承了苏区婚姻制度的基本原则，婚姻自由与男女平等的精神始终贯穿其中，同时进一步完善了相关制度设计，以维护和实现体现社会公平正义的婚姻法原则。

华北人民政府是在中国新民主主义革命即将取得全国胜利的特定历史时期建立起来的新型人民民主政权，由晋察冀和晋冀鲁豫两大边区合并而成。尚在筹备成立阶段，华北人民政府即以谋求男女两性平等自由的真正实现为己任。1948年8月发布的《华北人民政府施政方针》中以专条对此作了规定，即"依据男女平等原则，从政治、经济、文化上提高妇女在社会上、政治上的地位，发挥妇女在经济建设上的积极性。禁止买卖婚姻，男女婚姻自由自主，任何人不得干涉。"④ 虽然两大边区的婚姻条例在结婚年龄等某些具

---

① 《中华苏维埃宪法大纲》第11条规定："中华苏维埃政权以保证彻底地实行妇女解放为目的，承认婚姻自由，实行各种保护妇女的办法，使妇女能够从事实上逐渐得到脱离家务束缚的物质基础，而参加全社会经济的政治的文化的生活。" http://news.xinhuanet.com/ziliao/2004-11/27/content_2266970.htm.

② "中华苏维埃共和国婚姻条例"，见刘素萍主编：《婚姻法学参考资料》，中国人民大学出版社1989年版，第25页。

③ 本文所引的《晋察冀边区婚姻条例草案》来源于韩延龙、常兆儒编：《中国新民主主义革命时期根据地法制文献选编》第四卷，中国社会科学出版社1984年版，第811～816页。《晋察冀边区婚姻条例》《晋冀鲁豫边区婚姻暂行条例》和《晋冀鲁豫边区婚姻暂行条例实施细则》均来源于刘素萍主编：《婚姻法学参考资料》，中国人民大学出版社1989年版，第32～40页。

④ 中国法学会董必武法学思想研究会编：《华北人民政府施政方针》，《华北人民政府法令选编》，2007年8月，第12页。

体问题上有不同的规定，但它们确立的婚姻法基本原则是基本一致并符合《施政方针》要求的。这或许是华北人民政府成立后没有急于着手制定统一的婚姻法的一个重要原因。1949年4月13日发布的《华北人民政府司法部关于婚姻问题的解答》①（以下简称《解答》）向我们清楚地展现了当时适用两大婚姻条例的具体情形。

（一）承继并重申了两大婚姻条例中所确立的新民主主义婚姻制度的基本价值取向

《解答》在第1条里即以"人民政府实行平等自由自主的一夫一妻制的婚姻政策"的肯定式陈述，旗帜鲜明地表明了华北人民政府婚姻制度所秉承的价值理念。此外，针对离婚后能否与其情人结婚、童养媳允许与否、"既成事实"的一夫多妻是否定为重婚罪等疑问，华北人民政府司法部均依据男女平等、婚姻自由和一夫一妻等婚姻法基本原则进行了解释性说明，体现了人民民主政权对自由平等婚姻价值取向的坚持。

（二）有各自规定的从各自规定

即如果两大边区婚姻条例都对某些婚姻家庭问题作了规定的，通常继续在其原有辖区内沿用各自规定。例如，对于结婚的年龄，两大边区婚姻条例均有规定，但存在不一致，晋察冀边区的婚姻条例规定为男不及二十岁，女不及十八岁，不能结婚，而晋冀鲁豫边区婚姻条例规定的男女结婚年龄均比此小两岁。②对于此类不违背婚姻法价值取向的差异性规定，《解答》明确指出，"在统一的婚姻条例未颁布前，各区可暂分别执行。"

（三）若某些事项仅有一个边区婚姻条例有规定的，参照其规定执行

由于《晋冀鲁豫婚姻暂行条例》较之《晋察冀边区婚姻条例》更为完善，所以基本是参照前者的规定执行。例如，对于订婚的条件、手续、婚约

---

① 韩延龙、常兆儒编：《中国新民主主义革命时期根据地法制文献选编》第四卷，中国社会科学出版社1984年版，第875~878页。
② 《晋察冀边区婚姻条例》第4条规定："男不及二十岁，女不及十八岁，不得结婚。"而《晋冀鲁豫边区婚姻暂行条例》第11条规定："男不满十八岁，女不满十六岁者，不得结婚。"

的解除和彩礼的退还等问题，晋冀鲁豫边区以专章作了规定，而晋察冀边区婚姻条例未涉及，《解答》于是要求"依前晋冀鲁豫边区婚姻条例第×条"执行。又如，对于离婚后小孩应归谁抚养的问题，《解答》直接援引了晋冀鲁豫边区婚姻条例的第21条、22条以及《晋冀鲁豫边区婚姻暂行条例实施细则》第14条的规定，要求"在统一的华北婚姻条例未颁布前，上述规定，均可参照执行。"

（四）对于新时期出现的新问题而两大边区婚姻条例无规定的，《解答》根据新民主主义婚姻法的价值理念进行了补充完善

其第6条中对城市离婚财产问题的回答即属此类。由于两大边区均是依托山区和广大农村而创建，经济落后，人们拥有的私有财产很有限，所以婚姻条例没有对离婚时财产如何分割作出规定。华北人民政府的情况与两大边区迥然不同，其辖区随着人民解放战争的迅速发展，已覆盖了华北地区主要的大中城市。这些城市的经济发展水平相对较高，很多市民都拥有数量不等的私有财产，因离婚而产生的财产纷争较之两大边区时期更为普遍。为了妥善处理好这类纠纷，《解答》第6条第1~2款确立了离婚时财产分割和债务清偿的一般原则，即"男女结婚前各有的财产（包括互相赠与部分）在离婚时，仍归各人私有，结婚后共同积蓄的财产，一般应各分一半；但亦可依所出劳动力多少，多分或少分一点"；"结婚后，共同欠的债务，离婚时，一般应由男方负责偿还，但亦得依双方经济情况及生产能力分别负责偿还。"这一规定体现了新民主主义婚姻法谋求男女平等、保护弱者利益的精神，在刚解放的城市，对于解放妇女，建立健康的婚姻关系，起了重要作用。

二、华北人民政府婚姻法价值取向的制度体现

法律除了是一种规则和条文，是一种人为设计和安排之外，更重要的是在法律实践中体现出来的人类追求正义的精神。作为调整社会中最广泛存在的婚姻家庭关系的婚姻法，则更要在实践中体现出人们对正义精神的追求。在婚姻法中，正义往往直接体现为公平地赋予男女两性在婚姻家庭领域享有

平等和自由的权利。具体而言，婚姻法所追求的平等是指男女两性在婚姻和家庭生活的各个方面都享有平等的权利，承担平等的义务；自由则是指婚姻当事人有权根据法律的规定，自主自愿地决定自己的婚姻问题，不受任何人的强制和非法干涉。华北人民政府时期适用的两大边区婚姻条例忠实地践行了新民主主义婚姻法的价值取向。

（一）两大边区婚姻条例均在总则中明确了该法所坚持的平等自由的价值理念

早在1941年，《晋察冀边区婚姻条例草案》就在其第2条规定了"男女婚姻，须双方自由、自主、自愿，第三者不得干涉。废除一切强迫、包办、买卖等婚姻恶习，禁止蓄婢、童养媳、入赘、早婚及奶婚"。不仅如此，晋察冀边区行政委员会还专门通过指示信的形式对条例的基本精神作了进一步的解释说明。指示信指出，"男女在社会上、政治上、经济上、家庭地位上、一律平等，实行严格的一夫一妻制，这是边区新民主主义社会的一种表现"，"婚姻自由、自主、自愿，婚姻要建筑在男女双方感情意志的融洽上，这是反封建主义的一个具体内容……男女婚姻自由、自主、自愿已经是今天边区真正的需要，爱情代替了'包办'，意志代替了'金钱'，这是民族革命的产物。我们的婚姻条例正贯彻着这种现实的真正的结婚离婚自愿自主的精神。"[1] 之后的《晋察冀边区婚姻条例》继续坚持了这一婚姻原则，《晋冀鲁豫边区婚姻暂行条例》也作了类似的规定。[2]

（二）两大边区婚姻条例规定的订婚、结婚、离婚等具体婚姻制度无不体现了男女平等、婚姻自由的价值取向

（1）在男女平等问题上，两大边区的婚姻条例不仅公平地赋予了男女两

---

[1] "晋察冀边区行政委员会关于我们的婚姻条例的指示信"，见《晋察冀抗日根据地史料选编》（下册），河北人民出版社1983年版，第109~110页。

[2] 《晋察冀边区婚姻条例》第2条规定："男女婚姻须双方自主，自愿，任何人不得强迫，禁止奶婚，童养媳，早婚，及买卖婚姻。"《晋冀鲁豫边区婚姻暂行条例》第1条规定："本条例根据平等自愿、一夫一妻制之婚姻原则制定之。"

性在婚姻家庭中同等的地位和权利,而且还非常注意形式平等与实质平等的辩证统一。以婚约为例,中国古代的婚姻制度通常赋予了男方更大的解除权,《唐律疏议》就规定,若男女两家已订立婚书,女方反悔,要被杖六十,但男方反悔,则不处刑,仅丧失要求女方退还聘礼的权利。① 这一规定直至明朝方才改变,增加了对男家悔婚的处罚。② 近代中国的婚姻习俗中,订立婚约仍是缔结婚姻的重要步骤,而且实际生活中男方一般比女方享有更大、更主动的婚约解除权,容易形成事实上的不平等。针对这一客观现实,《晋冀鲁豫边区婚姻暂行条例》对订婚问题作了较全面的规定。该条例赋予男女双方同等的婚姻解除权,婚约解除权的行使除对抗战军人有特殊保护外,无任何限制,只要男女双方有一方不愿继续婚约或结婚,即可解除婚约。这既体现了男女平等的基本原则,同时也是婚姻自由在订婚问题上的又一贯彻。

两大边区的离婚制度更是体现了追求男女两性真正平等的价值取向。例如,晋察冀边区的《婚姻条例草案》和《婚姻条例》在女方怀孕和生育的特殊时间段里对男方的离婚诉权进行了必要的限制③。晋冀鲁豫边区的《婚姻暂行条例》对此没有规定,但在《施行细则》里弥补了这一罅漏,并加大了保护力度,规定男方不得与孕妇或乳婴之产妇离婚,即使具备法定离婚条件,也只能在女方生产一年后提出。④ 当然,如果在这期间女方提出离婚,法律并不禁止。这一限制从表面上看似乎不符合男女平等的精神且限制了男方的离婚自由,但是此举其实是为了保护处于特殊生理时期的妇女的身心健康。因为女方在此期间内,身体上、精神上有一定负担,如果允许男子提出离婚,

---

① 《唐律疏议》"许嫁女辄悔"条规定:"诸许嫁女,已报婚书及有私约,谓先知夫身老、幼、疾、残、养、庶之类而辄悔者,杖六十。男家自悔者,不坐,不追娉财。"
② 《大明律》"男女婚姻"条规定"若许嫁女已报婚书,及有私约谓先已知夫身疾残幼庶养之类。而辄悔者,笞五十。……男家悔者,罪亦如之,不追财礼。"
③ 《晋察冀婚姻条例草案》第13条规定:凡女方在怀孕及生育期间,男方不得提出离婚,具有离婚条件者,亦须于产后半年始得提出。但女方有本条例第10条第1、2、4、5、6、7各款规定情形之一者,不在此例。《晋察冀婚姻条例》第17条规定:在女方怀孕及生育期间,男方不得提出离婚,具有离婚条件者,亦须于分娩满三个月后,始得提出,但有15条之第1、2、3、4、7各款规定情形之一者,不在此限。
④ 《晋冀鲁豫边区婚姻暂行条例施行细则》第9条。

势必给女方在精神上带来沉重的打击,不但影响女方的身心健康,也不利于胎儿、婴儿的发育、成长。因此,禁止男方在此期间提出离婚是完全必要的。这种限制实质是在承认两性差异客观存在的前提下,所采取的保护弱者的必要手段,有助于真正体现正义价值的实质平等的实现。

(2) 在婚姻自由问题上,两大边区婚姻条例都非常强调结婚自由和离婚自由,将其提到了反封建主义的高度。其具体规定是:

首先,禁止包括父母在内的任何人以任何方式干涉他人的婚姻,废除了父母对子女婚姻的主婚权,为青年摆脱传统婚姻制度的束缚和自由恋爱提供了法律保护。[1]

其次,保护寡妇再婚的自由,禁止他人干涉和借此索取财物,保护再婚寡妇的财产权利。《晋冀鲁豫边区婚姻暂行条例》明确规定寡妇"再婚时其本人财物可带走"。[2] 据此精神,冀鲁豫行署在《关于女子继承等问题的决定》中对寡妇再嫁财产问题分三种情形作了进一步的细化规定,[3] 方便了法律条文的操作施行。晋察冀边区虽未在婚姻条例中规定寡妇的财产权利,但在其后颁布的《晋察冀边区行政委员会关于女子财产继承执行问题的决定》中规定:"有继承权的寡妇,得携带她应继分内之财产改嫁,但夫家确系贫困者,得少带或不带。但是寡妇本人的财产,任何人不能阻止其带走。"[4]

最后,赋予男女双方同样的离婚自由权,规定法定的离婚理由以废除封建婚姻法中体现男尊女卑的"七出"之条。此外,在债务承担、赡养费的给付等方面,注意给予妇女倾斜照顾,[5] 减轻了妇女对离婚后生计的担忧,从

---

[1] 《晋察冀边区婚姻条例》第4条,《晋冀鲁豫边区婚姻暂行条例》第10条。
[2] 《晋冀鲁豫边区婚姻暂行条例》第15条。
[3] 《冀鲁豫行署关于女子继承等问题的决定》规定:"寡妇再嫁:(1) 无子女者其在男家所继承之财产,准根据具体情况带走一部或全部。(2) 有子女者在男家继承之财产及其个人之财产,均留一部给其子女,若其子女随走,得将其财产全部带走。(3) 寡妇再嫁进如在男家及娘家均未取得继承财产者,得要求男方给予一部妆奁费。"韩延龙、常兆儒编:《中国新民主主义革命时期根据地法制文献选编》第四卷,中国社会科学出版社1984年版,第846页。
[4] "晋察冀边区行政委员会关于女子财产继承执行问题的决定",见韩延龙、常兆儒编:《中国新民主主义革命时期根据地法制文献选编》第四卷,中国社会科学出版社1984年版,第833页。
[5] 《晋察冀边区婚姻条例》第20条,《晋冀鲁豫边区婚姻暂行条例》第20条。

某种意义上讲是保障了妇女离婚的自由。

三、华北人民政府婚姻法价值取向的社会效应

在人类的制度演进过程中，婚姻家庭制度的变迁较之政治制度、经济制度或其他社会制度而言，往往是比较缓慢的。近代中国虽然遭遇了"数千年来未有之变局"，[①] 中国传统的婚姻观念也受到了前所未有的冲击，但是婚姻制度价值取向的真正转变，却是由中国共产党领导下的人民民主政权完成的。[②]

华北地区是中国封建王朝统治的中心区域，受传统伦理思想影响很深，封建婚姻制度和婚姻习俗在这一地区占据主导，根深蒂固。尤其是在那些经济贫困、交通落后、文化闭塞的农村地区，由于很少受到外来婚姻观念及行为的影响，至抗日根据地建立前，包办婚姻是主流、买卖婚普遍、早婚盛行、寡妇再嫁难、重男轻女严重等各种婚姻陋俗仍具有强大的影响力。抗日根据地建立后，开展了卓有成效的妇女解放运动，并着手进行婚姻制度改革，颁布了具有反封建性质的婚姻法规，"许多不合理的婚姻得到解决"，[③] 初步形成了新民主主义婚姻制度的雏形。华北人民政府在此基础上借助法律的强制功能，倡导男女平等、婚姻自由等价值理念，进一步推进婚姻制度改革。通

[①] 李鸿章："复奏海防事宜疏"，见载吴汝纶编：《李文忠公奏稿》（卷二十四），上海古籍出版社，第1995～2000页。

[②] 中国婚姻制度由传统向现代的转变始于清末，但《大清民律草案·亲属》仍保留了传统婚姻家庭制度的核心内容，带有浓厚的封建性，其价值取向依然是传统的。许多中国法制史教科书对此均有论及，兹不赘述。而国民党政权虽然也宣称平等自由，但其《中华民国民法·亲属》中背离这一理念的规定却并不鲜见。如在夫妻及子女姓氏问题上，该法规定妻以本姓冠以夫姓，子女从父姓，赘夫则以本姓冠以妻姓，子女从母姓。对此有违男女平等原则的规定，立法者的解释却是："男女平等，似应注重实际，如经济平等、政权平等、及私权平等，不必徒鹜虚名。"又如，该法没有赋予夫妻同等的监护权，而是规定离婚后子女的监护由夫担任，除非双方另有约定或法院出于子女利益考虑而酌情改变。诸如此类，削弱了平等自由价值理念在婚姻法中的贯彻落实，可见其婚姻制度价值取向的转变是不彻底的，也带有较多封建残余。相关立法详见《现行六法全书》，会文堂新记书局发行1937年版。谢振民编著：《中华民国立法史》，张知本校订，正中书局印行，1948年版。

[③] 浦安修："五年来华北抗日民主根据地妇女运动的初步总结"，见《晋冀鲁豫边区史料选编》（第二辑），山西大学晋冀鲁豫边区史研究组，1980。

过不懈努力，华北地区的婚姻观念和习俗逐渐发生了重大转变，旧的婚姻观念逐渐改变，男女平等、婚姻自由的思想渐为人们接受，取得了良好的社会效应。

例如，在这一时期，虽然华北各地还不同程度地存在着压制妇女离婚的现象，但越来越多的妇女敢于起来反抗不合理的婚姻。经调查，"提出离婚者的性别，无论城乡都是女性占多数。在乡村，女方提出离婚者更占大多数"，而且因包办强迫和男尊女卑的婚姻制度而产生的夫妻感情不合成为离婚的主要理由。① 这表明，除女性的婚姻观发生深刻变化外，婚姻风俗的变化也给女性提供了宽松的环境，女性离婚不再像过去那样需要承受巨大的舆论压力，进而使男性专权离婚转变为男女平权离婚。又如，通过婚姻法的实施和宣传，包办、买卖婚姻遭到摒弃，择偶标准从"财产多寡和门第高低"转变为"能劳动、爱学习和思想进步"，婚姻当事人拥有了自己的主婚权，其个人意愿成为缔结婚姻与否的重要考虑因素，从而为旧式婚姻家庭向新型婚姻家庭的转变奠定了基础。在这一时期，华北人民政府继续依靠政治强力，运用婚姻法规对旧式家庭进行改造。在旧式婚姻家庭关系中，女人依附于男人，没有独立的人格，男尊女卑是常态，"他和她之间是乾坤关系，是尊卑关系，是主从关系"。② 一些民谚，如"女人不是人，母鸡不是禽"，"三天不打，上房揭瓦"，生动地揭示了女性深受鄙视、压迫和欺凌的现实生活图景。这种家庭关系毫无疑问是与平等自由的价值理念相悖的，理应成为人民民主政权改革和废除的对象。针对旧式婚姻家庭关系中的种种不平等现象，晋察冀和晋冀鲁豫边区的婚姻条例制定了一些旨在提高妇女地位，维护妇女权益，消除男尊女卑的法律条文。如晋察冀边区的婚姻条例第 12 条明确规定夫妻之生活费用及家务之处理，由双方共同负责，从而赋予了妻子在家庭日常生活中与丈夫相同的经济支配权。此外，两大边区婚姻条例还将"虐待、压迫或

---

① "关于中华人民共和国婚姻法起草经过和起草理由的报告"，见刘素萍主编：《婚姻法学参考资料》，中国人大学出版社 1989 年版，第 70 页。
② 同上书，第 63 页。

遗弃他方者"作为离婚的法定理由,极大地激发了妇女自我意识的觉醒,使许多长期备受公婆丈夫打骂虐待却忍气吞声的妇女敢于借助法律武器维护自己的尊严与权利。而那些原本视打骂虐待妇女为天经地义的公婆丈夫,或慑于法律的威严不敢再行施暴,或认识到自己的错误转而善待儿媳(妻子)。旧式家庭的种种恶行因此渐次减少,建立男女平等、互敬互爱、和睦团结的新型婚姻家庭关系也逐渐成为人们的共识。

但是,正如晋察冀边区行政委员会所言,"边区婚姻条例的颁布施行,无疑问的,给予旧婚姻制度以致命的追击,它是要把旧的不合理的婚姻制度与恶习根本扫清,重新建立一种新的合理的婚姻制度,但由于旧制度习惯有着浓厚的社会根源与悠久的历史传统,这样一种大的改变,不是一个简单事情,这是社会建设的一个内容,是一个教育与斗争的过程,一切操之过急,生吞活剥认为只要条例颁布之后,一切都会立刻变好,这样想法是不对的。"[1] 所以,1949年1月20日,华北人民政府专门针对现实中存在的一些对婚姻自由的不正确理解,发布了《关于婚姻问题给太行行署底快邮代电》。这份邮件强调:"婚姻自由是我们确定的政策原则,前晋冀鲁豫边区婚姻条例明白规定:无论订婚结婚,须男女双方自愿,任何人不得强迫;夫妻感情恶劣至不能同居者,任何一方均得请求离婚。这与中央妇委所传达之结婚自由离婚自由之本旨,没有丝毫冲突"。同时指出,在婚姻法实施过程中出现的一些混乱现象,如轻率结婚、随意离婚,"实际是婚姻不自由的后果,而不是婚姻已经自由的后果"。因此,对于"干部的封建思想还未肃清,某些群众对于婚姻自由政策还未彻底了解"的情况,政府"应从积极方面加强教育,提高其觉悟,以贯彻婚姻自由政策"。[2]

经过华北人民政府的努力,至1950年新中国第一部婚姻法颁布时,华北

---

[1] "晋察冀边区行政委员会关于我们的婚姻条例的指示信",见《晋察冀抗日根据地史料选编》(下册),河北人民出版社1983年版,第117页。

[2] "关于婚姻问题给太行行署底快邮代电",见中国法学会董必武法学思想研究会编:《华北人民政府法令选编》,2007年8月,第111页。

地区的婚姻观念和婚姻习俗已然发生了本质的变化，为社会主义婚姻法的施行扫清了障碍。华北人民政府短暂却意义非凡的婚姻制度建设，成为新民主主义婚姻法向社会主义婚姻法转变的桥梁和纽带。

参考文献

［1］中国法学会董必武法学思想研究会编：《华北人民政府法令选编》，2007年8月。

［2］张希坡：《中国婚姻立法史》，人民出版社2004年版。

［3］刘素萍主编：《婚姻法学参考资料》，中国人民大学出版社1989年版。

［4］韩延龙、常兆儒编：《中国新民主主义革命时期根据地法制文献选编》（第四卷），中国社会科学出版社1984年版。

［5］河北社会科学院历史研究所等编：《晋察冀抗日根据地史料选编》，河北人民出版社1983年版。

［6］《晋冀鲁豫边区史料选编》（第二辑），山西大学晋冀鲁豫边区史研究组，1980。

［7］中央档案馆编：《中共中央文件选集》（第一册），中共中央党校出版社1982年版。

［8］中央档案馆编：《中共中央文件选集》（第四册），中共中央党校出版社1983年版。

华北人民政府未成年人保护制度探析

吕厥中[*] 袁 方[**]

在新民主主义革命即将取得伟大胜利的重要历史时刻，根据中共中央的指示，1948年8月，在石家庄市召开了华北人民政府临时代表大会，经过推举协商和民主选举，大会选举了董必武、聂荣臻、薄一波等27人组成了华北人民政府政治委员会。同年9月20日至24日，华北人民政府第一次委员会在河北省平山县王子村召开，经过民主选举，成立了以董必武为主席、薄一波、蓝公武、杨秀峰为副主席的华北人民政府。华北人民政府成立后，在政权建设、恢复和繁荣经济、发展文化教育等各个方面制定并实施了一系列的纲领性文件，"体现了我们解放区的政权是革命的政权，是人民的政权，是新民主主义的政权。"[①]

这一时期，华北人民政府制定和颁布了二百多部法律、规章、命令、规程，形成了体系较完备、权益较广泛的法律法规体系，其中，有不少法令涉及未成年人权益的保护问题，涵盖了未成年人的政治权利、民主权利、经济权利、文化教育权利、优抚优待等各方面，初步形成了未成年人权益保护的法律制度框架。一些法律、法令、办法在新中国成立后，更是直接成为未成年人保护制度借鉴和参照的蓝本，推行到全国各地。直至今日，它们仍然具有强大的生机和重要的现实参考价值。

---

[*] 山东省济南市中级人民法院未成年人案件审判庭法官。
[**] 山东政法学院，法律硕士研究生。
[①] 董必武：《董必武政治法律文集》，法律出版社1986年版，第24页。

一、华北人民政府未成年人保护制度的规制概况

（一）规制的总体情况

经过梳理，华北人民政府制定和颁告的法律、规章、条例、办法、规程、决议中，对未成年人的权利作出直接规定的法令，共有29部之多，在该时期全部立法中约占15%，粗略形成了以民主政治权利、经济和劳动权利、民政优抚优待、文化教育权利为核心的未成年人保护制度。其中，关于未成年人文化教育方面的规定尤为突出，具体包括从小学到中学、师范教育，从入学招生到师资配备，从教职工待遇到学生的供给，规定十分具体，内容极为翔实，权益相当广泛，具有很强的可操作性、时代性。这充分说明了华北人民政府从成立之初对青少年文化教育工作的重视程度，反映了以董必武为代表的中国共产党人对新中国未来主人的身心健康高度重视和殷殷关切，详见表1：

表1 华北人民政府关于未成年人保护的相关法令简表

	法律、法规、命令、决议的名称	涉及未成年人权益的内容
1	华北人民政府施政方针	军烈属子女，农业人口获得土地，未成年人作为半劳力参加生产，民主自由权利
2	扩军归队接收送补兵员工作暂行规则	16周岁以上未成年人有自愿参军权利
3	华北区革命军人家属优待条例	军属范围，优待内容：入学优待、优先就业、减免医药费、优先救济
4	华北区革命军人牺牲褒恤条例	烈属范围，抚恤中继承顺序，优抚内容
5	华北区民兵民工伤亡抚恤办法	伤残优抚，烈属子女优抚
6	华北区革命工作人员伤亡褒恤条例	同上
7	民政部关于烈士问题的解答	烈属范围，未成年人的继承顺序
8	关于预防春荒及救灾的指示	生产自救，优先救济贫苦烈、军、工属
9	华北区城市处理乞丐暂行办法	未成年人安置教育，适当参加劳动

续表

	法律、法规、命令、决议的名称	涉及未成年人权益的内容
10	华北区枪支管理暂行办法	学校教职员学生未经批准,不准携带枪支
11	关于禁止赌博的指示	赌博鬻妻卖子,教育、发动群众禁赌
12	华北区农业税暂行税则、修正与补充条文	酌情提高免税点;对无劳动力而生活困难者,不作硬性规定
13	华北区暂行财政会计规程	文化事业费、婴儿保育、保育院等社会福利费、教育费、村小学经费、社会卫生费
14	为华北级与平津两市供给制人员试行包干供给制的通知	学校、训练班、保育院之幼儿不试行供给制,生育费、婴儿保育费、保姆费另外发给
15	关于查荒灭荒工作的指示	发动群众灭荒增产,为烈军家属荒地代耕
16	关于秋收种麦秋耕及生产救灾工作指示	发动群众生产自救,及时照顾贫困无劳力的烈、军、工属,做好代收代耕
17	关于大量采集树籽开展秋季造林运动和建设苗圃的指示	广泛组织妇女儿童参加,开展秋季造林
18	普通中学暂行实施办法	对青少年的教育任务、原则、学制、课程
19	师范学校暂行实施办法	学校任务、实施原则、学制、课程、设置
20	关于规定中等学校政治课课程标准等项问题的指示	设置政治课,慎选政治教员,注意教学方法
21	中学及师范学校经费开支暂行标准	统一开支标准,提高教育效果
22	中学及师范学生公费待遇暂行标准	部分未成年人的公费供给,公费补助
23	中学及师范学校教职勤杂人员待遇暂行标准	适当改善学校工作人员生活,明确女教职员生育费及其幼儿待遇
24	一九四九年华北区文化教育建设计划	培养各级学校师资,扩充学生,发展小学教育,对少年儿童施种牛痘,开展防疫

续表

	法律、法规、命令、决议的名称	涉及未成年人权益的内容
25	关于对贫苦群众和荣退军人实行免费医疗的决定	享受免费医疗的条件、标准
26	关于实施种痘的指示	青少年种痘的比例，调协、设置种痘人员
27	关于小学教育几个重要问题的指示	加强小学师资，保障教育经费，编审教材，改进小学教育的领导工作
28	华北区小学教育暂行实施办法	实施方针、学制、课程及教学时间，教学原则，教学组织及设置，发展女子教育
29	华北区小学教师服务暂行规程	小学教师职责、资格、任免、待遇、保障

除上述 29 部法律、法规、办法、规程以外，与未成年人的权益有关的一些间接性的法律规定数量还很多，经粗略统计，内容涉及未成年人权益的法律法规共计 54 部，涵盖未成年人有关的人民民主权利、社会治安、婚姻继承、农业生产、工商税务、医疗救助等各方面。

(二) 规制的时空背景

上述对未成年人保护制度的法律规制，与当时的时代背景是密不可分的。华北人民政府组建时期，正值人民解放战争不断胜利，全国的革命形势一片大好，华北解放区战事基本平息，处于休养生息和支持解放战争全面胜利的阶段。华北人民政府的一系列法律法规的制定和施行，正是翻身得解放的人民群众革命意志与美好憧憬的结合。正如董必武在华北人民政府成立大会上的就职讲话中所指出："我们华北人民政府的成立，恰恰在解放战争进行到第三个年头的时候，同时又恰恰在土地改革已基本上完成的地区，这不是偶然的。"[1] 华北地区出现了一个较安定的局面，百废待兴，百业待举，中共中央提出"革命向前进，生产长一寸"，一方面要建立各级人民政权，建立各级人民代表会议，实行人民当家作主；另一方面，要组织调动社会劳动力，

---

[1] 董必武：《董必武政治法律文集》，法律出版社 1986 年版，第 27 页。

尽快恢复、发展生产。未成年人既是社会保护的对象，同时，鉴于当时的历史环境，大规模的解放战争并未结束，在广大华北农村，社会劳动力和兵力匮乏，未成年人也是建设新社会的新生力量，是参与社会劳动和生产的重要力量。所以华北人民政府构建的未成年人保护制度中，不乏对未成年人政治权利、参军权利、经济权利、劳动权利的保护和规定，比如照顾到未成年人的身心生长现状和特点，对16周岁以上的未成年人赋予参加人民军队、参加革命事业的政治权利。

此外，该规制与当时华北地区的未成年人亟须保护的现状也是密不可分。长期以来，华北地区的农村因为贫穷的现状，导致未成年人的权益保护一直没有落实到制度层面。华北地区，地域广阔，有耕地面积15699万亩，每人平均3.14亩，播种总面积11812万亩，约占耕地总面积的75.7%。但是同时华北地区，又是天灾虫害连年不断，旱涝成灾。1883年的《北华捷报》这样形容河北地区一般农民的生活："在荒年，他们经常以野菜为食，甚至连野菜都找不着而成群饿死，正像一八七八年和一八七九年的情况那样。在最好的年头，他们也吃最低级的食物，穿着朴素的衣服。他们的食物几乎完全是同大豆或豆腐渣混合起来的高粱及小米。一块白面馒头便是一种特别的款待。当然更难吃到任何肉食。"① 与成年人相比，未成年人的处遇堪忧，其中，女童的境遇就更为悲惨。"中国北方在饮食方面长期以来重男轻女，从小农经济角度上讲，这也是迫不得已的一种生存选择。农业劳动要求男人对农忙时高体力消耗负责，为了保证男人，不得不牺牲妇女甚至儿童食物营养。这不是因妇女、儿童的能量摄入水平低，而是严酷的生存选择：只有把少量的能量和蛋白质资源集中供向主要男劳动力，保证他的劳动和健康，才能保证全家的生存。要不然男子就会致病，整个家庭将遭受更大的打击。"② 未成年人除了食不果腹、衣不蔽体之外，却也仍然要参加生产劳动，而接受文化教育

---

① 转引自王建革：《传统社会末期华北的生态和社会》第5章第1节《清末民国时期的饮食与营养》，生活·读书·新知三联书店2009年版，第278页。
② 同上书，第283页。

的权利更无从谈起。作家浩然曾这样回忆其童年生活，"可恨的水灾和兵灾，破坏了乡村的宁静日子，扰乱了人们自得其乐的心绪，改变了、甚至扭曲了不少正经庄稼人的人生道路……父亲他渐渐变了，不安于守着妻子和孩子苦熬岁月。在一场大水过后竟然丢下妻儿老小，偷偷地离家外出了！对父亲的行动，母亲很恼火，也很伤心……不知是不是因为对父亲的失望，母亲一下子把希望全寄托在我们身上。她把我们送进了小学校，就是我一生之中进过的第一个，也是唯一的一个正式校门口的教育馆。它似乎是由几个民众性的团体，或者福利性的组织操办起来的。这样一个简陋的场所，实在没有给我留下太多的美好记忆。"① 美好的社会愿景与未成年人所处的残酷现实，形成了鲜明的时代对比，因而，掌握政权的华北人民政府亟须制定一系列的未成年人法律制度，来保护广大的未成年人，摆脱和扭转长期以来被剥削、被压抑的权利现状，确保其身心能健康发展，促进其文化教育、生存发展权利的落实。

二、华北人民政府未成年人保护制度的具体表现

（一）民主政治权利

华北人民政府从建立之初，就奠基于民主宪政制度之上，从代表的产生、选举办法、选举方式，都明确有别于其他历史时期的政权组织形式。建立后，迅速制定和颁行的各项法制制度，也充分体现了民主政权的特点，为人民群众，也为未成年人在成年后，享有各项民主政利以立法形式提供了明确的法律保障。主要有：

（1）未成年人享有政治权利，甚至参与、建立各级人民代表会议。首先是县、村两级的人民代表会议。在各级人民代表大会及人民政府中，尤其是县一级的人民代表大会和人民政府的机构中，《华北人民政府施政方针》中提出，包括工人、农民、独立劳动者、自由职务者、知识分子、自由资产阶

---

① 浩然：《浩然口述自传》，天津人民出版社2008年版，第16页。

级和开明绅士，尽可能都有他们的代表参中进去，并使他们有职有权。在当时的华北农村基层组织中，一部分政治立场坚定的未成年人也参与到村县的基层组织中。比如作家浩然，当时就是从农村的儿童团团长而直接提拔为村干部、区干部、县委干部。

（2）保障合法的民主自由权利。包括未成年人在内的人民群众，均享有言论、出版、集会、结社、信仰、迁徙、旅行等自由，不得侵犯。保障人民的身体自由和安全，除司法机关和公安机关依法执行职务，可以限制、剥夺人身自由以外，其他机关、部队、团体、个人，不得加以逮捕、监禁、审讯或处罚。

（3）年满18周岁的华北解放区人民，除精神病患者和依法被剥夺公民权利的人之外，不分性别、种族、阶级、职业、信仰、教育程度等，一律享有选举权和被选举权。该规定并非是有意剥夺少年和部分青年人的权利，原因在于年龄未满18周岁的青少年尚属未成年人，其身心发育尚未达到可以享有和行使选举权和被选举权的要求，如此立法，恰恰防止和保护了未成年人被别有用心的人操纵、控制。

（4）可以自由选择并参加各级各种政治团体、党派、民主组织。很多华北解放区的农村未成年人参加了由中国共产党领导的毛泽东青年团（后更名为新民主主义青年团）、儿童团、少年先锋队，在城市的一些未成年人，参加了包括全国学生联合会、基督教青年组织及其他青年团体组织。

中共中央在《关于建立中国新民主主义青年团的决议》中还专门指出，中央青年工作委员会要领导少年与儿童工作，吸收7岁到12岁的儿童参加儿童团，吸收13岁到17岁的少年参加少年先锋队，较小的农村则合组为少年儿童团。青年团应选派最好的干部领导这一工作，并在各级团委之下设立少年儿童部，或少年儿童委员会，作为儿童团和少年先锋队的领导机关。儿童团在村县基层组织领导下，适时开展站岗、放哨、查路条、传递情报、运输宣传材料、开展训练等活动（见图1）。

图 1　华北区某地儿童团与民兵一起训练

（5）与成年人一样，未成年人亦享有监督权、申诉权、控告权，对人民民主政权以及各级政府机关工作人员、部队进行民主监督。

（6）自愿参加军队和民兵等武装组织的权利。从 1946 年 8 月至 1948 年 8 月，仅参加人民革命战争和解放区各种建设工作的中学生、师范生就有 3.6 万多名。①《华北人民政府、中国人民解放军华北军区扩军归队接收送补兵员工作暂行规则》中进一步规定了解放战士自愿参军的条件，年满 16 周岁，没有政治问题，也非土地改革中逃亡恶霸等主要斗争对象，身体强健，没有传染病、非残疾者，都可以自愿参加到人民军队。如不符合年纪的未成年人，由军队政治部予以教育，并依其个人的志愿情况适当处理。一部分革命意志坚定的青少年，不满 16 周岁，甚至因此而参军入伍。

（二）经济、劳动权利

（1）在土地改革中，未成年人依法获得了土地、农具等生产资料。华北

---

① 《晋察冀边区教育资料选编·教育方针政策》（下），河北教育出版社 1990 年版，第 394 页。

人民政府在经济方面的重要任务之一,就是努力恢复和发展农业生产,在发展生产、繁荣经济、公私兼顾、劳资两利的总方针下,努力发展工商业。1948年,华北全区被水浸没地总数达1.1万余亩,被雹灾者43县180万亩,被虫灾者205万亩,总计被灾区1500万亩,占华北总耕地十分之一,共减收粮食15亿余斤(晋中、冀东未计入)。① 为发展生产,必须进行土地改革,通常华北解放区内,未成年人都按照家庭为单位分得了一定数量的土地和农具,在土改未完成的地区,根据不同的情况,由政府适当调剂了土地。尤其值得肯定的是,地主、富农及二流子家庭的未成年人也按照人口数量,保留或获得一定比例的土地和生产资料。

(2)积极参加工农业、副业生产。华北人民政府提出,把农村的一切劳动力,也包括了妇女儿童,使全劳动力、半劳动力、辅助劳动力都能在生产上发挥其应有的作用。华北地区的未成年人,积极参加了以农业生产为主的社会生产劳动,很多未成年人,在课堂之余和平时闲暇时间,从事了编席、编织草帽、竹制品、纺纱等群众性的副业生产。在城市、矿区、盐场、煤区,很多未成年人还参与到熬硝、淋盐、煮蓝以及采煤、炼铁、选矿、纺织等工业生产中。

(3)参加防旱防汛、救灾以及植树护林等社会性生产劳动。为有效解决社会劳动力不足的困难,华北人民政府提倡劳动互助,要求妇女作为全劳动力参加农业生产,保护农业增产增收,同时各级村县基层组织政权也多次发动和组织未成年人作为半劳动力,参加防旱防汛以及灭虫救灾,植树造林等社会性生产活动中。此外,在学年的假期和课余时间,很多儿童跟随学校、父母参与兴修水利、抗旱防汛,如修建小水渠、透河井、积水池、人工扬水,还参加春耕春种,植棉收棉,除虫保苗,秋收秋种等。

(4)培养劳动观念,灵活保护劳动权。华北人民政府根据当时的实际情

---

① 《华北解放区财政经济史资料选编》第二辑,中国财经出版社1996年版,第1553~1556页。

况，在生产劳动和社会服务的关系上，注意采取灵活多变的方式，兼顾未成年人教育权、劳动权的平衡。如《普通中学暂行实施办法（草案）》中提出，改进思想教育与政治教育，培养与锻炼革命观点、群众观点、劳动观点与一定的工作能力。为适应城市与乡村的不同需要，各地主管机关有权根据当地情况具体规定麦收秋种和放假、上课时间。平时生产劳动、学生自治、社会服务活动的时间，平均每周不得超过八小时。生产缴公任务一律取消。在农忙季节，得视学校所在地情况，抽出一定时间，组织学生从事无报酬地帮助群众生产。学生停课参加各种社会活动、生产，三天以上的，要经过主管机关的批准。

（三）医疗卫生权利

（1）建立卫生行政机构，培养妇婴医务干部。华北人民政府成立后，试办了卫生实验区，取得经验，并推广到全区。在县以下普遍设立了卫生委员会，在工厂、矿山、机关、学校内设立保健委员会，及时为未成年人提供医疗卫生服务，以充分保障未成年人的身心健康成长。

（2）以未成年人为主体，在华北区范围内有计划地施种牛痘。1949年春天，华北地区天花流行，像察哈尔省的涞水县、张北县、崇礼县等地境内普遍发生，仅涞水县一地即病倒547人，死亡27人。太行区的昔阳县、辉县等地也死亡了部分民众，辉县三区茅草庄村因天花死亡的人数高达40人，五区赵堡村约200人的村庄，死于天花的人数高达30人，约占总人口的15%。华北人民政府为此而专门下发了《关于实施种痘的指示》，对未成年人的种痘比例作出强制性的要求，凡城乡居民13岁以下儿童要达到40%以上，小学校、幼稚园、托儿所、保育院、机关团体、工厂矿山等集体厂所、旅馆、澡堂、剧院、饮食业者等应种到70%以上，天花流行地区强制接种到90%以上。为弥补医务人员的不足，还提出要求，应尽力将种痘消毒等技术教给乡村小学教员、村干部、高小以上的学生，让部分未成年人，有组织有计划协助施种。

（3）针对新生儿死亡率较高的现状，华北人民政府大力倡导妇婴卫生，开办了助产士训练班。改造旧式新生婆，尽可能地减少和降低婴儿破伤风、脐带风与产妇产褥热等的死亡率。同时还规定了一些保护妇女婴儿的措施。女教职员享有产假六十天，薪金照发。其幼儿的养育费，在夫妻薪金收入不能解决的情况下，幼儿6周岁以下的，可以申请补助，其标准，每儿每月按米12斤计算。中途离职的教职员，其幼儿补助费停发。享受薪金制已满二年者，幼儿补助得酌量核减。凡因女教师生育及幼儿待遇所增各项费用，统列入学校临时预算，实报实销。

（4）进行预防伤寒霍乱等其他卫生防疫工作，减少未成年人的疾病和死亡率。在城市与人口稠密区，要求大量注射伤寒疫苗，流行地地区除婴儿和60岁以上的老年人外，对于未成年人及青壮年，要求强制注射。

（四）文化教育权利

随着战争局势的迅速发展，广大华北地区取得解放，而解放战争的硝烟未及消散，华北人民政府就高度注意到战后应加强学校和教育的正常化、正规化建设，提高青少年学生入学率。1949年5月21日，华北人民政府召开华北小学教育会议，董必武在会议上做了重要讲话，他指出："目前革命很快就要在全国胜利，华北地区已经完全解放。今后我们的主要任务，就是从事各种建设，政治的、经济的、文化的建设，教育工作在建设中占很重要的地位。"[1] 由于1946年后，因蒋介石发动内战，各地的中小学教育受到严重影响，入学新生及学校师生的数量均大为减少，因此，摆在华北人民政府面前的重要任务之一就是尽快恢复和发展文化教育事业，转变战时教育体制，保障和落实未成年人的文化教育权利。

（1）拟定未成年人文化教育的方针，明确教育任务。早在成立之初，华北临时人民代表大会就讨论并制定了施政方针，其中，对文化教育的问题进

---

[1]《董必武传（1886~1975）》，中央文献出版社2006年版，第624页。

行了阐述,提出为了支援大规模的解放战争,夺取全国胜利,为了适应新民主主义的政治、经济建设,要有计划、有步骤地发展以中学教育为基础的文化教育事业。后来陆续制定的《华北区小学教育暂行实施办法》《普通中学暂行实施办法》《师范学校暂行实施办法(草案)》《一九四九年华北区文化教育建设计划》对施政方针的内容进行了细化,如小学教育的方针和任务,就是新民主主义国家公民的基础教育,其教育目标为:培养儿童读写算的基本能力及普通的科学知识,以增进其对生活、社会与自然的认识;注意卫生健康教育,培养儿童健康身体;培养儿童爱护人民国家的思想及爱好劳动、民主、守纪律的良好习惯。

(2)夯实未成年人文化教育的物质基础。华北人民政府在文化教育的经费和财物管理方面,先后制定了多个法律文件,将文化教育事业经费列入地方政府财政统筹支出的项目,其中包括文化教育经费(主要是指面向各级大中专、小学等学校的经费),干部训练费,文化团体补助费,社会教育费(主要是指民教馆图书馆的开支以及各种节会的宣传费用)。县、村两级均设立单独的教育经费,主要用以解决高小、小学的经费问题。《关于小学教育几个重要问题的指示》中规定了教育经费的标准,教育设施的购置由地方教育粮统一解决,初小经群众同意,县府批准由村自行解决。对于中学和师范学校,其经费中开办费由主管的行署、直辖市政府根据创办规模大小,造具预算,报华北人民政府批准。对于未成年人的教育公杂费,也规定了统一的标准,中学学生的公杂费按总人数平均每人每月米18斤,并采取包干制的办法。

(3)增设中小学、师范学校,提高师资力量。华北人民政府成立后,对恢复原有学校十分重视,同时创设一批中小学校如育才中学、育才小学和随军子弟中小学,并注意解决学校和教师、教职工力量的不足,采取多种培训、轮训的方式培训师资,并招收了女教师和新解放城市的知识青年扩充师资力量(见图2)。

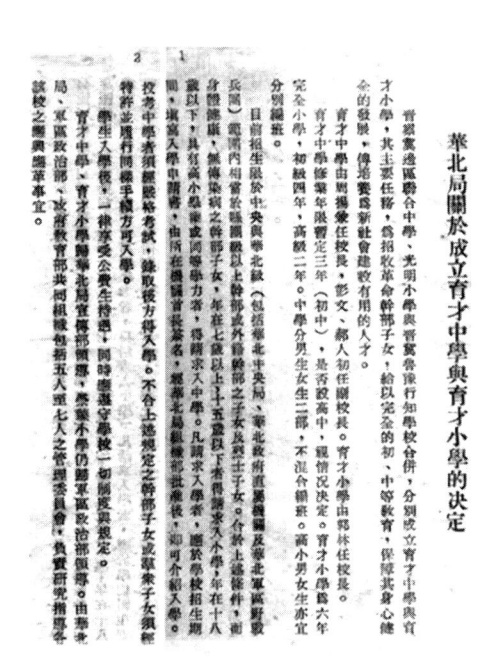

图2　华北局关于成立育才中学与育才小学的决定

成立一年后，除冀东冀热察及新解放城市尚未统计外，其他各地中学师范学校共计普通中学25处，师范及职业学校112处，共有学生25705人，如果连新解放区的保定、汲县、焦作、宣化、张家口、涿县、荷泽等新区，及新划到华北区的冀东、冀热察等地合计，当有中等学校240所左右，学生超过35000人，全区小学亦进行了恢复和初步整顿，入学儿童显著增加，部分学校逐步走向正规。根据不完全统计共有高级小学1939处，初小41264处，高小学生154126人，初小学生2490766人。

（4）制定中小学的学制，进行规范化教育。华北人民政府制定的《华北区小学教育暂行实施办法》将小学的学制规定为6年，即四二制，初级小学4年，得单独设立；高级小学2年，以与初小合设为原则，称完全小学（不足一班者，视需要与可能，得于初小附设高级组），必要时亦可单独设立。并提出在目前的国民经济情况与师资条件下，暂以4年初级小学为逐步推行普及的年限。关于初小学生的入学年龄问题，该办法规定：接收7岁至9岁之儿童入学，高中招收 10 岁至 13 岁之初小毕业生或同等学力者入学。自 7 岁至 13 岁的男女儿童，均称为是学龄儿童，都是国民文化教育的普及对象（见图 3）。而超过此年龄段的未成年人，也享有受教育的权利。在教育未普及以前，对入学儿童的年龄限制，要求各地应稍灵活运用。

图 3　华北区某地女童在劳动后入校学习

针对当时华北地区农村贫困的现实情况，规定提出初高级小学一律免收学费。小学学生因身体或家庭特殊情况，不能继续学习者，可请求转学、休学或退学。经学校考查属实后，发给修业证明书。为了便于贫苦子女入学，得采用二部制、半日制、巡回小学、季节性小学等办法。修业年限不必强求划一，学完国语、算术、常识等主要课程，经考试及格，即可毕业。初级中学招收高小毕业或具有同等学力之青年，经考试合格，一般的其年龄在 18 岁以下者入 3 年制中学班。师范学校定为 3 年，短期师范学校定为 1 年，均主要招收 16 岁以上、25 岁以下的高小毕业生或具有同等学力者。

（5）完善中小学课程设置，丰富教学内容。初小一二年级设国语（包括常识、语法、读法、习字、练字连句），算术（包括心算、笔算）、体育、唱歌、图画、手工等六科。初小三四年级设国语（包括话法、读法、作文、习字)、算术(包括心算、笔算、珠算)、常识(包括卫生、社会、自然)、体育、唱歌、图画、手工等七科。高级小学一二年级,设国语(包括演说、读法、作文、习字、标点符号)、政治常识、历史、地理、自然、卫生、体育、唱歌、图画、手工等十一科。1949年4月,华北人民政府教育部成立了由叶圣陶主持的教材编审委员会,负责审改中小学课本,统一印制在华北地区使用的系列教材,并研究推向全国范围。比如影响至今的"语文"一科,它吸纳了叶圣陶的意见,在名称上不再使用清末以来的"国文"和"国语",将此前小学的"国语"和中学的"国文"统一定名为"语文";在教学内容上确定中小学都应以学白话文为主,中学逐渐加点文言文,作文则一律写白话文;在语言能力上,要求使学生在口头上、书面上均能掌握切合日常应用的语言能力,接近生活实际。

(五) 婚姻继承权利

华北人民政府成立后,"依据男女平等原则,从政治、经济、文化上提高妇女在社会上、政治上的地位,发挥妇女在经济建设上的积极性。禁止买卖婚姻,男女婚姻自由自主,任何人不得干涉。"[①] 受长期革命斗争影响,尤其是华北人民政府倡导、实行男女平等的法令、政策,越来越多的妇女和未成年人,自发地起来争取男女平等的社会地位,并积极追求婚姻自主、离婚自由。

(1) 重视保护女童和女子的利益,改变男尊女卑的错误观念。华北人民政府对男女平等在社会各阶层中,持续地进行观念上的教育。比如在未成年人男女教育问题上,提出注意发展女子教育,尽量予以女童入学便利。其有条件的地方,可以单独设立女子小学。在招收师范学生时,女生的录取标准可以适应放宽。在家庭内部,男女童的教育地位差异的背后,是父母对有限经济资源支配的观念差异,反映出对女性未成年人的性别歧视。而华北人民

---

① 薄一波:"薄一波在华北临时人民代表大会上关于华北人民政府施政方针的建议",见中央档案馆编:《共和国雏形——华北人民政府》,西苑出版社2000年版,第112页。

政府男女平等的政策和规定，要求给予女童平等的受教育权，逐步改变了旧中国封建社会长期以来家庭子女中只有男童才能入学接受文化教育的陈规陋习。同时号召家庭和睦与生产发家，公婆不应虐待儿媳，丈夫不应打骂妻子。对家庭内部，女子和女童也享有同等的地位，和其他家庭成员一样享受所有权、处理权。

（2）废除强迫包办、买卖婚姻，实现婚姻自由和自主。华北地区解放后，父母包办的早婚现象在华北农村中仍然相当流行。据报道，山西猗氏县城关高全娃12岁就结了婚，结婚的那天，花轿已抬到门前，她还在街头和小孩子们玩耍，终被父母强拉着哭哭啼啼地上了花轿"。① 因此，华北人民政府明令禁止买卖婚姻、包办婚姻，提出"结婚须男女双方本人完全自愿，不许任何一方对他方加以强迫或任何第三者加以干涉"，以法律的形式打开、解除了两千年以来旧婚姻制度的枷锁，逐步将未成年人从"父母之命、媒妁之言"草率决定的婚姻桎梏中解放出来，把婚姻权利之杖从父母、长辈手中逐步转移到子女手中。

（3）清除旧婚姻制度的陋习，保护妇女儿童的合法权益。在改革封建婚姻制度的同时，华北各级政府也大力进行移风易俗，提倡昂扬向上的社会婚俗，基本上铲除了不合法的封建陈规陋习，保护了妇女和子女的合法权益。主要有：实行并贯彻"一夫一妻"制度，消灭了重婚、纳妾、兼祧、蓄婢等一夫多妻的封建陋俗；禁止干涉寡妇婚姻自由；禁止任何人借婚姻关系问题索取财物；提倡废弃换婚、指腹婚等旧习俗。严格执行最低结婚年龄制度，"男20岁，女18岁，始得结婚"，早婚、童养媳的现象大为减少；寡妇再嫁也比以前更为容易。

（4）调解处理婚姻纠纷，保护未成年人的权益。凡民事案件，均得进行调解，但是法令禁止买卖婚姻、禁止早婚的除外，因此，在华北农村，当时出现了离婚潮，女方不再是"净身出户"，而是带着子女和财产争取到婚姻

---

① "老解放区劳动妇女迫切要求婚姻自由"，载《人民日报》1950年3月8日，第1版。

自由。董必武在华北人民政府第二次会议上，曾专门指出："目前农村社会另一问题，是婚姻案件增多，通常是女方提出离婚，男方不同意而形成纠纷，此种案件一般在全部民事案件中百分之六十强。这主要是由于土改后社会经济变化了，人民享有了充分民主权利，进而要求解决旧社会遗留的封建买卖性的婚姻问题。"[1] 相当一部分的童养媳，在这一期间提出离婚，实现了婚姻自主。一部分离婚家庭的未成年人，在离婚时可以自主地选择监护人。

（5）规定继承顺序，保护未成年人的继承权。华北人民政府在多项法令中规定了未成年人的继承权利以及继承顺序、位次。如革命军人家属（简称军属）系指与军人同居一家过活的妻（夫）、父母、子女等直系亲属，及依靠其生活之16岁以下的弟妹，或军人自幼曾依靠其抚养长大现在又必须依靠军人生活的其他亲属。同样，烈士家属也包括了烈士的未成年子女等直系亲属，及16岁以下的弟妹。对于烈士家属的抚恤费，由法令做出了刚性的规定，其继承顺序依次为：在家居住之妻（或夫）—在家居住之子女—父母—16岁以下之弟妹。

（六）民政优抚优待

在未成年人保护的其他方面，如民政救济、优抚优待政策和待遇上，未成年人处于优先保护的地位。如《中学及师范学生公费待遇暂行标准》对未成年人的学生采取家庭供给伙食的方式，中学学生基本上要求自费，即伙食、被服、课本、文具应当是自备的，但是对于一些特殊情形下的未成年人，可以采取优待优抚的方式，并规定了由学校供给的条件：（1）烈士子女，家境贫寒，无力入学者；（2）家在华北解放区以外，或虽属本籍而与家庭断绝经济联系之供给制干部的子女；（3）家庭经济特别困难，而学习成绩又特别优异者。对于不合全公费条件，而又无力完全自费的中学生，学校有权根据其困难情形，补县伙食一部或全部；学习成绩优良者，有权酌情补助其课本、文具、被服费一部。甚至从蒋管区来本区就学的未成年学生，经过行署级以

---

[1] 中国法学会董必武法学思想研究会编：《华北人民政府法令选编》，2007年版，第614页。

政府的批准介绍入学，也享受上述的公费待遇，可见华北人民政府对未成年人，并不存在政治上的偏见，不以地域来划分政治觉悟高低和优待优抚的先后。

同时，在北平、天津一些大城市，华北人民政府接收并创办了保育院、孤儿院等儿童慈善机构，探索儿童福利制度和创办福利事业（见表2）。[1] 在农村，华北人民政府注意到一些民兵、民工因参战牺牲后，家属子女生活上需要救助的情形，专门指出：村（或乡）政府组织其家属生产，帮助解决生产中的困难。其个别家属劳力特别缺乏，生活又极困难者，得经村人民代表会通过，由村政府呈请区公所批准后，酌情代耕其一部。

表 2　华北区北平市孤儿院情况

名　　别	孤儿院				
设施类型	共　计	外国教会办	中国宗教会道门办	私　立	市　立
数　目	20	10	5	4	1
收容人数	2599	1208	106	896	389
管理人员	380	142	65	162	11

三、华北人民政府未成年人保护制度的特色及借鉴

华北人民政府关于未成年人保护制度的各项法令，在全区得到有效的执行，为未成年人提供了安定稳定的社会环境，也有力地保护了未成年人的健康和成长。笔者认为，上述法令所构建的保护制度具有如下特色：

（一）民主性

华北人民政府关于未成年人保护的制度以法令的形式规定下来，而上述诸法令的制定者系由人民民主选举产生的政府及民主推举和选举产生的代表来制定，真正代表了人民群众保护未成年人的利益要求，充分体现出新民主

---

[1] 北京市地方志编撰委员会编：《北京志政务卷民政志》，2003年版，第299页。

主义法制制度的民主性，也得到了扎实有效的贯彻和执行。在西柏坡，当时毛岸英曾向其父亲毛泽东提出申请结婚，但毛泽东以毛岸英的未婚妻刘松林尚未满18周岁，还差几个月才达到华北人民政府规定的结婚年龄为由，未予同意。①

（二）真实性

由华北人民政府各项法令规定的权利，对未成年人来说是具体的、真实的、可行的。如保障未成年人的文化教育权利，《一九四九年华北区文化教育建设计划》中提出要切实有效地提高广大人民，特别是工农劳动人民及其子女的文化水平和政治觉悟，并规定：大量培养各级学校师资；普遍开办短期师范，培养初小师资；平均每县有一个班至一个半班；恢复整顿与发展小学教育。力求发展普及，以行政区为单位，有学校的村庄，争取适当增加；其学龄儿童入学争取增加10%以上，准备于适当时机有重点地试行义务教育。

（三）适应性

华北人民政府法令中关于未成年人保护中，有相当一部分法律、法规、办法、条例规定涉及烈、军、工属子女的抚养、抚恤、继承及优待问题。这一部分的规定，集中反映了当时华北人民政府仍然承担着战时支援的历史重任，该部分法令适应了华北人民对战争时期热点问题的关切，也解决了当时参军参战的现役军人、伤残军人、军属、烈属、工属的实际困难，体现出很强的社会适应性。

（四）初创性

同时，应当坦率地承认，华北人民政府的各项法令中，关于未成年人保护的规定仍然不够完善，执行不够严格，无论是法律文本的规定，还是法律法规在实践中的具体运用，都不可避免地存在一定的疏忽与纰漏。比如对于

---

① 孔祥涛：《毛泽东家风》，中国书籍出版社2006年版，第247页。

未成年人参军方面的规定，要求年满 16 周岁，方可自愿参军。但是囿于各地兵员短缺，地方村县组织在兵员供给上的工作压力，仍有相当部分未满 16 周岁的人也参军参战。在华北农村，一些早婚、包办婚姻的现象也未能完全杜绝。

但是瑕不掩瑜，"每一次革命的胜利都引起了道德上和精神上的巨大高涨"，华北人民政府未成年人保护制度不仅在当时促进了未成年人的身心健康与成长，培养和保护了一大批青少年，提高了全民族的文化素质，开创了我国的未成年人保护制度和事业的新篇章，为新中国的未成年人保护的法制建设作出了积极有益的探索，并积累了宝贵的经验。同时，这对当今做好未成年人保护工作，更好地保障未成年人的各项基本权利，仍具有强大现实参考价值，值得借鉴和参照。

华北人民政府
中小学、师范学校教育法令研究

邱远猷[*]　王超群[**]

从 1948 年 9 月 26 日华北人民政府成立到 1949 年 10 月 1 日新中国成立的 13 个月时间里，作为新中国政权建设试点的华北人民政府，在董必武同志的领导及相关部门的参与下，先后颁布了 200 多项"法令""训令""条例""规章""通则""细则"等等，涵盖了经济、民政、公安司法、工商贸易、教科文卫等诸多方面。华北人民政府初建时期，尽管面临的主要问题是恢复生产生活，但文化教育问题也得到了相当的重视，一系列法令得以颁布实施。既为当时中小学、师范教育的开展提供了政策法令上的依据，又为今后各级学校教育发展健全奠定了良好的基础，同时为新中国人民政府法律体系的形成作了相当多的准备。对这些法令的梳理、解读等研究在今天看来仍然具有十分重要的借鉴意义。

一、华北人民政府辖区中小学、师范学校概况

1948 年初，人民解放战争近 3 个年头，战争形势发生了根本性改变，华北解放区逐步形成了相对和平的外部环境，这为华北人民政府的成立创造了有利的客观条件。自解放军攻克石家庄后，华北的晋察冀和晋冀鲁豫两大解放区连成一片。5 月，中共中央迁到河北平山县西柏坡村。7 月，经过酝酿选

---

[*] 首都师范大学政法学院教授。
[**] 首都师范大学政法学院硕士研究生。

举，各解放区选出代表 500 余人。8 月 7 日，华北临时人民代表大会在石家庄召开，选举董必武、聂荣臻、薄一波等 27 人组成政治委员会，委员会推举董必武为主席，薄一波、蓝公武、杨秀峰为副主席。

1948 年 9 月 26 日，华北人民政府在石家庄正式宣告成立，其辖区随着人民解放战争的迅速发展，最后包括河北、山西、平原、绥远、察哈尔 5 省及北平、天津两市。存在时间从 1948 年 9 月至 1949 年 10 月，共计 13 个月。作为新中国政权建设试点的华北人民政府，是中共中央根据革命形势的变化，为新中国中央政府的建立作出的有益探索和尝试，是革命根据地政权向新中国全国性政权的过渡形式。

华北人民政府成立之初的情势是战事稍稍平静，在当时的情况下，各类各级学校的师资存在着严重问题，教师数量少，文化水平又不高。小学教育、中学教育与师范教育均面临着正规化、系统化，小学教育需要向普及化、义务教育的方向发展。由于前两三年中蒋介石发动内战，小学教育受到了严重影响，各区小学及学生数量均大大减少，大部分地区未完全恢复，小学教育亟须整顿、恢复和发展。至 1948 年底，全区小学进行恢复和初步整顿后，入学儿童显著增加，部分学校逐步走向正规。根据不完全统计（冀鲁豫缺河南部分，冀中缺十分区，新划入冀东、冀热察及上述新解放城市均未计），共有高小 1939 处，初小 41264 处，高小学生 154126 人，初小学生 2490766 人。[①] 随着经济的恢复和发展，除了普通小学外，华北人民政府对工人区儿童的教育问题也十分重视，着力解决工人子女的教育问题，取得了一定的成绩。

中等教育进行整顿之后，教学成绩也显著提高并有了相当的发展。除先划归本区之冀东、冀热察及新解放城市尚未有详细统计外，其他各地中学、师范学校截至 1948 年底共计普通中学 25 处，师范及职业学校 112 处，共有学生 25705 人。如果连新解放区的保定、汲县、焦作、宣化、张家口、涿县、

---

① 董必武：“关于本府成立以来的工作概况报告”，见中国法学会董必武法学思想研究会编：《华北人民政府法令选编》（内部资料），2007 年印（下同），第 616 页。

荷泽、张垣、丰县等新解放区，及新划到华北区的冀东、冀热察等地合计，当有中等学校 240 所左右，学生超过 35000 人。① 师范学校的数量也随着时局的发展发生了一定的变化，师资力量得到了一定加强。例如，冀鲁豫行署曹县师范中学、海岱中学五分校、六临中一分校、第五、第三临中等，总计高中 10 个班、初中 44 个班，再加上原有学生 1972 人，其他中学的零星学生等，分别在各省立中学师范及干校考取 1305 人。② 为了使中等学校的分布更加合理，以适应客观形势发展的需要，1949 年 2 月 4 日，华北人民政府颁发了《三十八年度华北区中学师范设置计划》③（指民国三十八年，即 1949 年），规定为了争取平衡，以负担人口为标准之一，照顾山区、平原的不同条件，平原以 100 万人口为基数设 1 座中等学校，山地以 65 万至 70 万人口为基数设 1 座中等学校。为大量培养各级学校师资，华北人民政府开办短期师范班，培养初小师资，平均每县有一个班至一个半班；发展三年制师范学校，培养高小师资，1949 年全区由已有的 6 处发展至 13 处，扩充至 120 个班，在校学生由 2500 人增至 6000 人。

二、教育法令的颁布及其主要内容

在法令颁布之前，华北人民政府召开了若干专门会议，做了大量的工作，有针对性地对相关问题进行研究，为法令的颁布提供了思想上的保障。为了加强小学教育，1949 年 5 月中旬，华北人民政府专门召开了华北小学教育会议，重点研究解决小学教育的方针、学制、课程、师资等问题。据此，华北小学教育会议制定了《华北区小学教育暂行实施办法》④《华北区小学教师服务暂行规程》⑤ 等章程，为小学教育的发展设定了标准。1948 年 8 月 20 日至

---

① 董必武："关于本府成立以来的工作概况报告"，见中国法学会董必武法学思想研究会编：《华北人民政府法令选编》（内部资料），2007 年印（下同），第 616 页。
② 《冀鲁豫行署一九四九年六月份关于抗旱点种捕虫工作与曹县单城商贩罢市的经过与处理情况报告》，华北秘书厅编：《华北人民政府一年来各地情况汇编》，1949 年印（下同），第 414 页。
③ 《三十八年度华北区中学师范设置计划》，河北档案馆，586-1-70-2，1949 年，第 3 页。
④ 《华北人民政府法令选编》（内部资料），第 567~572 页。
⑤ 同上书，第 575~578 页。

9月5日，根据华北人民政府的指示，华北区中等教育会议召开，此后《普通中学暂行实施办法（草案）》①《师范学校暂行实施办法（草案）》②等一系列关于中等教育的规定也随之颁布。

实际上，早在1948年8月，华北人民政府成立前夕，华北临时人民代表大会讨论通过的《华北人民政府施政方针》③中，对文化教育的问题就做出了初步的规定，并分别在学制、教材、师资等方面进行尝试和探索。随后，涉及小学教育、中学教育以及师范教育的一系列暂行实施办法、教育建设计划以及相关的指示陆续颁布实施，主要包括《普通中学暂行实施办法（草案）》《师范学校暂行实施办法（草案）》《华北区小学教育暂行实施办法》《中学及师范学校经费开支暂行标准》④《中学及师范学生公费待遇暂行标准》⑤《中学及师范学校教职勤杂人员待遇暂行标准》⑥《关于规定中等学校政治课课程标准等项问题的指示》⑦《关于小学教育几个重要问题的指示》⑧以及《一九四九年华北区文化教育建设计划》⑨等等，它们分别对各级各类学校师资的培养、学校的恢复与发展、学校教育正规化、系统化建设、文化教育的地位等具体问题做出了相应的规定。以下部分将以上述法令为依据，分别就法令中所规定的中小学、师范教育中的主要方面：包括教学的方针与任务、学制与招生制度、课程设置、管理体制、师资队伍的来源与要求以及经费的保障与财物管理等内容做一梳理。

（一）方针与任务

各级各类学校的办学方针与任务由相关的法令、指示、办法等规定下来，

---

① 《华北人民政府法令选编》（内部资料），第497~501页。
② 同上书，第502~509页。
③ 同上书，第12~13页。
④ 同上书，第518~519页。
⑤ 同上书，第520~521页。
⑥ 同上书，第522~523页。
⑦ 同上书，第510~511页。
⑧ 同上书，第557~560页。
⑨ 同上书，第528~531页。

这些方针贯穿于后续各项制度设计的始终。除了开宗明义的直接规定外，其精神也体现在法令、办法的字里行间。华北人民政府于1949年6月18日颁布的《华北区小学教育暂行实施办法》，直截了当地规定了小学教育的方针与任务，即小学教育是新民主主义国家公民的基础教育，以下列各项为其培养目标：培养儿童读、写、算的基本能力及普通科学常识，以增进其对生活、社会与自然的认识；注意卫生健康教育，培养儿童的健康身体；培养儿童爱护人民国家的思想及爱好劳动、民主、守纪律的良好习惯。在1948年11月4日颁布试行的《普通中学暂行实施办法（草案）》中，第一部分即规定了普通中学教育的性质与任务：为新民主主义国家培养具有中等文化水平及基本科学知识的青年，打下各种发展可能的基础，使学生毕业后经过一定的专业训练参加工作，或直接参加工作，或继续升学深造以适应各方面不同的需要。在同时颁布的《师范学校暂行实施办法（草案）》通过规定学校的任务间接地指出了对学生培养的方向，即为新民主主义国家培养与提高小学师资及初级教育行政干部。

　　从上述规定可以看出，各个教育阶段有自己的培养目标，包括知识、品德、身体发展及行为习惯的养成等等。尽管中小学、师范学校对学生培养的方向在表述上有所差异，但从总体上仍然是本着大力发展教育事业，提高学生文化水平的目标展开的，这一目标与当时的国内形势相适应。华北人民政府成立后的主要任务是和平建设，尤其是华北区全部解放之后，除少数地区外，土改已经完成。在这种情况下，需要大力培养各类人才以投入未来的建设事业中，加紧对学生文化知识的教育势在必行，而师范学校也担负起为中小学培养合格教员及教育行政人员的重要使命。为此，可以看出，所有方针与任务的提出，都围绕着加强文化学习，提高教学效果，培养合格的建设人才这一中心任务。这与董必武同志的教育思想紧密联系在一起，1949年5月21日，董必武在华北小学工作会上指出："今后我们的主要任务，就是从事各种建设，政治的、经济的、文化的建设，教育工作在建设中要占很重要的地位。"现在"摆在我们面前的任务，是要把教育工作提高一步，这就需要首先充实教育行政人员和教员,提高教师质量。""应根据广大人民的要求,我们的教育是为老百姓服务的。"同时,董必武还强调指出,华北人民政府"要适应新的环境就需要新的教育方针和方法,旧的教育方针和方法必须有所改变"。① 他强调小学教育是国民教育的基础,提出了学校教育必须以提高文化为主的方针,为恢复和发展学校教育指明了目标和方向。

这一教学任务的提出与陕甘宁边区当时的教育方针存在一定的差异,这主要是由于所面临的国内形势有所不同。1938 年 8 月 15 日,陕甘宁边区政府颁布的第一部小学教育立法《陕甘宁边区小学法》以及《陕甘宁边区建立模范小学暂时条例》中规定,"小学教育的宗旨是培养儿童的民族意识,革命精神和抗战建国所必需的基本知识技能。"由于战争形势的客观需要,抗战时期陕甘宁边区小学教育的方针是服从于"革命的三民主义的政治原则,适合今天边区抗战建设需要,为边区人民服务的"。② 边区政府为中学及师范学校提出了"双重任务"的政策,即从培养有文化知识干部的需要出发,"各中学师范学校担负提高现任干部与培养未来干部的双重任务,一方面接受小学毕业生,一方面接受现任乡干部、小学教师及其他工作干部,分别教育之。"③ 可见,边区中等学校不再把自己的任务限制在仅培养小学教师与一般中学生的范围,而是扩大到培养边区建设所需要的各种干部和人才,自此,边区的中学和师范也成为边区现任干部的培训机关。据统计,1943 年下学期干训班人数为 219 名,1944 年下学期为 320 名,1945 年下学期为 589 名,占学生总数的 22.3%。④ 由于战争的需要,毛泽东曾经指出,在一切为着战争的原则下,一切文化教育事业均应使之适合战争的需要。这样的教育方针体现出毛泽东面对战争形势所提出的对策。实际上,全面抗战开始后,毛泽东

---

① "董必武任华北人民政府主席期间依法行政大事记",见《华北人民政府法令选编》(内部资料),第 685 页。
② 《陕甘宁边区政府文件选编》第 8 辑,档案出版社 1988 年版,第 482 页。
③ "边区政府一年工作总结——林主席在边区政府委员会第四次会议上的报告",见《陕甘宁边区政府文件选编》第 8 辑,第 21 页。
④ 宋金寿:《抗战时期的陕甘宁边区》,北京出版社 1995 年版,第 637 页。

就提出：废除不急需与不必要的课程，教授战争所必需之课程"。为此，他要求以少而精、学以致用为原则，各地各系统根据实际情况，"减少一些课程、改变一些课程、增加一些课程"，如国语、政治课着重培养革命观点、群众观点和坚决勇敢、拥军尚武的精神等等。① 1946 年 12 月，陕甘宁边区政府制定了战时教育方案，规定内战时期的教育方针是动员各级学校及一切社教组织，发挥教育上的有生力量，直接或间接地为自卫战争服务。战时教育的基本原则是：社会教育与学校教育相联系、时事教育与文化教育相配合、教育内容与战争生活相结合。董必武同志对这一时期的教育给予了高度的评价，他认为这种战时教育，在教育史上写下他特殊的一章，也为支援革命战争发挥了十分重要的作用。由于华北人民政府面临的外部环境由备战转向和平建设，对比相关规定可以看出，华北人民政府适时地将教育的方向由抗战时期对革命精神、民族意识的培养转向文化知识、身体品德的训练与养成，由相对集中、多层次的教育制度转向单一、规范、比较系统的教育模式。

（二）学制与招生制度

在学制与招生制度方面，根据《华北区小学教育暂行实施办法》的规定：小学的学制仍暂定为四二制，初级小学四年，得单独设立；高级小学二年，以与初小合设为原则，称完全小学（不足一班者，视需要与可能，得与初小附设高级组），必要时亦可单独设立。在目前国民经济情况与师资条件下，暂以四年级初级小学为逐步普及推行教育的年限。通过该条文的规定可以看出，学校在办学体制上做出的规定相对严格，体现出华北人民政府在教育制度规范化、体系化过程中所做的努力。在招生制度上，初小接收 7 岁至 9 岁（过岁、以下同）之儿童入学（个别身体发育较早的 6 岁儿童，亦可接收入学），高小招收 10 岁至 13 岁之初小毕业生或同等学力者入学。自 7 岁至 13 岁之男女儿童，均称学龄儿童。在基础教育阶段，除了对学制、招生的严格限制外，该规定也不失灵活性，体现出对特殊群体的照顾。例如在教育未

---

① 《毛泽东同志论教育工作》，人民教育出版社 1958 年版，第 33~34 页。

普及之前，对入学儿童的年龄限制，各地应稍灵活运用；对于因身体不好或家庭特殊情况不能继续学习者，可请求转学、休学或退学；对于家境不好者，为便于贫苦子女入学，初级小学采用二部制、半日制、巡回小学、季节性小学，修业年限不强求划一，学完国语、算术、常识等主要课程后，经毕业考试合格即可毕业等等。

普通中学的学制定为3年，但为了照顾目前工作上的急需，设一年制短期中学班，或附设于三年制中学，或分校办理，这种速成班的方式有利于部分急需人才的培养。初级中学招收高小毕业生或具有同等学力之青年，经考试合格，一般的其年龄在18岁以下者入三年制中学班，18岁至25岁者入一年制中学班。针对不同年龄段的学生，规定充分考虑到学制长短的灵活把握。另外，为适应城市与乡村需要的不同，每一学年可设两学段或三学段。同时，由于培养人才的需要，中学仍然担负着一定的培养干部的任务，如视地方需要，中学设文化补习班，主要是提高工农干部文化水平，一般以吸收30岁以下在职干部来进行一年至一年半的文化学习为限。

鉴于师资的匮乏，华北人民政府十分重视教师的培养，尤其是女教师的培养。根据《师范学校暂行实施办法（草案）》的规定，师范学校的修业年限为3年，短期师范学校定为1年。师范学校招收16岁以上25岁以下的高小毕业生或具有同等学力者，短期师范学校招收18岁以上25岁以下的高小毕业生或具有同等学力者。他们均须经考试始得入学，男女兼收，但妇女录取标准应较宽，以便更多地培养女教师。现任小学教员、民校教员、义务教员以及其他工作人员，有愿入师范学校学习，经区级以上机关介绍投考者，年龄不限，录取标准应较宽。从法令的条文中我们可以清晰地看出，无论是短期简易师范学校的开设抑或是一系列放宽政策的提供，均是为了弥补师资数量的缺口，短时间内扩充师资队伍，为普通中学、小学提供合格教师。

（三）课程设置

小学的课程设置采取按年级分设课程的方式，以适应不同年龄阶段儿童的学习及接受能力，满足儿童的身心、智力的发展，具有相当的科学性。初小一二年级设国语（包括常识、话法、读法、习字、练字连句）、算术（包括心算、笔算）、体育、唱歌、图画、手工等6科。初小三四年级设国语（包括话法、读法、作文、习字）、算术（包括心算、笔算、珠算）、常识（包括卫生、社会、自然）、体育、唱歌、图画、手工等7科。高级小学的学生具有一定的基础知识及接受能力，因而一二年级设国语（包括演说、读法、作文、习字、标点符号）、算术（包括心算、笔算、珠算）、政治常识、历史、地理、自然、卫生、体育、唱歌、图书、手工等11科。根据年龄以及培养任务上的不同，普通中学的课程门类分为政治常识（包括时事）、国文（包括选读、作文、应用文等）、数学（包括算术、代数、几何、三角基本知识）、自然（包括动、植、矿及农业生产等基本知识）、历史、地理、生理卫生（包括医药常识）、理化、体育（包括军事常识与操练）、音乐、习字、美术工艺（包括绘图制表）等，初级中学一般不设外国语。师范学校的任务是培养合格的教师，为此，其鲜明的教学特色也体现在对教学法及各种教育理论与实践的教授上。师范学校课程设政治、国文、算术、史地、生理卫生、自然常识，小学教材研究与各科教学法、小学教育实际问题或小学教育的理论与实践（均包括社教问题）、体育、音乐、美术工艺、习字等科。

有了科学的课程设置，各类学校的教学过程就具有了明确的方向，以实现对学生培养的目标。与此同时，仍然有一个问题是不容忽视的，因为其体现了各项课程之间的协调与平衡，这是由最终的教学目的决定的——这就是文化课与政治课、文化课与劳动、学校教育与社会活动之间的关系。根据《华北区小学教育暂行实施办法》的规定：小学学生课外活动时间（主要应为与课业有关的活动及自治活动），初小一二年级每周不超过1小时，三四五六年级每周不超过3小时。小学学生除参加观摩会、儿童纪念会外，不参加街村一般的群众会议。非经县市政府批准及指示，不得随意停课参加其他活动。对于政治课、社会实践与文化课的关系，《关于规定中等学校政治课课程标准等项问题的指示》中规定，学生校内活动应该更有指导地进行；并应领导学生适当地参加校外群众运动、社会服务、社会调查等政治活动，要使学生在实际行动中获得政治认识、思想作风、工作能力等各方面的锻炼，对这一点必须按照中学、师范暂行实施办法草案所规定的时间进行，避免过量或走向取消的两种倾向。一年制的中学、师范，可根据所定初中政治课课目，简要进行，目的要使对中国革命的基本问题与社会发展规律有一个初步认识。

上述规定的出发点与切实加强文化课的学习，提高教学质量及效果的出发点是一致的。在中学教育的实施原则中，对三者的关系也有比较明确的规定，突出了教育教学的规范化。第一，必须克服无制度无计划的现象，建立一定的正规制度与教育计划，克服轻视文化的观点与过度的社会活动、生产劳动以及过多政治教育的比重，以致妨碍文化学习的现象，切实加强文化教育。第二，改进思想教育与政治教育，通过政治课及有关课程、生产劳动、社会服务、学生自治等活动，培养与锻炼革命观点、群众观点、劳动观点与一定的工作能力，同时注意体育卫生、文娱活动，以锻炼学生健康的身体，培养活泼愉快的精神。第三，注重课堂教学及教师的指导作用，教育内容和教育方法切合实际。生产劳动与社会服务的活动，可多利用星期日、休假日或假期进行。平时生产劳动、学生自治、社会服务活动时间，平均每周不得超过 8 小时。生产缴公任务一律取消。在农忙季节，得视学校所在地情况，抽出一定生产时间，组织无报酬的帮助群众生产。学生停课参加各种社会活动、生产、演剧等，3 天以上者，需经主管机关批准。

（四）管理体制

学校的人员编制以班次核定人数，如初级小学每班（以教室计）设教员 1 人，2 班至 3 班者，其中一人为主任教员。4 班以上者设校长 1 人，6 班以上者增设主任教员 1 人，每再增 3 班的增设科任教员 1 人。完全小学或高级小学设校长 1 人，校长与教导主任以兼课为原则，其兼课时数视行政事务繁简决定之。10 班以上者，可不兼课。事务人员之编制，应视实际需要并本着精简原则由县市政府教育部门核定之。可见，规定对行政人员、教务、总务人员的设置本着精简的原则，互相协调配合，各司其职，行政人员在行政事务较少时应当兼课，以减少人员编制，实现行政效率的最大化。

中学之组织机构，设校长1人，负责领导全校工作，下设教导处与总务处，教导处设主任1人，级任教员、教员若干人，由教导主任领导教学与辅导学生自习。另设教导员、图书管理员等若干人，办理处内日常行政工作。总务处设主任1人，事务、会计、医生与其他职员及勤杂人员若干人，由总务主任领导，负责全校供给及生活管理等事宜，总务处工作，应服从于教导工作的需要。校长、教导主任，必要时得设副职。法令还为教员的人数设定编制，学生每班以50个人为原则，教员平均每班不得少于2人，教职勤杂人员人数与学生数目的编制比例，5班以下者，不得超过1/6，6班以上者，不得超过1/7，班次愈多则比例数逐次递减。

行署、市立师范学校之组织结构：设校长1人，负责领导全校工作，下设教导处与总务处，教导处设主任1人，级任教员、教员若干人，由教导主任领导教学与辅导学生自习。另设教导员、图书管理员、文印员等若干人，办理处内日常行政工作。县立或联立短期师范，只设校长、教导主任各1人，级任教员、教员若干人，事务与勤杂人员若干人，其他人员均简设。总体而言，人员的编制以及各机关之间的配合都最大限度地保障了行政效率的提高，部分行政人员兼任教学工作，人员安排也体现了精简的原则。

（五）师资队伍的来源与要求

教师是教育的核心要素，优秀的师资队伍决定了教育的质量，尤其是在基础教育阶段，教师不但担负着教授知识的使命，也影响着学生行为习惯的养成。按照1949年6月30日颁布的《华北区小学教师服务暂行规程》规定，小学教师必须具有相当的文化水平、工作能力、身体健康并愿为新民主主义教育事业服务。乡村初级小学教员要求为高小毕业程度，曾任小学教员或其他革命工作2年以上者；相当初中程度，曾任小学教员或其他革命工作1年以上者；相当初中程度，曾在师资训练班毕业者；师范学校毕业者。师资缺乏地区，因工作需要，经县人民政府许可，得任初级小学学习教员。对初级中心小学校长或高级小学教员的要求则略有提高，要求初中毕业或相当初中程度，曾任小学教员或其他革命工作1年以上者；高中程度，曾受短期训练者；3年以上师范学校毕业者。大、中城市高级小学或完全小学级任教员必须是曾任初级中小学校长或高级小学教员1年以上者；高中程度，曾任小学教员1年以上者；4年以上师范学校毕业者。从上述规定来看，华北人民政府对教师的准入采取了较为严格的规定，针对师资严重缺乏的状况，各级师范学校担负着补充师资不足的任务。同时，为提高教师的文化素质，政府对在职教师也采取有计划的轮训，教师个人自学、集体互助、加强领导三者结合的方式，使其在工作中学习、进修。另外，各地的教育刊物，也在逐渐起到函授学校的作用，有计划地组织教师交流业务经验，解答工作中的疑难问题。

教员除授课外，还有辅导学生自治及课外活动的责任，教师需要对儿童全面负责，包括生活指导与各科教学的统一指导。按照教导工作的原则，教师应当采取恰当的方法，对儿童进行教育。例如，对儿童生活的指导，要贯彻民主精神，辅导儿童自治，诱导儿童自觉地遵守纪律；教师应该发扬尊师爱生传统，教师应当以身作则，关心爱护学生；教师要善于和学生家长与当地群众保持联系，借以了解儿童的生活环境、性格与其家长对儿童的要求，从而检查教学工作，改进教学方法。华北人民政府成立后，一大批知识分子乐于投身到教育行业之中，热情很高，对儿童的教育也有相当的科学性，包括对学生进行启发教学，善于引导，从教条式的说教转向使儿童通过切身的感受获取一些知识，使儿童的生活与学习、知识与行为、课外活动与课内活动以及学校生活与校外生活等，获得一致与协调的发展。为了鼓励教师学习专业知识、提高教学质量及效果，华北人民政府还对表现突出的教师予以褒奖和物质上的奖励。

（六）经费保障与财务管理

在经费和财物管理方面，根据1949年6月15日颁布的《关于小学教育几个重要问题的指示》的规定，小学教育要有适当的发展，必须进一步适当解决经费问题。地方教育费标准为：地方粮与华北粮的比例为20∶100，教育粮应占地方粮60%左右。个别地区，工作上确有需要，在群众负担能力许可下，经省政府或行署批准，征收数得酌量增加。学习设备的开支（如盖房、购置桌凳等）高小由地方教育粮统一解决，初小经群众同意，县府批准由村自行解决。从上述规定可以看出，一方面，尽管政府当时的财政收入有限，但拨付教育的部分占财政收入相当大的比重，从对教育支出经费的保障，可以看出政府对教育的重视程度。另一方面，针对教育资金不足的问题，政府充分调动群众的积极性，依靠当地群众办学，发挥本村优势，暂时弥补教学设施的缺乏，如无校舍或校舍不足的情况，可以将公共房屋（庙宇、祠堂等）优先拨付，或通过村政府借房，对于一些适宜做教室的房屋，经过群众的同意，可以酌量分配给学校，以弥补教学设施的缺乏。

根据《中学及师范学校经费开支暂行标准》的规定，为改善学校设备，以提高教育效果，对各类中学及师范学校统一开支标准。学校经费开支分为开办费、经常费以及临时费。中学及师范学校开办费，由主管之行署、直辖市政府根据创办规模大小，实际需要，造具预算，报请华北人民政府批准之。经常费之教育公杂费，采包干制办法，无论中学或师范均按全校总人数平均每人每月米18斤（市秤，下同）预算。经常费分月按季造预算，按月造预算，报请主管行政机关批准报销。对于临时费用，图书仪器费，可以根据中等学校建设的需要，由行署造具预算报请华北人民政府审核拨付。华北人民政府为了大力发展教育事业，在财政收入中划拨各项经费，以保障中学正常的教学需求。同时，政府要求学校进行严格的预算，以避免经费的流失，做到物尽其用。

三、教育法令的特点、实施情况及其意义

通过一系列法令的颁布实施，华北人民政府在中小学、师范学校的建设中取得了一定的成绩，使教育步入了一个崭新的发展阶段。尤其表现在逐步建立了较为正规、系统的教育制度，加大了师资培养力度，制定了统一的课程标准，使教学质量及教学效果有了显著的提高。其中，法令所具有的不同于以往教育模式的重要特征，是各级各类学校教育取得阶段性成果的前

提条件。

（一）法令强调加强、重视文化知识的学习，这是区别于以往教育任务的重要特色

在一个相对和平的外部环境中，华北人民政府敏锐地注意到今后学校教育的重要任务是加强基础教育、提高国民的总体素质，培养合格的建设者，而不再是迫于战争的需要，在传授知识的同时辅以一定的战斗知识及意识的教育。这种教学任务上的转向，在一定程度上为建立正规、系统的制度奠定了基础。在加强文化课学习方针的指导下，法令还很好地协调了政治课、活动课与文化课的关系。华北人民政府于1948年12月6日颁布了《关于规定中等学校政治课课程标准等项问题的指示》，既对政治课教学的地位予以确认，又规定政治教学应以丰富的形式开展，包括课堂教学、时事学习以及社会实践等等。同时，法令还特别强调了政治课的教学应当适度，避免走向取消和过量两种倾向。学校教育应当以教学活动为主线，社会活动是教学活动的有益补充，而不能取代文化课的学习。为此，法令不避繁复地规定了许多社会活动的时间限制，诸如演戏、生产等活动不得占用过多的学习时间。

（二）法令在制定统一课程标准、编印适用教材方面做出了有益的尝试和探索

与此同时，为了按照各科教学学时数进行教学，有的地区制定了统一的课程标准和教学进度，有的学校进行了改革教学法的试验，有些学校在政治课的教学中取得了可喜的效果。在政治教育中改变了教条式的讲授方法，注意了联系实际，启发诱导，并组织学生适当地参加了校外群众运动、社会服务、社会调查等政治活动，学生在政治课学习的同时，实践能力也得到锻炼。按照《关于规定中等学校政治课课程标准等项问题的指示》的规定，对中学政治课课程的教学，要求各中等学校一律根据所规定的科目、进度，参照制定的参考书目进行教学。这种统一课程标准、编印统一教材的做法具有十分重要的意义，一方面可以使先进的教学理念得以快速的推广，另一方面也为各个学校的教学提供较为明确的方向。

六、民政、文教、卫生等方面的政策、法令研究 **下 编** 555

（三）根据当时师资严重不足的情况，法令适应不同需要，放宽入学条件，补以速成班次，及时为基础教育培养合格的教师

为了加快教师培养流程，法令规定了许多较为宽松的条件，诸如曾经担任小学教员、民校教员、义务教员而愿意进入师范学校继续学习的人员，可以不考虑年龄限制，在条件上也可以适当放宽，极大地鼓励了人们投身教育事业的热情。此外，除了三年制师范教育外，法令还允许一年制短期学制的速成班存在，这与当时迫切需要教师及教育行政干部的环境相适应，为培养师资起到了十分重要的作用。

（四）由于华北人民政府对教育的高度重视，法令的规定为学校教育尽可能提供足够的经费，保障了教学活动的顺利开展

教育设施以及经费对于刚刚处于生产重建之际的华北人民政府而言是十分重大的考验，但政府为学校拨付的经费仍然占政府财政收入相当大的比重，法令规定了教育粮应占地方粮60%左右，这在当时的情况下实属不易。另外，政府还充分发挥地方群众的积极性，依靠群众办教育，得到了群众的支持，村内的一些公共设施优先当作教室使用，一些课桌椅是由村民提供的，这在一定程度上弥补了教育经费的不足，暂时缓解了学校设施上的紧缺状况。

从上述对法令特点的总结来看，华北人民政府所颁布的一系列教育法令具有相当的进步性，在很大程度上促进了当时教育事业的发展，同时，不容忽视的是，法令的实施情况也是其作用得以发挥的重要环节。从实施的情况上看，法令颁布后，得到了很好的施行，这使得教育教学方面取得了可喜的成绩，主要表现在学生人数增长显著，师资力量也有明显增加，教学效果和教学质量也有所提高。华北人民政府成立之初，小学教育的问题主要是师资问题，而这又表现在教师数量严重缺乏，而文化水平低。如1948年夏对冀中33个县的统计中，6076个高初小教师中，高初小程度的占3/4。而1948年12月对冀中小学教师的统计数字表明，[①] 师范学校在培养小学教师的过程中

[①] 《华北人民政府一年来各地情况汇编》，第151页。

作用显著。对比1947年4月的统计数字,从教师人数上看,高小教师从365人增加至488人,增加123人;初级中学教师从2505人增加至2930人,增加425人;共计增加教师人数548人;其中男教师由2424人增加至2773人,增加349人,增长了14.4%,女教师由原来的446人增加至645人,增加了179人,增长了40.1%,较男教师有了更为显著的增长,这与华北人民政府加大对女教师的培养力度有着直接的关系。25岁以下的教师由1808人减少到1445人,减少了363人,26~50岁的教师由991人增加至1626人,增加了635人;50岁以上的教师由71人增加至347人,增长了276人,这使得教师在年龄结构上更加合理,在一定程度上也反映出教师在文化水平上的提高。在受教育程度上,具有初小水平的教师并未随着教师队伍的逐渐扩大而增加,而是保持在原有水平,具有高小水平的教师由原来的1941人减少到1864人,减少了77人;而中等学校文化程度的教师由654人增加至1287人,增加了633人。从上述几组数据的对比来看,教师受教育程度的提高显而易见了。

今年是华北人民政府成立60周年,回顾华北人民政府教育法令的颁布及实施的各个环节,总结其历史经验,在今天仍然具有十分重要的借鉴意义。总结起来有以下几点:(1)华北人民政府为建立正规、系统的教育制度以及基础教育的普及做出了巨大的努力。与先前的"游击战"式的学校教育相比,时局为华北人民政府提供了更为有利的空间,而政府认识到教育的目的与任务,为其他教育制度的建立提供了思想上的保障。(2)政府着重强调切实加强文化学习,提高教学效果,将文化知识的学习摆在重要的位置。对这一问题的准确定位给教育教学工作的长足发展带来新的契机。(3)教师在教学方法上非常灵活,让学生在认识理解的基础上掌握知识,教学教法方面获得了许多有价值的经验,使学生的身心同步发展。(4)政府普遍开办师范学校,加大师资培养力度,为中小学培养合格的教育工作者,为学校教育持续稳定地发展奠定了坚实的基础。(5)政府还充分保障学校的经费来源,使教学设施和教学环境更加有利于教学工作的开展;改变中小学教员的生活待遇和政治待遇,使教师与学生处于良性互动过程中,提高了教学质量和教学效果,达到了教学目的。

华北人民政府高等教育制度考

——兼对新中国高等教育的影响和启示

谭 波[*]

一、对旧高校的接管与改造

（一）高校接管

早在"解放战争"时期，随着新解放区的不断开辟，1948年7月3日中共中央发出了"关于争取和改造知识分子及新区学校教育的指示"。该文件提出："对于原有学校要维持其存在，逐步地加以必要的与可能的改良"，"所谓要维持其存在，就是每到一处，要保护学校及各种文化设备，不要损坏"，"所谓逐步地加以必要的与可能的改良，就是在开始时只做可以做到的事，例如取消反动的政治课程、公民读本及国民党的训导制度。其余则一概仍旧。教员中只去掉极少数分子，其余一概争取继续工作"。

在国民党统治时期，学校一般分公立和私立两种。对公立学校的接管在新中国成立以前就开始了。全国解放前夕，国民党统治区共有高等学校205所。其中，省市立的公立学校124所，私立学校60所，教会学校21所。[①] 在"维持原校加以必要与可能的改良"的总方针指导下，党和政府采取先接管、接收和接办，然后逐步加以改造的方法。政府先后接管了旧中国的公立学校；

---

[*] 中国政法大学博士研究生 河南工业大学讲师。
[①] 赫维谦、龙正中：《高等教育史》，海南出版社2000年版，第31~32页。

接收接受外国津贴的学校，收回了教育主权；接办了私立学校，改为公立。解放战争期间，随着新解放区的开辟，各地学校也随之由军事管制委员会（军管会）或人民政府所接管。清华大学在1949年1月10日由北平军管会正式接管，是人民解放军最早接管的旧中国的著名高等学府。北平市军管会为接管一切公共文化教育机关等，在1948年成立文化接管委员会，下设教育、文化、文物、新闻出版四个部。文化接管委员会教育部长由该委员会主任钱俊瑞兼任。教育部又设高等教育、社教、研究机关三个处。先召开学校负责人及教员、学生、工警代表会，宣布接管方针和政策，征询他们的意见，接着召开师生员工全体大会，宣布正式接管。接管时期，学校的业务和员工的生活即由"军代表"管理，"军管会"提供师生员工的生活维持费和维持校务的必要经费。华北人民政府第五次政务会议决议设立华北高等教育委员会，委员会于1949年6月1日成立。[1] 1949年6月1日，华北人民政府公布《华北高等教育委员会组织规程》，规定了华北高等教育委员会的职权，其中就包括"关于高等教育方针计划之拟定事项"。华北高等教育委员会成立后，致力于对旧大学的改革，总方针是"坚决改造、逐步实现"。这对于稳定社会、适应工业化需要和加速培养专门人才有着不可替代的作用。

（二）课程改革

当时，对大学课程的改革是改造旧大学的首要环节，主要包括对业务课程的精简以及开始政治课的学习，政治课的学习是当时课程改革的中心环节。1949年6月6日，华北高等教育委员会举行第一次常务委员会会议。会议确定了五项任务，其中第四项"为研讨文、法、教育学院学制课程改革事宜，决定组织历史、哲学、文学、法律、政治、经济、教育等七组分别进行，并推定各组召集人"，讨论课程改革具体事宜。8月10日，华北高等教育委员会召开常委会第三次会议，对于各大学共同必修课的订定，文法学院各系改革等问题都作了详密的研讨与决定。关于各大学的课程改革，决定各大学院

---

[1] 中央档案馆：《共和国雏形——华北人民政府》，西苑出版社2000年版，第413页。

校全校共同必修课为辩证唯物论与历史唯物论（包括社会发展简史）、新民主主义论（包括中国近代革命运动简史）两种。8月13日，华北高等教育委员会决议，大学各院校应增设社会科学课程。9月10日，华北高等教育委员会举行华北各大学公共必修课之一的辩证唯物论与历史唯物论座谈会，会上一致同意辩证唯物论与历史唯物论的教学目的是要使同学们从教学中初步领会开始建立无产阶级的立场、观点、方法，着重培养劳动观点、群众观点、阶级斗争的观点、分析与处理矛盾与实事求是、调查研究的方法与作风。其次讨论了教材问题，决定以斯大林所著《辩证唯物主义和历史唯物主义》为基本教材，并应阅读毛泽东所著的《改造我们的学习》《整顿学风、党风、文风》，斯大林所著的《无政府主义还是社会主义》以及《中共中央关于调查研究的决定》等文件书籍。后来，华北高等教育委员会副主任委员钱俊瑞在解答高教会学习委员会各校所提问题时对于政治课的目的作了具体的回答："改造思想是长期的工作。要用无产阶级思想去克服非无产阶级思想，先得知道什么是无产阶级思想，和什么是非无产阶级思想。这是改造思想的先决条件。政治课要答复这个问题，使每个同学都能具备克服非无产阶级思想的条件。"政治课的学习除改造旧思想外，"同时也为其他一切改革工作创造条件"。因此，政治课的学习在当时被认为是极其重要的。业务课程的改革从文法学院的课程开始。因为各大学专科学校的教育，尤其是文法学院各系的教育，当时被认为是"充满着唯心论、机械论，以至封建、买办、法西斯主义的反动思想。"经过反复讨论，华北高等教育委员会于1949年10月12日公布了《各大学专科学校文法学院各系课程暂行规定》。[①] 在这个《暂行规定》中，除规定以废除反动课程（如国民党党义、六法全书等），添设马列主义的课程，逐步地改造其他课程为各院系课程的实施原则外，还指示"各系外国语应尽可能设俄文课。"10月14日，人民日报发表社论《认真实施文法学院的新课程》号召在教育制度上学习苏联经验，"尤其重要的，我们应

[①] "社会学系怎样改造"，见《费孝通文集（第六卷）》，群言出版社1999年版，第39页。

该注意研究与学习社会主义国家苏联大学教育的经验,并结合我们自己的情况,适当地采用他们的经验……学习苏联的经验对我们是十分有用、十分必要的。"传达了要以苏联模式进行改革的信息。1949 年 10 月 20 日,华北高等教育委员会举行第四次常委会及最后一次全体委员会议,董必武指出高教会尚未解决的问题,如理工农医的课程改革问题,交由即将成立的新高教会来继续研究,华北高等教育委员会正式结束。

这里要提到的是执政党派在高等教育机构的领导问题。事实上,党在大学的政治领导,就是要保证党的理论、路线、方针、政策的落实,要保证党的意识形态和国家意识形态在大学的地位。与此相关的问题是大学的学术自由,学术自由主要适用于大学的学术活动,适用者主要是大学教师,其活动范围主要是大学的教学和科研,其目的是发现真理、传播真理。在和平建设的时期,如何处理政治与教育、学术的关系,也即党与知识分子的关系,仍然是一个重要的问题,其背后是革命化与知识化的冲突。这也导致了新中国的前 30 年,政治始终凌驾于教育和学术之上,学校成为阶级斗争的主要阵地。

(三) 院系调整

除了课程改革外,华北高等教育委员会召开常务委员会第二次会议讨论了各大学院系调整问题,拉开了院系调整的序幕。1949 年 6 月 27 日,公布了《华北高等教育委员会关于南开、北大、清华、北洋、师大等校院系调整的决定》:"取消下列各校中之各系:南开哲教系,北大教育系,清华法律系、人类学系。南开哲教系、北大教育系三年级生提前毕业,二年级以下转系,清华法律系学生可转入该校各系或北大法律系或政法学院,人类学系并入该校社会学系。取消各系教授之工作,在征得本人同意后尽各校先分配,亦得由高教会分配。"华北高等教育委员会为贯彻新民主主义的教育方针,使大学农科更能配合新中国的农业建设,决定将华大、北大、清华三校农学院合并,组成为一个全国性的农业大学。1949 年 9 月 29 日,公布了《华北高等教育委员会关于成立农业大学令》。当时的高等教育立法也主要是围绕收回教育主权、妥善接受全国高等学校，建立社会主义教育制度而开展，同时在全面学苏的基础上展开了院系大调整。院系调整的方针是："以培养工业建设干部和师资为重点，发展专门学院和专科学校，整顿和加强综合性大学。"加之当时特殊的国情即在"百废待兴、百业待举"的一穷二白的基础上，走上社会主义道路，形成了大学的管理与领导被置于党和政府的直接控制之下。

二、教育视导制度与教学评估

1949年11月1日，中央人民政府教育部成立。当时教育部设办公厅、高等教育司、中等教育司、初等教育司、社会教育司、视导司。视导司是在原华北人民政府高等教育委员会研究室、华北人民政府教育部视导室、资料科等几个单位基础上组建的。教育部确定视导司初建时的工作任务要求：第一，必须加强视导工作；必须派员下去视导，才能完成总结和研究工作。第二，今后应有系统、有重点地检查工作，根据检查的结果，加以分析批判。第三，组织各司干部，有系统地解决重大问题，克服视导工作上的手工业方式。视导司的工作任务主要是视导工作，检查各大行政区对于中央人民政府的各项教育政策、决议、指示的执行情况。各司也设有兼职视导人员，配合视导司组织视导小组。1955年4月，教育部发出《关于加强视察工作的通知》，进一步强调了视导工作的重要性。各省、市、自治区教育厅（局）均设有视导员。后来由于独立设置的视导机构和人员，往往不熟悉业务主管部门处理问题的详情，不能与业务职能部门密切配合，便取消了独立的视导机构和人员，把视导工作交给职能司、处去负责。1976年后，教育部首先设置了巡视员若干人，恢复教育巡视工作。1981年起，各级教育行政部门都逐步恢复视导制度，增设视导人员。视导工作着重点转移到教育业务的改进与提高方面，为改革业务，提高教育质量服务。1983年7月，教育部在全国普通教育工作会议上，提出《建立普通教育督学制度的意见》，明确了督学的任务、机构的设置以及人员的职权和条件，并要求先行试点，取得经验，再逐步实行。

教育视导制度成为新时期我国教育改革的催化剂和动力,并成为教育部教学评估制度的雏形。为进一步推动高等学校提高教育教学质量,深化教育教学改革,2004年8月教育部制订了新的视导方面的政策,即五年一轮的高等学校教学质量评估制度。(1)建立定期采集和公布全国普通高等学校办学条件及教学基本状态数据制度,加强社会对高等学校办学和教学工作的监督。(2)教育部门与有关行业协会(组织)配合共同进行专业评估,逐步推动建立与人才资格认证和职业准入制度挂钩的专业评估制度。(3)把外部评估和内部评估结合起来,积极推动高等学校建立起内部教育质量保障机制。

三、校务委员会制度

为了加强集体领导,便于推行及改进校务,1949年出台的《专科以上学校校务委员会组织规程》规定,各大学及专科学校得组织校务委员会,由校长、教务长、秘书长及各院院长教授若干人及讲助教代表、学生代表组成之,校务委员会主持全校校务,并决定全校应与应革事项,采用民主集中制,校长作为主席有最后决定权。学校的最高权力机构是校务委员会,对上级领导机关外交部负责,校长对校务委员会负责,对外代表学校,对内领导全校。

校务委员会是新中国高等学校内部管理体制中一个重要的组织和一项重要的制度。由于不同时期高等学校面临的形势不同,尤其是高等学校内部管理体制的改革与发展,校务委员会也会随着发生相应的变化。从职权和人员组成两个方面入手,分析新中国成立以来有关校务委员会的一些主要的高等教育政策、法规文件,结合校务委员会在一些高校的实践及其在各个阶段特点、作用的变化,不难发现职权充分、明确,人员组成广泛、稳定的校务委员会对高等学校各项事业的发展都有较大的促进作用,也是当前高等学校内部管理体制改革中可行的一个方向。

但是当时校务委员会的成立和结束均由高等教育主管机关决定。① 这也造就了我国现行的高等教育模式是以国家行政控制为主导的模式，这是融投资者、办学者、管理者为一体的"集中计划模式"，国家或者行政权力在其中起着决定性的作用。1949年，在华北人民政府"关于北平政法学院改为中国政法大学的决定"中，谈到"该校由本府司法部领导"，"经费（包括开办费、经常费、临时费等）由本府财政部审核支拨"。《华北高等教育委员会关于成立农业大学令》也是如此。华北高等教育委员会对当时的大学及其内部机构的设置指导、组织编制、经费审核和人事管理拥有绝对的权力。这种模式对我国当时及其后一段时期高等教育的发展发挥过一定的积极作用，因为它能把人力、物力、财力集中使用于国家决定优先发展的某些学校和专业或学科。正如《一九四九年华北区文化教育建设计划》中提出的"整顿现有各大学、专门学校，并适当加以扩充"，"培养各种中下级干部及普通技术人员，为培养各种技师、工程师、专家奠定基础。"

1953年，政务院《关于修订高等学校领导关系的决定》规定：高等教育部对高等学校的教学工作实行统一集中领导。高等教育部颁发的有关全国高等学校的建设计划、财务计划、财务制度、人事制度、教学计划、教学大纲、生产实习规程以及其他重要法规、指示或命令，全国高等学校均应执行。全国高等学校各类专业实行统一教学计划、教学大纲和统编教材。自1952年起，建立了全国高校统一招生考试制度，并形成高等学校毕业生统一分配工作制度。由此，高等学校的办学自主权基本不复存在。在经济体制已由计划经济转向市场经济的形势下，这种高度集中的高等教育模式在计划经济条件下的优势正在逐渐变成市场经济条件下的劣势。1985年，中共中央作出的《关于教育体制改革的决定》就明确指出，我国原有高等教育体制的弊端之一，就是"在教育事业管理权限的划分上，政府有关部门对学校主要是对高等学校统得过死，使学校缺乏应有的活力，而政府应加以管理的事情，又没

---

① 《专科以上学校校务委员会组织规程》第6条规定，"校委会的成立与结束均由高等教育主管机关通知之。"

有很好管理起来。"原来的高等教育体制也可被归结为一种"粗放型"的高等教育，主要是用行政权力来区分高校的层次和水平，分配短缺的高等教育办学资源。本身也属于国家行政权力系统的高等院校，实际上相应的办学自主权很少。但是，大学自治又要在政府的领导下开展，依靠大学力量，利用大学资源，强化大学功能，促进大学发展，提高大学的质量和效益。实行大学自治对政府的治理水平提出了更高的要求。政府在领导大学自治的过程中，必须对政府的领导方式进行改革，提高行政能力和效率。大学自治主要涉及学校的内部管理，在遵守国家有关法律的前提下，自行组织教学科研及为社会服务，对外以法人身份参与各种活动。大学自治与前文谈到的学术自由既相互联系，又有区别。一般来说，大学自治为学术自由而存在，是学术自由的组织保障。大学自治可理解为大学的内部权力，包括大学内部组织、领导管理、财政管理、筹集资金、职员录用、选考新生、课程编制、学位授予、行政管理人员的选举方面的自主权；简单地说，大学自治是指允许大学自我统治而最低限度地接受外力强制的一种权力。随着我国政治、经济、文化体制的改革，我们需要建设什么样的现代大学已成为社会发展的必然要求与特定制度环境下的必然趋势。我们认为，建立现代大学制度，不仅是新时期、新世纪高等教育改革的方向，也是高等教育发展的必然要求。然而现代大学制度的建立是一项复杂的、艰巨的系统工程，不可能一蹴而就，加强高等教育法制建设，我们应从"法人治理结构"的角度出发，努力建设现代大学制度的法人制度。

论华北人民政府法律教育改革理念的正确性

——从《华北人民政府法令选编》院系调整决定说起

黄 璐[*]

1950年前，华北人民政府为新中国百废待兴的全面改革做了完备的准备工作。在教育改革领域，华北人政府依据客观国情，通过相应的法律、法规确定了"温和渐进、稳步谨慎"的指导原则，并没有采取全面学习苏联的发展思路。新中共中央在新中国成立初一两年也遵循此局部调整的理念，贯彻着《共同纲领》确定的新民主主义道路，健康前行。

然而随着"冷战"和朝鲜战争大气候的形成，中共中央和苏联建立起了一种更为亲密的关系。在来自国际政治大背景的影响下，"以俄为师"战略方针全面代替了"自力更生、稳步前进"的发展原则。从1952年，法律院系开始接受全面调整——照搬苏联教育体系，复制法律教育内容，推进"大干快上"职业培训——华北人民政府确立的正确道路被终止。

一、华北人民政府至1951年的法律教育改革

"在国民党反动派统治时期，各大学专科学校的教育，尤其是文法学院各系的教育，充满着唯心论、机械论，以至封建、买办法西斯主义的反动思想。这些思想长期地毒害着广大青年学生。他们在学习了好多年之后，所得到的却只是一些糊涂的或是反动的世界观、社会观和一套错误的方法论，对

---

[*] 清华大学法学院法学硕士。

于时事政治的了解因而常常受了极坏的影响。"① 为了根据革命形势和革命任务的需要，把旧的大学教育制度来重新估价，彻底改革，是应该也是必需的。在董必武看来"反动的法律和人民的法律，没有什么'蝉联交代'可言"，应该"以蔑视与批判态度对待国民党六法全书②及欧美、日本等资本主义国家一切反人民的法律"。③

"华北人民政府为统一实施高等教育方针、计划，指导学术改进及图书文物之管理，设立华北高等教育委员会"，④ 于1949年6月1日出台《华北人民政府关于成立华北高等教育委员会令》《华北高等教育委员会组织规程》。为稳妥接管旧法律教育事业，最先对京、津、沪等地的法律院校进行局部调整。

1949年6月27日，华北人民政府作出《华北高等教育委员会关于南开、北大、清华、北洋、师大等校院系调整的决定》，其中第2条关于法律院系的调整规定："取消下列各校中之各系：南开哲教系，北大教育系，清华法律系、人类学系……清华法律系学生可转入该校各系或北大法律系或政法学院"。⑤

1949年10月，华北高等教育委员会颁发《各大学专科学校文法学院各系课程暂行规定》。政法系科遵照这个规定，废止了国民党党义、六法全书等反动的、陈腐的课程，开设了马列主义理论课程，当时法律系的基本课程是：马列主义法律理论、新民主主义的各项政策法令、名著选读、新民法原理、新刑法原理、宪法原理、国际公法、国际私法、商事法原理、犯罪学、刑事政策、苏联法律研究等。

1949年12月，第一次全国教育工作会议承袭华北高等教育委员会稳健的改革理念，提出的教育改革方针是："以老解放区新教育经验为基础，吸收旧教育有用经验，借助苏联经验，建设新民主主义教育"，并强调"要充

---

① "认真实施文法学院的新课程"，载《人民日报》1949年10月14日，第1版。
② 六法全书，指国民党政府的宪法、民法、商法、刑法、民事诉讼法、刑事诉讼法6种法规的汇编。
③ 董必武："废除国民党的六法全书及其一切反动法律（一九四九年三月三十一日）"，见《董必武法学文集》，法律出版社2001年版，第15页。
④ 《华北人民政府法令选编》，中国法学会董必武法学思想研究会编，2007年8月，第555页。
⑤ 同上书，第573页。

分认识全国教育那种极不平衡的复杂的情况,正确估计我们的力量,来计划我们的工作","决不要不顾情况与条件,企图百废俱举","要做到有计划有步骤有重点地稳步前进"。①

二、1952 年法律院系调整

在实际教育建设过程中,受政治及国际环境的影响,教育改革日益偏离了正确的预设轨道。1952 年,全国教育工作的方针和目标是:采取短期速成与长期培养相结合,大量举办专修科、短期训练班的方针,迅速有效地为国家培养各种建设干部;② 另外一突出的表现为全面学习苏联教育。在院系调整过程中,正统意义上的法律院系被裁撤,呈式微之势;政治色彩浓厚的政法院校、政法干校取而代之,系统自主的科班教育让位于"大干快上"的职业培训,这种教育格局深刻影响了当代法学教育的发展。

(一) 政法干校

1951 年 7 月,政务院第 94 次会议审议批准了《关于筹建中央政法干部学校的方案》,在中国新法学院的基础上,成立了中央政法干部学校,负责训练县、科技干部和县政法三长;在董必武"中央和各大行政区都应办一所政法干部学校,当前主要是训练在职干部,将来则成为政法专门学校,由政法委员会负责领导,请教育部协助"③ 的号召下,司法改革运动也推动了各省市政法干部学校的成立。1952 年,东北政法干校成立,地址沈阳,属东北政法委员会领导;1953 年,西北政法干校成立(在西北革命大学一个部的基础上筹建),校址西安,属西北政法委员会领导。1953 年,第二届全国司法会议提出,把补充、培养和训练司法干部作为当时加强司法工作的重要环节之一。在两三年内,采取短期速成的办法,把省、市、县司法机关的多数领导骨干及新调入的干部轮训一遍,见表1。

---

① 《中国教育年鉴(1949~1981)》,中国大百科全书出版社,1984 年版,第 88 页。
② 同上书,第 88 页。
③ 董必武:"关于改革司法机关及政法干部补充、训练诸问题(一九五二年六月二十四日)",见《董必武法学文集》,法律出版社 2001 年版,第 124 页。

表 1　1949～1954 年司法干部训练班干部培训人数①

	1949	1950	1951	1952	1953	1954
干部训练人数	567	2207	3947	2507	4000 左右	6252

（二）政法学院

1952 年，教育部根据"以培养工业建设人才和师资为重点，发展专门学院，整顿和加强综合大学"的方针，规定："政法学院以培养各种政法干部为任务，目前以附设在大学内，不单独设立学院为原则，但每个大行政区如条件具备时得单独设立一所，由中央或大行政区政法委员会直接领导。"② 华北、华东、中南、西南各大区分别在所属的北京、华东、中南、西南 4 所政法学院设立了干训部。

1952 年调整情况如下：③

（1）由北京大学、清华大学的政治系和法律系，燕京大学的政治系和辅仁大学社会系、民政系组成北京政法学院，④ 校址北京。

（2）由南京大学、复旦大学，东吴大学和上海学院的政治系、法律系，圣约翰大学和沪江大学的政治系，安徽大学的法律系合并组成华东政法学院，校址上海。

（3）由重庆大学、四川大学的政治系、法律系，重庆财经学院法律系合并组成西南政法学院，校址重庆。

1953 年暑假，对高等院校进行了第二次院系调整，着重改组旧大学，对政法

---

① 根据《1949 年～1958 年政法教育大事记》整理。参见霍宪丹：《中国法学教育的发展与转型（1978～1998）》，法律出版社 2004 年版，第 275～280 页。

② 《中国教育年鉴（1949～1981）》，中国大百科全书出版社 1984 年版，第 266 页。

③ "1949 年～1958 年政法教育大事记"，见霍宪丹：《中国法学教育的发展与转型（1978～1998）》，法律出版社 2004 年版，第 277 页。

④ 北京政法学院性质暂定为干部学校，具体任务是培养司法行政干部及在职干部的政治、业务水平。20 世纪 80 年代成立的"中国政法大学"，其前身为北京政法学院，真所谓此"中国政法大学"非彼"中国政法大学"。

六、民政、文教、卫生等方面的政策、法令研究 **下编** 569

财经各院系的调整采取了适当集中,大力整顿,加强培养和改善师资的方针。①

(1) 成立中南政法学院,由中原大学法学院与湖南大学政治系、中山大学政治系、社会系,广西大学政治系、法律系合并组成。校址湖北武昌。

(2) 厦门大学法律系并入华东政法学院。

(3) 云南大学、贵州大学的政治系、法律系并入西南政法学院。

(4) 武汉大学法律系经过教改,予以保留。

旧有政法院系至此全部调整完毕。

政法学院最初的职能是培训在职"政法干部"。从1951年至1954年,各政法学院与政法干校合而为一,共同举办3个月到半年期的"轮训班"和1年期或2年期的专科班。在1954年之后,政法学院开始招收本科生,承担起"长期培养本科生和短期轮训在职干部的双重任务"。政法干校则继续承担培训在职"政法干部"的职能。

政法干校及政法学院"都是以学习时事政策、马克思主义、毛泽东思想(如《共同纲领》《新民主主义论》《社会发展史》《政治经济学》等)为主,结业后分配到各地、各部门工作"。②

(三) 高校政法院系

高校政法院系被大范围裁撤、合并,侥幸残余的在教育方针和模式上也牵制诸多。新成立的法律系也被打上鲜明的政治色彩:如1950年正式成立中国人民大学③,下设法律系,以"聘请苏联专家,有计划、有步骤地培养新

---

① "1949年~1958年政法教育大事记",见霍宪丹:《中国法学教育的发展与转型(1978~1998)》,法律出版社2004年版,第277~278页。

② 《中华人民共和国专题史稿(1949~1956)·卷1 开国创业》,四川出版集团、四川人民出版社2004年版,第690页。

③ 人民大学系由华北大学、革命大学、中国政法大学三校合并而成。其中,中国政法大学于1949年8月在朝阳大学原址设立,下设三个部:第一部,训练县、科级以上司法或行政领导干部,时间4个月,名额431人;第二部,训练改造旧司法工作人员和知识分子,时间8个月,名额549人;第三部,训练高中毕业的青年学生,时间三年。1950年5月,以第一部为基础,成立中央司法干部训练班,仅一期49人。1950年2月,中国人民大学成立,中国政法大学停办。除第一部结业外,二、三部均并入中国人民大学法律系。二部转为专修科法律班,办完一期后停办;三部转为本科继续学习。参见:"1949年~1958年政法教育大事记",见霍宪丹:《中国法学教育的发展与转型(1978~1998)》,法律出版社2004年版,第275页。

中国的政法干部"[1] 为宗旨，作为新中国法律教育的发源地俨然成为引进苏联教育模式和传播苏联学说的大本营，见表2。

表2 1949~1957年政法院校变迁[2]

	1949年旧中国	1951年	1952年	1953年	1954年[3]
	34所	36所	10所	2所	9所
大学法律系	国立北京大学、国立复旦大学、国立武汉大学、国立南京大学、国立厦门大学、私立大厦大学、私立东吴大学、私立广州大学等[4]	北京大学			北京大学
		复旦大学			复旦大学
		武汉大学	武汉大学		
		中国人民大学	中国人民大学	中国人民大学	中国人民大学
		东北人民大学	东北人民大学	东北人民大学	东北人民大学
					西北大学
		南京大学、厦门大学、中山大学、四川大学等	厦门大学、中山大学、湖南大学、广西大学、云南大学、贵州大学、新疆民族学院		
政法学院			北京政法学院	北京政法学院	北京政法学院
			西南政法学院	西南政法学院	西南政法学院
				中南政法学院	中南政法学院
			华东政法学院	华东政法学院	华东政法学院

---

[1] 《中国教育年鉴（1949~1981）》，中国大百科全书出版社1984年版，第265页。
[2] 根据《1949年~1958年政法教育大事记》整理。参见霍宪丹：《中国法学教育的发展与转型（1978~1998）》，法律出版社2004年版，第275~280页。
[3] 1954年5月，高等教育部在政务院政治法律委员会的指导下，召开了全国政法教育会议。这次会议决定在北京大学、复旦大学、西北大学重建法律系（原西北大学司法专修科停办）。
[4] 另有三所设立政治法律学系：私立广州法学院、私立辅成学院等。参见《中国教育年鉴（1949~1981）》，中国大百科全书出版社1984年版，第265页。

六、民政、文教、卫生等方面的政策、法令研究

续表

	1949 年旧中国	1951 年	1952 年	1953 年	1954 年
政法干校		中央政法干校	中央政法干校	中央政法干校	中央政法干校
			东北政法干校	东北政法干校	中央政法干校东北分校
				西北政法干校	中央政法干校西北分校

1952 年秋季起，教育部规定大学从一年级起采用苏联教学计划和教学大纲，组织教师翻译苏联教材，成立教学研究组，学习苏联教学方法。

结果，对于政法学校来说，"政法学校招生的名额，五年内（1949～1954）分配在这一方面的是一万名，在整个高等学校招生名额中占的百分比是很小的……即使是这样，我们各地的政法学院还觉得担负不起，要求再减少一点。"[1]；对于考生而言，"学生志愿学政法的很少，往往把第八个志愿学政法的分配到政法学校里去。也许学生也是看市场、看风气，大家都觉得政法是冷门，都不到政法方面去。"[2] 详见表 3、表 4。

表 3 大学政法科系在校学生人数及占大学在校学生总数的比例[3]

年　份	1947	1949	1950	1951	1952	1953	1954
政法人数	37682	7338	6984	4225	3830	3908	4017
比　例	24.37	6.3	5.1	2.8	2.0	1.8	1.6

---

[1] 董必武："关于党在政治法律方面的思想工作（一九五四年五月十八日）"，见《董必武法学文集》，法律出版社 2001 年版，第 211 页。

[2] 同上书，第 212 页。

[3] 此法科下除了法律系，还包括政治系、社会系等。根据《中国教育年鉴（1949～1981）》整理。

表4 1949~1954年全国分类别院校数①

年份	综合	工业	农业	林业	医学	师范	语文	艺术	财经	政法	体育	其他
1949	49	28	18	—	22	12	11	18	11	7	2	27
1951	47	36	15	—	27	30	8	18	19	1	1	4
1952	22	43	25	3	31	33	8	15	12	3	2	4
1953	14	38	26	3	29	33	8	15	6	4	4	1
1954	14	40	26	3	28	39	8	14	5	4	6	1

三、新中国成立之初法律教育改革理念的调整原因

（一）破旧立新下的司法改造

新中国成立之初，人民政府采取了对除"反革命分子"外的知识分子"包下来"的政策。随着形势变化，中共领导开始彻底的肃清运动，以致认为"旧人员不经改造就适用，对我们说来是等于自杀政策。"②

中央人民政府政务院于1950年7月公布了《关于人民司法工作的指示》，于1951年11月3日公布了《关于加强人民司法工作的指示》，进一步推进司法改造运动。按指示，"吸收旧司法人员参加工作时，必须先加教育改造，而后量才使用"。按指示，"为加强人民司法工作，必须配套一定数量的坚强干部作为骨干，并须教育他们重视司法工作，帮助他们提高政策水平"。这主要是由于，"革命胜利以后，过去参加革命队伍有学过法律的人，绝大多数都负担了行政工作或别的实际工作，只有少数的人在政法部门工作，而且他们又忙于日常事务。"③当时对政法部门干部的选拔比较宽泛，对学历背景要求较为忽视，司法干部有革命领导骨干、革命运动中的积极分子、专业建

---

① 《中国教育年鉴（1949~1981）》，第965页。
② 董必武："关于整顿和改造司法部门的一些意见（一九五二年六月二十日）"，见《董必武法学文集》，法律出版社2001年版，第117页。
③ 董必武："关于党在政治法律方面的思想工作（一九五四年五月十八日）"，见《董必武法学文集》，法律出版社2001年版，第210页。

设的革命军人等,对于这样的群体,业务素质自然令人堪忧,难以满足现实需求。(干部训练)这个工作是与中央人民政府教育部、人事部共同结合起来做的,在当时企图解决的主要问题也是司法干部这一方面的问题。[1]

(二)教员教材缺乏

从1950年开始,结合抗美援朝、土地革命和镇压反革命的运动,在知识界开展了爱国主义和无产阶级国际主义的教育。[2] 与此同时,高校法律教育人员自然也囊括在司法改造中。1950年1月,中国新法学研究院成立,任务是改造旧司法人员和律师、教授等。旧司法人员需要改造,新司法人员尚未培养成熟,青黄不接。直接的结果就是高等法律院系缺乏有资质、可信赖的教员。与此同时,建国初期还尚未制定出体系完整的法律,缺乏相关法学理论研究及成果,教育人员所参考的资料也就是《共产党宣言》《国家与革命》《新民主主义革命》等几本小册子。

教员教材缺乏的客观现实直接催生政法干校大行其道。董必武对这种教育模式有清醒的认识:"目前培养法律干部的情况和客观需要是极不相称的。培养法律工作者的机关,现在还是训练班较多……政法干校和政法学院的区别在那里呢?如果作为干部训练来说,在干部学校里就可以没有经常的教员,把负行政责任的同志拉来,叫他作一个报告,报告以后讨论,讨论以后再做一个结论,这样,就马马虎虎地算训练了一次。如果办一个正规的学院,那就需要有一套人,讲课的人要经常在那里按照一个单元一个单元地讲,现在这个问题并没有很好的解决……现在各校一致的呼声是:教师缺乏,教材不充实。"[3]

---

[1] 董必武:"论加强人民司法工作(一九五三年四月十一日)",见《董必武法学文集》,法律出版社2001年版,第151页。

[2] 《中华人民共和国专题史稿(1949~1956)·卷1 开国创业》,四川出版集团、四川人民出版社2004年版,第690页。

[3] 董必武:"关于党在政治法律方面的思想工作(一九五四年五月十八日)",见《董必武法学文集》,法律出版社2001年版,第211页。

（三）轻视法律

院系调整后，高校法律系呈现明显的式微之势，法律教育完全不能满足现实需求。针对这种现象，董必武进行了深刻的原因分析。

1. 革命阶段对法制的忽略传统

"革命在全国范围内胜利以前，我们党在领导法律思想工作方面的工作是较薄弱的一环。事实上，那时候我们要注意到这一方面也是不可能的。过去在国民党统治区，举起马列主义的旗帜来搞政治经济学、搞史学、搞哲学和搞文学的人都占领了一定的阵地……但是，根据马列主义来研究法律的人几乎没有站住落脚点。在解放区法律工作方面的成就也不显著。"[①]

2. 仇视法制的心理

"一切革命工作都是在突破旧统治的法制中进行的；夺取全国的政权以后，我们又彻底地摧毁了旧的政权机关和旧的法统。所以仇视旧法制的心理在我们党内和革命群众中有极深厚的基础，这种仇视旧法制的心理可能引起对一切法制的轻视心理，也是不言而喻的。"[②]

3. 群众运动的暴力革命传统

"全国解放初期，我们接连发动了几次全国范围的群众运动，都获得了超过预期的成绩。革命的群众运动是不完全依靠法律的，这可能带来一种副产物，助长人们轻视一切法制的心理。这也就增加了党和国家克服这种心理的困难。"[③]

4. 小资产阶级无政府思想的反映

不重视和不遵守国家法制现象的发生，还有它的社会根源。一切轻视法

[①] 董必武："关于党在政治法律方面的思想工作（一九五四年五月十八日）"，见《董必武法学文集》，法律出版社2001年版，第209~210页。

[②] 董必武："进一步加强人民民主法制保障社会主义建设事业（一九五六年九月十九日）"，见《董必武法学文集》，法律出版社2001年版，第349~350页。

[③] 同上书，第350页。

制的思想,实质上就是小资产阶级的无政府主义思想的反映。①

四、新中国成立之初法律教育理念调整的影响

(一) 从政如流

根据《共同纲领》确定的"中华人民共和国的文化教育为新民主主义的,即民族的、科学的、大众的文化教育"新民主主义道路,1949年12月第一次全国教育工作会议提出对于解放前的政法院校中央采取"积极维持,逐步改造的方针","我们也反对对旧教育采取否定一切,不批判吸收历史遗产中有两部分的态度,或者对新解放区的教育工作者采取排斥态度而违反争取改造和团结的方针;同时我们也反对不顾情况,单凭主观愿望,不讲求步骤急于求成的那种急躁和盲目的态度"。② 接管后一般予以维持,稳定秩序,进行思想政策教育,废除反动课程。同时进行了初步整顿和改革,把私立政法院校改为公立,合并和停办了部分院系。新中国成立初两年,中央对于院系调整是十分小心谨慎的,新政府并没有采取全面学习苏联的发展思路。

然而,随着"冷战"和朝鲜战争大气候的形成,"以俄为师"战略方针全面代替了"自力更生、稳步前进"的发展原则。"既然西方(即英国和美国)最好的科学和技术已被俄国人吸收,因此,最快最好的道路就是直接从苏联接受提取出来的精华。既然教育和工业是应用科学技术的主要社会机构,他们的组织和管理也要按苏联的模式来改造。"③ 苏珊娜·佩珀的看法,道出了新中国在国际大气候下确立"以俄为师"的最简单的思维逻辑。"在这种特定的政治经济结构背景下,高等教育政策已经被理解为范围更广、层次更高的政治经济治理活动中的一个组成部分,承担着浓厚的政治意义和意识形

---

① 董必武:"进一步加强人民民主法制保障社会主义建设事业(一九五六年九月十九日)",见《董必武法学文集》,法律出版社2001年版,第350页。
② 《教育文献法令汇编(1949~1952)》,第8页。
③ [美]苏珊娜·佩珀:《新秩序的教育》,见J.R麦克法夸尔、费正清:《剑桥中华人民共和国中国史(1949~1965)》,中国社会科学出版社1990年版,第306页。

态色彩，超越了大学改革本身的意义。"① "事实上，如果不是冷战和朝鲜战争等国际大气候促使新一届共产党领导人建立一种亲密关系的话，从国际经验来看，也许会有更多样的，更有选择余地的因素融合进中国人的视野。"②

(二) 模糊了照抄与借鉴的界限

局部调整阶段教育部制定的《法学院、法律系课程草案》规定："阐述新法制的进步性及优越性"应是贯穿各课程的主线；"讲授课程有法令者根据法令，无法令者根据政策……如无具体材料可资根据参照，则以马列主义、毛泽东思想为指导原则，并以苏联法学教材及著述为讲授的主要参考资料"。③ 这一套课程尚且根据新民主主义路线，结合中国法律实际。

1953年，根据教育部推出的统一法学课程，当时法学院（系）开设的课程有：苏联国家与法权史、苏联国家法、苏联民法、苏联刑法、土地法与集体农庄法、人民民主国家法、中国与苏联法院组织、中国与苏联民事诉讼法、中国与苏联劳动法、中国与苏联行政法、中国与苏联财政法。这一套法学课程的设计者理所当然地把苏联法律视为中国法律，或者认为两者本来就不应该有什么差别。甚至出现了一个奇怪的现象："过去学过法学的人，有一个问题没解决，就是：中华人民共和国成立以来立的法算不算法？许多人不把它当作'法'来考虑，认为马列主义的书中找不到，苏联和人民民主国家法律中也没有，算不得法"。④ 在现在看来，这种唯苏联法马首是瞻的观念完全是对法律渊源的错误理解。式微如此，贫困幼稚如此，不能不使人抚案感叹。

在一个既脱离知识积累又缺乏实在法支撑的狭窄空间里，中国大学里传播的苏联法学成为一种更加空泛、更加僵化的意识形态说教——一堆夹杂着

---

① 张烨："重读五十年代的院系调整——基于教育政策借鉴理论的视角"，载《华东师范大学学报（教育科学版）》，2007年1月。
② 许美德：《中国大学：1895~1995 一个文化冲突的世纪》，许洁英译，教育科学出版社2000年版，第104页。
③ 《中国教育年鉴（1949~1981）》，中国大百科全书出版社1984年版，第266页。
④ 董必武："关于《一九五四年政法工作的主要任务》的说明（1954年1月14日）"，见《董必武法学文集》，法律出版社2001年版，第168页。

法律术语的意识形态套话，一套用意识形态去解释法律的格式化的思维模式。当人们习惯了这种思维模式，并用它来训练学生的时候，法学教育也就步入了一个没有任何发展余地的角落。① 这种以俄为师、全面照搬的作风遗毒至今。当代中国法学的自我意识、独立风格尚不明显；更换了模仿对象，其内容和实质仍然不出翻译文化、抄袭文化；现实法学被讲义文化、教科书文化、解释法学文化所充斥。

（三）大学丧失独立人格与思想自由

在坚持"法律是政治的一种手段，也就是政治"② 的马列主义原则下，在如此具体而细微的政府管制下，学术机构官僚化和法学教育演变为"官学"势所难免。严重背离现代科学发展规律的文理分科，导致的难以弥补的后果自是不需言说，但更严重的问题还在于摧毁了大学教育的人格独立、思想自由。在这一点上，清华大学的改变即是最佳注脚，见表5。

表5　1937~1956年清华大学院系调整③

年　月	大事件	清华大学法律系
1937.9.10　—　1938.1.19	北大、清华、南开设立国立长沙临时大学	法商科包括法律系、政治系、经济系、商学系四系。政治、经济两系为北大、清华、南开所共有，而法律、商学各为北大、南开所独有
1938.4.2　—　1946.7.31	迁址云南。国立长沙临时大学改称国立西南联合大学	法商学院设政治学、法律学、经济学、商学、社会学④

---

① 方流芳："中国法学教育观察"，见《20世纪的中国：学术与社会（法学卷）》，苏力、贺卫方主编，山东人民出版社2001年版，第338页。
② 董必武："关于党在政治法律方面的思想工作（一九四五年五月十八日）"，见《董必武法学文集》，法律出版社2001年版，第194页。
③ 根据陈新宇《近代清华法政教育研究（1937~1952）》整理。
④ 法商学院原设政治学、法律学、经济学和商学4系，1940年5月，社会学系从文学院的历史社会学系中分出来单独设系，并入法商学院。

续表

年　月	大事件	清华大学法律系
1946	三校复原	清华法学院将添设法律系。 法学院下设法律学、政治学、经济学和社会学四系
1949.6.27	《华北高等教育委员会关于南开、北大、清华、北洋、师大等校院系调整的决定》	重建三年的清华法律学系被取消。 清华法律系学生可转入该校各系或北大法律系或政法学院
1952	教育部关于全国高等学校的调整设置方案	清华法学院被裁撤。 清华法学院的政治系与北京大学、燕京大学的政治、法律系以及辅仁大学社会系、民政系组合并成立新设的北京政法学院；清华法学院的经济系财经部分、北京大学、燕京大学、辅仁大学的相同部分与中央财政学院各系科合并成立新设的中央财经学院；清华经济系的理论部分并入北京大学；社会学系被取消

在1952年的高等院校调整中，清华丧失了四个学院中的三个——文学院、法学（即社会科学）院、理学院——变成了一个纯工科大学。在蒋南翔当校长的时候，提出过一个培养学生的标准——听话，出活。"听话"即是政治上、思想上的顺从，"出活"只需按要求办事。这种口号实在非一所一流大学该有的精神和形象。"对于清华来说，这是一次巨大而且不可挽回的损失。从那时起，政治运动一个紧接一个，清华逐渐丧失了学术独立和学术自由的精神。在过去十年，清华的校园规模倒是扩大了许多，到处是崭新的大楼；它仍然是全中国最优秀的考生梦寐以求的大学选择，但它的传统和它教育中那些最为优秀的品质已经不复存在。在许多人眼里，清华已经变成了趋炎附势、崇尚权力和金钱的地方，喜欢炫耀自己培养了多少高官而不是多

少大学者的地方，它不再是我曾经学习过或者我记忆中的清华。"①

（四）政法干校与政法院校的两轨模式

在大学之外设立法政学堂，据说是模仿日本的产物。② 这一纯粹偶然的选择产生了一个先例，而先例往往产生巨大惯性，既排除另类选择，又阻断变革。"法政学堂"在清政府终结之后继续发展，以至当代中国法学教育仍然是大学法律系与"政法大学（学院）"并存的格局。③

在"院系调整"之后，"政法教育"代替了传统意义上的法学教育。如果把"政法"理解为"法律"和"政治"的简称，把"政法教育"看成"法学"和"政治学"的学院式教育，恐怕是脱离语境而望文生义。"政法机关""政法干部""政法工作"都是伴随政策判断和权力机构设置而出现的、社会主义中国特有的术语。"政法"之"政"是"专政"，而不是"政治"；"政法"之"法"是融化在"专政工具"之内的法律。"政法工作就是直接的、明显的巩固和发展人民民主专政"。政府为两者预设的职能一直有所差别："政法院校"的任务就是培养从事"专政工作"的干部；与政法院校不同的是，大学法学系的任务是培养从事政法教育和理论工作的人士。④ 在这种教育体制下，法学教育一直与法律职业分离，未经法学教育而担任法官、检察官和律师是一个难以改变的制度性事实。

蔡元培先生在民国初年就曾经对专门学校和综合大学并立的教育体制表示过异议："我国高等教育之制，规仿日本，既设法、医、农、工、商各科于大学，又别设此诸科之高等专门学校，虽程度稍别浅深，而科目无多差别。

---

① 资中筠：《老生常谈》，广西师范大学出版社2014年版，第14页。
② 中国自清末始有专门的法学教育机构。清末法学教育分两类：一是"大学堂"附设的"法政分科"（相当于大学法学系、院），二是单独设立的"法政学堂"（据说是模仿日本明治维新时期的司法速成学校），"法政学堂"实为衙门的一个分支。参见《学部附奏推广私立法政学堂片》，宣统二年十月初九日（1910年11月10日），见朱有瓛编：《中国近代学制史料》，华东师范大学出版社1989年版，第2辑（下册），第491~492页。
③ 方流芳："中国法学教育观察"，见苏力、贺卫方主编：《20世纪的中国：学术与社会（法学卷）》，山东人民出版社2001年版，第329页。
④ 同上书，第340页。

同时并立，义近骈赘。且两科毕业之学生服务于社会，恒有互相龃龉之点。"① 虽然蔡元培先生的改革建议不是把法政学校纳入综合大学，而是设立单科法学院，但是单科法学院与大学法学院并举是不是教育资源的合理分配？视野狭窄的单科法学院能否造就法律通才？这至今仍然是中国法学教育面临的问题。

---

① 蔡元培："大学改制的事实与理由"，见于朱有瓛编：《中国近代学制史料》第 3 辑（下册），华东师范大学出版社 1989 年版，第 37 页。

华北人民政府保护文物古迹
立法研究初探

王胜国[*]

  文物古迹不仅是一民族文化传统的重要载体，也是一民族聪明智慧的宝贵结晶。保护好文物古迹既有利于传承民族的文化传统，也有利于激发子孙后代的爱国主义情怀，所以有远见的、开明的国家统治集团无不高度重视对文物古迹的保护与修缮，而通过立法的形式保护文物古迹则是采用的必要手段之一。中国是世界著名的四大文明古国之一，历史悠久，文化璀璨，广袤的神州大地星罗棋布地存留着华夏先人留下的宝贵的文物古迹。近代以来，如何保护这些令后人倍感自豪的文物古迹一直是衡量中国政府治国理政水平的重要尺度。

  需要指出的是，1948年9月至1949年10月，在中国共产党领导下，建立和存在了仅仅13个月的堪称"新中国雏形"的以董必武为主席的华北人民政府，在为新中国的建立打下坚实基础而开展异常纷繁的建章立制活动之际，对文物古迹的立法保护工作高度重视，专门颁布了有关保护文物古迹的法令。在现存的华北人民政府颁布的涉及建政、支援前线、经济建设、民政、公安司法、金融财政、工商贸易、农业生产、水利交通、教育科技、文化卫生等方面的200多项法令中，具有保护文物古迹内容的法令、命令总计约有5件，这其中既有宏观上通过宪法性文件明确规定的保护文物古迹的方针政

---

[*] 河北政法管理干部学院国际法商系主任、教授。研究方向：中国法制史、法律文化、宪法学。

策,也有专门针对文物保护的具体法令,还有在颁布其他法令时所涉及的文物保护内容的有关规定。

通过对现存的5件涉及文物古迹保护的法令进行必要的分析研究,我们对华北人民政府关于保护文物古迹的立法活动就会产生以下三点认识。

一、以董必武为主要代表的新中国第一代领导人即使在建立人民政权之初即已高度重视运用立法的形式保护文物古迹,注意把文物古迹的保护纳入法制化轨道

1948年夏季,人民解放战争进入了关键时期,华北大部分地区已处在人民军队的掌控之中。8月7日,在中共中央领导下,华北临时人民代表大会在石家庄召开,大会宣告了以董必武为主席的华北人民政府的成立。这次"华北临时人民代表大会"正如董必武同志在开幕式上所指出的那样:"这次代表大会是临时性的,也是华北一个地区的,但是它将成为全国人民代表大会的前奏和雏形。因此,它是中国民主革命历史中划时代的一次大会,在中国民主革命历史上将占有光荣的篇章。①"华北人民政府成立伊始,即面临着支援全国各地的解放战争、领导解放区的土地改革、建立和巩固各地人民政权等许多纷繁而重大的现实任务,但有着良好的马克思主义国家政治学说修养和近代法学理论素养,且有着丰富的立法和司法经验、堪称中共历史上第一位法学家的董必武同志,在人民政权成立之初即高度重视运用法律制度来治国理政。他不仅在各种会议上多次强调立法的重要性,如当年10月在华北人民政府的人民政权研究会上,他指出:"建立新的政权,自然要创建新的法律、法令、规章制度。我们把旧的打碎了,一定要建立新的。否则就是无政府主义②",而且亲手主抓立法工作。正是在董必武同志的领导主持下,华北人民政府在短短的十三个月的时间里颁布了200多部法令,从而为新中国

---

① 《董必武选集》,人民出版社1985年版,第199页。
② 孙琬钟等主编:《董必武法学思想研究文集》(第12辑),人民法院出版社2013年版,第25页。

的雏形——处于草创时期的华北人民政府的建章立制打下了坚实的基础。其中,颁布法令实施对文物古迹的保护也列为立法的重要内容。早在1948年8月,华北人民临时代表大会主席团第三次会议通过的具有宪法性文献性质的《华北人民政府施政纲领》中就明确规定:"——文物古迹和一切公私财产,严禁破坏、抢掠、盗窃;违者严惩"。[①] 随后,又相继颁布了《关于文物古迹征集管理问题的规定(教总字第二号训令)》(1948年11月)《关于保护各地名胜古迹严禁破坏的训令(社政字第七号)》(1949年1月)《为禁运古物图书出口令(教总字第一号)》(1949年4月)《为古玩经审查鉴别后可准出口令(工行字第九号)》等保护文物古迹的具体法令。另外,在发布修复因暴雨破损的公房的命令时,也发出了"及时修缮"损坏的"凡故宫、坛庙以及无人居住之寺庙"等古建筑的训令(1949年8月)。显然,新生的华北人民政府刚刚建立,百废待兴,各项工作千头万绪,建章立制的任务十分繁重,但以董必武同志为重要代表的新中国第一代领导人没有忽视文物古迹的保护工作,而是及时采用了以发布法令的形式敦促各级政府保护中华民族的宝贵文化遗产,注意把文物古迹保护工作纳入法制化的轨道。

二、华北人民政府有关保护文物古迹的立法活动不仅为当时的文物古迹保护提供了法律依据,而且开启了新中国依法保护文物古迹的先河

中国是世界著名的东方文明古国,也是文物古迹存留最多的大国。但是自近代以来,中国的文物古迹不仅是西方列强和探险家掠夺、破坏、攫取、走私的主要对象,也是世界少有的无数国宝级文物被大量毁坏、盗窃和流失最为严重的国家之一。作为"新中国雏形"的华北人民政府一经建立,即充分认识到了运用法律保护文物古迹的重要性和必要性,在很短的时间内相继发布了《关于文物古迹征集管理问题的规定(教总字第二号训令)》(1948年11月)以及《关于保护各地名胜古迹严禁破坏的训令(社政字第七号)》

---

① 中国法学会董必武法学思想研究会编:《华北人民政府法令选编》,第14页。

(1949年1月)等有关法令。这些法令不仅明确规定了文物古迹的基本内涵、性质、价值、实施保护的基本原则以及基本方式,而且具体规定了实施文物古迹保护的管理机构和经费来源。如《关于文物古迹征集管理问题的规定(教总字第二号训令)》(1948年11月)明确对文物古迹进行了必要的界定,规定"文物"主要包括:"凡古代石器、铜器及其他金属器、陶器、瓷器、玉器、漆器、竹木器、齿牙骨角器、珠宝洮贝器、玻璃料器、皮革器、丝麻棉等编制物及刺绣。凡各种化石,凡古版及各种珍贵版本、孤本、绝本、抄本与不常见之书籍、碑版、甲骨、金石文字及其他拓本,图书版片、简牍、档案、文书簿记、字画、佛经等以及近代的中外图书仪器报章杂志、图表等"[1];"古迹"则主要包括:"凡各地名胜古迹:如名寺古刹及其附属建筑、地下建筑,如古佛像、碑碣、壁画、古冢墓及其附属建筑,古迹发掘遗址,名人故居等。"[2] 运用法令的形式对文物古迹进行必要界定,不仅有利于提高普通民众对古代器物的认识和鉴别,有利于培养和强化人们依法保护文物古迹的思想意识,而且使各地人民政府保护文物古迹实现了"有法可依",进而极大地推进了文物古迹保护事业。再如,《关于文物古迹征集管理问题的规定(教总字第二号训令)》(1948年11月)还具体规定了实施文物古迹的管理机关是:"华北人民政府教育部,各行署区、各直属市、各县,成立各级图书古物管理委员会,为图书古物管理的专门机关。各级图书古物管理委员会应以各级政府教育部门,及其同级同单位宣传教育部门吸收聘请地方知名专家、文化教育工作者组成之,根据各地情形拟具具体办法进行工作"[3]。《关于保护各地名胜古迹严禁破坏的训令(社政字第七号)》(1949年1月)还明确规定了文物古迹的保护范畴、原则、方式和禁止性规范,如规定:"凡具有历史文化价值之名胜古迹,如:古寺、庙、观、庵、亭、塔、牌坊、行宫等建筑,碑碣、塑像、雕刻、壁画、冢墓、

---

[1] 中国法学会董必武法学思想研究会编:《华北人民政府法令选编》,第493页。
[2] 同上书,第494页。
[3] 同上书,第493页。

古迹发掘遗址，名人故里之特殊建筑及其有纪念意义之附属物等，均属于保护之列。"① 显然，这些法令具有明显的法律条文所应有的"明确的指引性""可预测性"和"直接实用性"的三大特点，② 为各地各级人民政府在新中国成立前夕依法保护文物古迹提供了难能可贵的法律依据。华北人民政府为保护文物古迹而采取的立法活动不仅为各地方政府保护文物古迹提供了法律保障，使大量濒临毁灭的文物古迹得到了及时的修缮和保护，避免了文化遗产的毁坏和遗失，而且为后来新中国依法保护文物古迹做了重要的铺垫。

三、华北人民政府保护文物古迹的立法活动不仅为后来新中国制定《文物保护法》提供了最早可资参考的法律文本，而且提供了重要的精神原则和价值取向，积累了必要的立法经验

任何国家法律制度的大厦都不可能是一蹴而就，一朝一夕就能建立起来的，都需要经历一个较为漫长的历史过程。作为新中国法律体系重要组成部分的《文物保护法》正是在新中国成立前夕、华北人民政府颁布的保护文物古迹的法令基础上形成发展起来的。研究1982年11月19日第五届全国人大常委会第25次会议通过的现行的《中华人民共和国文物保护法》（后经过三次修正）的具体内容，我们会惊奇地发现：现阶段颁行的《文物保护法》中有关文物古迹的界定、文物古迹的保护范畴、保护工作的基本方针、实施保护的基本原则、保护方式等内容都可以在华北人民政府发布的有关文物古迹保护的法令中找到最初的文字规定或者基本精神。如，现行《文物保护法》的第二章"不可移动文物"中第26条对"使用不可移动文物"规定："必须遵守不改变文物原状的原则，负责保护建筑物及其附属文物的安全，不得损毁、改建、添建或者拆除不可移动文物。"1949年1月，华北人民政府发布的《关于保护各地名胜古迹严禁破坏的训令（社政字第七号）》的第三条就

---

① 中国法学会董必武法学思想研究会编：《华北人民政府法令选编》，第526页。
② 葛洪义：《法理学》，中国政法大学出版社1999年版，第97页。

有类似的规定:"关于名胜古迹之修葺,应以保护为原则,目前绝不应翻修或重建。"① 又如,有关名胜古迹的调查、勘察规定,现行的《中国文物古迹保护准则》第 23 条规定:"——考古调查、勘探、发掘,由省、自治区、直辖市人民政府文物行政主管部门组织实施",而在华北人民政府发布的《关于保护各地名胜古迹严禁破坏的训令(社政字第七号)》第 2 条中明确规定:"各级政府之民政部门,应兼办其辖境内名胜古迹之调查及勘察事宜,调查结果随时报告本府。"② 显然,两者不论在语言表述上,还是在所体现的基本精神上都十分接近!再如,现行的《文物保护法》第 4 条明确规定了"文物工作贯彻保护为主、抢救第一、合理利用、加强管理的方针。"根据这一方针,如何在保护的前提下"合理利用"文物古迹,使"死物"变"活物",产生一定的社会效益,一直是考古文物界思考、探索的重大课题。新中国成立前夕,1949 年 5 月,华北人民政府为了解决因严禁古玩出口而导致以此为业的民众生活发生困难的问题,采取了较为灵活的态度,决定准许对经必要鉴定无历史价值的近代物品出口,以解民众生活之困。为此,华北人民政府向各地对外贸易管理局、海关部门发出了《为古玩经审查鉴别后可准出口令》,规定:"查古玩出口,在平津出口业中,占有相当位置,有一部分人民依此为生,兹规定除有历史价值之古玩禁止出口,以免古代文物散失外,凡属并无历史价值之近代出品,应准许出口,并授权华北对外贸易管理局、及津海关组织专门机构进行鉴别"。③ 这一举措显然是《文物保护法》中所规定的"合理利用"方针的最早具体表述和实际运用。所以,我们说华北人民政府有关保护文物古迹的法令、训令等在当时具有法律效力的法律文件,不仅为后来新中国颁行《文物保护法》奠定了宝贵的法律文本基础,而且提供了重要的精神原则和价值取向,积累了重要的立法经验,应是实

---

① 中国法学会董必武法学思想研究会编:《华北人民政府法令汇编》,第 526 页。
② 中国法学会董必武法学思想研究会编:《依法行政的先河——华北人民政府法令研究》,中国社会科学出版社 2011 年版,第 342 页。
③ 中国法学会董必武法学思想研究会编:《华北人民政府法令汇编》,第 549 页。

事求是的。

总之，以董必武为主席的华北人民政府一建立即以高度重视运用立法的形式保护文物古迹，注意把文物古迹的保护工作纳入法制化轨道。这些立法活动不仅为当时的文物古迹保护工作提供了法律依据，而且为后来新中国形成和确立保护文物古迹的法律制度奠定了必要的法律基础、积累了必要的立法经验，进而为新中国开启了依法保护文物古迹的先河。